JAPANESE BASEBALL

Japanese Baseball

A Statistical Handbook

by Daniel E. Johnson

with a foreword by Wally Yonamine

McFarland & Company, Inc., Publishers
Jefferson, North Carolina, and London

The present work is a reprint of the library bound edition of Japanese Baseball: A Statistical Handbook, *first published in 1999 by McFarland.*

LIBRARY OF CONGRESS CATALOGUING-IN-PUBLICATION DATA

Johnson, Daniel E. (Daniel Einar)
  Japanese baseball : a statistical handbook / by Daniel E. Johnson ; with a foreword by Wally Yonamine.
    p. cm.
  Includes bibliographical references (p.   ) and index.

  ISBN-13: 978-0-7864-2841-0
  (softcover : 50# alkaline paper) ∞

  1. Baseball—Japan—Statistics. 2. Baseball players—Japan—Statistics. 3. Baseball—Records—Japan. I. Title.
  GV863.77.A1J65   2006
  796.357'0952'021—dc21   99-30976

British Library cataloguing data are available

©1999 Daniel E. Johnson. All rights reserved

No part of this book may be reproduced or transmitted in any form or by any means, electronic or mechanical, including photocopying or recording, or by any information storage and retrieval system, without permission in writing from the publisher.

Cover photographs: *(top)* Ichiro Suzuki of the Orix BlueWave in 1994; *(bottom)* The Tokyo Dome

Manufactured in the United States of America

McFarland & Company, Inc., Publishers
  Box 611, Jefferson, North Carolina 28640
    www.mcfarlandpub.com

To Hal and Ruth Johnson (my parents)
and
Donna Barnette (my wife) for all of their love and support

ACKNOWLEDGMENTS

I would like to express my heartfelt thanks to everyone who has directly or indirectly helped this book come to fruition. First, I would like to acknowledge my parents, Hal and Ruth Johnson, for all of the help and support they have given me through the years. I fondly remember my father teaching my brother, Dave, and me how to play baseball and taking us to San Francisco Giants games when we were growing up. He inspired a love of sports in us that continues to grow.

I also want to thank my wife, Donna Barnette, for all of her love and understanding. She helped make my dream of living in Japan a reality and has astounded me by becoming an astute observer of Japanese baseball—e.g., "Look at the way the Tigers outfielders are playing Hideki Matsui (her favorite Giants player). Especially in this situation, they should figure he will pull the ball and try to go deep." She also helped with proofreading and has been supportive of the enormous amount of time I have spent gathering resources and working on this book.

Isao Chiba and Eiichi Shibuya of Baseball Magazine Sha. in Tokyo also deserve particular acknowledgment. For many years, Chiba-san was the chief statistician for the Pacific League, and has written nearly 2,000 weekly columns for the magazine *Shukan (Weekly) Baseball.* Shibuya-san works in the Book Editorial Department at Baseball Magazine Sha., and has an outstanding technical knowledge. They were always willing to help when I had questions regarding translation and other matters.

Ryuichi Suzuki, public relations director at the Japanese Hall of Fame and Museum in Tokyo, and the library staff there have for many years kindly helped me to find resources. He also made some helpful suggestions for my manuscript. In addition, I would like to express my gratitude to *The Japan Times*, my employer in Japan, for allowing me to find relevant Japanese baseball articles in its archives.

I would like to thank Wally Yonamine for graciously providing the foreword, and want to express my sincere appreciation to him and the many other Japanese baseball players, managers, and coaches who have expanded my knowledge of the subject through my interviews with them.

Many other people have helped to further my understanding of Japanese baseball, and, in some cases, provide me with resources. These people include—but are not limited to—Jim Allen, Philip Block, Larry Fuhrmann, Robert Klevens, Jeff Kusumoto, Ralph Pearce, and Tim Taira. I also am grateful to Darrell Leong—who invariably has provided me with assistance when I have needed it—for his computer expertise. I would like to thank Terry Waltrip for all the help she gave as my interest in Japanese baseball began growing by leaps and bounds.

I also want to express my deep gratitude to Sharon Smith for the long hours she spent formatting and compiling the index.

Finally, I want to pay homage to the many interesting, talented, and colorful personalities who have contributed to the wonderful sport of Japanese baseball. They have not received the acclaim they deserve by the baseball world outside of Japan, but I hope that this book—and more to follow—will help to familiarize more people with their accomplishments.

CONTENTS

Acknowledgments vii
Foreword by Wally Yonamine 1
Introduction 3

Part One: Season Summaries 7

1936 Season	9	1968 Season	142
1937 Season	12	1969 Season	146
1938 Season	19	1970 Season	151
1939 Season	24	1971 Season	156
1940 Season	27	1972 Season	161
1941 Season	30	1973 Season	166
1942 Season	33	1974 Season	172
1943 Season	35	1975 Season	179
1944 Season	38	1976 Season	185
1946 Season	40	1977 Season	191
1947 Season	43	1978 Season	197
1948 Season	46	1979 Season	203
1949 Season	49	1980 Season	210
1950 Season	52	1981 Season	216
1951 Season	58	1982 Season	223
1952 Season	64	1983 Season	229
1953 Season	69	1984 Season	234
1954 Season	75	1985 Season	240
1955 Season	80	1986 Season	245
1956 Season	85	1987 Season	251
1957 Season	90	1988 Season	256
1958 Season	95	1989 Season	261
1959 Season	99	1990 Season	266
1960 Season	103	1991 Season	272
1961 Season	108	1992 Season	277
1962 Season	112	1993 Season	282
1963 Season	117	1994 Season	288
1964 Season	122	1995 Season	293
1965 Season	127	1996 Season	298
1966 Season	132	1997 Season	304
1967 Season	137		

Contents

Part Two: All-Time Records   311

Career Records   313
Single-Season Records   320
Miscellaneous Records   326

Appendix A: No-Hit, No-Run Games   329
Appendix B: Members of the Japanese Baseball Hall of Fame   333
Appendix C: Foreign Tours of Japan by Professional Teams   335

Bibliography   337
Index   339

FOREWORD

by Wally Yonamine

I have been blessed with a very fulfilling athletic career, beginning with my active participation in the sports programs at Farrington High School in Honolulu. I later was a pioneering Asian in professional football as a running back for the San Francisco 49ers in the same backfield as noted quarterback Frankie Albert. A wrist injury ended my football career, but I was offered a baseball contract to play for the San Francisco Seals organization of the AAA Pacific Coast League. I began playing for the Seals' Salt Lake City farm team in 1951, and was having a successful season, but my stay there was brief because at Lefty O'Doul's recommendation, I was offered, and signed, a contract to play for the Yomiuri Giants.

The extremely popular Yomiuri Giants had decided to sign an American player, and Japanese officials and Occupation authorities hoped that in the aftermath of World War II, this might help strengthen relations between Japan and the United States. I was one of the first foreigners to come to Japan to play professional baseball after the war, and because of some anti–American (and, in particular, anti–Japanese-American) sentiment, my life was not always easy. Also, the style of baseball that I learned in America was very aggressive, and this clashed with the more conservative Japanese style of the time (although now I am considered to have been a significant innovator). My teammates generally were very accepting and helpful, though, and we managed to win four Japan Series titles and eight Central League championships during my 10 seasons with them. I was fortunate to win the Central League Most Valuable Player award in 1957 and three batting titles during my years with the Giants. I then played for the Chunichi Dragons in 1961 and 1962 before retiring. Later, I coached for several teams (most recently the Nippon Ham Fighters from 1985 to 1988), and managed the Chunichi Dragons from 1972 to 1977. My Dragons team won the Central League pennant in 1974, breaking the Giants' string of nine consecutive Japan Series championships and Central League titles, and I was chosen Central League Manager of the Year.

As I read Daniel Johnson's *Japanese Baseball: A Statistical Handbook*, my mind is flooded with memories of my career and the careers of others I played with and against. I am also very pleased to see that a thorough, highly informative reference book on Japanese professional baseball finally is available in English. While an abundance of statistical books on the topic is available in the Japanese language, this is the first extensive book of this type to appear in English. It provides detailed information on every Japanese pro baseball season, and is an invaluable and essential reference for anyone interested in the topic. You can find detailed information about the careers of thousands of Japanese players, including those who have played in the major leagues in America as well as the many past and current stars of the

Japanese pro leagues. Also, the chronological format allows the reader to easily follow the season-by-season development of Japanese baseball.

It seems that my athletic career has been characterized by the breaking down of barriers and stereotypes. As baseball continues to expand throughout the world, international competition increases, and more athletes elect to play in other countries, the sport can play an increasingly significant role in breaking down barriers between nations and peoples. But for this to happen, we will need informative resources that enable us to learn more about the baseball traditions of countries throughout the world. Daniel's excellent book serves as just such a resource for the rich Japanese baseball tradition, and I give it my highest recommendation.

Wally Yonamine is a recipient of the Japan Imperial Decoration "The Order of the Sacred Treasure, Gold Rays with Rosette" (1998). He is a member of the Japanese Baseball Hall of Fame (elected 1994) and of the Hawaii Sports Hall of Fame (elected 1997).

INTRODUCTION

Part One—Background

As a 12-year-old growing up in the San Francisco Bay Area, I remember watching Masanori Murakami pitch in 1964. Murakami, the first Japanese to hook up with a U.S. major league team after playing for a Japanese professional team (the Nankai Hawks), created quite a national stir. At first, he was a novelty, but to almost everyone's surprise, he soon established himself as a very capable relief pitcher. Murakami had gained most of his professional experience with the Hawks farm team, and had only pitched two innings for the parent club. He was an unproved pitcher in Japanese baseball, and few expected him to move up the ladder in the Giants organization and land a spot on the major league roster. Yet, there he was, mowing down hitters like an ace major league reliever!

Murakami only pitched one more season for the Giants before returning to Japan, where he had a good but unspectacular career. No other Japanese pro player ventured to play in the major leagues until Hideo Nomo made his sensational debut with the Los Angeles Dodgers in 1995. Now Hideki Irabu and other players from the Japanese leagues are playing for major league teams, and with a movement in Japan toward less-binding contracts as well as substantial interest by major league teams in the Japan talent pool, many more are likely to follow.

American major league teams and their fans still are trying to gain a good grasp of the talent level in Japan, and with such a small number of Japanese playing in the major leagues, their impressions seem to fluctuate wildly depending on whether Nomo, Irabu, and others are hot or cold. Their curiosity has been aroused, however, and it seems that they will be able to gain a better understanding of the talent level of Japanese players and their approach to the game as more of them play in the major leagues and if competition between the countries heats up.

Interestingly, before Nomo made his major league debut, even knowledgeable baseball fans outside of Japan almost invariably knew of only one player from the Japanese professional leagues—home run king Sadaharu Oh, who played for the Yomiuri Giants from 1959 to 1980. This situation has not significantly changed. Curiously, Oh's teammate, Shigeo Nagashima, unquestionably the most popular Japanese baseball figure ever and an excellent all-around player, is virtually unknown outside of Japan. During the 1934 tour of Japan by the American All-Stars, Eiji Sawamura, an 18-year-old right-hander, struck out Hall of Famers Charlie Gehringer, Babe Ruth, Lou Gehrig, and Jimmie Foxx in succession. Many other players from Japanese pro baseball, including Chusuke Kizuka, Satoshi Sugiyama, Fumio Fujimura, Noboru Aota, Takumi Otomo, Shigeru Sugishita, Tetsuharu Kawakami, Masaichi

Kaneda, Futoshi Nakanishi, Tetsuya Yoneda, Kazuhiro Yamauchi, Katsuya Nomura, Kazuhisa Inao, Tadashi Sugiura, Isao Shibata, Kazumi Takahashi, Yutaka Enatsu, Choji Murata, Yutaka Fukumoto, Hiromitsu Ochiai, Tatsunori Hara, Masumi Kuwata, Ichiro Suzuki, and Hideki Matsui, captured the keen attention of major league teams visiting Japan. Most major league personnel who have toured Japan or played, managed, or coached in the Japan pro leagues rave about the abilities of these and other players, saying that many of them probably could have been (or, in the case of the last three, could still be) very productive major leaguers.

As I have observed and researched Japanese baseball, I have become increasingly enthralled with it and the many talented athletes who have graced it. Many baseball fans know that Oh hit a record 868 home runs. Few know that Sachio Kinugasa played 2,215 straight games, star pitcher Masatoshi Gondo once lost 28 consecutive games, Yasuo Hayashi pitched 541⅓ innings in a 105-game season, Kozuru batted in 161 runs in a 137-game season, Makizo Ito gave up 18 runs in one game, Enatsu struck out 401 batters in 329 innings in a 133-game season, Fukumoto stole 1,065 bases (including 106 in a 130-game season), Nomo walked 16 men in one game, and Suzuki had 210 hits during a 130-game season. Such eye-catching numbers stagger the imagination, but equally striking are achievements of some of the teams and the consistently spectacular performances of many players.

I have compiled this book—the first one in the English language to contain a comprehensive collection of Japanese baseball statistics and lists—to help acquaint more readers with the captivating tradition of Japanese baseball. Baseball is deeply loved by both Japanese and English-speaking peoples, and I hope that it can increasingly serve as a vehicle to promote intercultural relations. My greatest wish is that this book will, in its own small way, play a role in breaking down barriers and opening eyes of awareness. I hope that it will serve as a useful reference work, as well as inspire many others to further explore the Japanese baseball tradition and do research of their own. Only a handful of books have been published in English on Japanese baseball, and the field is ripe for a vast array of new work.

Part Two—Approach

As anyone familiar with baseball statistics knows, there is no end to them. New approaches and breakdowns constantly emerge, and more are always possible. So, in approaching this work, I realized that I would need to carefully choose my material and the manner in which it is presented. The fact that much of the material needed to be translated for the first time from Japanese into English posed additional dilemmas. While the book certainly should prove useful to anyone interested in Japanese baseball, regardless of expertise, I put a great emphasis on the accessibility of material, and supposed that the reader may have no prior knowledge of the subject.

The material that I included supplies the reader with basic statistical information and listings (such as Best Nine [with an occasional tenth player] and Gold Glove Award selections) for every Japanese professional baseball season. I have presented the material chronologically so that the reader can gain a feeling for the season-by-season development of Japanese baseball and easily find a wealth of information pertaining to a particular season. In addition, sections on career records and single-season records are provided in Part Two. Appendixes list no-hit, no-run games, Hall of Famers, and records of foreign tours of Japan by professional teams.

Introduction 5

While scholars are understandably placing an increasing emphasis on listing surnames before personal names—as is customary with names in the Japanese language—when translating them into English, this seemed impractical for this book. Names of Japanese baseball personnel given in English-language publications almost invariably have been listed with the personal name first, and virtually all publications follow this format. Listing surnames first would likely cause considerable confusion. Another basic dilemma confronting translators concerns the romanization system used to translate names and terms. Although some variations are found in literature on Japanese baseball, the overwhelming consensus currently is to use the Hepburn system, which provides the closest approximation to accurate pronunciation of Japanese for the general reader, so I have used it in this book. Macrons (bars over vowels indicating a long vowel) have not been used because they rarely are employed in Japanese baseball literature and because this book is not intended to place a high emphasis on precise pronunciation of names, as in a linguistics book. For the same reasons, apostrophes and hyphens have not been used in translating names.

The bibliography contains romanized listings of Japanese titles, followed by English translations. When appropriate, I also have supplied romanized listings and English translations of other bibliographic information. Japanese titles are listed in the "down" style, in which only the first word of the title and proper nouns are capitalized.

Many players from Japanese pro baseball changed their personal names at some point. (In some cases, they even changed them back again!) Virtually all Japanese baseball reference works list the names that players used during each particular season, and I have followed this format. Hall of Famers Kazuto Tsuruoka and Victor Starffin changed their surnames, which is a bit more confusing. So, due to this dilemma and the players' prominent stature, I have listed the names they used during each particular season, as per my Japanese sources, but always listed Tsuruoka's "other" name in parentheses, and listed "Victor Starffin" in parentheses during the brief time that he used another name. Hence: Hiroshi Suda (a.k.a. Victor Starffin) and Kazuto Tsuruoka (a.k.a. Yamamoto).

Some foreign-born players of Japanese descent used Japanese personal names, while others used non–Japanese names. When listing these players, I have listed the personal names by which they were best known in Japanese baseball (e.g., Wally Yonamine and Jun Hirota).

Most abbreviations used are straightforward to baseball readers, but I have supplied a complete listing of them below:

AB = at bats
AVG = average
BA = batting average
BB = bases on balls
C = Central League
C.L. = Central League
E = errors
ERA = earned run average
G = game(s)

GB = game(s) behind
H = hits
HR = home runs
IP = innings pitched
L = loss(es)
MVP = Most Valuable Player
P = Pacific League
PCT = percentage
P.L. = Pacific League

R = runs
RBI = runs batted in
S = save(s)
SB = stolen bases
SO = strikeouts
T = tie(s)
W = win(s)
2B = doubles
3B = triples

Occasionally, my statistical sources differ in their listings of names and totals. Whenever possible, I have used two Japanese publications, the *Official Baseball Encyclopedia '98* and the *'98 Official Baseball Guide*, as my authoritative sources, since they are official. In the batting championship and earned run average championship sections for each year, I have boldfaced league-leading totals. In addition, if the leader in a batting category did not qualify for the batting championship, or if the leader in a pitching category did not qualify for the earned run average championship, I have listed his league-leading total directly below the qualifiers. From 1973 to 1982, the Pacific League played two half-seasons. If different teams won a particular half-season, a best-of-five playoff was held to determine the league champion. Although each season is treated as one complete season in official Pacific League player records and although team records for the entire season usually are given, normally record books do not list "games behind" the leader in the total season team standings. This total has no actual meaning, since the seasons were divided in half. Nevertheless, I have listed games behind during these years to show how each team fared in relation to the others.

The Japanese Professional Baseball League was formed in 1936, and has been active every season except for 1945 (when World War II caused an interruption). The 1936 season consisted of a series of short tournaments and leagues, the last six of which constituted the fall season. The 1937 and 1938 competition consisted of a spring and a fall season, and these were regarded as completely different seasons. The current two-league system, consisting of the Central League and Pacific League, began in 1950. The Japan Series started in 1950 and All-Star competition began in 1951.

The first Best Nine team was selected in 1940, and another was not chosen until 1947. Since then, Best Nine teams have been chosen every year, and ever since the two-league system was initiated in 1950, separate selections have been made for each league. The Sawamura Award is named after former ace hurler Eiji Sawamura, and is an outstanding pitcher prize. The first recipient of the award was selected in 1947, when only one league existed. From 1950 to 1988, only Central League pitchers were eligible for the award, and Pacific League pitchers became eligible in 1989. Rookie of the Year selections have been made for both leagues since 1950. Gold Glove Awards were first given in both leagues in 1972. (Actually, Japanese usually call these "Golden Glove" awards. Since this is a Japanized version of the name—just as "coach" is referred to as "coacher"—I have used the standard major league baseball term, "Gold Glove Awards.") Saves were first compiled by both leagues in 1974, and saves plus relief wins were first compiled by the Central League in 1976, and the Pacific League in 1977.

This book consists entirely of statistics and lists from the Japanese Professional Baseball League. Another professional league, the National Baseball League, was formed in 1947 with four clubs—the Karasaki Crowns, Otsuka Athletics, Udaka Red Sox, and Yuki Braves—and held a fall and summer season, but disbanded at the end of the year.

PART ONE

Season Summaries

1936 SEASON

FIRST JAPANESE PROFESSIONAL BASEBALL GAMES

Team	Koshien League			Naruto Tournament			Takarazuka Tournament		
	W	L	T	W	L	T	W	L	T
Tokyo Kyojin	—	—	—	—	—	—	—	—	—
Osaka Tigers	3	2	0	1	1	0	1	1	0
Nagoya	2	3	0	1	1	0	0	2	0
Hankyu	2	3	0	1	2	0	*2	0	0
Dai Tokyo	0	4	1	0	2	0	0	2	0
Nagoya Kinko	3	1	1	—	—	—	—	—	—
Tokyo Senators	*4	1	0	*3	0	0	*2	0	0

JAPANESE PROFESSIONAL BASEBALL INAUGURATION MEMORIAL GAMES

Team	Tokyo Tournament			Osaka Tournament			Nagoya Tournament		
	W	L	T	W	L	T	W	L	T
Tokyo Kyojin	1	2	0	0	1	0	1	2	0
Osaka Tigers	1	1	0	0	1	0	*3	0	0
Nagoya	*3	0	0	0	1	0	1	2	0
Hankyu	1	1	0	*3	0	0	2	1	0
Dai Tokyo	0	2	0	0	1	0	0	2	0
Nagoya Kinko	1	2	0	1	1	0	1	1	0
Tokyo Senators	2	1	0	2	1	0	1	1	0

FALL SEASON

Team	Osaka League			Nagoya Tournament			Osaka Tournament		
	W	L	T	W	L	T	W	L	T
Tokyo Kyojin	*5	1	0	0	1	0	*2	0	0
Osaka Tigers	4	2	0	*3	0	0	2	1	1
Nagoya	3	3	0	0	1	0	0	1	0
Hankyu	3	2	1	2	1	0	2	1	0
Dai Tokyo	2	3	1	0	2	0	0	1	1
Nagoya Kinko	1	5	0	0	1	0	1	2	0
Tokyo Senators	2	4	0	2	1	0	0	1	0

Team	Tokyo League			Osaka League			Tokyo League		
	W	L	T	W	L	T	W	L	T
Tokyo Kyojin	4	2	0	*5	1	0	2	4	0
Osaka Tigers	*5	1	0	*5	1	0	*5	1	0
Nagoya	*5	1	0	2	4	0	2	4	0
Hankyu	2	4	0	3	3	0	*5	1	0

Team	W	L	T	W	L	T	W	L	T
Dai Tokyo	0	6	0	0	6	0	3	3	0
Nagoya Kinko	2	4	0	4	2	0	1	5	0
Tokyo Senators	3	3	0	2	4	0	3	3	0

*Indicates tournament or league winner

FALL SEASON
Qualifiers for Batting Championship

Player and Team	G	AB	R	H	2B	3B	HR	RBI	SB	AVG
Yuki Nakane, Nagoya	25	93	20	35	2	3	0	7	7	**.376**
Kuranosuke Furuya, Kinko	28	105	13	36	3	0	**2**	**23**	2	.343
Koichi Yamashita, Hankyu	30	108	20	36	4	2	1	17	6	.333
Minoru Yamashita, Hankyu	29	109	19	35	6	0	**2**	20	6	.321
Isamu Fujii, Tigers	30	**125**	**30**	**40**	4	3	0	14	9	.320
Harris McGalliard (a.k.a. "Bucky" Harris), Nagoya	24	87	10	27	4	2	0	14	2	.310
Toshiyasu Ogawa, Tigers	31	108	17	31	5	1	0	21	8	.287
Teruhiko Takahashi, Senators	28	102	16	28	**10**	1	0	17	7	.275
Toshio Hiramasu, Tigers	27	78	21	21	3	0	0	10	11	.269
Kiyokazu Hayashi, Kyojin	27	90	8	24	6	0	0	15	10	.267
Hidenosuke Shima, Kinko	19	61	12	16	1	0	0	4	11	.2622
Michinori Tsubouchi, Dai Tokyo	28	103	13	27	1	0	0	4	13	.2621
Hachiro Maekawa, Kyojin	27	88	18	23	2	2	0	10	7	.261
Norikazu Mizutani, Dai Tokyo	27	96	9	25	5	2	0	12	4	.260
Kozo Naito, Kinko	27	58	7	15	2	0	1	6	1	.259
Haruyasu Nakajima, Kyojin	19	70	11	18	5	2	0	8	6	.257
Toshio Kojima, Tigers	31	117	15	30	8	1	0	18	3	.256
Masaru Kageura, Tigers	31	113	17	28	9	0	1	21	4	.24778
Hisanori Karita, Senators	28	109	20	27	3	2	1	9	**16**	.24770
Toshio Kurosawa, Kinko	25	89	11	22	3	0	0	7	4	.247
Naokazu Haga, Nagoya	24	77	8	18	2	1	0	6	2	.2337
Masanobu Yamaguchi, Tigers	31	107	14	25	2	1	0	11	4	.2336
Shigeru Mizuhara, Kyojin	16	62	3	14	2	0	0	7	1	.226
Masao Nishimura, Hankyu	27	94	14	21	0	0	1	4	6	.223
Naoto Asahara, Nagoya, Dai Tokyo	21	77	8	17	2	0	0	5	4	.221
Mitsuo Kitaura, Senators	20	59	5	13	2	0	0	4	4	.220
Takeshi Nakayama, Kyojin	25	64	11	14	2	0	0	5	1	.219
Tadashi Goto, Nagoya	22	78	4	17	3	1	0	10	2	.218
Yoshio Takahashi, Nagoya	26	92	10	20	4	1	0	17	8	.217
Osamu Tsutsui, Kyojin	24	79	16	17	5	3	0	5	7	.215
Kaichi Masu, Nagoya	23	84	17	18	3	0	0	5	3	.2142
Toshio Shiraishi, Kyojin	27	103	12	22	2	1	0	9	3	.2135
Yoshio Mikami, Kinko	18	66	9	14	2	2	0	9	4	.212
Chujiro Endo, Dai Tokyo	20	64	2	13	0	2	0	11	2	.203
Kenjiro Matsuki, Tigers	26	80	14	16	3	1	1	14	10	.200
Kinji Uno, Hankyu	30	111	9	22	1	1	0	18	7	.198
Shingo Kuramoto, Hankyu	23	62	5	12	5	0	1	4	2	.194

Player and Team	G	AB	R	H	2B	3B	HR	RBI	SB	AVG
Kentaro Ito, Kyojin	27	95	9	18	5	4	1	12	5	.1894
Shuzo Hirota, Kinko	23	74	9	14	1	1	0	6	4	.1891
Seishiro Yasunaga, Kinko	22	64	7	12	1	0	0	6	4	.188
Yoshitake Tsutsui, Dai Tokyo	28	82	9	15	1	0	0	3	3	.183
Fumihito Horio, Hankyu	29	123	16	22	3	3	0	17	10	.179
Akira Noguchi, Senators	26	62	5	11	1	1	0	6	0	.177
Muneyoshi Okada, Tigers	29	93	14	16	2	1	0	7	2	.172
Shoji Takatani, Kinko	23	64	7	11	2	1	0	4	8	.1718
Ken Onuki, Senators	25	71	10	12	2	1	1	8	7	.169
Teruo Nakamura, Kinko	23	55	4	9	2	0	0	6	0	.164
Ryohei Igaue, Tigers	24	74	11	12	3	0	1	7	1	.162
Eiji Katayama, Dai Tokyo	28	76	5	12	1	1	0	3	1	.158
Susumu Urushibara, Dai Tokyo	26	76	11	12	1	0	0	4	1	.158
Tsuguo Iwata, Nagoya	26	89	9	14	1	0	1	7	2	.157
Takeo Kimata, Dai Tokyo	26	79	7	12	4	0	0	7	2	.152
Sotaro Iemura, Senators	26	79	11	12	1	0	0	11	3	.152
Wataru Nonin, Kinko	26	94	12	13	1	1	0	8	3	.138
Kengo Kuroda, Hankyu	22	84	13	11	0	0	0	5	3	.131
Kazuaki Otomo, Dai Tokyo	26	84	10	11	2	0	0	10	3	.131
Shinichi Nakamura, Senators	27	103	9	13	1	2	0	2	5	.126
Kiyoshi Maeda, Nagoya	22	81	5	10	1	2	1	7	2	.123
Tokuhisa Kawamura, Hankyu	30	92	11	11	4	0	0	4	2	.120

Home Run Co-Leader—Fumio Fujimura, Tigers—2

Qualifiers for Earned Run Average Championship

Player and Team	G	IP	W	L	PCT	SO	BB	H	ERA
Masaru Kageura, Tigers	8	57	6	0	**1.000**	30	18	23	**0.79**
Eiji Sawamura, Kyojin	15	120.1	**13**	2	.867	112	58	63	1.05
Mitsuhiko Ishida, Hankyu	18	127.2	7	5	.583	65	56	85	1.406
Hachiro Maekawa, Kyojin	10	51.1	3	3	.500	25	24	38	1.411
Masao Kitai, Hankyu	13	77.1	6	4	.600	37	19	48	1.64
Fumio Fujimura, Tigers	11	55.2	6	1	.857	40	21	47	1.93
Takao Misonoo, Tigers	13	64.2	6	1	.857	25	23	43	1.94
Michio Shigematsu, Hankyu	9	55.1	3	2	.600	14	29	35	1.96
Tadashi Wakabayashi, Tigers	12	75.2	5	4	.556	27	28	60	2.25
Akira Noguchi, Senators	19	104	7	9	.438	43	47	101	3.028
Chujiro Endo, Dai Tokyo	13	85.2	4	5	.444	50	65	62	3.034
Kuranosuke Furuya, Kinko	18	91	3	**10**	.231	44	51	77	3.16
Kazuyoshi Matsuura, Nagoya	17	85	4	8	.333	19	78	78	3.39
Shigeru Morii, Nagoya	20	133.1	8	5	.615	53	73	**113**	3.52
Kozo Naito, Kinko	**24**	**133.2**	6	8	.429	**139**	**103**	100	3.63
Shigezo Ishihara, Senators	16	73	2	5	.286	19	28	70	3.82
Saburo Asaoka, Senators	13	64.2	3	1	.750	20	24	76	3.88
Hisashi Kondo, Dai Tokyo	12	50	0	4	.000	26	46	46	4.32
Shichinosuke Sakurai, Dai Tokyo	12	82.2	1	**10**	.091	27	66	104	5.20

Fall Season Leaders

Home Runs
Fumio Fujimura, Tigers—2
Kuranosuke Furuya, Kinko—2
Minoru Yamashita, Hankyu—2
12 batters—1

Runs Batted In
Kuranosuke Furuya, Kinko—23
Masaru Kageura, Tigers—21
Toshiyasu Ogawa, Tigers—21
Minoru Yamashita, Hankyu—20
Toshio Kojima, Tigers—18
Kinji Uno, Hankyu—18

Wins
Eiji Sawamura, Kyojin—13
Shigeru Morii, Nagoya—8
Mitsuhiko Ishida, Hankyu—7
Akira Noguchi, Senators—7
Fumio Fujimura, Tigers—6
Masaru Kageura, Tigers—6
Masao Kitai, Hankyu—6
Takao Misonoo, Tigers—6
Kozo Naito, Kinko—6

Strikeouts
Kozo Naito, Kinko—139
Eiji Sawamura, Kyojin—112
Mitsuhiko Ishida, Hankyu—65
Shigeru Morii, Nagoya—53
Chujiro Endo, Dai Tokyo—50

1937 SEASON

SPRING SEASON

Team	G	W	L	T	PCT	GB	BA	HR	ERA	E
Tokyo Kyojin	56	41	13	2	.759	—	.242	7	1.53	79
Osaka Tigers	56	41	14	1	.745	0.5	.246	10	1.72	122
Tokyo Senators	56	30	26	0	.536	12.0	.214	4	2.55	125
Hankyu	56	28	26	2	.519	13.0	.223	7	2.81	106
Nagoya Kinko	56	25	30	1	.455	16.5	.231	5	3.03	142
Dai Tokyo	56	21	31	4	.404	19.0	.2196	8	3.01	165
Nagoya	56	21	35	0	.375	21.0	.2199	1	4.14	121
Eagles	56	12	44	0	.214	30.0	.216	5	3.97	143

Tokyo Kyojin manager—Sadayoshi Fujimoto

Qualifiers for Batting Championship

Player and Team	G	AB	R	H	2B	3B	HR	RBI	SB	AVG
Kenjiro Matsuki, Tigers	56	207	48	**70**	10	5	4	28	24	**.338**
Yuki Nakane, Eagles	52	185	32	57	6	4	2	13	12	.308
Toshio Kurosawa, Kinko	56	200	34	59	7	2	1	16	17	.295
Masaru Kageura, Tigers	55	190	41	55	14	5	2	**47**	7	.2894
Ha Go, Kyojin	55	194	36	56	5	**8**	0	19	18	.2886
Haruyasu Nakajima, Kyojin	56	221	32	63	10	5	**4**	30	18	.285
Koichi Yamashita, Hankyu	56	204	41	57	12	2	1	34	7	.279
Masao Nishimura, Hankyu	54	195	48	54	2	3	0	14	16	.277

Part One : 1937 Season

Player and Team	G	AB	R	H	2B	3B	HR	RBI	SB	AVG
Tokichi Ishimaru, Nagoya	33	123	24	34	3	0	0	5	3	.276
Kazuo Kito, Dai Tokyo	56	244	26	67	10	4	1	21	15	.27459
Kazuji Shiraki, Nagoya	49	153	8	42	6	1	0	27	5	.27450
Toshizo Kobayashi, Kinko	54	193	19	52	12	3	1	21	12	.2694
Yukio Eguchi, Kinko	49	134	12	36	4	1	0	12	6	.2686
Kiyoshi Sei, Kinko	52	173	20	46	6	6	3	19	11	.266
Norikazu Mizutani, Dai Tokyo	56	201	24	53	4	3	0	21	19	.264
Masanobu Yamaguchi, Tigers	54	168	48	44	8	6	1	44	29	.262
Kiyoshi Osawa, Nagoya	49	148	15	38	8	1	0	17	3	.257
Isamu Fujii, Tigers	56	219	49	56	12	5	0	31	6	.256
Akira Noguchi, Senators	43	118	10	30	6	0	0	18	0	.254
Shigeru Mizuhara, Kyojin	56	218	32	55	11	2	1	18	17	.2522
Tomoo Nara, Tigers	45	139	21	35	5	2	0	24	0	.25179
Tamio Nakamura, Senators	43	143	23	36	10	0	1	17	12	.25174
Shigeo Kojima, Nagoya	53	203	20	51	11	4	0	27	4	.251
Kengo Kuroda, Hankyu	49	188	29	47	7	0	0	24	11	.250
Hisanori Karita, Senators	55	209	32	52	4	2	1	12	15	.249
Den Susumago, Dai Tokyo	36	105	13	26	1	2	1	8	6	.2476
Kentaro Ito, Kyojin	33	101	19	25	6	3	1	14	1	.2475
Osamu Mihara, Kyojin	47	186	31	45	9	1	0	24	12	.242
Mitsuo Kitaura, Senators	43	124	17	30	7	2	1	20	2	.242
Yoshio Takahashi, Eagles	55	203	28	49	8	4	2	29	5	.2413
Michinori Tsubouchi, Dai Tokyo	44	145	16	35	5	1	1	8	11	.2413
Kaichi Masu, Nagoya	48	170	26	41	6	4	1	20	4	.2411
Kuranosuke Furuya, Kinko	43	125	13	30	3	1	0	11	2	.240
Fumio Fujimura, Tigers	40	105	13	25	10	2	0	15	1	.238
Kiyohiko Shite, Nagoya	35	122	18	29	4	1	0	5	2	.2377
Kano Omoda, Senators	56	224	25	53	6	7	1	31	14	.237
Fujio Nagasawa, Kyojin	49	166	15	39	6	3	0	21	3	.235
Toshio Shiraishi, Kyojin	30	120	16	28	5	5	1	19	9	.233
Mamoru Sugitaya, Eagles	52	198	8	46	5	1	0	26	2	.232
Naoto Asahara, Dai Tokyo	51	179	21	41	8	3	2	24	9	.2290
Ryohei Igaue, Tigers	52	188	27	43	6	8	0	29	8	.2287
Shinichi Nakamura, Senators	54	197	26	45	6	5	0	20	11	.228
Takeo Sato, Eagles	49	154	10	35	13	2	1	14	1	.227
Kenichi Ota, Eagles	43	133	10	30	1	1	0	11	3	.226
Teruo Aihara, Kinko	53	151	16	34	3	2	0	11	6	.225
Wataru Nonin, Kinko	54	211	26	47	3	2	0	14	11	.223
Kinji Uno, Hankyu	47	161	11	35	6	0	0	8	3	.2173
Masato Monzen, Tigers	49	166	18	36	15	1	2	32	1	.2168
Minoru Nomura, Eagles	48	157	18	34	2	1	0	18	2	.2165
Kiyoshi Maeda, Nagoya	47	160	13	34	7	2	0	12	1	.213
Fujio Ueda, Hankyu	54	189	28	40	7	0	0	23	13	.212
Toshihide Hatafuku, Eagles	44	114	8	24	7	1	0	11	1	.211

Player and Team	G	AB	R	H	2B	3B	HR	RBI	SB	AVG
Tsuguo Iwata, Nagoya, Senators	53	162	14	34	2	0	0	15	3	.210
Saburo Nakamura, Dai Tokyo	55	207	14	43	7	4	3	26	3	.208
Muneyoshi Okada, Tigers	51	168	20	34	9	1	1	19	3	.202
Ken Onuki, Senators	43	130	13	26	6	0	0	6	3	.200
Osamu Tsutsui, Kyojin	53	181	21	35	10	0	0	14	7	.193
Sotaro Iemura, Senators	40	110	12	21	6	1	0	11	6	.191
Jiro Ito, Senators	40	126	8	24	3	1	0	12	3	.190
Soji Watanuki, Senators	45	133	9	25	6	1	0	14	1	.188
Takao Tsutsui, Dai Tokyo	38	119	16	22	2	1	0	4	3	.185
Kazuaki Otomo, Dai Tokyo	47	114	19	21	4	2	0	9	7	.184
Shingo Kuramoto, Hankyu	42	131	15	24	4	0	0	13	4	.183
Hidenosuke Shima, Kinko	43	127	26	23	2	5	0	8	17	.181
Shigeta Kobayashi, Kinko	39	128	9	23	5	1	0	18	0	.180
Toichi Yanagisawa, Dai Tokyo	51	150	14	26	5	2	0	9	9	.1733
Tamotsu Uchibori, Kyojin	53	179	17	31	4	0	0	15	3	.1731
Naokazu Haga, Nagoya	53	180	14	31	1	2	0	8	2	.172
Mitsuo Fujinami, Dai Tokyo	55	184	21	29	9	0	0	14	3	.158
Toshikazu Miura, Nagoya	48	143	18	22	2	2	0	7	5	.154
Kazutaka Terauchi, Eagles	51	180	21	26	4	3	0	12	7	.144
Shichiro Yokozawa, Senators	35	102	10	12	1	0	0	2	3	.118

Qualifiers for Earned Run Average Championship

Player and Team	G	IP	W	L	PCT	SO	BB	H	ERA
Eiji Sawamura, Kyojin	30	244	**24**	4	**.857**	**196**	68	138	**0.81**
Masaru Kageura, Tigers	22	106.1	11	5	.688	52	39	72	0.93
Fumio Fujimura, Tigers	12	55.1	4	1	.800	27	19	40	1.30
Victor Starffin, Kyojin	25	147.1	3	4	.765	92	58	100	1.53
Akira Noguchi, Senators	**37**	**257**	19	7	.731	142	85	196	1.58
Takao Misonoo, Tigers	18	113.1	8	3	.727	33	30	95	1.75
Tadashi Wakabayashi, Tigers	21	92	8	2	.800	41	25	85	1.76
Kuranosuke Furuya, Kinko	36	254.2	15	13	.536	95	**145**	182	2.16
Yoshio Kikuya, Tigers, Dai Tokyo	16	94	6	2	.750	49	48	80	2.20
Yukio Nishimura, Tigers	19	116.2	9	3	.750	79	51	101	2.24
Takeo Nakada, Hankyu	14	63.1	5	2	.714	20	30	49	2.27
Hisashi Kondo, Dai Tokyo	28	183	11	10	.524	91	133	140	2.51
Misao Matsumoto, Eagles	12	66.1	1	7	.125	21	31	71	2.58
Michio Shigematsu, Hankyu	23	105.2	6	3	.667	26	76	78	2.64
Minoru Kasamatsu, Hankyu	27	156	7	9	.438	76	86	121	2.711

Part One : 1937 Season

Player and Team	G	IP	W	L	PCT	SO	BB	H	ERA
Hiroki Kinoshita, Nagoya	24	149.1	5	11	.313	53	119	116	2.712
Mitsuhiko Ishida, Hankyu	23	124.1	8	6	.571	56	47	103	2.82
Jiro Ito, Senators	16	97.2	5	7	.417	26	47	79	2.86
Hachiro Maekawa, Kyojin	20	116.2	4	5	.444	45	48	102	3.09
Masayoshi Nakayama, Kinko	24	97	5	7	.417	51	59	80	3.25
Kazuaki Otomo, Dai Tokyo	23	132.1	3	12	.200	48	116	122	3.26
Toshihide Hatafuku, Eagles	32	239	7	**21**	.250	96	119	**225**	3.43
Tsuruo Suzuki, Kinko	20	116	4	7	.364	30	54	109	3.65
Fumisaburo Fujino, Eagles	11	79.1	2	6	.250	31	48	92	3.97
Minoru Tanaka, Nagoya	36	143.1	9	7	.563	33	65	139	4.08
Saburo Asaoka, Senators	23	121	5	12	.294	38	73	107	4.24
Chujiro Endo, Dai Tokyo, Nagoya	11	71.1	4	5	.444	17	43	64	4.29
Shichinosuke Sakurai, Dai Tokyo	19	72	0	5	.000	13	44	87	4.50
Shigeru Morii, Nagoya	19	109.1	3	9	.250	37	55	127	4.94
Masao Furukawa, Eagles	10	43.2	1	3	.250	25	47	42	5.15

Leaders and Award Winners

Home Runs
Kenjiro Matsuki, Tigers—4
Haruyasu Nakajima, Kyojin—4
Saburo Nakamura, Dai Tokyo—3
Kiyoshi Sei, Kinko—3
8 batters—2

Runs Batted In
Masaru Kageura, Tigers—47
Masanobu Yamaguchi, Tigers—44
Koichi Yamashita, Hankyu—34
Masato Monzen, Tigers—32
Kano Omada, Senators—32

Wins
Eiji Sawamura, Kyojin—24

Akira Noguchi, Senators—19
Kuranosuke Furuya, Kinko—15
Victor Starffin, Kyojin—13
Masaru Kageura, Tigers—11
Hisashi Kondo, Dai Tokyo—11

Strikeouts
Eiji Sawamura, Kyojin—196
Akira Noguchi, Senators—142
Toshihide Hatafuku, Eagles—96
Kuranosuke Furuya, Kinko—95
Victor Starffin, Kyojin—92

Most Valuable Player
Eiji Sawamura, Kyojin

FALL SEASON

Team	G	W	L	T	PCT	GB	BA	HR	ERA	E
Osaka Tigers	49	39	9	1	.813	—	.258	13	2.03	65
Tokyo Kyojin	48	30	18	0	.625	9.0	.255	21	2.31	83
Eagles	49	28	19	2	.596	10.5	.247	12	3.26	99
Nagoya Kinko	49	23	25	1	.479	16.0	.230	14	3.40	118
Tokyo Senators	48	20	27	1	.426	18.5	.200	13	3.61	98
Lion	49	19	29	1	.396	20.0	.233	12	4.45	117
Hankyu	49	17	29	3	.370	21.0	.218	19	3.84	103
Nagoya	49	13	33	3	.283	25.0	.222	4	4.00	101

Osaka Tigers manager—Shuichi Ishimoto

Qualifiers for Batting Championship

Player and Team	G	AB	R	H	2B	3B	HR	RBI	SB	AVG
Masaru Kageura, Tigers	38	120	28	40	12	2	3	31	5	**.333**
Kazuo Kito, Lion	49	187	34	60	8	4	2	22	**22**	.321
Fumio Fujimura, Tigers	40	126	20	40	8	4	0	16	1	.317
Koichi Yamashita, Hankyu	48	179	28	56	8	5	3	19	6	.313
Harris McGalliard (a.k.a. "Bucky" Harris), Eagles	49	200	34	**62**	17	2	1	24	7	.310
Yoshio Takahashi, Eagles	49	167	**43**	51	12	2	**6**	28	9	.305
Isamu Fujii, Tigers	49	187	29	56	7	3	1	36	3	.299
Haruyasu Nakajima, Kyojin	40	166	22	49	4	3	5	**37**	9	.295
Yoshio "Kaiser" Tanaka, Tigers	43	148	24	43	8	2	3	27	8	.291
Shigeru Mizuhara, Kyojin	48	176	39	51	10	4	3	31	12	.2897
Masayoshi Ishida, Nagoya	46	145	22	42	6	2	0	7	10	.2896
Toshio Kurosawa, Kinko	48	165	25	46	10	5	2	26	15	.279
Kazutaka Terauchi, Eagles	49	196	36	54	6	1	1	21	7	.276
Masanobu Yamaguchi, Tigers	48	179	41	49	4	2	2	25	14	.274
Hidenosuke Shima, Kinko	48	191	30	52	2	2	1	17	**22**	.272
Kiyoshi Osawa, Nagoya	47	177	14	48	11	2	0	23	2	.271
Tamotsu Uchibori, Kyojin	39	129	17	34	2	0	0	19	4	.264
Osamu Tsutsui, Kyojin	45	167	28	44	7	2	2	23	10	.263
Tamio Nakamura, Senators	44	164	16	43	6	3	2	28	11	.262
Norikazu Mizutani, Lion	49	165	28	43	7	1	2	24	11	.261
Minoru Yamashita, Hankyu	39	105	17	27	4	1	5	29	3	.257
Mamoru Sugitaya, Eagles	49	**204**	17	52	4	2	0	32	0	.255
Fumihito Horio, Hankyu	45	154	16	39	10	0	3	27	5	.253
Kenjiro Matsuki, Tigers	44	192	37	48	7	**6**	3	34	7	.250
Hachiro Maekawa, Kyojin	46	140	36	35	8	0	0	11	4	.250
Shinichi Nakamura, Senators	31	112	26	28	8	1	4	13	16	.250
Kazuji Shiraki, Nagoya	37	100	7	25	4	0	0	5	1	.250
Yukio Eguchi, Kinko	49	197	22	49	3	2	1	15	8	.249
Miyoshi Nakagawa, Eagles	48	161	22	40	7	2	0	22	2	.2484
Toshio Kojima, Eagles	41	145	24	36	7	1	0	28	4	.2482
Toshizo Kobayashi, Kinko	31	101	15	25	1	0	1	20	5	.2475
Takao Nakano, Lion	48	171	14	42	4	2	0	18	3	.246
Kengo Kuroda, Hankyu	49	201	31	49	7	0	2	18	8	.244
Shigeta Kobayashi, Kinko	49	186	19	45	12	0	1	22	8	.242
Muneyoshi Okada, Tigers	46	158	28	38	5	1	0	10	3	.241
Michinori Tsubouchi, Lion	49	199	24	47	6	2	1	23	6	.23618
Kentaro Ito, Kyojin	43	144	20	34	5	0	5	20	3	.23611
Kaichi Masu, Nagoya	41	131	17	30	2	3	1	8	4	.229
Toshio Shiraishi, Kyojin	48	193	28	44	3	3	1	15	5	.228

Player and Team	G	AB	R	H	2B	3B	HR	RBI	SB	AVG
Saburo Miyatake, Hankyu	33	115	10	26	5	0	2	16	2	.226
Sotaro Iemura, Senators	41	115	12	26	4	0	1	11	3	.226
Hisanori Karita, Senators	48	187	32	42	6	2	3	18	13	.225
Ryohei Igaue, Tigers	47	187	29	42	6	4	0	26	3	.225
Naokazu Haga, Nagoya	30	114	7	25	6	0	0	6	1	.2192
Mitsuo Fujinami, Lion	42	137	14	30	4	2	1	10	4	.2189
Tokichi Ishimaru, Nagoya	49	197	20	43	2	4	1	7	2	.218
Teruo Aihara, Kinko	49	148	23	32	6	1	0	17	7	.216
Shigeo Kojima, Nagoya	43	135	11	29	10	1	1	14	1	.2148
Fujio Nagasawa, Kyojin	47	177	29	38	4	5	3	25	3	.21468
Kano Omoda, Senators	48	191	25	41	8	3	2	20	9	.21465
Makio Yano, Kinko	47	157	26	33	4	1	1	17	10	.210
Toshikazu Miura, Nagoya	44	159	9	33	3	2	0	4	5	.208
Toichi Yanagisawa, Lion	46	141	16	29	2	2	0	11	13	.206
Susumu Urushibara, Eagles	49	146	15	30	3	1	0	8	2	.2054
Masao Nishimura, Hankyu	39	117	16	24	3	0	0	6	9	.2051
Kazuaki Otomo, Lion	46	148	33	30	6	3	1	15	6	.203
Kiyoshi Sei, Kinko	46	149	20	30	5	3	3	18	3	.201
Yasuji Hondo, Tigers	37	123	20	24	3	0	0	9	5	.195
Shigeru Takagi, Nagoya	43	115	9	22	2	3	0	9	7	.191
Kiyomitsu Nogami, Hankyu	41	123	11	22	2	0	0	12	3	.179
Shichiro Yokozawa, Senators	41	124	17	22	3	1	0	9	2	.177
Naoto Asahara, Lion	37	139	19	24	5	4	2	25	4	.173
Akira Noguchi, Senators	42	124	11	20	2	1	1	12	2	.161

Qualifiers for Earned Run Average Championship

Pitcher and Team	G	IP	W	L	PCT	SO	BB	H	ERA
Yukio Nishimura, Tigers	25	182.1	15	3	.833	103	76	131	**1.48**
Victor Starffin, Kyojin	26	164.2	15	7	.682	95	51	115	1.85
Miyoshi Nakagawa, Eagles	20	154	13	5	.722	58	63	126	2.05
Takao Misonoo, Tigers	15	101	11	0	**1.000**	37	31	88	2.32
Yoshio Kikuya, Lion	29	204	13	10	.565	97	**123**	147	2.34
Eiji Sawamura, Kyojin	20	140	9	6	.600	**129**	53	99	2.38
Tsuruo Suzuki, Kinko	23	152	9	7	.563	47	67	143	2.43
Tadashi Wakabayashi, Tigers	19	104.2	9	4	.692	35	25	95	2.49
Kenichi Aoshiba, Kyojin	13	53.1	2	1	.667	19	18	35	2.67
Mitsuhiko Ishida, Hankyu	20	114	5	4	.556	46	53	96	2.76
Akira Noguchi, Senators	**33**	**235.1**	15	15	.500	81	92	**223**	2.90
Takeo Nakada, Hankyu	15	99	3	9	.250	36	44	86	3.090
Kuranosuke Furuya, Kinko	20	95.1	7	4	.636	47	65	75	3.093
Shigeru Morii, Nagoya	27	149.2	5	11	.313	40	51	150	3.36
Fumisaburo Fujino, Eagles	12	54.2	3	2	.600	20	37	46	3.44

Pitcher and Team	G	IP	W	L	PCT	SO	BB	H	ERA
Kozo Matsuo, Nagoya	14	81	3	6	.333	43	61	63	3.56
Toshihide Hatafuku, Eagles	29	196	12	11	.522	84	95	186	3.58
Chitoji Maruo, Hankyu	15	96.2	3	7	.300	46	56	72	3.62
Saburo Asaoka, Senators	20	105.2	3	8	.273	33	60	91	3.65
Minoru Tanaka, Nagoya	15	61.1	2	1	.667	11	36	64	3.92
Hiroki Kinoshita, Nagoya	13	60.2	2	5	.286	21	52	53	3.98
Masayoshi Nakayama, Kinko	19	113	7	9	.438	62	84	95	4.14
Mitsuhiko Matsumoto, Kinko	13	60.2	0	4	.000	18	52	52	4.28
Jiro Ito, Senators	14	58.2	2	3	.400	16	40	59	5.19
Minoru Kasamatsu, Hankyu	20	69.2	3	7	.300	43	52	79	5.40
Shichinosuke Sakurai, Lion	20	103.1	2	3	.400	40	78	119	5.80
Hisashi Kondo, Lion	21	91.1	3	11	.214	37	70	90	5.87
Sakae Shigeri, Nagoya	13	52.1	1	8	.111	19	45	57	6.11
Michio Shigematsu, Hankyu	11	40	1	2	.333	12	22	51	7.20

Leaders and Award Winners

Home Runs
Yoshio Takahashi, Eagles—6
Kentaro Ito, Kyojin—5
Haruyasu Nakajima, Kyojin—5
Minoru Yamashita, Hankyu—5
Shinichi Nakamura, Senators—4

Runs Batted In
Haruyasu Nakajima, Kyojin—37
Isamu Fujii, Tigers—36
Kenjiro Matsuki, Tigers—34
Mamoru Sugitaya, Eagles—32
Masaru Kageura, Tigers—31
Shigeru Mizuhara, Kyojin—31

Wins
Yukio Nishimura, Tigers—15
Akira Noguchi, Senators—15
Victor Starffin, Kyojin—15
Yoshio Kikuya, Lion—13
Miyoshi Nakagawa, Eagles—13

Strikeouts
Eiji Sawamura, Kyojin—129
Yukio Nishimura, Tigers—103
Yoshio Kikuya, Lion—97
Victor Starffin, Kyojin—95
Toshihide Hatafuku, Eagles—84

Most Valuable Player
Harris McGalliard (a.k.a. "Bucky" Harris), Eagles

1938 SEASON

SPRING SEASON

Team	G	W	L	T	PCT	GB	BA	HR	ERA	E
Osaka Tigers	35	29	6	0	.829	—	.268	12	2.05	50
Tokyo Kyojin	35	24	11	0	.686	5.0	.250	7	2.69	48
Hankyu	35	21	13	1	.618	7.5	.225	7	2.13	55
Eagles	35	18	15	2	.545	10.0	.229	11	2.45	46
Tokyo Senators	35	13	21	1	.382	15.5	.217	7	3.58	71
Nagoya Kinko	35	13	22	0	.371	16.0	.213	4	4.28	82
Nagoya	35	11	24	0	.314	18.0	.216	5	3.49	86
Lion	35	9	26	0	.257	20.0	.211	8	3.71	79

Osaka Tigers manager—Shuichi Ishimoto

Qualifiers for Batting Championship

Player and Team	G	AB	R	H	2B	3B	HR	RBI	SB	AVG
Haruyasu Nakajima, Kyojin	35	145	19	50	7	1	1	25	2	**.345**
Kaichi Masu, Nagoya	34	109	19	36	4	0	0	9	2	.330
Masayoshi Ishida, Nagoya	35	111	17	36	2	1	0	7	11	.3243
Harris McGalliard (a.k.a. "Bucky" Harris), Eagles	35	139	21	45	5	1	6	24	3	.3237
Kentaro Ito, Kyojin	30	103	17	33	5	2	1	16	2	.320
Toshio Shiraishi, Kyojin	32	129	18	39	6	2	1	18	8	.302
Fumio Fujimura, Tigers	35	**146**	**32**	44	7	6	0	20	4	.301
Masanobu Yamaguchi, Tigers	33	117	23	35	3	1	0	8	5	.2991
Hisanori Karita, Senators	35	134	31	40	**11**	0	5	15	7	.2985
Shigeru Chiba, Kyojin	34	122	18	36	4	**7**	0	17	2	.295
Kano Omoda, Senators	31	121	10	35	4	2	1	20	2	.289
Fumihito Horio, Hankyu	32	121	17	35	2	3	1	15	7	.289
Masao Nishimura, Hankyu	35	123	25	35	2	2	0	4	4	.285
Yuki Nakane, Eagles	35	127	22	36	5	1	1	8	4	.2834
Masaru Kageura, Tigers	31	120	19	34	6	0	5	**31**	0	.2833
Shigeta Kobayashi, Kinko	35	142	17	40	7	2	1	25	4	.282
Miyoshi Nakagawa, Eagles	32	111	6	30	0	0	0	18	2	.270
Masaki Yoshihara, Kyojin	34	102	18	27	1	1	3	14	4	.265
Kenjiro Matsuki, Tigers	34	130	17	34	4	3	3	27	2	.262
Mamoru Sugitaya, Eagles	32	115	7	30	2	0	0	10	0	.261
Ryohei Igaue, Tigers	34	125	19	32	6	1	1	16	1	.256
Yukio Eguchi, Kinko	35	129	21	33	1	1	0	11	**14**	.2558
Michinori Tsubouchi, Lion	35	137	21	35	3	1	1	13	6	.255
Mitsuo Kitaura, Senators	35	131	17	32	4	0	0	14	6	.244
Susumu Urushibara, Eagles	35	104	19	25	4	0	1	7	8	.240

Player and Team	G	AB	R	H	2B	3B	HR	RBI	SB	AVG
Yoshio Gomi, Kinko	34	130	25	31	7	2	2	14	13	.2384
Soji Watanuki, Senators	35	126	11	30	5	1	0	18	2	.2380
Kengo Kuroda, Hankyu	35	138	21	32	6	0	4	20	4	.232
Kiyoshi Osawa, Nagoya	34	118	15	27	4	2	1	19	1	.229
Muneyoshi Okada, Tigers	33	101	16	23	2	0	0	12	7	.228
Tsunesuke Sasaki, Kinko	35	109	15	24	2	2	0	5	8	.220
Fujio Ueda, Hankyu	30	110	20	24	1	0	0	9	4	.218
Kazutaka Terauchi, Eagles	33	126	18	27	5	0	2	10	3	.214
Kinji Uno, Hankyu	33	105	10	22	0	0	0	8	4	.210
Norikazu Mizutani, Lion	34	115	10	24	3	1	1	11	2	.209
Kiyoshi Sei, Kinko	35	115	12	24	1	3	0	12	1	.209
Kazuaki Otomo, Lion	33	125	9	25	5	3	1	14	3	.200
Kazuji Shiraki, Nagoya	31	120	10	24	2	0	1	17	0	.200
Shigeru Mizuhara, Kyojin	34	120	19	24	4	0	0	13	5	.200
Jiro Ito, Senators	32	111	16	22	5	0	0	8	5	.198
Takao Nakano, Lion	35	107	6	20	4	1	0	4	2	.187
Fujio Nagasawa, Kyojin	35	116	16	21	0	1	1	18	2	.181
Shichinosuke Sakurai, Lion	34	123	10	22	3	1	1	10	1	.179
Toshikazu Miura, Nagoya	33	109	11	19	3	0	2	15	3	.174
Ichizo Murase, Nagoya	35	112	10	17	1	2	1	11	4	.152
Kiyoshi Yamada, Eagles	35	112	4	12	0	0	0	4	2	.107

Qualifiers for Earned Run Average Championship

Player and Team	G	IP	W	L	PCT	SO	BB	H	ERA
Yukio Nishimura, Tigers	19	129.1	11	4	.733	65	66	111	**1.52**
Kashiwa Odano, Hankyu	10	63.2	3	2	.600	14	35	43	1.69
Takao Misonoo, Tigers	16	87.2	10	1	**.909**	32	30	68	1.74
Victor Starffin, Kyojin	24	158.2	**14**	3	.824	76	57	106	2.04
Michio Nishizawa, Nagoya	12	57	3	4	.429	11	35	38	2.05
Tadashi Kameda, Eagles	**29**	**187.2**	12	9	.571	**137**	**143**	105	2.06
Tetsuharu Kawakami, Kyojin	11	59.2	2	2	.500	23	26	55	2.55
Masayoshi Nakayama, Kinko	19	125.2	8	7	.533	57	79	96	2.86
Saburo Asaoka, Senators	21	137.2	8	9	.471	39	55	133	2.93
Hisashi Kondo, Lion	16	105.1	2	5	.286	44	64	107	3.06
Mitsuhiko Ishida, Hankyu	12	74	5	4	.556	29	37	53	3.16
Shigeru Morii, Nagoya	18	101	4	9	.308	30	36	104	3.48
Hiroshi Kaneko, Senators	18	95.1	4	6	.400	28	56	87	3.56
Hachiro Maekawa, Kyojin	13	52.1	6	3	.667	28	34	45	3.57
Kozo Matsuo, Nagoya	17	101.1	3	8	.273	59	77	89	3.79
Masao Furukawa, Eagles	11	63.2	3	5	.375	15	40	61	4.08
Yoshio Kikuya, Lion	26	167.1	7	**18**	.280	80	120	**158**	4.18
Kuranosuke Furuya, Kinko	12	73.1	3	6	.333	17	51	85	4.50
Tsuruo Suzuki, Kinko	13	56.1	1	6	.143	23	36	69	5.53

Leaders and Award Winners

Home Runs
Harris McGalliard (a.k.a. "Bucky" Harris), Eagles—6
Masaru Kageura, Tigers—5
Hisanori Karita, Senators—5
Kengo Kuroda, Hankyu—4
Kenjiro Matsuki, Tigers—3
Masaki Yoshihara, Kyojin—3

Runs Batted In
Masaru Kageura, Tigers—31
Kenjiro Matsuki, Tigers—27
Shigeta Kobayashi, Kinko—25
Haruyasu Nakajima, Kyojin—25
Harris McGalliard (a.k.a "Bucky" Harris), Eagles—24

Wins
Victor Starffin, Kyojin—14
Tadashi Kameda, Eagles—12
Yukio Nishimura, Tigers—11
Takao Misonoo, Tigers—10
Saburo Asaoka, Senators—8
Masayoshi Nakayama, Kinko—8

Strikeouts
Tadashi Kameda, Eagles—137
Yoshio Kikuya, Lion—80
Victor Starffin, Kyojin—76
Yukio Nishimura, Tigers—65
Kozo Matsuo, Nagoya—59

Most Valuable Player
Hisanori Karita, Senators

FALL SEASON

Team	G	W	L	T	PCT	GB	BA	HR	ERA	E
Tokyo Kyojin	40	30	9	1	.769	—	.241	22	2.04	72
Osaka Tigers	40	27	13	0	.675	3.5	.254	11	2.46	75
Hankyu	40	21	17	2	.553	8.5	.233	16	3.13	60
Nagoya	40	19	18	3	.514	10.0	.211	12	3.34	98
Tokyo Senators	40	19	20	1	.487	11.0	.222	16	3.99	74
Lion	40	19	20	1	.487	11.0	.216	9	2.62	85
Eagles	40	15	20	5	.429	13.0	.180	13	2.30	67
Nankai	40	11	26	3	.297	18.0	.202	5	2.82	76
Nagoya Kinko	40	11	29	0	.275	19.5	.209	6	3.73	81

Tokyo Kyojin manager—Sadayoshi Fujimoto

Qualifiers for Batting Championship

Player and Team	G	AB	R	H	2B	3B	HR	RBI	SB	AVG
Haruyasu Nakajima, Kyojin	38	155	30	56	7	2	10	38	3	.361
Harris McGalliard (a.k.a. "Bucky" Harris), Eagles	40	153	17	49	5	3	5	23	6	.320
Kano Omoda, Senators	40	150	21	45	10	0	1	23	5	.300
Kinji Nakamura, Nankai	37	131	13	38	5	1	2	16	1	.290
Kentaro Ito, Kyojin	40	149	18	43	7	1	4	25	2	.289
Kaichi Masu, Nagoya	40	144	20	41	7	1	1	13	8	.285
Kengo Kuroda, Hankyu	40	168	29	47	5	3	4	19	12	.280
Kenjiro Matsuki, Tigers	37	135	35	37	4	1	4	22	5	.274
Kiyoshi Osawa, Nagoya	40	147	17	40	4	1	0	24	7	.272
Tetsuharu Kawakami, Kyojin	39	133	24	35	3	3	3	24	2	.263

Player and Team	G	AB	R	H	2B	3B	HR	RBI	SB	AVG
Fumio Fujimura, Tigers	40	164	25	43	**11**	3	1	34	4	.262
Ryohei Igaue, Tigers	37	138	24	36	8	0	1	24	3	.261
Fujio Ueda, Hankyu	40	138	24	36	6	3	1	24	3	.261
Masanobu Yamaguchi, Tigers	37	131	23	34	4	2	0	22	12	.260
Toshio Ohara, Hankyu	36	113	9	29	1	2	1	12	1	.257
Kazuji Shiraki, Nagoya	33	121	10	31	4	1	1	17	2	.256
Hachiro Okano, Kinko	40	153	15	39	4	0	0	11	15	.255
Kazuo Kito, Lion	40	146	20	36	3	1	1	18	2	.247
Norikazu Mizutani, Lion	38	142	16	35	1	1	0	19	6	.246
Chujiro Endo, Senators	36	132	13	32	5	1	5	21	2	.242
Fumihito Horio, Hankyu	26	103	17	24	6	3	2	20	4	.233
Jiro Moriguchi, Senators	34	116	21	27	2	0	1	9	10	.2327
Hisanori Karita, Senators	40	151	31	35	3	2	3	13	8	.232
Tsunesuke Sasaki, Kinko	40	153	23	35	5	1	1	4	**20**	.229
Shigeta Kobayashi, Kinko	38	149	14	34	6	1	1	17	8	.228
Kenjiro Imaoka, Senators	36	132	18	30	6	1	2	13	5	.2272
Hideo Suzuki, Nagoya	40	119	24	27	3	3	2	11	10	.2268
Shigeo Mukasa, Kinko	39	115	9	26	3	2	0	7	2	.226
Shigeru Chiba, Kyojin	40	142	29	32	4	1	2	18	6	.225
Den Yamada, Hankyu	40	148	23	33	4	2	1	10	7	.223
Yutaka Muroi, Lion	33	115	10	25	4	1	1	12	4	.217
Koichi Yamashita, Hankyu	33	111	9	24	2	1	1	15	7	.216
Osamu Mihara, Kyojin	37	144	21	31	8	2	0	13	9	.2152
Yuki Nakane, Eagles	37	135	20	29	7	2	3	12	11	.2148
Momosuke Takano, Nankai	40	131	15	28	7	2	1	15	8	.214
Michinori Tsubouchi, Lion	40	**174**	29	37	4	1	2	14	5	.213
Masao Nakano, Nankai	40	144	10	29	4	0	0	10	8	.201
Shingo Kuramoto, Nagoya	40	132	17	26	6	0	3	17	0	.1969
Kiyoshi Sei, Kinko	38	127	14	25	3	1	2	15	7	.1968
Masaki Yoshihara, Kyojin	40	129	18	25	1	0	0	11	5	.1937
Daichi Kaino, Nagoya	40	155	19	30	3	2	0	12	6	.1935
Kinji Uno, Hankyu	39	135	8	26	2	2	1	5	4	.193
Toshiro Nishibata, Nankai	39	141	14	27	1	0	0	9	14	.191
Toshio Shiraishi, Kyojin	40	162	24	29	3	2	0	12	5	.179
Ichizo Murase, Nagoya	39	119	5	21	2	1	1	10	6	.176
Yoshio Gomi, Kinko	34	113	10	19	4	0	0	6	4	.168
Mamoru Sugitaya, Eagles	34	105	6	17	1	1	0	4	0	.162
Miyoshi Nakagawa, Eagles	31	107	9	17	1	0	0	6	1	.159
Goro Kobayashi, Nankai	40	140	12	22	3	0	0	9	5	.157
Kozo Aoki, Senators	37	116	8	18	3	3	1	10	0	.155
Kiyoshi Yamada, Eagles	37	103	11	15	0	0	0	8	3	.146
Minoru Nomura, Eagles	40	153	17	21	1	0	1	5	0	.137
Susumu Urushibara, Eagles	39	112	6	14	0	0	1	8	2	.125

Player and Team	G	AB	R	H	2B	3B	HR	RBI	SB	AVG
Toshikazu Miura, Nagoya	39	131	13	16	3	0	1	7	7	.122
Kazutaka Terauchi, Eagles	32	115	11	13	1	0	1	9	2	.113

Triples Leader—Yoshio Kikuya, Lion—4

Qualifiers for Earned Run Average Championship

Player and Team	G	IP	W	L	PCT	SO	BB	H	ERA
Victor Starffin, Kyojin	24	**197.2**	19	2	**.905**	146	59	111	**1.05**
Shigeru Mizuhara, Kyojin	11	82	8	2	.800	44	37	46	1.76
Miyoshi Nakagawa, Eagles	12	90.1	5	2	.714	51	31	72	1.98
Takao Misonoo, Tigers	19	134.1	11	5	.688	59	47	110	2.20
Yoshikichi Miyaguchi, Nankai	20	147.2	6	11	.353	69	94	114	2.25
Mitsuhiko Ishida, Hankyu	16	113	7	6	.538	51	45	80	2.39
Yoshio Kikuya, Lion	25	177.1	9	9	.500	109	119	125	2.477
Yukio Nishimura, Tigers	20	137.2	9	2	.818	58	72	115	2.478
Tadashi Kameda, Eagles	23	169.2	7	10	.412	131	**127**	109	2.54
Hisashi Kondo, Lion	17	90.2	5	6	.455	51	46	68	2.67
Michio Shigematsu, Hankyu	10	70.1	4	2	.667	19	32	51	2.79
Kazuaki Otomo, Lion	16	92.1	5	5	.500	42	52	58	2.81
Kozo Matsuo, Nagoya	**27**	171.1	12	8	.600	101	90	**142**	2.93
Iwao Masano, Nankai	15	98	4	7	.364	33	65	84	2.94
Kuranosuke Furuya, Kinko	18	96.2	1	7	.125	43	61	84	3.06
Yoshitaro Suzuki, Nankai	11	69.1	1	5	.167	23	28	64	3.21
Hiroshi Kaneko, Senators	24	136.2	9	9	.500	61	79	115	3.28
Minoru Tanaka, Nagoya	10	34.2	0	2	.000	8	14	30	3.34
Masayoshi Nakayama, Kinko	24	134.1	6	**13**	.316	76	85	113	3.60
Saburo Asaoka, Senators	19	104.1	7	5	.583	39	48	94	3.60
Jiro Ito, Senators	16	81	3	3	.500	14	42	78	3.67
Saburo Miyatake, Hankyu	13	99.1	6	4	.600	34	56	76	3.69
Michio Nishizawa, Nagoya	15	73.2	3	4	.429	24	38	76	3.77
Sukesaburo Tsunekawa, Kinko	19	111	4	9	.308	23	62	127	4.14
Hachiro Maekawa, Kyojin	14	62.1	3	4	.429	15	17	65	5.43

Leaders and Award Winners

Home Runs
Haruyasu Nakajima, Kyojin—10
Chujiro Endo, Senators—5
Harris McGalliard (a.k.a. "Bucky" Harris), Eagles—5
Kentaro Ito, Kyojin—4
Kengo Kuroda, Hankyu—4
Kenjiro Matsuki, Tigers—4

Runs Batted In
Haruyasu Nakajima, Kyogin—38
Fumio Fujimura, Tigers—34
Kentaro Ito, Kyojin—25
Ryohei Igaue, Tigers—24
Tetsuharu Kawakami, Kyojin—24
Kiyoshi Osawa, Nagoya—24

Leaders and Award Winners

Wins
Victor Starffin, Kyojin—19
Kozo Matsuo, Nagoya—12
Takao Misonoo, Tigers—11
Hiroshi Kaneko, Senators—9
Yoshio Kikuya, Lion—9
Yukio Nishimura, Tigers—9

Strikeouts
Victor Starffin, Kyojin—146
Tadashi Kameda, Eagles—131
Yoshio Kikuya, Lion—109
Kozo Matsuo, Nagoya—101
Masayoshi Nakayama, Kinko—76

Most Valuable Player
Haruyasu Nakajima, Kyojin

1939 SEASON

Team	G	W	L	T	PCT	GB	BA	HR	ERA	E
Tokyo Kyojin	96	66	26	4	.717	—	.266	26	2.07	137
Osaka Tigers	96	63	30	3	.677	3.5	.239	32	2.02	131
Hankyu	96	58	36	2	.617	9.0	.234	11	2.16	135
Tokyo Senators	96	49	38	9	.563	14.5	.203	12	2.21	158
Nankai	96	40	50	6	.444	25.0	.230	15	2.51	169
Nagoya	96	38	53	5	.418	27.5	.216	19	2.44	160
Nagoya Kinko	96	36	56	4	.391	30.0	.204	13	2.86	187
Lion	96	33	58	5	.363	32.5	.217	8	3.11	224
Eagles	96	29	65	2	.309	38.0	.200	20	3.17	203

Tokyo Kyojin manager—Sadayoshi Fujimoto

Qualifiers for Batting Championship

Player and Team	G	AB	R	H	2B	3B	HR	RBI	SB	AVG
Tetsuharu Kawakami, Kyojin	94	343	60	**116**	17	**12**	4	**75**	8	**.338**
Kiyoshi Osawa, Nagoya	93	345	33	107	12	3	2	46	13	.310
Kikuji Hirayama, Kyojin	88	270	37	83	11	6	0	42	20	.307
Shigeru Chiba, Kyojin	95	354	60	108	7	3	3	51	12	.305
Kazuo Kito, Lion	94	365	32	111	15	6	2	48	18	.304
Kenjiro Matsuki, Tigers	93	357	63	102	15	8	1	41	23	.286
Kazuto Tsuruoka (a.k.a. Yamamoto), Nankai	92	330	54	94	13	9	**10**	55	21	.285
Miyoshi Nakagawa, Eagles	78	291	23	82	7	2	0	26	10	.282
Haruyasu Nakajima, Kyojin	96	**396**	57	110	**22**	8	6	58	15	.278
Kano Omoda, Senators	96	366	39	101	16	4	4	56	10	.276
Koichi Yamashita, Hankyu	91	328	44	90	13	2	1	45	17	.274

Part One : 1939 Season

Player and Team	G	AB	R	H	2B	3B	HR	RBI	SB	AVG
Norikazu Mizutani, Lion	96	359	48	97	13	7	2	39	21	.2701
Shoichi Kunihisa, Nankai	94	356	43	96	12	11	1	30	26	.2696
Fujio Ueda, Hankyu	91	316	40	85	12	4	0	44	16	.269
Achirano Rivera, Kyojin	76	257	35	69	10	4	6	42	4	.268
Shoji Kato, Nagoya	90	329	35	87	15	7	6	44	11	.264
Toshio Shiraishi, Kyojin	95	359	**73**	94	17	4	3	34	28	.262
Yasuji Hondo, Tigers	74	292	43	76	9	6	5	36	11	.260
Masato Monzen, Tigers	91	324	39	84	13	9	5	53	6	.259
Masaru Kageura, Tigers	74	267	33	69	17	1	9	38	6	.258
Den Yamada, Hankyu	94	370	61	95	10	3	1	17	**30**	.257
Kinji Nakamura, Nankai	83	270	28	69	9	2	0	31	6	.256
Kaichi Masu, Nagoya	90	319	46	81	6	2	1	25	12	.254
Kuranosuke Furuya, Kinko	80	221	13	56	8	2	2	21	3	.253
Jiro Noguchi, Senators	92	346	31	87	11	3	0	26	14	.251
Fumihito Horio, Tigers	96	**396**	61	98	12	5	7	57	17	.247
Toshiaki Okamura, Nankai	88	304	44	74	12	3	0	38	20	.243
Masaki Yoshihara, Kyojin	89	294	38	71	14	1	1	25	7	.2414
Takayoshi Nomura, Kinko	92	332	36	80	13	6	1	34	22	.2409
Shigeru Mizuhara, Kyojin	96	358	61	86	13	3	2	40	15	.2402
Ryohei Igaue, Tigers	95	363	33	87	21	3	1	39	6	.2396
Yoshitsugu Yoshikawa, Nankai	62	200	20	47	12	0	2	21	4	.235
Masao Nishimura, Hankyu	87	304	47	70	5	2	0	16	23	.230
Goro Kobayashi, Nankai	96	337	37	77	7	2	0	34	11	.22848
Sadayuki Minagawa, Tigers	88	267	40	61	6	1	0	20	10	.22846
Michinori Tsubouchi, Lion	96	395	50	89	10	2	1	27	11	.225
Shigeta Kobayashi, Kinko	88	329	27	73	12	2	3	26	7	.222
Isaburo Hirai, Nankai	95	354	47	78	7	4	2	21	18	.2203
Toshio Tamakoshi, Lion	85	318	35	70	6	8	1	19	13	.2201
Hisanori Karita, Senators	96	367	63	80	8	2	4	21	27	.2179
Kengo Kuroda, Hankyu	74	262	30	57	11	0	1	32	13	.2175
Michinobu Nakada, Nankai	86	245	25	52	3	2	0	19	7	.212
Masayoshi Ishida, Nagoya	81	299	36	63	9	0	0	14	16	.211
Saburo Asaoka, Senators	85	263	31	55	6	3	3	22	5	.209
Ichizo Murase, Nagoya	96	337	50	70	10	5	1	20	28	.208
Kazutaka Terauchi, Eagles	93	345	44	71	17	9	4	24	3	.206
Tsunesuke Sasaki, Kinko	87	317	29	65	5	3	1	15	25	.205
Tsuruji Yanagi, Senators	96	348	28	71	13	2	0	25	3	.204
Kenichi Ota, Eagles	94	295	22	60	7	0	0	21	10	.203
Takeshi Hibino, Hankyu	75	242	23	49	6	0	3	26	5	.20247

Player and Team	G	AB	R	H	2B	3B	HR	RBI	SB	AVG
Toshiyuki Okamoto, Lion	75	247	19	50	4	2	0	28	6	.20242
Nobuhiko Tomimatsu, Tigers	85	240	42	48	6	6	2	20	14	.200
Saburo Nakamura, Nagoya	89	283	21	55	13	1	4	27	5	.194
Yoshio Gomi, Kinko	88	293	37	56	2	4	0	19	**30**	.191
Hisatoshi Yamamoto, Lion	75	217	23	41	4	1	0	11	6	.189
Toshikazu Miura, Nagoya	83	279	16	52	5	4	1	23	20	.186
Goro Fushimi, Eagles	66	225	12	41	4	3	0	4	5	.1822
Mamoru Sugitaya, Eagles	81	258	21	47	3	0	1	12	5	.1821
Takeo Sato, Senators	89	303	10	55	11	0	1	27	1	.1815
Shichiro Yokozawa, Senators	96	342	33	62	5	2	0	24	8	.181
Kiyoshi Sei, Kinko	96	282	27	50	4	2	1	17	13	.177
Jinkichi Ito, Hankyu	69	208	24	36	5	1	0	18	7	.173
Naokazu Haga, Nagoya	91	315	22	54	3	1	1	24	9	.171
Susumu Urushibara, Eagles	61	200	18	34	6	2	2	12	5	.170
Toshiro Nishibata, Lion	87	283	21	48	2	0	0	17	11	.1696
Masafumi Kinoshita, Eagles	65	201	11	33	5	1	2	17	1	.164
Kiyoshi Yamada, Eagles	75	214	21	32	6	2	1	18	2	.150
Yoshizo Oribe, Senators	80	240	15	28	4	0	0	13	4	.117

Qualifiers for Earned Run Average Championship

Player and Team	G	IP	W	L	PCT	SO	BB	H	ERA
Tadashi Wakabayashi, Tigers	48	330	28	7	.800	99	91	248	**1.09**
Satoshi Takahashi, Hankyu	37	242	17	10	.630	65	52	165	1.60
Victor Starffin, Kyojin	68	458.1	**42**	15	.737	**282**	156	316	1.73
Takao Misonoo, Tigers	21	160.1	14	3	**.824**	66	41	112	1.96
Masayoshi Nakayama, Kinko	60	379.2	25	21	.543	178	175	281	2.036
Jiro Noguchi, Senators	**69**	**459**	33	19	.635	221	108	**364**	2.039
Michio Shigematsu, Hankyu	33	199.2	13	12	.520	70	66	152	2.16
Iwao Masano, Nankai	46	341.1	18	19	.486	97	181	253	2.21
Sakae Shigeri, Nagoya	40	260.1	14	18	.438	77	125	232	2.31
Yukio Nishimura, Tigers	29	167.1	11	9	.550	89	72	139	2.41
Kuranosuke Furuya, Kinko	45	244	7	18	.280	107	129	206	2.43
Kozo Matsuo, Nagoya	38	192.2	8	13	.381	101	133	164	2.56
Teruzo Nakao, Kyojin	39	224	12	5	.706	137	174	153	2.61
Isamu Fukushi, Lion	52	294	12	19	.387	79	140	241	2.82
Yoshio Kikuya, Lion	55	335	16	21	.432	151	209	277	2.96

Player and Team	G	IP	W	L	PCT	SO	BB	H	ERA
Junichi Mochizuki, Eagles	46	295.2	8	**27**	.229	120	166	278	3.01
Tadashi Kameda, Eagles	55	371	14	**27**	.341	208	**280**	306	3.08
Yoshikichi Miyaguchi, Nankai	47	234.1	10	13	.435	89	141	201	3.10

Leaders and Award Winners

Home Runs
Kazuto Tsuruoka (a.k.a. Yamamoto) Nankai—10
Masaru Kageura, Tigers—9
Fumihito Horio, Tigers—7
Shoji Kato, Nagoya—6
Haruyasu Nakajima, Kyojin—6
Achirano Rivera, Kyojin—6

Runs Batted In
Tetsuharu Kawakami, Kyojin—75
Haruyasu Nakajima, Kyojin—58
Fumihito Horio, Tigers—57
Kano Omada, Senators—56
Kazuto Tsuruoka (a.k.a. Yamamoto) Nankai—55

Wins
Victor Starffin, Kyojin—42
Jiro Noguchi, Senators—33
Tadashi Wakabayashi, Tigers—28
Masayoshi Nakayama, Kinko—25
Iwao Masano, Nankai—18

Strikeouts
Victor Starffin, Kyojin—282
Jiro Noguchi, Senators—221
Tadashi Kameda, Eagles—208
Masayoshi Nakayama, Kinko—178
Yoshio Kikuya, Lion—151

Most Valuable Player
Victor Starffin, Kyojin

1940 SEASON

Team	G	W	L	T	PCT	GB	BA	HR	ERA	E
Tokyo Kyojin	104	76	28	0	.731	—	.237	23	1.56	162
Hanshin	104	64	37	3	.634	10.5	.223	13	1.66	155
Hankyu	104	61	38	5	.616	12.5	.214	9	1.57	167
Tsubasa	105	56	39	10	.589	15.5	.206	17	2.00	183
Nagoya	104	58	41	5	.586	15.5	.191	12	1.90	171
Kurowashi	104	46	54	4	.460	28.0	.197	9	2.24	162
Nagoya Kinko	104	34	63	7	.351	38.5	.200	14	2.98	193
Nankai	105	28	71	6	.283	45.5	.196	6	2.44	253
Lion	104	24	76	4	.240	50.0	.187	3	2.76	214

Tokyo Kyojin manager—Sadayoshi Fujimoto

Qualifiers for Batting Championship

Player and Team	G	AB	R	H	2B	3B	HR	RBI	SB	AVG
Kazuo Kito, Lion	102	386	34	**124**	22	**13**	1	46	13	**.321**
Tetsuharu Kawakami, Kyojin	104	392	51	122	23	9	**9**	66	7	.311

Player and Team	G	AB	R	H	2B	3B	HR	RBI	SB	AVG
Yoshio "Kaiser" Tanaka, Hanshin	101	368	46	108	13	5	0	42	11	.293
Shigeru Chiba, Kyojin	90	320	51	90	9	4	3	38	16	.281
Den Yamada, Hankyu	99	379	38	103	11	1	1	34	13	.272
Shigeta Kobayashi, Tsubasa	90	321	33	85	10	4	4	49	12	.265
Toshio Shiraishi, Kyojin	104	390	**70**	103	17	6	1	40	24	.2641
Haruyasu Nakajima, Kyojin	103	**402**	43	106	24	6	4	**67**	9	.2636
Jiro Noguchi, Tsubasa	96	335	32	87	6	2	0	34	17	.260
Ryohei Igaue, Hanshin	94	323	50	83	17	2	3	37	13	.257
Fujio Ueda, Hankyu	95	349	37	86	5	5	1	23	20	.246
Yasuji Hondo, Hanshin	101	391	52	95	**26**	5	3	36	18	.243
Fumihito Horio, Hanshin	98	395	55	95	22	2	3	38	29	.241
Shigeru Mizuhara, Kyojin	86	332	42	79	9	3	1	22	9	.238
Kenjiro Matsuki, Hanshin	98	330	44	78	5	7	2	32	14	.236
Wataru Nonin, Kinko	100	378	39	89	16	5	4	45	13	.235
Masaki Yoshihara, Kyojin	104	330	50	76	8	2	1	27	30	.230
Miyoshi Nakagawa, Kurowashi	100	371	34	85	11	3	1	24	5	.229
Hideo Shimizu, Nankai	92	317	24	72	9	10	2	32	3	.2271
Kiyoshi Osawa, Nagoya	103	348	39	79	9	5	2	39	18	.227
Minoru Morita, Kinko	104	391	34	86	8	3	1	31	11	.2199
Hisanori Karita, Tsubasa	103	373	57	82	18	2	5	23	18	.2198
Shoichi Kunihisa, Nankai	102	379	45	82	10	3	2	19	31	.216
Toshiaki Okamura, Nankai	101	311	19	67	12	3	0	29	12	.215
Isaki Yoshida, Nagoya	103	378	35	81	12	5	3	55	13	.2142
Kengo Kuroda, Hankyu	102	365	40	78	10	1	0	29	21	.2136
Kaichi Masu, Nagoya	104	356	39	76	10	1	0	21	7	.213
Tsuruji Yanagi, Tsubasa	104	374	34	79	11	3	2	40	15	.211
Takashi Nakajima, Hankyu	83	279	26	58	4	2	0	17	9	.208
Kiyoshi Iwade, Nankai	84	295	21	61	1	0	0	10	5	.207
Takeshi Miyazaki, Hanshin	87	294	36	60	7	1	0	23	9	.204
Nobuo Togawa, Lion	80	263	17	52	8	1	0	14	2	.198
Ha Go, Kyojin	91	269	40	53	7	6	2	25	13	.197
Fukuyoshi Okada, Kurowashi	97	377	37	74	11	0	1	29	22	.1962
Koichi Yamashita, Hankyu	93	311	25	61	5	3	0	23	12	.1961
Jiro Iwagaki, Kurowashi	98	339	29	66	5	2	0	20	21	.195
Naokazu Haga, Nagoya	102	347	18	67	8	1	0	28	4	.193
Yoshitsugu Yoshikawa, Nankai	89	311	20	60	12	1	1	22	10	.1929
Michinori Tsubouchi, Lion	102	394	30	76	14	1	1	17	22	.1928
Yoshio Gomi, Kinko	97	297	39	57	6	0	1	12	25	.192
Masayoshi Ishida, Nagoya	66	256	41	49	5	1	0	4	**32**	.1914
Saburo Nakamura, Nagoya	101	346	36	66	7	9	2	33	4	.1907

Player and Team	G	AB	R	H	2B	3B	HR	RBI	SB	AVG
Kikuji Hirayama, Kyojin	104	369	39	70	8	4	1	30	21	.190
Ichizo Murase, Nagoya	104	378	48	71	6	9	3	29	22	.188
Sadayuki Minagawa, Hanshin	104	390	56	73	12	4	0	26	13	.1871
Masanobu Murowaki, Kinko	84	278	23	52	7	3	0	25	8	.187
Shichiro Yokozawa, Tsubasa	104	358	34	65	9	1	0	24	4	.182
Toshio Tamakoshi, Lion	96	304	26	55	3	4	0	21	9	.181
Yoshizo Oribe, Tsubasa	101	281	41	50	4	0	1	13	16	.178
Toshikazu Miura, Nagoya	94	310	26	53	7	2	1	30	13	.171
Itsuro Fujito, Nankai	93	307	19	52	3	0	0	7	5	.169
Tsunesuke Sasaki, Kinko	82	279	33	47	3	2	1	7	8	.168
Chutaro Seike, Kurowashi	104	333	23	54	5	1	0	15	7	.162
Takeo Sato, Tsubasa	101	316	21	50	12	0	3	26	0	.158
Kiyoshi Yamada, Kurowashi	94	250	23	39	1	0	0	11	11	.156

Qualifiers for Earned Run Average Championship

Player and Team	G	IP	W	L	PCT	SO	BB	H	ERA
Jiro Noguchi, Tsubasa	57	387	33	11	.750	273	65	245	**0.93**
Hiroshi Suda (a.k.a. Victor Starffin), Kyojin	55	436	**38**	12	.760	245	145	241	0.97
Kotaro Mori, Hankyu	54	377.1	28	13	.683	97	82	251	1.29
Hachiro Miwa, Hanshin	47	226.2	16	5	**.762**	112	112	152	1.51
Yukio Muramatsu, Nagoya	51	296.2	21	13	.618	64	72	240	1.52
Katsusaburo Asano, Hankyu	27	181.1	11	7	.611	49	61	132	1.63
Saburo Asaoka, Tsubasa	41	281.2	14	9	.609	85	106	199	1.66
Kozo Matsuo, Nagoya	38	230.2	13	13	.500	68	117	170	1.675
Mitsuhiko Ishida, Hankyu	43	283.2	16	13	.552	97	132	173	1.679
Shigekazu Hasegawa, Kurowashi	32	214.1	12	11	.522	66	156	148	1.72
Hideo Shimizu, Nankai	42	308	11	23	.324	270	217	220	1.75
Teruzo Nakao, Kyojin	48	347	26	11	.703	225	212	223	1.76
Tadashi Kameda, Kurowashi	56	**456.2**	26	23	.531	**297**	**273**	247	1.77
Tadashi Wakabayashi, Hanshin	56	347.1	22	17	.564	88	108	266	1.81
Isamu Kinoshita, Hanshin	42	224	17	11	.607	75	59	171	1.89
Michio Nishizawa, Nagoya	44	276.1	20	9	.690	107	151	223	1.92
Iwao Masano, Nankai	48	353.1	12	24	.333	104	180	271	1.98
Kuranosuke Furuya, Kinko	43	284.1	9	19	.321	112	134	230	2.56

Player and Team	G	IP	W	L	PCT	SO	BB	H	ERA
Hisashi Kondo, Lion	47	283.2	9	22	.290	154	121	222	2.57
Tsuneo Mitomi, Tsubasa	27	145	6	11	.353	48	49	125	2.73
Yoshio Kikuya, Lion	47	286	8	27	.229	112	158	243	2.77
Isamu Fukushi, Lion	50	237.1	7	21	.250	92	117	210	2.80
Masayoshi Nakayama, Kinko	**61**	367.1	18	**29**	.383	193	216	**305**	2.86
Sesho Ryu, Nankai	30	130	2	8	.200	28	73	129	2.98
Miyoshi Nakagawa, Kurowashi	32	193	7	15	.318	55	108	164	3.22
Kozo Naito, Kinko	41	182	4	10	.286	96	160	135	3.71

Leaders and Award Winners

Home Runs
Tetsuharu Kawakami, Kyojin—9
Hisanori Karita, Tsubasa—5
Shigeta Kobayashi, Tsubasa—4
Haruyasu Nakajima, Kyojin—4
Wataru Nonin, Kinko—4

Runs Batted In
Haruyasu Nakajima, Kyojin—67
Tetsuharu Kawakami, Kyojin—66
Isaki Yoshida, Nagoya—55
Shigeta Kobayashi, Tsubasa—49
Kazuo Kito, Lion—46

Wins
Hiroshi Suda (a.k.a. Victor Starffin), Kyojin—38
Jiro Noguchi, Tsubasa—33
Kotaro Mori, Hankyu—28
Tadashi Kameda, Kurowashi—26
Teruzo Nakao, Kyojin—26

Strikeouts
Tadashi Kameda, Kurowashi—297
Jiro Noguchi, Tsubasa—273
Hideo Shimizu, Nankai—270
Hiroshi Suda (a.k.a. Victor Starffin), Kyojin—245
Teruzo Nakao, Kyojin—225

Most Valuable Player
Hiroshi Suda (a.k.a. Victor Starffin), Kyojin

Best Nine
Pitcher—Hiroshi Suda (a.k.a. Victor Starffin), Kyojin
Catcher—Yoshio "Kaiser" Tanaka, Hanshin
First Base—Tetsuharu Kawakami, Kyojin
Second Base—Hisanori Karita, Tsubasa
Third Base—Shigeru Mizuhara, Kyojin
Shortstop—Fujio Ueda, Hankyu
Outfield—Zazuo Kito, Lion
Outfield—Den Yamada, Hankyu
Outfield—Haruyasu Nakajima, Kyojin

1941 SEASON

Team	G	W	L	T	PCT	GB	BA	HR	ERA	E
Tokyo Kyojin	86	62	22	2	.738	—	.249	23	1.750	112
Hankyu	85	53	31	1	.631	9.0	.207	14	1.59	117
Taiyo	87	47	37	3	.560	15.0	.189	9	1.33	121
Nankai	84	43	41	0	.512	19.0	.195	12	1.82	108
Hanshin	84	41	43	0	.488	21.0	.197	6	1.61	125
Nagoya	84	37	47	0	.440	25.0	.182	13	1.747	125
Kurowashi	85	28	56	1	.333	34.0	.193	13	2.85	110
Asahi	85	25	59	1	.298	37.0	.191	10	2.24	156

Tokyo Kyojin manager—Sadayoshi Fujimoto

Qualifiers for Batting Championship

Player and Team	G	AB	R	H	2B	3B	HR	RBI	SB	AVG
Tetsuharu Kawakami, Kyojin	86	339	44	105	21	9	4	57	5	.310
Toshio Shiraishi, Kyojin	79	311	38	83	10	1	4	32	16	.267
Haruyasu Nakajima, Kyojin	85	341	36	87	13	4	3	39	5	.255
Shigeru Mizuhara, Kyojin	86	340	44	86	11	1	3	27	6	.253
Takashi Nakajima, Hankyu	61	215	22	54	8	1	0	17	3	.251
Masaki Yoshihara, Kyojin	72	248	34	62	8	0	4	26	13	.250
Michinori Tsubouchi, Asahi	81	316	30	75	10	1	2	20	26	.237
Miyoshi Nakagawa, Kurowashi	84	301	18	71	4	1	0	27	7	.236
Shigeru Chiba, Kyojin	82	316	44	74	9	3	1	31	15	.2341
Den Yamada, Hankyu	85	308	43	72	7	3	1	17	15	.2337
Tadayoshi Tamakoshi, Kurowashi	67	237	29	55	5	2	2	19	5	.232
Usaburo Shintomi, Hankyu	67	233	23	54	10	5	3	28	7	.2317
Kikuji Hirayama, Kyojin	84	287	23	66	5	7	1	29	10	.230
Yoshio "Kaiser" Tanaka, Hanshin	84	310	21	71	10	4	0	19	2	.229
Kiyoshi Osawa, Nagoya	68	241	16	55	4	0	0	13	8	.2282
Minoru Morita, Taiyo	86	325	28	74	6	1	1	20	19	.2276
Kunigoro Mori, Hanshin	68	220	17	50	3	0	0	7	4	.227
Ha Go, Kyojin	85	265	43	59	6	5	1	30	14	.223
Fujio Ueda, Hankyu	76	271	29	60	6	1	1	23	6	.2214
Nobuhiko Tomimatsu, Kurowashi	79	262	21	58	9	5	2	16	12	.2213
Takeshi Hibino, Hankyu	82	287	21	63	7	1	3	29	0	.220
Toshiaki Okamura, Nankai	81	274	17	60	13	1	1	23	2	.219
Shinichi Nakamura, Taiyo	72	216	25	47	3	1	0	14	20	.218
Wataru Nonin, Taiyo	87	320	20	69	8	0	0	23	13	.216
Shoichi Kunihisa, Nankai	75	299	25	64	7	1	1	10	6	.214
Tsutomu Kimura, Nankai	75	263	23	54	8	0	0	20	6	.205
Jinkichi Ito, Hankyu	79	225	16	46	2	0	0	18	7	.2044
Seiichi Kito, Asahi	81	279	22	57	8	0	1	22	12	.2043
Sadao Morita, Hankyu	69	221	14	45	6	2	1	24	3	.2036
Kiyoshi Yamada, Kurowashi	75	236	23	48	8	3	0	10	11	.203
Kentaro Yasui, Nankai	82	304	27	61	9	2	0	11	3	.201
Yoshiyuki Iwamoto, Nankai	84	340	34	68	14	0	7	30	17	.200
Nobuo Togawa, Asahi	68	205	16	41	5	2	0	12	5	.200
Kazuo Kito, Nankai	60	231	14	46	6	2	0	17	3	.199
Kengo Kuroda, Hankyu	84	303	34	60	6	0	3	23	15	.198
Shinichi Ishimaru, Nagoya	73	234	5	46	1	0	0	8	1	.197
Tsuguhiro Hattori, Nagoya	77	278	29	54	5	0	8	27	3	.194
Isaki Yoshida, Nagoya	82	300	32	58	11	4	3	35	7	.19333
Hisanori Karita, Taiyo	76	269	21	52	7	2	1	14	7	.1933
Kazuharu Murakami, Nankai	84	318	24	61	11	0	0	28	9	.192
Takeshi Miyazaki, Hanshin	80	318	29	61	6	3	0	13	13	.192

Japanese Baseball

Player and Team	G	AB	R	H	2B	3B	HR	RBI	SB	AVG
Kaichi Masu, Nagoya	79	253	31	48	5	1	1	12	5	.190
Kazutaka Terauchi, Kurowashi	66	206	12	39	4	1	1	10	2	.189
Jiro Noguchi, Taiyo	79	248	12	46	4	1	1	26	5	.1854
Masumi Isegawa, Asahi	85	314	16	58	12	0	1	28	1	.1847
Yoshizo Oribe, Taiyo	82	228	25	42	3	0	1	9	10	.184
Naokazu Haga, Nagoya	82	288	11	52	3	0	1	17	4	.181
Masanobu Murowaki, Asahi	84	278	16	50	8	0	1	12	9	.180
Yutaka Ishii, Taiyo	87	318	14	57	8	0	2	22	8	.1792
Masafumi Kinoshita, Kurowashi	82	291	13	52	11	0	3	27	5	.1786
Sadayuki Maeda, Nankai	75	214	12	38	5	0	1	12	4	.178
Chutaro Seike, Kurowashi	81	255	16	45	2	4	1	14	10	.1764
Sadayuki Minagawa, Hanshin	84	295	16	52	9	1	0	16	5	.1762
Shinichi Kimura, Nagoya	66	205	17	36	2	0	0	8	6	.1756
Noboru Noguchi, Hanshin	74	201	12	29	4	0	1	10	1	.1442
Satoji Maeda, Asahi	74	222	19	32	3	0	0	7	12	.1441
Takeo Sato, Taiyo	84	265	6	36	3	0	1	11	1	.136

Qualifiers for Earned Run Average Championship

Player and Team	G	IP	W	L	PCT	SO	BB	H	ERA
Jiro Noguchi, Taiyo	48	338	25	12	.676	168	85	201	**0.88**
Kotaro Mori, Hankyu	48	333.1	**30**	8	.789	85	83	200	0.89
Yukio Muramatsu, Nagoya	28	210.2	12	10	.545	61	50	130	0.98
Hiroshi Suda (a.k.a. Victor Starffin), Kyojin	20	150	15	3	**.833**	58	45	93	1.20
Tadashi Wakabayashi, Hanshin	42	321.2	18	17	.514	87	102	234	1.45
Akira Kawamura, Nagoya	36	213	14	10	.583	61	80	139	1.48
Teruzo Nakao, Kyojin	41	299	26	9	.743	**179**	181	160	1.54
Michio Nishizawa, Nagoya	41	198.1	7	13	.350	63	116	146	1.58
Takeo Kanda, Nankai	52	344.2	25	15	.625	106	113	243	1.59
Saburo Asaoka, Taiyo	29	179.1	11	6	.647	45	75	123	1.60
Takao Fujimura, Hanshin	33	206.2	12	10	.545	61	109	148	1.65
Isamu Fukushi, Asahi	**57**	**396.2**	17	**28**	.378	116	**234**	293	1.88
Minoru Kasamatsu, Hankyu	39	234	11	11	.500	89	141	147	1.96
Hideo Yamamoto, Asahi	45	278.1	7	19	.269	68	144	221	2.00
Eiji Sawamura, Kyojin	20	153.2	9	5	.643	73	58	108	2.05

Player and Team	G	IP	W	L	PCT	SO	BB	H	ERA
Tokuji Kawasaki, Nankai	46	267.2	12	16	.429	121	144	190	2.32
Toshihide Hatafuku, Kurowashi	26	152.2	7	14	.333	50	93	110	2.59
Shigezo Ishihara, Taiyo, Kurowashi	34	196	5	10	.333	47	97	171	2.98

Leaders and Award Winners

Home Runs
Tsuguhiro Hattori Nagoya—8
Yoshiyuki Iwamoto, Nankai—7
Tetsuharu Kawakami, Kyojin—4
Toshio Shiraishi, Kyojin—4
Masaki Yoshihara, Kyojin—4

Runs Batted In
Tetsuharu Kawakami, Kyojin—57
Haruyasu Nakajima, Kyojin—39
Isaki Yoshida, Nagoya—35
Toshio Shiraishi, Kyojin—32
Shigeru Chiba, Kyojin—31

Wins
Kotaro Mori, Hankyu—30

Teruzo Nakao, Kyojin—26
Takeo Kanda, Nankai—25
Jiro Noguchi, Taiyo—25
Tadashi Wakabayashi, Hanshin—18

Strikeouts
Teruzo Nakao, Kyojin—179
Jiro Noguchi, Taiyo—168
Tokuji Kawasaki, Nankai—121
Isamu Fukushi, Asahi—116
Takeo Kanda, Nankai—106

Most Valuable Player
Tetsuharu Kawakami, Kyojin

1942 SEASON

Team	G	W	L	T	PCT	GB	BA	HR	ERA	E
Tokyo Kyojin	105	73	27	5	.730	—	.231	19	1.57	149
Taiyo	105	60	39	6	.606	12.5	.191	18	1.42	156
Hanshin	105	52	48	5	.520	21.0	.204	9	1.82	193
Hankyu	105	49	50	6	.495	23.5	.1890	7	1.73	161
Asahi	105	49	50	6	.495	23.5	.1892	10	1.41	151
Nankai	105	49	56	0	.467	26.5	.202	11	1.90	185
Nagoya	105	39	60	6	.394	33.5	.185	24	1.93	194
Daiwa	105	27	68	10	.284	43.5	.181	10	2.29	180

Tokyo Kyojin manager—Sadayoshi Fujimoto

Qualifiers for Batting Championship

Player and Team	G	AB	R	H	2B	3B	HR	RBI	SB	AVG
Ha Go, Kyojin	105	370	**65**	106	11	**11**	1	35	40	**.286**
Yoshiyuki Iwamoto, Nankai	104	358	51	98	17	3	7	46	37	.274
Haruyasu Nakajima, Kyojin	105	**426**	57	**111**	15	4	7	**60**	12	.261

Player and Team	G	AB	R	H	2B	3B	HR	RBI	SB	AVG
Den Yamada, Hankyu	104	404	52	101	13	2	1	16	24	.250
Michinori Tsubouchi, Asahi	104	407	50	98	12	4	0	18	**44**	.241
Kentaro Ito, Kyojin	96	305	19	73	**18**	0	4	34	2	.239
Kohei Kimura, Yamato	100	351	24	83	5	1	0	12	11	.2364
Toshio Shiraishi, Kyojin	98	381	51	90	10	3	0	32	15	.2362
Akira Noguchi, Taiyo	101	375	21	83	16	4	4	33	0	.221
Makoto Kozuru, Nagoya	102	370	35	80	9	9	2	29	8	.2162
Koichi Yamashita, Hankyu	94	338	18	73	10	2	0	39	8	.2159
Jiro Noguchi, Taiyo	91	315	26	68	9	1	0	23	6	.2158
Seizo Furukawa, Nagoya	101	394	44	85	13	4	**8**	44	14	.2157
Tsuruji Yanagi, Nankai	105	378	28	81	5	2	0	19	20	.2142
Hiromutsu Tsukamoto, Hanshin	94	309	31	66	7	5	1	20	20	.2135
Kengo Kuroda, Hankyu	105	389	25	83	15	0	1	42	23	.213
Shigeru Sakamoto, Kyojin	101	328	45	69	7	4	0	21	15	.210
Wataru Nonin, Taiyo	105	396	23	82	8	2	3	19	10	.207
Noboru Noguchi, Hanshin	105	350	25	72	7	2	1	22	8	.206
Shoichi Kunihisa, Nankai	105	401	48	82	9	2	0	24	28	.204
Fujio Ueda, Hankyu	95	359	35	72	3	0	0	19	11	.20055
Yoshio "Kaiser" Tanaka, Hanshin	104	389	28	78	4	2	0	31	16	.20051
Shinichi Nakamura, Taiyo	104	415	37	83	6	2	0	10	13	.200
Saburo Asaoka, Taiyo	101	379	28	75	10	2	1	24	8	.1978
Toshio Inoko, Nankai	105	349	35	69	8	3	1	17	16	.1977
Toshiaki Okamura, Nankai	103	341	21	67	12	6	0	25	7	.1964
Nobuhiko Tomimatsu, Yamato, Taiyo	98	332	21	65	9	6	1	20	11	.1957
Isaki Yoshida, Nagoya	103	382	29	74	12	5	1	26	20	.194
Tokichi Ishimaru, Nagoya	105	412	36	72	7	1	0	16	12	.175
Masao Nakano, Nankai	95	310	18	54	6	1	0	24	4	.174
Kiyoshi Yamada, Yamato	97	309	28	50	5	0	0	9	16	.162
Sadao Morita, Hankyu	94	318	26	51	9	1	2	24	3	.160
Naokazu Haga, Nagoya	98	311	12	49	2	0	0	8	12	.158
Masafumi Kinoshita, Yamato	104	397	13	56	9	1	4	26	7	.141
Shuzo Hirota, Asahi	105	341	12	42	8	1	1	16	8	.123

Qualifiers for Earned Run Average Championship

Player and Team	G	IP	W	L	PCT	SO	BB	H	ERA
Yasuo Hayashi, Asahi	**71**	**541.1**	32	22	.593	145	134	**351**	**1.01**
Hiroshi Suda (a.k.a. Victor Starffin), Kyojin	40	306.1	26	8	.765	110	119	174	1.11
Takeo Kanda, Nankai	61	372	24	20	.545	122	104	252	1.14
Shuichi Hirose, Kyojin	32	242.2	21	6	**.778**	106	68	120	1.185

Part One : 1943 Season

Player and Team	G	IP	W	L	PCT	SO	BB	H	ERA
Jiro Noguchi, Taiyo	66	527.1	**40**	17	.702	**264**	108	299	1.193
Kotaro Mori, Hankyu	59	369.1	19	17	.528	105	88	239	1.31
Tsuneo Mitomi, Taiyo	31	222.1	11	9	.550	76	80	153	1.41
Tadashi Wakabayashi, Hanshin	58	377.1	26	12	.684	109	127	294	1.5952
Shigezo Ishihara, Yamato	60	439.1	20	**26**	.435	94	144	292	1.5954
Takao Misonoo, Hanshin	43	268	13	16	.448	74	121	225	1.68
Yoshio Tenpo, Hankyu	30	159.2	8	7	.533	47	82	122	1.69
Shinichi Ishimaru, Nagoya	56	347.2	17	19	.472	94	**169**	227	1.71
Michio Nishizawa, Nagoya	35	211	7	11	.389	52	83	175	1.75
Minoru Kasamatsu, Hankyu	44	311.2	17	17	.500	104	134	242	1.82
Teruzo Nakao, Kyojin	32	230.2	13	8	.619	114	128	148	1.87
Akira Kawamura, Nagoya	39	211	7	14	.333	52	92	161	2.218
Toshihide Hatafuku, Yamato	35	242.1	3	18	.143	62	99	194	2.222
Tokuji Kawasaki, Nankai	41	259.2	15	17	.469	112	134	200	2.32
Mitsuhiko Ishida, Nankai	35	184	6	12	.333	63	121	133	2.35

Leaders and Award Winners

Home Runs
Seizo Furukawa, Nagoya—8
Yoshiyuki Iwamoto, Nankai—7
Haruyasu Nakajima, Kyojin—7
Naoto Asahara, Asahi—4
Kentaro Ito, Kyojin—4
Akira Iwamoto, Nagoya—4
Masafumi Kinoshita, Yamato—4
Akira Noguchi, Taiyo—4
Takeo Sato, Taiyo—4

Runs Batted In
Haruyasu Nakajima, Kyojin—60
Yoshiyuki Iwamoto, Nankai—46
Seizo Furukawa, Nagoya—44
Kengo Kuroda, Hankyu—42
Koichi Yamashita, Hankyu—39

Wins
Jiro Noguchi, Taiyo—40
Yasuo Hayashi, Asahi—32
Hiroshi Suda (a.k.a. Victor Starffin), Kyojin—26
Tadashi Wakabaysahi, Hanshin—26
Takeo Kanda, Nankai—24

Strikeouts
Jiro Noguchi, Taiyo—264
Yasuo Hayashi, Asahi—145
Takeo Kanda, Nankai—122
Teruzo Nakao, Kyojin—114
Tokuji Kawasaki, Nankai—112

Most Valuable Player
Shigeru Mizuhara, Kyojin

1943 SEASON

Team	G	W	L	T	PCT	GB	BA	HR	ERA	E
Tokyo Kyojin	84	54	27	3	.667	—	.208	12	1.38	125
Nagoya	84	48	29	7	.623	4.0	.1984	18	1.41	123
Hanshin	84	41	36	7	.532	11.0	.201	12	1.80	148

Team	G	W	L	T	PCT	GB	BA	HR	ERA	E
Asahi	84	41	36	7	.532	11.0	.211	5	1.63	105
Nishitetsu	84	39	37	8	.513	12.5	.1975	7	2.21	101
Daiwa	84	35	43	6	.449	17.5	.180	9	2.41	130
Hankyu	84	31	51	2	.378	23.5	.185	4	2.25	124
Nankai	84	26	56	2	.317	28.5	.184	6	2.48	99

Tokyo Kyojin manager—Haruyasu Nakajima

Qualifiers for Batting Championship

Player and Team	G	AB	R	H	2B	3B	HR	RBI	SB	AVG
Shosei Go, Kyojin	84	297	**68**	**89**	12	4	2	20	54	**.300**
Den Yamada, Hankyu	83	276	46	75	4	3	2	16	**56**	.272
Isaki Yoshida, Nagoya	83	303	25	77	12	2	2	30	11	.254
Toshio Shiraishi, Kyojin	81	298	39	74	6	2	0	30	12	.2483
Junji Nakatani, Asahi	71	262	17	65	**14**	3	0	25	2	.248
Kunio Shimoyashiro, Hankyu	81	259	21	61	6	7	1	30	9	.236
Michinori Tsubouchi, Asahi	84	**333**	48	78	13	4	1	23	36	.234
Akira Noguchi, Nishitetsu	84	318	38	74	11	**8**	3	**42**	4	.233
Fujio Ueda, Hankyu	83	293	27	68	7	0	0	25	23	.232
Kazuo Horii, Nankai	82	288	18	66	7	3	1	21	6	.229
Kohei Kimura, Yamato	84	**333**	40	76	12	2	1	16	11	.228
Tamaichi Tamaki, Hanshin	81	272	25	61	7	4	0	21	11	.224
Noboru Aota, Kyojin	84	323	25	72	10	6	0	**42**	10	.223
Shinichi Nakamura, Nishitetsu	84	324	48	70	8	0	0	12	16	.216
Fukuzo Tada, Kyojin	71	241	14	52	6	2	2	20	7	.2157
Masato Monzen, Hanshin	79	247	25	53	9	5	1	21	5	.215
Toshiaki Okamura, Nankai	83	281	27	59	7	2	1	15	9	.210
Tetsunosuke Fujiwara, Nagoya	84	274	18	57	4	1	1	18	2	.208
Makoto Kozuru, Nagoya	80	314	31	65	10	4	3	21	4	.207
Shigeru Sakamoto, Kyojin	77	264	30	54	1	0	0	10	30	.205
Masao Sakazawa, Asahi	84	310	36	63	4	2	0	13	16	.2032
Akiyoshi Kobayashi, Asahi	79	276	16	56	4	1	1	25	6	.2028
Haruyasu Nakajima, Kyojin	75	272	19	54	8	2	3	32	12	.199
Wataru Nonin, Nishitetsu	84	308	43	60	10	1	1	19	6	.1948
Seizo Furukawa, Nagoya	80	303	38	59	8	1	**4**	20	13	.1947
Tamio Nakamura, Nishitetsu	73	255	16	49	9	3	0	24	2	.192

Part One : 1943 Season

Player and Team	G	AB	R	H	2B	3B	HR	RBI	SB	AVG
Hiromutsu Tsukamoto, Hanshin	81	284	26	54	10	2	0	10	9	.1901
Toshio Kurosawa, Nishitetsu	84	306	25	58	8	3	0	32	4	.1895
Heiichi Hayakawa, Asahi	82	291	25	55	9	0	0	8	5	.189
Hiroki Komatsubara, Yamato	82	272	18	51	6	2	0	26	10	.188
Masao Nakano, Nankai	83	306	24	55	7	0	1	24	9	.180
Toshio Inoko, Nankai	82	317	23	55	3	4	1	11	18	.174
Tokichi Ishimaru, Nagoya	83	303	32	52	9	0	0	6	11	.172
Sakae Nakamura, Hankyu	78	248	16	42	0	1	0	6	20	.1693
Naokazu Haga, Nagoya	75	267	8	45	2	0	0	10	2	.1685
Nobuhiko Tomimatsu, Nishitetsu	81	290	22	48	8	2	1	27	4	.166
Hiroshi Kaneko, Yamato	81	281	20	46	6	2	0	18	7	.164
Hideo Suzuki, Yamato	84	277	21	44	6	5	3	24	13	.159
Zenzo Hasegawa, Nankai	80	278	10	38	8	0	0	9	0	.137

Home Run Co-Leaders—Akira Iwamoto (Nagoya) and Shoji Kato (Nagoya)—4

Qualifiers for Earned Run Average Championship

Player and Team	G	IP	W	L	PCT	SO	BB	H	ERA
Hideo Fujimoto, Kyojin	**56**	**432.2**	**34**	11	**.756**	**253**	168	212	**0.73**
Yasuo Hayashi, Asahi	38	294	20	11	.645	94	57	186	0.89
Tadashi Wakabayashi, Hanshin	52	415.2	24	15	.615	99	123	**299**	1.06
Shinichi Ishimaru, Nagoya	43	311.1	20	12	.625	91	134	185	1.15
Masaaki Noguchi, Nagoya	25	170	12	4	.750	38	49	96	1.38
Jiro Noguchi, Nishitetsu	51	385	25	12	.676	140	84	278	1.45
Juzo Sanada, Asahi	37	278	13	13	.500	106	135	196	1.97
Yoshio Tenpo, Hankyu	34	223.2	11	16	.407	72	108	168	2.01
Toshihide Hatafuku, Yamato	34	232	11	10	.524	49	103	196	2.13
Eiji Katayama, Yamato	43	285.2	12	19	.387	52	98	219	2.17
Fumio Maruyama, Nankai	33	236.1	7	21	.250	95	157	169	2.20
Akira Bessho, Nankai	45	319.1	14	**23**	.378	128	**193**	210	2.25
Kozo Naito, Asahi	29	199.2	8	12	.400	97	105	135	2.25
Hachiro Miwa, Hanshin	30	181.1	11	11	.500	108	136	108	2.42
Minoru Kasamatsu, Hankyu	33	178.1	9	13	.409	54	92	138	2.51
Michio Shigematsu, Nishitetsu	38	250.2	9	18	.333	80	156	177	2.76
Mitsuhiko Ishida, Yamato	37	234.2	11	13	.458	83	147	175	3.03

Leaders and Award Winners

Home Runs
Seizo Furukawa, Nagoya—4
Akira Iwamoto, Nagoya—4
Shoji Kato, Nagoya—4
Kentaro Ito, Kyojin—3
Masaru Kageura, Hanshin—3
Makoto Kozuru, Nagoya—3
Haruyasu Nakajima, Kyojin—3
Akira Noguchi, Nishitetsu—3
Hideo Suzuki, Yamato—3

Runs Batted In
Noboru Aota, Kyojin—42
Akira Noguchi, Nishitetsu-42
Toshio Kurosawa, Nishitetsu—32
Haruyasu Nakajima, Kyojin—32
Kunio Shimoyashiro, Hankyu—30
Toshio Shiraishi, Kyojin—30
Isaki Yoshida, Nagoya—30

Wins
Hideo Fujimoto, Kyojin—34
Jiro Noguchi, Nishitetsu—25
Tadashi Wakabayashi, Hanshin—24
Yasuo Hayashi, Asahi—20
Shinichi Ishimaru, Nagoya—20

Strikeouts
Hideo Fujimoto, Kyojin—253
Jiro Noguchi, Nishitetsu—140
Akira Bessho, Nankai—128
Hachiro Miwa, Hanshin—108
Juzo Sanada, Asahi—106

Most Valuable Player
Shosei Go, Kyojin

1944 SEASON

Team	G	W	L	T	PCT	GB	BA	HR	ERA	E
Hanshin	35	27	6	2	.818	—	.248	1	1.53	52
Tokyo Kyojin	35	19	14	2	.576	8.0	.236	5	1.92	73
Hankyu	35	19	15	1	.559	8.5	.243	3	2.40	49
Sangyo	35	13	21	1	.382	14.5	.184	7	3.10	77
Asahi	35	12	22	1	.353	15.5	.237	4	2.85	69
Kinki Nippon	35	11	23	1	.324	16.5	.201	3	2.09	66

Hanshin manager—Tadashi Wakabayashi

Qualifiers for Batting Championship

Player and Team	G	AB	R	H	2B	3B	HR	RBI	SB	AVG
Toshiaki Okamura, Kinki Nippon	35	130	17	**48**	4	0	0	4	9	**.369**
Toshio Kurosawa, Kyojin	35	135	23	47	6	**4**	0	17	14	.348
Michinori Tsubouchi, Asahi	35	136	22	46	**11**	2	0	11	16	.338
Shintei Go, Kyojin	32	129	20	42	7	1	0	10	**19**	.326
Fumio Fujimura, Hanshin	35	130	12	41	2	3	0	**25**	2	.315
Kiyoharu Sakata, Hankyu	33	129	10	40	3	1	0	16	2	.310
Den Yamada, Hankyu	35	137	**25**	38	4	1	0	10	16	.277

Player and Team	G	AB	R	H	2B	3B	HR	RBI	SB	AVG
Yasuji Hondo, Hanshin	31	119	19	32	10	2	0	24	6	.269
Hideo Fujimoto, Kyojin	34	123	19	33	6	2	1	11	8	.268
Fujio Ueda, Hankyu	35	139	18	36	9	0	1	19	6	.259
Hiromutsu Tsukamoto, Hanshin	31	120	24	31	1	2	0	11	11	.258
Akio Kanemitsu, Asahi	30	113	11	28	5	0	2	20	3	.248
Kazuo Horii, Kinki Nippon	35	134	17	33	7	1	1	10	6	.246
Jiro Kanayama, Sangyo	35	131	17	32	3	1	**3**	11	10	.244
Toyoshi Sakai, Hankyu	30	100	10	24	3	0	0	7	1	.240
Shoji Kato, Sangyo	35	126	9	30	8	0	1	8	4	.238
Akira Noguchi, Hankyu	35	**143**	14	34	7	2	1	15	3	.2377
Hiroshi Kawabata, Kyojin	33	124	10	29	6	2	1	12	0	.2338
Masato Monzen, Hanshin	31	107	11	25	2	0	0	11	9	.2336
Kenichi Ito, Hankyu	35	112	14	26	0	0	0	3	3	.232
Toyokazu Tanaka, Asahi	33	130	21	29	6	1	1	7	7	.223
Masami Nakamura, Kyojin	33	118	8	26	6	1	1	17	2	.220
Osamu Takechi, Hanshin	33	105	13	23	3	1	0	15	5	.219
Susumu Yagi, Kinki Nippon	35	118	8	25	1	0	1	7	1	.212
Tetsunosuke Fujiwara, Sangyo	32	104	8	21	6	1	0	11	5	.202
Hideo Shimizu, Kinki Nippon	35	134	8	26	4	1	0	9	1	.194
Masao Sakazawa, Asahi	32	128	14	23	1	1	0	10	10	.180
Sadao Kondo, Kyojin	35	131	10	23	3	0	1	8	8	.176
Kozo Naito, Asahi	32	109	4	19	4	1	0	4	1	.174
Masaaki Noguchi, Sangyo	31	106	5	17	3	0	0	5	2	.160
Hiroji Matsukawa, Kinki Nippon	35	138	8	22	3	0	0	7	1	.159
Saburo Kosaka, Sangyo	35	127	14	18	2	0	1	6	9	.142
Yoshitsugu Yoshikawa, Kinki Nippon	35	128	9	16	4	0	1	11	6	.125

Stolen Base Co-Leader—Shosei Go, Hanshin—19

Qualifiers for Earned Run Average Championship

Player and Team	G	IP	W	L	PCT	SO	BB	H	ERA
Tadashi Wakabayashi, Hanshin	**31**	**248**	**22**	4	**.846**	45	53	**199**	**1.56**
Hideo Fujimoto, Kyojin	21	169.2	10	8	.556	**113**	62	132	1.59
Minoru Kasamatsu, Hankyu	14	106	7	5	.583	39	44	81	1.78
Hideo Shimizu, Kinki Nippon	23	189	8	**12**	.400	97	97	146	1.90
Kozo Naito, Asahi	29	222.1	11	11	.500	109	**136**	183	2.10

Player and Team	G	IP	W	L	PCT	SO	BB	H	ERA
Masao Nakamoto, Kinki Nippon	15	104	3	10	.231	32	55	92	2.16
Yoshio Tenpo, Hankyu	11	72.1	5	4	.556	19	40	54	2.22
Shigeru Morii, Sangyo	22	160	6	**12**	.333	28	33	157	2.25
Masaaki Noguchi, Sangyo	13	100	6	6	.500	23	44	93	3.06

Leaders and Award Winners

Home Runs
Jiro Kanayama, Sangyo—3
Akio Kanemitsu, Asahi—2
18 batters—1
Hideo Fujimoto, Kyojin—10
Hideo Shimizu, Kinki Nippon—8
Minoru Kasamatsu, Hankyu—7

Runs Batted In
Fumio Fujimura, Hanshin—25
Yasuji Hondo, Hanshin—24
Akio Kanemitsu, Asahi—20
Fujio Ueda, Hankyu—19
Toshio Kurosawa, Kyojin—17
Masami Nakamura, Kyojin—17

Strikeouts
Hideo Fujimoto, Kyojin—113
Kozo Naito, Asahi—109
Hideo Shimizu, Kinki Nippon—97
Tadashi Wakabayashi, Hanshin—45
Minoru Kasamatsu, Hankyu—39

Most Valuable Player
Tadashi Wakabayashi, Hanshin

Wins
Tadashi Wakabayashi, Hanshin—22
Kozo Naito, Asahi—11

1946 SEASON

Team	G	W	L	T	PCT	GB	BA	HR	ERA	E
Kinki Great Ring	105	65	38	2	.631	—	.273	24	3.08	169
Tokyo Kyojin	105	64	39	2	.621	1.0	.2572	24	2.59	153
Osaka Tigers	105	59	46	0	.562	7.0	.288	28	3.232	187
Hankyu	105	51	52	2	.495	14.0	.2571	14	3.17	180
Senators	105	47	58	0	.448	19.0	.238	43	3.67	216
Gold Star	105	43	60	2	.417	22.0	.231	8	3.54	171
Pacific	105	42	60	3	.412	22.5	.232	24	3.228	180
Chubu Nippon	105	42	60	3	.412	22.5	.248	46	4.40	185

Kinki Great Ring manager—Kazuto Yamamoto (a.k.a. Tsuruoka)

Qualifiers for Batting Championship

Player and Team	G	AB	R	H	2B	3B	HR	RBI	SB	AVG
Masayasu Kaneda, Hanshin	105	**438**	77	**152**	19	13	1	61	10	**.347**

Player and Team	G	AB	R	H	2B	3B	HR	RBI	SB	AVG
Yutaka Tagawa, Great Ring	89	337	60	115	12	7	1	46	26	.341
Takeshi Doigaki, Hanshin	99	412	70	134	16	10	4	70	8	.325
Fumio Fujimura, Hanshin	96	375	65	121	**31**	12	5	69	11	.323
Michinori Tsubouchi, Gold Star	103	393	60	124	21	11	1	45	26	.316
Kazuto Yamamoto (a.k.a. Tsuruoka), Great Ring	104	388	75	122	23	8	4	**95**	32	.314
Shigeya Iijima, Senators	103	378	68	118	23	5	12	57	11	.312
Toshio Kurosawa, Kyojin	105	393	61	121	8	8	3	60	18	.308
Jiro Noguchi, Hankyu	96	336	35	100	10	7	1	44	8	.298
Yasuji Hondo, Hanshin	99	394	58	117	17	5	7	69	20	.297
Noboru Aota, Hankyu	96	411	57	121	28	5	3	51	21	.2944
Shoji Kato, Chubu Nippon	93	320	47	94	20	5	5	36	16	.2937
Kazuo Horii, Great Ring	104	427	63	125	17	8	4	70	15	.293
Shosei Go, Hanshin	101	388	78	113	10	7	1	32	25	.291
Shigeru Chiba, Kyojin	93	358	60	103	15	6	5	60	10	.288
Shigeyoshi Morishita, Pacific	105	397	50	114	27	6	6	54	10	.287
Isamu Fujii, Pacific	78	311	35	89	15	2	4	35	1	.286
Shintei Go, Kyojin	97	382	58	109	17	7	0	31	19	.2853
Toshio Kawanishi, Great Ring	86	330	77	94	12	2	2	23	**39**	.2848
Keizo Tsutsui, Great Ring	91	301	39	85	8	2	4	34	15	.282
Hiroshi Oshita, Senators	104	395	59	111	17	9	**20**	74	16	.281
Kamekazu Yasui, Great Ring	105	409	**89**	113	21	6	3	49	32	.276
Makoto Kozuru, Chubu Nippon	96	374	54	102	21	7	10	63	6	.273
Zenzo Hasegawa, Hanshin	96	318	44	86	11	3	2	34	5	.270
Den Yamada, Hankyu	101	411	60	110	17	2	2	39	36	.268
Fujio Ueda, Hankyu	105	409	52	109	15	2	0	48	14	.267
Toshio Shiraishi, Pacific	78	300	43	79	10	2	0	18	3	.263
Seizo Furukawa, Chubu Nippon	98	397	63	103	17	5	9	52	23	.2594
Kisaku Yamakawa, Kyojin	101	401	70	104	12	11	1	37	17	.2593
Takehiko Kumagami, Senators	100	361	32	92	14	10	2	39	1	.255
Seiichi Suzuki, Senators	101	357	49	90	14	**14**	5	42	12	.252
Fukuzo Tada, Kyojin	105	402	46	100	21	4	3	56	5	.249
Rikizo Kogure, Pacific	100	382	48	94	20	5	2	34	6	.246
Akira Noguchi, Hankyu	102	378	47	92	23	5	1	49	1	.243
Tetsunosuke Fujiwara, Chubu Nippon	105	384	36	91	15	5	1	42	12	.237
Taju Hitokoto, Senators	101	332	49	77	7	4	0	22	18	.232

Player and Team	G	AB	R	H	2B	3B	HR	RBI	SB	AVG
Masumi Isegawa, Pacific	103	374	22	86	17	3	2	51	2	.2299
Eikichi Nagamochi, Senators	103	348	36	80	11	3	1	30	14	.2298
Jiro Miyazaki, Great Ring	103	316	36	72	11	1	2	20	12	.228
Kazuaki Otomo, Gold Star	102	356	39	78	9	3	1	19	6	.219
Masao Sakazawa, Gold Star	103	397	40	85	8	2	1	18	17	.214
Akira Iwamoto, Chubu Nippon	95	343	56	70	12	5	6	34	19	.204
Isao Tsuji, Gold Star	99	338	17	56	7	1	0	22	5	.166

Qualifiers for Earned Run Average Championship

Player and Team	G	IP	W	L	PCT	SO	BB	H	ERA
Hideo Fujimoto, Kyojin	31	217.1	21	6	**.778**	83	81	171	**2.11**
Sadao Kondo, Kyojin	42	300.1	23	14	.622	76	114	242	2.18
Akira Bessho, Great Ring	42	325	19	13	.594	115	136	292	2.46
Giichiro Shiraki, Senators	59	440	**30**	22	.577	158	111	414	2.58
Jiro Noguchi, Hankyu	33	212	13	14	.481	39	47	194	2.67
Rentaro Imanishi, Hankyu	31	183	7	8	.467	63	72	146	2.80
Takao Misonoo, Hanshin	27	180.1	11	9	.550	35	52	179	2.83
Kozo Naito, Gold Star	57	416	19	25	.432	192	162	380	2.90
Shosei Go, Hanshin	27	181.1	14	6	.700	63	65	172	3.02
Kenichi Izutsu, Pacific	39	269.1	13	18	.419	36	96	267	3.07
Fumio Maruyama, Great Ring	46	332	25	15	.625	146	202	304	3.09
Juzo Sanada, Pacific	**63**	**464.2**	25	**26**	.490	**200**	**205**	**422**	3.15
Shigeru Morii, Chubu Nippon	38	242	10	13	.435	51	63	243	3.16
Yoshio Tenpo, Hankyu	38	198.1	11	12	.478	62	73	206	3.17
Teruzo Nakao, Kyojin	34	207.1	11	10	.524	99	120	203	3.29
Yoshiaki Yuasa, Pacific	24	155.1	3	12	.200	40	92	166	3.58
Seitaro Watanabe, Hanshin	32	172.1	10	12	.455	34	66	188	3.64
Hirokazu Nozaki, Hanshin	44	195.1	7	13	.350	55	90	182	3.67
Tsuguhiro Hattori, Chubu Nippon	37	204	14	7	.667	76	93	192	3.75
Mitsuhiko Ishida, Gold Star	36	222.1	12	16	.429	105	121	228	3.753
Shigeaki Kuroo, Senators	40	270	10	17	.370	76	139	309	4.37
Takashi Eda, Gold Star	35	236.1	9	16	.360	45	119	268	4.44
Kozo Matsuo, Chubu Nippon	33	161	3	16	.158	54	82	201	5.65

Leaders and Award Winners

Home Runs
Hiroshi Oshita, Senators—20
Shigeya Iijima, Senators—12
Tetsuharu Kawakami, Kyojin—10
Makoto Kozuru, Chubu Nippon—10
Seizo Furukawa, Chubu Nippon—9

Runs Batted In
Kazuto Yamamoto (a.k.a. Tsuruoka), Great Ring—95
Hiroshi Oshita, Senators—74
Takeshi Doigaki, Hanshin—70
Kazuo Horii, Great Ring—70
Fumio Fujimura, Hanshin—69
Yasuji Hondo, Hanshin—69

Wins
Giichiro Shiraki, Senators—30
Fumio Maruyama, Great Ring—25
Juzo Sanada, Pacific—25
Sadao Kondo, Kyojin—23
Hideo Fujimoto, Kyojin—21

Strikeouts
Juzo Sanada, Pacific—200
Kozo Naito, Gold Star—192
Giichiro Shiraki, Senators—158
Fumio Maruyama, Great Ring—146
Akira Bessho, Great Ring—115

Most Valuable Player
Kazuto Yamamoto (a.k.a. Tsuruoka), Great Ring

1947 SEASON

Team	G	W	L	T	PCT	GB	BA	HR	ERA	E
Osaka Tigers	119	79	37	3	.681	—	.258	17	2.18	161
Chubu Nippon Dragons	119	67	50	2	.573	12.5	.2285	41	2.03	135
Nankai Hawks	119	59	55	5	.518	19.0	.231	24	2.39	183
Hankyu Braves	119	58	57	4	.504	20.5	.2294	28	2.38	132
Yomiuri Giants	119	56	59	4	.487	22.5	.242	27	2.65	147
Tokyu Flyers	119	51	65	3	.440	28.0	.218	45	2.53	222
Taiyo Robins	119	50	64	5	.439	28.0	.228	36	2.55	179
Kinsei Stars	119	41	74	4	.357	37.5	.220	22	2.98	194

Osaka Tigers manager—Tadashi Wakabayashi

Qualifiers for Batting Championship

Player and Team	G	AB	R	H	2B	3B	HR	RBI	SB	AVG
Hiroshi Oshita, Flyers	117	435	59	137	23	11	17	63	12	**.315**
Masayasu Kaneda, Tigers	109	396	68	123	15	11	2	52	19	.311
Tetsuharu Kawakami, Giants	119	443	56	137	30	7	6	57	16	.309
Hiromutsu Tsukamoto, Tigers	106	347	55	104	9	9	0	34	17	.300
Shigeru Chiba, Giants	103	391	58	117	13	7	4	34	9	.299

Player and Team	G	AB	R	H	2B	3B	HR	RBI	SB	AVG
Kazuo Horii, Hawks	113	429	41	122	16	4	1	38	15	.284
Yasuji Hondo, Tigers	112	431	38	122	19	5	2	62	10	.283
Kisaku Yamakawa, Giants	108	414	58	115	7	9	1	29	18	.278
Kazuto Yamamoto (a.k.a. Tsuruoka), Hawks	118	428	64	118	20	4	10	65	16	.276
Fumio Fujimura, Tigers	119	**481**	60	132	**36**	6	2	**71**	10	.274
Michinori Tsubouchi, Stars	119	457	44	124	17	5	2	43	21	.271
Shosei Go, Tigers	115	445	**81**	119	15	9	1	28	40	.267
Michio Nishizawa, Stars	118	457	45	121	18	3	8	57	3	.265
Hiroki Komatsubara, Giants	111	368	43	96	14	7	6	56	6	.261
Takeshi Doigaki, Tigers	116	429	50	111	17	8	2	47	16	.259
Fujio Ueda, Braves	109	392	50	101	14	1	3	29	6	.2576
Kiyoshi Osawa, Dragons	101	330	31	85	18	4	0	47	3	.2575
Isamu Fujii, Robins	119	474	38	122	24	7	5	43	6	.2573
Masumi Isegawa, Robins	118	451	32	116	14	3	3	35	8	.2572
Akira Noguchi, Braves	117	442	35	112	12	3	3	52	4	.2533
Tokuji Iida, Hawks	94	336	35	85	15	3	4	31	12	.2529
Yutaka Tagawa, Hawks	102	384	36	95	6	8	1	28	31	.247
Kiyoshi Sugiura, Dragons	112	408	35	100	16	4	5	48	18	.245
Eikichi Nagamochi, Flyers	119	462	39	113	7	9	1	45	9	.2445
Jiro Kanayama, Dragons	118	448	58	109	12	8	2	29	34	.243
Tamaichi Tamaki, Tigers	112	336	28	81	11	1	3	33	1	.24107
Toshiaki Tanaka, Giants	110	390	32	94	10	1	1	16	20	.24102
Yukio Tanaka, Braves	110	424	43	102	12	3	4	31	5	.2405
Shigeyoshi Morishita, Robins	119	458	46	109	22	7	12	50	8	.238
Seizo Furukawa, Dragons	108	411	72	96	18	3	11	44	25	.23357
Kikuji Hirayama, Giants	116	441	39	103	18	6	5	65	10	.23356
Shigeya Iijima, Flyers	112	386	45	90	20	3	6	34	7	.2331
Noboru Aota, Braves	118	473	55	110	19	4	11	63	22	.2325
Hatsuo Kiyohara, Stars	119	436	37	101	12	1	2	34	14	.232
Hiroshi Tsujii, Robins	119	467	54	108	19	7	3	35	22	.231
Shoji Arakawa, Robins	118	411	37	94	4	8	1	26	9	.229
Junji Nakatani, Robins	100	383	38	86	16	1	6	37	8	.225
Hirofumi Komae, Stars	119	448	38	100	13	9	2	31	9	.223
Kazuo Satake, Robins	111	382	24	81	17	3	0	6	7	.212
Makoto Kozuru, Dragons	114	375	43	79	17	5	9	38	9	.211
Kamekazu Yasui, Hawks	114	435	44	91	14	3	2	23	26	.209
Kazuaki Otomo, Stars	115	406	39	84	14	3	4	23	7	.207
Masao Sakazawa, Stars	115	448	39	92	4	4	0	25	15	.205
Toshio Kawanishi, Hawks	107	424	61	86	9	1	2	18	**53**	.203
Seiichi Suzuki, Flyers	101	380	40	76	9	5	3	20	10	.200
Zenzo Hasegawa, Tigers	104	331	30	64	9	4	0	29	4	.193
Isao Mimura, Dragons	117	345	32	66	11	5	2	16	7	.191
Taju Hitokoto, Flyers	117	419	39	75	7	3	1	21	5	.179
Isao Tsuji, Stars	115	338	19	52	3	1	0	21	4	.154

Qualifiers for Earned Run Average Championship

Player and Team	G	IP	W	L	PCT	SO	BB	H	ERA
Giichiro Shiraki, Flyers	**59**	439	26	**25**	.510	121	67	364	**1.74**
Tsuguhiro Hattori, Dragons	39	247.1	16	12	.571	71	69	185	1.81
Hideo Fujimoto, Dragons	35	275	17	15	.531	77	52	220	1.83
Akira Bessho, Hawks	55	**448.1**	30	19	.612	**191**	135	**376**	1.86
Rentaro Imanishi, Braves	46	334.1	21	15	.583	85	112	284	1.91
Tadayoshi Kajioka, Tigers	37	280.1	22	8	.733	102	109	204	1.92
Hideo Shimizu, Dragons	42	330.2	23	12	.657	129	87	291	1.93
Takao Misonoo, Tigers	30	185	18	6	**.750**	30	28	158	1.99
Kenichi Izutsu, Robins	34	219.2	10	13	.435	38	76	194	2.05
Tadashi Wakabayashi, Tigers	43	331.2	26	12	.684	86	69	277	2.09
Tokuji Kawasaki, Giants	51	357.2	24	16	.600	129	118	255	2.14
Jiro Noguchi, Braves	56	382	24	17	.585	86	57	321	2.26
Fukuzo Tada, Giants	34	244	12	14	.462	101	130	178	2.36
Juzo Sanada, Robins	52	424	23	21	.523	152	156	343	2.38
Nobuo Nakatani, Hawks	42	280.2	15	18	.455	105	92	222	2.40
Shigeaki Kuroo, Flyers	49	361	19	18	.514	89	139	335	2.64
Takashi Eda, Stars	45	287.2	11	23	.324	60	108	255	2.69
Kozo Naito, Stars	38	254.2	12	14	.461	96	101	224	2.86
Teruzo Nakao, Kyojin	28	182	9	14	.391	74	110	137	2.92
Yoshio Tenpo, Braves	39	250	10	18	.357	66	72	243	2.988
Michio Shigematsu, Stars	40	274	11	19	.367	53	113	248	2.989
Tsuneo Mitomi, Stars	34	205.2	7	16	.304	50	80	201	3.23
Zenzo Ikeda, Robins	30	196	7	15	.318	74	**164**	155	3.306
Fumio Maruyama, Hawks	37	239	10	14	.417	76	137	218	3.313

Leaders and Award Winners

Home Runs
Hiroshi Oshita, Flyers—17
Shigeyoshi Morishita, Robins—12
Noboru Aota, Braves—11
Seizo Furukawa, Dragons—11
Kazuto Yamamoto (a.k.a. Tsuruoka), Hawks—10

Runs Batted In
Fumio Fujimura, Tigers—71
Kikuji Hirayama, Giants—65
Kazuto Yamamoto (a.k.a. Tsuruoka), Hawks—65
Noboru Aota, Braves—63
Hiroshi Oshita, Flyers—63

Wins
Akira Bessho, Hawks—30
Giichiro Shiraki, Flyers—26
Tadashi Wakabayashi, Tigers—26
Tokuji Kawasaki, Giants—24
Jiro Noguchi, Braves—24

Strikeouts
Akira Bessho, Hawks—191
Juzo Sanada, Robins—152
Tokuji Kawasaki, Giants—129
Hideo Shimizu, Dragons—129
Giichiro Shiraki, Flyers—121

Most Valuable Player
Tadashi Wakabayashi, Tigers

Sawamura Award
Akira Bessho, Hawks

Best Nine
Pitcher—Akira Bessho, Hawks
Catcher—Takeshi Doigaki, Tigers
First Base—Tetsuharu Kawakami, Giants
Second Base—Shigeru Chiba, Giants
Third Base—Fumio Fujimura, Tigers
Shortstop—Kiyoshi Sugiura, Dragons
Outfield—Hiroshi Oshita, Flyers
Outfield—Michinori Tsubouchi, Stars
Outfield—Masayasu Kaneda, Tigers

1948 SEASON

Team	G	W	L	T	PCT	GB	BA	HR	ERA	E
Nankai Hawks	140	87	49	4	.640	—	.255	45	2.18	210
Yomiuri Giants	140	83	55	2	.601	5.0	.256	95	2.27	198
Osaka Tigers	140	70	66	4	.515	17.0	.262	50	2.88	200
Hankyu Braves	140	66	68	6	.493	20.0	.241	25	2.63	204
Kyuei Flyers	140	59	70	11	.457	24.5	.228	49	3.08	160
Taiyo Robins	140	61	74	5	.452	25.5	.236	39	3.47	186
Kinsei Stars	140	60	73	7	.451	25.5	.229	43	2.84	175
Chunichi Dragons	140	52	83	5	.385	34.5	.232	45	2.99	227

Nankai Hawks manager—Kazuto Yamamoto (a.k.a. Tsuruoka)

Qualifiers for Batting Championship

Player and Team	G	AB	R	H	2B	3B	HR	RBI	SB	AVG
Noboru Aota, Giants	140	569	95	**174**	31	2	**25**	99	19	**.306**
Makoto Kozuru, Flyers	113	429	57	131	14	7	16	65	27	.3053
Kazuto Yamamoto (a.k.a. Tsuruoka) Hawks	125	449	65	137	28	3	8	68	23	.3051
Hiroshi Tsujii, Robins	125	467	44	139	22	5	2	41	18	.29764
Tetsuharu Kawakami, Giants	135	504	69	150	26	6	**25**	105	12	.29761
Kazuo Kasahara, Hawks	140	540	**100**	160	**40**	7	7	72	28	.296
Fumio Fujimura, Tigers	140	**572**	69	166	38	**13**	13	**108**	15	.290
Takeshi Doigaki, Tigers	138	544	56	155	38	5	4	70	14	.285
Shigeru Chiba, Giants	135	522	77	148	23	6	14	57	13	.284
Michinori Tsubouchi, Stars	124	505	65	143	24	8	2	41	20	.283
Tadayoshi Tamakoshi, Stars	124	446	48	125	15	7	7	55	12	.2802
Tokuji Iida, Hawks	138	532	71	149	30	4	14	92	16	.280
Masayasu Kaneda, Tigers	134	515	75	144	22	8	3	48	20	.2796
Masaaki Hirai, Braves	123	458	51	128	24	9	2	43	26	.279
Shosei Go, Tigers	135	527	79	146	14	3	0	24	35	.277
Tokumitsu Harada, Dragons	110	427	51	117	15	5	5	36	26	.274
Kiyoshi Osawa, Dragons	127	483	38	132	24	2	3	53	6	.273
Kikuji Hirayama, Giants	140	525	60	143	15	4	11	68	29	.272
Tamaichi Tamaki, Tigers	138	538	42	146	25	8	7	63	10	.271
Kisaku Yamakawa, Giants	126	457	68	122	11	10	2	36	17	.267
Hiroshi Oshita, Flyers	133	496	50	132	19	4	16	72	26	.266
Kazuo Horii, Hawks	139	485	54	127	21	8	2	61	9	.262
Toshio Kawanishi, Hawks	138	504	70	131	12	2	1	33	**66**	.2599

Player and Team	G	AB	R	H	2B	3B	HR	RBI	SB	AVG
Michio Nishizawa, Stars	130	508	52	132	22	3	16	60	7	.2598
Hiromutsu Tsukamoto, Braves	135	536	72	139	17	9	4	48	39	.259
Kazuo Matsumoto, Robins	134	454	46	117	14	7	2	35	10	.258
Shizuo Yamamoto, Dragons	119	400	38	102	24	6	1	25	6	.255
Tsuguo Goto, Tigers	140	511	46	129	20	3	5	36	27	.252
Eikichi Nagamochi, Flyers	123	460	50	115	22	4	3	46	20	.250
Shuzo Kayano, Dragons	129	427	29	106	21	6	0	25	9	.248
Seizo Furukawa, Braves	124	478	73	118	26	6	7	55	33	.247
Yasuji Hondo, Robins	114	422	48	104	16	6	5	37	21	.246
Yutaka Tagawa, Robins	121	475	43	115	11	5	1	32	19	.242
Hatsuo Kiyohara, Stars	135	507	49	122	18	7	2	47	10	.241
Takeshi Miyazaki, Braves	124	479	56	115	18	4	1	32	29	.240
Keizo Tsutsui, Hawks	140	458	37	109	19	4	2	33	9	.238
Chusuke Kizuka, Hawks	140	504	58	119	14	7	4	54	34	.236
Jiro Kanayama, Flyers	119	468	51	110	10	2	2	22	35	.23504
Shigeyoshi Morishita, Robins	126	434	46	102	18	3	13	41	5	.23502
Toshimichi Kunieda, Dragons	105	403	39	94	11	1	4	31	36	.233
Kiyoshi Sugiura, Dragons	137	510	61	117	26	1	12	54	7	.229
Junji Nakatani, Robins	134	500	47	113	18	9	6	50	14	.226
Isamu Fujii, Robins	128	481	39	107	15	2	4	54	10	.222
Osamu Takechi, Stars	124	443	39	95	15	7	1	30	12	.214
Sadayuki Minagawa, Flyers	134	494	61	104	13	3	1	28	14	.211
Kunio Shimoyashiro, Stars	137	446	38	91	9	6	2	32	8	.204
Kamekazu Yasui, Hawks	127	482	64	98	14	5	0	22	16	.203

Qualifiers for Earned Run Average Championship

Player and Team	G	IP	W	L	PCT	SO	BB	H	ERA
Hiroshi Nakao, Giants	47	343	**27**	12	.692	**187**	116	245	**1.84**
Susumu Yuki, Hawks	42	248	19	11	.633	122	55	180	1.89
Nobuo Nakatani, Hawks	49	318	21	12	.636	113	74	274	1.98
Akira Bessho, Hawks	42	319.1	26	10	**.722**	120	76	270	2.05
Victor Starffin, Stars	37	298.1	17	13	.567	138	80	240	2.17
Shigeo Sanada, Robins	**58**	**392.2**	25	19	.568	172	102	317	2.22
Tokuji Kawasaki, Giants	47	318.1	**27**	15	.643	82	113	257	2.31
Yoshio Tenpo, Braves	52	348	19	22	.463	130	106	321	2.33
Tadashi Wakabayashi, Tigers	48	326.1	17	20	.459	78	66	318	2.48
Tadayoshi Kajioka, Tigers	50	367.2	26	17	.605	124	97	**325**	2.54
Tsuguhiro Hattori, Dragons	44	302	16	19	.457	104	76	279	2.59

Player and Team	G	IP	W	L	PCT	SO	BB	H	ERA
Sadao Kondo, Dragons	48	272.2	7	**23**	.233	47	89	267	2.60
Hirokazu Nozaki, Tigers	40	248	12	11	.522	63	84	191	2.61
Jiro Hoshida, Dragons	36	220.2	10	8	.556	65	97	166	2.65
Shigeaki Kuroo, Flyers	47	362.2	19	18	.514	131	**117**	296	2.70
Rentaro Imanishi, Braves	50	331.2	23	17	.575	89	100	284	2.71
Zenzo Ikeda, Stars	33	229.1	11	13	.458	80	103	191	2.74
Jiro Noguchi, Braves	41	297	14	16	.467	66	42	273	2.94
Eishiro Yoshie, Flyers	48	338.1	16	19	.457	100	72	312	3.13
Hideo Shimizu, Dragons	32	225	12	17	.414	54	67	222	3.20
Isamu Kinoshita, Robins	40	276	17	13	.567	59	75	275	3.42
Kenichi Izutsu, Robins	50	259	13	22	.371	53	73	283	4.03

Leaders and Award Winners

Home Runs
Noboru Aota, Giants—25
Tetsuharu Kawakami, Giants—25
Makoto Kozuru, Flyers—16
Michio Nishizawa, Stars—16
Hiroshi Oshita, Flyers—16

Runs Batted In
Fumio Fujimura, Tigers—108
Tetsuharu Kawakami, Giants—105
Noboru Aota, Giants—99
Tokuji Iida, Hawks—92
Kazuo Kasahara, Hawks—72
Hiroshi Oshita, Flyers—72

Wins
Tokuji Kawasaki, Giants—27
Hiroshi Nakao, Giants—27
Akira Bessho, Hawks—26
Tadayoshi Kajioka, Tigers—26
Shigeo Sanada, Robins—25

Strikeouts
Hiroshi Nakao, Giants—187
Shigeo Sanada, Robins—172
Victor Starffin, Stars—138
Shigeaki Kuroo, Flyers—131
Yoshio Tenpo, Braves—130

Most Valuable Player
Kazuto Yamamoto (a.k.a. Tsuruoka), Hawks

Sawamura Award
Hiroshi Nakao, Giants

Best Nine
Pitcher—Akira Bessho (Hawks), Hiroshi Nakao (Giants), Shigeo Sanada (Robins)
Catcher—Takeshi Doigaki, Tigers
First Base—Tetsuharu Kawakami, Giants
Second Base—Shigeru Chiba, Giants
Third Base—Fumio Fujimura, Tigers
Shortstop—Chusuke Kizuka, Hawks
Outfield—Noboru Aota, Giants
Outfield—Kaoru Betto, Tigers
Outfield—Michinori Tsubouchi, Stars

1949 SEASON

Team	G	W	L	T	PCT	GB	BA	HR	ERA	E
Yomiuri Giants	134	85	48	1	.639	—	.273	125	3.15	160
Hankyu Braves	136	69	64	3	.519	16.0	.2649	67	3.63	181
Daiei Stars	134	67	65	2	.508	17.5	.272	130	4.15	161
Nankai Hawks	135	67	67	1	.500	18.5	.270	90	3.95	214
Chunichi Dragons	137	66	68	3	.493	19.5	.268	136	3.77	186
Osaka Tigers	137	65	69	3	.485	20.5	.283	141	4.47	216
Tokyu Flyers	138	64	73	1	.467	23.0	.243	93	4.18	202
Taiyo Robins	133	52	81	0	.391	33.0	.2645	92	4.59	220

Yomiuri Giants manager—Osamu Mihara

Qualifiers for Batting Championship

Player and Team	G	AB	R	H	2B	3B	HR	RBI	SB	AVG
Makoto Kozuru, Stars	129	501	112	181	26	8	24	92	15	**.361**
Fumio Fujimura, Tigers	137	563	116	**187**	35	3	**46**	**142**	12	.332
Tetsuharu Kawakami, Giants	134	545	84	180	**36**	10	24	129	9	.330
Takeshi Doigaki, Tigers	126	473	78	155	26	7	16	86	4	.328
Tokuji Iida, Hawks	135	537	103	173	31	3	27	101	21	.3221
Kaoru Betto, Tigers	137	572	**129**	184	28	6	39	126	13	.3216
Junji Nakatani, Braves	124	481	78	154	31	3	15	83	18	.320
Michio Nishizawa, Dragons	136	554	91	171	26	3	37	114	7	.309
Shigeru Chiba, Giants	134	551	121	169	15	2	15	59	12	.307
Kazuo Matsumoto, Robins	130	501	80	153	27	8	7	48	7	.3053
Hiroshi Oshita, Flyers	130	476	95	145	29	5	38	102	27	.3046
Chusuke Kizuka, Hawks	135	524	65	159	18	9	7	54	**59**	.303
Masayasu Kaneda, Tigers	133	526	108	159	35	10	10	63	21	.302
Shoji Kato, Stars	116	402	70	121	26	4	14	76	6	.301
Tsuguo Goto, Tigers	125	473	87	142	16	4	10	40	29	.300
Isao Mimura, Stars	118	454	89	135	32	4	13	44	11	.297
Michinori Tsubouchi, Dragons	137	**597**	83	177	31	4	10	59	16	.296
Shigeya Iijima, Stars	122	423	70	124	29	2	25	84	4	.293
Seizo Furukawa, Braves	107	416	72	121	25	3	11	63	25	.291
Tokumitsu Harada, Dragons	135	558	83	162	28	5	12	73	31	.290
Kazuto Yamamoto (a.k.a. Tsuruoka), Hawks	114	425	71	123	23	2	17	77	15	.289
Yutaka Tagawa, Robins	127	513	84	147	23	4	12	49	14	.287
Tadayoshi Tamakoshi, Braves	134	514	79	147	23	7	9	77	26	.286

Player and Team	G	AB	R	H	2B	3B	HR	RBI	SB	AVG
Kiyoshi Osawa, Flyers	134	493	57	140	19	3	5	70	10	.284
Tamaichi Yasui, Tigers	117	430	39	121	23	2	7	59	12	.281
Masaaki Hirai, Braves	120	476	69	132	18	11	6	43	18	.2773
Kazuo Horii, Hawks	135	524	70	145	19	5	15	74	7	.2767
Jiro Noguchi, Braves	121	394	42	109	15	4	0	54	8	.2766
Eikichi Nagamochi, Flyers	100	322	30	89	16	4	6	43	7	.2763
Hiromutsu Tsukamoto, Flyers	113	442	75	122	26	5	8	39	24	.2760
Hiroshi Hagihara, Giants	128	468	61	129	18	7	6	47	24	.2756
Noboru Aota, Giants	134	557	93	153	28	3	28	102	6	.275
Keizo Tsutsui, Hawks	127	435	56	119	25	9	3	66	12	.274
Kikuji Hirayama, Giants	132	520	61	142	27	3	10	65	22	.273
Tsutomu Kimura, Robins	117	484	60	132	12	5	0	33	11	.2727
Torao Ooka, Stars	121	470	68	128	26	1	26	111	3	.272
Kazuo Kasahara, Hawks	135	508	72	137	27	3	7	57	12	.270
Yukio Tanaka, Robins	112	364	31	98	20	2	4	46	9	.269
Kiyoshi Sugiura, Dragons	133	523	68	139	34	3	23	77	13	.266
Masao Sakazawa, Stars	120	396	43	105	11	5	5	55	12	.265
Toshio Shiraishi, Giants	130	499	94	131	26	9	11	55	11	.263
Satoshi Sugiyama, Dragons	128	475	67	124	18	4	31	64	2	.261
Akira Noguchi, Dragons	130	519	47	134	28	3	7	56	3	.2581
Takeshi Miyazaki, Braves	132	535	82	138	24	5	3	37	34	.2579
Takeshi Hibino, Braves	127	419	34	107	11	0	9	60	1	.255
Ryohei Igaue, Stars	100	388	67	98	24	2	10	35	3	.253
Masumi Isegawa, Stars	131	457	25	114	13	2	3	59	5	.249
Noboru Tsunemi, Flyers	100	306	40	76	7	6	7	32	4	.248
Tokumatsu Hirano, Robins	102	311	36	76	9	5	7	38	2	.244
Shoji Arakawa, Robins	106	325	48	79	10	1	2	37	5	.243
Hatsuo Kiyohara, Flyers	134	496	51	119	27	5	4	48	8	.240
Kozo Kawai, Braves	100	322	33	77	10	7	2	31	24	.2391
Kamekazu Yasui, Hawks	130	482	59	115	12	8	3	47	17	.2385
Shizuo Yamamoto, Dragons	130	418	50	94	16	4	1	35	11	.225
Zenzo Hasegawa, Tigers	117	375	22	82	13	2	3	30	7	.219
Tetsunosuke Fujiwara, Giants	110	328	35	71	13	1	3	36	4	.216
Sadayuki Minagawa, Flyers	138	505	80	90	17	1	6	30	11	.178

Qualifiers for Earned Run Average Championship

Player and Team	G	IP	W	L	PCT	SO	BB	H	ERA
Hideo Fujimoto, Giants	39	288	24	7	**.774**	137	55	238	**1.94**

Part One : 1949 Season

Player and Team	G	IP	W	L	PCT	SO	BB	H	ERA
Takehiko Bessho, Giants	25	180	14	9	.609	91	50	144	2.35
Victor Starffin, Stars	**52**	**376**	27	17	.614	163	69	**357**	2.61
Yoshio Tenpo, Braves	**52**	350	24	15	.615	108	90	327	2.91
Tsuguhiro Hattori, Dragons	44	290.2	24	10	.706	105	61	289	3.00
Rentaro Imanishi, Braves	51	315.2	19	**19**	.500	78	74	308	3.10
Shissho Takesue, Hawks	51	333.1	21	17	.553	**183**	121	298	3.13
Tadashi Wakabayashi, Tigers	43	271	15	14	.517	93	73	271	3.29
Fukuzo Tada, Giants	31	244.2	14	9	.609	111	69	248	3.34
Sadao Kondo, Dragons	35	186.1	7	12	.368	44	64	200	3.61
Hiroshi Nakao, Giants	32	204.2	13	10	.565	116	99	192	3.64
Giichiro Shiraki, Flyers	35	248.2	16	14	.533	88	36	250	3.65
Hiroshi Katayama, Flyers	47	291.2	16	15	.516	132	95	279	3.70
Tokuji Kawasaki, Giants	36	232.1	19	9	.679	108	69	226	3.90
Susumu Yuki, Hawks	36	196.1	13	13	.500	88	62	220	3.93
Shigeaki Kuroo, Flyers	41	268.1	14	**19**	.424	102	97	263	3.95
Tadayoshi Kajioka, Tigers	30	190.2	13	10	.565	91	53	199	3.96
Takao Fujimura, Tigers	47	286.2	16	13	.552	120	118	319	4.05
Shigeo Sanada, Robins	33	191.2	13	13	.500	87	56	201	4.13
Hiroshi Nakahara, Hawks	46	253.2	13	13	.500	122	112	254	4.22
Nobuo Nakatani, Hawks	51	261.1	12	**19**	.387	107	81	297	4.26
Zenzo Ikeda, Stars	41	233.2	11	17	.393	103	**149**	231	4.35
Eishiro Yoshie, Flyers	35	180	9	14	.391	55	39	208	4.65
Koichi Eda, Robins	38	229.2	9	16	.360	48	64	288	4.81
Kozo Naito, Braves	37	189.1	7	14	.333	65	35	220	4.83
Masaaki Noguchi, Stars	34	208.2	12	13	.480	63	84	211	4.91

Leaders and Award Winners

Home Runs
Fumio Fujimura, Tigers—46
Kaoru Betto, Tigers—39
Hiroshi Oshita, Flyers—38
Michio Nishizawa, Dragons—37
Satoshi Sugiyama, Dragons—31

Runs Batted In
Fumio Fujimura, Tigers—142
Tetsuharu Kawakami, Giants—129
Kaoru Betto, Tigers—126
Michio Nishizawa, Dragons—114
Torao Ooka, Stars—111

Wins
Victor Starffin, Stars—27
Hideo Fujimoto, Giants—24
Tsuguhiro Hattori, Dragons—24
Yoshio Tenpo, Braves—24
Shissho Takesue, Hawks—21

Strikeouts
Shissho Takesue, Hawks—183
Victor Starffin, Stars—163
Hideo Fujimoto, Giants—137
Hiroshi Katayama, Flyers—132
Hiroshi Nakahara, Hawks—122

Most Valuable Player
Fumio Fujimura, Tigers

Sawamura Award
Hideo Fujimoto, Giants

Best Nine
Pitcher—Hideo Fujimoto, Giants
Catcher—Takeshi Doigaki, Tigers
First Base—Tetsuharu Kawakami, Giants
Second Base—Shigeru Chiba, Giants
Third Base—Fumio Fujimura, Tigers
Shortstop—Chusuke Kizuka, Hawks
Outfield—Makoto Kozuru, Stars
Outfield—Kaoru Betto, Tigers
Outfield—Hiroshi Oshita, Flyers

1950 SEASON

CENTRAL LEAGUE

Team	G	W	L	T	PCT	GB	BA	HR	ERA	E
Shochiku Robins	137	98	35	4	.737	—	.287	179	3.23	164
Chunichi Dragons	137	89	44	4	.669	9.0	.274	144	3.73	148
Yomiuri Giants	140	82	54	4	.603	17.5	.268	126	2.90	193
Osaka Tigers	140	70	67	3	.511	30.0	.270	120	4.19	197
Taiyo Whales	140	69	68	3	.504	31.0	.273	111	4.47	199
Nishi Nippon Pirates	136	50	83	3	.376	48.0	.261	106	4.66	235
Kokutetsu Swallows	138	42	94	2	.309	57.5	.244	66	4.67	225
Hiroshima Carp	138	41	96	1	.299	59.0	.243	81	5.20	229

Qualifiers for Batting Championship

Player and Team	G	AB	R	H	2B	3B	HR	RBI	SB	AVG
Fumio Fujimura, Tigers	140	527	130	**191**	41	3	39	146	21	**.362**
Makoto Kozuru, Robins	130	516	**143**	183	28	6	**51**	**161**	28	.355
Noboru Aota, Giants	137	557	94	185	22	3	33	134	29	.332
Isamu Fujii, Whales	140	541	104	177	36	4	34	122	4	.3271
Kiyoshi Osawa, Whales	139	578	97	189	**45**	1	10	93	7	.3269
Tsuguo Goto, Tigers	112	475	91	153	24	5	15	79	17	.322
Yoshiyuki Iwamoto, Robins	130	552	121	176	23	3	39	127	34	.319
Tetsuharu Kawakami, Giants	138	559	102	175	34	6	29	119	34	.313
Jiro Kanayama, Robins	137	**594**	104	185	26	10	7	67	**74**	.3114
Michio Nishizawa, Dragons	137	562	104	175	22	3	46	135	4	.3113
Masaaki Hirai, Pirates	103	437	76	135	15	3	13	56	28	.309
Tokumitsu Harada, Dragons	137	565	94	173	34	**12**	13	79	30	.306
Katsumi Shiraishi, Carp	136	533	92	162	25	5	20	58	7	.3039
Yukichi Nagatoshi, Pirates	132	497	90	151	20	**12**	21	80	15	.3038
Tamaichi Yasui, Tigers	118	437	75	131	29	8	11	60	15	.300
Kiyoshi Sugiura, Dragons	128	463	83	137	28	4	26	96	13	.296
Hiroshi Tsujii, Carp	138	534	57	157	25	5	5	67	7	.294
Tsutomu Kimura, Robins	102	360	63	105	6	3	3	37	14	.292
Shigeru Chiba, Giants	121	435	96	126	13	0	8	45	16	.290
Ryohei Moriya, Swallows	104	361	51	104	19	0	21	56	10	.288
Michinori Tsubouchi, Dragons	123	469	73	135	25	6	7	57	28	.2878
Soichi Fujita, Swallows	115	473	57	136	17	5	11	64	18	.2875
Takeshi Hibino, Pirates	107	348	40	100	13	2	10	47	0	.2873
Goro Tsuchiya, Swallows	110	307	47	88	13	2	3	26	16	.2866
Torao Ooka, Robins	135	552	86	155	18	1	34	109	6	.281

Part One : 1950 Season

Player and Team	G	AB	R	H	2B	3B	HR	RBI	SB	AVG
Masato Monzen, Whales	128	460	70	129	24	4	25	110	8	.280
Sakae Nakamura, Swallows	138	416	47	116	9	4	2	25	18	.279
Akira Iwamoto, Carp	112	419	62	116	9	4	12	51	14	.277
Toshio Kawanishi, Tigers	113	351	58	97	16	2	1	30	23	.276
Hiroshi Hagihara, Giants	124	476	70	131	27	4	6	48	25	.275
Kikuji Hirayama, Whales	140	562	92	154	28	4	7	74	35	.274
Jiro Miyazaki, Robins	135	479	70	131	13	1	3	58	17	.2734
Teruo Tabe, Pirates	120	400	65	109	21	4	16	72	8	.2725
Toshimichi Kunieda, Dragons	133	489	84	133	26	8	3	58	39	.272
Akira Noguchi, Dragons	137	538	65	146	28	2	18	73	3	.271
Shoji Arakawa, Robins	132	473	88	127	13	12	3	51	25	.268
Isao Mimura, Robins	126	505	102	134	19	2	16	72	13	.265
Hiromutsu Tsukamoto, Pirates	113	444	64	115	25	2	3	33	36	.259
Kazuo Matsumoto, Dragons	135	481	65	124	23	6	1	52	29	.258
Hiroki Komatsubara, Giants	140	555	92	142	21	3	8	55	34	.256
Meiji Tezuka, Giants	117	423	51	108	24	1	9	64	7	.255
Masayasu Kaneda, Tigers	132	480	89	122	21	9	6	52	7	.2541
Choei Shirasaka, Tigers	139	520	81	132	22	2	18	72	17	.2538
Seiji Sekiguchi, Pirates	132	473	62	120	18	3	18	73	2	.2536
Eikichi Nagamochi, Whales	123	383	40	96	16	2	9	66	7	.2506
Shigeru Tokuami, Tigers	135	487	53	122	20	5	2	69	12	.2505
Ichiro Nishie, Tigers	137	488	48	122	22	4	3	51	15	.250
Kisaku Yamakawa, Giants	106	310	46	77	13	1	7	42	19	.2483
Takeshi Miyazaki, Whales	139	580	107	144	31	8	7	67	61	.24827
Kamekazu Yasui, Whales	138	556	99	138	20	8	4	41	30	.24820
Kiyoharu Sakata, Carp	122	469	41	115	16	2	3	43	3	.245
Satoshi Sugiyama, Dragons	128	457	67	110	17	3	21	63	19	.241
Hatsuo Kiyohara, Pirates	117	423	43	101	9	0	5	69	6	.239
Shigezo Odagiri, Swallows	113	335	31	77	12	0	5	31	10	.230
Yuichi Fukuda, Swallows	137	480	52	107	12	10	2	45	7	.223
Kazuo Higasa, Carp	133	494	61	108	17	5	21	72	10	.219
Toyoshi Sakai, Carp	102	320	23	53	10	0	1	19	4	.166

Qualifiers for Earned Run Average Championship

Player and Team	G	IP	W	L	PCT	SO	BB	H	ERA
Nobuo Oshima, Robins	34	225.1	20	4	**.833**	70	75	197	**2.03**
Hideo Fujimoto, Giants	49	360.1	26	14	.650	156	70	307	2.44

Player and Team	G	IP	W	L	PCT	SO	BB	H	ERA
Takehiko Bessho, Giants	43	314	22	11	.667	157	93	273	2.55
Koichi Eda, Robins	44	288.1	23	8	.742	66	75	289	2.83
Fukuzo Tada, Giants	40	244	14	9	.609	138	89	215	2.91
Tsuguhiro Hattori, Dragons	41	238.1	21	7	.750	101	54	242	2.94
Toshiaki Ogata, Pirates	47	295.2	20	13	.606	101	79	276	2.98
Shigeo Sanada, Robins	61	**395.2**	**39**	12	.765	191	81	340	3.05
Shigeru Sugishita, Dragons	55	325.2	27	15	.643	**209**	134	269	3.20
Tadayoshi Kajioka, Tigers	29	184	12	9	.571	64	62	173	3.57
Hiroyoshi Takano, Whales	**66**	384.2	25	21	.543	177	133	**367**	3.65
Naoaki Hayashi, Whales	43	231.2	11	12	.478	78	69	260	3.76
Ryohei Hasegawa, Carp	56	348.1	15	**27**	.357	146	170	345	3.868
Kazuo Hoshiba, Tigers	37	192.1	10	4	.714	45	91	190	3.87
Hiroshi Nakao, Giants	38	194.1	12	11	.522	112	76	193	3.88
Norio Furuya, Swallows	49	233.2	9	19	.321	65	86	249	4.00
Rentaro Imanishi, Whales	41	200.1	10	13	.435	71	74	212	4.07
Mototoshi Tahara, Swallows	56	287	13	22	.371	114	137	305	4.14
Kiichiro Nomoto, Pirates	48	262.1	11	19	.367	84	72	294	4.38
Hirokazu Nozaki, Tigers	53	226.1	10	18	.357	49	91	246	4.44
Kiyoshi Uchiyama, Tigers	47	220	12	15	.444	48	54	243	4.46
Hiroshi Katayama, Whales	43	210.1	14	8	.636	86	78	250	4.52
Kozo Naito, Carp	41	216.1	11	19	.367	78	79	276	5.52
Akira Takahashi, Swallows	52	200	10	15	.400	147	**178**	183	5.76

Leaders and Award Winners

Home Runs
Makoto Kozuru, Robins—51
Michio Nishizawa, Dragons—46
Fumio Fujimura, Tigers—39
Yoshiyuki Iwamoto, Robins—39
Isamu Fujii, Whales—34
Torao Ooka, Robins—34
Hideo Fujimoto, Giants—26
Hiroyoshi Takano, Whales—25
Koichi Eda, Robins—23

Runs Batted In
Makoto Kozuru, Robins—161
Fumio Fujimura, Tigers—146
Michio Nishizawa, Dragons—135
Noboru Aota, Giants—134
Yoshiyuki Iwamoto, Robins—127

Wins
Shigeo Sanada, Robins—39
Shigeru Sugishita, Dragons—27

Strikeouts
Shigeru Sugishita, Dragons—209
Shigeo Sanada, Robins—191
Hiroyoshi Takano, Whales—177
Takehiko Bessho, Giants—157
Hideo Fujimoto, Giants—156

Most Valuable Player
Makoto Kozuru, Robins

Sawamura Award
Shigeo Sanada, Robins

Leaders and Award Winners

Rookie of the Year
Nobuo Oshima, Robins

Best Nine
Pitcher—Shigeo Sanada, Robins
Catcher—Shoji Arakawa, Robins
First Base—Michio Nishizawa, Dragons
Second Base—Shigeru Chiba, Giants
Third Base—Fumio Fujimura, Tigers
Shortstop—Katsumi Shiraishi, Giants
Outfield—Makoto Kozuru, Robins
Outfield—Noboru Aota, Giants
Outfield—Yoshiyuki Iwamoto, Robins

PACIFIC LEAGUE

Team	G	W	L	T	PCT	GB	BA	HR	ERA	E
Mainichi Orions	120	81	34	5	.704	—	.286	124	3.42	173
Nankai Hawks	120	66	49	5	.574	15.0	.279	88	3.38	161
Daiei Stars	120	62	54	4	.534	19.5	.260	91	3.70	198
Hankyu Braves	120	54	64	2	.458	28.5	.244	69	3.69	171
Nishitetsu Clippers	120	51	67	2	.432	31.5	.254	79	3.87	202
Tokyu Flyers	120	51	69	0	.425	32.5	.256	87	4.52	202
Kintetsu Pearls	120	44	72	4	.379	37.5	.242	86	3.85	189

Qualifiers for Batting Championship

Player and Team	G	AB	R	H	2B	3B	HR	RBI	SB	AVG
Hiroshi Oshita, Flyers	106	401	59	136	29	6	13	72	18	**.339**
Kaoru Betto, Orions	120	477	**108**	160	23	4	**43**	105	34	.335
Tokuji Iida, Hawks	120	462	90	151	**33**	6	23	97	30	.327
Shosei Go, Orions	98	361	89	117	23	11	7	45	29	.324
Takeshi Doigaki, Orions	112	428	64	138	18	2	15	72	16	.3224
Shigeya Iijima, Stars	111	423	78	136	20	2	27	77	12	.3215
Yasuji Hondo, Orions	120	468	73	143	20	2	12	84	13	.306
Chusuke Kizuka, Hawks	116	481	94	145	14	8	8	47	**78**	.301
Junji Nakatani, Braves	115	431	72	129	28	1	21	98	28	.299
Masumi Isegawa, Stars	99	341	44	101	16	1	13	57	4	.296
Kaname Miyazaki, Clippers	112	418	65	123	20	1	4	33	16	.294
Shigeyoshi Morishita, Pearls	118	461	73	134	24	5	30	93	6	.291
Kazuo Kageyama, Hawks	120	432	71	124	17	**15**	9	66	25	.28703
Hiroshi Saito, Flyers	118	439	49	126	25	1	7	46	20	.28701
Takuji Kochi, Orions	120	**514**	78	147	25	5	5	53	28	.286
Kuniyoshi Niitome, Clippers	96	355	41	101	18	3	4	45	11	.285
Yoshio Hamada, Flyers	101	389	72	110	20	2	8	45	16	.2827
Kozo Kawai, Braves	120	492	73	139	18	11	2	40	33	.2825
Kazuo Horii, Hawks	118	467	76	131	21	3	5	82	30	.281
Yutaka Tagawa, Pearls	107	410	65	115	25	5	6	29	24	.280
Yasuhiro Fukami, Clippers	108	408	66	114	21	0	22	77	12	.2794
Seizo Furukawa, Braves	115	423	92	118	19	3	13	49	56	.2789
Kazuo Kasahara, Hawks	108	361	54	99	17	2	6	56	8	.274

Player and Team	G	AB	R	H	2B	3B	HR	RBI	SB	AVG
Ryohei Igaue, Stars	110	433	66	116	23	0	11	59	11	.268
Shoji Kato, Stars	112	440	56	117	22	4	10	59	6	.266
Noboru Tsunemi, Flyers	113	439	58	116	16	2	17	69	10	.264
Katsuki Tokura, Orions	110	414	90	109	18	9	21	96	22	.2632
Masao Sakazawa, Stars	120	475	60	125	14	6	4	47	7	.2631
Haruo Kato, Pearls	95	339	45	88	17	2	8	42	12	.260
Jiro Noguchi, Braves	107	332	28	86	16	1	3	41	8	.259
Kazuhiro Kuroda, Hawks	111	346	46	89	22	1	9	46	5	.257
Taku Masuda, Stars	93	300	37	75	13	3	4	29	15	.250
Masaharu Takita, Stars	117	433	64	108	25	3	8	47	14	.249
Masakazu Kato, Pearls	105	380	35	91	14	2	11	52	2	.239
Seiichi Kito, Clippers	93	341	47	81	13	3	6	32	6	.238
Sunao Imakurusu, Orions, Clippers	100	312	41	74	11	1	0	17	20	.237
Kiyoshi Yamada, Stars	117	441	60	104	18	3	1	34	8	.236
Michio Fujii, Braves	112	342	43	80	9	4	4	35	15	.234
Terushichi Kataoka, Flyers	115	378	49	88	12	5	10	34	29	.233
Shizuo Yamamoto, Pearls	104	374	47	86	15	0	4	27	8	.230
Shoji Hozan, Pearls	113	407	34	93	23	2	2	33	8	.229
Sadayuki Minagawa, Flyers	116	425	62	95	12	2	6	33	23	.224
Zenzo Hasegawa Clippers	111	362	31	75	13	2	3	27	4	.207
Takeshi Yamashita, Braves	111	322	31	58	8	3	6	27	5	.180

Qualifiers for Earned Run Average Championship

Player and Team	G	IP	W	L	PCT	SO	BB	H	ERA
Atsushi Aramaki, Orions	48	274.2	**26**	8	.765	150	55	240	**2.06**
Giichi Hayashi, Stars	42	254.2	18	11	.621	158	88	214	2.40
Susumu Yuki, Hawks	42	255	19	10	.655	132	71	237	2.79
Tadashi Eto, Hawks	47	236.2	14	9	.609	78	62	218	2.92
Shissho Takesue, Clippers	29	165.1	12	6	.667	77	54	133	3.09
Jiro Noguchi, Braves	35	181.2	15	9	.625	61	14	190	3.16
Yasuo Yonekawa, Flyers	**58**	**363.2**	23	23	.500	**207**	96	**349**	3.24
Shigeaki Kuroo, Pearls	41	263.2	12	21	.364	69	62	248	3.34
Takeshi Nomura, Orions	34	217.1	18	4	**.818**	75	47	258	3.344
Hiroshi Nakahara, Hawks	33	176.1	10	12	.455	77	62	172	3.36
Giichiro Shiraki, Flyers	37	264	14	13	.519	82	35	281	3.38
Tokuji Kawasaki, Clippers	40	231	12	15	.444	115	74	206	3.428
Masaaki Noguchi, Clippers	38	222.2	10	13	.435	65	53	211	3.43
Hachiro Abe, Braves	53	278	14	18	.438	156	**104**	251	3.53
Yoshiharu Ogawa, Stars	29	187.2	12	8	.600	50	61	189	3.64
Yoshimi Ebara, Orions	35	196	16	7	.696	90	59	188	3.67
Yoshio Tenpo, Braves	57	328	18	**24**	.429	141	102	322	3.68

Player and Team	G	IP	W	L	PCT	SO	BB	H	ERA
Mitsuro Sawafuji, Pearls	50	301.2	18	19	.486	164	83	292	3.70
Kozo Goi, Pearls	37	224	8	15	.348	86	99	224	3.86
Victor Starffin, Stars	35	234.1	11	15	.423	86	48	270	3.94
Nobuo Nakatani, Hawks	47	187.1	13	7	.650	93	53	185	3.97
Heishichi Sato, Orions	29	138.2	9	4	.692	61	58	134	4.08
Isamu Kinoshita, Clippers	32	177.2	11	12	.478	63	56	199	4.15
Koji Himeno, Stars	35	178	8	10	.444	83	92	184	4.25
Junzo Sekine, Pearls	26	148	4	12	.250	69	53	185	5.47

Leaders and Award Winners

Home Runs
Kaoru Betto, Orions—43
Shigeyoshi Morishita, Pearls—30
Shigeya Iijima, Stars—27
Tokuji Iida, Hawks—23
Yasuhiro Fukami, Clippers—22

Runs Batted In
Kaoru Betto, Orions—105
Junji Nakatani, Braves—98
Tokuji Iida, Hawks—97
Katsuki Tokura, Orions—96
Shigeyoshi Morishita, Pearls—93

Wins
Atsushi Aramaki, Orions—26
Yasuo Yonekawa, Flyers—23
Susumu Yuki, Hawks—19
Giichi Hayashi, Stars—18
Takeshi Nomura, Orions—18
Mitsuro Sawafuji, Pearls—18
Yoshio Tenpo, Braves—18

Strikeouts
Yasuo Yonekawa, Flyers—207

Mitsuro Sawafuji, Pearls—164
Giichi Hayashi, Stars—158
Hachiro Abe, Braves—156
Atsushi Aramaki, Orions—150

Most Valuable Player
Kaoru Betto, Orions

Rookie of the Year
Atsushi Aramaki, Orions

Best Nine
Pitcher—Atsushi Aramaki, Orions
Catcher—Takeshi Doigaki, Orions
First Base—Tokuji Iida, Hawks
Second Base—Yasuji Hondo, Orions
Third Base—Nobuo Nakatani, Braves
Shortstop—Chusuke Kizuka, Hawks
Outfield—Kaoru Betto, Orions
Outfield—Hiroshi Oshita, Flyers
Outfield—Shigeya Iijima, Stars

JAPAN SERIES

Teams and Managers—Pacific League's Mainichi Orions (Yoshio Yuasa) 4—Central League's Shochiku Robins (Tokuro Konishi) 2

Game	Date	Site	Orions Pitcher	Score	Robins Pitcher
1	11/22	Jingu	Tadashi Wakabayashi (W)	3-2 (12 innings)	Nobuo Oshima (L)

Home Runs—none

2	11/23	Korakuen	Takeshi Nomura (W)	5-1	Koichi Eda (L)

Home Runs—Shosei Go (Orions)

3	11/25	Koshien	Atsushi Aramaki (L)	6-7	Shigeo Sanada (W)

Home Runs—Yasuji Hondo (Orions), Atsushi Aramaki (Orions)

Game	Date	Site	Orions Pitcher	Score	Robins Pitcher
4	11/26	Nishinomiya	Tadashi Wakabayashi (L)	3-5	Nobuo Oshima (W)

Home Runs—Yoshiyuki Iwamoto (Robins)

Game	Date	Site	Orions Pitcher	Score	Robins Pitcher
5	11/27	Chunichi	Osamu Nomura (W)	3-2	Shigeo Sanada (L)

Home Runs—none

Game	Date	Site	Orions Pitcher	Score	Robins Pitcher
6	11/28	Osaka	Osamu Nomura (W)	8-7 (11 innings)	Nobuo Oshima (L)

Home Runs—Yoshiyuki Iwamoto—2 (Robins)

Award

Most Valuable Player—Kaoru Betto, Orions

1951 SEASON

CENTRAL LEAGUE

Team	G	W	L	T	PCT	GB	BA	HR	ERA	E
Yomiuri Giants	114	79	29	6	.731	—	.291	92	2.62	138
Nagoya Dragons	113	62	48	3	.564	18.0	.272	67	3.47	185
Osaka Tigers	116	61	52	3	.540	20.5	.269	78	3.26	128
Shochiku Robins	115	53	57	5	.482	27.0	.268	105	4.41	151
Kokutetsu Swallows	107	46	59	2	.438	31.5	.2454	36	3.96	169
Taiyo Whales	108	40	64	4	.385	37.0	.253	86	4.84	147
Hiroshima Carp	99	32	64	3	.333	41.0	.2449	42	4.62	151

Qualifiers for Batting Championship

Player and Team	G	AB	R	H	2B	3B	HR	RBI	SB	AVG
Tetsuharu Kawakami, Giants	97	374	74	141	27	2	15	81	14	**.377**
Yoshiyuki Iwamoto, Robins	110	422	100	148	24	0	31	87	10	.351
Masayasu Kaneda, Tigers	116	456	81	147	23	**18**	9	58	11	.322
Tamaichi Yasui, Whales	100	420	69	135	21	8	13	65	10	.321
Fumio Fujimura, Tigers	113	410	71	131	27	3	23	97	7	.320
Tokumitsu Harada, Dragons	111	412	72	130	20	5	12	68	25	.316
Osamu Takechi, Carp	96	411	50	129	20	3	5	61	7	.314
Noboru Aota, Giants	114	471	**101**	147	27	2	**32**	**105**	22	.312
Tsuguo Goto, Tigers	116	**502**	77	**155**	23	2	13	75	14	.309
Mitsuo Uno, Giants	111	390	66	118	17	4	3	59	23	.303
Akiyoshi Kobayashi, Robins	95	314	40	94	8	2	5	48	0	.299
Kazuo Satake, Swallows	100	353	36	105	14	5	6	36	0	.297
Satoshi Sugiyama, Dragons	97	370	66	107	17	7	18	58	16	.289
Katsumi Shiraishi, Carp	97	385	73	111	21	2	12	36	12	.288
Nobuo Osawa, Whales	108	418	57	120	13	1	9	60	6	.287
Toshimichi Kunieda, Dragons	113	381	50	109	20	4	0	40	34	.286
Kazuo Usami, Swallows	92	289	20	82	7	1	7	37	0	.284
Fukashi Minamimura, Giants	113	407	59	115	14	3	5	62	23	.283

Part One : 1951 Season

Player and Team	G	AB	R	H	2B	3B	HR	RBI	SB	AVG
Masaaki Hirai, Giants	112	471	80	132	20	7	7	63	27	.280
Toru Tsuchiya, Dragons	91	305	39	85	14	5	4	30	13	.279
Michinori Tsubouchi, Dragons	113	454	83	126	28	5	2	39	37	.278
Sakae Nakamura, Swallows	105	359	58	99	12	2	1	31	19	.2757
Shoji Arakawa, Robins	103	392	61	108	9	6	5	42	15	.2755
Shigeru Chiba, Giants	114	451	86	124	9	3	8	61	22	.275
Tsuguhiro Hattori, Dragons	89	287	33	78	5	0	6	28	10	.272
Jiro Miyazaki, Robins	97	347	35	94	10	3	7	36	6	.271
Michio Nishizawa, Dragons	95	356	47	96	15	2	14	61	7	.270
Jiro Kanayama, Robins	109	473	83	127	18	3	4	36	42	.2684
Toshio Kawanishi, Tigers	114	385	52	103	15	1	1	30	18	.2675
Akira Noguchi, Dragons	108	408	49	108	21	0	8	49	2	.265
Makoto Kozuru, Robins	97	387	68	101	16	4	24	85	20	.261
Takenori Yamakawa, Giants, Carp	78	289	34	75	20	1	2	39	4	.260
Hiroshi Tsujii, Carp	94	350	30	90	18	3	2	30	3	.257
Masao Chihara, Swallows	90	309	33	79	9	0	1	21	6	.256
Masato Monzen, Whales	97	329	34	84	11	1	7	44	3	.2553
Isamu Fujii, Whales	98	392	53	100	24	2	15	59	5	.2551
Takeshi Miyazaki, Whales	105	402	59	102	13	1	5	26	21	.254
Hiroyuki Watanabe, Tigers	108	353	40	89	14	2	13	53	4	.252
Akira Iwamoto, Carp	99	366	54	92	21	7	9	48	6	.2513
Kiyoshi Sugiura, Whales	103	367	65	92	15	0	17	60	3	.2506
Choei Shirasaka, Tigers	106	324	50	78	12	3	6	44	3	.241
Shinpei Ichii, Tigers	105	309	38	74	11	2	6	35	2	.239
Eikichi Nagamochi, Carp	93	352	32	82	15	2	5	52	5	.233
Kazuo Yoshida, Robins	101	394	47	91	17	3	5	55	9	.231
Isao Mimura, Robins	109	389	52	89	15	2	13	57	1	.229
Kenichi Isoda, Carp	96	294	40	64	10	2	2	21	15	.218
Yuichi Fukuda, Swallows	103	355	30	73	14	1	3	34	15	.206

Stolen Base Leader—Goro Tsuchiya, Swallows—52

Qualifiers for Earned Run Average Championship

Player and Team	G	IP	W	L	PCT	SO	BB	H	ERA
Kiyoshi Matsuda, Giants	34	227.2	23	3	**.885**	93	64	186	**2.01**
Shigeru Sugishita, Dragons	**58**	290.1	**28**	13	.683	147	90	274	2.35
Takumi Otomo, Giants	29	137.2	11	4	.733	51	43	114	2.41
Takehiko Bessho, Giants	47	301.1	21	9	.700	131	88	252	2.44
Takao Fujimura, Tigers	49	253	16	16	.500	74	77	222	2.63
Nobuo Oshima, Robins	36	216.2	15	13	.536	61	57	211	2.74
Masaichi Kaneda, Swallows	56	**350**	22	**21**	.512	**233**	**190**	257	2.83
Naoaki Hayashi, Whales	36	227.1	16	11	.593	35	36	227	3.00
Tsuneo Mitomi, Dragons	25	169	12	7	.632	39	60	154	3.09

Player and Team	G	IP	W	L	PCT	SO	BB	H	ERA
Hideo Fujimoto, Giants	31	206.1	15	7	.682	88	41	189	3.13
Keiji Komada, Tigers	45	227.2	11	13	.458	86	72	217	3.24
Kiyoshi Uchiyama, Tigers	42	159	10	5	.667	33	43	153	3.34
Koichi Eda, Robins	28	151.2	4	8	.333	29	38	155	3.38
Tadayoshi Kajioka, Tigers	35	180.1	13	7	.650	62	53	200	3.43
Ryohei Hasegawa, Carp	41	263.1	17	14	.548	115	108	266	3.48
Norio Furuya, Swallows	45	145.2	6	7	.462	39	46	168	3.82
Ryutaro Sugiura, Carp	34	191.1	6	14	.300	31	63	198	3.84
Mototoshi Tahara, Swallows	31	161	4	12	.250	53	79	158	3.86
Akira Takahashi, Swallows	36	163.1	10	11	.476	124	112	130	4.06
Minoru Kasamatsu, Carp	36	180	5	15	.250	39	41	218	4.50
Hiroyoshi Takano, Whales	41	250.2	11	15	.423	80	79	295	4.59
Takashi Ogiwara, Whales	35	159.2	6	9	.400	41	49	188	4.67
Tsuneo Kobayashi, Robins	55	293	18	15	.545	108	120	**307**	4.85

Leaders and Award Winners

Home Runs
Noboru Aota, Giants—32
Yoshiyuki Iwamoto, Robins—31
Makoto Kozuru, Robins—24
Fumio Fujimura, Tigers—23
Satoshi Sugiyama, Dragons—18

Runs Batted In
Noboru Aota, Giants—105
Fumio Fujimura, Tigers—97
Yoshiyuki Iwamoto, Robins—87
Makoto Kozuru, Robins—85
Tetsuharu Kawakami, Giants—81

Wins
Shigeru Sugishita, Dragons—28
Kiyoshi Matsuda, Giants—23
Masaichi Kaneda, Swallows—22
Takehiko Bessho, Giants—21
Tsuneo Kobayashi, Robins—18

Strikeouts
Masaichi Kaneda, Swallows—233
Shigeru Sugishita, Dragons—147
Takehiko Bessho, Giants—131
Akira Takahashi, Swallows—124
Ryohei Hasegawa, Carp—115

Most Valuable Player
Tetsuharu Kawakami, Giants

Sawamura Award
Shigeru Sugishita, Dragons

Rookie of the Year
Kiyoshi Matsuda, Giants

Best Nine
Pitcher—Takehiko Bessho, Giants
Catcher—Akira Noguchi, Dragons
First Base—Tetsuharu Kawakami, Giants
Second Base—Shigeru Chiba, Giants
Third Base—Fumio Fujimura, Tigers
Shortstop—Masaaki Hirai, Giants
Outfield—Masayasu Kaneda, Tigers
Outfield—Noboru Aota, Giants
Outfield—Yoshiyuki Iwamoto, Robins

PACIFIC LEAGUE

Team	G	W	L	T	PCT	GB	BA	HR	ERA	E
Nankai Hawks	104	72	24	8	.750	—	.276	48	2.40	143
Nishitetsu Lions	105	53	42	10	.558	18.5	.242	63	2.75	135
Mainichi Orions	110	54	51	5	.514	22.5	.258	59	3.25	185
Daiei Stars	101	41	52	8	.441	29.5	.239	46	3.33	138
Hankyu Braves	96	37	51	8	.420	31.0	.243	45	3.32	144
Tokyu Flyers	102	38	56	8	.404	33.0	.241	71	3.64	160
Kintetsu Pearls	98	37	56	5	.398	33.5	.223	37	3.13	151

Qualifiers for Batting Championship

Player and Team	G	AB	R	H	2B	3B	HR	RBI	SB	AVG
Hiroshi Oshita, Flyers	89	321	56	123	15	5	**26**	63	5	**.383**
Kazuo Kageyama, Hawks	104	410	**97**	129	12	**13**	6	28	42	.315
Kazuto Yamamoto (a.k.a. Tsuruoka), Hawks	91	338	44	105	21	1	2	58	19	.311
Kaoru Betto, Orions	108	398	77	123	23	7	16	67	22	.309
Chusuke Kizuka, Hawks	104	**421**	78	**130**	17	5	1	34	**55**	.3087
Shoshichi Ito, Orions	101	376	61	114	**28**	5	8	47	16	.303
Shosei Go, Orions	104	381	59	115	13	4	3	25	18	.302
Tokuji Iida, Hawks	100	402	63	119	20	4	15	**87**	19	.296
Shigeya Iijima, Stars	85	313	56	92	14	0	18	63	1	.2939
Yukichi Nagatoshi, Lions	90	262	40	77	11	7	14	45	7	.2938
Junji Nakatani, Braves	76	270	40	79	25	1	12	52	13	.293
Sunao Imakurusu, Lions	78	282	31	82	10	6	0	25	15	.291
Seiji Sekiguchi, Lions	99	337	50	96	25	1	16	59	5	.285
Takuji Kochi, Orions	94	348	46	99	14	4	4	35	4	.284
Noboru Tsunemi, Flyers	102	390	46	110	12	7	11	56	18	.282
Takuzo Miyake, Orions	88	278	45	78	11	2	8	39	19	.281
Kozo Kawai, Braves	96	383	52	105	7	5	2	30	44	.274
Natsuki Higashidani, Braves	94	254	26	69	12	4	3	21	5	.272
Takeshi Hibino, Lions	94	307	31	83	12	0	6	39	1	.2703
Kazuo Horii, Hawks	104	408	50	110	19	3	8	65	20	.2696
Takeshi Doigaki, Orions	103	370	39	99	13	2	8	60	6	.268
Shigeru Sakamoto, Pearls	98	361	60	94	12	0	1	19	38	.2603
Yutaka Tagawa, Pearls	97	354	24	92	13	4	1	46	7	.25988
Michio Fujii, Braves	90	304	39	79	12	4	3	26	23	.25986
Kazuhiro Kuroda, Hawks	98	348	32	90	16	6	5	44	5	.259
Kiyoshi Harada, Flyers	98	331	28	84	16	4	6	49	0	.2537
Yoshio Hamada, Flyers	102	414	59	105	17	3	4	21	21	.2536
Taku Masuda, Stars	84	294	34	74	16	4	5	28	5	.252
Hiroshi Saito, Flyers	99	364	22	89	12	1	5	26	14	.245
Shoji Hozan, Pearls	92	309	29	75	6	6	4	30	7	.243
Bunjiro Sakamoto, Stars	95	360	42	87	14	5	4	31	13	.242
Seizo Furukawa, Braves	93	308	42	74	12	1	5	24	23	.240
Sadayuki Minagawa, Flyers	102	393	55	91	11	4	7	32	10	.232

Player and Team	G	AB	R	H	2B	3B	HR	RBI	SB	AVG
Yasuji Hondo, Orions	94	325	34	75	13	0	3	32	7	.231
Shigeyoshi Morishita, Pearls	92	350	36	80	12	3	12	59	2	.229
Kaname Miyazaki, Lions	102	344	36	77	11	2	2	26	16	.224
Takeshi Yamashita, Braves	96	281	31	62	8	5	3	25	0	.221
Masao Sakazawa, Stars	91	363	50	80	7	5	3	27	7	.220
Katsuki Tokura, Braves	91	311	37	68	13	4	10	55	8	.219
Shizuo Yamamoto, Pearls	93	314	35	68	10	4	1	21	5	.217
Kiyoshi Yamada, Stars	92	322	44	66	15	0	0	19	12	.205
Terushichi Kataoka, Flyers	97	288	18	50	7	3	3	16	12	.174

Qualifiers for Earned Run Average Championship

Player and Team	G	IP	W	L	PCT	SO	BB	H	ERA
Takeo Hattori, Hawks	31	155	10	7	.588	62	78	104	**2.03**
Susumu Yuki, Hawks	36	198.1	19	5	.792	104	34	160	2.08
Tadashi Eto, Hawks	45	268.2	**24**	5	.828	100	47	227	2.28
Tokuji Kawasaki, Lions	36	159.2	12	9	.571	60	28	142	2.31
Yasuo Yonekawa, Flyers	40	**294.2**	19	12	.613	135	67	**248**	2.35
Atsushi Aramaki, Orions	31	144.1	10	8	.556	55	29	139	2.42
Nobuo Nakatani, Hawks	40	180.2	14	2	**.875**	69	69	138	2.44
Takeshi Nomura, Orions	38	207.2	13	12	.520	70	52	202	2.51
Giichi Hayashi, Stars	34	255	12	11	.522	95	62	222	2.54
Toshiaki Ogata, Lions	**46**	221	11	8	.579	86	42	207	2.61
Toshio Takamatsu, Stars	29	155.2	9	8	.529	65	50	147	2.65
Fumio Tanaka, Pearls	39	243	15	15	.500	86	57	198	2.70
Hachiro Abe, Braves	40	254.2	12	14	.462	**150**	**100**	232	2.79
Masaaki Noguchi, Lions	31	191.2	12	8	.600	62	47	157	2.81
Yoshio Tenpo, Braves	29	157.1	9	10	.474	44	48	156	2.91
Shissho Takesue, Lions	26	167	11	7	.611	65	76	136	2.96
Mitsuro Sawafuji, Pearls	36	210.1	8	**16**	.333	82	65	177	3.11
Heishichi Sato, Orions	25	141	9	5	.643	49	39	153	3.32
Eiji Shibata, Braves	33	175.2	6	13	.316	55	30	184	3.38
Junzo Sekine, Pearls	39	189	7	11	.389	97	55	189	3.43
Seiichi Tarui, Flyers	28	137.1	4	9	.308	35	25	129	3.46
Shoji Terakawa, Flyers	31	136	5	8	.385	56	50	129	3.57
Koji Himeno, Stars	30	152	6	12	.333	72	66	140	3.91

Leaders and Award Winners

Home Runs
Hiroshi Oshita, Flyers—26
Shigeya Iijima, Stars—18
Kaoru Betto, Orions—16
Seiji Sekiguchi, Lions—16
Tokuji Iida, Hawks—15

Runs Batted In
Tokuji Iida, Hawks—87
Kaoru Betto, Orions—67
Kazuo Horii, Hawks—65
Shigeya Iijima, Stars—63
Hiroshi Oshita, Flyers—63

Leaders and Award Winners

Wins
Tadashi Eto, Hawks—24
Yasuo Yonekawa, Flyers—19
Susumu Yuki, Hawks—19
Fumio Tanaka, Pearls—15
Nobuo Nakatani, Hawks—14

Strikeouts
Hachiro Abe, Braves—150
Yasuo Yonekawa, Flyers—135
Susumu Yuki, Hawks—104
Tadashi Eto, Hawks—100
Junzo Sekine, Pearls—97

Most Valuable Player
Kazuto Yamamoto (a.k.a. Tsuruoka), Hawks

Rookie of the Year
Kazuo Kageyama, Hawks

Best Nine
Pitcher—Tadashi Eto, Hawks
Catcher—Takeshi Doigaki, Orions
First Base—Tokuji Iida, Hawks
Second Base—Kazuto Yamamoto (a.k.a. Tsuruoka), Hawks
Third Base—Kazuo Kageyama, Hawks
Shortstop—Chusuke Kizuka, Hawks
Outfield—Kaoru Betto, Orions
Outfield—Hiroshi Oshita, Flyers
Outfield—Shigeya Iijima, Stars

ALL-STAR GAMES

Managers—Shunichi Amachi (Central League)—Yoshio Yuasa (Pacific League)

Game	Date	Site	C.L. Pitcher	Score	P.L. Pitcher
1	7/4	Koshien	Takehiko Bessho (W)	2-1	Tadashi Eto (L)

Home Runs—none
MVP—Tetsuharu Kawakami (C)

Game	Date	Site	C.L. Pitcher	Score	P.L. Pitcher
2	7/7	Korakuen	Shigeru Sugishita (W)	4-2	Yasuo Yonekawa (L)

Home Runs—Michio Nishizawa (C)
MVP—Akira Noguchi (P)

Game	Date	Site	C.L. Pitcher	Score	P.L. Pitcher
3	7/8	Korakuen	Hideo Fujimoto (L)	3-4	Giichi Hayashi (W)

Home Runs—Shigeru Chiba (C) Tokuji Iida (P), Junji Nakatani (P), Shigeya Iijima (P)
MVP—Shigeru Sugishita (C)

JAPAN SERIES

Teams and Managers—Central League's Yomiuri Giants (Shigeru Mizuhara) 4—Pacific League's Nankai Hawks {Kazuto Yamamoto (a.k.a. Tsuruoka)} 1

Game	Date	Site	Giants Pitcher	Score	Hawks Pitcher
1	10/10	Osaka	Hideo Fujimoto (W)	5-0	Tadashi Eto (L)

Home Runs—none

Game	Date	Site	Giants Pitcher	Score	Hawks Pitcher
2	10/11	Osaka	Takehiko Bessho (W)	7-0	Susumu Yuki (L)

Home Runs—Noboru Aota (Giants)

Game	Date	Site	Giants Pitcher	Score	Hawks Pitcher
3	10/13	Korakuen	Kiyoshi Matsuda (W)	3-1	Hiroshi Nakahara (L)

Home Runs—none

Game	Date	Site	Giants Pitcher	Score	Hawks Pitcher
4	10/16	Korakuen	Hiroshi Nakao (L)	3-4	Takeo Hattori (W)

Home Runs—Kazuo Higasa (Giants)

Game	Date	Site	Giants Pitcher	Score	Hawks Pitcher
5	10/17	Korakuen	Hideo Fujimoto (W)	8-2	Susumu Yuki (L)

Home Runs—Wally Yonamine (Giants), Tetsuharu Kawakami (Giants), Mitsuo Uno (Giants), Kazuharo Murakami (Hawks)

Award
Most Valuable Player—Fukashi Minamimura, Giants

1952 SEASON

CENTRAL LEAGUE

Team	G	W	L	T	PCT	GB	BA	HR	ERA	E
Yomiuri Giants	120	83	37	0	.692	—	.292	77	2.45	148
Osaka Tigers	120	79	40	1	.664	3.5	.268	61	2.77	109
Nagoya Dragons	120	75	43	2	.636	7.0	.264	77	2.82	147
Taiyo Whales	120	58	62	0	.483	25.0	.248	57	3.68	154
Kokutetsu Swallows	120	50	70	0	.417	33.0	.238	67	3.38	180
Hiroshima Carp	120	37	80	3	.316	44.5	.233	29	3.83	162
Shochiku Robins	120	34	84	2	.288	48.0	.223	53	4.05	138

Qualifiers for Batting Championship

Player and Team	G	AB	R	H	2B	3B	HR	RBI	SB	AVG
Michio Nishizawa, Dragons	113	433	79	153	27	1	20	**98**	8	**.353**
Wally Yonamine, Giants	116	474	**104**	163	33	5	10	53	38	.344
Tetsuharu Kawakami, Giants	118	478	62	153	28	4	4	82	15	.320
Fukashi Minamimura, Giants	115	441	72	139	21	3	8	76	18	.315
Fumio Fujimura, Tigers	120	475	74	149	29	1	20	95	5	.314
Shigeru Chiba, Giants	120	455	87	142	22	4	10	62	11	.312
Satoshi Sugiyama, Dragons	99	360	68	110	29	5	**27**	84	11	.306
Toshimichi Kunieda, Dragons	116	400	62	121	13	2	1	23	35	.303
Tsuguo Goto, Tigers	120	**536**	75	161	28	6	3	34	19	.300
Tamaichi Yasui, Whales	112	430	48	125	28	5	9	74	22	.291
Mitsuo Uno, Giants	115	404	42	117	16	3	5	54	11	.290
Ryohei Moriya, Swallows	114	403	59	116	19	2	8	47	9	.288
Hideo Fujii, Whales	107	440	75	126	24	7	14	69	10	.28636
Yoshiyuki Iwamoto, Whales	120	454	82	130	24	3	16	81	16	.28634
Makoto Kozuru, Robins	119	450	57	128	24	0	17	49	19	.284
Nobuo Osawa, Carp	120	441	38	123	18	2	2	43	4	.279
Masaaki Hirai, Giants	120	427	63	118	19	6	4	52	21	.276
Eikichi Nagamochi, Carp	117	396	27	109	11	3	2	36	2	.275
Masayasu Kaneda, Tigers	120	475	86	130	20	3	5	67	13	.274
Tokumitsu Harada, Dragons	120	464	81	126	24	6	4	58	19	.272
Choei Shirasaka, Tigers	120	446	92	121	20	5	6	43	22	.271
Akira Noguchi, Dragons	114	401	40	108	20	4	8	63	1	.269
Akira Iwamoto, Carp	87	313	33	84	21	3	3	33	4	.2683
Kazuo Satake, Swallows	97	325	27	87	16	1	1	24	7	.2676
Toshikazu Kodama, Dragons	119	434	67	115	14	2	5	54	8	.2649
Takao Sato, Swallows	104	321	61	85	7	1	14	33	45	.2647
Takeshi Miyazaki, Whales	114	480	71	127	23	4	5	24	23	.2645
Eiji Hatsuoka, Swallows	114	372	28	97	14	3	4	33	6	.261
Hiroyuki Watanabe, Tigers	116	350	44	91	15	0	5	61	2	.260

Player and Team	G	AB	R	H	2B	3B	HR	RBI	SB	AVG
Noboru Aota, Giants	114	427	77	111	18	1	18	79	6	.2599
Osamu Takechi, Carp	107	388	40	99	13	2	6	41	5	.255
Shigeru Tokuami, Tigers	112	311	36	78	6	3	2	34	6	.251
Masato Monzen, Carp	108	328	31	82	15	2	6	35	4	.250
Tsutomu Kimura, Whales	100	397	43	98	7	1	3	31	14	.247
Kiyoshi Sugiura, Swallows	118	443	61	108	13	0	25	63	8	.2437
Shigeru Makino, Dragons	117	394	63	96	10	1	2	21	27	.2436
Jiro Miyazaki, Robins	111	433	32	105	11	1	4	31	9	.242
Shoji Arakawa, Whales	109	370	45	89	10	5	1	36	32	.241
Jiro Kanayama, Robins	117	483	48	115	18	5	3	22	**63**	.238
Takenori Yamakawa, Carp	97	358	40	84	15	1	5	37	4	.235
Akiyoshi Kobayashi, Robins	119	453	31	105	9	0	5	33	7	.232
Nobuyuki Hikichi, Whales	103	322	29	74	10	1	1	35	5	.230
Kenji Hirano, Robins	101	379	32	85	17	3	4	29	6	.224
Haruo Metoki, Robins	115	390	21	87	18	2	7	36	8	.223
Katsumi Shiraishi, Carp	117	472	56	104	16	4	3	30	11	.2203
Goro Tsuchiya, Swallows	119	345	40	76	8	5	0	27	29	.2202
Isao Mimura, Robins	106	378	26	82	21	1	4	33	2	.217
Shinpachi Tsunajima, Robins	100	341	27	65	8	2	3	29	7	.191

Triples Leader—Katsuji Kojima, Tigers—10

Qualifiers for Earned Run Average Championship

Player and Team	G	IP	W	L	PCT	SO	BB	H	ERA
Tadayoshi Kajioka, Tigers	38	257.2	21	8	.724	75	68	191	**1.71**
Takehiko Bessho, Giants	52	**371.1**	33	13	.717	153	93	299	1.94
Shigeo Sanada, Tigers	38	228	16	9	.640	80	50	198	1.97
Takumi Otomo, Giants	40	207.1	17	8	.680	120	51	158	2.25
Shigeru Sugishita, Dragons	61	355.2	32	14	.696	160	96	316	2.33
Hideo Fujimoto, Giants	34	213.2	16	6	.727	89	38	169	2.36
Takao Fujimura, Tigers	46	260	25	6	**.806**	106	72	221	2.63
Nobuo Oshima, Dragons	35	194.2	12	11	.522	57	61	171	2.82
Ryutaro Sugiura, Carp	42	208	9	12	.429	36	49	212	2.94
Masaichi Kaneda, Swallows	**64**	358	24	25	.490	**269**	**197**	280	3.17
Hiroyoshi Takano, Whales	47	296	17	21	.447	99	84	299	3.22
Ryohei Hasegawa, Carp	55	306	11	24	.314	138	97	302	3.32
Hiroshi Katayama, Robins	42	213.2	7	15	.318	74	47	208	3.45
Nobuyoshi Watanabe, Carp	43	184	6	14	.300	34	54	183	3.62
Kazuo Shimamoto, Robins	41	234.1	9	15	.375	71	118	235	3.68
Tsuneo Kobayashi, Robins	50	321.2	12	**27**	.308	159	121	**325**	3.69
Teruo Owaki, Swallows	44	183.1	8	16	.333	73	75	193	3.72
Koichi Eda, Whales	31	186.2	10	11	.476	31	44	217	4.14
Yoshio Otagaki, Carp	43	180	7	17	.292	42	60	186	4.30

Leaders and Award Winners

Home Runs
Satoshi Sugiyama, Dragons—27
Kiyoshi Sugiura, Swallows—25
Fumio Fujimura, Tigers—20
Michio Nishizawa, Dragons—20
Noboru Aota, Giants—18

Runs Batted In
Michio Nishizawa, Dragons—98
Fumio Fujimura, Tigers—95
Satoshi Sugiyama, Dragons—84
Tetsuharu Kawakami, Giants—82
Yoshiyuki Iwamoto, Whales—81

Wins
Takehiko Bessho, Giants—33
Shigeru Sugishita, Dragons—32
Takao Fujimura, Tigers—25
Masaichi Kaneda, Swallows—24
Tadayoshi Kajioka, Tigers—21

Strikeouts
Masaichi Kaneda, Swallows—269

Shigeru Sugishita, Dragons—160
Tsuneo Kobayashi, Robins—159
Takehiko Bessho, Giants—153
Ryohei Hasegawa, Carp—138

Most Valuable Player
Takehiko Bessho, Giants

Sawamura Award
Shigeru Sugishita, Dragons

Rookie of the Year
Takao Sato, Swallows

Best Nine
Pitcher—Takehiko Bessho, Giants
Catcher—Akira Noguchi, Dragons
First Base—Michio Nishizawa, Dragons
Second Base—Shigeru Chiba, Giants
Third Base—Fumio Fujimura, Tigers
Shortstop—Masaaki Hirai, Giants
Outfield—Wally Yonamine, Giants
Outfield—Satoshi Sugiyama, Dragons
Outfield—Fukashi Minamimura, Giants

PACIFIC LEAGUE

Team	G	W	L	T	PCT	GB	BA	HR	ERA	E
Nankai Hawks	121	76	44	1	.633	—	.268	83	2.84	134
Mainichi Orions	120	75	45	0	.625	1.0	.264	72	2.87	158
Nishitetsu Lions	120	67	52	1	.563	8.5	.261	94	3.08	190
Daiei Stars	121	55	65	1	.4583	21.0	.2428	68	3.38	153
Hankyu Braves	108	49	58	1	.4579	20.5	.246	39	3.70	118
Tokyu Flyers	108	49	59	0	.454	21.0	.251	51	3.95	146
Kintetsu Pearls	108	30	78	0	.278	40.0	.2429	37	4.06	155

Qualifiers for Batting Championship

Player and Team	G	AB	R	H	2B	3B	HR	RBI	SB	AVG
Shigeya Iijima, Stars	119	411	68	138	19	5	13	59	2	**.336**
Tomoharu Kai, Pearls	82	303	28	99	13	1	7	45	5	.327
Tokuji Iida, Hawks	121	473	**100**	153	**29**	4	18	**86**	40	.323
Seiichi Kito, Pearls	82	291	35	93	22	1	7	41	2	.320
John Brittian, Braves	78	320	37	101	16	5	2	35	7	.316
Hiroshi Oshita, Lions	99	355	61	109	25	3	13	59	9	.307
Hiroshi Saito, Flyers	108	372	40	112	19	2	4	49	6	.301
Katsuki Tokura, Braves	106	369	51	111	17	7	7	53	25	.3008
Isami Okamoto, Hawks	104	304	44	91	11	5	11	57	33	.299
Kazuo Horii, Hawks	121	**478**	67	142	17	6	12	84	23	.297

Player and Team	G	AB	R	H	2B	3B	HR	RBI	SB	AVG
Takeshi Doigaki, Orions	119	422	55	125	25	5	13	72	7	.296
Takuzo Miyake, Orions	106	378	66	111	19	2	18	69	25	.294
Noboru Tsunemi, Flyers	105	382	52	112	18	3	4	35	13	.293
Yasuhiro Fukami, Lions, Flyers	108	415	65	121	27	2	**25**	81	12	.292
Sunao Imakurusu, Lions	117	404	63	117	28	5	1	26	23	.290
Michihiro Sugawara, Stars	84	328	48	93	12	6	5	33	7	.284
Futoshi Nakanishi, Lions	111	384	57	108	20	7	12	65	16	.281
Chusuke Kizuka, Hawks	115	454	78	127	20	3	8	41	**55**	.280
Kaoru Betto, Orions	120	456	93	127	26	**10**	18	67	40	.279
Yutaka Tagawa, Pearls	108	382	29	106	20	3	0	26	3	.277
Seizo Furukawa, Braves	102	288	40	78	16	1	8	38	19	.271
Yasuya Hondo, Orions	120	422	51	114	19	3	6	56	15	.2701
Kozo Kawai, Braves	105	419	53	113	17	6	1	41	38	.2696
Shigeyoshi Morishita, Pearls	88	290	33	77	14	4	7	37	6	.266
Junji Nakatani, Braves	100	367	52	97	25	1	7	45	27	.2643
Shoshichi Ito, Orions	102	333	50	88	22	1	7	50	14	.2642
Teruo Tabe, Lions	99	322	48	84	18	2	11	47	4	.261
Seiji Sekiguchi, Lions	94	358	55	93	15	1	21	59	6	.2597
Naoto Asahara, Flyers	106	362	55	94	14	5	7	54	14	.2596
Michio Fujii, Braves	108	406	62	105	18	5	2	31	54	.259
Kazuo Kageyama, Hawks	121	430	86	110	21	**10**	9	39	36	.256
Masumi Isegawa, Stars	110	400	29	100	12	3	7	52	14	.250
Keiichiro Suzuki, Flyers	108	372	35	93	13	4	4	47	7	.250
Shoji Nagasawa, Flyers	85	286	34	69	13	1	1	21	9	.241
Takuji Kochi, Orions	114	395	49	93	9	3	1	37	8	.235
Bunjiro Sakamoto, Stars	117	469	55	106	24	6	10	46	14	.226
Yoshio Hamada, Flyers	103	395	54	87	10	3	1	31	16	.220
Yuzo Shimada, Stars	110	393	41	85	19	3	3	25	1	.216
Shoji Hozan, Pearls	90	293	35	63	14	0	3	20	3	.215
Isao Imakurusu, Pearls	80	287	33	61	6	1	0	14	9	.213
Takehiko Ueda, Braves	92	277	18	58	6	5	2	25	6	.209
Taku Masuda, Stars	111	309	35	57	5	0	1	16	20	.184

Qualifiers for Earned Run Average Championship

Player and Team	G	IP	W	L	PCT	SO	BB	H	ERA
Susumu Yuki, Hawks	40	193	19	7	**.731**	**104**	28	160	**1.91**
Masaaki Noguchi, Lions	45	260.1	**23**	12	.657	75	58	236	2.59
Takeo Hattori, Hawks	40	187	16	6	.727	85	**105**	132	2.60
Mamoru Otsu, Lions	**46**	230.1	18	8	.692	70	57	209	2.73
Tokuji Kawasaki, Lions	41	216	13	11	.542	90	62	171	2.75
Takeshi Nomura, Orions	39	195.1	16	9	.640	53	43	193	2.76
Giichi Hayashi, Stars	40	**269.2**	15	15	.500	72	59	**249**	2.97
Toshihide Yamane, Orions	42	192	12	6	.667	81	53	156	3.14
Jimmy Newberry, Braves	36	206.1	11	10	.524	100	65	183	3.22
Koji Himeno, Stars	36	222.1	13	11	.542	97	66	204	3.27

Player and Team	G	IP	W	L	PCT	SO	BB	H	ERA
Seiichi Tarui, Flyers	40	194	9	14	.391	48	61	208	3.48
Junzo Sekine, Pearls	39	173.2	5	16	.238	78	52	170	3.52
Shoji Terakawa, Flyers	42	174	7	7	.500	44	58	156	3.67
Fumio Tanaka, Pearls	44	216	9	18	.333	85	63	233	3.79
Kozo Goi, Pearls	40	189.1	8	11	.421	61	65	199	4.26
Mitsuro Sawafuji, Pearls	40	178	5	**22**	.185	75	52	201	4.40

Leaders and Award Winners

Home Runs
Yasuhiro Fukami, Lions/Flyers—25
Seiji Sekiguchi, Lions—21
Kaoru Betto, Orions—18
Tokuji Iida, Hawks—18
Takuzo Miyake, Orions—18
Jimmy Newberry, Braves—100
Koji Himeno, Stars—97
Tokuji Kawasaki, Lions—90
Takeo Hattori, Hawks—85
Fumio Tanaka, Pearls—85

Most Valuable Player
Susumu Yuki, Hawks

Runs Batted In
Tokuji Iida, Hawks—86
Kazuo Horii, Hawks—84
Yasuhiro Fukami, Lions/Flyers—81
Takeshi Doigaki, Orions—72
Takuzo Miyake, Orions—69

Rookie of the Year
Futoshi Nakanishi, Lions

Best Nine
Pitcher—Susumu Yuki, Hawks
Catcher—Takeshi Doigaki, Orions
First Base—Tokuji Iida, Hawks
Second Base—Isami Okamoto, Hawks
Third Base—Kazuo Kageyama, Hawks
Shortstop—Chusuke Kizuka, Hawks
Outfield—Kaoru Betto, Orions
Outfield—Hiroshi Oshita, Flyers
Outfield—Shigeya Iijima, Stars

Wins
Masaaki Noguchi, Lions—23
Susumu Yuki, Hawks—19
Mamoru Otsu, Lions—18
Takeo Hattori, Hawks—16
Takeshi Nomura, Orions—16

Strikeouts
Susumu Yuki, Hawks—104

ALL-STAR GAMES

Managers—Shigeru Mizuhara (Central League)—Kazuto Yamamoto (a.k.a. Tsuruoka) (Pacific League)

Game	Date	Site	C.L. Pitcher	Score	P.L. Pitcher
1	7/3	Nishinomiya	—	2-2 (21 innings)	—

Home Runs—Kazuo Kageyama (P)

Game	Date	Site	C.L. Pitcher	Score	P.L. Pitcher
2	7/5	Korakuen	Takehiko Bessho (L)	1-8	Tokuji Kawasaki (W)

Home Runs—Shigeya Iijima (P)
MVP—Shigeya Iijima (P)

JAPAN SERIES

Teams and Managers—Central League's Yomiuri Giants (Shigeru Mizuhara) 4—Pacific League's Nankai Hawks {Kazuto Yamamoto (a.k.a. Tsuruoka)} 2

Game	Date	Site	Giants Pitcher	Score	Hawks Pitcher
1	10/11	Korakuen	Takehiko Bessho (W)	6-3	Nobuo Nakatani (L)

Home Runs—Tetsuharu Kawakami (Giants), Tokuji Iida (Hawks)

2	10/12	Korakuen	Hideo Fujimoto (W)	11-0	Hiroshi Nakahara (L)

Home Runs—Wally Yonamine (Giants), Hideo Fujimoto (Giants)

3	10/14	Osaka	Takumi Otomo (L)	0-4	Susumu Yuki (W)

Home Runs—none

4	10/15	Osaka	Takehiko Bessho (W)	6-2	Takeo Hattori (L)

Home Runs—none

5	10/16	Osaka	Hideo Fujimoto (L)	1-4	Masashi Eto (W)

Home Runs—none

6	10/18	Korakuen	Takehiko Bessho (W)	3-2	Susumu Yuki (L)

Home Runs—Masao Morishita (Hawks)

Awards

Most Valuable Player—Takehiko Bessho, Giants
Leading Hitter—Wally Yonamine, Giants
Home Run King—Tetsuharu Kawakami, Giants

1953 SEASON

CENTRAL LEAGUE

Team	G	W	L	T	PCT	GB	BA	HR	ERA	E
Yomiuri Giants	125	87	37	1	.702	—	.283	80	2.48	150
Osaka Tigers	130	74	56	0	.569	16.0	.270	87	3.15	130
Chunichi Dragons	130	70	57	3	.551	18.5	.251	66	3.24	157
Hiroshima Carp	130	53	75	2	.414	36.0	.242	73	4.00	165
Taiyo Shochiku Robins	130	52	77	1	.403	37.5	.246	63	4.10	149
Kokutetsu Swallows	125	45	79	1	.363	42.0	.235	55	3.36	161

Qualifiers for Batting Championship

Player and Team	G	AB	R	H	2B	3B	HR	RBI	SB	AVG
Tetsuharu Kawakami, Giants	121	467	74	**162**	26	6	6	77	22	**.347**
Masayasu Kaneda, Tigers	127	486	96	159	25	**11**	8	64	27	.327
Michio Nishizawa, Dragons	119	446	76	145	24	4	22	81	8	.325
Shigeru Chiba, Giants	120	462	87	148	31	1	12	80	3	.320
Wally Yonamine, Giants	104	365	58	112	24	2	6	54	13	.307
Toshikazu Kodama, Dragons	106	347	36	105	24	2	5	58	6	.303
Hideo Fujii, Robins	112	412	51	123	18	4	15	57	3	.299
Larry Yogi, Tigers	130	492	82	145	18	6	14	72	19	.295
Fumio Fujimura, Tigers	130	459	62	135	28	0	**27**	**98**	1	.294
Saburo Hirai, Giants	120	471	**97**	137	23	4	11	65	21	.291
Shigeru Tokuami, Tigers	108	353	27	100	14	2	1	33	4	.2832

Player and Team	G	AB	R	H	2B	3B	HR	RBI	SB	AVG
Satoshi Sugiyama, Dragons	104	378	54	107	20	3	16	70	13	.283
Makoto Kozuru, Carp	130	488	80	138	**32**	2	14	74	33	.2827
Choei Shirasaka, Tigers	101	375	54	106	14	1	8	50	19	.2826
Fukashi Minamimura, Giants	123	459	64	127	21	1	5	49	19	.277
Haruo Metoki, Robins	120	406	41	111	21	4	12	56	5	.273
Yoshiyuki Iwamoto, Robins	110	411	47	110	17	1	9	49	8	.268
Yoshio Yoshida, Tigers	128	445	62	119	12	8	2	34	22	.2674
Katsumi Shiraishi, Carp	130	424	60	113	22	4	7	40	19	.2665
Hiroshi Tsujii, Swallows	106	330	22	87	9	1	2	32	7	.264
Sakae Nakamura, Swallows	105	325	28	85	9	1	0	15	12	.262
Toshimichi Kunieda, Dragons	109	354	39	92	12	3	1	26	27	.2598
Takao Sato, Swallows	119	439	80	114	**32**	3	22	47	42	.2596
Masato Monzen, Carp	104	347	36	89	20	1	12	61	2	.256
Tamaichi Yasui, Swallows	111	414	35	102	18	4	6	44	11	.246
Noboru Aota, Robins	105	404	45	99	18	4	9	40	2	.245
Itsuro Honda, Dragons	112	349	42	85	9	1	3	18	15	.244
Jun Hirota, Giants	115	385	52	93	17	0	5	39	4	.242
Shigeru Makino, Dragons	118	395	46	95	18	3	4	35	21	.241
Nobuyuki Hikichi, Robins	130	462	44	111	13	4	0	37	18	.2402
Akiyoshi Kobayashi, Robins	126	488	52	117	14	3	3	38	9	.2397
Nobuo Osawa, Carp	130	**505**	48	120	14	0	6	52	11	.238
Jiro Kanayama, Carp	117	462	72	109	19	2	5	27	**58**	.236
Kiyoshi Sugiura, Swallows	103	340	34	79	7	1	10	49	3	.232
Tokumitsu Harada, Dragons	130	447	75	102	19	6	4	32	14	.228
Kazuo Satake, Swallows	111	332	25	74	10	2	2	29	3	.223
Takeshi Miyazaki, Robins	112	468	43	101	18	1	5	29	21	.216

Qualifiers for Earned Run Average Championship

Player and Team	G	IP	W	L	PCT	SO	BB	H	ERA
Takumi Otomo, Giants	43	281.1	**27**	6	**.818**	173	63	199	**1.85**
Hideo Fujimoto, Giants	29	198.2	17	6	.739	73	30	166	2.08
Katsuhiko Ishikawa, Dragons	38	198.1	18	4	**.818**	88	59	169	2.31
Masaichi Kaneda, Swallows	47	**303.2**	23	13	.639	**229**	**135**	222	2.37
Kikuo Tokunaga, Dragons	48	189	9	10	.474	36	45	166	2.62
Takehiko Bessho, Giants	32	191.1	16	8	.667	75	43	179	2.63
Ryohei Hasegawa, Carp	45	253.2	20	10	.667	99	58	217	2.66
Hiroshi Nakao, Giants	34	181.2	14	8	.636	68	40	157	2.72
Takao Fujimura, Tigers	49	249.1	21	11	.656	83	71	218	2.74
Masatoshi Gondo, Robins	35	220.2	15	12	.556	170	105	179	2.77
Shigeru Sugishita, Dragons	45	266.2	23	9	.719	156	91	230	2.83
Shozo Watanabe, Tigers	**54**	192	10	11	.476	43	59	168	2.86
Tadayoshi Kajioka, Tigers	40	250.1	16	13	.552	80	70	220	3.01

Player and Team	G	IP	W	L	PCT	SO	BB	H	ERA
Yoshio Otagaki, Carp	49	249	13	20	.394	82	62	**282**	3.80
Hiroyoshi Takano, Robins	25	196.2	12	9	.571	69	56	195	3.97
Yoshiaki Inoue, Swallows	44	202.2	9	**26**	.257	78	98	184	4.21

Leaders and Award Winners

Home Runs
Fumio Fujimura, Tigers—27
Michio Nishizawa, Dragons—22
Takao Sato, Swallows—22
Satoshi Sugiyama, Dragons—16
Hideo Fujii, Robins—15

Runs Batted In
Fumio Fujimura, Tigers—98
Michio Nishizawa, Dragons—81
Shigeru Chiba, Giants—80
Tetsuharu Kawakami, Giants—77
Makoto Kozuru, Carp—74

Wins
Takumi Otomo, Giants—27
Masaichi Kaneda, Swallows—23
Shigeru Sugishita, Dragons—23
Takao Fujimura, Tigers—21
Ryohei Hasegawa, Carp—20

Strikeouts
Masaichi Kaneda, Swallows—229
Takumi Otomo, Giants—173
Masatoshi Gondo, Robins—170
Shigeru Sugishita, Dragons—156
Ryohei Hasegawa, Carp—99

Most Valuable Player
Takumi Otomo, Giants

Sawamura Award
Takumi Otomo, Giants

Rookie of the Year
Masatoshi Gondo, Robins

Best Nine
Pitcher—Takumi Otomo, Giants
Catcher—Jun Hirota, Giants
First Base—Tetsuharu Kawakami, Giants
Second Base—Shigeru Chiba, Giants
Third Base—Larry Yogi, Tigers
Shortstop—Saburo Hirai, Giants
Outfield—Masayasu Kaneda, Tigers
Outfield—Wally Yonamine, Giants
Outfield—Fukashi Minamimura, Giants

PACIFIC LEAGUE

Team	G	W	L	T	PCT	GB	BA	HR	ERA	E
Nankai Hawks	120	71	48	1	.597	—	.265	61	3.02	117
Hankyu Braves	120	67	52	1	.563	4.0	.258	44	2.68	119
Daiei Stars	120	63	53	4	.543	6.5	.237	30	2.67	127
Nishitetsu Lions	120	57	61	2	.483	13.5	.253	114	3.05	161
Mainichi Orions	120	56	62	2	.475	14.5	.252	56	3.13	129
Tokyu Flyers	120	50	67	3	.427	20.0	.220	50	3.26	132
Kintetsu Pearls	120	48	69	3	.410	22.0	.246	31	2.93	171

Qualifiers for Batting Championship

Player and Team	G	AB	R	H	2B	3B	HR	RBI	SB	AVG
Isami Okamoto, Hawks	116	450	71	143	26	0	19	77	30	**.318**
Futoshi Nakanishi, Lions	120	465	**92**	**146**	20	7	**36**	86	36	.3139
Kazuo Horii, Hawks	120	459	64	144	28	5	5	78	20	.3137

Japanese Baseball

Player and Team	G	AB	R	H	2B	3B	HR	RBI	SB	AVG
Hiroshi Oshita, Lions	114	443	60	136	29	6	12	61	8	.307
Kazuo Kageyama, Hawks	112	422	86	128	13	9	8	38	36	.303
Teruo Shimabara, Hawks	109	354	37	105	13	2	1	36	14	.297
Tokuji Iida, Hawks	120	466	91	138	**36**	4	12	73	48	.296
Michihiro Sugawara, Stars	82	321	41	92	17	3	5	46	8	.287
Larry Raines, Braves	120	**503**	92	144	21	**16**	8	49	**61**	.286
Takashi Kusaka, Pearls	111	442	55	126	19	5	1	14	25	.285
Seizo Furukawa, Braves	120	460	67	131	20	7	6	56	33	.2847
Yasumitsu Toyoda, Lions	115	402	64	113	22	0	27	59	25	.28109
Osamu Takechi, Pearls	105	395	36	111	22	4	4	47	7	.28101
Michio Fujii, Braves	114	339	35	95	12	3	3	35	16	.2802
Bunjiro Sakamoto, Stars	120	479	60	134	24	6	1	37	12	.2797
Masaharu Takita, Stars	119	450	60	125	21	3	7	48	7	.278
John Brittian, Braves	116	438	34	121	20	4	3	60	6	.2762
Seiji Sekiguchi, Lions	119	457	61	126	22	6	14	72	9	.2757
Takeshi Suzuki, Pearls	120	496	56	136	20	6	2	36	40	.274
Takuzo Miyake, Orions	113	377	55	103	17	1	14	63	32	.2732
Etsuro Tsukamoto, Lions	116	451	50	123	25	5	5	37	14	.2727
Jun Matsui, Hawks	107	330	26	90	14	1	0	27	6	.2727
Kozo Kawai, Braves	116	416	55	112	18	5	4	36	32	.2692
Katsuki Tokura, Braves	113	409	52	110	21	7	8	54	13	.2689
Kiyoshi Harada, Flyers	110	380	35	102	17	1	6	47	5	.268
Noboru Tsunemi, Flyers	111	370	38	98	24	1	1	26	12	.265
Takeshi Doigaki, Orions	92	314	19	83	14	1	6	43	0	.2643
Yasuya Hondo, Orions	101	356	42	94	22	3	6	39	8	.264
Yasuo Nakatani, Braves	97	326	43	86	17	3	5	45	13	.2638
Yuzo Shimada, Stars	120	478	66	125	16	3	6	30	4	.262
Shigeyoshi Morishita, Pearls	99	300	26	76	16	2	7	34	2	.253
Kashiwa Odano, Pearls	93	311	30	78	12	3	4	33	9	.2508
Shizuo Yamamoto, Pearls	103	319	25	80	18	2	0	26	4	.2507
Yoshio Hamada, Flyers	116	422	49	105	17	1	1	19	26	.249
Kozo Goi, Pearls	102	356	31	88	12	7	3	33	8	.247
Kazuhiro Kuroda, Hawks	106	329	27	81	12	2	3	38	4	.2462
Kohei Sugiyama, Pearls	93	301	24	74	6	5	5	31	5	.2458
Yutaka Tagawa, Stars	115	394	31	96	17	5	3	43	2	.244
Chusuke Kizuka, Hawks	91	343	55	82	14	1	2	23	44	.239
Masumi Isegawa, Braves	118	360	27	82	8	3	2	39	2	.228
Naoto Asahara, Flyers	104	325	40	71	15	3	12	49	12	.218
Hiroshi Saito, Flyers	109	366	23	77	11	1	1	19	13	.210
Yasuhiro Fukami, Flyers	102	315	39	63	12	0	19	57	2	.200
Keiichiro Suzuki, Flyers	120	377	20	73	12	2	1	20	5	.194
Kiyoshi Yamada, Stars	106	344	30	66	17	3	1	24	6	.192

Qualifiers for Earned Run Average Championship

Player and Team	G	IP	W	L	PCT	SO	BB	H	ERA
Tokuji Kawasaki, Lions	47	**294.1**	24	15	.615	110	78	238	**1.98**
Shigeaki Kuroo, Pearls	30	226.1	14	11	.560	48	44	199	2.02
Koji Himeno, Stars	30	200.1	13	12	.520	87	57	157	2.06
Atsushi Aramaki, Orions	**50**	248	17	14	.548	122	49	198	2.14
Taketoshi Okami, Hawks	43	261.1	19	8	**.704**	109	**101**	216	2.23
Rufus Gaines, Braves	36	220.2	14	9	.609	142	94	184	2.52
Susumu Yuki, Hawks	30	181	16	8	.667	93	33	170	2.54
Mitsuro Sawafuji, Pearls	38	222	12	12	.500	89	58	191	2.64
Giichi Hayashi, Stars	36	283.2	17	11	.607	90	42	**260**	2.66
Victor Starffin, Stars	26	201.2	11	9	.550	61	42	175	2.67
Yasuo Yonekawa, Flyers	45	274	16	**21**	.432	**180**	60	259	2.76
Eiji Shibata, Braves	43	209.2	17	13	.567	98	40	214	3.04
Junzo Sekine, Pearls	35	219	10	15	.400	106	58	209	3.16

Leaders and Award Winners

Home Runs
Futoshi Nakanishi, Lions—36
Yasumitsu Toyoda, Lions—27
Yasuhiro Fukami, Flyers—19
Isami Okamoto, Hawks—19
Takuzo Miyake, Orions—14
Seiji Sekiguchi, Lions—14

Runs Batted In
Futoshi Nakanishi, Lions—86
Kazuo Horii, Hawks—78
Isami Okamoto, Hawks—77
Tokuji Iida, Hawks—73
Seiji Sekiguchi, Lions—72

Wins
Tokuji Kawasaki, Lions—24
Taketoshi Okami, Hawks—19
Atsushi Aramaki, Orions—17
Giichi Hayashi, Stars—17
Eiji Shibata, Braves—17

Strikeouts
Yasuo Yonekawa, Flyers—180
Rufus Gaines, Braves—142
Sadaaki Nishimura, Lions—129
Atsushi Aramaki, Orions—122
Tokuji Kawasaki, Lions—110

Most Valuable Player
Isami Okamoto, Hawks

Rookie of the Year
Yasumitsu Toyoda, Lions

Best Nine
Pitcher—Tokuji Kawasaki, Lions
Catcher—Jun Matsui, Hawks
First Base—Tokuji Iida, Hawks
Second Base—Isami Okamoto, Hawks
Third Base—Futoshi Nakanishi, Lions
Shortstop—Chusuke Kizuka, Hawks
Outfield—Kaoru Betto, Orions
Outfield—Kazuo Horii, Hawks
Outfield—Hiroshi Oshita, Flyers

74 Japanese Baseball

ALL-STAR GAMES

Managers—Shigeru Mizuhara (Central League)—Kazuto Yamamoto (a.k.a. Tsuruoka) (Pacific League)

Game	Date	Site	C.L. Pitcher	Score	P.L. Pitcher
1	7/1	Korakuen	Shigeru Sugishita (L)	0-2 (11 innings)	Giichi Hayashi (W)

Home Runs—none
MVP—Tokuji Iida (P)

2	7/6	Koshien	Takumi Otomo (W)	2-0	Tokuji Kawasaki (L)

Home Runs—none
MVP—Saburo Hirai (C)

3	7/8	Chunichi	Hideo Fujimoto (L)	0-3	Tokuji Kawasaki (W)

Home Runs—none
MVP—Kazuo Horii (P)

JAPAN SERIES

Teams and Managers—Central League's Yomiuri Giants (Shigeru Mizuhara) 4—Pacific League's Nankai Hawks {Kazuto Yamamoto (a.k.a. Tsuruoka)} 2—1 tie

Game	Date	Site	Giants Pitcher	Score	Hawks Pitcher
1	10/10	Osaka	Takehiko Bessho (L)	3-4 (12 innings)	Susumu Yuki (W)

Home Runs—none

2	10/11	Osaka	Hideo Fujimoto (W)	5-3	Taisei Nakamura (L)

Home Runs—Wally Yonamine (Giants), Shigeru Chiba (Giants), Fukashi Minamimura (Giants), Tokuji Iida (Hawks)

3	10/12	Korakuen	—	2-2	—

Home Runs—Hiroshi Nakahara (Hawks)

4	10/13	Korakuen	Takumi Otomo (W)	3-0	Nobuo Nakatani (L)

Home Runs—none

5	10/14	Osaka	Kisanori Iritani (W)	5-0	Susumu Yuki (L)

Home Runs—Takashi Iwamoto (Giants)

6	10/15	Koshien	Hideo Fujimoto (L)	0-2	Taketoshi Okami (W)

Home Runs—none

7	10/16	Korakuen	Takumi Otomo (W)	4-2	Taketoshi Okami (L)

Home Runs—Jun Matsui (Hawks), Chusuke Kizuka (Hawks)

Awards
Most Valuable Player—Tetsuharu Kawakami, Giants
Fighting Spirit—Hiroshi Minohara, Hawks
Leading Hitter—Tetsuharu Kawakami, Giants
Home Run King—Wally Yonamine, Giants
Outstanding Pitcher—Takumi Otomo, Giants
Outstanding Technique—Wally Yonamine, Giants

1954 SEASON

CENTRAL LEAGUE

Team	G	W	L	T	PCT	GB	BA	HR	ERA	E
Chunichi Dragons	130	86	40	4	.683	—	.256	70	2.32	129
Yomiuri Giants	130	82	47	1	.636	5.5	.271	88	2.38	128
Osaka Tigers	130	71	57	2	.555	16.0	.266	68	2.78	133
Hiroshima Carp	130	56	69	5	.448	29.5	.245	55	3.81	158
Kokutetsu Swallows	130	55	73	2	.430	32.0	.258	61	3.34	168
Yosho Robins	130	32	96	2	.250	55.0	.227	68	4.13	149

Qualifiers for Batting Championship

Player and Team	G	AB	R	H	2B	3B	HR	RBI	SB	AVG
Wally Yonamine, Giants	125	477	**93**	**172**	**40**	6	10	69	20	**.361**
Hiroyuki Watanabe, Tigers	129	482	68	170	21	4	7	**91**	30	.353
Michio Nishizawa, Dragons	126	498	68	170	32	2	16	80	5	.341
Hiroshi Hakoda, Swallows	121	464	56	150	24	7	9	51	6	.323
Tetsuharu Kawakami, Giants	129	510	64	164	27	8	8	87	26	.322
Tatsuro Hirooka, Giants	112	341	58	107	19	2	15	67	9	.314
Masayasu Kaneda, Tigers	120	463	81	143	27	**10**	4	35	28	.309
Kenjiro Tamiya, Tigers	125	393	63	118	26	6	7	60	30	.300
Makoto Kozuru, Carp	121	454	67	135	25	3	15	72	20	.2973
Itsuro Honda, Dragons	118	451	66	134	16	8	1	25	20	.2971
Noboru Aota, Robins	124	469	65	138	23	0	**31**	74	3	.294
Mitsuo Uno, Swallows	125	474	51	138	18	1	7	56	19	.291
Fukashi Minamimura, Giants	125	466	57	133	16	2	7	61	18	.285
Katsumi Shiraishi, Carp	122	389	47	107	20	0	9	49	10	.275
Yoshio Yoshida, Tigers	119	432	80	118	16	3	3	41	**51**	.2731
Satoshi Sugiyama, Dragons	129	473	71	129	26	3	28	**91**	11	.2727
Fumio Fujimura, Tigers	114	422	42	115	15	0	21	78	2	.2725
Toshikazu Kodama, Dragons	107	353	41	96	21	2	10	47	3	.272
Noboru Inoue, Dragons	129	444	49	120	12	3	0	34	22	.270
Masato Monzen, Carp	120	379	26	102	21	0	4	39	3	.269
Isamu Fujii, Robins	112	397	37	105	16	3	15	55	2	.264
Jun Hirota, Giants	106	344	49	90	3	4	9	37	3	.262
Harvey Zenimura, Carp	118	471	54	122	23	2	4	29	27	.259
Tamaichi Yasui, Swallows	117	446	50	115	20	5	5	46	9	.258
Nobuo Osawa, Carp	111	408	39	105	19	2	6	47	8	.2573
Larry Yogi, Tigers	122	401	53	103	16	3	4	37	16	.2568
Akiyoshi Kobayashi, Robins	122	422	39	107	23	0	2	21	4	.254
Shigeru Chiba, Giants	120	433	68	109	13	3	7	48	7	.252
Yukihiko Machida, Swallows	124	412	52	103	10	1	20	66	17	.250
Nobuyuki Hikichi, Robins	130	**535**	59	130	22	5	1	22	14	.243

Player and Team	G	AB	R	H	2B	3B	HR	RBI	SB	AVG
Tokumitsu Harada, Dragons	128	465	65	111	13	1	6	42	26	.239
Masaru Sugimoto, Robins	119	381	35	90	21	3	3	28	8	.236
Jiro Kanayama, Carp	104	405	48	91	19	0	7	31	33	.225
Haruo Metoki, Robins	123	418	30	90	14	2	7	37	3	.215
Choei Shirasaka, Tigers	123	366	45	78	12	1	8	42	14	.213
Takeshi Miyazaki, Robins	115	393	20	72	11	1	2	23	4	.183

Qualifiers for Earned Run Average Championship

Player and Team	G	IP	W	L	PCT	SO	BB	H	ERA
Shigeru Sugishita, Dragons	**63**	**395.1**	**32**	12	**.727**	**273**	103	265	**1.39**
Takumi Otomo, Giants	48	278.2	21	15	.583	199	62	202	1.68
Takehiko Bessho, Giants	50	330	26	12	.684	158	50	269	1.80
Ryohei Hasegawa, Carp	46	310.2	18	17	.514	112	65	273	1.82
Katsuhiko Ishikawa, Dragons	43	265	21	9	.700	137	70	214	2.24
Masaichi Kaneda, Swallows	53	345.2	23	**23**	.500	269	114	**290**	2.63
Masatoshi Gondo, Robins	38	263.1	11	20	.355	222	**143**	226	2.83
Noboru Matsuyama, Carp	39	239	18	13	.581	58	44	242	3.01

Leaders and Award Winners

Home Runs
Noboru Aota, Robins—31
Satoshi Sugiyama, Dragons—28
Fumio Fujimura, Tigers—21
Yukihiko Machida, Swallows—20
Michio Nishizawa, Dragons—16

Runs Batted In
Satoshi Sugiyama, Dragons—91
Hiroyuki Watanabe, Tigers—91
Tetsuharu Kawakami, Giants—87
Michio Nishizawa, Dragons—80
Fumio Fujimura, Tigers—78

Wins
Shigeru Sugishita, Dragons—32
Takehiko Bessho, Giants—26
Masaichi Kaneda, Swallows—23
Katsuhiko Ishikawa, Dragons—21
Takumi Otomo, Giants—21

Strikeouts
Shigeru Sugishita, Dragons—273
Masaichi Kaneda, Swallows—269
Masatoshi Gondo, Robins—222
Takumi Otomo, Giants—199
Takehiko Bessho, Giants—158

Most Valuable Player
Shigeru Sugishita, Dragons

Sawamura Award
Shigeru Sugishita, Dragons

Rookie of the Year
Tatsuro Hirooka, Giants

Best Nine
Pitcher—Shigeru Sugishita, Dragons
Catcher—Jun Hirota, Giants
First Base—Michio Nishizawa, Dragons
Second Base—Hiroshi Hakoda, Swallows
Third Base—Mitsuo Uno, Swallows
Shortstop—Tatsuro Hirooka, Giants
Outfield—Hiroyuki Watanabe, Tigers
Outfield—Wally Yonamine, Giants
Outfield—Satoshi Sugiyama, Dragons

PACIFIC LEAGUE

Team	G	W	L	T	PCT	GB	BA	HR	ERA	E
Nishitetsu Lions	140	90	47	3	.657	—	.256	134	2.17	140
Nankai Hawks	140	91	49	0	.650	0.5	.250	82	2.50	125
Mainichi Orions	140	79	57	4	.581	10.5	.236	89	2.69	186
Kintetsu Pearls	140	74	63	3	.540	16.0	.247	27	2.66	164
Hankyu Braves	140	66	70	4	.485	23.5	.260	63	3.23	152
Takahashi Unions	140	53	84	3	.387	37.0	.229	51	3.43	209
Toei Flyers	140	52	86	2	.377	38.5	.234	46	3.73	177
Daiei Stars	140	43	92	5	.319	46.0	.222	47	3.53	160

Qualifiers for Batting Championship

Player and Team	G	AB	R	H	2B	3B	HR	RBI	SB	AVG
Larry Raines, Braves	137	**546**	96	**184**	**38**	8	18	96	45	**.337**
Hiroshi Oshita, Lions	138	514	76	165	33	6	22	88	11	.321
Kozo Kawai, Braves	137	**546**	86	172	28	8	3	54	42	.315
Kazuhiro Yamauchi, Orions	140	504	85	155	21	4	28	**97**	13	.308
Katsuki Tokura, Braves	127	443	43	133	27	5	10	79	13	.300
Takashi Kusaka, Pearls	131	479	60	142	15	6	0	53	19	.2964
Futoshi Nakanishi, Lions	130	493	87	146	28	8	**31**	82	23	.2961
Charlie Lewis, Orions	130	471	61	138	31	7	15	90	7	.293
Seiichi Kito, Pearls	104	360	44	105	17	5	1	51	15	.292
Kazuo Kasahara, Unions	131	404	51	117	20	4	1	36	9	.290
Takeshi Doigaki, Flyers	139	464	52	134	26	4	7	56	6	.289
Masao Morishita, Hawks	140	498	55	142	21	6	6	58	51	.285
Tsutomu Kimura, Pearls	126	464	57	132	20	3	2	39	38	.284
Masaharu Takita, Stars	117	434	50	123	26	6	7	39	12	.283
Tokuji Iida, Hawks	140	473	83	133	17	3	18	74	48	.281
Seiji Sekiguchi, Lions	139	493	68	136	27	3	27	87	19	.276
Takuji Kochi, Unions	111	400	33	110	5	2	0	24	22	.275
Hiroshi Arakawa, Orions	116	374	45	101	21	0	5	25	6	.270
Akinobu Kono, Lions	136	488	62	129	15	7	13	41	9	.2643
Akitoshi Kodama, Pearls	132	439	50	116	24	7	3	46	13	.2642
Kazuo Kageyama, Hawks	134	495	71	130	22	**12**	7	47	23	.2626
Yoshio Hamada, Flyers	129	457	71	120	19	1	1	28	28	.2625
Shizuya Mizukami, Flyers	124	386	32	101	15	0	1	26	15	.262
Shigeya Iijima, Stars	121	418	44	109	18	0	10	61	4	.2607
Michio Fujii, Braves	138	445	72	116	24	1	1	36	36	.2606
Bunjiro Sakamoto, Stars	127	526	74	137	28	9	12	42	18	.260
Takeshi Suzuki, Pearls	132	536	78	136	19	2	2	38	**71**	.254
Jun Matsui, Hawks	127	395	33	100	21	1	3	36	2	.2531
Chusuke Kizuka, Hawks	115	443	53	112	11	7	7	30	37	.2528
Isami Okamoto, Hawks	131	469	63	118	20	1	19	63	24	.252
Toshiaki Yamada, Unions	131	375	41	94	12	1	2	20	17	.25066
Junji Nakatani, Braves	110	379	44	95	17	2	8	57	11	.25065
Kazuo Horii, Hawks	140	507	61	127	13	4	10	68	11	.250

Player and Team	G	AB	R	H	2B	3B	HR	RBI	SB	AVG
Osamu Takechi, Pearls	127	489	64	121	18	5	5	59	31	.247
Kazuhiro Kuroda, Unions	132	479	37	118	18	3	6	41	5	.246
Yasuo Tsunemi, Flyers	128	502	66	123	22	1	3	29	22	.245
Yasumitsu Toyoda, Lions	134	494	77	119	20	4	18	63	33	.241
Kashiwa Odano, Unions	134	455	38	106	13	4	5	40	23	.233
Yuzo Shimada, Stars	136	506	53	117	17	6	7	29	18	.231
Shizuo Yamamoto, Pearls	134	453	44	104	18	4	1	49	14	.230
Naoto Asahara, Flyers	129	437	47	100	15	3	12	63	11	.229
Seizo Furukawa, Braves	137	464	53	105	21	9	6	42	30	.226
Michihiro Sugawara, Stars	115	403	35	88	16	4	2	35	7	.218
Dick Kitamura, Orions	126	379	36	81	12	4	2	28	6	.214
Kosei Komori, Orions	121	390	40	81	15	5	1	35	14	.208
Sal Recca, Unions	120	429	52	86	17	3	23	67	4	.200
Takuzo Miyake, Orions	122	376	47	75	10	3	9	45	26	.199

Qualifiers for Earned Run Average Championship

Player and Team	G	IP	W	L	PCT	SO	BB	H	ERA
Motoji Takuwa, Hawks	60	**329.2**	26	9	.743	**275**	105	207	**1.58**
Sadaaki Nishimura, Lions	46	275	22	5	**.815**	236	72	167	1.77
Mamoru Otsu, Lions	49	257.1	18	11	.621	123	69	197	1.78
Hisafumi Kawamura, Lions	**61**	276	25	12	.676	169	88	183	1.99
Fumio Tanaka, Pearls	47	307.1	**26**	15	.634	132	41	266	2.16
Yoshihiko Taki, Unions	55	286	16	19	.457	159	92	209	2.20
Yoshinobu Uemura, Orions	46	216	9	15	.375	128	73	170	2.25
Atsushi Aramaki, Orions	49	271	22	12	.647	130	43	234	2.32
Yasuo Yonekawa, Flyers	56	299.1	23	14	.622	204	86	240	2.43
Junzo Sekine, Pearls	35	232	16	12	.571	118	57	174	2.44
Noboru Yamashita, Pearls	46	250	12	14	.462	129	73	188	2.45
Eiji Shibata, Braves	46	234.2	17	16	.515	117	57	196	2.57
Yoshiharu Ogawa, Stars	44	287.1	12	22	.353	91	75	252	2.66
Takao Kajimoto, Braves	55	309.1	20	12	.625	228	**118**	266	2.73
Giichi Hayashi, Stars	38	248	8	20	.286	89	55	246	2.90
Koichi Harada, Braves	47	217.1	15	17	.469	110	62	192	3.01
Takeshi Nomura, Unions	45	288.2	15	**23**	.395	104	44	**314**	3.24
Kazuo Takeuchi, Stars	42	238.2	10	16	.385	107	101	225	3.88

Leaders and Award Winners

Home Runs
Futoshi Nakanishi, Lions—31
Kazuhiro Yamauchi, Orions—28
Seiji Sekiguchi, Lions—27
Sal Recca, Unions—23
Hiroshi Oshita, Lions—22

Runs Batted In
Kazuhiro Yamauchi, Orions—97
Larry Raines, Braves—96
Charlie Lewis, Orions—90
Hiroshi Oshita, Lions—88
Seiji Sekiguchi, Lions—87

Part One : 1954 Season

Leaders and Award Winners

Wins
Motoji Takuwa, Hawks—26
Fumio Tanaka, Pearls—26
Hisafumi Kawamura, Lions—25
Yasuo Yonekawa, Flyers—23
Atsushi Aramaki, Orions, Orions—22
Sadaaki Nishimura, Lions—22

Strikeouts
Motoji Takuwa, Hawks—275
Sadaaki Nishimura, Lions—236
Takao Kajimoto, Braves—228
Yasuo Yonekawa, Flyers—204
Hisafumi Kawamura, Lions—169

Most Valuable Player
Hiroshi Oshita, Lions

Rookie of the Year
Motoji Takuwa, Hawks

Best Nine
Pitcher—Sadaaki Nishimura, Lions
Catcher—Charlie Lewis, Orions
First Base—Kozo Kawai, Braves
Second Base—Masao Morishita, Hawks
Third Base—Futoshi Nakanishi, Lions
Shortstop—Larry Raines, Braves
Outfield—Kazuhiro Yamauchi, Orions
Outfield—Seiji Sekiguchi, Lions
Outfield—Hiroshi Oshita, Lions

ALL-STAR GAMES

Managers—Shigeru Mizuhara (Central League)—Kazuto Yamamoto (a.k.a. Tsuruoka) (Pacific League)

Game	Date	Site	C.L. Pitcher	Score	P.L. Pitcher
1	7/3	Nishinomiya	Ryohei Hasegawa (L)	2-5	Sadaaki Nishimura (W)

Home Runs—Fumio Fujimura (C), Kazuhiro Yamauchi (P), Futoshi Nakanishi (P)
MVP—Futoshi Nakanishi (P)

2	7/4	Korakuen	Masaichi Kaneda (L)	1-2 (10 innings)	Fumio Tanaka (W)

Home Runs—none
MVP—Kazuhiro Yamauchi (P)

JAPAN SERIES

Teams and Managers—Central League's Chunichi Dragons (Shunichi Amachi) 4—Pacific League's Nishitetsu Lions (Osamu Mihara) 3

Game	Date	Site	Dragons Pitcher	Score	Lions Pitcher
1	10/30	Chunichi	Shigeru Sugishita (W)	5-1	Sadaaki Nishimura (L)

Home Runs—Tochikazu Kodama (Dragons), Takeshi Hibino (Lions)

2	10/31	Chunichi	Katsuhiko Ishikawa (W)	5-0	Mamoru Otsu (L)

Home Runs—Michio Nishizawa (Dragons)

3	11/2	Heiwadai	Nobuo Oshima (L)	0-5	Hisafumi Kawamura (W)

Home Runs—Takeshi Hibino (Lions)

4	11/3	Heiwadai	Shigeru Sugishita (L)	0-3	Tokuji Kawasaki (W)

Home Runs—none

5	11/4	Heiwadai	Shigeru Sugishita (W)	3-2	Hisafumi Kawamura (L)

Home Runs—Takeshi Hibino (Lions)

6	11/6	Chunichi	Katsuhiko Ishikawa (L)	1-4	Mamoru Otsu (W)

Home Runs—none

7	11/7	Chunichi	Shigeru Sugishita (W)	1-0	Hidefumi Kawamura (L)

Home Runs—none

Awards

Most Valuable Player—Shigeru Sugishita, Dragons
Fighting Spirit—Hiroshi Oshita, Lions
Leading Hitter—Takeshi Hibino, Lions
Home Run King—Takeshi Hibino, Lions
Most Runs Batted In—Michio Nishizawa, Dragons
Outstanding Pitcher—Shigeru Sugishita, Dragons
Outstanding Technique—Itsuro Honda, Dragons

1955 SEASON

CENTRAL LEAGUE

Team	G	W	L	T	PCT	GB	BA	HR	ERA	E
Yomiuri Giants	130	92	37	1	.713	—	.266	84	1.75	124
Osaka Tigers	130	77	52	1	.597	15.0	.238	64	2.02	121
Chunichi Dragons	130	71	57	2	.555	20.5	.251	51	2.49	108
Hiroshima Carp	130	58	70	2	.453	33.5	.226	64	3.29	137
Kokutetsu Swallows	130	57	71	2	.445	34.5	.228	93	2.69	147
Taiyo Whales	130	31	99	0	.238	61.5	.209	51	3.69	168

Qualifiers for Batting Championship

Player and Team	G	AB	R	H	2B	3B	HR	RBI	SB	AVG
Tetsuharu Kawakami, Giants	120	435	55	**147**	15	1	12	**79**	17	**.338**
Toshikazu Kodama, Dragons	108	355	34	112	21	2	8	45	7	.315
Hiroyuki Watanabe, Tigers	126	460	56	144	13	0	5	54	12	.313
Wally Yonamine, Giants	107	424	68	132	22	2	13	65	10	.311
Kenjiro Tamiya, Tigers	117	427	41	123	25	2	4	43	21	.288
Makoto Kozuru, Carp	130	494	62	141	17	7	18	67	26	.285
Noboru Inoue, Dragons	125	440	50	125	25	3	4	42	13	.284
Yoshio Yoshida, Tigers	128	**523**	67	**147**	24	5	3	28	38	.281
Saburo Hirai, Giants	111	353	47	99	17	0	5	32	14	.2804
Yukihiko Machida, Swallows	125	468	69	131	26	0	**31**	71	12	.2799
Tokumitsu Harada, Dragons	128	461	57	129	26	2	5	39	22	.2798
Fumio Fujimura, Tigers	112	349	41	94	12	0	21	63	1	.269
Noboru Aota, Whales	103	381	40	102	23	1	17	54	3	.268
Takashi Iwamoto, Giants	118	383	60	102	7	**10**	12	60	18	.266
Michio Nishizawa, Dragons	127	476	55	124	25	2	14	53	4	.261
Mitsuo Uno, Swallows	107	382	36	99	14	2	6	43	8	.259
Tatsuro Hirooka, Giants	125	447	76	115	16	9	11	43	17	.257
Masayasu Kaneda, Tigers	126	468	47	124	16	4	2	32	11	.254
Itsuro Honda, Dragons	130	461	46	117	16	5	3	26	**42**	.2537
Hiroki Komatsubara, Swallows	118	388	28	98	**29**	0	6	47	8	.253

Player and Team	G	AB	R	H	2B	3B	HR	RBI	SB	AVG
Hideji Miyake, Tigers	126	385	34	95	11	5	3	24	18	.247
Masaru Sugimoto, Whales	121	400	21	98	18	2	3	25	9	.245
Masaaki Ishida, Swallows	120	369	22	90	8	3	1	28	3	.244
Nobuyuki Hikichi, Whales	130	516	55	125	19	3	8	33	10	.24224
Satoshi Sugiyama, Dragons	118	450	52	109	24	4	19	67	9	.24222
Jiro Kanayama, Carp	119	494	50	119	15	3	8	29	41	.241
Fibber Hirayama, Carp	117	416	46	99	14	3	7	42	25	.238
Choei Shirasaka, Tigers	110	366	35	84	10	4	5	33	12	.230
Takao Sato, Swallows	127	491	77	110	21	1	24	53	25	.224
Meiji Tezuka, Whales	123	388	21	86	14	2	2	26	5	.222
Kazuo Satake, Swallows	128	417	28	92	12	3	3	35	3	.221
Akiyoshi Kobayashi, Whales	117	336	13	74	4	0	4	21	3	.220
Harvey Zenimura, Carp	109	413	41	89	18	2	3	26	19	.215
Masato Monzen, Carp	105	341	29	70	15	1	5	33	1	.205
Tatsuo Arai, Whales	116	352	31	69	8	5	0	17	2	.196

Qualifiers for Earned Run Average Championship

Player and Team	G	IP	W	L	PCT	SO	BB	H	ERA
Takehiko Bessho, Giants	50	312	23	8	.742	152	45	241	**1.33**
Katsuhiko Ishikawa, Dragons	35	217.2	17	9	.654	142	35	160	1.44
Shigeru Sugishita, Dragons	53	328	26	12	.684	247	57	226	1.56
Ryohei Hasegawa, Carp	54	387.1	**30**	17	.638	207	93	**305**	1.69
Tatsuyoshi Yasuhara, Giants	37	195.1	12	8	.600	98	64	144	1.74
Takumi Otomo, Giants	42	303.2	**30**	6	**.833**	206	54	213	1.75
Masaichi Kaneda, Swallows	**62**	**400**	29	20	.592	**350**	101	279	1.78
Kazunori Nishimura, Tigers	60	295.1	22	17	.564	302	78	190	2.01
Shozo Watanabe, Tigers	46	244	18	11	.621	74	42	201	2.40
Yoshio Otagaki, Carp	45	290	13	18	.419	101	64	270	2.54
Koichi Eda, Whales	31	220.1	10	14	.417	47	53	220	2.97
Masahiko Oishi, Whales	38	204.1	8	16	.333	99	47	224	3.51
Masatoshi Gondo, Whales	40	198	3	**21**	.125	161	**103**	169	3.73

Leaders and Award Winners

Home Runs
Yukihiko Machida, Swallows—31
Takao Sato, Swallows—24
Fumio Fujimura, Tigers—21
Satoshi Sugiyama, Dragons—19
Makoto Kozuru, Carp—18

Runs Batted In
Tetsuharu Kawakami, Giants—79
Yukihiko Machida, Swallows—71
Makoto Kozuru, Carp—67
Satoshi Sugiyama, Dragons—67
Wally Yonamine, Giants—65

Wins
Ryohei Hasegawa, Carp—30
Takumi Otomo, Giants—30
Masaichi Kaneda, Swallows—29

Leaders and Award Winners

Wins
Shigeru Sugishita, Dragons—26
Takehiko Bessho, Giants—23

Strikeouts
Masaichi Kaneda, Swallows—350
Kazunori Nishimura, Tigers—302
Shigeru Sugishita, Dragons—247
Ryohei Hasegawa, Carp—207
Takumi Otomo, Giants—206

Most Valuable Player
Tetsuharu Kawakami, Giants

Sawamura Award
Takehiko Bessho, Giants

Rookie of the Year
Kazunori Nishimura, Tigers

Best Nine
Pitcher—Takehiko Bessho, Giants
Catcher—Jun Hirota, Giants
First Base—Tetsuharu Kawakami, Giants
Second Base—Noboru Inoue, Dragons
Third Base—Toshikazu Kodama, Dragons
Shortstop—Yoshio Yoshida, Tigers
Outfield—Hiroyuki Watanabe, Tigers
Outfield—Wally Yonamine, Giants
Outfield—Yukihiko Machida, Swallows

PACIFIC LEAGUE

Team	G	W	L	T	PCT	GB	BA	HR	ERA	E
Nankai Hawks	143	99	41	3	.707	—	.249	90	2.61	136
Nishitetsu Lions	144	90	50	4	.643	9.0	.259	140	2.68	144
Mainichi Orions	142	85	55	2	.607	14.0	.251	89	2.46	192
Hankyu Braves	142	80	60	2	.571	19.0	.267	39	2.70	141
Kintetsu Pearls	142	60	80	2	.429	39.0	.252	35	3.45	158
Daiei Stars	141	53	87	1	.379	46.0	.228	41	2.99	171
Toei Flyers	143	51	89	3	.364	48.0	.232	40	3.18	185
Tombo Unions	141	42	98	1	.300	57.0	.227	40	3.94	202

Qualifiers for Batting Championship

Player and Team	G	AB	R	H	2B	3B	HR	RBI	SB	AVG
Futoshi Nakanishi, Lions	135	473	96	157	28	4	**35**	98	19	**.332**
Kazuhiro Yamauchi, Orions	137	492	87	160	**31**	4	26	**99**	12	.325
Katsuki Tokura, Braves	139	480	62	154	27	9	6	64	21	.321
Tokuji Iida, Hawks	143	525	79	**163**	21	5	14	75	42	.310
Kiyoshi Watanabe, Braves	132	413	63	125	22	11	2	54	33	.303
Hiroshi Oshita, Lions	139	469	74	141	21	5	12	63	7	.301
Osamu Takechi, Pearls	115	433	69	130	9	1	5	54	24	.300
Shoichi Busujima, Flyers	133	486	57	145	16	12	6	50	17	.2983
Seiji Sekiguchi, Lions	134	456	67	136	28	6	14	66	11	.2982
Kihachi Enomoto, Orions	139	490	84	146	24	7	16	67	12	.2979
Toshiaki Yamada, Unions	136	433	49	128	16	9	3	29	30	.296
Bunjiro Sakamoto, Stars	139	546	67	161	23	9	11	59	25	.295
Takashi Kusaka, Pearls	124	389	54	114	12	5	0	38	26	.293
Akitoshi Kodama, Pearls	129	493	50	143	25	4	5	68	10	.290
Akiteru Kono, Braves	124	434	54	123	25	7	9	60	20	.283
Ichiro Nishie, Flyers	129	453	45	127	24	5	0	30	8	.2803
Chico Barbon, Braves	141	**583**	**105**	**163**	23	**13**	5	48	49	.2795
Michio Fujii, Braves	130	437	58	122	16	3	2	55	20	.279

Player and Team	G	AB	R	H	2B	3B	HR	RBI	SB	AVG
Kohei Sugiyama, Hawks	140	521	70	145	22	5	16	90	15	.278
Teruyuki Takakura, Lions	136	427	59	118	18	1	17	71	33	.276
Yasumitsu Toyoda, Lions	144	546	94	150	18	4	23	76	27	.275
Tsutomu Kimura, Pearls	121	430	50	117	16	2	0	23	17	.272
Kenichiro Okamoto, Braves	127	403	46	108	19	6	4	53	3	.268
Kozu Kawai, Braves	133	498	52	133	14	4	1	45	40	.267
Hirohisa Arakawa, Orions	116	374	46	99	21	2	3	34	2	.265
Masaaki Oishi, Pearls	124	426	62	112	16	6	4	52	11	.263
Charlie Lewis, Orions	135	509	45	133	**31**	5	9	73	9	.261
Kazuo Horii, Hawks	143	549	65	143	13	3	13	85	10	.260
Isami Okamoto, Hawks	136	521	92	132	30	2	18	65	37	.253
Chusuke Kizuka, Hawks	122	386	53	96	6	4	2	21	38	.249
Akinobu Kono, Lions	141	397	53	97	12	5	3	28	17	.244
Takayuki Kuriki, Unions	131	370	44	89	13	0	6	18	26	.241
Takatsugu Toguchi, Pearls	129	409	42	98	12	4	0	31	23	.240
Masao Morishita, Hawks	133	422	67	101	25	1	6	37	**59**	.2393
Shizuya Mizukami, Flyers	135	406	31	97	16	1	0	31	12	.2389
Yoshio Hamada, Flyers	119	443	45	105	15	2	2	25	13	.237
Masaharu Takita, Stars	125	418	41	99	19	3	1	30	9	.2368
Kazuhiro Kuroda, Unions	129	414	30	98	17	0	4	37	6	.2367
Michihiro Sugawara, Stars	137	459	45	108	15	3	9	55	13	.2352
Akira Ogi, Lions	126	370	48	87	15	1	15	39	22	.2351
Tadao Maekawa, Unions	129	500	64	117	10	2	6	31	26	.234
Kosei Komori, Orions	126	462	62	107	16	5	6	32	19	.232
Tsuneyuki Shimada, Orions	132	360	38	82	10	6	2	28	14	.2277
Yuzo Shimada, Stars	115	391	44	89	14	1	2	20	13	.2276
Hiroshi Minohara, Flyers	135	409	36	93	15	2	15	59	5	.227
Katsuhiko Hara, Pearls	129	377	26	85	12	2	5	39	2	.225

Qualifiers for Earned Run Average Championship

Player and Team	G	IP	W	L	PCT	SO	BB	H	ERA
Takashi Nakagawa, Orions	49	229	18	11	.621	145	84	171	**2.08**
Yoshinobu Uemura, Orions	50	220	17	10	.630	146	61	196	2.127
Taisei Nakamura, Hawks	51	269.2	23	4	**.852**	160	80	201	2.133
Hachiro Abe, Braves	46	212.2	15	11	.577	124	85	172	2.20
Isao Wada, Orions	49	220.1	18	6	.750	170	63	183	2.24
Yasuo Yonekawa, Flyers	55	**353.1**	22	**21**	.512	185	83	**321**	2.26
Hisafumi Kawamura, Lions	**58**	279.1	21	9	.700	**225**	**118**	211	2.346
Atsushi Aramaki, Orions	49	245	18	12	.600	130	59	203	2.351
Giichi Hayashi, Stars	42	278	19	15	.559	91	48	239	2.36
Tokuji Kawasaki, Lions	43	217.2	17	15	.531	88	50	195	2.39
Sadaaki Nishimura, Lions	57	268.1	19	6	.760	191	71	229	2.41
Motoji Takuwa, Hawks	**58**	244.1	**24**	11	.686	205	80	176	2.42

Player and Team	G	IP	W	L	PCT	SO	BB	H	ERA
Mamoru Otsu, Lions	55	255.2	21	10	.677	116	91	213	2.50
Eiji Shibata, Braves	50	235.2	17	8	.680	111	39	219	2.555
Fumio Takechi, Pearls	40	210.2	10	16	.385	76	23	190	2.559
Takao Kajimoto, Braves	49	273.1	18	14	.563	222	84	232	2.86
Noboru Yamashita, Pearls	55	293.1	17	15	.531	175	86	242	3.06
Junzo Sekine, Pearls	40	226	14	16	.467	106	54	228	3.54

Loss Co-Leader—Victor Starffin, Unions—21

Leaders and Award Winners

Home Runs
Futoshi Nakanishi, Lions—35
Kazuhiro Yamauchi, Orions—26
Yasumitsu Toyoda, Lions—23
Isami Okamoto, Hawks—18
Teruyuki Takakura, Lions—17

Runs Batted In
Kazuhiro Yamauchi, Orions—99
Futoshi Nakanishi, Lions—98
Kohei Sugiyama, Hawks—90
Kazuo Horii, Hawks—85
Yasumitsu Toyoda, Lions—76

Wins
Motoji Takuwa, Hawks—24
Taisei Nakamura, Hawks—23
Yasuo Yonekawa, Flyers—22
Hisafumi Kawamura, Lions—21
Mamoru Otsu, Lions—21

Strikeouts
Hisafumi Kawamura, Lions—225

Takao Kajimoto, Braves—222
Motoji Takuwa, Hawks—205
Sadaaki Nishimura, Lions—191
Yasuo Yonekawa, Flyers—185

Most Valuable Player
Tokuji Iida, Hawks

Rookie of the Year
Kihachi Enomoto, Orions

Best Nine
Pitcher—Taisei Nakamura, Hawks
Catcher—Charlie Lewis, Orions
First Base—Kohei Sugiyama, Hawks
Second Base—Isami Okamoto, Hawks
Third Base—Futoshi Nakanishi, Lions
Shortstop—Chusuke Kizuka, Hawks
Outfield—Kazuhiro Yamauchi, Orions
Outfield—Tokuji Iida, Hawks
Outfield—Katsuki Tokura, Braves

ALL-STAR GAMES

Managers—Nobuyasu Mizuhara (Central League)—Osamu Mihara (Pacific League)

Game	Date	Site	C.L. Pitcher	Score	P.L. Pitcher
1	7/2	Osaka	Kazunori Nishimura (L)	0-2	Yasuo Yonekawa (W)

Home Runs—Kazuhiro Yamauchi (P)
MVP—Kazuhiro Yamauchi (P)

Game	Date	Site	C.L. Pitcher	Score	P.L. Pitcher
2	7/3	Koshien	Takumi Otomo (W)	9-4	Sadaaki Nishimura (L)

Home Runs—Michio Nishizawa (C)—2, Junji Nakatani (P)
MVP—Michio Nishizawa (C)

JAPAN SERIES

Teams and Managers—Central League's Yomiuri Giants (Nobuyasu Mizuhara) 4—Pacific League's Nankai Hawks {Kazuto Yamamoto (a.k.a. Tsuruoka)} 3

Part One : 1956 Season

Game	Date	Site	Giants Pitcher	Score	Hawks Pitcher
1	7/2	Osaka	Takehiko Bessho (W)	4-1 (10 innings)	Motoji Takuwa (L)

Home Runs—Tetsuharu Kawakami (Giants)

2	7/3	Osaka	Takumi Otomo (L)	0-2	Masaharu Obata (W)

Home Runs—Tokuji Iida (Hawks)

3	10/16	Korakuen	Hiroshi Nakao (L)	0-2	Ichiro Togawa (W)

Home Runs—Isami Okamoto (Hawks)

4	10/21	Korakuen	Takehiko Bessho (L)	2-5	Ichiro Togawa (W)

Home Runs—none

5	10/22	Korakuen	Takehiko Bessho (W)	9-5	Masaharu Obata (L)

Home Runs—Shigeru Fujio (Giants), Tokuji Iida (Hawks), Yasuhiro Fukami (Hawks)

6	10/2	Osaka	Hiroshi Nakao (W)	3-1	Taisei Nakamura (L)

Home Runs—none

7	10/24	Osaka	Takehiko Bessho (W)	4-0	Ichiro Togawa (L)

Home Runs—none

Awards

Most Valuable Player—Takehiko Bessho, Giants
Fighting Spirit—Ichiro Togawa, Hawks
Leading Hitter—Tokuji Iida, Hawks
Outstanding Pitcher—Takehiko Bessho, Giants
Outstanding Technique—Chusuke Kizuka, Hawks

1956 SEASON

CENTRAL LEAGUE

Team	G	W	L	T	PCT	GB	BA	HR	ERA	E
Yomiuri Giants	130	82	44	4	.646	—	.258	100	2.08	126
Osaka Tigers	130	79	50	1	.612	4.5	.224	54	1.77	82
Chunichi Dragons	130	74	56	0	.569	10.0	.228	52	2.03	116
Kokutetsu Swallows	130	61	65	4	.485	21.0	.218	58	2.64	120
Hiroshima Carp	130	45	82	3	.358	37.5	.213	60	3.04	139
Taiyo Whales	130	43	87	0	.331	41.0	.208	74	3.15	139

Qualifiers for Batting Championship

Player and Team	G	AB	R	H	2B	3B	HR	RBI	SB	AVG
Wally Yonamine, Giants	123	452	**86**	153	20	4	13	47	25	**.338**
Tetsuharu Kawakami, Giants	128	490	54	**160**	23	4	5	67	16	.327
Kenjiro Tamiya, Tigers	126	454	58	136	**33**	12	11	42	25	.300
Yoshio Yoshida, Tigers	127	487	65	141	20	7	8	34	**50**	.290
Shigeru Fujio, Giants	117	406	43	112	19	2	14	58	12	.276
Toshikazu Kodama, Dragons	121	371	34	102	16	0	3	45	3	.275
Noboru Inoue, Dragons	121	410	36	111	22	3	9	48	9	.271

Player and Team	G	AB	R	H	2B	3B	HR	RBI	SB	AVG
Andy Miyamoto, Giants	113	392	55	103	12	5	19	**69**	8	.263
Toshio Naka, Dragons	119	385	39	101	17	6	3	26	14	.262
Jun Hakoda, Swallows	130	501	61	130	18	**13**	10	47	13	.2594
Makoto Kozuru, Carp	122	428	48	111	12	0	11	43	16	.2593
Noboru Aota, Whales	129	502	48	130	13	2	**25**	65	1	.2589
Katsumi Ugai, Swallows	130	484	42	124	13	5	7	53	10	.256
Takashi Iwamoto, Giants	125	342	43	87	18	2	8	46	7	.254
Atsushi Otsu, Tigers	99	344	28	85	13	5	3	44	19	.247
Akiyoshi Himoto, Carp	105	352	44	85	13	4	15	43	7	.241
Fibber Hirayama, Carp	126	462	52	111	18	4	10	46	34	.240
Shigenori Sasaki, Swallows	127	429	33	102	16	3	9	34	10	.238
Tatsuro Hirooka, Giants	93	343	46	80	17	1	9	32	8	.233
Hiroyuki Watanabe, Tigers	125	454	48	103	20	2	4	47	10	.227
Hirofumi Naito, Giants	125	338	36	76	16	1	5	33	3	.225
Tokuzo Harada, Dragons	111	367	30	82	7	2	2	29	4	.223
Nobuyuki Hikichi, Whales	130	**519**	51	115	13	4	9	48	10	.222
Hideji Miyake, Tigers	128	345	31	76	11	6	5	16	18	.220
Satoshi Sugiyama, Dragons	108	346	31	74	16	2	11	41	5	.214
Yasuhiro Iwaoka, Whales	123	397	23	83	7	2	4	25	5	.209
Jiro Kanayama, Carp	108	402	24	82	8	2	0	15	18	.204
Terutoshi Okiyama, Whales	114	387	35	78	11	3	3	13	19	.202

Qualifiers for Earned Run Average Championship

Player and Team	G	IP	W	L	PCT	SO	BB	H	ERA
Shozo Watanabe, Tigers	52	260.1	22	8	.733	84	30	207	**1.45**
Sho Horiuchi, Giants	37	190.2	14	4	**.778**	143	63	125	1.46
Hiroomi Oyane, Dragons	43	281.1	20	13	.606	119	43	222	1.53
Toshitake Nakayama, Dragons	45	256.1	20	11	.645	222	80	190	1.61
Mitsuo Osaki, Tigers	63	342.1	25	14	.641	159	41	243	1.65
Masaaki Koyama, Tigers	59	232.1	17	13	.567	220	40	134	1.66
Masaichi Kaneda, Swallows	**68**	367.1	25	20	.556	**316**	81	222	1.74
Takehiko Bessho, Giants	54	340.1	**27**	15	.643	185	60	282	1.93
Shigeru Sugishita, Dragons	42	248	14	14	.500	167	48	172	2.00
Ryohei Hasegawa, Carp	58	351	22	22	.500	194	86	283	2.15
Noboru Akiyama, Whales	58	**379.2**	25	**25**	.500	266	**136**	**290**	2.39
Yoshitomo Miyaji, Swallows	42	216.1	12	12	.500	119	52	181	2.53
Tatsuyoshi Yasuhara, Giants	45	216	15	7	.682	89	47	179	2.708
Masahiko Oishi, Whales	41	258.1	9	22	.290	112	54	232	2.71
Yoshio Otagaki, Carp	48	247	13	22	.371	112	61	219	3.13
Tsuneo Kobayashi, Whales	36	191.1	4	13	.235	56	53	181	3.47

Leaders and Award Winners

Home Runs
Noboru Aota, Whales—25
Andy Miyamoto, Giants—19
Akiyoshi Himoto, Carp—15
Shigeru Fujio, Giants—14
Isamu Fujii, Whales—14
Wally Yonamine, Giants—13

Runs Batted In
Andy Miyamoto, Giants—69
Tetsuharu Kawakami, Giants—67
Noboru Aota, Whales—65
Shigeru Fujio, Giants—58
Katsumi Ugai, Swallows—53

Wins
Takehiko Bessho, Giants—27
Noboru Akiyama, Whales—25
Masaichi Kaneda, Swallows—25
Mitsuo Osaki, Tigers—25
Ryohei Hasegawa, Tigers—22
Shozo Watanabe, Tigers—22

Strikeouts
Masaichi Kaneda, Swallows—316
Noboru Akiyama, Whales—266

Toshitake Nakayama, Dragons—222
Masaaki Koyama, Tigers—220
Ryohei Hasegawa, Carp—194

Most Valuable Player
Takehiko Bessho, Giants

Sawamura Award
Masaichi Kaneda, Swallows

Rookie of the Year
Noboru Akiyama, Whales

Best Nine
Pitcher—Takehiko Bessho, Giants
Catcher—Shigeru Fujio, Giants
First Base—Tetsuharu Kawakami, Giants
Second Base—Noboru Inoue, Dragons
Third Base—Toshikazu Kodama, Dragons
Shortstop—Yoshio Yoshida, Tigers
Outfield—Wally Yonamine, Giants
Outfield—Kenjiro Tamiya, Tigers
Outfield—Noboru Aota, Whales

PACIFIC LEAGUE

Team	G	W	L	T	PCT	GB	BA	HR	ERA	E
Nishitetsu Lions	154	96	51	7	.646	—	.254	95	1.87	162
Nankai Hawks	154	96	52	6	.643	0.5	.250	68	2.23	181
Hankyu Braves	154	88	64	2	.578	10.5	.238	43	2.38	186
Mainichi Orions	154	84	66	4	.558	13.5	.234	95	2.40	213
Kintetsu Pearls	154	68	82	4	.455	29.5	.226	48	3.17	167
Toei Flyers	154	58	92	4	.390	39.5	.216	41	2.86	175
Daiei Stars	154	57	94	3	.380	41.0	.227	46	2.89	187
Takahashi Unions	154	52	98	4	.351	45.5	.214	50	3.26	194

Qualifiers for Batting Championship

Player and Team	G	AB	R	H	2B	3B	HR	RBI	SB	AVG
Yasumitsu Toyoda, Lions	148	529	90	172	28	12	12	70	31	**.3251**
Futoshi Nakanishi, Lions	137	462	74	150	27	5	**29**	95	15	.3246
Kazuhiro Yamauchi, Orions	147	500	86	152	**47**	4	25	72	16	.304
Kohei Sugiyama, Hawks	154	564	72	171	28	5	12	93	14	.303
Katsuki Tokura, Braves	143	499	69	146	22	8	8	72	11	.293
Shinya Sasaki, Unions	154	**622**	66	**180**	28	5	6	37	34	.289

Player and Team	G	AB	R	H	2B	3B	HR	RBI	SB	AVG
Tsutomu Kimura, Pearls	135	470	64	135	14	9	1	22	22	.287
Masao Morishita, Hawks	148	538	77	153	25	2	6	61	56	.284
Kihachi Enomoto, Orions	152	524	74	148	29	8	15	66	4	.282
Akitoshi Kodama, Pearls	151	571	69	156	26	4	13	82	16	.2732
Tamaichi Yasui, Stars	128	436	37	119	15	2	7	47	5	.2729
Bunjiro Sakamoto, Stars	134	547	65	148	28	6	6	40	28	.271
Akiteru Kono, Braves	144	508	68	137	15	8	5	70	**85**	.26968
Akinobu Kono, Lions	153	497	65	134	23	3	2	38	14	.26961
Shoichi Busujima, Flyers	149	541	56	144	23	5	5	43	16	.266
Michio Fujii, Braves	144	476	61	126	10	4	1	39	23	.265
Teruyuki Takakura, Lions	148	433	60	112	15	5	9	58	35	.259
Seiji Sekiguchi, Lions	150	466	55	119	25	**13**	13	73	3	.255
Chusuke Kizuka, Hawks	133	427	52	108	10	3	1	27	34	.253
Tokuji Iida, Hawks	154	579	76	146	27	9	6	62	45	.252
Seizo Furukawa, Braves	126	426	49	107	12	5	3	47	31	.251
Takao Katsuragi, Orions	142	512	52	128	25	6	13	64	6	.250
Teruo Ishihara, Flyers	138	476	48	119	12	4	1	21	25	.250
Kiyoshi Watanabe, Braves	136	427	50	106	18	7	3	56	34	.248
Takeshi Suzuki, Pearls	133	431	54	105	14	2	0	17	37	.244
Hiroshi Minohara, Flyers	139	422	33	102	18	1	7	41	14	.242
Takatsugu Toguchi, Pearls	142	424	41	102	16	9	7	45	12	.241
Kenichiro Okamoto, Braves	150	526	62	126	19	4	8	75	10	.240
Chico Barbon, Braves	152	590	**94**	141	26	8	6	31	55	.239
Masatoshi Matsuoka, Flyers	152	540	46	128	19	5	6	48	11	.237
Isami Okamoto, Hawks	124	428	57	99	19	2	9	36	18	.231
Kosei Komori, Orions	122	463	62	106	16	4	12	34	12	.229
Soichi Arakawa, Unions	149	537	44	121	20	4	4	37	12	.225
Tadao Maekawa, Unions	126	422	31	93	13	2	4	25	11	.220
Yoshio Hamada, Flyers	137	521	56	114	17	3	2	21	15	.219
Kazuaki Kato, Unions	136	433	41	92	14	0	5	42	11	.212

Qualifiers for Earned Run Average Championship

Player and Team	G	IP	W	L	PCT	SO	BB	H	ERA
Kazuhisa Inao, Lions	61	262.1	21	6	.778	182	73	153	**1.06**
Yukio Shimabara, Lions	**74**	**373.2**	25	11	.694	253	114	225	1.35
Hiroshi Taneda, Braves	41	242.2	17	8	.680	95	35	178	1.56
Sadaaki Nishimura, Lions	62	246.1	21	7	.750	163	61	162	1.71
Masayoshi Miura, Stars	61	329.2	**29**	14	.674	187	109	220	1.77
Shiro Ito, Unions	65	323.2	21	19	.525	177	71	244	2.00
Yoshinobu Uemura, Orions	58	232.2	19	5	**.792**	161	37	191	2.01
Atsushi Aramaki, Orions	56	263	24	16	.600	123	46	202	2.12
Takao Kajimoto, Braves	68	364.1	28	17	.622	**327**	**118**	**284**	2.24

Player and Team	G	IP	W	L	PCT	SO	BB	H	ERA
Fumio Takechi, Pearls	45	255.2	16	16	.500	113	29	234	2.43
Takao Nakano, Unions	51	250	11	19	.367	119	92	212	3.10
Yasuo Yonekawa, Flyers	44	265	10	21	.323	182	49	249	3.12

Leaders and Award Winners

Home Runs
Futoshi Nakanishi, Lions—29
Kazuhiro Yamauchi, Orions—25
Bill Pinckard, Pearls—16
Kihachi Enomoto, Orions—15
Takao Katsuragi, Orions—13
Akitoshi Kodama, Pearls—13
Seiji Sekiguchi, Lions—13

Runs Batted In
Futoshi Nakanishi, Lions—95
Kohei Sugiyama, Hawks—93
Akitoshi Kodama, Pearls—82
Kenichiro Okamoto, Braves—75
Seiji Sekiguchi, Lions—73

Wins
Masayoshi Miura, Stars—29
Takao Kajimoto, Braves—28
Yukio Shimabara, Lions—25
Atsushi Aramaki, Orions—24
Kazuhisa Inao, Lions—21
Shiro Ito, Unions—21
Sadaaki Nishimura, Lions—21

Strikeouts
Takao Kajimoto, Braves—327
Yukio Shimabara, Lions—253
Masayoshi Miura, Stars—187
Kazuhisa Inao, Lions—182
Yasuo Yonekawa, Flyers—182

Most Valuable Player
Futoshi Nakanishi, Lions

Rookie of the Year
Kazuhisa Inao, Lions

Best Nine
Pitcher—Takao Kajimoto, Braves
Catcher—Katsuya Nomura, Hawks
First Base—Kihachi Enomoto, Orions
Second Base—Shinya Sasaki, Unions
Third Base—Futoshi Nakanishi, Lions
Shortstop—Yasumitsu Toyoda, Lions
Outfield—Kazuhiro Yamauchi, Orions
Outfield—Katsuki Tokura, Braves
Outfield—Kohei Sugiyama, Hawks

ALL-STAR GAMES

Managers—Nobuyasu Mizuhara (Central League)—Kazuto Yamamoto (a.k.a. Tsuruoka) (Pacific League)

Game	Date	Site	C.L. Pitcher	Score	P.L. Pitcher
1	7/3	Korakuen	Takehiko Bessho (L)	0-8	Yukio Shimabara (W)

Home Runs—Akitada Tsukuda (P)
MVP—Masao Morishita (P)

Game	Date	Site	C.L. Pitcher	Score	P.L. Pitcher
2	7/4	Korakuen	Toshitake Nakayama (W)	2-0	Takao Kajimoto (L)

Home Runs—none
MVP—Yoshio Yoshida (C)

JAPAN SERIES

Teams and Managers—Osamu Mihara (Nishitetsu Lions) 4—Nobuyasu Mizuhara (Yomiuri Giants) 2

Game	Date	Site	Dragons Pitcher	Score	Lions Pitcher
1	10/10	Korakuen	Tokuji Kawasaki (L)	0-4	Takumi Otomo (W)

Home Runs—none

Game	Date	Site	Dragons Pitcher	Score	Lions Pitcher
2	10/11	Korakuen	Yukio Shimabara (W)	6-3	Takehiko Bessho (L)

Home Runs—Tetsuharu Kawakami (Giants), Takehiko Bessho (Giants), Futoshi Nakanishi (Lions), Seiji Sekiguchi (Lions)

Game	Date	Site	Dragons Pitcher	Score	Lions Pitcher
3	10/13	Heiwadai	Kazuhisa Inao (W)	5-4	Takehiko Bessho (L)

Home Runs—Tatsuro Hirooka (Giants), Yasumitsu Toyoda (Lions)

Game	Date	Site	Dragons Pitcher	Score	Lions Pitcher
4	10/14	Heiwadai	Kazuhisa Inao (W)	4-0	Takumi Otomo (L)

Home Runs—Futoshi Nakanishi (Lions)

Game	Date	Site	Dragons Pitcher	Score	Lions Pitcher
5	10/15	Heiwadai	Sadaaki Nishimura (L)	7-12	Taketoshi Yoshiwara (W)

Home Runs—Seiji Sekiguchi—2 (Lions)

Game	Date	Site	Dragons Pitcher	Score	Lions Pitcher
6	10/17	Korakuen	Kazuhisa Inao (W)	5-1	Takehiko Bessho (L)

Home Runs—Akira Iwamoto (Giants), Seiji Sekiguchi (Lions)

Awards
Most Valuable Player—Yasumitsu Toyoda, Lions
Fighting Spirit—Kazuhisa Inao, Lions
Leading Hitter—Yasumitsu Toyoda, Lions
Outstanding Pitcher—Kazuhisa Inao, Lions
Outstanding Technique—Seiji Sekiguchi, Lions

1957 SEASON

CENTRAL LEAGUE

Team	G	W	L	T	PCT	GB	BA	HR	ERA	E
Yomiuri Giants	130	74	53	3	.581	—	.241	93	2.39	112
Osaka Tigers	130	73	54	3	.573	1.0	.240	68	2.38	100
Chunichi Dragons	130	70	57	3	.550	4.0	.219	63	2.26	118
Kokutetsu Swallows	130	58	68	4	.462	15.5	.226	83	2.74	125
Hiroshima Carp	130	54	75	1	.419	21.0	.214	65	2.78	122
Taiyo Whales	130	52	74	4	.415	21.5	.229	63	3.10	152

Qualifiers for Batting Championship

Player and Team	G	AB	R	H	2B	3B	HR	RBI	SB	AVG
Wally Yonamine, Giants	126	467	55	**160**	20	7	12	48	10	**.343**
Kenjiro Tamiya, Tigers	110	390	62	120	23	**8**	12	56	37	.308
Yoshio Yoshida, Tigers	111	421	60	125	13	5	8	32	25	.297
Tokuji Iida, Swallows	130	492	67	144	20	7	9	39	**40**	.293
Tetsuharu Kawakami, Giants	128	465	54	132	26	3	5	52	6	.284
Noboru Aota, Whales	129	**497**	53	136	19	1	**22**	61	1	.274
Hideji Miyake, Tigers	130	460	56	123	**31**	4	7	51	22	.267
Atsushi Otsu, Tigers	128	451	60	118	13	5	8	56	7	.262
Andy Miyamoto, Giants	129	459	65	119	20	6	21	**78**	6	.259
Takao Sato, Swallows	127	430	51	110	20	1	**22**	68	23	.256

Part One : 1957 Season

Player and Team	G	AB	R	H	2B	3B	HR	RBI	SB	AVG
Makoto Kozuru, Carp	107	387	31	99	12	0	8	38	7	.256
Hirofumi Naito, Giants	124	403	34	101	17	4	6	48	6	.2506
Toshikazu Kodama, Whales	125	439	40	110	15	1	7	32	1	.25056
Jun Hakoda, Swallows	128	487	56	122	14	5	7	42	10	.25051
Noboru Inoue, Dragons	130	478	60	119	19	3	17	61	16	.249
Shigenori Sasaki, Swallows	110	377	36	92	10	1	8	48	16	.244
Hiroji Okajima, Dragons	129	458	**71**	111	21	5	15	52	15	.242
Akiyoshi Himoto, Carp	120	368	36	87	15	3	4	25	5	.236
Hiromu Fujii, Carp	130	484	42	112	24	1	17	62	5	.231
Mamoru Nakajima, Whales	126	399	39	91	12	7	2	20	3	.228
Nobuyuki Hikichi, Whales	119	448	42	102	11	2	5	31	5	.2276
Yukihiko Machida, Swallows	125	383	55	87	16	3	21	52	12	.227
Itsuro Honda, Dragons	112	420	48	94	13	3	2	25	25	.224
Fibber Hirayama, Carp	117	442	54	98	20	2	11	38	33	.222
Masataka Tsuchiya, Giants	129	438	47	97	17	4	7	42	28	.221
Shigeru Makino, Dragons	127	391	29	85	6	1	1	25	13	.217
Choei Shirasaka, Tigers	128	394	35	80	4	2	6	32	6	.203
Takashi Iwamoto, Giants	121	391	42	78	19	1	8	27	2	.199
Satoshi Sugiyama, Dragons	122	427	34	79	17	3	12	44	4	.185

Qualifiers for Earned Run Average Championship

Player and Team	G	IP	W	L	PCT	SO	BB	H	ERA
Masaichi Kaneda, Swallows	61	353	**28**	16	.636	306	93	256	**1.63**
Sho Horiuchi, Giants	41	215.2	12	10	.545	165	72	139	1.71
Toshitake Nakayama, Dragons	53	326	20	15	.571	274	84	238	1.82
Shozo Watanabe, Tigers	43	230	17	9	.654	66	46	217	1.88
Mitsuo Osaki, Tigers	48	279.2	20	13	.606	116	28	220	2.09
Yoshinori Kido, Giants	44	202	17	7	**.708**	134	50	155	2.36
Yoshiteru Ishikawa, Tigers	53	219.2	13	7	.650	130	40	193	2.37
Masaaki Koyama, Tigers	52	250	15	17	.469	201	37	192	2.38
Zenjiro Tadokoro, Swallows	56	301.1	15	21	.417	162	77	221	2.41
Motoshi Fujita, Giants	60	235.2	17	13	.567	156	80	190	2.48
Takehiko Bessho, Giants	40	219.2	14	11	.560	100	45	205	2.495
Yoshio Bizen, Carp	51	258.2	20	13	.606	128	61	225	2.501
Noboru Akiyama, Whales	**65**	**406**	24	27	.471	**312**	116	**319**	2.504
Ryohei Hasegawa, Carp	59	340.1	21	23	.477	167	97	289	2.51
Masahiko Oishi, Whales	40	234.2	12	11	.522	121	41	196	2.64
Masatoshi Gondo, Whales	40	217	12	17	.414	184	103	157	2.74
Yasushi Soratani, Dragons	38	200	10	12	.455	143	83	155	2.84

Leaders and Award Winners

Home Runs
Noboru Aota, Whales—22
Takao Sato, Swallows—22
Yukihiko Machida, Swallows—21
Andy Miyamoto, Giants—21
Tatsuro Hirooka, Giants—18

Runs Batted In
Andy Miyamoto, Giants—78
Takao Sato, Swallows—68
Hiromu Fujii, Carp—62
Noboru Aota, Giants—61
Noboru Inoue, Dragons—61

Wins
Masaichi Kaneda, Swallows—28
Noboru Akiyama, Whales—24
Ryohei Hasegawa, Carp—21
Yoshio Bizen, Carp—20
Toshitake Nakayama, Dragons—20
Mitsuo Osaki, Tigers—20

Strikeouts
Noboru Akiyama, Whales—312
Masaichi Kaneda, Swallows—306
Toshitake Nakayama, Dragons—274
Masaaki Koyama, Tigers—201
Masatoshi Gondo, Whales—184

Most Valuable Player
Wally Yonamine, Giants

Sawamura Award
Masaichi Kaneda, Swallows

Rookie of the Year
Motoshi Fujita, Giants

Best Nine
Pitcher—Masaichi Kaneda, Swallows
Catcher—Shigeru Fujio, Giants
First Base—Tetsuharu Kawakami, Giants
Second Base—Noboru Inoue, Dragons
Third Base—Nobukazu Miyake, Tigers
Shortstop—Yoshio Yoshida, Tigers
Outfield—Wally Yonamine, Giants
Outfield—Kenjiro Tamiya, Tigers
Outfield—Noboru Aota, Whales

PACIFIC LEAGUE

Team	G	W	L	T	PCT	GB	BA	HR	ERA	E
Nishitetsu Lions	132	83	44	5	.648	—	.255	94	2.15	139
Nankai Hawks	132	78	53	1	.595	7.0	.252	98	2.68	142
Mainichi Orions	132	75	52	5	.587	8.0	.239	80	2.47	182
Hankyu Braves	132	71	55	6	.561	11.5	.231	56	2.41	136
Toei Flyers	132	56	73	3	.436	28.0	.227	45	2.80	136
Kintetsu Pearls	132	44	82	6	.356	38.5	.225	35	3.22	144
Daiei Unions	132	41	89	2	.318	43.5	.213	48	3.63	174

Qualifiers for Batting Championship

Player and Team	G	AB	R	H	2B	3B	HR	RBI	SB	AVG
Kazuhiro Yamauchi, Orions	126	435	85	144	27	6	29	81	10	**.331**
Futoshi Nakanishi, Lions	132	486	84	**154**	**31**	3	24	**100**	15	.317
Shoichi Busujima, Flyers	127	460	56	141	21	**13**	9	43	15	.307
Hiroshi Oshita, Lions	111	395	44	121	23	2	4	55	2	.306
Katsuya Nomura, Hawks	132	474	75	143	20	1	**30**	94	7	.302
Seiji Sekiguchi, Lions	116	367	41	110	17	8	12	65	3	.300
Akitoshi Kodama, Pearls	116	423	45	122	19	1	10	72	10	.288
Yasumitsu Toyoda, Lions	128	463	**92**	133	26	8	18	59	24	.287
Junzo Sekine, Pearls	125	429	47	122	16	2	6	39	8	.284

Player and Team	G	AB	R	H	2B	3B	HR	RBI	SB	AVG
Teruyuki Takakura, Lions	120	412	76	115	25	3	11	39	17	.279
Yutaka Sudo, Orions	110	370	42	103	16	6	1	34	3	.278
Yoshio Anabuki, Hawks	123	409	54	112	26	3	15	51	4	.274
Isami Okamoto, Hawks	117	417	60	114	25	4	19	56	9	.273
Kenichiro Okamoto, Braves	132	472	58	128	25	7	9	67	17	.271
Kihachi Enomoto, Orions	128	446	68	120	22	6	9	50	4	.269
Takao Katsuragi, Orions	129	483	55	129	25	6	16	91	11	.267
Masao Morishita, Hawks	128	489	67	129	23	7	7	60	34	.264
Shinya Sasaki, Unions	131	**510**	53	133	21	4	5	40	19	.261
Teruo Ishihara, Flyers	127	458	45	114	10	5	0	25	20	.249
Kiyoshi Watanabe, Braves	125	399	48	99	12	4	9	52	42	.2481
Takao Yato, Unions	122	367	31	91	14	4	9	46	6	.2479
Akinobu Kono, Lions	131	373	27	92	9	3	1	28	5	.247
Akiteru Kono, Braves	123	469	72	112	17	6	6	43	**56**	.239
Yosuke Terada, Hawks	129	406	42	95	19	1	13	39	0	.234
Bunjiro Sakamoto, Unions	124	471	54	106	12	2	8	36	17	.225
Motohiro Moroki, Orions	122	385	32	85	7	4	7	38	10	.221
Chico Barbon, Braves	122	479	75	102	16	3	8	30	33	.213
Chusuke Kizuka, Pearls	116	392	43	81	11	4	1	22	30	.207

Qualifiers for Earned Run Average Championship

Player and Team	G	IP	W	L	PCT	SO	BB	H	ERA
Kazuhisa Inao, Lions	**68**	**373.2**	35	6	**.854**	288	76	243	**1.37**
Shoichi Ono, Orions	55	296.1	26	9	.743	245	90	202	1.73
Tetsuya Yoneda, Braves	50	299.2	21	16	.568	268	84	212	1.86
Takao Kajimoto, Braves	53	337.1	24	16	.600	**301**	92	**259**	1.92
Noboru Makino, Flyers	54	283.1	15	19	.441	153	**93**	202	2.06
Hisafumi Kawamura, Lions	55	225	17	8	.680	127	73	200	2.24
Mutsuo Minagawa, Hawks	56	229	18	10	.643	90	52	170	2.36
Tamotsu Kimura, Hawks	47	222.2	21	11	.656	122	56	175	2.46
Tsutomu Kuroda, Pearls	50	201.1	9	20	.310	119	69	167	2.50
Yoshimi Ebara, Pearls	45	209	12	13	.480	112	64	181	2.67
Yoshihiko Taki, Unions	49	205.1	13	9	.591	70	71	188	3.06
Masao Ota, Unions	60	206	6	20	.231	93	74	177	3.36
Masayoshi Miura, Unions	49	224	12	**21**	.364	110	62	218	3.54

Leaders and Award Winners

Home Runs
Katsuya Nomura, Hawks—30
Kazuhiro Yamauchi, Orions—29
Futoshi Nakanishi, Lions—24
Isami Okamoto, Hawks—19
Yasumitsu Toyoda, Lions—18

Runs Batted In
Futoshi Nakanishi, Lions—100
Katsuya Nomura, Hawks—94
Takao Katsuragi, Orions—91
Kazuhiro Yamauchi, Orions—81
Akitoshi Kodama, Pearls—72

Leaders and Award Winners

Wins
Kazuhisa Inao, Lions—35
Shoichi Ono, Orions—26
Takao Kajimoto, Braves—24
Tamotsu Kimura, Hawks—21
Tetsuya Yoneda, Braves—21

Strikeouts
Takao Kajimoto, Braves—301
Kazuhisa Inao, Lions—288
Tetsuya Yoneda, Braves—268
Shoichi Ono, Orions—245
Noboru Makino, Flyers—153

Most Valuable Player
Kazuhisa Inao, Lions

Rookie of the Year
Tamotsu Kimura, Hawks

Best Nine
Pitcher—Kazuhisa Inao, Lions
Catcher—Katsuya Nomura, Hawks
First Base—Kenichiro Okamoto, Braves
Second Base—Isami Okamoto, Hawks
Third Base—Futoshi Nakanishi, Lions
Shortstop—Yasumitsu Toyoda, Lions
Outfield—Kazuhiro Yamauchi, Orions
Outfield—Hiroshi Oshita, Lions
Outfield—Shoichi Busujima, Flyers

ALL-STAR GAMES

Managers—Nobuyasu Mizuhara (Central League)—Osamu Mihara (Pacific League)

Game	Date	Site	C.L. Pitcher	Score	P.L. Pitcher
1	7/11	Chunichi	Masaichi Kaneda (L)	2-5	Takao Kajimoto (W)

Home Runs—Kenjiro Tamiya (C), Kazuhiro Yamauchi (P)
MVP—Hiroshi Oshita (P)

Game	Date	Site	C.L. Pitcher	Score	P.L. Pitcher
2	7/13	Chunichi	Masaichi Kaneda (W)	5-4	Kazuhisa Inao (L)

Home Runs—Andy Miyamoto (C)
MVP—Andy Miyamoto (C)

JAPAN SERIES

Teams and Managers—Pacific League's Nishitetsu Lions (Osamu Mihara) 4—Central League's Yomiuri Giants (Nobuyasu Mizuhara) 0—1 tie

Game	Date	Site	Lions Pitcher	Score	Giants Pitcher
1	10/26	Heiwadai	Kazuhisa Inao (W)	3-2	Takumi Otomo (L)

Home Runs—Yasumitsu Toyoda (Lions)

Game	Date	Site	Lions Pitcher	Score	Giants Pitcher
2	10/27	Heiwadai	Hisafumi Kawamura (W)	2-1	Motoshi Fujita (L)

Home Runs—Andy Miyamoto (Giants)

Game	Date	Site	Lions Pitcher	Score	Giants Pitcher
3	10/30	Korakuen	Kazuhisa Inao (W)	5-4	Taketoshi Yoshiwara (L)

Home Runs—Wally Yonamine (Giants), Andy Miyamoto (Giants), Hiroshi Oshita (Lions), Seiji Sekiguchi (Lions)

Game	Date	Site	Lions Pitcher	Score	Giants Pitcher
4	10/31	Korakuen	—	0-0 (10 innings)	—

Home Runs—none

Game	Date	Site	Lions Pitcher	Score	Giants Pitcher
5	11/1	Korakuen	Yukio Shimabara (W)	6-5	Yoshinori Kido (L)

Home Runs—Keishi Totoki (Giants), Tetsuharu Kawakami (Giants), Hiromi Wada—2 (Tigers)

Awards

Most Valuable Player—Hiroshi Oshita, Lions
Fighting Spirit—Andy Miyamoto, Giants
Leading Hitter—Hiroshi Oshita, Lions
Outstanding Pitcher—Kazuhisa Inao, Lions
Outstanding Player—Yasumitsu Toyoda, Lions
Outstanding Technique—Hiromi Wada, Lions

1958 SEASON

CENTRAL LEAGUE

Team	G	W	L	T	PCT	GB	BA	HR	ERA	E
Yomiuri Giants	130	77	52	1	.596	—	.253	101	2.37	121
Osaka Tigers	130	72	58	0	.554	5.5	.238	88	2.55	110
Chunichi Dragons	130	66	59	5	.527	9.0	.233	86	2.40	135
Kokutetsu Swallows	130	58	68	4	.462	17.5	.223	59	3.10	127
Hiroshima Carp	130	54	68	8	.446	19.5	.222	80	2.92	143
Taiyo Whales	130	51	73	6	.415	23.5	.215	78	2.75	124

Qualifiers for Batting Championship

Player and Team	G	AB	R	H	2B	3B	HR	RBI	SB	AVG
Kenjiro Tamiya, Tigers	120	387	57	124	33	9	11	62	12	**.320**
Shigeo Nagashima, Giants	130	502	**89**	**153**	34	8	**29**	**92**	37	.305
Wally Yonamine, Giants	128	467	64	137	21	3	8	58	8	.293
Yoshio Yoshida, Tigers	127	455	59	130	17	5	2	27	18	.286
Shigeru Fujio, Giants	115	399	54	113	22	6	11	58	14	.283
Noboru Inoue, Dragons	126	489	63	137	25	5	18	54	26	.280
Tatsuro Hirooka, Giants	111	437	69	121	18	2	12	41	22	.277
Michio Nishizawa, Dragons	107	375	33	103	12	0	2	44	0	.2746
Toshikazu Kodama, Whales	107	346	34	95	21	1	10	35	3	.2745
Hiromu Fujii, Carp	120	408	53	111	25	2	17	55	3	.272
Katsuji Morinaga, Carp	118	383	51	104	13	6	13	45	5	.2715
Jun Hakoda, Swallows	130	**513**	49	139	13	3	9	38	17	.271
Kazuhiko Kondo, Whales	121	418	51	113	15	3	13	37	10	.270
Hiroji Okajima, Dragons	130	480	86	129	28	3	16	40	**47**	.2687
Hideji Miyake, Tigers	130	510	81	137	22	6	21	48	35	.2686
Itsuro Honda, Dragons	112	364	33	95	14	3	1	21	22	.261
Toru Mori, Dragons	112	421	46	104	18	1	23	73	7	.247
Tetsuharu Kawakami, Giants	124	435	34	107	19	2	9	66	4	.246
Kiyoshi Doi, Whales	108	360	34	87	12	1	7	38	6	.242
Yoshitaka Kosaka, Carp	128	477	42	112	20	4	4	41	14	.235
Akira Owada, Carp	120	372	39	87	15	7	14	45	7	.234
Takao Sato, Swallows	125	398	46	92	14	1	13	42	15	.2311
Katsumi Ugai, Swallows	119	399	28	92	14	8	3	29	15	.2305
Fibber Hirayama, Carp	123	465	44	105	22	7	5	25	21	.226
Katsumi Fujimoto, Tigers	124	378	35	85	14	2	16	49	2	.225
Terutoshi Okiyama, Whales	124	472	38	103	17	1	2	18	11	.218
Yukihiko Machida, Swallows	117	388	40	80	15	4	8	33	28	.206
Nobuyuki Hikichi, Whales	119	438	35	85	10	4	8	33	4	.194

Qualifiers for Earned Run Average Championship

Player and Team	G	IP	W	L	PCT	SO	BB	H	ERA
Masaichi Kaneda, Swallows	56	332.1	**31**	14	.689	**311**	60	216	**1.30**
Motoshi Fujita, Giants	58	**359**	29	13	**.690**	199	**114**	251	1.53
Hiroomi Oyane, Dragons	53	329.2	24	13	.649	147	93	243	1.61
Masaaki Koyama, Tigers	53	313.1	24	12	.667	252	49	226	1.69
Shigeru Sugishita, Dragons	46	218	11	9	.550	161	46	169	1.78
Noboru Akiyama, Whales	**62**	**359**	17	**23**	.425	243	89	**287**	2.51
Masahiko Oishi, Whales	50	264	11	14	.440	141	59	229	2.63
Takashi Suzuki, Whales	58	260.1	15	18	.455	197	81	234	2.72
Sho Horiuchi, Giants	43	223.2	14	13	.519	218	73	173	2.77
Shozo Watanabe, Tigers	43	191.1	12	12	.500	53	18	174	2.81
Genichi Murata, Swallows	**62**	320	15	22	.405	178	56	265	2.93
Toshitake Nakayama, Dragons	44	247.1	11	19	.367	182	78	210	3.01

Leaders and Award Winners

Home Runs
Shigeo Nagashima, Giants—29
Toru Mori, Dragons—23
Hideji Miyake, Tigers—21
Noboru Inoue, Dragons—18
Hiromu Fujii, Carp—17

Runs Batted In
Shigeo Nagashima, Giants—92
Toru Mori, Dragons—73
Tetsuharu Kawakami, Giants—66
Kenjiro Tamiya, Tigers—62
Shigeru Fujio, Giants—58
Wally Yonamine, Giants—58

Wins
Masaichi Kaneda, Swallows—31
Motoshi Fujita, Giants—29
Masaaki Koyama, Tigers—24
Hiroomi Oyane, Dragons—24
Noboru Akiyama, Whales—17

Strikeouts
Masaichi Kaneda, Swallows—311
Masaaki Koyama, Tigers—252
Noboru Akiyama, Whales—243
Sho Horiuchi, Giants—218
Motoshi Fujita, Giants—199

Most Valuable Player
Motoshi Fujita, Giants

Sawamura Award
Masaichi Kaneda, Swallows

Rookie of the Year
Shigeo Nagashima, Giants

Best Nine
Pitcher—Masaichi Kaneda, Swallows
Catcher—Shigeru Fujio, Giants
First Base—Tetsuharu Kawakami, Giants
Second Base—Noboru Inoue, Dragons
Third Base—Shigeo Nagashima, Giants
Shortstop—Yoshio Yoshida, Tigers
Outfield—Toru Mori, Dragons
Outfield—Wally Yonamine, Giants
Outfield—Kenjiro Tamiya, Tigers

PACIFIC LEAGUE

Team	G	W	L	T	PCT	GB	BA	HR	ERA	E
Nishitetsu Lions	130	78	47	5	.619	—	.243	83	2.37	116
Nankai Hawks	130	77	48	5	.612	1.0	.248	93	2.53	150
Hankyu Braves	130	73	51	6	.585	4.5	.234	41	2.54	121

Team	G	W	L	T	PCT	GB	BA	HR	ERA	E
Daimai Orions	130	62	63	5	.496	16.0	.239	72	2.79	155
Toei Flyers	130	57	70	3	.450	22.0	.237	40	2.70	148
Kintetsu Pearls	130	29	97	4	.238	49.5	.215	41	4.04	165

Qualifiers for Batting Championship

Player and Team	G	AB	R	H	2B	3B	HR	RBI	SB	AVG
Futoshi Nakanishi, Lions	126	404	61	127	19	1	**23**	84	8	**.314**
Shoichi Busujima, Flyers	116	441	62	135	21	7	2	30	11	.306
Takao Katsuragi, Orions	125	482	65	**147**	30	5	20	**85**	17	.305
Akitoshi Kodama, Pearls	115	412	44	124	32	2	6	43	11	.301
Kohei Sugiyama, Hawks	125	451	56	135	19	3	4	54	8	.299
Stanley Hashimoto, Flyers	111	398	39	116	11	6	5	46	7	.291
Yoshinori Hirose, Hawks	120	504	**82**	145	**36**	5	7	31	33	.288
Takao Yato, Orions	127	456	47	130	29	6	6	48	13	.285
Shigeo Hasegawa, Hawks	122	387	72	107	22	4	16	60	9	.2764
Seiji Sekiguchi, Lions	125	439	54	121	23	1	16	77	8	.2756
Chico Barbon, Braves	128	**515**	76	138	27	**10**	4	32	**38**	.268
Kingo Motoyashiki, Braves	130	484	49	126	19	**10**	1	35	33	.2603
Kihachi Enomoto, Orions	123	431	63	112	27	1	13	43	6	.2598
Yasumitsu Toyoda, Lions	111	399	72	103	16	3	13	43	11	.258
Yoshio Anabuki, Hawks	114	382	38	98	25	2	11	48	4	.257
Katsuya Nomura, Hawks	120	451	56	114	19	2	21	79	3	.253
Isami Okamoto, Hawks	119	417	47	103	18	2	10	61	11	.247
Jack Ladra, Flyers	125	463	55	111	23	5	9	57	14	.240
Teruo Ishihara, Flyers	111	376	35	86	9	3	0	26	6	.229
Yoshihiro Nakata, Braves	128	488	50	110	25	4	12	58	5	.225
Akio Kato, Pearls	115	392	33	78	10	3	3	33	6	.199

Qualifiers for Earned Run Average Championship

Player and Team	G	IP	W	L	PCT	SO	BB	H	ERA
Kazuhisa Inao, Lions	**72**	**373**	**33**	10	.767	**334**	76	**269**	**1.42**
Mutsuo Minagawa, Hawks	52	230.2	17	8	.680	113	46	172	1.83
Yusaku Akimoto, Braves	48	205	14	4	**.778**	109	48	173	1.89
Tadashi Sugiura, Hawks	53	299	27	12	.692	215	72	235	2.05
Tetsuya Yoneda, Braves	45	305.2	23	13	.639	268	68	238	2.117
Masayuki Dobashi, Flyers	54	309.2	21	16	.568	222	53	239	2.119
Atsushi Aramaki, Orions	52	244.2	17	10	.630	109	58	183	2.13
Bill Nishita, Flyers	48	288.2	16	19	.457	184	68	226	2.30
Hisafumi Kawamura, Lions	52	220	14	11	.560	122	68	173	2.58
Mamoru Otsu, Pearls	46	223	10	**22**	.313	63	70	214	2.986
Takao Kajimoto, Braves	44	265	16	18	.471	186	**79**	232	2.988

Leaders and Award Winners

Home Runs
Futoshi Nakanishi, Lions—23
Katsuya Nomura, Hawks—21
Takao Katsuragi, Orions—20
Shigeo Hasegawa, Hawks—16
Seiji Sekiguchi, Lions—16

Runs Batted In
Takao Katsuragi, Orions—85
Futoshi Nakanishi, Lions—84
Katsuya Nomura, Hawks—79
Seiji Sekiguchi, Lions—77
Isami Okamoto, Hawks—61

Wins
Kazuhisa Inao, Lions—33
Tadashi Sugiura, Hawks—27
Tetsuya Yoneda, Braves—23
Masayuki Dobashi, Flyers—21
Atsushi Aramaki, Braves—17
Mutsuo Minagawa, Hawks—17

Strikeouts
Kazuhisa Inao, Lions—334

Tetsuya Yoneda, Braves—268
Masayuki Dobashi, Flyers—222
Tadashi Sugiura, Hawks—215
Shoichi Ono, Orions—191

Most Valuable Player
Kazuhisa Inao, Lions

Rookie of the Year
Tadashi Sugiura, Hawks

Best Nine
Pitcher—Kazuhisa Inao, Lions
Catcher—Katsuya Nomura, Hawks
First Base—Stanley Hashimoto, Flyers
Second Base—Chico Barbon, Braves
Third Base—Futoshi Nakanishi, Lions
Shortstop—Takao Katsuragi, Orions
Outfield—Seiji Sekiguchi, Lions
Outfield—Shochi Busujima, Flyers
Outfield—Kohei Sugiyama, Hawks

ALL-STAR GAMES

Managers—Nobuyasu Mizuhara (Central League)—Osamu Mihara (Pacific League)

Game	Date	Site	C.L. Pitcher	Score	P.L. Pitcher
1	7/27	Heiwadai	Masaaki Koyama (W)	5-2	Tadashi Sugiura (L)

Home Runs—Kihachi Enomoto (P)
MVP—Andy Miyamoto (C)

Game	Date	Site	C.L. Pitcher	Score	P.L. Pitcher
2	7/29	Hiroshima	Motoshi Fujita (L)	3-8	Tetsuya Yoneda (W)

Home Runs—Futoshi Nakanishi (P), Akitoshi Kodama (P)
MVP—Futoshi Nakanishi (P)

JAPAN SERIES

Teams and Managers—Pacific League's Nishitetsu Lions (Osamu Mihara) 4—Central League's Yomiuri Giants (Nobuyasu Mizuhara) 3

Game	Date	Site	Lions Pitcher	Score	Giants Pitcher
1	10/11	Korakuen	Kazuhisa Inao (L)	2-9	Takumi Otomo (W)

Home Runs—Tatsuro Hirooka (Giants), Shigeo Nagashima (Giants), Yasumitsu Toyoda (Lions)

Game	Date	Site	Lions Pitcher	Score	Giants Pitcher
2	10/12	Korakuen	Yukio Shimabara (L)	3-7	Sho Horiuchi (W)

Home Runs—Yasumitsu Toyoda (Lions)

Game	Date	Site	Lions Pitcher	Score	Giants Pitcher
3	10/14	Heiwadai	Kazuhisa Inao (L)	0-1	Motoshi Fujita (W)

Home Runs—none

Game	Date	Site	Lions Pitcher	Score	Giants Pitcher
4	10/16	Heiwadai	Kazuhisa Inao (W)	6-4	Motoshi Fujita (L)

Home Runs—Tatsuro Hirooka (Giants), Yasumitsu Toyoda—2 (Lions)

5	10/17	Heiwadai	Kazuhisa Inao (W)	4-3 (10 innings)	Takumi Otomo (L)

Home Runs—Wally Yonamine (Giants), Futoshi Nakanishi (Lions), Kazuhisa Inao (Lions)

6	10/20	Korakuen	Kazuhisa Inao (W)	2-0	Motoshi Fujita (L)

Home Runs—Futoshi Nakanishi (Lions)

7	10/21	Korakuen	Kazuhisa Inao (W)	6-1	Sho Horiuchi (L)

Home Runs—Shigeo Nagashima (Giants), Futoshi Nakanishi (Lions)

Awards
Most Valuable Player—Kazuhisa Inao, Lions
Fighting Spirit—Motoshi Fujita, Giants
Leading Hitter—Yasumitsu Toyoda, Lions
Outstanding Pitcher—Kazuhisa Inao, Lions
Outstanding Player—Futoshi Nakanishi, Lions
Outstanding Technique—Tetsuharu Kawakami, Giants

1959 SEASON

CENTRAL LEAGUE

Team	G	W	L	T	PCT	GB	BA	HR	ERA	E
Yomiuri Giants	130	77	48	5	.612	—	.245	117	2.54	106
Osaka Tigers	130	62	59	9	.512	13.0	.2369	76	2.37	120
Chunichi Dragons	130	64	61	5	.512	13.0	.2374	106	2.77	144
Kokutetsu Swallows	130	63	65	2	.492	15.5	.230	62	3.19	138
Hiroshima Carp	130	59	64	7	.481	17.0	.218	71	2.62	116
Taiyo Whales	130	49	77	4	.392	28.5	.214	73	3.47	114

Qualifiers for Batting Championship

Player and Team	G	AB	R	H	2B	3B	HR	RBI	SB	AVG
Shigeo Nagashima, Giants	124	449	88	150	32	6	27	82	21	**.334**
Tokuji Iida, Swallows	127	442	52	131	25	7	4	29	10	.296
Wally Yonamine, Giants	117	432	67	124	16	8	3	26	6	.287
Kazuhiko Sakazaki, Giants	122	433	66	123	14	**9**	15	64	4	.284
Toru Mori, Dragons	130	486	66	137	27	5	**31**	87	9	.282
Shinichi Eto, Dragons	130	495	52	139	19	3	15	84	13	.281
Morimichi Iwashita, Swallows	123	429	44	120	23	5	2	38	25	.280
Kazuhiko Kondo, Whales	110	409	45	114	17	4	8	22	6	.279
Katsumi Fujimoto, Tigers	127	450	54	125	19	4	24	81	4	.278
Yoshio Yoshida, Tigers	130	467	60	127	18	8	5	32	13	.272
Takeshi Kuwata, Whales	125	435	64	117	20	3	**31**	84	25	.269
Hideji Miyake, Tigers	130	**497**	62	133	26	6	18	63	30	.268
Akira Owada, Carp	128	480	69	127	**34**	6	23	79	10	.265
Shigeru Fujio, Giants	115	402	52	106	13	4	13	70	9	.264

Player and Team	G	AB	R	H	2B	3B	HR	RBI	SB	AVG
Itsuro Honda, Dragons	121	416	44	108	18	7	1	37	19	.260
Katsuji Morinaga, Carp	127	452	42	117	19	6	8	44	5	.259
Koji Yokoyama, Tigers	123	407	36	104	23	4	8	37	8	.256
Masataka Tsuchiya, Giants	121	398	44	101	7	7	6	41	35	.254
Jun Hakoda, Swallows	105	384	43	95	9	2	11	44	8	.247
Hiroji Okajima, Dragons	128	452	72	110	17	2	12	31	**41**	.243
Masuho Maeda, Dragons	121	424	38	101	12	1	8	34	5	.2382
Atsushi Otsu, Tigers	115	378	31	90	14	0	5	24	4	.238
Tatsuro Hirooka, Giants	120	448	81	106	13	7	14	47	17	.237
Takeshi Koba, Carp	117	462	45	106	18	4	4	31	8	.229
Noboru Inoue, Dragons	113	418	49	95	13	0	8	40	16	.227
Takashi Iwamoto, Whales	118	431	35	97	13	3	4	28	15	.225
Hiromu Fujii, Carp	126	422	47	90	16	1	20	54	5	.213

Qualifiers for Earned Run Average Championship

Player and Team	G	IP	W	L	PCT	SO	BB	H	ERA
Minoru Murayama, Tigers	54	295.1	18	10	.643	294	56	165	**1.19**
Motoshi Fujita, Giants	55	330	**27**	11	**.711**	181	93	250	1.83
Masaaki Koyama, Tigers	52	**344**	20	16	.556	254	62	246	1.86
Yasushi Kodama, Dragons	45	256.2	20	11	.645	189	**106**	190	2.07
Yoshio Bizen, Carp	55	291.2	17	20	.459	153	67	259	2.19
Yoshio Kitagawa, Swallows	54	322.2	18	20	.474	154	52	**274**	2.51
Michio Ugari, Carp	46	202.2	11	10	.524	127	59	157	2.527
Tsutomu Ina, Dragons	57	267	16	14	.533	158	97	220	2.528
Masaichi Kaneda, Swallows	**58**	304.1	21	19	.525	**313**	79	222	2.54
Tatsuyoshi Yasuhara, Giants	44	214	12	8	.600	116	48	175	2.69
Toshitake Nakayama, Dragons	48	218.2	9	20	.310	145	74	179	2.71
Takashi Suzuki, Whales	49	260.1	12	16	.429	157	90	228	3.21
Noboru Akiyama, Whales	56	300.1	14	**22**	.389	212	87	267	3.29
Genichi Murata, Swallows	42	187.1	9	11	.450	110	43	172	3.45

Leaders and Award Winners

Home Runs
Takeshi Kuwata, Whales—31
Toru Mori, Dragons—31
Shigeo Nagashima, Giants—27
Katsumi Fujimoto, Tigers—24
Akira Owada, Carp—23

Runs Batted In
Toru Mori Dragons—87
Shinichi Eto, Dragons—84
Takeshi Kuwata, Whales—84
Shigeo Nagashima, Giants—82
Katsumi Fujimoto, Tigers—81

Wins
Motoshi Fujita, Giants—27
Masaichi Kaneda, Swallows—21
Yasushi Kodama, Dragons—20
Masaaki Koyama, Tigers—20
Yoshio Kitagawa, Swallows—18
Minoru Murayama, Tigers—18

Leaders and Award Winners

Strikeouts
Masaichi Kaneda, Swallows—313
Minoru Murayama, Tigers—294
Masaaki Koyama, Tigers—254
Noboru Akiyama, Whales—212
Yasushi Kodama, Dragons—189

Most Valuable Player
Motoshi Fujita, Giants

Sawamura Award
Minoru Murayama, Tigers

Rookie of the Year
Takeshi Kuwata, Whales

Best Nine
Pitcher—Motoshi Fujita, Giants
Catcher—Shigeru Fujio, Giants
First Base—Katsumi Fujimoto, Tigers
Second Base—Masataka Tsuchiya, Giants
Third Base—Shigeo Nagashima, Giants
Shortstop—Yoshio Yoshida, Tigers
Outfield—Toru Mori, Dragons
Outfield—Kazuhiko Sakazaki, Giants
Outfield—Akira Owada, Carp

PACIFIC LEAGUE

Team	G	W	L	T	PCT	GB	BA	HR	ERA	E
Nankai Hawks	134	88	42	4	.677	—	.265	90	2.44	153
Daimai Orions	136	82	48	6	.631	6.0	.255	114	2.76	150
Toei Flyers	135	67	63	5	.515	21.0	.242	78	2.98	144
Nishitetsu Lions	144	66	64	14	.508	22.0	.236	69	2.66	136
Hankyu Braves	134	48	82	4	.369	40.0	.222	57	3.26	134
Kintetsu Buffaloes	133	39	91	3	.300	49.0	.229	48	3.68	163

Qualifiers for Batting Championship

Player and Team	G	AB	R	H	2B	3B	HR	RBI	SB	AVG
Kohei Sugiyama, Hawks	115	418	67	135	20	7	9	67	5	**.323**
Kazuhiro Yamauchi, Orions	112	425	72	136	**32**	6	**25**	74	4	.320
Takao Katsuragi, Orions	132	**526**	73	**163**	22	7	24	**95**	7	.3098
Yoshinori Hirose, Hawks	126	507	**86**	157	27	6	8	45	17	.3096
Teruyuki Takakura, Lions	121	434	60	132	16	6	5	34	17	.304
Akio Saionji, Flyers	122	460	68	138	25	8	11	49	11	.300
Yasumitsu Toyoda, Lions	133	447	61	134	18	4	17	81	13	.2997
Akitoshi Kodama, Buffaloes	131	482	54	141	23	2	12	47	12	.293
Junzo Sekine, Buffaloes	116	412	49	120	17	**9**	5	38	4	.291
Yoshio Anabuki, Hawks	127	408	51	117	20	5	15	66	0	.287
Kenjiro Tamiya, Orions	124	454	72	130	**32**	1	9	54	21	.286
Stanley Hashimoto, Flyers	116	405	46	114	13	4	4	36	13	.281
Carlton Hanta, Hawks	122	441	57	123	25	2	5	43	18	.279
Tadashi Hatta, Orions	126	489	54	136	21	4	5	37	20	.278
Kihachi Enomoto, Orions	136	496	68	137	23	2	11	49	8	.276
Isao Harimoto, Flyers	125	418	48	115	18	5	13	57	10	.275
Katsuya Nomura, Hawks	132	472	71	124	18	5	21	78	7	.263
Yosuke Terada, Hawks	129	440	55	115	13	3	13	61	3	.2613
Isami Okamoto, Hawks	120	380	44	99	21	3	10	51	5	.2605
Akiteru Kono, Braves	113	383	40	99	15	6	6	42	27	.258
Yoshihiro Nakata, Braves	131	464	54	118	18	3	23	75	2	.254

Player and Team	G	AB	R	H	2B	3B	HR	RBI	SB	AVG
Takao Yato, Orions	124	391	55	94	21	4	14	49	16	.240
Chico Barbon, Braves	132	481	66	112	11	3	2	23	**38**	.233
Kingo Motoyashiki, Braves	134	440	31	95	7	3	0	15	28	.216
Junzo Ando, Flyers	130	408	26	75	11	1	4	33	1	.184

Triples Co-Leader—Norifumi Kido, Lions—9

Qualifiers for Earned Run Average Championship

Player and Team	G	IP	W	L	PCT	SO	BB	H	ERA
Tadashi Sugiura, Hawks	69	371.1	**38**	4	**.905**	336	35	245	**1.40**
Kazuhisa Inao, Lions	**75**	**402.1**	30	15	.667	321	82	**300**	1.65
Tetsuya Yoneda, Braves	52	331.1	18	**24**	.429	247	90	277	2.11
Shoichi Ono, Orions	56	288.1	22	9	.710	244	**118**	201	2.34
Masayuki Dobashi, Flyers	63	339	27	16	.628	217	43	293	2.36
Yukio Shimabara, Lions	49	244.1	12	11	.522	139	55	213	2.39
Glenn Mickens, Buffaloes	38	234.2	11	13	.458	119	47	189	2.41
Masatoshi Haraigawa, Hawks	50	220.2	18	7	.720	150	57	164	2.48
Tameo Iio, Flyers	52	191.1	9	12	.429	89	53	190	3.09
Mamoru Otsu, Buffaloes	45	227	11	20	.355	79	68	240	3.17
Takao Kajimoto, Braves	39	199.1	11	17	.393	136	58	198	3.24

Leaders and Award Winners

Home Runs
Kazuhiro Yamauchi, Orions—25
Takao Katsuragi, Orions—24
Yoshihiro Nakata, Braves—23
Katsuya Nomura, Hawks—21
Yasumitsu Toyoda, Lions—17

Runs Batted In
Takao Katsuragi, Orions—95
Yasumitsu Toyoda, Lions—81
Katsuya Nomura, Hawks—78
Yoshihiro Nakata, Braves—75
Kazuhiro Yamauchi, Orions—74

Wins
Tadashi Sugiura, Hawks—38
Kazuhisa Inao, Lions—30
Masayuki Dobashi, Flyers—27
Shoichi Ono, Orions—22
Masatoshi Haraigawa, Hawks—18
Tetsuya Yoneda, Braves—18

Strikeouts
Tadashi Sugiura, Hawks—336
Kazuhisa Inao, Lions—321
Tetsuya Yoneda, Hawks—247
Shoichi Ono, Orions—244
Masayuki Dobashi, Flyers—217

Most Valuable Player
Tadashi Sugiura, Hawks

Rookie of the Year
Isao Harimoto, Flyers

Best Nine
Pitcher—Tadashi Sugiura, Hawks
Catcher—Katsuya Nomura, Hawks
First Base—Kihachi Enomoto, Orions
Second Base—Isami Okamoto, Hawks
Third Base—Takao Katsuragi, Orions
Shortstop—Yasumitsu Toyoda, Lions
Outfield—Seiji Sekiguchi, Lions
Outfield—Kohei Sugiyama, Hawks
Outfield—Teruyuki Takakura, Lions

ALL-STAR GAMES

Managers—Nobuyasu Mizuhara (Central League)—Osamu Mihara (Pacific League)

Game	Date	Site	C.L. Pitcher	Score	P.L. Pitcher
1	7/28	Nishinomiya	Yoshio Kitagawa (L)	0-9	Tadashi Sugiura (W)

Home Runs—Kazuhiro Yamauchi (P)
MVP—Kazuhiro Yamauchi (P)

Game	Date	Site	C.L. Pitcher	Score	P.L. Pitcher
2	7/29	Osaka	Minoru Murayama	6-4	Tadashi Sugiura (L)

Home Runs—Shigeo Nagashima (C), Toshio Naka (C)
MVP—Toshio Naka (C)

JAPAN SERIES

Teams and Managers—Pacific League's Nankai Hawks {(Kazuto Tsuruoka (a.k.a. Yamamoto)} 4—Central League's Yomiuri Giants (Nobuyasu Mizuhara) 0

Game	Date	Site	Hawks Pitcher	Score	Giants Pitcher
1	10/24	Osaka	Tadashi Sugiura (W)	10-7	Taketoshi Yoshiwara (L)

Home Runs—Isami Okamoto—2 (Hawks)

Game	Date	Site	Hawks Pitcher	Score	Giants Pitcher
2	10/25	Osaka	Tadashi Sugiura (W)	6-3	Motoshi Fujita (L)

Home Runs—Shigeo Nagashima (Giants)

Game	Date	Site	Hawks Pitcher	Score	Giants Pitcher
3	10/27	Korakuen	Tadashi Sugiura (W)	3-2 (10 innings)	Taketoshi Yoshiwara (L)

Home Runs—Kazuhiko Sakazaki (Giants), Katsuya Nomura (Hawks)

Game	Date	Site	Hawks Pitcher	Score	Giants Pitcher
4	10/29	Korakuen	Tadashi Sugiura (W)	3-0	Motoshi Fujita (L)

Home Runs—none

Awards
Most Valuable Player—Tadashi Sugiura, Hawks
Fighting Spirit—Masataka Tsuchiya, Giants
Leading Hitter—Yosuke Terada, Hawks
Outstanding Pitcher—Tadashi Sugiura, Hawks
Outstanding Player—Satoshi Sugiyama, Hawks
Outstanding Technique—Isami Okamoto, Hawks

1960 SEASON

CENTRAL LEAGUE

Team	G	W	L	T	PCT	GB	BA	HR	ERA	E
Taiyo Whales	130	70	56	4	.554	—	.2302	60	2.32	121
Yomiuri Giants	130	66	61	3	.519	4.5	.229	106	3.0852	105
Osaka Tigers	130	64	62	4	.508	6.0	.242	87	2.62	110
Hiroshima Carp	130	62	61	7	.504	6.5	.2296	84	2.70	104
Chunichi Dragons	130	63	67	0	.485	9.0	.2295	87	3.08	106
Kokutetsu Swallows	130	54	72	4	.431	16.0	.232	73	3.0854	103

Qualifiers for Batting Championship

Player and Team	G	AB	R	H	2B	3B	HR	RBI	SB	AVG
Shigeo Nagashima, Giants	126	452	71	**151**	22	**12**	16	64	31	**.334**

Player and Team	G	AB	R	H	2B	3B	HR	RBI	SB	AVG
Kazuhiko Kondo, Whales	128	459	60	145	21	4	7	55	20	.316
Toshio Naka, Dragons	130	465	**80**	145	21	9	7	31	**50**	.312
Teruo Namiki, Tigers	120	425	64	130	**31**	9	11	61	23	.306
Takeshi Kuwata, Whales	114	392	50	118	15	7	16	67	16	.301
Takao Sato, Swallows	129	**503**	72	141	27	7	14	47	20	.280
Toru Mori, Dragons	129	469	61	129	22	3	21	72	9	.275
Tokuji Iida, Swallows	127	419	46	114	13	3	7	40	7	.272
Hideji Miyake, Tigers	130	480	61	130	29	7	12	51	29	.271
Sadaharu Oh, Giants	130	426	49	115	19	3	17	71	5	.270
Tatsuo Okitsu, Carp	129	440	56	118	25	4	21	64	3	.268
Takeshi Koba, Carp	119	442	35	118	8	2	2	22	18	.267
Minoru Kamata, Tigers	130	449	32	119	16	3	3	39	11	.265
Noboru Inoue, Dragons	130	474	64	122	27	6	15	64	16	.257
Jun Hakoda, Swallows	129	500	44	128	23	3	16	57	23	.256
Akira Owada, Carp	125	468	52	119	26	7	18	60	9	.254
Katsumi Fujimoto, Tigers	119	413	56	104	17	3	**22**	**76**	3	.2518
Shinichi Eto, Dragons	130	429	48	108	19	2	14	61	7	.2517
Yoshio Yoshida, Tigers	126	458	60	114	21	9	5	24	20	.249
Yukihiko Machida, Swallows	125	382	40	91	14	2	10	40	9	.2382
Akira Kunimatsu, Giants	125	357	41	85	13	1	11	46	7	.238
Wally Yonamine, Giants	126	399	48	91	19	3	5	26	6	.228
Akihito Kondo, Whales	117	389	38	88	17	5	4	40	17	.226
Masataka Tsuchiya, Giants	120	379	39	78	18	2	6	27	18	.206

Qualifiers for Earned Run Average Championship

Player and Team	G	IP	W	L	PCT	SO	BB	H	ERA
Noboru Akiyama, Whales	59	262.1	21	10	**.677**	183	86	189	**1.75**
Ritsuo Horimoto, Giants	**69**	**364.2**	**29**	18	.617	210	89	278	2.00
Ryohei Hasegawa, Carp	46	193.1	13	15	.464	90	62	158	2.18
Mamoru Hiroshima, Dragons	57	236.1	15	11	.577	172	59	167	2.24
Gentaro Shimada, Whales	50	247.1	19	10	.655	203	62	152	2.29
Masaaki Koyama, Tigers	60	362	25	19	.568	273	63	**287**	2.361
Midori Ishikawa, Dragons	61	197.1	13	12	.520	103	32	163	2.363
Genichi Murata, Swallows	58	295.2	18	16	.529	152	38	263	2.52
Kiyoshi Oishi, Carp	60	341	26	13	.667	215	**107**	265	2.56
Masaichi Kaneda, Swallows	57	320.1	20	**22**	.476	**284**	94	238	2.58
Masaru Honma, Tigers	47	190.1	13	8	.619	102	63	155	2.78
Hiroomi Oyane, Dragons	45	216.2	15	13	.536	85	54	190	2.86
Yoshiaki Ito, Giants	53	187.2	10	9	.526	157	58	150	3.21
Hajimu Tatsumi, Swallows	55	199	8	13	.381	172	68	188	3.62

Leaders and Award Winners

Home Runs
Katsumi Fujimoto, Tigers—22
Toru Mori, Dragons—21
Tatsuo Okitsu, Carp—21
Akira Owada, Carp—18
Sadaharu Oh, Giants—17
Mike Solomko, Tigers—17

Runs Batted In
Katsumi Fujimoto, Tigers—76
Toru Mori, Dragons—72
Sadaharu Oh, Giants—71
Takeshi Kuwata, Whales—67
Noboru Inoue, Dragons—64
Shigeo Nagashima, Giants—64
Tatsuo Okitsu, Carp—64

Wins
Ritsuo Horimoto, Giants—29
Kiyoshi Oishi, Carp—26
Masaaki Koyama, Tigers—25
Noboru Akiyama, Whales—21
Masaichi Kaneda, Swallows—20

Strikeouts
Masaichi Kaneda, Swallows—284

Masaaki Koyama, Tigers—273
Kiyoshi Oishi, Carp—215
Ritsuo Horimoto, Giants—210
Gentaro Shimada, Whales—203

Most Valuable Player
Noboru Akiyama, Whales

Sawamura Award
Ritsuo Horimoto, Giants

Rookie of the Year
Ritsuo Horimoto, Giants

Best Nine
Pitcher—Noboru Akiyama, Whales
Catcher—Kiyoshi Doi, Whales
First Base—Kazuhiko Kondo, Whales
Second Base—Noboru Inoue, Dragons
Third Base—Shigeo Nagashima, Giants
Shortstop—Yoshio Yoshida, Tigers
Outfield—Toru Mori, Dragons
Outfield—Teruo Namiki, Tigers
Outfield—Toshio Naka, Dragons

PACIFIC LEAGUE

Team	G	W	L	T	PCT	GB	BA	HR	ERA	E
Daimai Orions	133	82	48	3	.631	—	.262	100	2.66	132
Nankai Hawks	136	78	52	6	.600	4.0	.247	103	2.88	121
Nishitetsu Lions	136	70	60	6	.538	12.0	.251	97	3.05	120
Hankyu Braves	136	65	65	6	.500	17.0	.243	64	2.99	138
Toei Flyers	132	52	78	2	.400	30.0	.2355	80	2.92	160
Kintetsu Buffaloes	131	43	87	1	.331	39.0	.2358	69	3.61	169

Qualifiers for Batting Championship

Player and Team	G	AB	R	H	2B	3B	HR	RBI	SB	AVG
Kihachi Enomoto, Orions	133	494	94	170	37	5	11	66	15	**.344**
Kenjiro Tamiya, Orions	133	479	61	152	28	9	12	62	13	.317
Kazuhiro Yamauchi, Orions	133	483	93	151	31	1	**32**	**103**	5	.313
Isao Harimoto, Flyers	106	384	49	116	25	3	16	56	15	.302
Akitoshi Kodama, Buffaloes	122	438	62	132	29	1	20	69	8	.301
Takao Katsuragi, Orions	121	455	39	134	17	4	5	43	7	.295
Katsuya Nomura, Hawks	124	430	66	125	21	4	29	88	8	.291
Motohiro Moroki, Braves	121	424	38	122	14	2	6	54	12	.288

Player and Team	G	AB	R	H	2B	3B	HR	RBI	SB	AVG
Yasumitsu Toyoda, Lions	127	425	75	122	18	4	23	87	9	.287
Junzo Sekine, Buffaloes	112	390	44	110	16	1	2	32	0	.282
Nobuyasu Morishita, Hawks	134	506	66	139	24	2	5	45	24	.275
Shoichi Busujima, Flyers	119	406	53	111	14	2	7	31	12	.273
Yoshio Anabuki, Hawks	127	458	58	124	29	3	8	61	3	.271
Takeo Hitomi, Braves	114	407	50	110	27	2	5	37	8	.270
Yoshinori Hirose, Hawks	128	**521**	70	140	24	**10**	10	46	25	.269
Akira Ogi, Lions	114	374	46	100	19	3	4	30	8	.267
Mamoru Tanaka, Braves	125	422	32	112	13	8	6	52	3	.265
Kingo Motoyashiki, Braves	117	416	50	110	15	4	2	25	24	.264
Yoji Tamazukuri, Lions	134	445	61	117	16	8	7	39	16	.263
Carlton Hanta, Hawks	123	384	42	99	15	2	7	32	9	.258
Mitsuo Takeshita, Buffaloes	122	435	35	112	32	3	8	48	4	.257
Kunimitsu Yanoura, Buffaloes	110	387	33	99	13	7	3	30	4	.256
Katsutoyo Yoshida, Flyers	130	462	50	117	21	3	8	44	11	.253
Yosuke Terada, Hawks	124	414	42	103	19	1	10	52	3	.24879
Hachiro Yamamoto, Flyers	119	402	47	100	10	4	13	53	16	.24875
Toshio Yanagida, Orions	101	386	58	96	17	2	12	34	13	.24870
Takao Yato, Orions	128	396	41	90	9	3	5	40	5	.227
Chico Barbon, Braves	116	387	52	87	14	4	1	22	**32**	.225
Akio Saionji, Flyers	116	371	42	82	14	3	14	33	16	.221

Qualifiers for Earned Run Average Championship

Player and Team	G	IP	W	L	PCT	SO	BB	H	ERA
Shoichi Ono, Orions	**67**	304	**33**	11	**.750**	258	**101**	231	**1.98**
Tadashi Sugiura, Hawks	57	**332.2**	31	11	.738	**317**	44	266	2.05
Katsumi Nakanishi, Orions	40	214.2	16	10	.615	120	40	166	2.13
Tomoo Wako, Orions	44	196.1	13	8	.619	127	47	166	2.15
Glenn Mickens, Buffaloes	37	253.1	13	10	.565	179	62	200	2.23
Joe Stanka, Hawks	38	240	17	12	.586	174	95	186	2.48
Takao Kajimoto, Braves	48	297.2	21	18	.538	171	82	266	2.54
Kazuhisa Inao, Lions	39	243	20	7	.741	179	51	211	2.59
Tetsuya Yoneda, Braves	51	306.2	22	16	.579	213	71	**271**	2.73
Haruki Mihira, Orions	45	188.2	12	10	.545	109	46	168	2.81
Takayuki Hata, Lions	51	241.1	11	15	.423	219	89	199	2.98
Masayuki Dobashi, Flyers	44	263.1	12	**23**	.343	193	39	258	3.14
Teruo Esaki, Buffaloes	48	186	6	11	.353	127	66	167	3.48
Yukio Tsuta, Buffaloes	44	191.2	7	19	.269	102	40	199	3.56

Leaders

Home Runs
Kazuhiro Yamauchi, Orions—32
Katsuya Nomura, Hawks—29
Yasumitsu Toyoda, Lions—23
Akitoshi Kodama, Buffaloes—20
Isao Harimoto, Flyers—16

Runs Batted In
Kazuhiro Yamauchi, Orions—103
Katsuya Nomura, Hawks—88
Yasumitsu Toyoda, Lions—87
Akitoshi Kodama, Buffaloes—69
Kihachi Enomoto, Orions—66

Part One : 1960 Season

Leaders and Award Winners

Wins
Shoichi Ono, Orions—33
Tadashi Sugiura, Hawks—31
Tetsuya Yoneda, Braves—22
Takao Kajimoto, Braves—21
Kazuhisa Inao, Lions—20

Strikeouts
Tadashi Sugiura, Hawks—317
Shoichi Ono, Orions—258
Takayuki Hata, Lions—219
Tetsuya Yoneda, Braves—213
Masayuki Dobashi, Flyers—193

Most Valuable Player
Kazuhiro Yamauchi, Orions

Rookie of the Year
none

Best Nine
Pitcher—Shoichi Ono, Orions
Catcher—Katsuya Nomura, Hawks
First Base—Kihachi Enomoto, Orions
Second Base—Akira Ogi, Lions
Third Base—Akitoshi Kodama, Buffaloes
Shortstop—Yasumitsu Toyoda, Lions
Outfield—Kazuhiro Yamauchi, Orions
Outfield—Kenjiro Tamiya, Orions
Outfield—Isao Harimoto, Flyers

ALL-STAR GAMES

Managers—Shigeru Mizuhara (Central League)—Kazuto Tsuruoka (a.k.a. Yamamoto) (Pacific League)

Game	Date	Site	C.L. Pitcher	Score	P.L. Pitcher
1	7/25	Kawasaki	Masaichi Kaneda (L)	1-3	Tetsuya Yoneda (W)

Home Runs—Akira Owada (C), Kazuhiro Yamauchi (P)
MVP—Nobuyasu Morishita (P)

Game	Date	Site	C.L. Pitcher	Score	P.L. Pitcher
2	7/26	Korakuen	Masaichi Kaneda (W)	5-4	Masayuki Dobashi (L)

Home Runs—Shigeo Nagashima (C), Carlton Hanta (P)
MVP—Masaichi Kaneda (C)

Game	Date	Site	C.L. Pitcher	Score	P.L. Pitcher
3	7/27	Korakuen	Genichi Murata (L)	5-6	Glenn Mickens (W)

Home Runs—Takao Sato (C), Mike Solomko (C), Hajimu Tatsumi (C), Isao Harimoto (P)
MVP—Isao Harimoto (P)

JAPAN SERIES

Teams and Managers—Central League's Taiyo Whales (Osamu Mihara) 4—Pacific League's Daimai Orions (Yukio Nishimoto) 0

Game	Date	Site	Whales Pitcher	Score	Orions Pitcher
1	10/11	Kawasaki	Noboru Akiyama (W)	1-0	Katsumi Nakanishi (L)

Home Runs—Hidenori Kanemitsu (Whales)

Game	Date	Site	Whales Pitcher	Score	Orions Pitcher
2	10/12	Kawasaki	Gentaro Shimada (W)	3-2	Shoichi Ono (L)

Home Runs—Kihachi Enomoto (Orions)

Game	Date	Site	Whales Pitcher	Score	Orions Pitcher
3	10/14	Korakuen	Masatoshi Gondo (W)	6-5	Katsumi Nakanishi (L)

Home Runs—Akihito Kondo (Whales), Toshio Yanagida (Orions)

Game	Date	Site	Whales Pitcher	Score	Orions Pitcher
4	10/15	Korakuen	Noboru Akiyama (W)	1-0	Shoichi Ono (L)

Home Runs—none

Awards
Most Valuable Player—Akihito Kondo, Whales
Fighting Spirit—Kenjiro Tamiya, Orions

Leading Hitter—Hidenori Kanemitsu, Whales
Outstanding Pitcher—Noboru Akiyama, Whales
Outstanding Player—Kazuhiko Kondo, Whales
Outstanding Technique—Takeshi Suzuki, Whales

1961 SEASON

CENTRAL LEAGUE

Team	G	W	L	T	PCT	GB	BA	HR	ERA	E
Yomiuri Giants	130	71	53	6	.569	—	.2265	89	2.50	103
Chunichi Dragons	130	72	56	2	.562	1.0	.241	79	2.48	92
Kokutetsu Swallows	130	67	60	3	.527	5.5	.2274	58	2.29	108
Hanshin Tigers	130	60	67	3	.473	12.5	.244	80	2.60	111
Hiroshima Carp	130	58	67	5	.465	13.5	.239	74	3.11	102
Taiyo Whales	130	50	75	5	.404	21.5	.236	76	3.10	109

Qualifiers for Batting Championship

Player and Team	G	AB	R	H	2B	3B	HR	RBI	SB	AVG
Shigeo Nagashima, Giants	130	448	84	**158**	**32**	9	**28**	86	14	**.353**
Kazuhiko Kondo, Whales	130	475	72	150	21	3	11	48	**35**	.316
Katsumi Fujimoto, Tigers	108	370	36	111	16	2	8	41	6	.300
Noboru Inoue, Dragons	126	460	50	135	25	4	4	58	10	.293
Takeshi Koba, Carp	120	444	52	127	21	2	5	34	7	.286
Takeshi Kuwata, Whales	130	471	70	132	25	3	25	**94**	20	.280
Katsuji Morinaga, Carp	124	420	52	117	22	3	14	59	6	.279
Akiteru Kono, Dragons	124	447	57	123	12	5	9	40	23	.275
Hideji Miyake, Tigers	130	483	69	132	20	4	15	56	23	.273
Toshio Naka, Dragons	128	480	**88**	130	14	**11**	13	39	30	.271
Mike Solomko, Tigers	119	422	53	114	20	3	21	70	12	.2701
Hiromu Fujii, Carp	117	382	40	103	26	3	15	56	4	.2696
Masataka Tsuchiya, Swallows	130	491	52	132	17	2	5	39	14	.269
Shinichi Eto, Dragons	130	480	50	128	17	1	20	77	4	.267
Minoru Kamata, Tigers	130	**500**	56	130	17	4	4	36	14	.260
Teruo Namiki, Tigers	116	408	34	105	15	3	6	35	13	.257
Yoshitaka Kosaka, Carp	111	407	29	104	11	3	4	27	8	.256
Sadayuki Tokutake, Swallows	130	479	59	122	22	1	9	62	7	.25469
Toru Mori, Dragons	123	428	34	109	19	0	13	60	5	.25467
Fibber Hirayama, Carp	118	395	61	100	17	3	3	23	14	.2531
Sadaharu Oh, Giants	127	396	50	100	25	6	13	53	10	.2525
Yukihiko Machida, Swallows	125	400	39	96	12	5	6	39	10	.240
Tokuji Iida, Swallows	130	465	40	107	14	1	8	51	7	.230
Yoshio Yoshida, Tigers	115	412	44	94	13	5	5	22	18	.228
Akihito Kondo, Whales	125	436	44	98	12	3	6	19	15	.225

Player and Team	G	AB	R	H	2B	3B	HR	RBI	SB	AVG
Akira Kunimatsu, Giants	127	408	49	91	17	1	7	30	11	.223
Takao Sato, Swallows	102	374	39	79	14	1	11	36	6	.211
Tatsuro Hirooka, Giants	125	429	38	87	12	3	10	41	5	.203

Qualifiers for Earned Run Average Championship

Player and Team	G	IP	W	L	PCT	SO	BB	H	ERA
Hiroshi Gondo, Dragons	**69**	**429.1**	**35**	19	.648	**310**	70	**321**	**1.70**
Yoshio Kitagawa, Swallows	49	241.1	15	15	.500	98	37	192	1.90
Yoshiaki Ito, Giants	51	187.2	13	6	**.684**	166	83	146	2.11
Masaichi Kaneda, Swallows	57	330.1	20	16	.556	262	81	257	2.12
Minoru Nakamura, Giants	63	241	17	10	.630	142	63	202	2.13
Minoru Murayama, Tigers	48	293	24	13	.649	221	62	238	2.27
Genichi Murata, Swallows	43	217.2	14	13	.519	100	25	195	2.31
Masaaki Koyama, Tigers	46	291.1	11	**22**	.333	204	65	222	2.40
Kiyoshi Oishi, Carp	59	346.1	27	18	.600	243	**100**	271	2.44
Yasuhiko Kawamura, Dragons	51	223.2	13	13	.500	130	81	181	2.53
Eiji Bando, Dragons	47	193.1	12	10	.545	108	48	166	2.60
Noboru Akiyama, Whales	**69**	280.2	20	15	.571	179	70	239	2.63
Gentaro Shimada, Whales	51	217.2	9	19	.321	151	85	193	3.01
Takashi Suzuki, Whales	51	190	8	13	.381	112	73	193	3.36

Leaders and Award Winners

Home Runs
Shigeo Nagashima, Giants—28
Takeshi Kuwata, Whales—25
Mike Solomko, Tigers—21
Shinichi Eto, Dragons—20
Hiromu Fujii, Carp—18
Hideji Miyake, Tigers—18

Runs Batted In
Takeshi Kuwata, Whales—94
Shigeo Nagashima, Giants—86
Shinichi Eto, Dragons—77
Mike Solomko, Tigers—70
Sadayuki Tokutake, Swallows—62

Wins
Hiroshi Gondo, Dragons—35
Kiyoshi Oishi, Carp—27
Minoru Murayama, Tigers—24
Noboru Akiyama, Whales—20
Masaichi Kaneda, Swallows—20

Strikeouts
Hiroshi Gondo, Dragons—310
Masaichi Kaneda, Swallows—262
Kiyoshi Oishi, Carp—243
Minoru Murayama, Tigers—221
Masaaki Koyama, Tigers—204

Most Valuable Player
Shigeo Nagashima, Giants

Sawamura Award
Hiroshi Gondo, Dragons

Rookie of the Year
Hiroshi Gondo, Dragons

Best Nine
Pitcher—Hiroshi Gondo, Dragons
Catcher—Masahiko Mori, Giants
First Base—Katsumi Fujimoto, Tigers
Second Base—Masataka Tsuchiya, Swallows
Third Base—Shigeo Nagashima, Giants
Shortstop—Akiteru Kono, Dragons
Outfield—Kazuhiko Kondo, Whales
Outfield—Shinichi Eto, Dragons
Outfield—Katsuji Morinaga, Carp

PACIFIC LEAGUE

Team	G	W	L	T	PCT	GB	BA	HR	ERA	E
Nankai Hawks	140	85	49	6	.629	—	.262	117	2.96	114
Toei Flyers	140	83	52	5	.611	2.5	.264	108	2.39	191
Nishitetsu Lions	140	81	56	3	.589	5.5	.249	110	2.83	128
Daimai Orions	140	72	66	2	.521	15.0	.258	103	3.23	158
Hankyu Braves	140	53	84	3	.389	33.5	.225	65	3.56	137
Kintetsu Buffaloes	140	36	103	1	.261	51.5	.229	68	3.96	197

Qualifiers for Batting Championship

Player and Team	G	AB	R	H	2B	3B	HR	RBI	SB	AVG
Isao Harimoto, Flyers	129	473	77	159	31	10	24	95	18	**.336**
Kihachi Enomoto, Orions	137	543	93	**180**	28	7	8	42	9	.331
Kenjiro Tamiya, Orions	130	509	83	167	35	1	11	71	6	.328
Kohei Sugiyama, Hawks	130	421	66	135	21	4	15	76	1	.321
Kazuhiro Yamauchi, Orions	140	498	87	155	32	6	25	**112**	6	.311
Kusuo Tanaka, Lions	125	471	65	144	12	5	12	58	19	.306
Teruyuki Takakura, Lions	121	485	76	146	23	5	15	37	18	.301
Katsutoyo Yoshida, Flyers	140	527	77	157	21	6	17	82	21	.298
Yasumitsu Toyoda, Lions	120	391	65	116	17	1	16	60	10	.297
Yoshinori Hirose, Hawks	135	537	82	159	33	7	6	46	**42**	.296
Hachiro Yamamoto, Flyers	132	494	63	146	32	4	12	68	24	.2955
Katsuya Nomura, Hawks	136	494	70	146	17	2	**29**	89	8	.2955
Akitoshi Kodama, Buffaloes	138	520	61	153	**42**	1	9	43	7	.294
Shoichi Busujima, Flyers	139	**566**	82	166	38	**11**	3	41	14	.293
Junzo Sekine, Buffaloes	128	435	51	123	18	1	9	49	4	.283
Nobuyasu Morishita, Hawks	122	413	57	116	16	2	3	38	20	.281
Takao Katsuragi, Orions	136	513	59	137	28	4	16	85	17	.267
Motohiro Moroki, Braves	127	451	41	119	21	3	4	47	11	.264
Yoji Tamazukuri, Lions	129	415	63	108	20	4	4	35	17	.260
Akio Saionji, Flyers	136	503	**97**	130	31	7	22	73	20	.258
Akira Ogi, Lions	123	408	45	99	19	1	9	52	11	.243
Yoshihiro Nakata, Braves	138	513	62	122	25	4	**29**	74	2	.238
Kunimitsu Yanoura, Buffaloes	128	525	48	119	16	6	9	38	4	.227
Junzo Ando, Flyers	135	403	25	90	8	2	4	32	2	.223
Norifumi Kido, Lions	132	409	40	81	7	3	5	33	7	.198

Qualifiers for Earned Run Average Championship

Player and Team	G	IP	W	L	PCT	SO	BB	H	ERA
Kazuhisa Inao, Lions	**78**	**404**	**42**	14	**.750**	**353**	72	308	**1.69**
Masayuki Dobashi, Flyers	63	393	30	16	.652	298	45	**313**	1.90
Osamu Kubota, Flyers	55	313	25	11	.694	137	47	257	2.16
Tadashi Sugiura, Hawks	53	241.2	20	9	.690	190	31	202	2.79
Takao Kajimoto, Braves	54	269.2	17	23	.425	141	56	261	2.80

Player and Team	G	IP	W	L	PCT	SO	BB	H	ERA
Takayuki Hata, Lions	49	209.2	13	11	.542	166	90	174	2.87
Shoichi Ono, Orions	58	251	17	14	.548	211	97	213	3.16
Toshiaki Tokuhisa, Buffaloes	58	209.1	15	24	.385	170	57	205	3.26
Joe Stanka, Hawks	41	231.1	15	11	.577	176	74	208	3.30
Tetsuya Yoneda, Braves	56	275.2	16	22	.421	188	70	282	3.55

Leaders and Award Winners

Home Runs
Katsuya Nomura, Hawks—29
Yoshihiro Nakata, Braves—29
Kazuhiro Yamauchi, Orions—25
Isao Harimoto, Flyers—24
Akio Saionji, Flyers—22

Runs Batted In
Kazuhiro Yamauchi, Orions—112
Isao Harimoto, Flyers—95
Katsuya Nomura, Hawks—89
Takao Katsuragi, Orions—85
Katsutoyo Yoshida, Flyers—82

Wins
Kazuhisa Inao, Lions—42
Masayuki Dobashi, Flyers—30
Osamu Kubota, Flyers—25
Tadashi Sugiura, Tigers—20
Takao Kajimoto, Braves—17
Shoichi Ono, Orions—17

Strikeouts
Kazuhisa Inao, Lions—353
Masayuki Dobashi, Flyers—298

Shoichi Ono, Orions—211
Tadashi Sugiura, Hawks—190
Tetsuya Yoneda, Braves—188

Most Valuable Player
Katsuya Nomura, Hawks

Rookie of the Year
Toshiaki Tokuhisa, Buffaloes

Best Nine
Pitcher—Kazuhisa Inao, Lions
Catcher—Katsuya Nomura, Hawks
First Base—Kihachi Enomoto, Orions
Second Base—Nobuyasu Morishita, Hawks
Third Base—Futoshi Nakanishi, Lions
Shortstop—Yasumitsu Toyoda, Lions
Outfield—Kazuhiro Yamauchi, Orions
Outfield—Kenjiro Tamiya, Orions
Outfield—Isao Harimoto, Flyers

ALL-STAR GAMES

Managers—Osamu Mihara (Central League)—Kazuto Tsuruoka (a.k.a.Yamamoto) (Pacific League)

Game	Date	Site	C.L. Pitcher	Score	P.L. Pitcher
1	7/18	Chunichi	Yoshimi Moritaki (L)	0-3	Tadashi Sugiura (W)

Home Runs—Yoshinori Hirose (P)
MVP—Yoshinori Hirose (P)

2	7/19	Koshien	Masaichi Kaneda (L)	2-4	Osamu Kubota (W)

Home Runs—none
MVP—Kenjiro Tamiya (P)

JAPAN SERIES

Teams and Managers—Yomiuri Giants (Tetsuharu Kawakami) 4—Nankai Hawks {Kazuto Tsuruoka (a.k.a. Yamamoto)} 2

Game	Date	Site	Giants Pitcher	Score	Hawks Pitcher
1	10/22	Osaka	Minoru Nakamura (L)	0-6	Joe Stanka (W)

Home Runs—Katsuya Nomura (Hawks), Yosuke Terada (Hawks), Yoshio Anabuki (Hawks)

2	10/24	Osaka	Ritsuo Horimoto (W)	6-4	Mutsuo Minagawa (L)

Home Runs—Yoshio Anabuki (Hawks)

3	10/26	Korakuen	Yoshiaki Ito (W)	5-4	Joe Stanka (L)

Home Runs—Andy Miyamoto (Giants)

4	10/29	Korakuen	Ritsuo Horimoto (W)	4-3	Chikara Morinaka (L)

Home Runs—Yoshinori Hirose (Hawks), Kohei Sugiyama (Hawks)

5	10/30	Korakuen	Motoshi Fujita (L)	3-6	Joe Stanka (W)

Home Runs—Shigeo Nagashima (Giants), Katsuya Nomura (Hawks), Yosuke Terada (Hawks)

6	11/1	Osaka	Minoru Nakamura (W)	3-2 (10 innings)	Joe Stanka (L)

Home Runs—Sadaharu Oh (Giants), Katsuya Nomura (Hawks), Yosuke Terada (Hawks)

Awards
Most Valuable Player—Andy Miyamoto, Giants
Fighting Spirit—Joe Stanka, Hawks
Leading Hitter—Andy Miyamoto, Giants
Outstanding Pitcher—Ritsuo Horimoto, Giants
Outstanding Player—Akira Shiobara, Giants
Outstanding Technique—Minoru Nakamura, Giants

1962 SEASON

CENTRAL LEAGUE

Team	G	W	L	T	PCT	GB	BA	HR	ERA	E
Hanshin Tigers	133	75	55	3	.577	—	.223	64	2.03	95
Taiyo Whales	134	71	59	4	.546	4.0	.242	100	2.73	110
Chunichi Dragons	133	70	60	3	.538	5.0	.249	107	2.68	97
Yomiuri Giants	134	67	63	4	.515	8.0	.232	102	2.47	100
Hiroshima Carp	134	56	74	4	.431	19.0	.239	75	3.30	86
Kokutetsu Swallows	134	51	79	4	.392	24.0	.201	60	2.61	94

Qualifiers for Batting Championship

Player and Team	G	AB	R	H	2B	3B	HR	RBI	SB	AVG
Katsuji Morinaga, Carp	130	476	60	146	22	1	11	55	10	**.307**
Kazuhiko Kondo, Whales	130	471	71	138	11	0	8	38	15	.293
Teruo Namiki, Tigers	124	431	61	125	23	5	10	51	3	.290
Shinichi Eto, Dragons	133	493	74	142	13	0	23	61	4	.288
Shigeo Nagashima, Giants	134	525	69	**151**	38	5	25	80	18	.2876
Masuho Maeda, Dragons	133	468	46	133	23	4	13	63	4	.284
Kazuhiko Sakazaki, Giants	126	413	40	114	20	4	6	44	7	.276

Player and Team	G	AB	R	H	2B	3B	HR	RBI	SB	AVG
Toshio Naka, Dragons	127	477	51	131	15	**10**	6	33	11	.275
Sadaharu Oh, Giants	134	497	**79**	135	28	2	**38**	**85**	6	.272
Yoshio Yoshida, Tigers	127	482	52	126	25	2	3	22	22	.2614
Tatsuo Okitsu, Carp	126	429	49	112	13	5	12	54	0	.261
Jim McManus, Whales	115	376	41	98	12	1	12	52	4	.2606
Takeshi Kuwata, Whales	112	431	50	112	18	0	22	48	2	.260
Akiteru Kono, Dragons	114	393	53	101	15	0	10	33	**26**	.257
Katsumi Fujimoto, Tigers	121	429	44	110	13	1	15	57	0	.256
Toru Mori, Whales	133	481	62	122	18	3	22	67	2	.254
Akira Kunimatsu, Giants	122	413	47	104	21	3	7	35	17	.252
Yoshitaka Kosaka, Carp	126	467	44	117	14	5	3	33	16	.251
Masahiko Mori, Giants	134	469	43	116	24	1	6	44	4	.247
Sadayuki Tokutake, Swallows	134	483	44	118	17	1	14	54	7	.244
Takeshi Koba, Carp	120	400	40	97	9	0	3	28	12	.243
Akihito Kondo, Whales	131	462	45	111	21	7	4	27	11	.2402
Eiji Fujii, Tigers	127	405	29	97	15	5	2	38	6	.2395
Hiromu Fujii, Carp	131	462	53	109	24	2	18	73	2	.236
Hideji Miyake, Tigers	114	427	54	99	22	2	11	35	14	.232
Mike Solomko, Tigers	122	387	43	86	14	2	14	42	8	.222
Masataka Tsuchiya, Swallows	119	432	33	92	27	1	8	34	6	.213
Kanji Maruyama, Swallows	126	466	33	98	18	2	1	23	11	.210
Minoru Kamata, Tigers	133	**532**	41	106	10	5	1	23	2	.199

Qualifiers for Earned Run Average Championship

Player and Team	G	IP	W	L	PCT	SO	BB	H	ERA
Minoru Murayama, Tigers	57	**366.1**	25	14	.641	265	55	261	**1.20**
Masaaki Koyama, Tigers	47	352.2	27	11	**.711**	**270**	59	268	1.66
Masaichi Kaneda, Swallows	48	343.1	22	17	.564	262	80	265	1.73
Noboru Akiyama, Whales	**72**	290.2	26	12	.684	199	79	213	1.92
Makoto Inagawa, Whales	55	191	12	7	.632	150	77	126	1.98
Motoshi Fujita, Giants	42	199.2	13	11	.542	103	58	165	2.03
Minoru Kakimoto, Dragons	60	318.1	20	17	.541	157	33	263	2.06
Kunio Jonouchi, Giants	56	280.2	24	12	.667	173	62	207	2.21
Minoru Nakamura, Giants	52	212.1	9	12	.429	133	54	150	2.28
Hiroshi Gondo, Dragons	61	362.1	**30**	17	.638	212	69	**307**	2.33
Genichi Murata, Swallows	40	216.1	12	16	.429	102	28	199	2.36
Hidetoshi Ikeda, Carp	57	236	16	16	.500	152	63	197	2.44
Takashi Suzuki, Whales	56	191.1	14	8	.636	157	45	151	2.53
Masatoshi Gondo, Whales	68	195.2	8	6	.571	180	72	166	2.57
Kiyoshi Oishi, Carp	58	331.1	20	**18**	.526	209	**100**	265	2.68
Nobuyuki Kadooka, Dragons	53	203.1	10	10	.500	80	33	170	3.00

Leaders and Award Winners

Home Runs
Sadaharu Oh, Giants—38
Shigeo Nagashima, Giants—25
Shinichi Eto, Dragons—23
Takeshi Kuwata, Whales—22
Toru Mori, Whales—22

Runs Batted In
Sadaharu Oh, Giants—85
Shigeo Nagashima, Giants—80
Hiromu Fujii, Carp—73
Toru Mori, Whales—67
Masuho Maeda, Dragons—63

Wins
Hiroshi Gondo, Dragons—30
Masaaki Koyama, Tigers—27
Noboru Akiyama, Whales—26
Minoru Murayama, Tigers—25
Kunio Jonouchi, Giants—24

Strikeouts
Masaaki Koyama, Tigers—270
Minoru Murayama, Tigers—265
Masaichi Kaneda, Swallows—262
Hiroshi Gondo, Dragons—212
Kiyoshi Oishi, Carp—209

Most Valuable Player
Minoru Murayama, Tigers

Sawamura Award
Masaaki Koyama, Tigers

Rookie of the Year
Kunio Jonouchi, Giants

Best Nine
Pitcher—Minoru Murayama, Tigers
Catcher—Masahiko Mori, Giants
First Base—Sadaharu Oh, Giants
Second Base—Yoshitaka Kosaka, Carp
Third Base—Shigeo Nagashima, Giants
Shortstop—Yoshio Yoshida, Tigers
Outfield—Kazuhiko Kondo, Whales
Outfield—Teruo Namiki, Tigers
Outfield—Katsuji Morinaga, Carp

PACIFIC LEAGUE

Team	G	W	L	T	PCT	GB	BA	HR	ERA	E
Toei Flyers	133	78	52	3	.600	—	.252	85	2.42	139
Nankai Hawks	133	73	57	3	.562	5.0	.253	119	3.27	117
Nishitetsu Lions	136	62	68	6	.477	16.0	.245	92	3.00	123
Daimai Orions	132	60	70	2	.462	18.0	.268	92	3.71	131
Hankyu Braves	131	60	70	1	.462	18.0	.229	60	3.36	127
Kintetsu Buffaloes	131	57	73	1	.438	21.0	.2524	70	3.40	155

Qualifiers for Batting Championship

Player and Team	G	AB	R	H	2B	3B	HR	RBI	SB	AVG
Jack Bloomfield, Buffaloes	112	401	56	150	26	8	12	74	6	**.374**
Kazuhiro Yamauchi, Orions	128	470	82	157	**38**	5	18	72	3	.334
Takao Katsuragi, Orions	123	477	62	159	33	1	9	62	11	.3333
Isao Harimoto, Flyers	133	472	89	157	24	4	31	99	23	.3326
Kihachi Enomoto, Orions	125	483	79	**160**	28	2	17	66	5	.331
Hiromi Wada, Lions	113	388	47	126	15	5	14	54	12	.325
Akitoshi Kodama, Buffaloes	121	468	59	147	24	7	5	59	11	.314
Junzo Sekine, Buffaloes	126	465	66	144	18	4	9	49	4	.310
Katsuya Nomura, Hawks	133	489	96	151	28	0	**44**	**104**	5	.309

Player and Team	G	AB	R	H	2B	3B	HR	RBI	SB	AVG
Kenjiro Tamiya, Orions	132	477	58	147	17	2	11	49	1	.308
Katsutoyo Yoshida, Flyers	130	474	73	145	23	3	18	79	26	.306
Teruyuki Takakura, Lions	134	504	59	148	27	2	12	51	10	.294
Buddy Peterson, Hawks	124	462	82	134	22	2	22	75	5	.290
Noboru Inoue, Hawks	125	447	50	129	20	7	6	60	18	.289
Shoichi Busujima, Flyers	132	473	65	136	17	**11**	12	77	27	.288
Yoji Tamazukuri, Lions	128	417	46	117	20	5	2	35	20	.281
Yoshinori Hirose, Hawks	130	515	**99**	144	21	6	12	54	**50**	.280
Koji Shimada, Buffaloes	118	406	42	113	18	3	10	53	3	.278
Yasumitsu Toyoda, Lions	130	431	73	118	11	2	23	67	9	.274
Kunimitsu Yanoura, Buffaloes	114	451	70	123	25	5	10	35	13	.2727
Tadashi Hatta, Orions	127	429	47	117	16	4	1	33	15	.2727
Motohiro Moroki, Braves	119	455	57	124	24	5	8	53	9	.2725
Hiroji Okajima, Braves	131	474	77	128	**38**	4	9	53	21	.270
Kent Hadley, Hawks	110	413	39	110	20	4	11	56	4	.266
Koichi Iwashita, Flyers	128	432	46	111	18	2	4	37	13	.257
Akio Saionji, Flyers	133	**517**	85	132	28	5	8	45	24	.2553
Kohei Sugiyama, Braves	122	412	36	105	17	1	3	62	9	.2548
Shuzo Aono, Flyers	129	399	48	94	19	1	1	22	8	.236
Masahiro Doi, Buffaloes	129	477	33	110	21	1	5	43	16	.231
Kenji Koike, Hawks	133	444	56	102	26	0	8	43	24	.230

Qualifiers for Earned Run Average Championship

Player and Team	G	IP	W	L	PCT	SO	BB	H	ERA
Osamu Kubota, Flyers	43	190.2	16	7	.696	54	25	164	**2.12**
Kazuhisa Inao, Lions	57	**320.2**	25	18	.581	228	56	281	2.30
Motohiro Ando, Flyers	47	202	13	8	.619	154	48	159	2.32
Masayuki Dobashi, Flyers	48	272	17	14	.548	140	24	256	2.38
Tadao Wako, Lions	56	286	14	19	.424	207	78	212	2.42
Yukio Ozaki, Flyers	49	207.2	20	9	.690	196	63	170	2.42
Mutsuo Minagawa, Hawks	59	212.1	19	4	**.826**	119	33	201	2.49
Kiyohiro Miura, Hawks	58	222.1	17	8	.680	143	55	196	2.62
Tomoo Wako, Orions	55	237	15	13	.536	174	63	199	2.73
Glenn Mickens, Buffaloes	39	190	8	9	.471	115	42	171	2.79
Masahiro Kubo, Buffaloes	**66**	300.2	**28**	21	.571	168	70	**294**	3.02
Tetsuya Yoneda, Braves	52	261.2	20	17	.541	**231**	80	231	3.23
Takao Kajimoto, Braves	50	235.2	14	15	.483	154	59	244	3.28
Norimoto Sugawara, Orions	57	208.1	12	10	.545	135	72	181	3.40
Tsutomu Kuroda, Buffaloes	57	199.1	8	**23**	.258	120	73	210	3.56
Joe Stanka, Hawks	38	206.1	8	10	.444	131	72	186	3.61

Walks Leader—Shoichi Ono, Orions—85

Leaders and Award Winners

Home Runs
Katsuya Nomura, Hawks—44
Isao Harimoto, Flyers—31
Yasumitsu Toyoda, Lions—23
Buddy Peterson, Hawks—22
Kazuhiro Yamauchi, Orions—18
Katsutoyo Yoshida, Flyers—18

Runs Batted In
Katsuya Nomura, Hawks—104
Isao Harimoto, Flyers—99
Katsutoyo Yoshida, Flyers—79
Shoichi Busujima, Flyers—77
Buddy Peterson, Hawks—75

Wins
Masahiro Kubo, Buffaloes—28
Kazuhisa Inao, Lions—25
Yukio Ozaki, Flyers—20
Tetsuya Yoneda, Braves—20
Mutsuo Minagawa, Hawks—19

Strikeouts
Tetsuya Yoneda, Braves—231

Kazuhisa Inao, Lions—228
Tadao Wako, Lions—207
Yukio Ozaki, Flyers—196
Tomoo Wako, Orions—174

Most Valuable Player
Isao Harimoto, Flyers

Rookie of the Year
Yukio Ozaki, Flyers

Best Nine
Pitcher—Kazuhisa Inao, Lions
Catcher—Katsuya Nomura, Hawks
First Base—Kihachi Enomoto, Orions
Second Base—Jack Bloomfield, Buffaloes
Third Base—Akitoshi Kodama, Buffaloes
Shortstop—Yasumitsu Toyoda, Lions
Outfield—Isao Harimoto, Flyers
Outfield—Kazuhiro Yamauchi, Orions
Outfield—Katsutoyo Yoshida, Flyers

ALL-STAR GAMES

Managers—Tetsuharu Kawakami (Central League)—Shigeru Mizuhara (Pacific League)

Game	Date	Site	C.L. Pitcher	Score	P.L. Pitcher
1	7/24	Heiwadei	Hiroshi Gondo (L)	0-7	Kazuhisa Inao (W)

Home Runs—Jack Bloomfield (P), Kazuhiro Yamauchi (P)
MVP—Jack Bloomfield (P)

Game	Date	Site	C.L. Pitcher	Score	P.L. Pitcher
2	7/26	Hiroshima	Kiyoshi Oishi (L)	4-5	Yukio Ozaki (W)

Home Runs—Sadaharu Oh (C), Shinichi Eto (C), Isao Harimoto—2 (P)
MVP—Isao Harimoto (P)

JAPAN SERIES

Teams and Managers—Toei Flyers (Shigeru Mizuhara) 4—Hanshin Tigers (Sadayoshi Fujimoto) 2—1 tie

Game	Date	Site	Flyers Pitcher	score	Tigers Pitcher
1	10/13	Koshien	Yukio Ozaki (L)	5-6 (10 innings)	Minoru Murayama (W)

Home Runs—Katsutoyo Yoshida (Flyers)

Game	Date	Site	Flyers Pitcher	score	Tigers Pitcher
2	10/14	Koshien	Masayuki Dobashi (L)	0-5	Minoru Murayama (W)

Home Runs—Katsumi Fujimoto (Tigers)

Game	Date	Site	Flyers Pitcher	score	Tigers Pitcher
3	10/16	Jingu	—	2-2 (14 innings)	—

Home Runs—Shoichi Busujima (Flyers)

Game	Date	Site	Flyers Pitcher	score	Tigers Pitcher
4	10/17	Jingu	Motohiro Ando (W)	3-1	Masaaki Koyama (L)

Home Runs—none

5	10/18	Korakuen	Masayuki Dobashi (W)	6-4 (11 innings)	Masaaki Koyama (L)

Home Runs—Katsumi Fujimoto (Tigers), Katsutoyo Yoshida (Flyers), Koichi Iwashita (Flyers)

6	10/20	Koshien	Motohiro Ando (W)	7-4	Minoru Murayama (L)

Home Runs—Yoshio Yoshida (Tigers), Isao Harimoto (Flyers)

7	10/21	Koshien	Masayuki Dobashi (W)	2-1 (12 innings)	Minoru Murayama (L)

Home Runs—Akio Saionji (Flyers)

Awards

Most Valuable Player—Masayuki Dobashi (Flyers), Masayuki Tanemo (Flyers)
Fighting Spirit—Yoshio Yoshida, Tigers
Leading Hitter—Yoshio Yoshida, Tigers
Outstanding Pitcher—Motohiro Ando, Flyers
Outstanding Player—Koichi Iwashita, Flyers
Outstanding Technique—Isao Harimoto, Flyers

1963 SEASON

CENTRAL LEAGUE

Team	G	W	L	T	PCT	GB	BA	HR	ERA	E
Yomiuri Giants	140	83	55	2	.601	—	.247	143	2.57	105
Chunichi Dragons	140	80	57	3	.584	2.5	.246	120	2.84	105
Hanshin Tigers	140	69	70	1	.496	14.5	.239	95	3.20	105
Kokutetsu Swallows	140	65	73	2	.471	18.0	.241	95	3.15	85
Taiyo Whales	140	59	79	2	.428	24.0	.237	110	3.29	113
Hiroshima Carp	140	58	80	2	.420	25.0	.253	92	3.83	104

Qualifiers for Batting Championship

Player and Team	G	AB	R	H	2B	3B	HR	RBI	SB	AVG
Shigeo Nagashima, Giants	134	478	99	163	28	6	37	112	16	.341
Takeshi Koba, Carp	116	463	83	157	24	1	7	37	32	.339
Sadaharu Oh, Giants	140	478	111	146	30	5	40	106	9	.3054
Kazuhiko Kondo, Whales	139	485	62	148	10	1	7	42	19	.3051
Tatsuo Okitsu, Carp	140	531	66	161	22	4	19	93	5	.303
Sadayuki Tokutake, Swallows	140	524	64	157	26	3	14	64	10	.2996
Eiji Fujii, Tigers	133	484	50	145	28	1	8	54	6	.2995
Akiteru Kono, Dragons	114	388	42	114	27	0	14	54	9	.294
Yasumitsu Toyoda, Swallows	136	472	68	138	26	1	20	70	12	.292
Akira Owada, Carp	128	492	65	143	23	2	19	47	8	.291
Shinichi Eto, Dragons	140	510	72	148	26	0	25	70	12	.290
Hiromu Fujii, Carp	130	447	56	125	28	1	20	80	1	.280

Player and Team	G	AB	R	H	2B	3B	HR	RBI	SB	AVG
Teruo Namiki, Tigers	123	450	72	123	22	5	16	64	12	.273
Akira Kunimatsu, Giants	108	400	72	107	17	3	9	43	36	.268
Yoshio Yoshida, Tigers	120	416	50	109	25	4	4	31	10	.262
Masataka Tsuchiya, Swallows	135	484	53	126	15	4	9	47	25	.260
Jim Marshall, Dragons	138	511	65	132	24	0	28	92	4	.2583
Isao Shibata, Giants	126	415	72	107	9	3	7	27	43	.2578
Morimichi Takagi, Dragons	133	496	72	126	18	**6**	10	39	**50**	.254
Toshio Naka, Dragons	136	516	79	127	10	4	13	45	27	.2461
Kanji Maruyama, Swallows	124	415	48	102	22	3	3	32	15	.2457
Toru Mori, Whales	134	466	49	112	23	2	24	68	5	.240
Takeshi Kuwata, Whales	139	493	65	118	25	1	25	76	7	.239
Tsuneo Takabayashi, Swallows	138	451	54	100	14	**6**	3	26	8	.222
Masahiko Mori, Giants	132	419	26	83	10	2	4	38	3	.198

Qualifiers for Earned Run Average Championship

Player and Team	G	IP	W	L	PCT	SO	BB	H	ERA
Minoru Kakimoto, Dragons	48	260	21	13	.618	83	42	208	**1.70**
Yoshiaki Ito, Giants	39	236.1	19	8	.704	166	78	153	1.90
Masaichi Kaneda, Swallows	53	337	**30**	17	.638	**287**	83	234	1.98
Makoto Inagawa, Whales	54	**338.1**	26	17	.605	188	133	**272**	2.42
Hidetoshi Ikeda, Carp	45	286.2	21	13	.618	132	73	246	2.57
Yasuhiko Kawamura, Dragons	56	245	19	14	.576	119	89	191	2.68
Kunio Jonouchi, Giants	45	247.2	17	14	.548	112	53	219	2.69
Akira Takahashi, Giants	42	208.2	14	13	.519	82	31	186	2.80
Tatsumi Yamanaka, Dragons	45	197.1	15	6	**.714**	88	44	164	2.82
Masahiko Hirose, Carp	50	207.2	10	10	.500	102	51	189	2.99
Noboru Akiyama, Whales	60	214.2	13	14	.481	99	52	212	3.10
Seiji Shibutani, Swallows	57	255.2	14	17	.452	185	**137**	217	3.13
Takashi Suzuki, Whales	59	213.1	8	17	.320	116	80	203	3.36
Genichi Murata, Swallows	40	209.1	13	14	.481	60	32	219	3.56
Masaaki Koyama, Tigers	34	233	14	14	.500	98	66	218	3.59
Hiroshi Gondo, Dragons	45	220.2	10	12	.455	88	79	205	3.83
Kiyoshi Oishi, Carp	48	218.1	10	**22**	.313	115	75	221	4.15

Games Leader—Kenichi Ryu, Carp—61

Leaders and Award Winners

Home Runs
Sadaharu Oh, Giants—40
Shigeo Nagashima, Giants—37
Jim Marshall, Dragons—28
Shinichi Eto, Dragons—25
Takeshi Kuwata, Whales—25

Runs Batted In
Shigeo Nagashima, Giants—112
Sadaharu Oh, Giants—106
Tatsuo Okitsu, Carp—93
Jim Marshall, Dragons—92
Hiromu Fujii, Carp—80

Leaders and Award Winners

Wins
Masaichi Kaneda, Swallows—30
Makoto Inagawa, Whales—26
Hidetoshi Ikeda, Carp—21
Minoru Kakimoto, Dragons—21
Yoshiaki Ito, Giants—19
Yasuhiko Kawamura, Dragons—19

Strikeouts
Masaichi Kaneda, Swallows—287
Makoto Inagawa, Whales—188
Seiji Shibutani, Swallows—185
Yoshiaki Ito, Giants—166
Hidetoshi Ikeda, Carp—132

Most Valuable Player
Shigeo Nagashima, Giants

Sawamura Award
Yoshiaki Ito, Giants

Rookie of the Year
none

Best Nine
Pitcher—Masaichi Kaneda, Swallows
Catcher—Masahiko Mori, Giants
First Base—Sadaharu Oh, Giants
Second Base—Morimichi Takagi, Dragons
Third Base—Shigeo Nagashima, Giants
Shortstop—Takeshi Koba, Carp
Outfield—Kazuhiko Kondo, Whales
Outfield—Shinichi Eto, Dragons
Outfield—Eiji Fujii, Tigers

PACIFIC LEAGUE

Team	G	W	L	T	PCT	GB	BA	HR	ERA	E
Nishitetsu Lions	150	86	60	4	.589	—	.244	146	2.69	124
Nankai Hawks	150	85	61	4	.582	1.0	.25621	184	2.70	131
Toei Flyers	150	76	71	3	.517	10.5	.236	114	3.02	120
Kintetsu Buffaloes	150	74	73	3	.503	12.5	.25620	98	3.44	170
Daimai Orions	150	64	85	1	.430	23.5	.246	117	3.05	141
Hankyu Braves	150	57	92	1	.383	30.5	.228	86	3.69	123

Qualifiers for Batting Championship

Player and Team	G	AB	R	H	2B	3B	HR	RBI	SB	AVG
Jack Bloomfield, Buffaloes	121	439	62	147	31	6	9	62	3	**.335**
Kihachi Enomoto, Orions	143	532	70	169	25	0	18	64	8	.318
Seizo Higuchi, Hawks	135	464	57	145	12	**9**	3	33	9	.313
Akitoshi Kodama, Buffaloes	145	539	70	165	30	3	8	57	13	.306
Yoshinori Hirose, Hawks	149	**626**	92	**187**	27	8	14	60	**45**	.299
Junzo Sekine, Buffaloes	144	506	73	150	26	1	12	66	6	.296
Kent Hadley, Hawks	137	518	67	153	25	0	30	84	1	.295
Katsuya Nomura, Hawks	150	550	**104**	160	20	2	**52**	**135**	4	.291
Kazuhiro Yamauchi, Orions	147	502	85	142	25	4	33	86	2	.283
Isao Harimoto, Flyers	150	529	90	148	16	7	33	96	41	.2797
Hachiro Yamamoto, Buffaloes	139	508	73	142	28	3	22	59	21	.2795
Masahiro Doi, Buffaloes	150	566	59	156	**33**	2	13	74	6	.276
Jim Baumer, Lions	149	572	83	157	25	0	19	57	6	.274
Kunimitsu Yanoura, Buffaloes	123	429	59	117	21	3	6	34	16	.273
Shuzo Aono, Flyers	149	568	61	152	27	4	8	47	8	.268
Akio Saionji, Flyers	144	523	82	137	25	5	16	63	33	.262

Japanese Baseball

Player and Team	G	AB	R	H	2B	3B	HR	RBI	SB	AVG
Yoji Tamazukuri, Lions	146	523	65	137	16	4	6	41	23	.262
Motohiro Moroki, Braves	140	503	56	128	17	2	10	47	13	.2544
Teruyuki Takakura, Lions	143	560	80	142	19	3	27	62	12	.2535
Koichi Iwashita, Flyers	147	525	57	133	18	4	5	37	16	.2533
Takao Yato, Orions	138	443	53	112	24	1	8	26	10	.2528
Tony Roig, Lions	145	543	63	136	14	3	21	81	6	.250
Takao Katsuragi, Orions	130	441	45	110	22	2	11	55	10	.249
Hiroji Okajima, Braves	136	485	58	120	22	2	5	35	13	.247
Buddy Peterson, Hawks	130	465	67	112	16	0	24	69	3	.241
Kenji Koike, Hawks	149	534	70	127	19	3	22	65	20	.238
Katsutoyo Yoshida, Flyers	140	485	60	114	16	3	19	76	11	.235
Koji Okamura, Braves	136	428	61	100	16	0	8	34	3	.234
Yoshihiro Nakata, Braves	147	489	57	113	12	2	22	61	8	.231

Qualifiers for Earned Run Average Championship

Player and Team	G	IP	W	L	PCT	SO	BB	H	ERA
Masahiro Kubo, Buffaloes	62	251.2	19	12	.613	94	48	218	**2.36**
Kiyohiro Miura, Hawks	57	219.2	13	12	.520	96	64	182	2.536
Kazuhisa Inao, Lions	**74**	**386**	**28**	16	.636	**226**	70	**358**	2.541
Yozo Ishikawa, Flyers	65	275.2	16	13	.552	155	52	219	2.543
Chikara Morinaka, Hawks	47	217.1	17	8	**.680**	116	51	191	2.60
Katsuji Sakai, Orions	58	251.2	14	19	.424	183	65	200	2.61
Tadashi Sugiura, Hawks	51	252.2	14	16	.467	156	46	217	2.63
Tsutomu Tanaka, Lions	51	216.1	17	8	.680	133	55	177	2.65
Shigeo Ishii, Braves	49	256	17	17	.500	144	59	253	2.92
Toshiaki Tokuhisa, Buffaloes	66	270	20	15	.571	150	51	223	2.93
Masayuki Dobashi, Flyers	53	301	20	16	.556	169	36	279	3.05
Shoichi Ono, Orions	47	235	13	17	.433	206	**123**	177	3.06
Shigemasa Yamamoto, Buffaloes	57	212.2	9	17	.346	168	85	198	3.63
Tetsuya Yoneda, Braves	53	262.1	14	**23**	.378	177	91	259	4.00

Winning Percentage Co-Leader—Tsutomu Tanaka, Lions—680

Leaders and Award Winners

Home Runs
Katsuya Nomura, Hawks—52
Isao Harimoto, Flyers—33
Kazuhiro Yamauchi, Flyers—33
Kent Hadley, Hawks—30
Teruyuki Takakura, Lions—27

Runs Batted In
Katsuya Nomura, Hawks—135
Isao Harimoto, Flyers—96
Kazuhiro Yamauchi, Orions—86
Kent Hadley, Hawks—84
Tony Roig, Lions—81

Wins
Kazuhisa Inao, Lions—28
Masayuki Dobashi, Flyers—20
Toshiaki Tokuhisa, Buffaloes—20
Masahiro Kubo, Buffaloes—19
Shigeo Ishii, Braves—17

Part One: 1963 Season

Leaders and Award Winners

Chikara Morinaka, Hawks—17
Tsutomu Tanaka, Lions—17

Strikeouts
Kazuhisa Inao, Lions—226
Shoichi Ono, Orions—206
Katsuji Sakai, Orions—183
Tetsuya Yoneda, Braves—177
Masayuki Dobashi, Flyers—169

Most Valuable Player
Katsuya Nomura, Hawks

Rookie of the Year
none

Best Nine
Pitcher—Kazuhisa Inao, Lions
Catcher—Katsuya Nomura, Hawks
First Base—Kihachi Enomoto, Orions
Second Base—Jack Bloomfield, Buffaloes
Third Base—Akitoshi Kodama, Buffaloes
Shortstop—Kenji Koike, Hawks
Outfield—Isao Harimoto, Flyers
Outfield—Kazuhiro Yamauchi, Orions
Outfield—Yoshinori Hirose, Hawks

ALL-STAR GAMES

Managers—Sadayoshi Fujimoto (Central League)—Shigeru Mizuhara (Pacific League)

Game	Date	Site	C.L. Pitcher	Score	P.L. Pitcher
1	7/22	Korakuen	Noboru Akiyama (W)	6-4	Kazuhisa Inao (L)

Home Runs—Sadaharu Oh (C), Kazuhiko Kondo (C)
MVP—Kazuhiko Kondo (C)

Game	Date	Site	C.L. Pitcher	Score	P.L. Pitcher
2	7/23	Tokyo	Makoto Inagawa (W)	11-9	Tetsuya Yoneda (L)

Home Runs—Shigeo Nagashima (C), Eiji Fujii (C), Sadaharu Oh (C), Kihachi Enomoto—2 (P), Teruyuki Takakura (P), Akitoshi Kodama (P)
MVP—Sadaharu Oh (C)

Game	Date	Site	C.L. Pitcher	Score	P.L. Pitcher
3	7/24	Jingu	Masaaki Koyama (W)	8-5	Masahiro Kubo (L)

Home Runs—Jim Marshall (C), Kazuhiro Yamauchi (P), Hachiro Yamamoto (P)
MVP—Takeshi Koba (C)

JAPAN SERIES

Teams and Managers—Central League's Yomiuri Giants (Tetsuharu Kawakami) 4—Pacific League's Nishitetsu Lions (Futoshi Nakanishi) 3

Game	Date	Site	Giants Pitcher	score	Lions Pitcher
1	10/26	Heiwadai	Yoshiaki Ito (L)	1-6	Kazuhisa Inao (W)

Home Runs—Masayuki Yamazaki (Giants), Hiromi Wada (Lions), George Wilson (Lions)

Game	Date	Site	Giants Pitcher	score	Lions Pitcher
2	10/27	Heiwadai	Motoshi Fujita (W)	9-6	Kazuharu Abe (L)

Home Runs—Sadaharu Oh (Giants), George Wilson (Lions)

Game	Date	Site	Giants Pitcher	score	Lions Pitcher
3	10/30	Korakuen	Yoshiaki Ito (W)	8-2	Kazuhisa Inao (L)

Home Runs—Shigeo Nagashima (Giants)

Game	Date	Site	Giants Pitcher	score	Lions Pitcher
4	10/31	Korakuen	Masanori Miyata (L)	1-4	Kazuharu Abe (W)

Home Runs—Kusuo Tanaka (Lions)

Game	Date	Site	Giants Pitcher	score	Lions Pitcher
5	11/1	Korakuen	Akira Takahashi (W)	3-1	Yoshio Inoue (L)

Home Runs—Shigeo Nagashima—2 (Giants), Sadaharu Oh (Giants), Jim Baumer (Lions)

Game	Date	Site	Giants Pitcher	score	Lions Pitcher
6	11/3	Heiwadai	Yoshiaki Ito (L)	0-6	Kazuhisa Inao (W)

Home Runs—Jim Baumer (Lions)

Game	Date	Site	Giants Pitcher	score	Lions Pitcher
7	11/4	Heiwadai	Akira Takahashi (W)	18-4	Kazuhisa Inao (L)

Home Runs—Sadaharu Oh—2 (Giants), Toshio Yanagida (Giants), Isao Shibata (Giants), Yoshiyuki Ikezawa (Giants), Koshiro Ito (Lions)

Awards

Most Valuable Player—Shigeo Nagashima, Giants
Fighting Spirit—Kazuhisa Inao, Lions
Leading Hitter—Norifumi Kido, Lions
Outstanding Pitcher—Akira Takahashi, Giants
Outstanding Player—Sadaharu Oh, Giants
Outstanding Technique—Tatsuro Hirooka, Giants

1964 SEASON

CENTRAL LEAGUE

Team	G	W	L	T	PCT	GB	BA	HR	ERA	E
Hanshin Tigers	140	80	56	4	.588	—	.240	114	2.75	81
Taiyo Whales	140	80	58	2	.580	1.0	.255	134	3.03	120
Yomiuri Giants	140	71	69	0	.507	11.0	.235	147	3.01	100
Hiroshima Carp	140	64	73	3	.467	16.5	.2420	98	3.30	92
Kokutetsu Swallows	140	61	74	5	.452	18.5	.2424	117	3.43	94
Chunichi Dragons	140	57	83	0	.407	25.0	.254	114	3.63	123

Qualifiers for Batting Championship

Player and Team	G	AB	R	H	2B	3B	HR	RBI	SB	AVG
Shinichi Eto, Dragons	140	468	57	151	21	0	21	72	5	**.323**
Sadaharu Oh, Giants	140	472	**110**	151	24	0	**55**	**119**	6	.320
Yoshio Yoshida, Tigers	123	434	75	138	20	2	8	29	23	.318
Shigeo Nagashima, Giants	133	459	81	144	19	6	31	90	13	.314
Taisuke Kobuchi, Swallows	127	399	52	122	14	3	15	48	12	.306
Takeshi Kuwata, Whales	140	539	75	**161**	30	1	27	96	5	.299
Shozo Shigematsu, Whales	136	504	67	149	26	1	15	50	8	.296
Morimichi Takagi, Dragons	123	482	59	141	24	6	8	31	42	.293
Kazuyoshi Yamamoto, Carp	111	396	51	115	24	2	11	44	1	.290
Jim Marshall, Dragons	131	479	64	134	21	0	31	88	2	.280
Akira Owada, Carp	139	**556**	58	155	20	3	18	59	15	.279
Yasumitsu Toyoda, Swallows	120	393	71	108	20	2	24	59	7	.275
Kazuhiko Kondo, Whales	138	510	66	139	25	2	7	35	7	.273
Masahiko Mori, Giants	123	426	35	115	17	1	12	65	1	.270
Tatsuo Okitsu, Carp	131	464	63	125	16	2	17	55	7	.269
Mike Krsnich, Whales	139	511	83	136	18	0	36	89	1	.2661
Eiji Fujii, Tigers	140	527	49	140	30	4	9	58	3	.2656
Sadayuki Tokutake, Swallows	140	540	63	142	18	2	15	65	5	.263
Mitsuo Naka, Dragons	133	500	70	131	23	**10**	14	44	27	.262
Tatsuhiko Ito, Dragons	138	516	43	135	15	3	6	43	4	.2616
Takao Katsuragi, Dragons	136	515	54	133	27	2	14	57	6	.258
Kazuhiro Yamauchi, Tigers	140	506	80	130	24	3	31	94	10	.257

Player and Team	G	AB	R	H	2B	3B	HR	RBI	SB	AVG
Isao Shibata, Giants	134	495	86	125	20	6	15	40	50	.253
Junro Anan, Carp	137	468	29	115	15	2	6	47	4	.246
Yoshio Wakebe, Swallows	116	376	48	92	12	0	13	45	9	.245
Teruo Namiki, Tigers	122	395	38	91	12	1	11	48	17	.230
Hiromu Fujii, Carp	133	403	51	92	20	0	13	45	4	.228
Kimitaka Sugimoto, Swallows	127	417	38	93	9	1	10	36	5	.223
Kingo Motoyashiki, Tigers	113	412	47	91	15	2	4	25	17	.221
Takeshi Koba, Carp	120	476	44	104	10	2	2	25	**57**	.218

Qualifiers for Earned Run Average Championship

Player and Team	G	IP	W	L	PCT	SO	BB	H	ERA
Gene Bacque, Tigers	46	**353.1**	29	9	.763	200	94	**280**	1.89
Kunio Jonouchi, Giants	52	262	18	16	.529	119	39	238	2.23
Motoshi Fujita, Giants	41	175.1	8	11	.421	86	61	149	2.725
Noboru Akiyama, Whales	63	259.2	21	10	.677	126	68	214	2.734
Shigeyuki Takahashi, Whales	38	214.2	17	11	.607	154	78	179	2.76
Masaichi Kaneda, Swallows	44	310	27	12	.692	**231**	69	250	2.79
Minoru Kakimoto, Dragons	50	277.2	15	**19**	.441	101	79	233	2.85
Midori Ishikawa, Tigers	36	149.1	10	3	**.769**	81	26	127	2.90
Makoto Inagawa, Whales	55	302.2	21	13	.618	162	**112**	261	2.91
Kiyoshi Oishi, Carp	51	261.2	17	15	.531	143	74	221	2.92
Yoshimi Moritaki, Swallows	44	163	5	14	.263	45	36	146	2.98
Akira Takahashi, Giants	35	181	12	14	.462	90	27	190	3.03
Shiro Hanzawa, Swallows	34	163.2	8	10	.444	110	73	142	3.07
Eiji Bando, Dragons	53	140.1	6	7	.462	73	44	144	3.09
Hidetoshi Ikeda, Carp	36	221	15	12	.556	89	45	184	3.10
Takashi Suzuki, Whales	**70**	151	9	8	.529	61	47	147	3.22
Minoru Murayama, Tigers	46	255	22	18	.550	159	80	227	3.32
Yoshiaki Ito, Giants	44	206.2	11	12	.478	130	75	173	3.43
Michio Ugari, Carp	49	169.2	9	10	.474	47	39	189	3.44
Yasuhiko Kawamura, Dragons	36	141.1	7	10	.412	74	63	120	3.83
Susumu Sato, Swallows	50	192	10	13	.435	76	62	205	4.17
Seiji Shibutani, Swallows	52	163	6	13	.316	115	90	160	5.02

Leaders and Award Winners

Home Runs
Sadaharu Oh, Giants—55
Mike Krsnich, Whales—36
Jim Marshall, Dragons—31
Shigeo Nagashima, Giants—31
Kazuhiro Yamauchi, Tigers—31

Runs Batted In
Sadaharu Oh, Giants—119
Takeshi Kuwata, Whales—96
Kazuhiro Yamauchi, Tigers—94
Shigeo Nagashima, Giants—90
Mike Krsnich, Whales—89

Wins
Gene Bacque, Tigers—29
Masaichi Kaneda, Swallows—27
Minoru Murayama, Tigers—22
Noboru Akiyama, Whales—21
Makoto Inagawa, Whales—21

Leaders and Award Winners

Strikeouts
Masaichi Kaneda, Swallows—231
Gene Bacque, Tigers—200
Makoto Inagawa, Whales—162
Minoru Murayama, Tigers—159
Shigeyuki Takahashi, Whales—154

Most Valuable Player
Sadaharu Oh, Giants

Sawamura Award
Gene Bacque, Tigers

Rookie of the Year
Shigeyuki Takahashi, Whales

Best Nine
Pitcher—Gene Bacque, Tigers
Catcher—Masahiko Mori, Giants
First Base—Sadaharu Oh, Giants
Second Base—Morimichi Takagi, Dragons
Third Base—Shigeo Nagashima, Giants
Shortstop—Yoshio Yoshida, Tigers
Outfield—Kazuhiko Kondo, Whales
Outfield—Shinichi Eto, Dragons
Outfield—Shozo Shigematsu, Whales

PACIFIC LEAGUE

Team	G	W	L	T	PCT	GB	BA	HR	ERA	E
Nankai Hawks	150	84	63	3	.571	—	.259	144	3.12	144
Hankyu Braves	150	79	65	6	.549	3.5	.245	141	3.01	142
Toei Flyers	150	78	68	4	.534	5.5	.250	100	2.95	131
Tokyo Orions	150	77	68	5	.531	6.0	.249	93	2.86	132
Nishitetsu Lions	150	63	81	6	.438	19.5	.242	116	3.57	125
Kintetsu Buffaloes	150	55	91	4	.377	28.5	.254	112	3.63	165

Qualifiers for Batting Championship

Player and Team	G	AB	R	H	2B	3B	HR	RBI	SB	AVG
Yoshinori Hirose, Hawks	141	456	110	167	35	6	12	58	72	.366
Isao Harimoto, Flyers	129	461	85	151	21	6	21	72	31	.328
Teruyuki Takakura, Lions	116	436	76	138	21	2	16	61	2	.317
Akitoshi Kodama, Buffaloes	140	516	68	157	25	2	12	51	5	.304
Kihachi Enomoto, Orions	149	540	83	161	25	1	17	71	17	.298
Masahiro Doi, Buffaloes	147	567	75	168	29	4	28	98	4	.296
Jack Bloomfield, Buffaloes	124	429	55	126	26	4	13	69	4	.294
Koichi Iwashita, Flyers	127	455	39	131	23	3	1	39	14	.288
Kunimitsu Yanoura, Buffaloes	115	461	47	132	24	7	8	36	7	.286
Norifumi Kido, Lions	146	510	47	145	20	5	12	51	2	.2843
Yoji Tamazukuri, Lions	149	578	67	164	27	4	6	44	10	.2837
Stan Palys, Orions	129	505	52	143	22	1	17	70	3	.283
Daryl Spencer, Braves	146	511	89	144	32	0	36	94	4	.282
Akira Ishii, Braves	147	508	66	138	25	5	15	69	2	.272
Shuzo Aono, Flyers	119	431	62	117	25	2	6	29	3	.271
Shoichi Busujima, Flyers	149	598	63	160	22	6	13	60	14	.268
Katsutoyo Yoshida, Flyers	142	454	53	121	20	6	9	48	9	.267
Kusuo Tanaka, Lions	128	445	55	118	13	2	13	47	23	.265

Player and Team	G	AB	R	H	2B	3B	HR	RBI	SB	AVG
Kent Hadley, Hawks	149	525	63	138	18	2	29	70	3	.263
Hachiro Yamamoto, Buffaloes	144	530	69	139	26	7	11	50	22	.2622
Katsuya Nomura, Hawks	148	558	89	146	23	1	**41**	**115**	7	.2616
Kenji Koike, Hawks	149	553	66	144	33	2	10	57	30	.260
Kazuhiro Ishiguro, Orions	117	445	64	114	29	2	13	37	7	.256
Jim Baumer, Lions	145	539	53	133	23	5	14	64	5	.247
Akiteru Kono, Braves	123	450	51	107	15	5	7	36	3	.238
Masuho Maeda, Orions	150	535	54	126	18	4	13	72	19	.236
Koji Okamura, Braves	148	456	30	104	20	1	9	52	1	.228
Yoshihiro Nakata, Braves	144	435	42	96	19	2	11	36	4	.221

Triples Co-Leader—Jack Ladra, Flyers—7

Qualifiers for Earned Run Average Championship

Player and Team	G	IP	W	L	PCT	SO	BB	H	ERA
Yoshiro Tsumashima, Orions	56	151.1	6	5	.545	93	39	117	**2.15**
Joe Stanka, Hawks	47	277.2	26	7	**.788**	172	80	221	2.40
Masaaki Koyama, Orions	53	**361.1**	30	12	.714	193	87	300	2.47
Katsuji Sakai, Orions	58	303	25	17	.595	183	73	260	2.50
Tetsuya Yoneda, Braves	60	319.2	21	16	.568	180	81	268	2.53
Yukio Ozaki, Flyers	55	286	20	18	.526	**197**	90	233	2.55
Yozo Ishikawa, Flyers	42	164.2	5	8	.385	61	47	153	2.62
Kenshiro Saga, Flyers	55	225.1	21	9	.700	90	53	197	2.68
Kazuharu Abe, Lions	49	177	11	5	.688	55	56	152	2.75
Mitsuhiro Adachi, Braves	46	236	13	15	.464	125	37	200	2.78
Shigeo Ishii, Braves	62	325	28	15	.651	176	63	**304**	2.85
Mutsuo Minagawa, Hawks	52	161	7	5	.583	73	36	161	2.91
Tadashi Sugiura, Hawks	56	270.2	20	15	.571	162	52	253	3.02
Koichiro Sasaki, Buffaloes	**73**	227.1	10	17	.370	161	57	189	3.13
Yoshinobu Yoda, Lions	60	222.2	7	18	.280	91	79	211	3.19
Yoshio Inoue, Lions	60	247.2	17	11	.607	106	74	234	3.23
Tsutomu Tanaka, Lions	52	232	15	15	.500	126	**102**	211	3.297
Masayuki Dobashi, Flyers	48	270.1	20	15	.571	132	46	250	3.30
Takao Kajimoto, Braves	53	231.2	9	13	.409	142	61	237	3.34
Toshiaki Tokuhisa, Buffaloes	66	252.1	13	**23**	.361	96	52	273	3.43
Shigemasa Yamamoto, Buffaloes	63	206.1	12	13	.480	154	79	203	3.45
Noboru Makino, Buffaloes	50	157	8	14	.364	47	48	163	3.50
Shoichi Ono, Orions	46	162.2	5	9	.357	119	87	150	3.70
Masahiro Kubo, Buffaloes	51	220.1	10	18	.357	65	49	249	3.76
Chikara Morinaka, Hawks	51	168.2	8	9	.471	124	65	152	3.99

Leaders and Award Winners

Home Runs
Katsuya Nomura, Hawks—41
Daryl Spencer, Braves—36
Kent Hadley, Hawks—29
Masahiro Doi, Buffaloes—28
Isao Harimoto, Flyers—21

Runs Batted In
Katsuya Nomura, Hawks—115
Masahiro Doi, Buffaloes—98
Daryl Spencer, Braves—94
Isao Harimoto, Flyers—72
Masuho Maeda, Orions—72

Wins
Masaaki Koyama, Orions—30
Shigeo Ishii, Braves—28
Joe Stanka, Hawks—26
Katsuji Sakai, Orions—25
Kenshiro Saga, Flyers—21
Tetsuya Yoneda, Braves—21

Strikeouts
Yukio Ozaki, Flyers—197

Masaaki Koyama, Orions—193
Katsuji Sakai, Orions—183
Tetsuya Yoneda, Braves—180
Shigeo Ishii, Braves—176

Most Valuable Player
Joe Stanka, Hawks

Rookie of the Year
none

Best Nine
Pitcher—Joe Stanka, Hawks
Catcher—Katsuya Nomura, Hawks
First Base—Kihachi Enomoto, Orions
Second Base—Daryl Spencer, Braves
Third Base—Akitoshi Kodama, Buffaloes
Shortstop—Kenji Koike, Hawks
Outfield—Isao Harimoto, Flyers
Outfield—Teruyuki Takakura, Lions
Outfield—Yoshinori Hirose, Hawks

ALL-STAR GAMES

Managers—Tetsuharu Kawakami (Central League)—Futoshi Nakanishi (Pacific League)

Game	Date	Site	C.L. Pitcher	Score	P.L. Pitcher
1	7/20	Kawasaki	Masaichi Kaneda (W)	1-0	Shigeo Ishii (L)

Home Runs—none
MVP—Masaichi Kaneda (C)

2	7/21	Chunichi	Yoshiaki Ito (W)	5-1	Masaaki Koyama (L)

Home Runs—Shozo Shigematsu (C)
MVP—Jim Marshall (C)

3	7/22	Osaka	Shigeyuki Takahashi (L)	2-10	Joe Stanka (W)

Home Runs—Kazuhiro Yamauchi (C), Daryl Spencer (P), Akira Ishii (P)
MVP—Joe Stanka (P)

JAPAN SERIES

Teams and Managers—Pacific League's Nankai Hawks {Kazuto Tsuruoka (a.k.a. Yamamoto)} 4—Central League's Hanshin Tigers (Sadayoshi Fujimoto) 3

Game	Date	Site	Hawks Pitcher	Score	Tigers Pitcher
1	10/1	Koshien	Joe Stanka (W)	2-0	Minoru Murayama (L)

Home Runs—none

2	10/2	Koshien	Tadashi Sugiura (L)	2-5	Gene Bacque (W)

Home Runs—none

Game	Date	Site	Hawks Pitcher	Score	Tigers Pitcher
3	10/4	Osaka	Joe Stanka (L)	4-5	Midori Ishikawa (W)

Home Runs—Eiji Fujii—2 (Tigers), Johnny Logan (Hawks), Kent Hadley (Hawks)

Game	Date	Site	Hawks Pitcher	Score	Tigers Pitcher
4	10/5	Osaka	Akitada Niiyama (W)	4-3	Minoru Murayama (L)

Home Runs—Kazuhiro Yamauchi—2 (Tigers), Kent Hadley (Hawks)

Game	Date	Site	Hawks Pitcher	Score	Tigers Pitcher
5	10/6	Osaka	Mutsuo Minagawa (L)	3-6	Pete Burnside (W)

Home Runs—Motoo Ando (Tigers), Yoshinori Tsuji (Tigers), Yasunobu Morishita (Hawks)

Game	Date	Site	Hawks Pitcher	Score	Tigers Pitcher
6	10/9	Koshien	Joe Stanka (W)	4-0	Gene Bacque (L)

Home Runs—none

Game	Date	Site	Hawks Pitcher	Score	Tigers Pitcher
7	10/10	Koshien	Joe Stanka (W)	3-0	Minoru Murayama (L)

Home Runs—none

Awards

Most Valuable Player—Joe Stanka, Hawks
Fighting Spirit—Kazuhiro Yamauchi, Tigers
Leading Hitter—Kazuhiro Yamauchi, Tigers
Outstanding Pitcher—Joe Stanka, Hawks
Outstanding Player—Kent Hadley, Hawks
Outstanding Technique—Kenji Koike, Hawks

1965 SEASON

CENTRAL LEAGUE

Team	G	W	L	T	PCT	GB	BA	HR	ERA	E
Yomiuri Giants	140	91	47	2	.659	—	.246	106	2.54	88
Chunichi Dragons	140	77	59	4	.566	13.0	.247	100	2.60	106
Hanshin Tigers	140	71	66	3	.518	19.5	.220	94	2.47	90
Taiyo Whales	140	68	70	2	.493	23.0	.244	136	2.81	113
Hiroshima Carp	140	59	77	4	.434	31.0	.230	72	2.84	90
Sankei Swallows	140	44	91	5	.326	45.5	.221	64	3.42	101

Qualifiers for Batting Championship

Player and Team	G	AB	R	H	2B	3B	HR	RBI	SB	AVG
Shinichi Eto, Dragons	129	443	75	149	22	2	29	74	6	**.336**
Sadaharu Oh, Giants	135	428	**104**	138	19	1	**42**	**104**	2	.322
Kazuhiko Kondo, Whales	134	493	75	**152**	24	0	9	33	15	.308
Morimichi Takagi, Dragons	132	483	75	146	19	1	11	48	**44**	.302
Shigeo Nagashima, Giants	131	503	70	151	23	5	17	80	2	.300
Yukio Osada, Whales	131	424	49	122	19	1	9	48	4	.288
Akihito Kondo, Whales	135	466	47	133	22	1	7	40	25	.285
Toshio Naka, Dragons	133	477	73	135	11	**8**	6	33	26	.283
Masahiko Mori, Giants	135	484	47	134	19	2	5	58	2	.277
Tatsuo Okitsu, Carp	135	474	59	130	17	1	15	52	4	.274
Takao Katsuragi, Dragons	122	418	23	114	12	4	4	47	6	.273
Sadayuki Tokutake, Swallows	140	445	32	120	18	1	6	44	3	.270

Player and Team	G	AB	R	H	2B	3B	HR	RBI	SB	AVG
Takeshi Koba, Carp	133	491	52	131	13	4	4	26	38	.2668
Takeshi Kuwata, Whales	132	480	65	128	21	3	24	75	5	.2666
Jim Marshall, Dragons	139	**511**	60	136	24	2	19	72	5	.266
Yoshio Yoshida, Tigers	119	389	48	103	14	0	4	12	20	.265
Katsutoyo Yoshida, Giants	133	443	42	117	9	3	7	44	7	.264
Kazuhiro Yamauchi, Tigers	127	460	50	120	23	2	20	65	5	.261
Akira Kunimatsu, Tigers	136	428	68	111	13	4	11	39	15	.259
Kazuyoshi Yamamoto, Carp	129	438	47	112	**25**	0	15	59	4	.256
Taisuke Kobuchi, Swallows	130	407	45	100	13	0	17	48	18	.246
Eiji Fujii, Tigers	140	499	38	119	17	6	8	54	6	.2384
Akiyoshi Owada, Carp	127	449	40	107	18	4	7	30	10	.2383
Tsuneo Takabayashi, Swallows	132	402	33	94	16	2	1	23	10	.234
Tatsuhiko Kimata, Dragons	132	419	26	89	9	1	10	38	3	.212

Qualifiers for Earned Run Average Championship

Player and Team	G	IP	W	L	PCT	SO	BB	H	ERA
Masaichi Kaneda, Giants	28	141.2	11	6	.647	100	36	95	**1.84**
Minoru Murayama, Tigers	39	**307.2**	**25**	13	.658	**205**	52	221	1.96
Tatsumi Yamanaka, Dragons	31	155.1	12	2	**.857**	79	35	130	1.97
Yukinori Miyata, Giants	**69**	164.2	20	5	.800	145	25	120	2.07
Minoru Nakamura, Giants	45	220.1	20	4	.833	95	41	179	2.21
Eiji Bando, Dragons	55	156.1	12	7	.632	87	45	120	2.25
Gene Bacque, Tigers	40	256.2	18	14	.563	112	71	211	2.28
Kenichi Ryu, Carp	64	226	18	13	.581	75	50	191	2.31
Shigeyuki Takahashi, Whales	59	277.1	21	17	.553	173	69	219	2.40
Kentaro Ogawa, Dragons	55	215.1	17	9	.654	126	53	183	2.43
Kunio Jonouchi, Giants	52	258	21	12	.636	121	52	206	2.44
Hisanobu Mizutani, Dragons	50	192	15	10	.600	126	44	160	2.48
Susumu Sato, Swallows	53	237	13	17	.433	83	61	207	2.62
Michio Ugari, Carp	46	200	10	14	.417	49	52	189	2.75
Pete Burnside, Tigers	32	164.1	5	14	.263	54	33	152	2.908
Makoto Inagawa, Whales	55	232.1	11	14	.440	126	89	201	2.909
Sohachi Aniya, Carp	53	201.1	9	13	.409	127	62	161	3.00
Shiroku Ishito, Swallows	56	195	8	18	.308	74	43	178	3.05
Minoru Kakimoto, Dragons	31	151.2	9	7	.563	69	37	157	3.14
Hidetoshi Ikeda, Carp	38	197	13	17	.433	130	48	171	3.15
Nobuji Oikawa, Whales	39	165.1	9	10	.474	97	60	137	3.16
Hajimu Tatsumi, Swallows	43	154.2	4	7	.364	78	47	152	3.25
Shoichi Ono, Whales	37	146.1	9	13	.409	84	53	135	3.33
Seiji Shibutani, Swallows	56	258.2	8	**22**	.267	128	**98**	**239**	3.51

Leaders and Award Winners

Home Runs
Sadaharu Oh, Giants—48
Shinichi Eto, Dragons—29
Motoyasu Kuki, Whales—25
Takeshi Kuwata, Whales—24
Kazuhiro Yamauchi, Tigers—20

Runs Batted In
Sadaharu Oh, Giants—104
Shigeo Nagashima, Giants—80
Takeshi Kuwata, Whales—75
Shinichi Eto, Dragons—74
Jim Marshall, Dragons—72

Wins
Minoru Murayama, Tigers—25
Kunio Jonouchi, Giants—21
Shigeyuki Takahashi, Whales—21
Yukinori Miyata, Giants—20
Minoru Nakamura, Giants—20

Strikeouts
Minoru Murayama, Tigers—205
Shigeyuki Takahashi, Whales—173
Yukinori Miyata, Giants—145
Hidetoshi Ikeda, Carp—130
Seiji Shibutani, Swallows—128

Most Valuable Player
Sadaharu Oh, Giants

Sawamura Award
Minoru Murayama, Tigers

Rookie of the Year
none

Best Nine
Pitcher—Minoru Murayama, Tigers
Catcher—Masahiko Mori, Giants
First Base—Sadaharu Oh, Giants
Second Base—Morimichi Takagi, Dragons
Third Base—Shigeo Nagashima, Giants
Shortstop—Yoshio Yoshida, Tigers
Outfield—Shinichi Eto, Dragons
Outfield—Kazuhiko Kondo, Whales
Outfield—Toshio Naka, Dragons

PACIFIC LEAGUE

Team	G	W	L	T	PCT	GB	BA	HR	ERA	E
Nankai Hawks	140	88	49	3	.642	—	.255	153	2.80	117
Toei Flyers	140	76	61	3	.555	12.0	.240	107	2.88	108
Nishitetsu Lions	140	72	64	4	.529	15.5	.246	112	3.00	120
Hankyu Braves	140	67	71	2	.486	21.5	.234	130	3.33	139
Tokyo Orions	140	62	74	4	.456	25.5	.232	117	2.90	124
Kintetsu Buffaloes	140	46	92	2	.333	42.5	.235	91	3.61	134

Qualifiers for Batting Championship

Player and Team	G	AB	R	H	2B	3B	HR	RBI	SB	AVG
Katsuya Nomura, Hawks	136	488	92	156	27	1	42	110	3	**.320**
Daryl Spencer, Braves	123	405	68	126	21	1	38	77	1	.311
Takashi Takagi, Buffaloes	118	414	35	126	22	1	9	53	2	.3043
Akitoshi Kodama, Buffaloes	127	431	52	131	21	2	13	50	5	.3039
Yoshinori Hirose, Hawks	122	490	71	146	**33**	**10**	15	55	**39**	.298
Isao Harimoto, Flyers	132	455	61	133	13	3	23	88	29	.2923
Tony Roig, Lions	136	504	73	147	27	0	22	77	9	.2916
Francis Agcaoili, Lions	115	387	64	109	16	2	24	72	3	.282
Motoaki Horigome, Hawks	130	452	65	125	19	6	8	40	14	.277

Player and Team	G	AB	R	H	2B	3B	HR	RBI	SB	AVG
Tadashi Hatta, Orions	128	422	63	116	11	5	10	31	21	.275
Hachiro Yamamoto, Buffaloes	133	492	57	135	14	2	15	46	20	.274
Masahiro Doi, Buffaloes	133	499	62	135	15	0	24	61	3	.271
Yoji Tamazukuri, Lions	136	500	46	134	19	1	2	22	11	.268
Kenji Koike, Hawks	137	493	64	132	13	2	17	63	12	.2677
Kihachi Enomoto, Orions	139	493	64	132	30	4	10	57	16	.2677
Shoichi Busujima, Flyers	132	453	55	120	22	4	12	44	9	.265
Hiromi Wada, Lions	122	398	31	105	19	1	4	36	14	.264
Koshiro Ito, Lions	126	377	47	99	21	1	6	42	9	.263
Masuho Maeda, Orions	121	407	42	106	23	0	12	40	6	.260
Jim Baumer, Lions	136	492	55	126	19	3	18	62	2	.256
Gordon Windhorn, Braves	127	411	65	103	24	0	17	34	8	.251
Akiteru Kono, Braves	130	427	51	106	19	0	16	47	6	.2482
Takeo Daigo, Orions	140	**505**	42	125	17	2	15	56	5	.2475
Norifumi Kido, Lions	132	412	36	101	13	1	11	38	7	.245
Akira Ishii, Braves	137	428	28	103	16	1	1	33	2	.241
Kent Hadley, Hawks	131	470	67	112	17	3	29	86	0	.238
Akio Saionji, Flyers	140	480	71	113	25	2	11	36	17	.235
Chico Barbon, Buffaloes	125	459	50	106	12	2	1	15	11	.231

Qualifiers for Earned Run Average Championship

Player and Team	G	IP	W	L	PCT	SO	BB	H	ERA
Kiyohiro Miura, Hawks	41	178.1	11	3	.786	84	44	128	**1.57**
Yukio Ozaki, Flyers	**61**	**378**	**27**	12	.692	**259**	63	261	1.88
Masayuki Nagayasu, Flyers	40	140.1	10	3	.769	78	31	100	1.93
Toshihiko Hayashi, Hawks	33	192	17	3	**.850**	152	58	136	2.25
Masaaki Ikenaga, Lions	47	253.2	20	10	.667	156	59	174	2.27
Masaaki Koyama, Orions	50	322.1	20	**20**	.500	171	81	270	2.35
Kazuhisa Inao, Lions	38	216	13	6	.684	101	50	191	2.38
Yoshiro Tsumashima, Orions	57	194	10	9	.526	94	40	184	2.41
Mutsuo Minagawa, Hawks	40	163.2	14	10	.583	89	35	140	2.63
Mitsuhiro Adachi, Braves	31	171	15	9	.625	104	35	146	2.74
Shigeo Ishii, Braves	51	302	21	17	.553	151	51	277	2.83
Shichiro Sakota, Orions	46	149.2	6	7	.462	69	53	133	2.88
Toshiaki Tokuhisa, Buffaloes	43	207	10	16	.385	85	61	175	2.96
Tetsuya Yoneda, Braves	50	276	20	17	.541	139	68	**280**	3.00
Katsuji Sakai, Orions	43	225.1	10	16	.385	139	47	199	3.04
Mitsugu Tanaka, Flyers	49	218	17	14	.548	158	59	173	3.055
Osamu Tanabe, Buffaloes	39	159.1	5	9	.357	66	63	125	3.056
Tsutomu Tanaka, Lions	38	216	11	17	.393	194	**84**	172	3.21
Joe Stanka, Hawks	34	172.2	14	12	.538	76	57	172	3.28
Katsuhiko Maki, Orions	42	166.2	9	13	.409	92	54	147	3.29
Yoshio Inoue, Lions	41	168.2	11	15	.423	75	50	158	3.51
Takao Kajimoto, Braves	51	177.1	5	11	.313	137	50	183	3.61
Yoshitaka Kihara, Buffaloes	34	148.2	8	12	.400	80	38	132	3.68
Koichiro Sasaki, Buffaloes	38	149.1	7	**20**	.259	119	35	148	3.87
Masahiro Kubo, Buffaloes	34	143	3	16	.158	38	34	175	4.03

Part One : 1965 Season

Leaders and Award Winners

Home Runs
Katsuya Nomura, Hawks—42
Daryl Spencer, Braves—38
Kent Hadley, Hawks—29
Stan Palys, Orions—25
Francis Agcaoili, Lions—24

Runs Batted In
Katsuya Nomura, Hawks—110
Isao Harimoto, Flyers—88
Kent Hadley, Hawks—86
Akitoshi Kodama, Buffaloes—77
Daryl Spencer, Braves—77

Wins
Yukio Ozaki, Flyers—27
Shigeo, Ishii, Braves—21
Masaaki Ikenaga, Lions—20
Masaaki Koyama, Orions—20
Tetsuya Yoneda, Braves—20

Strikeouts
Yukio Ozaki, Flyers—259

Tsutomu Tanaka, Lions—194
Masaaki Koyama, Orions—171
Mitsugu Tanaka, Flyers—158
Masaaki Ikenaga, Lions—156

Most Valuable Player
Katsuya Nomura, Hawks

Rookie of the Year
Masaaki Ikenaga, Lions

Best Nine
Pitcher—Yukio Ozaki, Flyers
Catcher—Katsuya Nomura, Hawks
First Base—Takashi Takagi, Buffaloes
Second Base—Daryl Spencer, Braves
Third Base—Akitoshi Kodama, Buffaloes
Shortstop—Kenji Koike, Hawks
Outfield—Isao Harimoto, Flyers
Outfield—Yoshinori Hirose, Hawks
Outfield—Motoaki Horigome, Hawks

ALL-STAR GAMES

Managers—Sadayoshi Fujimoto (Central League)—Kazuto Tsuruoka (a.k.a. Yamamoto) (Pacific League)

Game	Date	Site	C.L. Pitcher	Score	P.L. Pitcher
1	7/19	Korakuen	Minoru Murayama (L)	2-5	Tadashi Sugiura (W)

Home Runs—Kazuhiko Kondo (C), Daryl Spencer (P), Takashi Takagi (P), Shoichi Busujima (P)
MVP—Daryl Spencer (P)

2	7/20	Nishinomiya	Sohachi Aniya (L)	3-6	Takao Kajimoto (W)

Home Runs—none
MVP—Teruyuki Takakura (P)

3	7/21	Heiwadai	—	1-1 (14 innings)	—

Home Runs—Akihito Kondo (C), Teruyuki Takakura (P)
MVP—Shinichi Eto (C)

JAPAN SERIES

Teams and Managers—Central League's Yomiuri Giants (Tetsuharu Kawakami) 4—Pacific League's Nankai Hawks {Kazuto Tsuruoka (a.k.a. Yamamoto)} 1

Game	Date	Site	Giants Pitcher	Score	Hawks Pitcher
1	10/30	Osaka	Masaichi Kaneda (W)	4-2	Tadashi Sugiura (L)

Home Runs—Sadaharu Oh—2 (Giants), Isao Shibata (Giants)

2	10/31	Osaka	Yukinori Miyata (W)	6-4 (10 innings)	Kiyohiro Miura (L)

Home Runs—Shigeo Nagashima (Giants)

Game	Date	Site	Giants Pitcher	Score	Hawks Pitcher
3	11/3	Korakuen	Masaichi Kaneda (W)	9-3	Joe Stanka (L)

Home Runs—Sadaharu Oh (Giants), Shigeo Nagashima (Giants)

4	11/4	Korakuen	Minoru Nakamura (L)	2-4	Toshihiko Hayashi (W)

Home Runs—none

5	11/5	Korakuen	Yukinori Miyata (W)	3-2	Tadashi Sugiura (L)

Home Runs—Katsuya Nomura (Hawks)

Awards
Most Valuable Player—Shigeo Nagashima, Giants
Fighting Spirit—Nobuyasu Morishita, Hawks
Leading Hitter—Masahiko Mori, Giants
Outstanding Pitcher—Yukinori Miyata, Giants
Outstanding Player—Toshihiko Hayashi, Hawks
Outstanding Technique—Sadaharu Oh, Giants

1966 SEASON

CENTRAL LEAGUE

Team	G	W	L	T	PCT	GB	BA	HR	ERA	E
Yomiuri Giants	134	89	41	4	.685	—	.243	114	2.24	80
Chunichi Dragons	132	76	54	2	.585	13.0	.253	123	2.54	102
Hanshin Tigers	135	64	66	5	.492	25.0	.233	81	2.52	119
Hiroshima Carp	136	57	73	6	.438	32.0	.234	78	3.45	83
Taiyo Whales	130	52	78	0	.400	37.0	.247	116	3.74	106
Sankei Atoms	135	52	78	5	.400	37.0	.214	86	3.16	110

Qualifiers for Batting Championship

Player and Team	G	AB	R	H	2B	3B	HR	RBI	SB	AVG
Shigeo Nagashima, Giants	128	474	83	**163**	31	3	26	105	14	**.344**
Goro Toi, Tigers	123	432	50	141	27	2	11	55	3	.326
Toshio Naka, Dragons	122	475	79	153	23	3	18	47	22	.322
Shinichi Eto, Dragons	102	364	51	117	16	1	26	91	1	.321
Sadaharu Oh, Giants	129	396	**111**	123	14	1	**48**	**116**	9	.311
Morimichi Takagi, Dragons	113	457	82	140	18	5	17	59	20	.306
Kazuhiko Kondo, Whales	130	482	59	145	14	2	7	34	14	.301
Kazuyoshi Yamamoto, Carp	123	424	55	127	25	2	15	70	2	.300
Makoto Matsubara, Whales	129	477	49	140	**32**	2	10	56	3	.294
Eiji Fujii, Tigers	125	441	53	124	22	4	9	51	2	.281
Takao Katsuragi, Dragons	123	391	43	107	21	1	8	54	2	.274
Akira Kunimatsu, Giants	116	379	40	103	15	3	6	44	12	.272
Shuhei Ichieda, Dragons	119	378	36	100	13	4	7	30	4	.265
Shigeji Asai, Tigers	130	457	40	117	12	1	9	40	7	.256
Kazuhiro Yamauchi, Tigers	125	438	54	112	24	1	18	54	1	.2557
Akira Owada, Carp	104	389	41	99	14	3	13	30	1	.254
Akihito Kondo, Whales	127	381	38	96	20	4	6	27	16	.252

Part One : 1966 Season

Player and Team	G	AB	R	H	2B	3B	HR	RBI	SB	AVG
Isao Shibata, Giants	114	406	72	102	14	3	7	25	**46**	.251
Sadayuki Tokutake, Atoms	135	453	42	113	20	3	15	55	2	.249
Tatsuhiko Kimata, Dragons	126	387	29	96	19	1	9	41	1	.248
Takeshi Koba, Carp	135	**527**	58	130	16	**6**	3	39	15	.247
Shozo Doi, Giants	129	420	67	103	10	1	5	39	14	.245
Masahiko Mori, Giants	125	425	25	103	13	2	5	62	1	.242
Takeshi Kuwata, Whales	119	441	48	105	12	0	25	64	3	.238
Kanji Maruyama, Atoms	124	461	47	105	12	3	4	19	6	.228
Kunimitsu Yanoura, Atoms	117	408	39	92	12	3	10	37	4	.225

Qualifiers for Earned Run Average Championship

Player and Team	G	IP	W	L	PCT	SO	BB	H	ERA
Tsuneo Horiuchi, Giants	33	181	16	2	**.889**	117	**69**	125	**1.39**
Minoru Murayama, Tigers	38	**290.1**	24	9	.727	**207**	52	194	1.55
Tomoo Wako, Tigers	44	142	10	4	.714	101	30	103	1.96
Kunio Jonouchi, Giants	40	282	21	8	.724	134	53	**231**	2.01
Kentaro Ogawa, Dragons	45	234	17	11	.607	141	47	183	2.19
Masatoshi Gondo, Tigers	41	136	4	11	.267	102	37	106	2.25
Kiyotake Suzuki, Atoms	**62**	170.1	8	9	.471	105	57	121	2.33
Hidetake Watanabe, Giants	42	154.1	13	6	.684	66	20	124	2.34
Tatsumi Yamanaka, Dragons	34	217.2	14	12	.538	106	64	191	2.44
Eiji Bando, Dragons	60	133	13	5	.722	91	30	103	2.57
Susumu Sato, Atoms	39	231.2	12	**18**	.400	94	56	196	2.60
Hisanobu Mizutani, Dragons	38	189	10	7	.588	93	48	172	2.62
Minoru Nakamura, Giants	32	177	11	7	.611	85	36	150	2.64
Hidetoshi Ikeda, Carp	42	244	16	12	.571	126	54	203	2.77
Gene Bacque, Tigers	40	243	14	16	.467	114	**69**	222	2.78
Kenichi Ryu, Carp	55	202.1	16	14	.533	65	51	181	2.85
Kichiro Sasaki, Whales	38	139	8	8	.500	58	23	134	3.04
Midori Ishikawa, Tigers	40	150	6	13	.316	62	19	145	3.12
Makoto Inagawa, Whales	43	184.1	10	11	.476	110	50	165	3.13
Genichi Murata, Atoms	39	189.1	11	12	.478	74	33	179	3.14
Shiroku Ishito, Atoms	50	210.1	11	11	.500	72	49	204	3.17
Susumu Oba, Carp	48	237.2	13	**18**	.419	160	50	222	3.18
Tatsuhiko Kawamura, Dragons	39	158	10	7	.588	88	53	134	3.19
Seiji Shibutani, Atoms	32	150	4	17	.190	77	65	125	3.24
Sohachi Aniya, Carp	40	172	8	14	.364	124	43	150	3.72
Noboru Akiyama, Whales	34	130.1	6	8	.429	35	37	134	4.02
Joe Stanka, Whales	32	144.2	6	13	.316	69	44	153	4.16

Leaders and Award Winners

Home Runs
Sadaharu Oh, Giants—48
Shinichi Eto, Dragons—26
Shigeo Nagashima, Giants—26
Takeshi Kuwata, Whales—25
Lou Jackson, Atoms—20

Runs Batted In
Sadaharu Oh, Giants—116
Shigeo Nagashima, Giants—105
Shinichi Eto, Dragons—91
Kazuyoshi Yamamoto, Carp—70
Takeshi Kuwata, Whales—64

Leaders and Award Winners

Wins
Minoru Murayama, Tigers—24
Kunio Jonouchi, Giants—21
Kentaro Ogawa, Dragons—17
Tsuneo Horiuchi, Giants—16
Hidetoshi Ikeda, Carp—16
Kenichi Ryu, Carp—16

Strikeouts
Minoru Murayama, Tigers—207
Susumu Oba, Carp—160
Kentaro Ogawa, Dragons—141
Kunio Jonouchi, Giants—134
Hidetoshi Ikeda, Carp—126

Most Valuable Player
Shigeo Nagashima, Giants

Sawamura Award
Minoru Murayama (Tigers), Tsuneo Horiuchi (Giants)

Rookie of the Year
Tsuneo Horiuchi, Giants

Best Nine
Pitcher—Minoru Murayama, Tigers
Catcher—Masahiko Mori, Giants
First Base—Sadaharu Oh, Giants
Second Base—Morimichi Takagi, Dragons
Third Base—Shigeo Nagashima, Giants
Shortstop—Shuhei Ichieda, Dragons
Outfield—Shinichi Eto, Dragons
Outfield—Koji Yamamoto, Carp
Outfield—Toshio Naka, Dragons

PACIFIC LEAGUE

Team	G	W	L	T	PCT	GB	BA	HR	ERA	E
Nankai Hawks	133	79	51	3	.608	—	.245	108	2.59	94
Nishitetsu Lions	138	75	55	8	.577	4.0	.231	125	2.13	112
Toei Flyers	136	70	60	6	.538	9.0	.256	91	2.75	120
Tokyo Orions	134	61	69	4	.469	18.0	.240	112	2.93	114
Hankyu Braves	134	57	73	4	.438	22.0	.229	89	3.31	114
Kintetsu Buffaloes	133	48	82	3	.369	31.0	.228	100	3.60	115

Qualifiers for Batting Championship

Player and Team	G	AB	R	H	2B	3B	HR	RBI	SB	AVG
Kihachi Enomoto, Orions	133	476	81	**167**	**31**	1	24	74	14	**.351**
Isao Harimoto, Flyers	122	443	67	146	13	2	28	90	10	.330
Katsuya Nomura, Hawks	133	474	**82**	148	19	0	**34**	**97**	8	.312
Shoichi Busujima, Flyers	125	456	58	136	18	**9**	7	44	10	.298
Masayuki Tanemo, Flyers	132	419	32	122	16	6	2	39	4	.291
Teruyuki Takakura, Lions	121	398	43	111	20	3	11	36	7	.2788
Kent Hadley, Hawks	127	438	44	122	16	1	18	53	3	.2785
Daryl Spencer, Braves	125	403	51	112	28	2	20	63	0	.278
Mike Krsnich, Buffaloes	123	393	41	109	23	0	17	47	4	.277
Masahiro Doi, Buffaloes	130	469	58	129	27	0	21	58	3	.275
Akio Saionji, Flyers	134	439	57	119	29	4	7	33	11	.271
Yasuhiro Kunisada, Hawks	130	436	49	115	16	3	7	39	6	.264
Stan Palys, Orions	113	395	41	104	15	1	18	69	3	.263
Carl Boles, Buffaloes	124	463	60	121	21	1	26	57	14	.261
Jim Baumer, Lions	134	**480**	57	125	23	0	23	53	4	.2604
Tony Roig, Lions	124	457	52	119	30	0	22	56	3	.2603
Takashi Takagi, Buffaloes	129	391	28	101	16	1	10	38	4	.2583
Shuzo Aono, Flyers	126	419	55	108	17	2	10	32	3	.2577
Gordon Windhorn, Braves	121	399	52	102	19	1	11	44	8	.256

Player and Team	G	AB	R	H	2B	3B	HR	RBI	SB	AVG
Tadashi Hatta, Orions	115	406	45	102	9	7	5	26	5	.251
Masuho Maeda, Orions	134	452	54	113	18	2	13	40	11	.250
Akitoshi Kodama, Buffaloes	121	428	36	105	18	3	4	32	5	.245
Akira Ishii, Braves	134	458	49	107	26	2	10	57	6	.234
Motoaki Horigome, Hawks	128	414	38	94	15	3	9	40	9	.227
Kazuhide Funada, Lions	135	427	41	95	10	1	14	43	19	.222
Kenji Koike, Hawks	132	436	43	94	13	2	7	48	6	.216
Takeo Daigo, Orions	134	464	32	99	11	3	6	45	8	.213
Fujio Yamaguchi, Braves	127	433	40	89	13	4	3	24	16	.206

Stolen Base Leader—Koji Yamamoto, Braves—32

Qualifiers for Earned Run Average Championship

Player and Team	G	IP	W	L	PCT	SO	BB	H	ERA
Kazuhisa Inao, Lions	54	185.2	11	10	.524	134	23	134	**1.79**
Masaaki Koyama, Orions	49	304	20	13	.606	187	38	266	2.07
Taisuke Watanabe, Hawks	42	233.2	16	7	.696	148	42	191	2.115
Mutsuo Minagawa, Hawks	46	212	18	7	**.720**	109	34	188	2.122
Masaaki Ikenaga, Lions	47	267.2	15	14	.517	139	61	207	2.18
Kenshiro Saga, Flyers	46	244	17	9	.654	80	56	204	2.32
Tsutomu Tanaka, Lions	56	296.1	23	12	.657	**217**	61	207	2.34
Yukio Ozaki, Flyers	**65**	292	24	17	.585	122	40	268	2.62
Mitsuhiro Adachi, Braves	52	270.1	17	14	.548	158	49	243	2.63
Kiyohiro Miura, Hawks	45	203.1	15	8	.652	85	65	188	2.70
Shigemasa Yamamoto, Buffaloes	57	195.1	8	**19**	.296	132	74	155	2.72
Shigeo Ishii, Braves	38	189.1	10	13	.435	72	49	170	2.76
Koichiro Sasaki, Buffaloes	46	214.1	8	12	.400	133	67	178	2.82
Mitsugu Tanaka, Flyers	50	167.1	10	10	.500	142	36	149	2.91
Katsuji Sakai, Orions	33	193	11	16	.407	109	54	164	2.94
Toshiaki Moriyasu, Flyers	44	207.2	11	11	.500	160	75	167	3.03
Fumio Narita, Orions	45	172.2	8	7	.533	101	36	144	3.17
Keishi Suzuki, Buffaloes	46	189	10	12	.455	160	51	163	3.19
Tetsuya Yoneda, Braves	55	**310**	**25**	17	.595	184	**81**	289	3.193
Takao Kajimoto, Braves	39	141.2	2	15	.118	112	47	120	3.68

Leaders and Award Winners

Home Runs
Katsuya Nomura, Hawks—34
Isao Harimoto, Flyers—28
Carl Boles, Buffaloes—26
Kihachi Enomoto, Orions—24
Jim Baumer, Lions—23

Runs Batted In
Katsuya Nomura, Hawks—97
Isao Harimoto, Flyers—90
Kihachi Enomoto, Orions—74
Stan Palys, Orions—69
Daryl Spencer, Braves—63

Wins
Tetsuya Yoneda, Braves—25
Yukio Ozaki, Flyers—24
Tsutomu Tanaka, Lions—23

Leaders and Award Winners

Masaaki Koyama, Orions—20
Mutsuo Minagawa, Hawks—18

Strikeouts
Tsutomu Tanaka, Lions—217
Masaaki Koyama, Orions—187
Tetsuya Yoneda, Braves—184
Toshiaki Moriyasu, Flyers—160
Keishi Suzuki, Buffaloes—160

Most Valuable Player
Katsuya Nomura, Hawks

Rookie of the Year
none

Best Nine
Pitcher—Tsutomu Tanaka, Lions
Catcher—Katsuya Nomura, Hawks
First Base—Kihachi Enomoto, Orions
Second Base—Yasunori Kunisada, Hawks
Third Base—Tony Roig, Lions
Shortstop—Kenji Koike, Hawks
Outfield—Isao Harimoto, Flyers
Outfield—Shoichi Busujima, Flyers
Outfield—Teruyuki Takakura, Lions

ALL-STAR GAMES

Managers—Tetsuharu Kawakami (Central League)—Kazuto Tsuruoka (a.k.a. Yamamoto) (Pacific League)

Game	Date	Site	C.L. Pitcher	Score	P.L. Pitcher
1	7/19	Tokyo	Gene Bacque (L)	2-6	Mitsuhiro Adachi (W)

Home Runs—Sadaharu Oh (C), Yoshinori Hirose (P), Shoichi Busujima (P), Kazuhide Funada (P)
MVP—Yoshinori Hirose (P)

Game	Date	Site	C.L. Pitcher	Score	P.L. Pitcher
2	7/20	Koshien	Tatsumi Yamanaka (L)	3-6	Masaaki Ikenaga (W)

Home Runs—Kihachi Enomoto (P), Isao Harimoto (P)
MVP—Kihachi Enomoto (P)

Game	Date	Site	C.L. Pitcher	Score	P.L. Pitcher
3	7/21	Hiroshima	Susumu Oba (W)	5-1	Fumio Narita (L)

Home Runs—Takeshi Koba (C), Goro Toi (C)
MVP—Takeshi Koba (C)

JAPAN SERIES

Teams and Managers—Central League's Yomiuri Giants (Tetsuharu Kawakami) 4—Pacific League's Nankai Hawks {Kazuto Tsuruoka (a.k.a. Yamamoto)} 2

Game	Date	Site	Giants Pitcher	Score	Hawks Pitcher
1	10/12	Korakuen	Kunio Jonouchi (W)	12-5	Taisuke Watanabe (L)

Home Runs—Shigeo Nagashima (Giants), Motoaki Horigome (Hawks), Yasuhiro Kunisada (Hawks)

Game	Date	Site	Giants Pitcher	Score	Hawks Pitcher
2	10/13	Korakuen	Tsuneo Horiuchi (L)	2-5	Taisuke Watanabe (W)

Home Runs—Isao Shibata (Giants), Kenji Koike (Hawks), Hiroyuki Nakajima (Hawks)

Game	Date	Site	Giants Pitcher	Score	Hawks Pitcher
3	10/16	Korakuen	Kunio Jonouchi (W)	3-2	Taisuke Watanabe (L)

Home Runs—Sadaharu Oh (Giants)

Game	Date	Site	Giants Pitcher	Score	Hawks Pitcher
4	10/17	Osaka	Masaichi Kaneda (W)	8-1	Mutsuo Minagawa (L)

Home Runs—Sadaharu Oh (Giants), Toshio Yanagida (Giants), Yoshio Anabuki (Hawks)

Game	Date	Site	Giants Pitcher	Score	Hawks Pitcher
5	10/18	Osaka	Kunio Jonouchi (L)	3-4 (14 innings)	Eizo Goda (W)

Home Runs—Shigeo Nagashima (Giants), Kent Hadley (Hawks), Kenji Koike (Hawks)

Game	Date	Site	Giants Pitcher	Score	Hawks Pitcher
6	10/19	Korakuen	Akio Masuda (W)	4-0	Mutsuo Minagawa (L)

Home Runs—Isao Shibata (Giants), Yukinobu Kuroe (Hawks)

Awards
Most Valuable Player—Isao Shibata, Giants
Fighting Spirit—Taisuke Watanabe, Hawks
Leading Hitter—Isao Shibata, Giants
Outstanding Pitcher—Kunio Jonouchi, Giants
Outstanding Player—Shigeo Nagashima, Giants
Outstanding Technique—Sadaharu Oh, Giants

1967 SEASON

CENTRAL LEAGUE

Team	G	W	L	T	PCT	GB	BA	HR	ERA	E
Yomiuri Giants	134	84	46	4	.646	—	.265	162	2.87	91
Chunichi Dragons	134	72	58	4	.554	12.0	.248	148	3.31	136
Hanshin Tigers	136	70	60	6	.538	14.0	.2446	101	2.60	107
Taiyo Whales	135	59	71	5	.454	25.0	.2449	130	3.28	131
Sankei Atoms	135	58	72	5	.446	26.0	.240	120	3.68	105
Hiroshima Carp	138	47	83	8	.362	37.0	.225	82	3.41	105

Qualifiers for Batting Championship

Player and Team	G	AB	R	H	2B	3B	HR	RBI	SB	AVG
Toshio Naka, Dragons	101	376	65	129	20	5	10	36	25	**.343**
Kazuhiko Kondo, Whales	119	422	62	138	18	0	7	33	6	.327
Sadaharu Oh, Giants	133	426	**94**	139	22	3	**47**	**108**	3	.326
Kazuyoshi Yamamoto, Carp	119	421	47	131	20	1	16	58	3	.311
Goro Toi, Tigers	135	489	54	151	28	3	10	58	2	.309
Shiro Takegami, Atoms	107	405	45	121	12	6	3	27	5	.299
Lou Jackson, Atoms	117	439	72	130	27	1	28	79	13	.296
Morimichi Takagi, Dragons	118	455	59	133	25	1	19	66	9	.292
Taira Fujita, Tigers	131	**530**	67	**154**	30	**10**	16	44	7	.291
Shozo Doi, Giants	131	454	71	131	18	5	9	34	19	.289
Isao Shibata, Giants	126	470	88	135	15	2	18	50	**70**	.287
Shigeo Nagashima, Giants	122	474	65	134	25	3	19	77	2	.283
Dick Stuart, Whales	125	432	62	121	18	0	33	79	1	.280
Yukinobu Kuroe, Giants	129	424	59	118	21	4	9	49	10	.278
Shinichi Eto, Dragons	132	481	85	133	20	1	34	78	6	.277
Takao Katsuragi, Dragons	127	384	50	106	20	2	20	59	4	.276
Dave Roberts, Atoms	126	459	72	124	26	2	28	89	2	.270
Eiji Fujii, Tigers	125	459	35	122	24	1	9	52	1	.266
Takeshi Kuwata, Whales	118	400	62	106	14	1	27	63	5	.265
Kazuhiro Yamauchi, Tigers	130	482	64	125	12	2	18	63	5	.259
Hiromu Fujii, Carp	125	365	40	92	17	1	14	57	1	.252
Akihito Kondo, Whales	128	398	38	99	19	1	7	27	8	.249
Makoto Matsubara, Whales	126	409	41	101	28	0	14	58	5	.247
Kosuke Matsuoka, Whales	123	406	36	99	19	2	0	20	11	.244
Takeshi Koba, Carp	118	453	52	107	15	2	2	20	19	.236

Player and Team	G	AB	R	H	2B	3B	HR	RBI	SB	AVG
Isao Hirono, Dragons	121	390	45	91	11	4	19	60	2	.233
Shuhei Ichieda, Dragons	117	391	26	90	22	2	6	36	3	.230
Kunimitsu Yanoura, Atoms	120	445	49	102	14	4	4	31	5	.229

Qualifiers for Earned Run Average Championship

Player and Team	G	IP	W	L	PCT	SO	BB	H	ERA
Masatoshi Gondo, Tigers	40	135	9	6	.600	107	36	90	**1.40**
Tomoo Wako, Tigers	47	167.2	8	7	.533	132	49	120	2.14
Tsuneo Horiuchi, Giants	23	149	12	2	**.857**	82	59	126	2.17
Masaichi Kaneda, Giants	33	170	16	5	.762	132	57	146	2.28
Gene Bacque, Tigers	38	258.1	18	12	.600	141	73	196	2.30
Kentaro Ogawa, Dragons	55	**279.2**	**29**	12	.707	178	70	231	2.51
Hidetake Watanabe, Giants	34	159.1	13	6	.684	72	30	153	2.55
Kunio Jonouchi, Giants	33	227	17	8	.680	94	37	190	2.577
Hajimu Tatsumi, Atoms	49	164.1	7	7	.500	86	40	141	2.579
Yutaka Enatsu, Tigers	42	230.1	12	13	.480	**225**	**88**	167	2.74
Shigeyuki Takahashi, Whales	56	207	12	9	.571	117	58	172	2.74
Katsuya Sugawara, Giants	32	144	11	4	.733	107	36	101	2.75
Keishi Asano, Atoms	50	149.2	8	10	.444	69	26	134	2.76
Minoru Murayama, Tigers	30	180.1	13	9	.591	126	42	141	2.80
Yataro Oishi, Carp	52	204	10	14	.417	122	28	190	2.87
Chikara Morinaka, Whales	47	255	18	14	.563	182	72	231	2.96
Sohachi Aniya, Carp	45	189.2	8	16	.333	131	61	167	2.98
Hisanobu Mizutani, Dragons	33	136.2	6	6	.500	83	35	134	3.35
Nobuyuki Kadooka, Dragons	30	149.2	9	9	.500	74	17	142	3.60
Shiroku Ishito, Atoms	51	244.1	12	**18**	.400	100	62	**249**	3.73
Susumu Sato, Atoms	37	197.2	10	14	.417	107	51	196	3.82
Genichi Murata, Atoms	33	165.2	8	12	.400	76	38	166	4.01

Games Leader—Ichiro Hiraoka, Whales—57

Leaders and Award Winners

Home Runs
Sadaharu Oh, Giants—47
Shinichi Eto, Dragons—34
Dick Stuart, Whales—33
Lou Jackson, Atoms—28
Dave Roberts, Atoms—28

Runs Batted In
Sadaharu Oh, Giants—108
Dave Roberts, Atoms—89
Lou Jackson Atoms—79
Dick Stuart, Whales—79
Shinichi Eto, Dragons—78

Wins
Kentaro Ogawa, Dragons—29
Gene Bacque, Tigers—18
Chikara Morinaka, Whales—18
Kunio Jonouchi, Giants—17
Masaichi Kaneda, Giants—16

Strikeouts
Yutaka Enatsu, Tigers—225
Chikara Morinaka, Whales—182
Kentaro Ogawa, Dragons—178
Gene Bacque, Tigers—141
Masaichi Kaneda, Giants—132
Tomoo Wako, Tigers—132

Most Valuable Player
Sadaharu Oh, Giants

Leaders and Award Winners

Sawamura Award
Kentaro Ogawa, Dragons

Rookie of the Year
Shiro Takegami, Atoms

Best Nine
Pitcher—Kentaro Ogawa, Dragons
Catcher—Masahiko Mori, Giants
First Base—Sadaharu Oh, Giants
Second Base—Morimichi Takagi, Dragons
Third Base—Shigeo Nagashima, Giants
Shortstop—Taira Fujita, Tigers
Outfield—Kazuhiko Kondo, Whales
Outfield—Isao Shibata, Giants
Outfield—Toshio Naka, Dragons

PACIFIC LEAGUE

Team	G	W	L	T	PCT	GB	BA	HR	ERA	E
Hankyu Braves	134	75	55	4	.577	—	.2513	143	2.79	116
Nishitetsu Lions	140	66	64	10	.508	9.0	.222	98	2.50	100
Toei Flyers	134	65	65	4	.500	10.0	.260	97	3.19	89
Nankai Hawks	133	64	66	3	.492	11.0	.235	108	3.04	104
Tokyo Orions	137	61	69	7	.469	14.0	.240	87	3.01	115
Kintetsu Buffaloes	132	59	71	2	.454	16.0	.251	104	3.83	116

Qualifiers for Batting Championship

Player and Team	G	AB	R	H	2B	3B	HR	RBI	SB	AVG
Isao Harimoto, Flyers	120	414	72	139	18	3	28	88	18	**.336**
Masahiro Doi, Buffaloes	125	455	62	**147**	23	2	28	93	3	.323
Katsuya Nomura, Hawks	133	472	72	144	27	0	**35**	**100**	13	.305
Carl Boles, Buffaloes	114	417	73	127	21	1	31	76	3	.3045
Takashi Takagi, Buffaloes	127	436	49	127	11	2	6	31	5	.29128
Katsuo Osugi, Flyers	134	491	64	143	25	1	27	81	1	.29124
Kihachi Enomoto, Orions	117	372	55	108	13	1	15	50	10	.290
Iwao Ikebe, Orions	128	455	50	130	**27**	1	6	44	10	.286
Gordon Windhorn, Braves	130	**495**	**78**	141	21	1	25	60	15	.285
Tokuji Nagaike, Braves	129	466	66	131	15	0	27	78	12	.281
Jinten Haku, Flyers	128	396	43	111	17	4	10	51	13	.280
Yasuhiro Kunisada, Hawks	129	420	36	115	19	3	11	45	5	.2738
Daryl Spencer, Braves	124	413	65	113	17	0	30	68	1	.2736
Tsuyoshi Oshita, Flyers	133	479	55	129	17	5	5	45	28	.269
Don Blasingame, Hawks	128	478	61	128	18	6	5	28	5	.268
Koshiro Ito, Lions	130	374	40	99	19	1	7	36	4	.265
Fujio Yamaguchi, Braves	127	387	41	101	18	7	7	34	9	.261
Kiyoshi Morimoto, Braves	131	453	43	117	18	4	6	37	6	.258
Seizo Higuchi, Hawks	121	410	39	105	11	2	0	24	8	.256
Masuho Maeda, Orions	131	457	46	115	19	3	12	50	22	.252
Shoichi Busujima, Flyers	127	438	38	110	14	2	5	34	8	.251
Minoru Kamata, Buffaloes	112	420	52	105	15	1	2	16	16	.250
Koichi Kitagawa, Buffaloes	123	388	45	97	8	2	5	36	5	.250
Toshinori Yasui, Buffaloes	116	384	38	95	13	1	7	31	15	.247
Tony Roig, Lions	135	487	46	118	20	1	26	80	3	.242
Kent Hadley, Hawks	127	431	39	92	13	0	14	47	4	.213

Player and Team	G	AB	R	H	2B	3B	HR	RBI	SB	AVG
Jim Baumer, Lions	126	443	46	94	13	1	8	31	3	.212
Kenji Koike, Hawks	126	371	36	72	10	0	7	31	5	.194

Triples Co-Leader—Toshizo Sakamoto, Braves—7
Stolen Base Leader—Takayuki Nishida, Orions—32

Qualifiers for Earned Run Average Championship

Player and Team	G	IP	W	L	PCT	SO	BB	H	ERA
Mitsuhiro Adachi, Braves	43	268	20	10	.667	130	60	191	**1.75**
Shoji Miyazaki, Flyers	58	137.1	12	7	.632	76	33	122	2.10
Fumio Narita, Orions	55	272.2	14	16	.467	179	52	208	2.11
Tsutomu Tanaka, Lions	40	216	12	10	.545	136	74	161	2.17
Mutsuo Minagawa, Hawks	45	255.2	17	13	.567	152	67	215	2.29
Masaaki Ikenaga, Lions	54	**335.1**	23	14	.622	203	81	**300**	2.31
Takao Kajimoto, Braves	37	188.1	15	9	.625	136	70	167	2.441
Yoshinobu Yoda, Lions	48	210.1	13	11	.542	116	44	193	2.442
Yoshimasa Takahashi, Flyers	45	226.2	15	11	.577	101	22	212	2.46
Masaaki Kitaru, Orions	44	146	8	8	.500	90	26	129	2.53
Tetsuya Yoneda, Braves	46	280.2	18	15	.545	189	80	249	2.75
Keishi Suzuki, Buffaloes	44	276	21	13	.618	**222**	42	230	2.77
Motohiko Sato, Orions	45	167.2	8	8	.500	85	48	137	2.79
Eizo Goda, Hawks	54	234.2	12	11	.522	97	50	217	2.91
Mitsugu Tanaka, Flyers	56	195	11	7	.611	146	52	178	3.00
Taisuke Watanabe, Hawks	50	249	15	**18**	.455	136	51	219	3.216
Satomi Bando, Buffaloes	46	164.2	8	15	.348	96	38	150	3.218
Masaaki Koyama, Orions	44	225.1	13	11	.542	126	55	223	3.24
Katsuji Sakai, Orions	45	244.1	13	**18**	.419	173	58	194	3.28
Koichiro Sasaki, Buffaloes	46	218.1	14	10	.583	121	45	203	3.39
Toshiaki Moriyasu, Flyers	**59**	294.2	15	17	.469	213	**85**	249	3.45
Shigeo Ishii, Braves	36	134.2	9	4	**.692**	47	27	138	3.73

Leaders and Award Winners

Home Runs
Katsuya Nomura, Hawks—35
Carl Boles, Buffaloes—31
Daryl Spencer, Braves—30
Masahiro Doi, Buffaloes—28
Isao Harimoto, Flyers—28

Runs Batted In
Katsuya Nomura, Hawks—100
Masahiro Doi, Buffaloes—93
Isao Harimoto, Flyers—88
Katsuo Osugi, Flyers—81
Tony Roig, Lions—80

Wins
Masaaki Ikenaga, Lions—23
Keishi Suzuki, Buffaloes—21
Mitsuhiro Adachi, Braves—20
Tetsuya Yoneda, Braves—18
Mutsuo Minagawa, Hawks—17

Strikeouts
Keishi Suzuki, Buffaloes—222
Toshiaki Moriyasu, Flyers—213
Masaaki Ikenaga, Lions—203
Tetsuya Yoneda, Braves—189
Fumio Narita, Orions—179

Leaders and Award Winners

Most Valuable Player
Mitsuhiro Adachi, Braves

Rookie of the Year
Yoshimasa Takahashi, Flyers

Best Nine
Pitcher—Mitsuhiro Adachi, Braves
Catcher—Katsuya Nomura, Hawks
First Base—Katsuo Osugi, Flyers
Second Base—Don Blasingame, Hawks
Third Base—Kiyoshi Morimoto, Braves
Shortstop—Tsuyoshi Oshita, Hawks
Outfield—Isao Harimoto, Flyers
Outfield—Tokuji Nagaike, Braves
Outfield—Masahiro Doi, Buffaloes

ALL-STAR GAMES

Managers—Tetsuharu Kawakami (Central League)—Kazuto Tsuruoka (a.k.a. Yamamoto) (Pacific League)

Game	Date	Site	C.L. Pitcher	Score	P.L. Pitcher
1	7/25	Jingu	Klyotake Suzuki (L)	4-9	Tetsuya Yoneda (W)

Home Runs—Shigeo Nagashima (C), Masahiro Doi—2 (P), Isao Harimoto (P)
MVP—Masahiro Doi (P)

2	7/26	Chunichi	Kentaro Ogawa (L)	3-7	Fumio Narita (W)

Home Runs—Sadaharu Oh (C), Tokuji Nagaike (P), Don Blasingame (P)
MVP—Tokuji Nagaike (P)

3	7/27	Osaka	Yutaka Enatsu (L)	6-9	Taisuke Watanabe (W)

Home Runs—Shigeo Nagashima (C), Katsuo Osugi (P), Katsuya Nomura (P), Carl Boles (P)
MVP—Katsuo Osugi (P)

JAPAN SERIES

Teams and Managers—Central League's Yomiuri Giants (Tetsuharu Kawakami) 4—Pacific League's Hankyu Braves (Yukio Nishimoto) 2

Game	Date	Site	Giants Pitcher	Score	Braves Pitcher
1	10/21	Nishinomiya	Masaichi Kaneda (W)	7-3	Tetsuya Yoneda (L)

Home Runs—Daryl Spencer (Braves)

2	10/22	Nishinomiya	Tsuneo Horiuchi (W)	1-0	Mitsuhiro Adachi (L)

Home Runs—none

3	10/24	Korakuen	Kunio Jonouchi (W)	6-1	Takao Kajimoto (L)

Home Runs—Sadaharu Oh (Giants), Masahiko Mori (Giants)

4	10/25	Korakuen	Masaichi Kaneda (L)	5-9	Mitsuhiro Adachi (W)

Home Runs—Isao Shibata (Giants), Toshizo Sakamoto (Giants), Kiyoshi Morimoto (Braves)

5	10/26	Korakuen	Tsuneo Horiuchi (L)	3-6	Mitsuhiro Adachi (W)

Home Runs—Akira Kunimatsu—2 (Giants), Daryl Spencer (Braves)

6	10/28	Nishinomiya	Kunio Jonouchi (W)	9-3	Takao Kajimoto (L)

Home Runs—Shigeo Nagashima (Giants), Sadaharu Oh (Giants), Teruyuki Takakura (Giants), Daryl Spencer (Braves), Koji Okamura (Braves)

Awards
Most Valuable Player—Masahiko Mori, Giants
Fighting Spirit—Mitsuhiro Adachi, Braves
Leading Hitter—Kiyoshi Morimoto, Braves
Outstanding Pitcher—Kunio Jonouchi, Giants
Outstanding Player—Daryl Spencer, Braves
Outstanding Technique—Teruyuki Takakura, Giants

1968 SEASON

CENTRAL LEAGUE

Team	G	W	L	T	PCT	GB	BA	HR	ERA	E
Yomiuri Giants	134	77	53	4	.592	—	.262	177	3.35	86
Hanshin Tigers	133	72	58	3	.554	5.0	.229	119	2.67	95
Hiroshima Toyo Carp	134	68	62	4	.523	9.0	.224	112	2.91	102
Sankei Atoms	134	64	66	4	.492	13.0	.239	130	3.28	116
Taiyo Whales	133	59	71	3	.454	18.0	.236	131	3.71	94
Chunichi Dragons	134	50	80	4	.385	27.0	.246	142	3.72	116

Qualifiers for Batting Championship

Player and Team	G	AB	R	H	2B	3B	HR	RBI	SB	AVG
Sadaharu Oh, Giants	131	442	**107**	144	28	0	**49**	119	5	**.326**
Shigeo Nagashima, Giants	131	494	80	**157**	21	4	39	**125**	8	.318
Kazuhiro Yamauchi, Carp	134	467	65	146	27	1	21	69	6	.313
Shinichi Eto, Dragons	131	487	80	147	29	1	36	93	7	.302
Dave Roberts, Atoms	128	456	82	135	12	2	40	94	4	.296
Shozo Doi, Giants	124	464	68	136	18	5	3	47	21	.293
Kunio Fukutomi, Atoms	125	408	50	119	22	6	10	41	10	.292
Takao Katsuragi, Dragons	123	440	39	128	17	0	9	44	4	.291
Kazuhiko Kondo, Whales	126	472	55	137	19	1	5	28	2	.290
Tatsuhiko Kimata, Dragons	118	377	43	109	15	1	21	59	2	.289
Yukinobu Kuroe, Giants	129	423	66	120	15	5	7	37	16	.284
Shiro Takegami, Atoms	125	480	55	136	22	1	4	30	7	.283
Makoto Matsubara, Whales	133	515	81	143	24	2	28	86	14	.278
Sachio Kinugasa, Carp	127	395	52	109	19	2	21	58	11	.276
Shuhei Ichieda, Dragons	115	434	51	118	24	3	13	47	4	.272
Yozaburo Chihara, Dragons	123	462	53	124	20	1	14	60	2	.2683
Eiji Fujii, Tigers	113	377	29	101	24	4	4	40	3	.2679
Goro Toi, Tigers	133	507	47	133	26	2	13	68	1	.262
Akihito Kondo, Whales	117	376	35	97	15	4	6	32	8	.25797
Isao Shibata, Giants	130	473	79	122	28	6	26	86	37	.25792
Kazuyoshi Yamamoto, Carp	124	426	56	109	23	2	17	62	2	.256
Kanji Maruyama, Atoms	123	406	51	101	16	3	6	30	10	.249
Akira Ejiri, Whales	127	435	56	108	20	7	14	44	10	.248
Willie Kirkland, Tigers	133	**518**	71	128	16	0	37	89	3	.247
Taira Fujita, Tigers	129	516	66	124	**30**	4	11	32	7	.240
Mitsuo Imazu, Carp	128	411	39	96	19	2	7	20	25	.234
Masahiko Mori, Giants	127	439	35	100	10	1	11	46	2	.228
Tatsuhiko Ito, Dragons	131	397	36	90	18	1	10	33	3	.227
Takeshi Koba, Carp	116	412	53	92	16	0	4	20	**39**	.223
Lou Jackson, Atoms	115	416	44	91	14	0	20	59	8	.219

Triples Leader—Shigeru Takada, Giants—9

Qualifiers for Earned Run Average Championship

Player and Team	G	IP	W	L	PCT	SO	BB	H	ERA
Yoshiro Sotokoba, Carp	45	302.1	21	14	.600	260	83	198	**1.94**
Sohachi Aniya, Carp	57	313.1	23	11	.676	237	55	218	2.07
Yutaka Enatsu, Tigers	49	**329**	**25**	12	.676	**401**	97	200	2.13
Gene Bacque, Tigers	34	255.1	13	14	.481	142	49	205	2.19
Yasuhiko Kawamura, Atoms	40	149.1	9	7	.563	97	46	111	2.42
Kozo Ishioka, Atoms	46	226	10	10	.500	169	59	168	2.67
Minoru Murayama, Tigers	32	198	15	8	.652	152	39	169	2.73
Shiroku Ishito, Atoms	54	282.1	20	14	.588	119	63	**251**	2.84
Tatsumi Yamanaka, Dragons	41	174.2	8	8	.500	105	49	153	2.88
Gentaro Shimada, Whales	41	167.2	14	6	**.700**	90	42	163	2.89
Akira Takahashi, Giants	37	155	9	8	.529	75	28	131	2.90
Kunio Jonouchi, Giants	30	162	11	7	.611	83	40	147	3.06
Minoru Kakimoto, Tigers	34	134.2	8	7	.533	78	36	126	3.20
Kentaro Ogawa, Dragons	40	217.1	10	**20**	.333	143	64	202	3.28
Tsuneo Horiuchi, Giants	40	206.2	17	10	.630	142	**105**	153	3.30
Tsutomu Tanaka, Dragons	35	177.1	11	12	.478	129	73	162	3.406
Chikara Morinaka, Whales	31	153.1	8	11	.421	100	48	159	3.411
Masaichi Kaneda, Giants	32	138.1	11	10	.524	87	71	122	3.46
Shoichi Ono, Dragons	48	195	6	11	.353	145	83	168	3.55
Shigeyuki Takahashi, Whales	49	226.1	12	15	.444	143	56	207	3.70

Games Leader—Ichiro Hiraoka, Whales—66

Leaders and Award Winners

Home Runs
Sadaharu Oh, Giants—49
Dave Roberts, Atoms—40
Shigeo Nagashima, Giants—39
Willie Kirkland, Tigers—37
Shinichi Eto, Dragons—36

Runs Batted In
Shigeo Nagashima, Giants—125
Sadaharu Oh, Giants—119
Dave Roberts, Atoms—94
Shinichi Eto, Dragons—93
Willie Kirkland, Tigers—89

Wins
Yutaka Enatsu, Tigers—25
Sohachi Aniya, Carp—23
Yoshiro Sotokoba, Carp—21
Shiroku Ishito, Atoms—20
Tsuneo Horiuchi, Giants—17

Strikeouts
Yutaka Enatsu, Tigers—401
Yoshiro Sotokoba, Carp—260
Sohachi Aniya, Carp—237
Kozo Ishioka, Atoms—169
Minoru Murayama, Tigers—152

Most Valuable Player
Shigeo Nagashima, Giants

Sawamura Award
Yutaka Enatsu, Tigers

Rookie of the Year
Shigeru Takada, Giants

Best Nine
Pitcher—Yutaka Enatsu, Tigers
Catcher—Masahiko Mori, Giants
First Base—Sadaharu Oh, Giants
Second Base—Shozo Doi, Giants
Third Base—Shigeo Nagashima, Giants
Shortstop—Yukinobu Kuroe, Giants
Outfield—Dave Roberts, Atoms
Outfield—Kazuhiro Yamauchi, Giants
Outfield—Shinichi Eto, Dragons

PACIFIC LEAGUE

Team	G	W	L	T	PCT	GB	BA	HR	ERA	E
Hankyu Braves	134	80	50	4	.615	—	.242	154	2.922	106
Nankai Hawks	136	79	51	6	.608	1.0	.243	127	2.921	82
Tokyo Orions	139	67	63	9	.515	13.0	.262	155	3.32	132
Kintetsu Buffaloes	135	57	73	5	.438	23.0	.234	84	3.28	109
Nishitetsu Lions	133	56	74	3	.431	24.0	.237	110	3.17	120
Toei Flyers	135	51	79	5	.392	29.0	.248	118	3.97	127

Qualifiers for Batting Championship

Player and Team	G	AB	R	H	2B	3B	HR	RBI	SB	AVG
Isao Harimoto, Flyers	114	363	70	122	12	2	24	65	13	**.336**
George Altman, Orions	139	531	**84**	**170**	33	1	34	**100**	8	.320
Masahiro Doi, Buffaloes	131	456	54	141	23	0	20	80	7	.309
Kihachi Enomoto, Orions	129	487	70	149	31	0	21	77	7	.306
Yoshinori Hirose, Hawks	121	412	73	121	25	7	5	40	44	.294
Art Lopez, Orions	137	**561**	81	162	27	3	23	74	10	.289
Kazuhide Funada, Lions	116	370	52	106	22	1	16	43	15	.286
Tadayoshi Okuma, Braves	120	424	71	121	28	5	15	37	11	.285
Toshizo Sakamoto, Braves	130	493	74	137	24	5	7	48	50	.278
Yasuhiro Kunisada, Hawks	134	474	51	131	21	6	8	54	5	.276
Toshio Yanagida, Hawks	131	454	58	125	14	1	15	68	11	.2753
Don Blasingame, Hawks	134	513	64	141	13	7	4	39	3	.2748
Shoichi Busujima, Flyers	121	394	52	108	10	3	12	39	5	.274
Koshiro Ito, Lions	122	349	44	95	16	3	9	41	0	.272
Tsuyoshi Oshita, Flyers	125	503	61	132	15	3	3	23	11	.262
Katsuya Nomura, Hawks	133	458	80	119	18	0	**38**	99	2	.260
Hiroyuki Yamazaki, Orions	128	420	47	107	18	5	14	49	8	.255
Iwao Ikebe, Orions	131	504	61	124	19	0	15	47	9	.246
Koji Okamura, Braves	123	405	36	99	12	0	15	48	0	.244
Toshinori Yasui, Buffaloes	135	506	66	123	15	4	3	34	**54**	.243
Tony Roig, Buffaloes	127	421	34	101	12	0	18	58	5	.240
Katsuo Osugi, Flyers	133	476	76	114	17	1	34	89	4	.239
Tokuji Nagaike, Braves	132	478	73	114	17	1	30	79	12	.238
Mitsuo Motoi, Lions	132	469	63	110	13	3	12	35	21	.235
Marty Keough, Hawks	134	450	42	104	21	2	17	46	9	.231
Minoru Kamata, Buffaloes	124	390	38	89	11	2	3	25	15	.228
Kiyoshi Morimoto, Braves	133	451	38	102	16	0	11	40	2	.226
Kenji Koike, Hawks	136	399	45	77	15	1	13	44	3	.193

Qualifiers for Earned Run Average Championship

Player and Team	G	IP	W	L	PCT	SO	BB	H	ERA
Mutsuo Minagawa, Hawks	56	352.1	**31**	10	.756	193	63	256	**1.61**
Masanori Murakami, Hawks	40	177.2	18	4	**.818**	90	40	141	2.38
Masaaki Ikenaga, Lions	47	305	23	13	.639	161	90	251	2.45
Keishi Suzuki, Buffaloes	57	**359**	23	21	.523	**305**	88	273	2.48
Kazuhisa Inao, Lions	56	195	9	11	.450	93	32	168	2.77

Part One : 1968 Season

Player and Team	G	IP	W	L	PCT	SO	BB	H	ERA
Tetsuya Yoneda, Braves	63	348.2	29	13	.690	237	105	302	2.79
Takashi Mizutani, Braves	46	194	15	7	.682	98	60	158	2.83
Mitsugu Tanaka, Flyers	35	138.2	9	10	.474	95	36	126	2.85
Akio Masuda, Lions	42	168.2	7	14	.333	121	54	151	2.88
Fumio Narita, Orions	49	306.2	20	11	.645	187	88	238	2.90
Shigeo Ishii, Braves	41	180.2	11	14	.440	79	47	172	2.93
Takao Kajimoto, Braves	45	221.1	12	8	.600	175	63	207	2.97
Katsuji Sakai, Orions	45	276.1	16	17	.485	170	71	259	3.03
Toshiaki Moriyasu, Flyers	**67**	341.2	16	**23**	.410	250	**111**	**309**	3.37
Yoshimasa Takahashi, Flyers	38	198.1	13	14	.481	78	50	204	3.41
Koichiro Sasaki, Buffaloes	52	191.2	11	15	.423	134	70	174	3.47
Motohiko Sato, Orions	48	207	12	13	.480	88	73	207	3.695
Toshihiko Sei, Buffaloes	49	141	6	8	.429	73	53	134	3.702
Yoshinobu Yoda, Lions	50	148.1	9	13	.409	109	48	140	3.77
Satomi Bando, Buffaloes	55	213.2	12	14	.462	126	78	185	4.04

Leaders and Award Winners

Home Runs
Katsuya Nomura, Hawks—38
George Altman, Orions—34
Katsuo Osugi, Flyers—34
Tokuji Nagaike, Braves—30
Kiyoshi Yano, Braves—27

Runs Batted In
George Altman, Orions—100
Katsuya Nomura, Hawks—99
Katsuo Osugi, Flyers—89
Masahiro Doi, Buffaloes—80
Tokuji Nagaike, Braves—79

Wins
Mutsuo Minagawa, Hawks—31
Tetsuya Yoneda, Braves—29
Masaaki Ikenaga, Lions—23
Keishi Suzuki, Buffaloes—23
Fumio Narita, Orions—20

Strikeouts
Keishi Suzuki, Buffaloes—305
Toshiaki Moriyasu, Flyers—250
Tetsuya Yoneda, Braves—237
Mutsuo Minagawa, Hawks—193
Fumio Narita, Orions—187

Most Valuable Player
Tetsuya Yoneda, Braves

Rookie of the Year
none

Best Nine
Pitcher—Mutsuo Minagawa, Hawks
Catcher—Katsuya Nomura, Hawks
First Base—Kihachi Enomoto, Orions
Second Base—Don Blasingame, Hawks
Third Base—Yasunori Kunisada, Hawks
Shortstop—Toshizo Sakamoto, Braves
Outfield—George Altman, Orions
Outfield—Masahiro Doi, Buffaloes
Outfield—Isao Harimoto, Flyers

ALL-STAR GAMES

Managers—Tetsuharu Kawakami (Central League)—Yukio Nishimoto (Pacific League)

Game	Date	Site	C.L. Pitcher	Score	P.L. Pitcher
1	7/23	Kawasaki	Yoshiro Sotokoba (W)	2-1 (10 innings)	Shigeo Ishii (L)

Home Runs—Shinichi Eto (C), Art Lopez (P)
MVP—Shinichi Eto (C)

Game	Date	Site	C.L. Pitcher	Score	P.L. Pitcher
2	7/24	Korakuen	Sohachi Aniya (W)	8-3	Keishi Suzuki (L)

Home Runs—Isao Shibata (C), Katsuya Nomura (P)
MVP—Isao Shibata (C)

Game	Date	Site	C.L. Pitcher	Score	P.L. Pitcher
3	7/25	Nishinomiya	Gentaro Shimada (L)	4-5 (11 innings)	Toshiaki Moriyasu (W)

Home Runs—Kazuhide Funada (P), Kenji Koike (P)
MVP—Kenji Koike (P)

JAPAN SERIES

Teams and Managers—Central League's Yomiuri Giants (Tetsuharu Kawakami) 4—Pacific League's Hankyu Braves (Yukio Nishimoto) 2

Game	Date	Site	Giants Pitcher	Score	Braves Pitcher
1	10/12	Korakuen	Masaichi Kaneda (L)	4-5	Tetsuya Yoneda (W)

Home Runs—Shigeo Nagashima (Giants), Kiyoshi Yano (Braves), Kiyoshi Oishi (Braves)

Game	Date	Site	Giants Pitcher	Score	Braves Pitcher
2	10/14	Korakuen	Kunio Jonouchi (W)	6-1	Mitsuhiro Adachi (L)

Home Runs—Isao Shibata (Giants), Tokuji Nagaike (Braves)

Game	Date	Site	Giants Pitcher	Score	Braves Pitcher
3	10/16	Nishinomiya	Masaichi Kaneda (W)	9-4	Tetsuya Yoneda (L)

Home Runs—Sadaharu Oh—2 (Giants), Isao Shibata (Giants), Masahiko Mori (Giants)

Game	Date	Site	Giants Pitcher	Score	Braves Pitcher
4	10/17	Nishinomiya	Masaichi Kaneda (W)	6-5	Shigeo Ishii (L)

Home Runs—Shigeo Nagashima (Giants), Tokuji Nagaike—2 (Braves)

Game	Date	Site	Giants Pitcher	Score	Braves Pitcher
5	10/18	Nishinomiya	Masaichi Kaneda (L)	4-6	Takao Kajimoto (W)

Home Runs—none

Game	Date	Site	Giants Pitcher	Score	Braves Pitcher
6	10/20	Korakuen	Tsuneo Horiuchi (W)	7-5	Kiyoshi Oishi (L)

Home Runs—Isao Shibata (Giants), Sadaharu Oh (Giants), Fujio Yamaguchi (Braves)

Awards
Most Valuable Player—Shigeru Takada, Giants
Fighting Spirit—Tokuji Nagaike, Braves
Leading Hitter—Daryl Spencer, Braves
Outstanding Pitcher—Masaichi Kaneda, Giants
Outstanding Player—Isao Shibata, Giants
Outstanding Technique—Sadaharu Oh, Giants

1969 SEASON

CENTRAL LEAGUE

Team	G	W	L	T	PCT	GB	BA	HR	ERA	E
Yomiuri Giants	130	73	51	6	.589	—	.263	147	3.30	83
Hanshin Tigers	130	68	59	3	.535	6.5	.222	114	2.41	84
Taiyo Whales	130	61	61	8	.500	11.0	.239	125	3.19	97
Chunichi Dragons	130	59	65	6	.476	14.0	.231	145	3.11	95
Sankie Atoms	130	58	69	3	.457	16.5	.244	139	3.71	139
Hiroshima Toyo Carp	130	56	70	4	.444	18.0	.221	121	3.24	101

Qualifiers for Batting Championship

Player and Team	G	AB	R	H	2B	3B	HR	RBI	SB	AVG
Sadaharu Oh, Giants	130	452	**112**	156	24	0	**44**	103	5	**.345**
Dave Roberts, Atoms	116	424	72	135	18	0	37	95	5	.318
Shigeo Nagashima, Giants	126	502	71	**156**	23	2	32	**115**	1	.311
Shigeru Takada, Giants	120	462	70	136	23	3	12	46	12	.2943
Kazuyoshi Yamamoto, Carp	115	402	51	118	13	1	21	66	4	.2935
Yukinobu Kuroe, Giants	130	481	64	141	16	2	7	63	8	.2931
Taira Fujita, Tigers	130	**526**	62	154	25	3	19	54	12	.2927
Toshio Naka, Dragons	119	458	58	133	24	7	10	50	19	.290
Akira Ejiri, Whales	113	382	53	108	17	2	18	43	5	.283
Kunio Fukutomi, Atoms	129	456	65	128	**33**	2	10	40	11	.281
Shinichi Eto, Dragons	119	436	51	122	20	2	25	84	1	.280
Masayuki Nakatsuka, Whales	123	433	55	119	20	1	11	43	7	.275
Shozo Doi, Giants	129	429	66	116	12	3	6	42	10	.270
Tatsuhiko Kimata, Dragons	120	384	51	103	20	0	33	60	1	.268
Isamu Ito, Whales	126	429	49	114	15	1	23	60	1	.266
Makoto Matsubara, Whales	130	493	53	125	23	1	18	67	2	.254
Akihito Kondo, Whales	130	432	51	109	15	4	7	32	9	.252
Morimichi Takagi, Dragons	130	513	78	129	20	3	24	66	20	.251
Shiro Takegami, Atoms	114	432	58	108	15	1	21	53	2	.250
Sachio Kinugasa, Carp	126	428	43	107	12	0	15	46	32	.250
Willie Kirkland, Tigers	130	496	57	122	17	0	26	66	1	.246
Koji Yamamoto, Carp	120	366	38	88	20	1	12	40	9	.240
Kazuhiko Kondo, Whales	122	444	44	106	12	0	9	29	5	.239
Eiji Fujii, Tigers	112	373	28	88	16	1	2	25	2	.236
Shuhei Ichieda, Dragons	129	494	52	115	17	4	7	29	6	.233
Koichi Tabuchi, Tigers	117	359	47	81	15	1	22	56	1	.226
Kinji Shimatani, Dragons	125	428	38	90	13	2	8	25	4	.210

Stolen Base Leader—Isao Shibata, Giants—35

Qualifiers for Earned Run Average Championship

Player and Team	G	IP	W	L	PCT	SO	BB	H	ERA
Yutaka Enatsu, Tigers	44	258.1	15	10	.600	**262**	78	172	**1.81**
Minoru Murayama, Tigers	35	214.2	12	14	.462	160	38	180	2.01
Kiyotake Suzuki, Tigers	39	133.1	6	8	.429	106	32	297	2.17
Kazumi Takahashi, Giants	45	256	**22**	5	**.815**	221	83	180	2.21
Hisatoshi Ito, Dragons	47	147.2	3	9	.250	103	28	121	2.25
Ritsuo Yamashita, Whales	43	202.1	15	11	.577	149	64	149	2.54
Masaji Hiramatsu, Whales	**57**	245.2	14	12	.538	157	56	215	2.56
Keishi Asano, Atoms	54	133	9	6	.600	95	29	110	2.639
Shoichi Ono, Dragons	39	218	13	12	.520	141	65	182	2.642
Kentaro Ogawa, Dragons	44	252	20	12	.625	120	63	**228**	2.68
Yoshiro Sotokoba, Carp	43	**304.1**	11	**20**	.355	223	84	226	2.69
Tomoo Wako, Tigers	41	177.1	12	12	.500	97	50	163	2.75
Senichi Hoshino, Dragons	49	187.2	8	9	.471	99	45	157	3.111
Tsuneo Horiuchi, Giants	41	236.2	14	13	.519	160	**107**	211	3.113

Player and Team	G	IP	W	L	PCT	SO	BB	H	ERA
Hidetake Watanabe, Giants	30	134.1	10	8	.556	87	26	123	3.36
Chikara Morinaka, Whales	28	145.2	9	9	.500	102	46	130	3.39
Shizuo Shiraishi, Carp	42	193.1	11	13	.458	115	47	195	3.45
Shiroku Ishito, Atoms	43	233	16	13	.552	96	49	224	3.48
Sohachi Aniya, Carp	40	135.1	10	9	.526	100	41	115	3.53
Kozo Ishioka, Atoms	38	203.2	10	16	.385	129	66	202	3.62
Hiromu Matsuoka, Atoms	43	168	8	10	.444	110	60	142	3.70

Leaders and Award Winners

Home Runs
Sadaharu Oh, Giants—44
Dave Roberts, Atoms—37
Tatsuhiko Kimata, Dragons—33
Shigeo Nagashima, Giants—32
Willie Kirkland, Tigers—26

Runs Batted In
Shigeo Nagashima, Giants—115
Sadaharu Oh, Giants—103
Dave Roberts, Atoms—95
Shinichi Eto, Dragons—84
Makoto Matsubara, Whales—67

Wins
Kazumi Takahashi, Giants—22
Kentato Ogawa, Dragons—20
Shiroku Ishito, Atoms—16
Yutaka Enatsu, Tigers—15
Ritsuo Yamashita, Whales—15

Strikeouts
Yutaka Enatsu, Tigers—262
Yoshiro Sotokoba, Carp—223
Kazumi Takahashi, Giants—221
Tsuneo Horiuchi, Giants—160
Minoru Murayama, Tigers—160

Most Valuable Player
Sadaharu Oh, Giants

Sawamura Award
Kazumi Takahashi, Giants

Rookie of the Year
Koichi Tabuchi, Tigers

Best Nine
Pitcher—Kazumi Takahashi, Giants
Catcher—Tatsuhiko Kimata, Dragons
First Base—Sadaharu Oh, Giants
Second Base—Shozo Doi, Giants
Third Base—Shigeo Nagashima, Giants
Shortstop—Taira Fujita, Tigers
Outfield—Shigeru Takada, Giants
Outfield—Dave Roberts, Atoms
Outfield—Koji Yamamoto, Carp

PACIFIC LEAGUE

Team	G	W	L	T	PCT	GB	BA	HR	ERA	E
Hankyu Braves	130	76	50	4	.603	—	.2536	154	3.18	101
Kintetsu Buffaloes	130	73	51	6	.589	2.0	.243	118	2.78	109
Lotte Orions	130	69	54	7	.561	5.5	.260	142	3.11	112
Toei Flyers	130	57	70	3	.449	19.5	.2537	116	3.35	101
Nishitetsu Lions	130	51	75	4	.405	25.0	.225	119	3.40	113
Nankai Hawks	130	50	76	4	.397	26.0	.241	85	3.56	121

Qualifiers for Batting Championship

Player and Team	G	AB	R	H	2B	3B	HR	RBI	SB	AVG
Yozo Nagabuchi, Buffaloes	127	486	80	**162**	18	8	20	74	23	**.333**
Isao Harimoto, Flyers	129	480	77	160	27	1	20	67	20	**.333**

Player and Team	G	AB	R	H	2B	3B	HR	RBI	SB	AVG
Iwao Ikebe, Orions	105	394	56	127	17	1	11	33	16	.322
Tokuji Nagaike, Braves	129	487	**95**	154	22	2	**41**	**101**	21	.316
Hiroyuki Yamazaki, Orions	126	495	73	149	19	4	14	60	7	.301
Art Lopez, Orions	122	459	61	138	16	3	23	81	9	.3006
Masahiro Doi, Buffaloes	129	463	76	139	22	0	27	72	6	.300
Mitsuo Motoi, Lions	127	478	65	141	**34**	3	10	41	10	.295
Jinten Haku, Flyers	109	454	68	132	17	**9**	12	46	13	.291
Katsuo Osugi, Flyers	130	495	71	141	22	2	36	99	3	.2848
Michiyo Arito, Orions	108	369	57	105	18	1	21	55	4	.2845
Toshizo Sakamoto, Braves	129	**504**	75	143	25	3	13	40	**47**	.2837
Yoshinori Hirose, Hawks	110	423	55	120	16	2	11	38	39	.2836
Fujio Yamaguchi, Braves	124	440	59	124	28	4	9	39	11	.282
Don Blasingame, Hawks	104	365	46	102	10	1	6	19	5	.279
Kihachi Enomoto, Orions	123	400	60	109	17	1	21	66	9	.273
Toshinori Yasui, Buffaloes	127	474	56	129	9	8	0	27	42	.272
George Altman, Orions	129	457	65	123	25	2	21	82	9	.269
Yoshiyuki Sano, Flyers	112	392	33	105	19	2	3	35	12	.268
Ikuo Shimano, Hawks	119	380	38	101	12	2	6	28	21	.266
Yasuhiro Kunisada, Hawks	127	448	44	118	22	1	9	49	4	.2633
Lee Thomas, Hawks	109	395	34	104	8	0	12	50	2	.2632
Tadayoshi Okuma, Braves	126	415	49	109	14	2	12	39	10	.2626
Koji Okamura, Braves	121	404	39	106	12	0	15	61	1	.2623
Takeo Daigo, Orions	130	408	31	107	14	1	9	47	6	.2622
Kiyoshi Morimoto, Braves	127	461	47	115	18	0	16	64	2	.2494
Kazuhide Funada, Lions	109	374	38	93	12	2	8	35	7	.2486
Katsuya Nomura, Hawks	106	388	44	95	7	0	22	52	1	.245
Carl Boles, Lions	115	405	42	98	12	1	18	56	4	.242
Tsuyoshi Oshita, Flyers	125	424	49	102	17	2	6	33	15	.241
Isao Hirono, Lions	113	370	43	86	9	1	20	55	1	.232

Qualifiers for Earned Run Average Championship

Player and Team	G	IP	W	L	PCT	SO	BB	H	ERA
Masaaki Kitaru, Orions	51	162	15	9	.625	70	31	135	**1.72**
Toshihiko Sei, Buffaloes	47	214.1	18	7	**.720**	151	56	138	2.23
Koichiro Sasaki, Buffaloes	47	199	15	7	.682	93	39	165	2.35
Naoki Takahashi, Flyers	41	223	13	13	.500	122	31	196	2.42
Sanshiro Nishioka, Hawks	29	162.1	10	7	.588	70	50	133	2.44
Keishi Suzuki, Buffaloes	46	**330.2**	**24**	13	.649	**286**	73	265	2.50
Masaaki Ikenaga, Lions	34	263.1	18	11	.621	105	58	232	2.57
Mutsuo Minagawa, Hawks	33	134.1	5	14	.263	65	20	126	2.62
Fumio Narita, Orions	48	317	22	13	.629	185	70	**276**	2.73
Mitsugu Tanaka, Flyers	49	217.1	9	11	.450	120	59	189	2.78
Tetsuya Yoneda, Braves	46	253.1	14	16	.467	135	68	211	2.95
Masaaki Koyama, Orions	33	182.1	11	7	.611	136	31	173	2.967
Takao Kajimoto, Braves	40	187.2	18	10	.643	93	39	178	2.968
Shigeo Ishii, Braves	44	197.2	12	6	.667	86	41	179	3.09
Mitsuo Okada, Buffaloes	29	141.1	9	9	.500	61	41	136	3.19
Akio Masuda, Lions	40	188.1	8	15	.348	113	60	171	3.26

Player and Team	G	IP	W	L	PCT	SO	BB	H	ERA
Kiyohiro Miura, Hawks	33	215	12	14	.462	79	62	196	3.27
Takashi Mizutani, Braves	43	143.2	11	7	.611	47	42	138	3.38
Taisuke Watanabe, Hawks	36	193.1	9	17	.346	79	60	171	3.54
Choji Murata, Orions	37	146.1	6	8	.429	90	80	110	3.58
Tomehiro Kaneda, Flyers	59	206	18	13	.581	158	52	183	3.63
Akira Kawahara, Lions	50	170.1	12	13	.480	99	64	155	3.71
Yoshinobu Yoda, Lions	45	149	7	11	.389	85	40	134	3.81
Toshiaki Moriyasu, Flyers	58	236	11	15	.423	156	51	231	3.97

Leaders and Award Winners

Home Runs
Tokuji Nagaike, Braves—41
Katsuo Osugi, Flyers—36
Masahiro Doi, Buffaloes—27
Kiyoshi Yano, Braves—25
Art Lopez, Orions—23

Runs Batted In
Tokuji Nagaike, Braves—101
Katsuo Osugi, Flyers—99
George Altman, Orions—82
Art Lopez, Orions—81
Yozo Nagabuchi, Buffaloes—74

Wins
Keishi Suzuki, Buffaloes—24
Fumio Narita, Orions—22
Masaaki Ikenaga, Lions—18
Takao Kajimoto, Braves—18
Tomehiro Kaneda, Flyers—18
Toshihiko Sei, Buffaloes—18

Strikeouts
Keishi Suzuki, Buffaloes—286
Fumio Narita, Orions—185

Tomehiro Kaneda, Flyers—158
Toshiaki Moriyasu, Flyers—156
Toshihiko Sei, Buffaloes—151

Most Valuable Player
Tokuji Nagaike, Braves

Rookie of the Year
Michiyo Arito, Orions

Best Nine
Pitcher—Keishi Suzuki, Buffaloes
Catcher—Koji Okamura, Braves
First Base—Katsuo Osugi, Flyers
Second Base—Hiroyuki Yamazaki, Lions
Third Base—Michiyo Arito, Orions
Shortstop—Toshizo Sakamoto, Braves
Outfield—Tokuji Nagaike, Braves
Outfield—Yozo Nagabuchi, Buffaloes
Outfield—Isao Harimoto, Flyers

ALL-STAR GAMES

Managers—Tetsuharu Kawakami (Central League)—Yukio Nishimoto (Pacific League)

Game	Date	Site	C.L. Pitcher	Score	P.L. Pitcher
1	7/19	Tokyo	Minoru Murayama (L)	6-7	Toshihiko Sei (W)

Home Runs—Shinichi Eto (C), Koichi Tabuchi (C), Sadaharu Oh (C), Masahiro Doi (P)
MVP—Masahiro Doi (P)

| 2 | 7/20 | Koshien | Yutaka Enatsu (L) | 3-6 | Tetsuya Yoneda (W) |

Home Runs—Yoshinori Hirose (P)
MVP—Kazuhide Funada (P)

| 3 | 10/29 | Heiwadai | — | 4-4 (13 innings) | — |

Home Runs—Sadaharu Oh (C), Kiyoshi Yano (P), Yozo Nagabuchi (P)
MVP—none

JAPAN SERIES

Teams and Managers—Central League's Yomiuri Giants (Tetsuharu Kawakami) 4—Pacific League's Hankyu Braves (Yukio Nishimoto) 2

Game	Date	Site	Giants Pitcher	Score	Braves Pitcher
1	10/26	Nishinomiya	Akira Takahashi (W)	6-5	Takashi Mizutani (L)

Home Runs—Shigeo Nagashima (Giants)

| 2 | 10/27 | Nishinomiya | Kazumi Takahashi (L) | 1-2 (10 innings) | Mitsuhiro Adachi (W) |

Home Runs—Shigeru Takada (Giants)

| 3 | 10/29 | Korakuen | Tsuneo Horiuchi (W) | 7-3 | Takao Kajimoto (L) |

Home Runs—Shigeo Nagashima—2 (Giants), Akira Ishii (Braves), Toshizo Sakamoto (Braves)

| 4 | 10/30 | Korakuen | Tsuneo Horiuchi (W) | 9-4 | Yukinobu Miyamoto (L) |

Home Runs—Sadaharu Oh (Giants), Tokuji Nagaike (Braves), Akira Ishii (Braves)

| 5 | 10/31 | Korakuen | Tsuneo Horiuchi (L) | 3-5 | Mitsuhiro Adachi (W) |

Home Runs—Yukinobu Kuroe (Giants), Gordon Windhorn (Braves), Tokuji Nagaike (Braves)

| 6 | 11/12 | Nishinomiya | Kazumi Takahashi (W) | 9-2 | Yukinobu Miyamoto (L) |

Home Runs—Sadaharu Oh (Giants), Shigeo Nagashima (Giants), Yukinobu Kuroe (Giants), Akira Ishii (Braves)

Awards

Most Valuable Player—Shigeo Nagashima, Giants
Fighting Spirit—Tokuji Nagaike, Braves
Leading Hitter—Shigeo Nagashima, Giants
Outstanding Pitcher—Kazumi Takahashi, Giants
Outstanding Player—Mitsuhiro Adachi, Braves
Outstanding Technique—Shigeru Takada, Giants

1970 SEASON

CENTRAL LEAGUE

Team	G	W	L	T	PCT	GB	BA	HR	ERA	E
Yomiuri Giants	130	79	47	4	.627	—	.240	131	2.46	92
Hanshin Tigers	130	77	49	4	.611	2.0	.245	110	2.36	75
Taiyo Whales	130	69	57	4	.548	10.0	.241	106	2.75	82
Hiroshima Toyo Carp	130	62	60	8	.508	15.0	.226	108	3.00	85
Chunichi Dragons	130	55	70	5	.440	23.5	.234	118	3.20	105
Yakult Atoms	130	33	92	5	.264	45.5	.215	69	3.78	113

Qualifiers for Batting Championship

Player and Team	G	AB	R	H	2B	3B	HR	RBI	SB	AVG
Sadaharu Oh, Giants	129	425	97	138	24	0	47	93	1	**.325**
Motoo Ando, Tigers	121	378	45	111	15	1	10	30	3	.294
Goro Toi, Tigers	123	416	31	118	18	2	10	55	4	.284
Tatsuhiko Kimata, Dragons	128	466	64	132	16	1	30	65	1	.283
Makoto Matsubara, Whales	128	455	73	128	14	0	30	85	4	.281
Taira Fujita, Tigers	121	443	48	122	26	3	9	51	5	.275

Player and Team	G	AB	R	H	2B	3B	HR	RBI	SB	AVG
Toshio Naka, Dragons	116	390	49	106	13	1	7	29	10	.2717
Kazuyoshi Yamamoto, Carp	113	346	37	94	18	0	12	42	2	.2716
Akira Ejiri, Whales	128	458	53	124	23	3	11	51	13	.271
Shigeo Nagashima, Giants	127	476	56	128	22	2	22	**105**	1	.269
Shozo Shigematsu, Whales	127	436	53	116	15	1	11	34	10	.266
Shiro Takegami, Atoms	121	431	51	114	11	1	9	39	8	.265
Shigeru Takada, Giants	130	**519**	85	136	24	0	10	26	24	.262
Toshiyuki Mimura, Carp	111	368	45	96	9	1	9	27	16	.261
Masayuki Nakatsuka, Whales	128	484	60	126	**28**	3	8	42	13	.260
Morimichi Takagi, Dragons	118	449	41	116	15	4	10	51	18	.25835
Akihito Kondo, Whales	124	360	25	93	16	2	4	36	2	.25833
John Miller, Dragons	130	490	50	126	15	2	24	70	3	.257
Yukinobu Kuroe, Giants	123	405	50	103	21	3	10	48	7	.254
Sachio Kinugasa, Carp	126	406	44	102	10	3	19	57	13	.2512
Shozo Doi, Giants	113	375	50	94	11	1	5	19	10	.2506
Kenichi Yazawa, Dragons	126	427	39	107	17	**6**	11	45	6	.2505
Fumihiro Tojo, Atoms	130	473	48	118	18	3	2	23	**28**	.2494
Willie Kirkland, Tigers	118	369	40	92	16	1	15	32	3	.2493
Tamio Suetsugu, Giants	124	374	40	93	17	1	12	43	4	.2486
Fred Valentine, Tigers	123	439	40	108	22	2	11	46	3	.246
Koji Yamamoto, Carp	128	461	67	112	8	4	22	56	21	.243
Shuhei Ichieda, Dragons	126	438	42	106	16	5	7	28	2	.242
Kunio Fukutomi, Atoms	126	443	39	106	14	5	8	37	12	.239
Dave Roberts, Atoms	124	420	43	100	22	0	19	52	1	.238
Kinji Shimatani, Dragons	128	365	39	79	13	1	6	24	3	.216

Qualifiers for Earned Run Average Championship

Player and Team	G	IP	W	L	PCT	SO	BB	H	ERA
Minoru Murayama, Tigers	25	156	14	3	**.824**	118	34	85	**0.98**
Masaji Hiramatsu, Whales	51	332.2	**25**	19	.568	182	68	226	1.95
Osamu Tanabe, Dragons	41	167.2	11	7	.611	88	28	127	1.98
Tsuneo Horiuchi, Giants	42	282.2	18	10	.643	228	**103**	202	2.07
Yutaka Enatsu, Tigers	52	**337.2**	21	17	.553	**340**	73	**232**	2.13
Tomoo Wako, Tigers	41	195	13	10	.563	94	53	159	2.17
Yataro Oishi, Carp	47	206.2	13	9	.591	104	23	158	2.22
Hiroshi Kito, Whales	49	194.2	13	12	.520	151	28	151	2.40
Hidetake Watanabe, Giants	42	260.1	23	8	.742	183	39	200	2.53
Yukiharu Shibuya, Dragons	30	130.2	9	9	.500	62	38	113	2.54
Yoshiro Sotokoba, Carp	39	228.1	13	14	.481	157	49	169	2.64
Shizuo Shiraishi, Carp	41	209.2	13	11	.542	124	55	185	2.83
Ritsuo Yamashita, Whales	37	168	13	9	.591	104	43	156	2.89
Kazumi Takahashi, Giants	35	215	12	10	.545	180	89	167	2.97
Jiro Ueda, Tigers	27	141.1	9	8	.529	105	31	111	3.00
Kozo Ishioka, Atoms	36	155	6	14	.300	104	48	138	3.25
Yoshiaki Toyama, Atoms	43	154	4	10	.286	87	66	134	3.39

Player and Team	G	IP	W	L	PCT	SO	BB	H	ERA
Sohachi Aniya, Carp	44	209.1	10	14	.417	167	53	193	3.62
Senichi Hoshino, Dragons	41	205	10	14	.417	146	63	172	3.64
Shoichi Ono, Dragons	36	161	7	10	.412	84	46	161	3.75
Hisatoshi Ito, Dragons	39	131	4	8	.333	67	32	124	3.85
Hiromu Matsuoka, Atoms	45	145.1	4	12	.250	62	52	159	4.22

Games Leader—Tadakatsu Kotani, Whales—53

Leaders and Award Winners

Home Runs
Sadaharu Oh, Giants—47
Tatsuhiko Kimata, Dragons—30
Makoto Matsubara, Whales—30
John Miller, Dragons—24
Shigeo Nagashima, Giants—22
Koji Yamamoto, Carp—22

Runs Batted In
Shigeo Nagashima, Giants—105
Sadaharu Oh, Giants—93
Makoto Matsubara, Whales—85
John Miller, Dragons—70
Tatsuhiko Kimata, Dragons—65

Wins
Masaji Hiramatsu, Whales—25
Hidetake Watanabe, Giants—23
Yutaka Enatsu, Tigers—21
Tsuneo Horiuchi, Giants—18
Minoru Murayama, Tigers—14

Strikeouts
Yutaka Enatsu, Tigers—340
Tsuneo Horiuchi, Giants—228
Hidetake Watanabe, Giants—183
Masaji Hiramatsu, Whales—182
Kazumi Takahashi, Giants—180

Most Valuable Player
Sadaharu Oh, Giants

Sawamura Award
Masaji Hiramatsu, Whales

Rookie of the Year
Kenichi Yazawa, Dragons

Best Nine
Pitcher—Masaji Hiramatsu, Whales
Catcher—Tatsuhiko Kimata, Dragons
First Base—Sadaharu Oh, Giants
Second Base—Motoo Ando, Tigers
Third Base—Shigeo Nagashima, Giants
Shortstop—Taira Fujita, Tigers
Outfield—Akira Ejiri, Whales
Outfield—Shigeru Takada, Giants
Outfield—Toshio Naka, Dragons

PACIFIC LEAGUE

Team	G	W	L	T	PCT	GB	BA	HR	ERA	E
Lotte Orions	130	80	47	3	.630	—	.263	166	3.23	101
Nankai Hawks	130	69	57	4	.548	10.5	.255	147	3.43	108
Kintetsu Buffaloes	130	65	59	6	.524	13.5	.233	108	2.98	89
Hankyu Braves	130	64	64	2	.500	16.5	.244	116	3.57	88
Toei Flyers	130	54	70	6	.435	24.5	.253	147	4.18	92
Nishitetsu Lions	130	43	78	9	.355	34.0	.225	137	4.12	108

Qualifiers for Batting Championship

Player and Team	G	AB	R	H	2B	3B	HR	RBI	SB	AVG
Isao Harimoto, Flyers	125	459	92	**176**	16	2	34	100	16	**.383**

Player and Team	G	AB	R	H	2B	3B	HR	RBI	SB	AVG
Katsuo Osugi, Flyers	130	492	84	167	27	2	**44**	**129**	5	.339
George Altman, Orions	122	426	66	136	19	1	30	77	3	.319
Art Lopez, Orions	120	457	65	143	20	0	21	69	4	.313
Tokuji Nagaike, Braves	121	424	59	131	20	1	28	102	18	.309
Michiyo Arito, Orions	130	467	88	143	25	5	25	80	27	.306
Tsuyoshi Oshita, Flyers	115	449	72	135	9	4	8	32	32	.301
Katsuya Nomura, Hawks	130	481	82	142	11	0	42	114	10	.2952
Yozo Nagabuchi, Buffaloes	128	461	59	136	29	3	14	47	25	.295
Masaru Tomita, Hawks	130	**505**	**95**	145	21	5	23	81	9	.287
Jinten Haku, Flyers	127	496	67	137	**30**	2	18	64	28	.276
Yutaka Fukumoto, Braves	127	423	92	116	23	3	8	41	**75**	.2742
Iwao Ikebe, Orions	125	467	71	128	17	1	22	61	14	.274
Toru Ogawa, Buffaloes	127	445	63	120	15	5	14	49	24	.270
Aaron Pointer, Lions	126	469	56	122	17	0	22	67	16	.260
Kiyoshi Morimoto, Braves	116	418	50	107	8	0	16	71	9	.256
Mitsuo Motoi, Lions	111	393	59	100	15	0	21	43	15	.2544
Carl Boles, Lions	119	402	48	102	11	1	28	59	4	.2537
Hiroyuki Yamazaki, Orions	129	474	64	117	16	3	25	75	15	.247
Toshizo Sakamoto, Braves	127	447	67	109	23	1	7	44	28	.2438
Clarence Jones, Hawks	128	443	69	108	16	0	33	88	9	.2437
Takeo Daigo, Orions	127	385	33	93	8	1	5	49	5	.242
Yukio Iida, Buffaloes	125	393	34	93	22	3	7	37	19	.237
Masayoshi Higashida, Lions	124	450	43	105	17	2	13	48	6	.233
Masashi Takenouchi, Lions	117	373	44	86	14	0	19	40	5	.231
Yoshinori Hirose, Hawks	124	483	63	108	15	2	7	31	28	.224
Toshinori Yasui, Buffaloes	129	437	35	95	13	1	5	30	23	.217

Qualifiers for Earned Run Average Championship

Player and Team	G	IP	W	L	PCT	SO	BB	H	ERA
Michio Sato, Hawks	**55**	144.2	18	6	.750	104	32	93	**2.048**
Koichiro Sasaki, Buffaloes	43	219	17	5	**.773**	102	44	181	2.054
Masaaki Koyama, Orions	38	242.2	16	11	.593	141	40	199	2.30
Masaaki Kitaru, Orions	42	278	21	10	.677	161	42	225	2.53
Tomehiro Kaneda, Flyers	53	**316.1**	24	16	.600	246	70	251	2.71
Keishi Suzuki, Buffaloes	45	313.2	21	14	.600	**247**	77	**261**	2.75
Satoru Miwa, Lions	45	225.2	7	14	.333	87	87	207	2.91
Hisashi Yamada, Braves	52	189	10	17	.370	162	52	156	3.19
Fumio Narita, Orions	38	277.2	**25**	8	.758	195	66	217	3.205
Kiyohiro Miura, Hawks	23	140	8	7	.533	67	51	135	3.214
Shigeo Ishii, Braves	40	229.1	16	12	.571	109	54	202	3.22
Toshio Kanbe, Buffaloes	38	133.1	8	7	.533	74	51	110	3.248
Masanori Murakami, Hawks	32	191.1	11	11	.500	75	52	167	3.251
Toshihiko Sei, Buffaloes	46	227	14	16	.467	138	63	187	3.29

Player and Team	G	IP	W	L	PCT	SO	BB	H	ERA
Tetsuya Yoneda, Braves	41	236.2	16	13	.552	127	75	226	3.57
Sanshiro Nishioka, Hawks	31	168	10	9	.526	62	52	154	3.75
Mutsuo Minagawa, Hawks	27	163.2	9	10	.474	100	40	154	3.79
Yukinobu Miyamoto, Braves	45	155.2	8	9	.471	74	76	153	3.81
Naoki Takahashi, Flyers	27	153	7	10	.412	66	25	138	4.00
Akira Kawahara, Lions	51	237.1	13	19	.406	174	92	210	4.18
Osamu Higashio, Lions	40	173.1	11	18	.379	94	90	183	5.15

Leaders and Award Winners

Home Runs
Katsuo Osugi, Flyers—44
Katsuya Nomura, Hawks—42
Isao Harimoto, Flyers—34
Clarence Jones, Hawks—33
George Altman, Orions—30

Runs Batted In
Katsuo Osugi, Flyers—129
Katsuya Nomura, Hawks—114
Tokuji Nagaike, Braves—102
Isao Harimoto, Flyers—100
Clarence Jones, Hawks—88

Wins
Fumio Narita, Orions—25
Tomehiro Kaneda, Flyers—24
Masaaki Kitaru, Orions—21
Keishi Suzuki, Buffaloes—21
Michio Sato, Hawks—18

Strikeouts
Keishi Suzuki, Buffaloes—247
Tomehiro Kaneda, Flyers—246
Fumio Narita, Orions—195
Akira Kawahara, Lions—174
Hisashi Yamada, Braves—162

Most Valuable Player
Masaaki Kitaru, Orions

Rookie of the Year
Michio Sato, Hawks

Best Nine
Pitcher—Masaaki Kitaru, Orions
Catcher—Katsuya Nomura, Hawks
First Base—Katsuo Osugi, Flyers
Second Base—Hiroyuki Yamazaki, Orions
Third Base—Michiyo Arito, Orions
Shortstop—Toshizo Sakamoto, Braves
Outfield—George Altman, Orions
Outfield—Tokuji Nagaike, Braves
Outfield—Isao Harimoto, Flyers

ALL-STAR GAMES

Managers—Tetsuharu Kawakami (Central League)—Yukio Nishimoto (Pacific League)

Game	Date	Site	C.L. Pitcher	Score	P.L. Pitcher
1	7/18	Jingu	Hidetake Watanabe (L)	9-13	Keishi Suzuki (W)

Home Runs—Koichi Tabuchi (C), Sadaharu Oh (C), Hiroyuki Yamazaki (P), Michiyo Arito (P), Tokuji Nagaike (P), Isao Harimoto (P)
MVP—Tokuji Nagaike (P)

Game	Date	Site	C.L. Pitcher	Score	P.L. Pitcher
2	7/19	Osaka	Yutaka Enatsu (W)	4-1	Mutsuo Minagawa (L)

Home Runs—Masayuki Nakatsuka (C)
MVP—Yutaka Enatsu (C)

Game	Date	Site	C.L. Pitcher	Score	P.L. Pitcher
3	7/21	Hiroshima	Kazumi Takahashi (W)	8-6	Michio Sato (L)

Home Runs—Toshiyuki Mimura (C), Goro Toi (C)
MVP—Goro Toi (C)

JAPAN SERIES

Teams and Managers—Central League's Yomiuri Giants (Tetsuharu Kawakami) 4—Pacific League's Lotte Orions (Wataru Nonin) 1

Date		Site	Giants Pitcher	Score	Orions Pitcher
1	10/27	Korakuen	Tsuneo Horiuchi (W)	1-0 (11 innings)	Masaaki Kitaru (L)

Home Runs—Yukinobu Kuroe (Giants)

2	10/29	Korakuen	Makoto Kurata (W)	6-3	Fumio Narita (L)

Home Runs—Sadaharu Oh (Giants), Reiji Iishi (Orions)

3	10/31	Tokyo	Shinichi Yamauchi (W)	5-3 (11 innings)	Masaaki Koyama (L)

Home Runs—Shigeo Nagashima—2 (Giants)

4	11/1	Tokyo	Kazumi Takahashi (L)	5-6	Motohiko Sato (W)

Home Runs—Shigeru Takada (Giants), Nagashima—2 (Giants), Sadaharu Oh (Giants), Reiji Iishi (Orions)

5	11/2	Tokyo	Kazumi Takahashi (W)	6-2	Masaaki Kitaru (L)

Home Runs—Yukinobu Kuroe (Giants), Shinichi Eto (Orions)

Awards

Most Valuable Player—Shigeo Nagashima, Giants
Fighting Spirit—Reiji Iishi, Orions
Leading Hitter—Shigeo Nagashima, Giants
Outstanding Pitcher—Tsuneo Horiuchi, Giants
Outstanding Player—Yokinobu Kuroe, Giants
Outstanding Technique—Sadaharu Oh, Giants

1971 SEASON

CENTRAL LEAGUE

Team	G	W	L	T	PCT	GB	BA	HR	ERA	E
Yomiuri Giants	130	70	52	8	.574	—	.253	123	2.94	99
Chunichi Dragons	130	65	50	5	.520	6.5	.226	127	2.97	79
Taiyo Whales	130	61	59	10	.5083	8.0	.216	82	2.31	89
Hiroshima Toyo Carp	130	63	61	6	.508	8.0	.233	89	3.11	90
Hanshin Tigers	130	57	64	9	.471	12.5	.220	101	2.76	95
Yakult Atoms	130	52	72	6	.419	19.0	.234	94	3.03	107

Qualifiers for Batting Championship

Player and Team	G	AB	R	H	2B	3B	HR	RBI	SB	AVG
Shigeo Nagashima, Giants	130	**485**	84	**155**	21	2	34	86	4	**.320**
Sachio Kinugasa, Carp	130	460	72	131	18	2	27	82	12	.285
Jitsuo Mizutani, Carp	125	481	64	136	22	2	9	45	14	.283
Isao Shibata, Giants	119	436	55	123	23	3	3	32	35	.282
Akira Ejiri, Whales	127	464	49	130	14	3	6	31	17	.2801
Tatsuhiko Kimata, Dragons	126	422	62	118	17	1	27	71	2	.2796
Yukinobu Kuroe, Giants	124	407	54	113	20	3	6	42	22	.278
Sadaharu Oh, Giants	130	434	**92**	120	18	2	**39**	**101**	8	.276

Player and Team	G	AB	R	H	2B	3B	HR	RBI	SB	AVG
Yasuhiro Kunisada, Carp	127	438	38	120	17	0	5	50	10	.274
Shiro Takegami, Atoms	126	478	64	130	19	1	15	51	14	.2719
Taira Fujita, Tigers	122	460	64	125	11	4	28	61	12	.2717
Shigeru Takada, Giants	127	477	74	129	**26**	2	11	51	**38**	.270
Dave Roberts, Atoms	128	452	63	121	20	1	33	76	8	.268
Kenichi Yazawa, Dragons	123	423	47	110	12	3	16	41	7	.260
Kinji Shimatani, Dragons	129	436	45	112	20	2	17	50	7	.257
Koji Yamamoto, Carp	123	431	42	108	19	0	10	52	25	.251
Shozo Shigematsu, Whales	120	367	41	90	13	0	8	29	10	.2452
Makoto Matsubara, Whales	129	465	58	114	19	1	23	65	5	.2451
Masayuki Nakatsuka, Whales	128	474	45	116	18	4	7	37	14	.2447
Kunio Fukutomi, Atoms	126	409	55	100	20	3	8	48	10	.244
John Miller, Dragons	125	447	63	108	15	3	28	71	9	.242
Morimichi Takagi, Dragons	120	436	58	104	18	1	8	22	28	.239
Akihiko Oya, Atoms	127	377	29	87	16	3	10	40	2	.231
Fumihiro Tojo, Atoms	126	394	35	88	14	2	1	15	16	.223
Akihito Kondo, Whales	123	363	28	79	6	1	7	22	6	.218
Toshiyuki Mimura, Carp	126	463	51	100	14	1	15	45	6	.216
Yasuhiko Tsuji, Tigers	130	399	21	77	9	1	8	27	5	.193

Triples Leader—Shozo Doi, Giants—5

Qualifiers for Earned Run Average Championship

Player and Team	G	IP	W	L	PCT	SO	BB	H	ERA
Kazuhiro Fujimoto, Carp	43	157.2	10	6	.625	125	39	103	**1.71**
Katsuji Sakai, Whales	25	134.2	9	4	**.692**	57	41	104	1.87
Kenji Furusawa, Tigers	36	171.1	12	9	.571	77	41	149	2.05
Tadakatsu Kotani, Whales	**58**	148	11	9	.550	110	51	91	2.13
Shitoshi Sekimoto, Giants	35	146.2	10	11	.476	68	39	118	2.14
Tomoo Wako, Tigers	30	174.1	10	12	.455	70	53	150	2.17
Masaji Hiramatsu, Whales	43	279	**17**	13	.567	153	82	211	2.23
Yutaka Enatsu, Tigers	45	263.2	15	14	.517	**267**	66	182	2.39
Hisatoshi Ito, Dragons	44	209.1	12	8	.600	115	44	188	2.41
Hiroshi Kito, Whales	33	137.1	7	12	.368	102	20	124	2.43
Hisanobu Mizutani, Dragons	36	170.1	9	11	.450	78	38	141	2.44
Hiromu Matsuoka, Atoms	48	**281.2**	14	**15**	.483	122	**84**	**240**	2.52
Yataro Oishi, Carp	46	216	13	10	.565	93	20	176	2.58
Kozo Ishioka, Atoms	45	153.2	8	11	.421	98	52	125	2.92
Kazumi Takahashi, Giants	41	226.2	14	7	.667	151	72	164	2.93
Yasuo Kawauchi, Dragons	43	132.1	7	5	.583	65	41	102	3.00
Yukiharu Shibuya, Dragons	41	186.2	10	14	.417	73	61	161	3.08
Tsuneo Horiuchi, Giants	40	226	14	8	.636	155	82	183	3.11
Keishi Asano, Atoms	38	163.1	7	14	.333	96	67	147	3.20
Hidetake Watanabe, Giants	38	207	10	12	.455	120	30	178	3.26

Player and Team	G	IP	W	L	PCT	SO	BB	H	ERA
Shizuo Shiraishi, Carp	33	146.1	8	12	.400	89	47	141	3.58
Teruo Aida, Atoms	35	138.2	6	5	.545	67	43	116	3.76
Yoshiro Sotokoba, Carp	37	155.1	9	12	.429	113	47	145	3.89

Leaders and Award Winners

Home Runs
Sadaharu Oh, Giants—39
Shigeo Nagashima, Giants—34
Dave Roberts, Atoms—33
Taira Fujita, Tigers—28
John Miller, Dragons—28

Runs Batted In
Sadaharu Oh, Giants—101
Shigeo Nagashima, Giants—86
Sachio Kinugasa, Carp—82
Dave Roberts, Atoms—76
Tatsuhiko Kimata, Dragons—71
John Miller, Dragons—71

Wins
Masaji Hiramatsu, Whales-17
Yutaka Enatsu, Tigers—15
Tsuneo Horiuchi, Giants—14
Hiromu Matsuoka, Giants—14
Kazumi Takahashi, Giants—14

Strikeouts
Yutaka Enatsu, Tigers—267

Tsuneo Horiuchi, Giants—155
Masaji Hiramatsu, Whales—153
Kazumi Takahashi, Giants—151
Kazuhiro Fujimoto, Carp—125

Most Valuable Player
Shigeo Nagashima, Giants

Sawamura Award
none

Rookie of the Year
Shitoshi Sekimoto, Giants

Best Nine
Pitcher—Masaji Hiramatsu, Whales
Catcher—Tatsuhiko Kimata, Dragons
First Base—Sadaharu Oh, Giants
Second Base—Yasunori Kunisada, Carp
Third Base—Shigeo Nagashima, Giants
Shortstop—Taira Fujita, Tigers
Outfield—Shigeru Takada, Giants
Outfield—Isao Shibata, Giants
Outfield—Jitsuo Mizutani, Carp

PACIFIC LEAGUE

Team	G	W	L	T	PCT	GB	BA	HR	ERA	E
Hankyu Braves	130	80	39	11	.672	—	.273	166	3.17	95
Lotte Orions	130	80	46	4	.635	3.5	.270	193	3.77	110
Kintetsu Buffaloes	130	65	60	5	.520	18.0	.241	151	3.21	94
Nankai Hawks	130	61	65	4	.484	22.5	.260	156	4.27	112
Toei Flyers	130	44	74	12	.373	35.5	.241	131	3.96	100
Nishitetsu Lions	130	38	84	8	.311	43.5	.231	114	4.31	124

Qualifiers for Batting Championship

Player and Team	G	AB	R	H	2B	3B	HR	RBI	SB	AVG
Shinichi Eto, Orions	114	389	57	131	8	1	25	91	3	**.337**
Hideji Kato, Braves	122	445	80	143	**35**	2	25	92	18	.321
George Altman, Orions	114	388	56	124	15	2	39	103	2	.320
Tokuji Nagaike, Braves	130	476	**87**	151	19	2	40	114	8	.317
Toru Ogawa, Buffaloes	127	428	66	135	12	2	20	40	14	.3154
Katsuo Osugi, Flyers	130	489	74	**154**	17	1	**41**	104	7	.3149

Part One : 1971 Season

Player and Team	G	AB	R	H	2B	3B	HR	RBI	SB	AVG
Isao Harimoto, Flyers	128	480	73	150	21	3	26	78	18	.313
Masahiro Doi, Buffaloes	127	443	72	137	10	0	40	113	2	.309
Tadayoshi Okuma, Braves	121	342	56	105	12	2	15	57	8	.307
Art Lopez, Orions	128	**508**	82	153	21	4	24	77	2	.301
Hiromitsu Kadota, Hawks	129	506	70	152	24	1	31	**120**	5	.3003
Yozo Nagabuchi, Buffaloes	128	490	68	147	22	4	13	59	24	.3000
Iwao Ikebe, Orions	106	382	76	110	12	1	19	56	11	.288
Michiyo Arito, Orions	125	473	85	135	16	2	27	60	19	.285
Kiyoshi Morimoto, Braves	130	457	65	130	25	0	16	58	9	.2844
Masayoshi Higashida, Lions	125	444	53	126	16	1	23	58	5	.2837
Toshizo Sakamoto, Braves	127	479	72	135	16	1	15	56	36	.282
Katsuya Nomura, Hawks	127	467	75	131	13	0	29	83	12	.281
Hiroyuki Yamazaki, Orions	123	439	84	123	22	3	21	50	17	.280
Yutaka Fukumoto, Braves	117	426	82	118	18	5	10	45	**67**	.2769
Yoshinori Hirose, Hawks	121	466	81	129	29	4	4	36	36	.2768
Mitsuo Motoi, Lions	128	467	59	129	19	1	14	43	21	.276
Bob Christian, Flyers	125	463	42	127	16	1	16	59	2	.274
Masaru Tomita, Hawks	109	374	58	102	22	2	13	35	12	.273
Takeo Daigo, Orions	124	415	50	111	21	0	10	42	13	.267
Hiroshi Takahashi, Hawks	109	378	59	100	14	5	9	34	3	.265
Teruhide Sakurai, Hawks	126	457	57	118	18	4	7	50	5	.258
Jinten Haku, Flyers	107	421	47	100	11	4	11	38	17	.238
Clarence Jones, Hawks	125	412	62	95	11	0	35	73	4	.231
Tsuyoshi Oshita, Flyers	111	419	51	96	12	3	3	16	33	.229
Koji Okamura, Braves	125	401	33	89	13	0	7	50	4	.222

Qualifiers for Earned Run Average Championship

Player and Team	G	IP	W	L	PCT	SO	BB	H	ERA
Hisashi Yamada, Braves	46	270	22	6	**.786**	189	64	195	**2.37**
Mitsuhiro Adachi, Braves	43	252.2	19	8	.704	116	55	200	2.49
Toshihiko Sei, Buffaloes	47	236	15	14	.517	148	65	188	2.97
Tomehiro Kaneda, Flyers	**51**	268	15	14	.517	187	61	215	2.99
Koichiro Sasaki, Buffaloes	41	228.1	13	11	.542	117	47	207	3.20
Toshio Kanbe, Buffaloes	**51**	160	10	9	.526	87	56	138	3.21
Keishi Suzuki, Buffaloes	43	**291.1**	21	15	.583	**269**	107	221	3.22
Masaaki Koyama, Orions	35	211	17	8	.680	111	42	213	3.24
Yoshimasa Takahashi, Flyers	34	181.2	7	11	.389	84	39	184	3.26
Choji Murata, Orions	43	194.1	12	8	.600	122	61	183	3.34
Takao Kajimoto, Braves	33	136	6	8	.429	74	43	134	3.441
Yasuo Minagawa, Flyers	46	230.1	11	14	.440	96	55	227	3.443
Masaaki Kitaru, Orions	47	266	**24**	8	.750	168	45	**245**	3.45
Sanshiro Nishioka, Hawks	37	185.1	12	14	.462	78	40	179	3.50
Tetsuya Yoneda, Braves	31	181	14	4	.778	79	62	165	3.729
Akira Takahashi, Lions	43	204.2	14	13	.519	74	45	209	3.731
Osamu Higashio, Lions	**51**	221.1	8	**16**	.333	109	**118**	198	3.75
Masanori Murakami, Hawks	38	234.2	14	15	.483	78	63	233	4.10

Player and Team	G	IP	W	L	PCT	SO	BB	H	ERA
Kiyohiro Miura, Hawks	29	184.1	13	10	.565	71	70	185	4.21
Naoki Takahashi, Flyers	33	176.1	7	15	.318	68	35	182	4.24
Mutsuo Minagawa, Hawks	25	135.1	6	5	.545	69	35	145	4.27
Fumio Narita, Orions	35	189	11	9	.550	121	62	169	4.29
Akira Kawahara, Lions	50	170.1	4	16	.200	104	65	182	5.45

Leaders and Award Winners

Home Runs
Katsuo Osugi, Flyers—41
Masahiro Doi, Buffaloes—40
Tokuji Nagaike, Braves—40
George Altman, Orions—39
Clarence Jones, Hawks—35

Runs Batted In
Hiromitsu Kadota, Hawks—120
Tokuji Nagaike, Braves—114
Masahiro Doi, Buffaloes—113
Katsuo Osugi, Flyers—104
George Altman, Orions—103

Wins
Masaaki Kitaru, Orions—24
Hisashi Yamada, Braves—22
Keishi Suzuki, Buffaloes—21
Mitsuhiro Adachi, Braves—19
Masaaki Koyama, Orions—17

Strikeouts
Keishi Suzuki, Buffaloes—269
Hisashi Yamada, Braves—189
Tomehiro Kaneda, Flyers—187
Masaaki Kitaru, Orions—168
Toshihiko Sei, Buffaloes—148

Most Valuable Player
Tokuji Nagaike, Braves

Rookie of the Year
Yasuo Minagawa, Flyers

Best Nine
Pitcher—Hisashi Yamada, Braves
Catcher—Katsuya Nomura, Hawks
First Base—Katsuo Osugi, Flyers
Second Base—Hiroyuki Yamazaki, Orions
Third Base—Michiyo Arito, Orions
Shortstop—Toshizo Sakamoto, Braves
Outfield—George Altman, Orions
Outfield—Tokuji Nagaike, Braves
Outfield—Hiromitsu Kadota, Hawks

ALL-STAR GAMES

Managers—Tetsuharu Kawakami (Central League)—Wataru Nonin (Pacific League)

Game	Date	Site	C.L. Pitcher	Score	P.L. Pitcher
1	7/17	Nishinomiya	Yutaka Enatsu (W)	5-0	Tetsuya Yoneda (L)

Home Runs—Yutaka Enatsu (C)
MVP—Yutaka Enatsu (C)

2	7/19	Chunichi	Hiromu Matsuoka (L)	0-4	Tomehiro Kaneda (W)

Home Runs—Tokuji Nagaike (P)
MVP—Tokuji Nagaike (P)

3	7/20	Korakuen	Masaji Hiramatsu (L)	2-3	Hisashi Yamada (W)

Home Runs—Shigeo Nagashima (C), Isao Harimoto (P)
MVP—Hideji Kato (P)

JAPAN SERIES

Teams and Managers—Central League's Yomiuri Giants (Tetsuharu Kawakami) 4—Pacific League's Hankyu Braves (Yukio Nishimoto) 1

Game	Date	Site	Giants Pitcher	Score	Braves Pitcher
1	10/12	Nishinomiya	Tsuneo Horiuchi (W)	2-1	Mitsuhiro Adachi (L)

Home Runs—none

2	10/13	Nishinomiya	Katsuya Sugawara (L)	6-8	Tetsuya Yoneda (W)

Home Runs—Sadaharu Oh (Giants), Shigeo Nagashima (Giants), Toshio Yanagida (Giants), Yukinobu Kuroe (Giants)

3	10/15	Korakuen	Shitoshi Sekimoto (W)	3-1	Hisashi Yamada (L)

Home Runs—Sadaharu Oh (Giants)

4	10/16	Korakuen	Tsuneo Horiuchi (W)	7-4	Mitsuhiro Adachi (L)

Home Runs—Tamio Suetsugu (Giants)

5	10/17	Korakuen	Kazumi Takahashi (W)	6-1	Tetsuya Yoneda (L)

Home Runs—Tokuji Nagaike (Braves)

Awards

Most Valuable Player—Tamio Suetsugu, Giants
Fighting Spirit—Hisashi Yamada, Braves
Leading Hitter—Tamio Suetsugu, Giants
Outstanding Pitcher—Tsuneo Horiuchi, Giants
Outstanding Player—Yokinobu Kuroe, Giants
Outstanding Technique—Sadaharu Oh, Giants

1972 SEASON

CENTRAL LEAGUE

Team	G	W	L	T	PCT	GB	BA	HR	ERA	E
Yomiuri Giants	130	74	52	4	.587	—	.2544	158	3.43	92
Hanshin Tigers	130	71	56	3	.559	3.5	.239	125	3.00	74
Chunichi Dragons	130	67	59	4	.532	7.0	.232	123	3.29	95
Yakult Atoms	130	60	67	3	.472	14.5	.2536	115	3.73	114
Taiyo Whales	130	57	69	4	.452	17.0	.242	135	3.66	96
Hiroshima Toyo Carp	130	49	75	6	.395	24.0	.250	117	3.57	91

Qualifiers for Batting Championship

Player and Team	G	AB	R	H	2B	3B	HR	RBI	SB	AVG
Tsutomu Wakamatsu, Atoms	115	365	54	120	17	4	14	49	20	**.329**
Toshiyuki Mimura, Carp	127	468	62	144	22	3	12	39	7	.308
Sadaharu Oh, Giants	130	456	**104**	135	19	0	**48**	**120**	2	.296
Sachio Kinugasa, Carp	130	498	67	**147**	18	1	29	99	12	.295
Yasuhiro Kunisada, Carp	113	372	29	109	16	0	2	22	9	.293
Isao Shibata, Giants	128	454	88	133	12	**8**	6	28	**45**	.2929
Kenichi Yazawa, Dragons	130	465	58	135	21	4	15	53	2	.290

Player and Team	G	AB	R	H	2B	3B	HR	RBI	SB	AVG
Art Lopez, Atoms	126	462	61	132	25	3	14	61	5	.286
Tamio Suetsugu, Giants	115	400	52	113	17	0	21	63	1	.283
Yoshihiro Ikeda, Tigers	121	400	32	113	24	1	9	50	5	.283
Kazuyoshi Yamamoto, Carp	120	365	55	103	22	0	17	68	0	.282
Shigeru Takada, Giants	128	488	84	137	19	3	19	62	19	.281
John Sipin, Whales	120	448	55	125	20	4	22	76	3	.279
Dave Roberts, Atoms	120	383	55	106	21	1	22	63	2	.277
Taira Fujita, Tigers	130	**522**	64	144	**27**	4	18	64	4	.276
Yukinobu Kuroe, Giants	127	451	40	124	14	0	7	52	16	.275
Makoto Matsubara, Whales	130	495	69	134	**27**	0	25	74	3	.271
Shozo Doi, Giants	123	393	50	106	10	2	8	37	9	.270
Akihiko Oya, Atoms	120	361	44	97	24	2	5	40	6	.269
Tatsuhiko Kimata, Dragons	125	448	51	120	14	1	21	48	2	.268
Shigeo Nagashima, Giants	125	448	64	119	17	0	27	92	3	.266
Akira Ejiri, Whales	127	423	57	112	18	4	12	39	11	.265
Masayuki Nakatsuka, Whales	123	381	58	99	17	3	8	28	9	.260
Koichi Tabuchi, Tigers	128	469	71	121	16	2	34	82	2	.2579
Koji Yamamoto, Carp	130	485	73	125	**27**	0	25	66	18	.2577
Morimichi Takagi, Dragons	118	459	42	115	13	2	10	42	19	.251
Kinji Shimatani, Dragons	126	404	51	99	20	1	13	45	8	.245
John Miller, Dragons	127	468	63	110	13	4	27	81	1	.235
Yasunori Oshima, Dragons	124	387	51	89	14	2	14	38	9	.230
Isamu Ito, Whales	123	378	28	80	11	1	12	40	1	.212
Bart Shirley, Dragons	124	403	32	77	11	2	12	51	1	.191

Qualifiers for Earned Run Average Championship

Player and Team	G	IP	W	L	PCT	SO	BB	H	ERA
Takeshi Yasuda, Atoms	**50**	168.2	7	5	.583	81	31	136	**2.08**
Tomohiro Tanimura, Tigers	44	191	11	11	.500	71	36	186	2.26
Yutaka Enatsu, Tigers	49	269.2	23	8	.742	**233**	60	195	2.53
Hisanobu Mizutani, Dragons	31	163.1	6	12	.333	73	29	143	2.65
Misuo Inaba, Dragons	38	261.1	20	11	.645	140	94	202	2.76
Yataro Oishi, Carp	38	187	11	15	.423	87	34	166	2.79
Tsuneo Horiuchi, Giants	48	**312**	26	9	**.743**	203	95	**292**	2.91
Kazumi Takahashi, Giants	43	214.1	12	11	.522	170	**113**	172	2.99
Katsuji Sakai, Whales	38	214.2	15	11	.577	99	52	201	3.01
Kazushi Saeki, Carp	28	132	6	8	.429	96	66	108	3.07
Hiromu Matsuoka, Atoms	46	300	17	**18**	.486	140	97	271	3.09
Yukitsura Matsumoto, Dragons	42	191.2	13	8	.619	76	54	173	3.14
Hidetake Watanabe, Giants	39	196.1	10	11	.476	106	37	179	3.168
Sohachi Aniya, Carp	32	139.1	8	10	.444	93	32	114	3.172
Yoshiro Sotokoba, Carp	41	230.2	11	15	.423	158	60	200	3.35
Masaji Hiramatsu, Whales	41	243.2	13	15	.464	118	84	211	3.43
Tetsuo Nishii, Atoms	32	131.1	9	5	.643	61	54	117	3.64
Keishi Asano, Atoms	37	168.1	6	14	.300	98	65	146	3.96

Leaders and Award Winners

Home Runs
Sadaharu Oh, Giants—48
Koichi Tabuchi, Tigers—34
Sachio Kinugasa, Carp—29
John Miller, Dragons—27
Shigeo Nagashima, Giants—27

Runs Batted In
Sadaharu Oh, Giants—120
Sachio Kinugasa, Carp—99
Shigeo Nagashima, Giants—92
Koichi Tabuchi, Tigers—82
John Miller, Dragons—81

Wins
Tsuneo Horiuchi, Giants—26
Yutaka Enatsu, Tigers—23
Mitsuo Inaba, Dragons—20
Hiromu Matsuoka, Atoms—17
Katsuji Sakai, Whales—15

Strikeouts
Yutaka Enatsu, Tigers—233
Tsuneo Horiuchi, Giants—203
Kazumi Takahashi, Giants—170
Yoshiro Sotokoba, Carp—158
Mitsuo Inaba, Dragons—140
Hiromu Matsuoka, Atoms—140

Most Valuable Player
Tsuneo Horiuchi, Giants

Sawamura Award
Tsuneo Horiuchi, Giants

Rookie of the Year
Takeshi Yasuda, Atoms

Best Nine
Pitcher—Tsuneo Horiuchi, Giants
Catcher—Koichi Tabuchi, Tigers
First Base—Sadaharu Oh, Giants
Second Base—John Sipin, Whales
Third Base—Shigeo Nagashima, Giants
Shortstop—Toshiyuki Mimura, Carp
Outfield—Shigeru Takada, Giants
Outfield—Isao Shibata, Giants
Outfield—Tsutomu Wakamatsu, Swallows

Gold Glove Awards
Pitcher—Tsuneo Horiuchi, Giants
Catcher—Akihiko Oya, Atoms
First Base—Sadaharu Oh, Giants
Second Base—John Sipin, Whales
Third Base—Shigeo Nagashima, Giants
Shortstop—Bart Shirley, Dragons
Outfield—Shigeru Takada, Giants
Outfield—Koji Yamamoto, Carp
Outfield—Isao Shibata, Giants

PACIFIC LEAGUE

Team	G	W	L	T	PCT	GB	BA	HR	ERA	E
Hankyu Braves	130	80	48	2	.625	—	.260	167	3.19	114
Kintetsu Buffaloes	130	64	60	6	.5161	14.0	.248	123	3.07	85
Nankai Hawks	130	65	61	4	.5158	14.0	.253	133	3.48	108
Toei Flyers	130	63	61	6	.508	15.0	.270	149	3.82	94
Lotte Orions	130	59	68	3	.465	20.5	.264	148	4.54	90
Nishitetsu Lions	130	47	80	3	.370	32.5	.242	110	4.12	99

Qualifiers for Batting Championship

Player and Team	G	AB	R	H	2B	3B	HR	RBI	SB	AVG
Isao Harimoto, Flyers	127	472	93	**169**	25	4	31	89	10	**.358**
George Altman, Orions	112	384	46	126	27	1	21	90	4	.328
Jinten Haku, Flyers	126	486	67	153	**33**	3	19	80	20	.315
Hiromitsu Kadota, Hawks	125	475	73	147	24	2	14	58	4	.309

Player and Team	G	AB	R	H	2B	3B	HR	RBI	SB	AVG
Yutaka Fukumoto, Braves	122	472	99	142	25	6	14	40	**106**	.3008
Mitsuo Motoi, Lions	128	459	64	138	18	3	20	43	25	.3006
Masahiro Doi, Buffaloes	118	426	66	128	18	0	30	84	5	.3004
Yozo Nagabuchi, Buffaloes	128	**503**	72	151	16	0	22	57	15	.3001
Katsuo Osugi, Flyers	130	492	81	145	18	1	40	**101**	0	.295
Clarence Jones, Hawks	126	452	65	132	19	1	32	70	4	.292
Katsuya Nomura, Hawks	129	473	62	138	16	0	35	**101**	4	.2917
Tokuji Nagaike, Braves	111	386	72	112	11	1	**41**	95	6	.2901
Bill Sorrell, Braves	119	424	52	123	22	6	16	63	5	.29009
Hideji Kato, Braves	118	362	59	105	25	2	13	54	11	.29005
Michiyo Arito, Orions	130	494	88	141	20	7	29	71	31	.285
Toshizo Sakamoto, Flyers	126	496	75	138	13	1	16	62	6	.278
Shojiro Kikukawa, Lions	116	381	40	105	13	1	6	27	16	.276
Masayoshi Higashida, Lions	114	377	44	103	16	3	9	42	3	.273
Toru Ogawa, Buffaloes	125	446	68	121	23	**8**	10	32	10	.2713
Masayuki Tanemo, Braves	112	373	29	101	17	2	5	38	2	.2707
Tsuyoshi Oshita, Flyers	124	467	67	126	22	3	3	39	39	.270
Iwao Ikebe, Orions	121	459	69	123	22	0	21	70	11	.268
Teruhide Sakurai, Hawks	124	466	50	121	13	2	5	27	4	.260
Takao Ise, Buffaloes	117	374	48	96	18	0	14	48	10	.257
Yoshiyuki Sano, Hawks	112	379	37	97	13	0	10	36	5	.2559
Yoshio Abe, Lions	120	360	45	92	20	1	7	26	6	.2555
Willie Smith, Hawks	120	420	51	107	15	0	24	66	3	.255
Hiroyuki Yamazaki, Orions	123	442	54	107	22	1	16	58	4	.242
Yoshinori Hirose, Hawks	110	374	54	90	14	2	0	25	42	.241
Yutaka Ohashi, Braves	112	352	40	76	10	2	15	42	6	.216

Qualifiers for Earned Run Average Championship

Player and Team	G	IP	W	L	PCT	SO	BB	H	ERA
Toshihiko Sei, Buffaloes	45	236.1	19	14	.576	158	67	191	**2.36**
Toshio Kanbe, Buffaloes	46	210.2	13	9	.591	112	58	186	2.388
Akira Tanaka, Lions	57	143	3	5	.375	58	34	128	2.391
Michio Sato, Hawks	**64**	154	9	3	**.750**	93	58	115	2.51
Mitsuhiro Adachi, Braves	34	195.1	16	6	.727	71	31	174	2.63
Takenori Emoto, Hawks	38	237.1	16	13	.552	115	118	205	3.04
Hisashi Yamada, Braves	43	231	**20**	8	.714	142	52	186	3.08
Kiyohiro Miura, Hawks	25	136.2	9	7	.563	41	44	130	3.15
Tetsuya Yoneda, Braves	29	155.2	10	7	.588	81	56	139	3.23
Tomehiro Kaneda, Flyers	51	275	**20**	12	.625	178	60	245	3.24
Keishi Suzuki, Buffaloes	43	242	14	15	.483	**180**	101	213	3.42
Michiharu Morinaka, Flyers	30	164.1	11	6	.647	87	34	172	3.46
Koichiro Sasaki, Buffaloes	36	199.2	10	15	.400	86	49	189	3.47
Sanshiro Nishioka, Hawks	29	170.1	11	13	.458	46	58	160	3.55
Osamu Higashio, Lions	55	**309.2**	18	**25**	.419	171	110	**313**	3.66
Yoshimasa Takahashi, Flyers	38	185	10	13	.435	88	47	172	3.79

Part One : 1972 Season

Player and Team	G	IP	W	L	PCT	SO	BB	H	ERA
Hajime Kato, Lions	48	246	17	16	.515	114	**137**	220	3.95
Masaaki Koyama, Orions	28	152.1	9	6	.600	57	26	167	4.09
Osamu Nomura, Orions	47	220.1	14	10	.583	97	49	216	4.13
Masanori Murakami, Hawks	33	147.1	11	9	.550	57	46	156	4.29
Akira Kawahara, Lions	43	140	5	12	.294	62	72	135	4.31
Makoto Fujiwara, Flyers	42	147.1	7	13	.350	79	40	149	4.41
Fumio Narita, Orions	41	233.2	11	14	.440	122	55	229	4.42

Leaders and Award Winners

Home Runs
Tokuji Nagaike, Braves—41
Katsuo Osugi, Flyers—40
Katsuya Nomura, Hawks—35
Clarence Jones, Hawks—32
Isao Harimoto, Flyers—31

Runs Batted In
Katsuya Nomura, Hawks—101
Katsuo Osugi, Flyers—101
Tokuji Nagaike, Braves—95
George Altman, Orions—90
Isao Harimoto, Flyers—89

Wins
Tomehiro Kaneda, Flyers—20
Hisashi Yamada, Braves—20
Toshihiko Sei, Buffaloes—19
Osamu Higashio, Lions—18
Hajime Kato, Lions—17

Strikeouts
Keishi Suzuki, Buffaloes—180
Tomehiro Kaneda, Flyers—178
Osamu Higashio, Lions—171
Toshihiko Sei, Buffaloes—158
Hisashi Yamada, Braves—142

Most Valuable Player
Yutaka Fukumoto, Braves

Rookie of the Year
Hajime Kato, Lions

Best Nine
Pitcher—Hisashi Yamada, Braves
Catcher—Katsuya Nomura, Hawks
First Base—Katsuo Osugi, Flyers
Second Base—Mitsuo Motoi, Lions
Third Base—Michio Arito, Orions
Shortstop—Yutaka Ohashi, Braves
Outfield—Isao Harimoto, Flyers
Outfield—Yutaka Fukumoto, Braves
Outfield—Tokuji Nagaike, Braves

Gold Glove Awards
Pitcher—Mitsuhiro Adachi, Braves
Catcher—Masayuki Tanemo, Braves
First Base—Katsuo Osugi, Flyers
Second Base—Tsuyoshi Oshita, Flyers
Third Base—Michiyo Arito, Orions
Shortstop—Yutaka Ohashi, Braves
Outfield—Yutaka Fukumoto, Braves
Outfield—Iwao Ikebe, Orions
Outfield—Yoshinori Hirose, Hawks

ALL-STAR GAMES

Managers—Tetsuharu Kawakami (Central League)—Yukio Nishimoto (Pacific League)

Game	Date	Site	C.L. Pitcher	Score	P.L. Pitcher
1	7/22	Tokyo	Tomohiro Tanimura (L)	2-5	Mitsuhiro Adachi (W)

Home Runs—Koichi Tabuchi (C), Katsuya Nomura (P), Toshizo Sakamoto (P), Katsuo Osugi (P)
MVP—Katsuya Nomura (P)

Game	Date	Site	C.L. Pitcher	Score	P.L. Pitcher
2	7/23	Kawasaki	Katsuji Sakai (L)	0-4	Hisashi Yamada (W)

Home Runs—Toshizo Sakamoto (P), Katsuo Osugi (P)
MVP—Toshizo Sakamoto (P)

Game	Date	Site	C.L. Pitcher	Score	P.L. Pitcher
3	7/25	Koshien	Yutaka Enatsu (W)	1-0	Koji Ota (L)

Home Runs—none
MVP—Yoshihiro Ikeda (C)

JAPAN SERIES

Teams and Managers—Central League's Yomiuri Giants (Tetsuharu Kawakami) 4—Pacific League's Hankyu Braves (Yukio Nishimoto) 1

Game	Date	Site	Giants Pitcher	Score	Braves Pitcher
1	10/21	Korakuen	Tsuneo Horiuchi (W)	5-3	Hisashi Yamada (L)

Home Runs—Tamio Suetsugu—2 (Giants), Taira Sumitomo (Braves), Tokuji Nagaike (Braves)

Game	Date	Site	Giants Pitcher	Score	Braves Pitcher
2	10/23	Korakuen	Tsuneo Horiuchi (W)	6-4	Yoshiro Kodama (L)

Home Runs—Tokuji Nagaike (Braves)

Game	Date	Site	Giants Pitcher	Score	Braves Pitcher
3	10/25	Nishinomiya	Tsuneo Horiuchi (L)	3-5	Mitsuhiro Adachi (W)

Home Runs—Shigeo Nagashima (Giants), Hideji Kato—2 (Braves)

Game	Date	Site	Giants Pitcher	Score	Braves Pitcher
4	10/26	Nishinomiya	Katsuya Sugawara (W)	3-1	Hisashi Yamada (L)

Home Runs—none

Game	Date	Site	Giants Pitcher	Score	Braves Pitcher
5	10/28	Nishiinomiya	Kazumi Takahashi (W)	8-3	Yoshinori Toda (L)

Home Runs—Sadaharu Oh (Giants), Shigeo Nagashima (Giants), Yukinobu Kuroe (Giants), Masahiko Mori (Giants), Tadayoshi Okuma (Braves), Tokuji Nagaike (Braves)

Awards
Most Valuable Player—Tsuneo Horiuchi, Giants
Fighting Spirit—Mitsuhiro Adachi, Braves
Leading Hitter—Sadaharu Oh, Giants
Outstanding Pitcher—Tsuneo Horiuchi, Giants
Outstanding Player—Shigeo Nagashima, Giants
Outstanding Technique—Tamio Suetsugu, Giants

1973 SEASON

CENTRAL LEAGUE

Team	G	W	L	T	PCT	GB	BA	HR	ERA	E
Yomiuri Giants	130	66	60	4	.524	—	.253	149	3.25	94
Hanshin Tigers	130	64	59	7	.520	0.5	.234	115	2.82	76
Chunichi Dragons	130	64	61	5	.512	1.5	.242	108	2.98	96
Yakult Atoms	130	62	65	3	.488	4.5	.228	78	2.60	117
Taiyo Whales	130	60	64	6	.484	5.0	.243	125	3.30	81
Hiroshima Toyo Carp	130	60	67	3	.472	6.5	.223	104	3.04	77

Qualifiers for Batting Championship

Player and Team	G	AB	R	H	2B	3B	HR	RBI	SB	AVG
Sadaharu Oh, Giants	130	428	111	152	18	0	51	114	2	.355

Part One : 1973 Season

Player and Team	G	AB	R	H	2B	3B	HR	RBI	SB	AVG
Tsutomu Wakamatsu, Swallows	128	438	59	137	**29**	2	17	60	12	.313
Kenichi Yazawa, Dragons Atoms	126	454	47	134	26	0	10	45	0	.2951
John Sipin, Whales	123	478	70	141	22	0	33	75	4	.2949
Akira Ejiri, Whales	122	433	54	126	18	1	15	44	8	.291
Shinichi Eto, Whales	111	365	30	103	7	0	15	44	2	.282
Taira Fujita, Tigers	130	**519**	73	146	27	2	17	59	8	.281
Makoto Matsubara, Whales	130	507	55	141	24	0	24	78	3	.278
Isao Shibata, Giants	125	495	81	137	17	**6**	6	34	24	.277
Morimichi Takagi, Dragons	122	480	68	131	20	3	5	31	**28**	.273
Koji Yamamoto, Carp	126	449	68	121	24	1	19	46	10	.2694
Toshiyuki Mimura, Carp	121	449	56	121	14	2	12	32	7	.2694
Shigeo Nagashima, Giants	127	483	60	130	14	0	20	76	3	.2691
Kinji Shimatani, Dragons	119	374	41	99	16	1	21	58	8	.265
Jimmy Williams, Dragons	118	413	41	109	19	4	10	38	14	.264
Tamio Suetsugu, Giants	126	424	47	111	17	3	13	59	6	.262
Keitoku Yamashita, Atoms	130	433	37	112	10	3	11	43	10	.2586
Yoshihiro Ikeda, Tigers	120	441	43	114	23	1	11	52	3	.2585
Koichi Tabuchi, Tigers	119	398	77	102	6	0	37	90	0	.256
Tatsuhiko Kimata, Dragons	117	363	40	91	15	0	9	32	1	.25068
Shigeru Takada, Giants	121	375	67	94	18	1	14	42	18	.25066
Kazuaki Goto, Tigers	117	378	22	92	7	1	9	33	0	.243
Isamu Ito, Whales	130	394	31	93	14	0	11	35	2	.236
Fumihiro Tojo, Atoms	125	407	35	91	14	2	2	28	9	.224
Sachio Kinugasa, Carp	130	454	52	94	12	1	19	53	6	.207

Qualifiers for Earned Run Average Championship

Player and Team	G	IP	W	L	PCT	SO	BB	H	ERA
Takeshi Yasuda, Atoms	**53**	208.2	10	12	.455	107	25	175	**2.02**
Kazumi Takahashi, Giants	45	306.1	23	13	.639	**238**	**139**	215	2.21
Jiro Ueda, Tigers	46	287.1	22	14	.611	169	76	229	2.226
Hiromu Matsuoka, Atoms	48	295	21	18	.538	218	115	223	2.227
Kazushi Saeki, Carp	45	277.2	19	16	.543	166	89	210	2.30
Keishi Asano, Atoms	43	178.1	14	12	.538	136	63	137	2.376
Yukitsura Matsumoto, Dragons	39	234	14	11	.560	90	51	201	2.384
Motoyasu Kaneshiro, Carp	40	131.1	10	6	.625	106	35	99	2.54
Jun Misawa, Dragons	45	137	10	8	.556	87	34	103	2.56
Yutaka Enatsu, Tigers	**53**	**307**	**24**	13	.649	215	82	**258**	2.58
Yoshiro Sotokoba, Carp	44	249	12	**19**	.387	160	74	199	2.64
Shigeyuki Takahashi, Whales	44	206.1	9	11	.450	129	43	173	2.708
Naoki Enomoto, Atoms	37	146.1	5	4	.556	74	51	117	2.712
Tomohiro Tanimura, Tigers	41	185	7	12	.368	80	44	176	2.72
Makoto Kurata, Giants	49	187.1	18	9	**.667**	142	63	156	2.74
Yukiharu Shibuya, Dragons	38	198.1	11	12	.478	67	42	175	2.86

Player and Team	G	IP	W	L	PCT	SO	BB	H	ERA
Masaji Hiramatsu, Whales	49	207.2	17	11	.607	110	56	180	3.03
Senichi Hoshino, Dragons	44	166	16	11	.593	96	55	134	3.04
Katsuji Sakai, Whales	30	147.2	7	9	.438	62	45	122	3.22
Ritsuo Yamashita, Whales	42	192.1	13	10	.565	91	56	184	3.38
Shitoshi Sekimoto, Giants	38	140	4	10	.286	69	46	143	3.407
Sohachi Aniya, Carp	40	139.2	5	5	.500	73	32	132	3.407
Kenji Furusawa, Tigers	43	132.1	9	9	.500	71	40	107	3.409
Mitsuo Inaba, Dragons	33	160.2	6	12	.333	94	66	141	3.52
Hisanobu Mizutani, Dragons	33	140	6	6	.500	59	42	119	3.54
Hiroaki Takeuchi, Whales	38	166	9	13	.409	69	72	152	3.58
Tsuneo Horiuchi, Giants	39	221	12	17	.414	113	70	238	4.52

Leaders and Award Winners

Home Runs
Sadaharu Oh, Giants—51
Koichi Tabuchi, Tigers—37
John Sipin, Whales—33
Makoto Matsubara, Whales—24
Kinji Shimatani, Dragons—21

Runs Batted In
Sadaharu Oh, Giants—114
Koichi Tabuchi, Tigers—90
Makoto Matsubara, Whales—78
Shigeo Nagashima, Giants—76
John Sipin, Whales—75

Wins
Yutaka Enatsu, Tigers—24
Kazumi Takahashi, Giants—23
Jiro Ueda, Tigers—22
Hiromu Matsuoka, Atoms—21
Kazushi Saeki, Carp—19

Strikeouts
Kazumi Takahashi, Giants—238
Hiromu Matsuoka, Atoms—218
Yutaka Enatsu, Tigers—215
Jiro Ueda, Tigers—169
Kazushi Saeki, Carp—166

Most Valuable Player
Sadaharu Oh, Giants

Sawamura Award
Kazumi Takahashi, Giants

Rookie of the Year
none

Best Nine
Pitcher—Kazumi Takahashi, Giants
Catcher—Koichi Tabuchi, Tigers
First Base—Sadaharu Oh, Giants
Second Base—John Sipin, Whales
Third Base—Shigeo Nagashima, Giants
Shortstop—Taira Fujita, Tigers
Outfield—Akira Ejiri, Whales
Outfield—Isao Shibata, Giants
Outfield—Tsutomu Wakamatsu, Swallows

Gold Glove Awards
Pitcher—Tsuneo Horiuchi, Giants
Catcher—Koichi Tabuchi, Tigers
First Base—Sadaharu Oh, Giants
Second Base—John Sipin, Whales
Third Base—Shigeo Nagashima (Giants), Clete Boyer (Whales)
Shortstop—Taira Fujita, Tigers
Outfield—Shigeru Takada, Giants
Outfield—Koji Yamamoto, Carp
Outfield—Isao Shibata, Giants

PACIFIC LEAGUE

TOTAL SEASON

Team	G	W	L	T	PCT	GB	BA	HR	ERA	E
*Nankai Hawks	130	68	58	4	.540	9.5	.260	113	3.35	108
Hankyu Braves	130	77	48	5	.616	—	.270	151	3.30	109
Lotte Orions	130	70	49	11	.588	4.0	.264	139	3.43	87
Taiheiyo Club Lions	130	59	64	7	.480	17.0	.239	116	3.58	75
Nittaku Home Flyers	130	55	69	6	.444	21.5	.254	133	3.97	92
Kintetsu Buffaloes	130	42	83	5	.336	35.0	.237	113	3.83	129

Indicates league champion

FIRST HALF

Team	G	W	L	T	PCT	GB
Nankai Hawks	65	38	26	1	.594	—
Lotte Orions	65	35	27	3	.565	2.0
Hankyu Braves	65	34	29	2	.540	3.5
Taiheiyo Club Lions	65	32	30	3	.516	5.0
Nittaku Home Flyers	65	25	37	3	.403	12.0
Kintetsu Buffaloes	65	23	38	4	.377	13.5

SECOND HALF

Team	G	W	L	T	PCT	GB
Hankyu Braves	65	43	19	3	.694	—
Lotte Orions	65	35	22	8	.614	5.5
Nankai Hawks	65	30	32	3	.484	13.0
Nittaku Home Flyers	65	30	32	3	.484	13.0
Taiheiyo Club Lions	65	27	34	4	.443	15.5
Kintetsu Buffaloes	65	19	45	1	.297	25.0

Qualifiers for Batting Championship

Player and Team	G	AB	R	H	2B	3B	HR	RBI	SB	AVG
Hideji Kato, Braves	118	436	69	147	27	6	20	91	16	**.337**
Isao Harimoto, Flyers	128	441	77	143	18	0	33	93	12	.324
Masahiro Doi, Buffaloes	122	414	60	131	15	0	29	76	2	.316
Tokuji Nagaike, Braves	128	479	89	150	16	2	**43**	**109**	5	.313
Hiromitsu Kadota, Hawks	127	484	66	150	26	1	18	65	3	.310
Katsuya Nomura, Hawks	129	475	65	147	18	0	28	96	3	.309
George Altman, Orions	120	365	54	112	17	1	27	80	4	.307
Yutaka Fukumoto, Braves	123	497	**100**	**152**	29	10	13	54	**95**	.306
Michiyo Arito, Orions	122	453	83	136	22	4	20	71	17	.300
Sumio Hirota, Orions	127	499	87	147	18	6	13	50	22	.295
Mitsuo Motoi, Lions	102	359	51	105	12	2	18	59	9	.292
Toru Ogawa, Buffaloes	123	432	61	125	18	4	19	63	16	.289
Teruhide Sakurai, Hawks	111	440	60	124	17	2	3	28	17	.282
Mikio Sendo, Flyers	127	444	55	122	16	3	10	57	2	.275
Kunio Fukutomi, Lions	117	385	61	105	21	3	12	42	5	.273

Player and Team	G	AB	R	H	2B	3B	HR	RBI	SB	AVG
Katsuo Osugi, Flyers	130	478	74	129	14	1	34	85	3	.270
Toshizo Sakamoto, Flyers	130	478	60	128	20	0	10	41	7	.268
Jim Lefebvre, Orions	111	400	50	106	12	2	29	63	1	.265
Shojiro Kikukawa, Lions	122	425	43	112	11	2	2	43	11	.264
Mitsuru Fujiwara, Hawks	128	430	41	113	24	1	10	44	4	.2627
Taira Sumitomo, Braves	127	453	82	119	14	3	10	62	21	.2626
Tsuyoshi Oshita, Flyers	107	406	62	106	6	3	8	30	24	.261
Masayoshi Higashida, Lions	114	387	41	101	15	1	16	51	4	.2609
Ikuo Shimano, Hawks	130	**559**	68	141	17	2	2	28	61	.252
Masashi Takenouchi, Lions	110	402	48	101	16	1	22	70	1	.251
Kunizo Umeda, Lions	118	348	51	86	9	3	2	18	33	.247
Clarence Jones, Hawks	126	410	75	100	9	0	32	76	1	.244
Don Buford, Lions	130	472	81	114	17	3	20	60	25	.242
Hiroyuki Yamazaki, Orions	123	377	45	90	13	2	9	27	11	.239

Qualifiers for Earned Run Average Championship

Player and Team	G	IP	W	L	PCT	SO	BB	H	ERA
Tetsuya Yoneda, Braves	32	175.1	15	3	.833	103	52	149	**2.47**
Akira Tanaka, Lions	52	143.1	11	10	.524	60	39	127	2.58
Fumio Narita, Orions	52	**273.2**	**21**	10	.677	**178**	89	203	2.63
Takashi Mizutani, Braves	30	138	12	4	.750	66	34	129	2.67
Takenori Emoto, Hawks	34	217.1	12	14	.462	95	85	167	2.74
Soroku Yagisawa, Orions	55	130.1	7	1	**.875**	68	25	112	2.77
Masaaki Kitaru, Orions	44	165.1	14	7	.667	88	37	141	2.84
Akio Matsubara, Hawks	27	140.2	7	7	.500	56	66	130	2.87
Sanshiro Nishioka, Hawks	30	200.1	12	8	.600	55	54	203	2.93
Yoshinori Toda, Braves	39	138.2	8	9	.471	71	45	131	3.04
Michio Sato, Hawks	**60**	130.1	11	12	.478	76	38	117	3.18
Choji Murata, Orions	40	157	8	11	.421	104	79	134	3.21
Koji Ota, Buffaloes	40	192	6	14	.300	113	74	161	3.23
Osamu Higashio, Lions	48	257.1	15	14	.517	104	**91**	**250**	3.29
Shinichi Yamauchi, Hawks	36	243	20	8	.714	85	78	219	3.30
Naoki Takahashi, Flyers	35	171.1	12	9	.571	67	31	157	3.32
Shigeo Ishii, Lions	40	196.1	12	13	.480	63	59	187	3.35
Keishi Suzuki, Buffaloes	30	171.2	11	13	.458	119	**91**	127	3.40
Hisashi Yamada, Braves	36	207.1	15	10	.600	99	47	194	3.57
Hidetake Watanabe, Flyers	43	214	11	14	.440	85	39	220	3.62
Satoshi Niimi, Flyers	54	222.1	12	13	.480	117	78	223	3.65
Tomehiro Kaneda, Flyers	37	166.2	7	16	.304	96	43	161	3.77
Hajime Kato, Lions	43	159.2	8	11	.421	90	77	145	4.16
Osamu Nomura, Orions	39	141.1	6	10	.375	81	38	152	4.34
Toshihiko Sei, Buffaloes	45	174	5	**17**	.227	89	59	188	4.71

Part One : 1973 Season

Leaders and Award Winners

Home Runs
Tokuji Nagaike, Braves—43
Katsuo Osugi, Flyers—34
Isao Harimoto, Flyers—33
Clarence Jones, Hawks—32
Masahiro Doi, Buffaloes—29
Jim Lefebvre, Orions—29

Runs Batted In
Tokuji Nagaike, Braves—109
Katsuya Nomura, Hawks—96
Isao Harimoto, Flyers—93
Hideji Kato, Braves—91
Katsuo Osugi, Flyers—85

Wins
Fumio Narita, Orions—21
Shinichi Yamauchi, Hawks—20
Osamu Higashio, Lions—15
Hisashi Yamada, Braves—15
Tetsuya Yoneda, Braves—15

Strikeouts
Fumio Narita, Orions—178
Keishi Suzuki, Buffaloes—119
Satoshi Niimi, Flyers—117
Koji Ota, Buffaloes—113
Osamu Higashio, Lions—104
Choji Murata, Orions—104

Most Valuable Player
Katsuya Nomura, Hawks

Rookie of the Year
Satoshi Niimi, Flyers

Best Nine
Pitcher—Fumio Narita, Orions
Catcher—Katsuya Nomura, Hawks
First Base—Hideji Kato, Braves
Second Base—Teruhide Sakurai, Hawks
Third Base—Michiyo Arito, Orions
Shortstop—Yutaka Ohashi, Braves
Outfield—Isao Harimoto, Flyers
Outfield—Yutaka Fukumoto, Braves
Outfield—Tokuji Nagaike, Braves

Gold Glove Awards
Pitcher—Fumio Narita, Braves
Catcher—Katsuya Nomura, Hawks
First Base—Clarence Jones, Hawks
Second Base—Teruhide Sakurai, Hawks
Third Base—Michiyo Arito, Orions
Shortstop—Yutaka Ohashi, Braves
Outfield—Yutaka Fukumoto, Braves
Outfield—Ikuo Shimano, Hawks
Outfield—Sumio Hirota, Orions

PACIFIC LEAGUE CHAMPIONSHIP

Teams and Managers—Nankai Hawks (Katsuya Nomura) 3—Hankyu Braves (Yukio Nishimoto) 2

Game	Date	Site	Hawks Pitcher	Score	Braves Pitcher
1	10/19	Osaka	Michio Sato (W)	4-2	Tetsuya Yoneda (L)

Home Runs—Yutaka Fukumoto (Braves), Koji Okada (Braves)

2	10/20	Osaka	Shinichi Yamauchi (L)	7-9 (11 innings)	Hisashi Yamada (W)

Home Runs—Hiromitsu Kadota (Hawks)—2, Clarence Jones (Hawks), Taira Sumitomo (Braves)—2

3	10/22	Nishinomiya	Takenori Emoto (W)	6-3	Takashi Mizutani (L)

Home Runs—Katsuya Nomura (Hawks), Clarence Jones (Hawks)—2

4	10/23	Nishinomiya	Sanshiro Nishioka (L)	1-13	Tetsuya Yoneda (W)

Home Runs—Yoshiyuki Sano (Hawks), Yutaka Ohashi (Braves), Taira Sumitomo (Braves)

5	10/24	Nishinomiya	Michio Sato (W)	2-1	Hisashi Yamada (L)

Home Runs—Willie Smith (Hawks), Yoshinori Hirose (Hawks), Hidetaka Togin (Braves)

Most Valuable Player—Michio Sato, Hawks

ALL-STAR GAMES

Managers—Tetsuharu Kawakami (Central League)—Yukio Nishimoto (Pacific League)

Game	Date	Site	C.L. Pitcher	Score	P.L. Pitcher
1	7/21	Jingu	Kazumi Takahashi (W)	9-3	Keishi Suzuki (L)

Home Runs—Shigeru Takada (C)
MVP—Tsutomu Wakamatsu (C)

2	7/22	Osaka	Jiro Ueda (L)	0-1	Shinichi Yamauchi (W)

Home Runs—none
MVP—Yutaka Fukumoto (P)

3	7/24	Heiwadei	Takeshi Yasuda (L)	1-2	Akira Tanaka (W)

Home Runs—Tsutomu Wakamatsu (P)
MVP—Hiroyuki Yamazaki (P)

JAPAN SERIES

Teams and Managers—Central League's Yomiuri Giants (Tetsuharu Kawakami) 4—Pacific League's Nankai Hawks (Katsuya Nomura) 1

Date	Site	Giants Pitcher	Score	Hawks Pitcher
1	10/27	Osaka	Kazumi Takahashi (L)	3-4	Takenori Emoto (W)

Home Runs—Shozo Doi (Giants), Masahiko Mori (Giants)

2	10/28	Osaka	Tsuneo Horiuchi (W)	3-2 (11 innings)	Michio Sato (L)

Home Runs—Takeshi Ueda (Giants)

3	10/30	Korakuen	Tsuneo Horiuchi (W)	3-2	Akio Matsubara (L)

Home Runs—Tsuneo Horiuchi—2 (Giants), Hiromitsu Kadota (Hawks)

4	10/31	Korakuen	Kazumi Takahashi (W)	6-2	Takenori Emoto (L)

Home Runs—Sadaharu Oh (Giants)

5	11/1	Korakuen	Makoto Kurata (W)	5-1	Sanshiro Nishioka (L)

Home Runs—Sadaharu Oh (Giants)

Awards
Most Valuable Player—Tsuneo Horiuchi, Giants
Fighting Spirit—Katsuya Nomura, Hawks
Leading Hitter—Tamio Suetsugu, Giants
Outstanding Pitcher—Tsuneo Horiuchi, Giants
Outstanding Player—Shigeru Takada, Giants
Outstanding Technique—Sadaharu Oh, Giants

1974 SEASON

CENTRAL LEAGUE

Team	G	W	L	T	PCT	GB	BA	HR	ERA	E
Chunichi Dragons	130	70	49	11	.588	—	.264	150	3.75	98
Yomiuri Giants	130	71	50	9	.587	—	.253	159	3.05	96
Yakult Swallows	130	60	63	7	.488	12.0	.233	111	3.14	91
Hanshin Tigers	130	57	64	9	.471	14.0	.237	136	3.45	88
Taiyo Whales	130	55	69	6	.444	17.5	.265	143	4.28	94
Hiroshima Toyo Carp	130	54	72	4	.429	19.5	.242	127	3.61	77

Qualifiers for Batting Championship

Player and Team	G	AB	R	H	2B	3B	HR	RBI	SB	AVG
Sadaharu Oh, Giants	130	385	**105**	128	18	0	**49**	107	1	**.332**
Tatsuhiko Kimata, Dragons	123	438	49	141	25	1	18	50	3	.322
Makoto Matsubara, Whales	128	**496**	74	**157**	26	2	21	83	9	.317
Tamio Suetsugu, Giants	129	440	54	139	25	4	13	77	5	.316
Tsutomu Wakamatsu, Swallows	130	477	80	149	30	4	20	74	18	.312
John Sipin, Whales	115	408	65	125	12	2	25	73	6	.306
Taira Fujita, Tigers	100	374	51	113	21	2	16	47	6	.302
Masayuki Nakatsuka, Whales	129	481	76	140	24	3	5	37	**28**	.29106
Shinichi Eto, Whales	111	378	34	110	11	0	16	67	3	.291
Kenichi Yazawa, Dragons	125	466	73	135	**31**	0	22	77	2	.28969
Hiroaki Inoue, Dragons	128	435	65	126	18	1	18	58	15	.28965
Clete Boyer, Whales	118	432	44	122	16	1	19	65	0	.2824
Akira Ejiri, Whales	120	426	54	120	9	4	10	37	4	.2816
Bobby Taylor, Tigers	127	489	62	136	23	4	12	38	7	.2781
Koichi Tabuchi, Tigers	129	407	83	113	14	0	45	95	2	.2776
Morimichi Takagi, Dragons	121	456	71	126	22	2	15	47	14	.276
Koji Yamamoto, Carp	127	476	74	131	23	2	28	74	18	.2752
Isao Shibata, Giants	128	448	67	123	14	2	12	50	13	.2745
Gene Martin, Dragons	128	464	67	125	13	1	35	87	0	.269
Shiro Takegami, Swallows	113	384	45	100	13	0	5	33	7	.260
Sachio Kinugasa, Carp	130	471	72	119	10	1	32	86	7	.253
Yoshihiro Ikeda, Tigers	107	378	32	95	23	6	6	42	1	.251
Kazuhide Funada, Swallows	119	384	38	96	11	2	6	32	20	.250
Shigeo Nagashima, Giants	128	442	56	108	16	1	15	55	2	.244
Keitoku Yamashita, Swallows	115	395	40	96	16	3	9	53	12	.243
Akihiko Oya, Swallows	130	431	31	103	20	0	13	41	6	.239
Roger Repoz, Swallows	106	354	55	82	15	0	25	54	5	.232

Triples Leader—Kazumasa Kono, Giants—7

Qualifiers for Earned Run Average Championship

Player and Team	G	IP	W-L-S	PCT	SO	BB	H	ERA
Shitoshi Sekimoto, Giants	37	162	10-5-1	.667	55	39	136	**2.28**
Keishi Asano, Swallows	41	256	12-15-5	.444	148	50	202	2.39
Shigeru Kobayashi, Giants	44	130.1	8-5-2	.615	72	29	125	2.42
Tsuneo Horiuchi, Giants	46	276.2	19-11-1	.633	127	80	217	2.66
Yutaka Enatsu, Tigers	41	197.2	12-14-8	.462	149	50	153	2.73
Hiromu Matsuoka, Swallows	39	257.1	17-15-1	.531	168	**95**	202	2.80
Yoshiro Sotokoba, Carp	46	**310.1**	18-**16**-3	.529	196	85	**259**	2.82
Senichi Hoshino, Dragons	49	188	15-9-**10**	.625	137	50	149	2.87
Yukitsura Matsumoto, Dragons	40	236.1	**20**-9-0	**.690**	89	38	232	3.13
Tetsuo Nishii, Swallows	35	153	11-6-1	.647	72	53	131	3.176
Takeshi Yasuda, Swallows	28	130.1	9-5-0	.643	63	17	143	3.184

Player and Team	G	IP	W-L-S	PCT	SO	BB	H	ERA
Kenji Furusawa, Tigers	37	220.1	15-10-1	.600	122	67	230	3.23
Jun Misawa, Dragons	45	200.2	11-9-0	.550	90	55	169	3.45
Motoyasu Kaneshiro, Carp	44	252	**20**-15-0	.571	**207**	71	214	3.64
Masaji Hiramatsu, Whales	46	243.2	15-**16**-2	.484	175	74	222	3.65
Jiro Ueda, Tigers	36	176.2	7-13-1	.350	82	61	197	4.02
Ritsuo Yamashita, Whales	44	196.1	9-14-5	.391	97	67	197	4.09
Tomohiro Tanimura, Tigers	36	157	5-13-1	.278	80	55	165	4.59

Games Leader—Kideyuki Okue, Whales—51

Leaders and Award Winners

Home Runs
Sadaharu Oh, Giants—49
Koichi Tabuchi, Tigers—45
Gene Martin, Dragons—35
Sachio Kinugasa, Carp—32
Koji Yamamoto, Carp—28

Runs Batted In
Sadaharu Oh, Giants—107
Koichi Tabuchi, Tigers—95
Gene Martin, Dragons—87
Sachio Kinugasa, Carp—86
Makoto Matsubara, Whales—83

Wins
Motoyasu Kaneshiro, Carp—20
Yukitsura Matsumoto, Dragons—20
Tsuneo Horiuchi, Giants—19
Yoshiro Sotokoba, Carp—18
Hiromu Matsuoka, Swallows—17

Strikeouts
Motoyasu Kaneshiro, Carp—207
Yoshiro Sotokoba, Carp—196
Masaji Hiramatsu, Whales—175
Hiromu Matsuoka, Swallows—168
Yutaka Enatsu, Tigers—149

Most Valuable Player
Sadaharu Oh, Giants

Sawamura Award
Senichi Hoshino, Dragons

Rookie of the Year
Yukio Fujinami, Dragons

Best Nine
Pitcher—Tsuneo Horiuchi, Giants
Catcher—Koichi Tabuchi, Tigers
First Base—Sadaharu Oh, Giants
Second Base—Morimichi Takagi, Dragons
Third Base—Shigeo Nagashima, Giants
Shortstop—Taira Fujita, Tigers
Outfield—Tsutomu Wakamatsu, Swallows
Outfield—Tamio Suetsugu, Giants
Outfield—Gene Martin, Dragons

Gold Glove Awards
Pitcher—Tsuneo Horiuchi, Giants
Catcher—Koichi Tabuchi, Tigers
First Base—Sadaharu Oh, Giants
Second Base—Morimichi Takagi, Dragons
Third Base—Clete Boyer, Whales
Shortstop—Kazumasa Kono, Giants
Outfield—Shigeru Takada, Giants
Outfield—Koji Yamamoto, Carp
Outfield—Isao Shibata, Giants

PACIFIC LEAGUE

TOTAL SEASON

Team	G	W	L	T	PCT	GB	BA	HR	ERA	E
*Lotte Orions	130	69	50	11	.580	—	.265	114	3.18	89
Hankyu Braves	130	69	51	10	.575	0.5	.258	125	3.52	103
Nankai Hawks	130	59	55	16	.518	7.5	.2456	124	3.06	101
Taiheiyo Club Lions	130	59	64	7	.480	12.0	.235	90	3.46	78
Kintetsu Buffaloes	130	56	66	8	.459	14.5	.230	131	3.63	99
Nippon Ham Fighters	130	49	75	6	.395	22.5	.2463	96	4.11	110

Indicates league champion

FIRST HALF

Team	G	W	L	T	PCT	GB
Hankyu Braves	65	36	23	6	.610	—
Lotte Orions	65	31	27	7	.534	4.5
Taiheiyo Club Lions	65	30	30	5	.500	6.5
Nankai Hawks	65	27	28	10	.491	7.0
Kintetsu Buffaloes	65	27	32	6	.458	9.0
Nippon Ham Fighters	65	25	36	4	.410	12.0

SECOND HALF

Team	G	W	L	T	PCT	GB
Lotte Orions	65	38	23	4	.623	—
Nankai Hawks	65	32	27	6	.542	5.0
Hankyu Braves	65	33	28	4	.541	5.0
Taiheiyo Club Lions	65	29	34	2	.460	10.0
Kintetsu Buffaloes	65	29	34	2	.460	10.0
Nippon Ham Fighters	65	24	39	2	.381	15.0

Qualifiers for Batting Championship

Player and Team	G	AB	R	H	2B	3B	HR	RBI	SB	AVG
Isao Harimoto, Fighters	120	406	64	138	20	3	14	62	14	**.340**
Don Buford, Lions	108	382	55	126	16	1	14	43	15	.330
Yutaka Fukumoto, Braves	129	477	**84**	**156**	19	7	8	52	**94**	.327
Hideji Kato, Braves	120	428	65	138	25	2	19	75	24	.322
Wes Parker, Hawks	127	482	66	145	27	3	14	59	3	.301
Sumio Hirota, Orions	123	434	56	128	18	4	9	60	26	.295
Tokuji Nagaike, Braves	121	442	60	128	18	1	27	**96**	9	.290
Toshizo Sakamoto, Fighters	109	393	38	110	20	2	10	47	16	.280
Hiroyuki Yamazaki, Orions	124	454	62	126	**32**	3	11	58	6	.27753
Kiyoshi Morimoto, Braves	121	418	47	116	27	1	16	61	4	.27751
Masahiro Doi, Buffaloes	130	429	60	119	8	0	29	67	5	.277
Toru Ogawa, Buffaloes	119	392	59	108	5	2	7	32	20	.276
Ikuo Shimano, Hawks	106	380	55	104	17	6	2	25	30	.274

Player and Team	G	AB	R	H	2B	3B	HR	RBI	SB	AVG
Hiromitsu Kadota, Hawks	124	432	62	116	23	4	27	76	1	.269
Michiyo Arito, Orions	117	419	79	110	15	5	25	63	20	.263
Teruhide Sakurai, Hawks	130	**502**	56	131	19	4	3	36	29	.2609
Jinten Haku, Fighters	114	418	63	109	20	1	15	42	24	.2607
Kunio Fukutomi, Lions	113	365	36	95	19	1	4	42	6	.260
Masashi Takenouchi, Lions	119	419	59	108	17	1	22	73	11	.258
Mikio Sendo, Fighters	113	356	31	91	9	3	6	39	3	.256
Koichi Hada, Buffaloes	130	501	54	124	12	0	14	55	9	.248
Tsuyoshi Oshita, Fighters	120	442	72	109	13	5	5	31	34	.247
Tadayoshi Okuma, Braves	123	379	59	93	15	3	7	35	8	.245
Mitsuo Motoi, Lions	114	391	50	95	10	1	12	37	9	.243
Katsuo Osugi, Fighters	130	461	54	108	14	0	22	90	4	.234
Clarence Jones, Buffaloes	130	411	66	93	12	1	**38**	90	5	.226

Qualifiers for Earned Run Average Championship

Player and Team	G	IP	W-L-S	PCT	SO	BB	H	ERA
Michio Sato, Hawks	**68**	131.2	7-8-**13**	.467	77	36	114	**1.91**
Toshio Kanbe, Buffaloes	28	151	12-7-1	.632	74	48	129	2.38
Akira Tanaka, Lions	50	131	12-5-9	.706	42	26	122	2.61
Choji Murata, Orions	32	180.2	12-10-1	.545	108	87	151	2.69
Tomehiro Kaneda, Orions	36	201.2	**16**-7-0	.696	138	51	167	2.90
Takashi Mizutani, Braves	26	136	11-5-1	.688	37	30	124	2.91
Hajime Kato, Lions	34	189	12-12-0	.500	122	98	144	2.95
Koichi Nakayama, Hawks	28	154.1	8-9-0	.471	95	66	117	3.038
Akio Matsubara, Hawks	26	139.1	9-6-0	.600	59	43	130	3.043
Hisashi Yamada, Braves	41	130	11-6-11	.647	78	36	103	3.05
Masaaki Kitaru, Orions	36	201	13-6-2	.684	85	52	182	3.09
Mitsuhiro Adachi, Braves	30	180.2	10-9-1	.526	66	40	183	3.13
Takenori Emoto, Hawks	34	216.2	13-12-0	.520	116	**111**	185	3.15
Naoki Takahashi, Fighters	35	187.2	9-11-3	.450	119	34	165	3.21
Keishi Suzuki, Buffaloes	36	**229**	12-**15**-1	.444	**141**	68	**195**	3.22
Fumio Narita, Orions	37	178	9-10-3	.474	96	58	139	3.29
Satomi Bando, Buffaloes	36	162.1	10-10-3	.500	64	40	148	3.56
Akira Kawahara, Lions	30	142	5-10-1	.333	80	51	141	3.61
Osamu Nomura, Fighters	39	147.2	4-9-1	.308	69	41	137	3.65
Shinichi Yamauchi, Hawks	29	184	10-6-0	.625	83	72	174	3.67
Satoshi Niimi, Fighters	41	209.1	12-14-2	.462	74	62	194	3.83
Hidetake Watanabe, Fighters	42	130.2	4-6-1	.400	66	28	138	3.92
Yutaka Yanagida, Lions	41	140	6-7-2	.462	61	27	140	3.99
Kazuyoshi Takemura, Braves	31	136	9-3-0	**.750**	60	42	135	4.04
Shigeo Ishii, Lions	33	151.1	8-11-1	.421	54	54	156	4.23
Tetsuya Yoneda, Braves	31	130.2	11-8-1	.579	68	46	144	4.26
Koji Ota, Buffaloes	43	163.1	10-14-2	.417	77	76	156	4.64

Leaders and Award Winners

Home Runs
Clarence Jones Buffaloes—38
Masahiro Doi, Buffaloes—29
Hiromitsu Kadota, Hawks—27
Ron Lolich, Hawks—27
Tokuji Nagaike, Braves—27

Runs Batted In
Tokuji Nagaike, Braves—96
Clarence Jones, Buffaloes—90
Katsuo Osugi, Fighters—90
Hiromitsu Kadota, Hawks—76
Hideji Kato, Braves—75

Wins
Tomehiro Kaneda, Orions—16
Takenori Emoto, Hawks—13
Masaaki Kitaru, Orions—13
Toshio Kanbe, Buffaloes—12
Hajime Kato, Lions—12
Choji Murata, Orions—12
Satoshi Niimi, Fighters—12
Keishi Suzuki, Buffaloes—12
Akira Tanaka, Lions—12

Strikeouts
Keishi Suzuki, Buffaloes—141
Tomehiro Kaneda, Orions—138
Hajime Kato, Lions—122
Naoki Takahashi, Fighters—119
Takenori Emoto, Hawks—116

Most Valuable Player
Tomehiro Kaneda, Orions

Rookie of the Year
Masaharu Mitsui, Orions

Best Nine
Pitcher—Tomehiro Kaneda, Orions
Catcher—Kimiyasu Murakami, Orions
First Base—Clarence Jones, Buffaloes
Second Base—Hiroyuki Yamazaki, Orions
Third Base—Michiyo Arito, Orions
Shortstop—Yutaka Ohashi, Braves
Outfield—Yutaka Fukumoto, Braves
Outfield—Isao Harimoto, Fighters
Outfield—Don Buford, Lions

Gold Glove Awards
Pitcher—Mitsuhiro Adachi, Braves
Catcher—Kimiyasu Murakami, Orions
First Base—Wes Parker, Hawks
Second Base—Teruhide Sakurai, Hawks
Third Base—Michiyo Arito, Orions
Shortstop—Yutaka Ohashi, Braves
Outfield—Yutaka Fukumoto, Braves
Outfield—Sumio Hirota, Orions
Outfield—Ikuo Shimano, Hawks

PACIFIC LEAGUE CHAMPIONSHIP

Teams and Managers—Lotte Orions (Masaichi Kaneda) 3—Hanyu Braves (Toshiharo Ueda) 0

Game	Date	Site	Orions Pitcher	Score	Braves Pitcher
1	10/5	Nishinomiya	Norihiro Mizutani (W)	3-2	Mitsuhiro Adachi (L)

Home Runs—none

| 2 | 10/6 | Nishinomiya | Tomehiro Kaneda (W) | 8-3 | Takashi Mizutani (L) |

Home Runs—Hiroyuki Yamazaki (Orions), Tokuji Nagaike (Braves)

| 3 | 10/9 | Sendai | Choji Murata (W) | 4-0 | Tetsuya Yoneda (L) |

Home Runs—Takahiro Tokutsu (Orions)

Most Valuable Player—Choji Murata, Orions

ALL-STAR GAMES

Managers—Tetsuharu Kawakami (Central League)—Katsuya Nomura (Pacific League)

Game	Date	Site	C.L. Pitcher	Score	P.L. Pitcher
1	7/21	Korakuen	Hiromu Matsuoka (L)	2-3	Hisashi Yamada (W)

Home Runs—Yasuhiro Takai (P)
MVP—Yasuhiro Takai (P)

Game	Date	Site	C.L. Pitcher	Score	P.L. Pitcher
2	7/22	Nishinomiya	Yukitsura Matsumoto (L)	3-6	Koji Ota (W)

Home Runs—Shigeo Nagashima (C), Yutaka Fukumoto (P), Don Buford (P)
MVP—Yutaka Fukumoto (P)

Game	Date	Site	C.L. Pitcher	Score	P.L. Pitcher
3	7/23	Hiroshima	Yoshiro Sotokoba (L)	0-1	Satoshi Niimi (W)

Home Runs—none
MVP—Isao Harimoto (P)

JAPAN SERIES

Teams and Managers—Pacific League's Lotte Orions (Masaichi Kaneda) 4—Central League's Chunichi Dragons (Wally Yonamine) 2

Game	Date	Site	Orions Pitcher	Score	Dragons Pitcher
1	10/16	Chunichi	Choji Murata (L)	4-5	Senichi Hoshino (W)

Home Runs—Sumio Hirota (Orions)

Game	Date	Site	Orions Pitcher	Score	Dragons Pitcher
2	10/17	Chunichi	Haruo Narushige (W)	8-5	Senichi Hoshino (L)

Home Runs—Osamu Hirose (Dragons), Hiroyuki Yamazaki (Orions), Michiyo Arito (Orions)

Game	Date	Site	Orions Pitcher	Score	Dragons Pitcher
3	10/19	Korakuen	Fumio Narita (L)	4-5	Yukitsura Matsumoto (W)

Home Runs—Kenichi Yazawa—2 (Dragons), Kinji Shimatani (Dragons), Masuho Maeda (Orions)

Game	Date	Site	Orions Pitcher	Score	Dragons Pitcher
4	10/20	Korakuen	Tomehiro Kaneda (W)	6-3	Yukiharu Shibuya (L)

Home Runs—Morimichi Takagi (Dragons), Gene Martin (Dragons), Sumio Hirota (Orions), Michiyo Arito (Orions)

Game	Date	Site	Orions Pitcher	Score	Dragons Pitcher
5	10/21	Korakuen	Masaaki Kitaru (W)	2-0	Takamasa Suzuki (L)

Home Runs—none

Game	Date	Site	Orions Pitcher	Score	Dragons Pitcher
6	10/23	Chunichi	Choji Murata (W)	3-2 (10 innings)	Senichi Hoshino (L)

Home Runs—Yasunori Oshima (Dragons), Keisuke Senda (Orions)

Awards

Most Valuable Player—Sumio Hirota, Orions
Fighting Spirit—Morimichi Takagi, Dragons
Leading Hitter—Michiyo Arito, Orions
Outstanding Pitcher—Choji Murata, Orions
Outstanding Player—Hiroyuki Yamazaki, Orions
Outstanding Technique—Michiyo Arito, Orions

1975 SEASON

CENTRAL LEAGUE

Team	G	W	L	T	PCT	GB	BA	HR	ERA	E
Hiroshima Toyo Carp	130	72	47	11	.605	—	.256	131	2.96	85
Chunichi Dragons	130	69	53	8	.566	4.5	.271	133	3.18	86
Hanshin Tigers	130	68	55	7	.553	6.0	.252	128	3.34	76
Yakult Swallows	130	57	64	9	.471	16.0	.245	101	3.31	77
Taiyo Whales	130	51	69	10	.425	21.5	.249	137	3.93	84
Yomiuri Giants	130	47	76	7	.382	27.0	.236	117	3.53	92

Qualifiers for Batting Championship

Player and Team	G	AB	R	H	2B	3B	HR	RBI	SB	AVG
Koji Yamamoto, Carp	130	451	86	144	21	0	30	84	24	**.319**
Hiroaki Inoue, Dragons	130	468	80	**149**	20	0	18	65	11	.318
Koichi Tabuchi, Tigers	130	426	79	129	14	4	**43**	90	2	.303
Morimichi Takagi, Dragons	116	463	60	138	20	2	17	51	16	.298
John Sipin, Whales	130	501	73	148	17	1	34	82	1	.295
Kenichi Yazawa, Dragons	129	470	57	138	20	0	17	71	2	.294
Roger Repoz, Swallows	123	448	63	131	22	1	27	70	10	.292
Tsutomu Wakamatsu, Swallows	123	453	55	132	16	3	8	48	6	.291
Taira Fujita, Tigers	102	386	42	112	18	3	9	56	1	.290
Sadaharu Oh, Giants	128	393	77	112	14	0	33	**96**	1	.285
Richie Scheinblum, Carp	117	374	31	105	17	0	13	56	1	.2807
Toshiyuki Mimura, Carp	122	442	67	124	21	3	10	42	3	.2805
Kinji Shimatani, Dragons	130	432	60	121	**27**	2	20	76	9	.28009
Katsuhiro Nakamura, Tigers	130	475	79	133	19	2	16	43	12	.280
Makoto Matsubara, Whales	126	486	68	136	23	0	23	83	9	.2798
Tatsuhiko Kimata, Dragons	119	387	24	108	17	0	3	43	1	.279
Akira Ejiri, Whales	123	430	48	119	12	2	7	36	6	.277
Sachio Kinugasa, Carp	130	479	66	132	22	1	21	71	18	.276
Tsuyoshi Oshita, Carp	117	471	59	127	12	1	3	19	**44**	.270
Bobby Taylor, Tigers	126	465	56	123	15	5	11	48	1	.265
Keiichi Nagasaki, Whales	122	406	48	107	17	3	12	42	11	.264
Shozo Doi, Giants	111	406	37	107	9	2	7	27	4	.264
Ron Woods, Dragons	119	434	69	114	19	7	16	45	20	.263
Isao Shibata, Giants	126	450	73	118	13	4	10	45	24	.262
Iwao Ikebe, Tigers	121	396	36	103	13	2	3	28	5	.260
Masayuki Nakatsuka, Whales	128	**507**	60	131	13	4	6	29	33	.2583
Gene Martin, Dragons	119	376	52	97	14	0	22	62	3	.2579
Gail Hopkins, Carp	130	496	72	127	20	1	33	91	1	.256
Akihiko Oya, Swallows	130	436	27	106	17	0	9	43	2	.243
Katsuo Osugi, Swallows	115	389	42	92	9	1	13	54	1	.237
Clete Boyer, Whales	116	401	38	92	10	1	20	63	1	.229

Qualifiers for Earned Run Average Championship

Player and Team	G	IP	W-L-S	PCT	SO	BB	H	ERA
Sohachi Aniya, Tigers	66	140.2	12-5-7	.706	87	22	111	**1.91**
Hiromu Matsuoka, Swallows	41	201.2	13-9-6	.591	168	67	143	2.32
Yukitsura Matsumoto, Dragons	37	250	17-15-0	.531	98	40	217	2.41
Takeshi Yasuda, Swallows	44	243.2	16-12-4	.571	101	36	238	2.73
Senichi Hoshino, Dragons	40	217.2	17-5-4	**.773**	112	48	208	2.766
Mitsuo Inaba, Dragons	34	130.1	7-5-0	.583	76	37	104	2.769
Kazushi Saeki, Carp	40	250.2	15-10-0	.600	127	58	210	2.90
Yoshiro Sotokoba, Carp	41	**287**	**20**-13-0	.606	**193**	**89**	240	2.95
Takamasa Suzuki, Dragons	**67**	148.1	9-8-**21**	.529	117	25	113	2.98
Yutaka Enatsu, Tigers	49	208.1	12-12-6	.500	132	72	169	3.07
Shigeyuki Takahashi, Whales	30	135.1	5-12-1	.294	54	43	135	3.20
Jun Misawa, Dragons	38	185	13-7-0	.650	89	44	163	3.21
Takahiro Watanabe, Swallows	34	131.1	6-6-2	.500	59	30	127	3.23
Masaji Hiramatsu, Whales	28	172.1	12-10-2	.545	134	50	145	3.24
Kojiro Ikegaya, Carp	45	244	18-11-1	.621	131	62	**242**	3.32
Tetsuo Nishii, Swallows	43	178.1	9-15-0	.375	90	57	152	3.387
Shinichiro Ihara, Swallows	34	145.2	7-7-0	.500	83	57	134	3.39
Tadao Yokoyama, Giants	25	140.1	8-7-0	.533	73	38	122	3.41
Tomohiro Tanimura, Tigers	44	172	11-9-1	.550	42	42	180	3.45
Kenji Furusawa, Tigers	36	195	9-10-2	.474	101	51	197	3.60
Jiro Ueda, Tigers	36	170	9-9-1	.500	82	44	173	3.76
Tsuneo Horiuchi, Giants	38	213.2	10-**18**-0	.357	118	75	212	3.79
Katsuji Sakai, Whales	26	142.1	6-12-0	.333	60	58	151	3.87
Tomihiro Mashiba, Whales	44	137.1	6-7-0	.462	76	70	142	4.20
Ritsuo Yamashita, Whales	32	138	7-8-1	.467	66	52	154	4.30

Leaders and Award Winners

Home Runs
Koichi Tabuchi, Tigers—43
John Sipin, Whales—34
Gail Hopkins, Carp—33
Sadaharu Oh, Giants—33
Koji Yamamoto, Carp—30

Runs Batted In
Sadaharu Oh, Giants—96
Gail Hopkins, Carp—91
Koichi Tabuchi, Tigers—90
Koji Yamamoto, Carp—84
Makoto Matsubara, Whales—83

Wins
Yoshiro Sotokoba, Carp—20
Kojiro Ikegaya, Carp—18
Senichi Hoshino, Dragons—17
Yukitsura Matsumoto, Dragons—17
Takeshi Yasuda, Swallows—16

Strikeouts
Yoshiro Sotokoba, Carp—193
Hiromu Matsuoka, Swallows—168
Masaji Hiramatsu, Whales—134
Yutaka Enatsu, Tigers—132
Kojiro Ikegaya, Carp—131

Most Valuable Player
Koji Yamamoto, Carp

Sawamura Award
Yoshiro Sotokoba, Carp

Leaders and Award Winners

Rookie of the Year
none

Best Nine
Pitcher—Yoshiro Sotokoba, Carp
Catcher—Koichi Tabuchi, Tigers
First Base—Sadaharu Oh, Giants
Second Base—Tsuyoshi Oshita, Carp
Third Base—Sachio Kinugasa, Carp
Shortstop—Toshiyuki Mimura, Carp
Outfield—Koji Yamamoto, Carp
Outfield—Hiroaki Inoue, Dragons
Outfield—Chuck Manuel, Swallows

Gold Glove Awards
Pitcher—Tsuneo Horiuchi, Giants
Catcher—Akihiko Oya, Swallows
First Base—Sadaharu Oh, Giants
Second Base—Tsuyoshi Oshita, Carp
Third Base—Kinji Shimatani, Dragons
Shortstop—Taira Fujita, Tigers
Outfield—Koji Yamamoto, Carp
Outfield—Shigeru Takada, Giants
Outfield—Ron Woods, Dragons

PACIFIC LEAGUE

TOTAL SEASON

Team	G	W	L	T	PCT	GB	BA	HR	ERA	E
*Hankyu Braves	130	64	59	7	.520	8.0	.257	143	3.49	106
Kintetsu Buffaloes	130	71	50	9	.587	—	.2459	115	3.09	105
Taiheiyo Club Lions	130	58	62	10	.483	12.5	.261	135	3.73	126
Lotte Orions	130	59	65	6	.476	13.5	.259	108	3.33	122
Nankai Hawks	130	57	65	8	.467	14.5	.2457	102	2.98	125
Nippon Ham Fighters	130	55	63	12	.466	14.5	.258	100	3.89	119

*Indicates league champion

FIRST HALF

Team	G	W	L	T	PCT	GB
Hankyu Braves	65	38	25	2	.603	—
Taiheiyo Club Lions	65	30	29	6	.5084	6.0
Kintetsu Buffaloes	65	31	30	4	.5081	6.0
Nippon Ham Fighters	65	27	30	8	.474	8.0
Nankai Hawks	65	27	32	6	.458	9.0
Lotte Orions	65	27	34	4	.443	10.0

SECOND HALF

Team	G	W	L	T	PCT	GB
Kintetsu Buffaloes	65	40	20	5	.667	—
Lotte Orions	65	32	31	2	.508	9.5
Nankai Hawks	65	30	33	2	.476	11.5
Taiheiyo Club Lions	65	28	33	4	.459	12.5
Nippon Ham Fighters	65	28	33	4	.450	12.5
Hankyu Braves	65	26	34	5	.433	14.0

Qualifiers for Batting Championship

Player and Team	G	AB	R	H	2B	3B	HR	RBI	SB	AVG
Jinten Haku, Lions	102	379	57	121	18	2	16	53	13	**.3192**
Yoshihito Oda, Fighters	122	411	48	131	12	0	16	53	4	.3187
Hideji Kato, Braves	126	456	74	141	22	1	32	**97**	12	.309
Kyosuke Sasaki, Buffaloes	117	364	44	111	7	5	13	69	8	.305
Sumio Hirota, Orions	126	491	71	**148**	19	**6**	11	54	35	.3014
Takahiro Tokutsu, Orions	120	425	32	128	17	2	4	57	3	.3011
Bobby Marcano, Braves	124	460	64	137	22	**6**	23	71	5	.298
Toru Ogawa, Buffaloes	128	453	67	131	13	2	5	45	7	.289
Mitsuo Motoi, Lions	126	447	51	126	13	1	7	27	12	.2818
Matty Alou, Lions	123	458	49	129	**32**	1	8	45	7	.2816
Mikio Sendo, Fighters	117	384	42	108	17	1	5	36	7	.2812
Mitsuru Fujiwara, Hawks	130	477	59	134	12	4	4	40	29	.2809
Hiromitsu Kadota, Hawks	129	485	72	136	29	2	19	85	6	.280
Don Buford, Lions	129	**507**	68	140	16	0	21	67	12	.2761
Isao Harimoto, Fighters	119	410	45	113	12	2	15	46	6	.2756
Tokuji Nagaike, Braves	103	378	55	102	12	0	25	58	6	.2698
Hiroyuki Yamazaki, Orions	118	430	62	116	17	5	17	56	9	.2697
Hiroshi Takahashi, Fighters	123	391	40	105	11	0	12	40	10	.269
Masashi Takenouchi, Lions	122	393	49	105	12	3	19	55	6	.267
Katsuya Nomura, Hawks	129	473	63	126	11	0	28	92	3	.266
Tadayoshi Okuma, Braves	122	364	36	95	14	4	6	40	4	.2609
Narihiro Abe, Buffaloes	127	491	57	128	13	**6**	1	27	27	.26069
Toshizo Sakamoto, Fighters	96	353	47	92	16	1	6	27	10	.26062
Michiyo Arito, Orions	114	419	64	109	18	3	21	59	22	.2601
Masahiro Doi, Lions	130	481	74	125	9	0	**34**	82	2	.2598
Yutaka Fukumoto, Braves	130	491	**79**	127	26	4	10	51	**63**	.259
Teruhide Sakurai, Hawks	130	477	57	123	18	5	3	23	8	.258
Garry Jestadt, Fighters	130	451	34	109	18	1	9	45	2	.242
Bernie Williams, Braves	123	420	54	100	13	0	15	47	32	.238
Mike Andrews, Buffaloes	123	389	31	90	12	1	12	40	2	.231
Clarence Jones, Buffaloes	130	429	54	98	12	0	29	73	3	.228
Koichi Hada, Buffaloes	126	448	47	99	9	0	15	46	12	.221
Ron Lolich, Hawks	123	449	47	99	15	0	22	66	3	.220
Shigeru Ishiwata, Buffaloes	122	363	34	76	16	0	2	24	7	.209

Triples Co-Leader—Kazuo Hasegawa, Orions—6

Qualifiers for Earned Run Average Championship

Player and Team	G	IP	W-L-S	PCT	SO	BB	H	ERA
Choji Murata, Orions	39	191.2	9-12-**13**	.429	120	65	128	**2.20**
Keishi Suzuki, Buffaloes	33	239.1	22-6-0	**.786**	107	48	191	2.26

Player and Team	G	IP	W-L-S	PCT	SO	BB	H	ERA
Osamu Higashio, Lions	54	317.2	23-15-7	.605	**154**	63	**287**	2.38
Michio Sato, Hawks	42	150.2	9-9-6	.500	67	46	153	2.50
Shinichi Yamauchi, Hawks	29	219.1	10-12-0	.455	62	56	199	2.55
Mitsuhiro Adachi, Braves	26	191.2	11-10-0	.524	66	32	177	2.72
Yoshitaka Kihara, Lions	26	160.1	10-9-0	.526	57	17	148	2.76
Norihiro Mizutani, Orions	32	132	9-7-0	.563	54	38	127	2.80
Takashi Yamaguchi, Braves	32	203	12-13-1	.480	149	75	169	2.93
Naoki Takahashi, Fighters	35	256	17-13-0	.567	120	65	229	2.95
Takenori Emoto, Hawks	31	207	11-14-0	.440	109	**78**	185	2.96
Akio Matsubara, Hawks	32	188.2	11-12-0	.478	66	58	185	3.00
Toshio Kanbe, Buffaloes	31	173.2	10-8-1	.556	57	53	142	3.05
Koichi Nakayama, Hawks	23	135.2	10-7-0	.588	64	44	135	3.18
Yutaka Yanagida, Buffaloes	34	191.2	8-11-3	.421	75	33	175	3.19
Fumio Narita, Orions	31	203	15-9-0	.625	107	53	186	3.33
Osamu Nomura, Fighters	37	191.1	11-3-0	**.786**	59	45	184	3.35
Kazuyoshi Takemura, Braves	26	137.1	11-6-0	.647	45	53	126	3.48
Koji Ota, Buffaloes	35	188.2	12-12-1	.500	91	45	169	3.71
Tomehiro Kaneda, Orions	25	130.2	6-7-0	.462	65	41	127	3.85
Masaaki Kitaru, Orions	30	140.2	5-14-1	.263	44	42	147	3.96
Hajime Kato, Lions	28	157	8-11-0	.421	109	62	163	4.30
Hisashi Yamada, Braves	31	198	12-10-2	.545	114	42	202	4.32
Satoshi Niimi, Fighters	37	144.1	4-9-1	.308	73	61	148	5.44

Leaders and Award Winners

Home Runs
Masahiro Doi, Lions—34
Hideji Kato, Braves—32
Clarence Jones, Buffaloes—29
Katsuya Nomura, Hawks—28
Tokuji Nagaike, Braves—25

Runs Batted In
Hideji Kato, Braves—97
Katsuya Nomura, Hawks—92
Hiromitsu Kadota, Hawks—85
Masahiro Doi, Lions—82
Clarence Jones, Buffaloes—73

Wins
Osamu Higashio, Lions—23
Keishi Suzuki, Buffaloes—22
Naoki Takahashi, Fighters—17
Fumio Narita, Orions—15
Koji Ota, Buffaloes—12
Hisashi Yamada, Braves—12
Takashi Yamaguchi, Braves—12

Strikeouts
Osamu Higashio, Lions—154
Takashi Yamaguchi, Braves—149
Choji Murata, Orions—120
Naoki Takahashi, Fighters—120
Hisashi Yamada, Braves—114

Most Valuable Player
Hideji Kato, Braves

Rookie of the Year
Takashi Yamaguchi, Braves

Best Nine
Pitcher—Keishi Suzuki, Buffaloes
Catcher—Katsuya Nomura, Hawks
First Base—Hideji Kato, Braves
Second Base—Bobby Marcano, Braves
Third Base—Michio Arito, Orions
Shortstop—Yutaka Ohashi, Braves
Outfield—Kyosuke Sasaki, Buffaloes
Outfield—Jinten Haku, Lions
Outfield—Sumio Hirota, Orions
Designated Hitter—Tokuji Nagaike, Braves

Gold Glove Awards
Pitcher—Mitsuhiro Adachi, Braves
Catcher—Shuzo Arita, Buffaloes
First Base—Hideji Kato, Braves
Second Base—Bobby Marcano, Braves
Third Base—Michiyo Arito, Orions
Shortstop—Yutaka Ohashi, Braves
Outfield—Sumio Hirota, Orions
Outfield—Yutaka Fukumoto, Braves
Outfield—Ikuo Shimano, Hawks

1975 PACIFIC LEAGUE CHAMPIONSHIP

Teams and Managers—Hankyu Braves (Toshiharo Ueda) 3—Kintetsu Buffaloes (Yukio Nishimoto) 1

Game	Date	Site	Braves Pitcher	Score	Buffaloes Pitcher
1	10/15	Nishinomiya	Hisashi Yamada (L)	7-11	Hiroaki Shibaike (W)

Home Runs—Shuzo Arita (Buffaloes), Masumi Iseka (Buffaloes), Bobby Marcano (Braves), Tadayoshi Okuma (Braves)

| 2 | 10/16 | Nishinomiya | Takashi Yamaguchi (W) | 5-4 | Toshio Kanbe (L) |

Home Runs—Bobby Marcano (Braves), Kenichiro Kawamura (Braves), Tokuji Nagaike (Braves)

| 3 | 10/19 | Fujidera | Mitsuhiro Adachi (W) | 3-0 | Keishi Suzuki (L) |

Home Runs—Tokuji Nagaike (Braves)

| 4 | 10/20 | Fujidera | Takashi Yamaguchi (W) | 5-3 | Hiroaki Shibaike (L) |

Home Runs—Yutaka Fukumoto (Braves), Hideji Kato (Braves)

Most Valuable Player—Tokuji Nagaike, Braves

ALL-STAR GAMES

Managers—Wally Yonamine (Central League)—Masaichi Kaneda (Pacific League)

Game	Date	Site	C.L. Pitcher	Score	P.L. Pitcher
1	7/19	Koshien	Yutaka Enatsu (W)	8-0	Koji Ota (L)

Home Runs—Koji Yamamoto—2 (C), Sachio Kinugasa—2 (C)
MVP—Koji Yamamoto (P)

| 2 | 7/20 | Chunichi | Takamasa Suzuki (W) | 4-3 | Choji Murata (L) |

Home Runs—Taira Fujita (C), Makoto Matsubara (C), Michiyo Arito (P)
MVP—Makoto Matsubara (C)

| 3 | 7/22 | Jingu | Takeshi Yasuda (L) | 0-3 | Norihiro Mizutani (W) |

Home runs—Masahiro Doi (P)
MVP—Masahiro Doi (P)

JAPAN SERIES

Teams and Managers—Pacific League's Hankyu Braves (Toshiharo Ueda) 4—Central League's Hiroshima Toyo Carp (Takeshi Koba) 0—2 ties

Game	Date	Site	Braves Pitcher	Score	Carp Pitcher
1	10/25	Nishinomiya	—	3-3 (11 innings)	—

Home Runs—Tadayoshi Okuma (Braves), Bobby Marcano (Braves)

| 2 | 10/26 | Nishinomiya | Hisashi Yamada (W) | 5-1 | Kazushi Saeki (L) |

Home Runs—Richie Scheinblum (Carp)

| 3 | 10/28 | Hiroshima | Takashi Yamaguchi (W) | 7-4 | Yukinobu Miyamoto (L) |

Home Runs—Koji Yamamoto (Carp), Shinji Nakazawa (Braves), Yutaka Ohashi (Braves)

| 4 | 10/30 | Hiroshima | — | 4-4 (13 innings) | — |

Home Runs—Koji Yamamoto (Carp), Kazuyoshi Yamamoto (Carp), Kiyoshi Morimoto (Braves)

| 5 | 10/31 | Hiroshima | Hisashi Yamada (W) | 2-1 | Kazushi Saeki (L) |

Home Runs—Sachio Kinugasa (Carp)

| 6 | 11/2 | Nishinomiya | Yoshinori Toda (W) | 7-3 | Kojiro Ikegaya (L) |

Home Runs—Gail Hopkins (Carp), Shinji Nakazawa (Braves)

Awards
Most Valuable Player—Takashi Yamaguchi, Carp
Fighting Spirit—Koji Yamamoto, Carp
Leading Hitter—Yutaka Ohashi, Carp
Outstanding Pitcher—Hisashi Yamada, Braves
Outstanding Player—Shinji Nakazawa (Braves), Yoshiro Sotokoba (Carp)
Outstanding Technique—Yutaka Fukumoto, Braves

1976 SEASON

CENTRAL LEAGUE

Team	G	W	L	T	PCT	GB	BA	HR	ERA	E
Yomiuri Giants	130	76	45	9	.628	—	.280	167	3.58	81
Hanshin Tigers	130	72	45	13	.615	2.0	.258	193	3.54	91
Hiroshima Toyo Carp	130	61	58	11	.513	14.0	.270	169	4.02	79
Chunichi Dragons	130	54	66	10	.450	21.5	.266	138	4.50	82
Yakult Swallows	130	52	68	10	.433	23.5	.260	128	3.88	88
Taiyo Whales	130	45	78	7	.366	32.0	.256	172	4.45	83

Player and Team	G	AB	R	H	2B	3B	HR	RBI	SB	AVG
Kenichi Yazawa, Dragons	127	496	66	176	**36**	1	11	52	4	**.3548**
Isao Harimoto, Giants	130	513	89	**182**	35	5	22	93	8	.3547
Tsutomu Wakamatsu, Swallows	127	485	80	167	20	4	17	70	9	.344
Gail Hopkins, Carp	117	420	62	138	16	1	20	69	1	.329
Masayuki Kakefu, Tigers	122	406	69	132	20	7	27	83	5	.3251
Sadaharu Oh, Giants	122	400	**99**	130	11	1	**49**	**123**	3	.325
Jitsuo Mizutani, Carp	118	360	55	111	18	2	26	73	3	.308
Richie Scheinblum, Carp	122	417	50	128	21	0	20	62	3	.3069
John Sipin, Whales	111	424	61	130	17	2	30	74	2	.3066
Shigeru Takada, Giants	118	430	84	131	22	3	13	58	17	.305
Tatsuhiko Kimata, Dragons	121	397	37	120	22	0	14	40	1	.3022
Kazuhide Funada, Swallows	124	411	34	124	10	1	2	23	8	.3017
Katsuo Osugi, Swallows	121	423	62	127	21	1	29	93	0	.3002
Mike Reinbach, Tigers	118	450	76	135	23	1	22	81	11	.300
Sachio Kinugasa, Carp	130	**522**	82	156	26	2	26	69	**31**	.299
Koji Yamamoto, Carp	129	464	79	136	26	3	23	62	14	.293
Makoto Matsubara, Whales	126	478	67	138	25	2	33	85	6	.289
Isao Shibata, Giants	121	395	69	112	24	1	10	36	20	.284
Gene Martin, Dragons	125	449	71	126	18	0	40	104	2	.281
Taira Fujita, Tigers	103	395	56	110	18	4	12	39	5	.2784
Kinji Shimatani, Dragons	129	443	66	123	21	2	21	54	6	.2776
Koichi Tabuchi, Tigers	130	440	82	122	14	0	39	89	1	.277

Player and Team	G	AB	R	H	2B	3B	HR	RBI	SB	AVG
Daisuke Yamashita, Whales	113	380	47	105	19	2	7	21	14	.276
Dave Johnson, Giants	108	371	48	102	16	2	26	74	1	.275
Roger Repoz, Swallows	120	434	79	119	21	0	36	81	3	.274
Toshiyuki Mimura, Carp	130	487	76	131	19	3	27	69	1	.269
Morimichi Takagi, Dragons	98	392	50	104	14	1	17	44	7	.265
Katsuhiro Nakamura, Tigers	128	469	85	123	28	5	13	35	17	.262
Hal Breeden, Tigers	123	445	73	116	16	0	40	92	3	.261
Takashi Yoshida, Giants	124	377	36	98	16	3	5	37	0	.260
Garry Jestadt, Whales	126	437	41	103	22	0	18	37	1	.236
Akihiko Oya, Swallows	122	408	30	93	17	1	7	42	4	.228

Qualifiers for Earned Run Average Championship

Player and Team	G	IP	W-L-S	PCT	SO	BB	H	ERA
Takamasa Suzuki, Dragons	60	148.1	7-8-**26**	.467	118	27	116	**2.98**
Shigeru Kobayashi, Giants	43	217.1	18-8-2	.692	129	47	192	2.99
Hisao Niura, Giants	50	197.1	11-11-5	.500	162	81	156	3.11
Kojiro Ikegaya, Carp	51	**290.1**	**20**-15-3	.571	**207**	72	**271**	3.26
Clyde Wright, Giants	21	130	8-7-0	.533	51	44	123	3.323
Hiromu Matsuoka, Swallows	42	222	17-13-4	.567	170	85	208	3.324
Kenji Furusawa, Tigers	41	220.1	10-8-1	.556	135	39	204	3.35
Teruo Aida, Swallows	41	177.1	10-9-1	.526	95	42	161	3.61
Hajime Kato, Giants	46	168	15-4-8	**.789**	161	63	141	3.70
Takenori Emoto, Tigers	38	239.2	15-9-0	.625	115	66	239	3.75
Tomohiro Tanimura, Tigers	40	180.1	12-8-0	.600	57	34	216	3.80
Masaji Hiramatsu, Whales	41	260.1	13-**17**-2	.433	170	**95**	227	3.81
Shigeyuki Takahashi, Whales	34	153.1	5-11-0	.313	97	55	153	3.82
Senichi Hoshino, Dragons	20	132.2	10-6-0	.625	60	26	141	3.92
Takeshi Yasuda, Swallows	38	229.1	14-13-2	.519	79	32	242	3.93
Yoshiro Sotokoba, Carp	25	144.1	10-5-0	.667	86	52	136	3.94
Yukitsura Matsumoto, Dragons	42	223.1	15-15-0	.500	62	58	229	3.96
Tsuneo Horiuchi, Giants	34	177.1	14-6-0	.700	82	71	173	3.97
Jiro Ueda, Tigers	31	165	12-9-0	.571	105	48	163	3.98
Hideyuki Okue, Whales	52	220.1	11-**17**-3	.393	121	87	225	4.09
Kazushi Saeki, Carp	36	189.2	10-13-0	.435	122	51	220	4.36
Jun Misawa, Dragons	43	176.2	9-12-1	.429	74	54	229	5.34

Games Leader—Hiroki Watanabe, Carp—73

Leaders and Award Winners

Home Runs
Sadaharu Oh, Giants—49
Hal Breeden, Tigers—40
Gene Martin, Dragons—40
Koichi Tabuchi, Tigers—39
Roger Repoz, Swallows—36

Runs Batted In
Sadaharu Oh, Giants—123
Gene Martin, Dragons—104
Isao Harimoto, Giants—93
Katsuo Osugi, Swallows—93
Hal Breeden, Tigers—92

Wins
Kojiro Ikegaya, Carp—20
Shigeru Kobayashi, Giants—18
Hiromu Matsuoka, Swallows—17
Takenori Emoto, Tigers—15
Hajime Kato, Giants—15
Yukitsura Matsumoto, Dragons—15

Strikeouts
Kojiro Ikegaya, Carp—207
Masaji Hiramatsu, Whales—170
Hiromu Matsuoka, Swallows—170
Hisao Niura, Giants—162
Hajime Kato, Giants—161

Most Valuable Player
Sadaharu Oh, Giants

Sawamura Award
Kojiro Ikegaya, Carp

Rookie of the Year
Yasushi Tao, Dragons

Best Nine
Pitcher—Kojiro Ikegaya, Carp
Catcher—Koichi Tabuchi, Tigers
First Base—Sadaharu Oh, Giants
Second Base—Dave Johnson, Giants
Third Base—Masayuki Kakefu, Tigers
Shortstop—Toshiyuki Mimura, Carp
Outfield—Isao Harimoto, Giants
Outfield—Tsutomu Wakamatsu, Swallows
Outfield—Kenichi Yazawa, Dragons

Gold Glove Awards
Pitcher—Tsuneo Horiuchi, Giants
Catcher—Akihiko Oya, Swallows
First Base—Sadaharu Oh, Giants
Second Base—Dave Johnson, Giants
Third Base—Shigeru Takada, Giants
Shortstop—Daisuke Yamashita, Whales
Outfield—Koji Yamamoto, Carp
Outfield—Isao Shibata, Giants
Outfield—Iwao Ikebe, Tigers

PACIFIC LEAGUE

TOTAL SEASON

Team	G	W	L	T	PCT	GB	BA	HR	ERA	E
*Hankyu Braves	130	79	45	6	.637	—	.256	139	3.30	123
Nankai Hawks	130	71	56	3	.559	9.5	.2585	97	2.91	100
Lotte Orions	130	63	56	11	.529	13.5	.25781	99	2.96	103
Kintetsu Buffaloes	130	57	66	7	.463	21.5	.245	102	3.04	83
Nippon Ham Fighters	130	52	67	11	.437	24.5	.25786	107	3.72	86
Taiheiyo Club Lions	130	44	76	10	.367	33.0	.2587	115	4.08	120

*Indicates league champion

FIRST HALF

Team	G	W	L	T	PCT	GB
Hankyu Braves	65	42	21	2	.667	—
Nankai Hawks	65	35	29	1	.547	7.5
Lotte Orions	65	29	28	8	.509	10.0
Nippon Ham Fighters	65	26	31	8	.456	13.0
Kintetsu Buffaloes	65	27	35	3	.435	14.5
Taiheiyo Club Lions	65	21	36	8	.368	18.0

SECOND HALF

Team	G	W	L	T	PCT	GB
Hankyu Braves	65	37	24	4	.607	—
Nankai Hawks	65	36	27	2	.571	2.0
Lotte Orions	65	34	28	3	.548	3.5
Kintetsu Buffaloes	65	30	31	4	.492	7.0
Nippon Ham Fighters	65	26	36	3	.419	11.5
Taiheiyo Club Lions	65	23	40	2	.365	15.0

Qualifiers for Batting Championship

Player and Team	G	AB	R	H	2B	3B	HR	RBI	SB	AVG
Satoru Yoshioka, Lions	110	382	59	118	13	**13**	2	24	11	**.309**
Mitsuru Fujiwara, Hawks	130	**526**	72	**159**	21	4	8	48	50	.302
Hiromitsu Kadota, Hawks	125	456	64	137	**25**	4	22	77	2	.3004
Hideji Kato, Braves	120	430	68	129	20	3	28	**82**	8	.300
Jinten Haku, Lions	121	469	54	135	17	2	17	59	15	.288
Walt Williams, Fighters	122	494	62	141	18	1	23	57	12	.2854
Sumio Hirota, Orions	113	403	49	115	14	2	4	31	26	.2853
Masaru Tomita, Fighters	104	387	42	110	22	1	10	44	7	.284
Yutaka Fukumoto, Braves	129	489	**88**	138	23	9	8	46	**62**	.282
Yoshihito Oda, Fighters	127	463	43	130	17	6	10	55	9	.281
Tadayoshi Okuma, Braves	116	418	57	116	17	3	5	35	2	.278
Katsuya Nomura, Hawks	119	429	35	117	13	0	10	57	2	.273
Hiroyuki Yamazaki, Orions	121	418	50	114	19	2	16	62	7	.273
Bernie Williams, Braves	128	446	54	121	15	8	15	51	7	.2713
Hiromasa Arai, Hawks	119	406	50	110	12	8	2	35	20	.2709
Bobby Marcano, Braves	127	495	56	134	17	3	25	64	4	.2707
Takuji Ota, Lions	118	422	51	114	9	1	23	68	6	.270
Kyosuke Sasaki, Buffaloes	125	418	49	112	17	1	10	41	15	.268
Michiyo Arito, Orions	129	473	74	126	18	3	25	68	15	.2663
Narihiro Abe, Buffaloes	123	410	39	109	6	3	3	26	22	.2658
Shuzo Arita, Buffaloes	124	365	38	96	14	1	6	40	1	.263
Junichi Kashiwabara, Hawks	124	435	48	113	18	4	16	55	26	.260
Shigeru Ishiwata, Buffaloes	116	355	37	92	17	0	6	26	7	.2591
Masahiro Doi, Lions	121	429	53	111	7	0	25	73	3	.2587
Teruhide Sakurai, Hawks	125	384	37	98	7	2	2	25	10	.255

Part One : 1976 Season

Player and Team	G	AB	R	H	2B	3B	HR	RBI	SB	AVG
Bobby Mitchell, Fighters	107	401	61	98	17	5	23	66	8	.2443
Clarence Jones, Buffaloes	114	377	54	92	12	1	36	68	0	.244
Don Buford, Hawks	123	418	40	100	13	0	10	43	14	.239
Kiyoshi Morimoto, Braves	120	359	32	82	10	0	16	46	1	.228

Qualifiers for Earned Run Average Championship

Player and Team	G	IP	W-L-S	PCT	SO	BB	H	ERA
Choji Murata, Orions	46	257.1	21-11-4	.656	**202**	73	209	**1.82**
Manabu Fujita, Hawks	27	149.2	11-3-0	.786	52	25	133	1.98
Michio Sato, Hawks	**54**	136	9-4-**16**	.629	56	29	122	2.25
Shinichi Yamauchi, Hawks	33	253.1	20-13-0	.606	72	51	216	2.28
Hisashi Yamada, Braves	39	259.2	**26**-7-5	**.788**	143	48	217	2.39
Soroku Yagisawa, Orions	34	171.2	15-9-1	.625	66	29	153	2.46
Mitsuhiro Adachi, Braves	31	212.2	17-8-1	.680	67	27	207	2.54
Yutaka Yanagida, Buffaloes	42	206.2	9-9-5	.500	86	24	184	2.57
Keishi Suzuki, Buffaloes	37	**265.2**	18-15-0	.545	129	43	241	2.67
Takashi Yamaguchi, Braves	35	197.2	12-10-9	.545	152	**91**	156	2.82
Yutaka Enatsu, Hawks	36	148.1	6-12-9	.333	109	61	115	2.98
Osamu Nomura, Fighters	44	231	13-**16**-2	.448	99	30	218	3.04
Masaaki Koga, Lions	33	189.1	11-13-1	.458	98	54	179	3.10
Osamu Higashio, Lions	43	243.1	13-11-5	.542	93	52	**256**	3.19
Naoki Takahashi, Fighters	32	230	13-14-0	.481	127	44	214	3.25
Toshio Kanbe, Buffaloes	27	146.1	8-12-1	.400	62	43	142	3.27
Kazumi Takahashi, Fighters	38	188.2	10-12-3	.455	140	70	169	3.38
Fumio Narita, Orions	35	165.2	10-10-1	.500	98	39	164	3.42
Koichi Nakayama, Hawks	30	176.1	12-11-0	.522	114	72	165	3.53
Takashi Imoto, Buffaloes	30	155.1	6-11-3	.353	68	36	161	3.66
Yoshinori Toda, Braves	28	152.1	12-5-1	.706	76	60	139	3.91
Koji Ota, Buffaloes	29	144	9-7-0	.563	54	76	125	3.94
Shigeo Ishii, Lions	22	133.2	5-9-0	.357	45	27	148	4.03
Nobuhiro Tamai, Lions	26	132.1	3-13-2	.188	49	28	137	4.43

Leaders and Award Winners

Home Runs
Clarence Jones, Buffaloes—36
Hideji Kato, Braves—28
Michiyo Arito, Orions—25
Masahiro Doi, Lions—25
Bobby Marcano, Braves—25

Runs Batted In
Hideji Kato, Braves—82
Hiromitsu Kadota, Hawks—77
Masahiro Doi, Lions—73

Michiyo Arito, Orions—68
Clarence Jones, Buffaloes—68
Takuji Ota, Lions—68

Wins
Hisashi Yamada, Braves—26
Choji Murata, Orions—21
Shinichi Yamauchi, Hawks—20
Keishi Suzuki, Buffaloes—18
Mitsuhiro Adachi, Braves—17

Strikeouts
Choji Murata, Orions—202
Takashi Yamaguchi, Braves—152
Hisashi Yamada, Braves—143
Kazumi Takahashi, Fighters—140
Keishi Suzuki, Buffaloes—129

Most Valuable Player
Hisashi Yamada, Braves

Rookie of the Year
Manabu Fujita, Hawks

Best Nine
Pitcher—Hisashi Yamada, Braves
Catcher—Katsuya Nomura, Hawks
First Base—Hideji Kato, Braves
Second Base—Satoru Yoshioka, Lions
Third Base—Mitsuru Fujiwara, Hawks
Shortstop—Yutaka Ohashi, Braves
Outfield—Hiromitsu Kadota, Hawks
Outfield—Yutaka Fukumoto, Braves
Outfield—Sumio Hirota, Orions
Designated Hitter—Takuji Ota, Lions

Gold Glove Awards
Pitcher—Mitsuhiro Adachi, Braves
Catcher—Shuzo Arita, Buffaloes
First Base—Hideji Kato, Braves
Second Base—Bobby Marcano, Braves
Third Base—Mitsuru Fujiwara, Hawks
Shortstop—Yutaka Ohashi, Braves
Outfield—Yutaka Fukumoto, Braves
Outfield—Sumio Hirota, Orions
Outfield—Bernie Williams, Braves

ALL-STAR GAMES
Managers—Takeshi Koba (Central League)—Toshiharo Ueda (Pacific League)

Game	Date	Site	C.L. Pitcher	Score	P.L. Pitcher
1	7/17	Kawasaki	Kazuyuki Yamamoto (L)	1-3	Osamu Higashio (W)

Home Runs—Yutaka Fukumoto (P)
MVP—Michiyo Arito (P)

Game	Date	Site	C.L. Pitcher	Score	P.L. Pitcher
2	7/18	Korakuen	Shigeru Kobayashi (L)	1-11	Takashi Yamaguchi (W)

Home Runs—Koji Yamamoto (C), Hiromitsu Kadota (P), Yutaka Fukumoto (P), Tadayoshi Okuma (P)
MVP—Hiromitsu Kadota (P)

Game	Date	Site	C.L. Pitcher	Score	P.L. Pitcher
3	7/20	Osaka	Takenori Emoto (W)	5-1	Yutaka Enatsu (L)

Home Runs—none
MVP—Takashi Yoshida

JAPAN SERIES
Teams and Managers—Pacific League's Hankyu Braves (Toshiharo Ueda) 4—Central League's Yomiuri Giants (Shigeo Nagashima) 3

Game	Date	Site	Braves Pitcher	Score	Giants Pitcher
1	10/23	Korakuen	Takashi Yamaguchi	6-4	Shigeru Kobayashi (L)

Home Runs—Sadaharu Oh (Giants), Shinji Nakazawa (Braves)

Game	Date	Site	Braves Pitcher	Score	Giants Pitcher
2	10/25	Korakuen	Mitsuhiro Adachi (W)	5-4	Clyde Wright (L)

Home Runs—Sadaharu Oh (Giants)

Game	Date	Site	Braves Pitcher	Score	Giants Pitcher
3	10/27	Nishinomiya	Hisashi Yamada (W)	10-3	Hajime Kato (L)

Home Runs—Bobby Marcano (Braves)

Game	Date	Site	Braves Pitcher	Score	Giants Pitcher
4	10/29	Nishinomiya	Takashi Yamaguchi (L)	2-4	Shigeru Kobayashi (W)

Home Runs—Sadaharu Oh (Giants), Isao Shibata (Giants), Yutaka Fukumoto (Braves)

Game	Date	Site	Braves Pitcher	Score	Giants Pitcher
5	10/30	Nishinomiya	Hisashi Yamada (L)	3-5	Clyde Wright (W)

Home Runs—Clyde Wright (Giants)

Game	Date	Site	Braves Pitcher	Score	Giants Pitcher
6	11/1	Korakuen	Hisashi Yamada (L)	7-8 (10 innings)	Shigeru Kobayashi (W)

Home Runs—Kenji Awaguchi (Giants), Isao Shibata (Giants), Bernie Williams (Braves)

7	11/2	Korakuen	Mitsuhiro Adachi (W)	4-2	Clyde Wright (L)

Home Runs—Shigeru Takada (Giants), Kiyoshi Morimoto (Braves), Yutaka Fukumoto (Braves)

Awards

Most Valuable Player—Yutaka Fukumoto, Braves
Fighting Spirit—Isao Shibata, Giants
Leading Hitter—Yutaka Fukumoto (Braves), Isao Shibata (Giants)
Outstanding Pitcher—Mitsuhiro Adachi, Braves
Outstanding Player—Bernie Williams, Braves
Outstanding Technique—Bobby Marcano, Braves

1977 SEASON

CENTRAL LEAGUE

Team	G	W	L	T	PCT	GB	BA	HR	ERA	E
Yomiuri Giants	130	80	46	4	.635	—	.280	181	3.48	84
Yakult Swallows	130	62	58	10	.517	15.0	.26674	170	4.01	78
Chunichi Dragons	130	64	61	5	.512	15.5	.275	176	4.381	80
Hanshin Tigers	130	55	63	12	.466	21.0	.26675	184	4.384	74
Hiroshima Toyo Carp	130	51	67	12	.432	25.0	.2678	163	4.83	86
Taiyo Whales	130	51	68	11	.429	25.5	.2680	176	4.94	70

Qualifiers for Batting Championship

Player and Team	G	AB	R	H	2B	3B	HR	RBI	SB	AVG
Tsutomu Wakamatsu, Swallows	122	441	95	**158**	30	5	20	70	13	**.358**
Isao Harimoto, Giants	122	440	67	153	16	6	24	82	3	.348
Masahiro Yanagida, Giants	114	374	68	127	18	2	21	67	17	.340
Yasunori Oshima, Dragons	126	433	64	144	15	1	27	71	6	.333
Masayuki Kakefu, Tigers	103	381	59	126	18	4	23	69	4	.331
Katsuo Osugi, Swallows	123	453	62	149	19	1	31	104	0	.329
Mike Reinbach, Tigers	109	381	58	124	23	2	14	62	14	.325
Sadaharu Oh, Giants	130	432	**114**	140	15	0	**50**	124	1	.324
Yoshikazu Takagi, Whales	125	433	68	140	28	0	20	73	3	.323
Chuck Manuel, Swallows	114	358	70	113	8	0	42	97	3	.316
Kenichi Yazawa, Dragons	130	493	65	154	29	4	14	55	5	.3123
Jitsuo Mizutani, Carp	119	404	53	126	**31**	2	13	50	2	.3118
Tatsuhiko Kimata, Dragons	123	384	32	119	16	0	13	51	1	.3098
John Sipin, Whales	129	494	76	153	18	3	22	87	5	.3097
Koji Yamamoto, Carp	130	448	102	138	24	4	44	113	22	.308
Tomio Tashiro, Whales	130	484	79	146	25	3	35	88	2	.302
Jim Lyttle, Carp	120	452	75	136	23	0	19	65	13	.301

Player and Team	G	AB	R	H	2B	3B	HR	RBI	SB	AVG
Taira Fujita, Tigers	119	473	62	142	23	3	11	43	6	.300
Shigeru Takada, Giants	127	473	81	140	22	2	17	65	11	.296
Kazumasa Kono, Giants	125	357	49	105	18	6	12	45	13	.294
Morimichi Takagi, Dragons	121	468	74	136	18	3	20	52	10	.291
Isao Shibata, Giants	127	506	94	145	24	7	18	52	**34**	.287
Hiroaki Inoue, Dragons	120	387	60	110	13	0	17	60	5	.284
Makoto Matsubara, Whales	129	**516**	87	146	26	1	34	110	5	.283
Gene Martin, Dragons	119	408	53	115	13	0	31	78	0	.282
Adrian Garrett, Carp	128	445	64	124	19	0	35	91	1	.279
Masayuki Nakatsuka, Whales	121	356	44	95	12	0	3	29	14	.267
Keiichi Nagasaki, Whales	126	433	79	115	18	3	19	57	19	.266
Sachio Kinugasa, Carp	130	514	88	136	22	2	25	67	28	.265
Roger Repoz, Swallows	111	365	52	96	15	1	22	55	1	.263
Daisuke Yamashita, Whales	105	423	77	110	17	3	18	48	6	.260
Yasunori Nagao, Swallows	128	476	68	116	21	5	4	30	13	.244
Katsuhiro Nakamura, Tigers	119	388	65	94	15	2	12	27	15	.242
Hal Breeden, Tigers	120	415	62	98	6	1	37	90	2	.236

Qualifiers for Earned Run Average Championship

Player and Team	G	IP	W-L-S	PCT	SO	BB	H	ERA
Hisao Niura, Giants	44	136	11-3-**9**	**.786**	96	60	104	**2.32**
Shigeru Kobayashi, Giants	42	216.1	18-8-7	.692	155	65	197	2.92
Kenichi Kajima, Swallows	44	150.2	7-7-1	.500	105	40	132	3.34
Senichi Hoshino, Dragons	42	245.1	18-13-5	.581	125	71	245	3.53
Yasujiro Suzuki, Swallows	37	184	14-9-0	.609	72	41	171	3.67
Takenori Emoto, Tigers	36	223.2	11-14-1	.440	129	92	202	3.70
Kazuyuki Yamamoto, Tigers	**58**	130.2	9-5-**9**	.643	94	35	131	3.71
Satoshi Takahashi, Carp	44	**284.2**	**20**-14-0	.588	156	**111**	289	3.73
Takeshi Yasuda, Swallows	51	214	17-16-6	.515	108	51	229	3.74
Takamasa Suzuki, Dragons	57	170	18-9-**9**	.667	131	35	156	3.76
Masaji Hiramatsu, Whales	32	166	10-9-1	.526	105	50	182	3.96
Kenji Furusawa, Tigers	36	213.2	11-**17**-1	.393	119	67	205	4.00
Hiromu Matsuoka, Swallows	47	188	9-10-7	.474	138	78	182	4.12
Shigeyuki Takahashi, Whales	56	152.1	6-6-4	.500	90	55	158	4.14
Clyde Wright, Giants	31	172	11-9-0	.550	82	62	190	4.24
Terashi Donoue, Dragons	43	148.2	5-8-1	.385	51	50	150	4.288
Teruo Aida, Swallows	40	174.1	9-9-0	.500	100	37	204	4.293
Akio Saito, Whales	38	141.1	8-9-0	.471	87	61	156	4.40
Tsuneo Horiuchi, Giants	34	151.1	10-9-3	.526	86	53	163	4.59

Player and Team	G	IP	W-L-S	PCT	SO	BB	H	ERA
Tomotaka Sugiyama, Whales	49	173.1	9-10-4	.474	125	85	166	4.79
Jiro Ueda, Tigers	30	148.1	8-9-0	.471	94	56	147	4.99
Kojiro Ikegaya, Carp	44	226	11-16-5	.407	**176**	67	241	5.22
Manabu Kitabeppu, Carp	33	131.2	5-7-0	.417	90	51	150	5.52
Tomohiro Tanimura, Tigers	36	156.2	7-7-0	.500	50	38	203	5.62

Leaders and Award Winners

Home Runs
Sadaharu Oh, Giants—50
Koji Yamamoto, Carp—44
Chuck Manuel, Swallows—42
Hal Breeden, Tigers—37
Adrian Garrett, Carp—35
Tomio Tashiro, Whales—35

Runs Batted In
Sadaharu Oh, Giants—124
Koji Yamamoto, Carp—113
Makoto Matsubara, Whales—110
Katsuo Osugi, Swallows—104
Chuck Manuel, Swallows—97

Wins
Satoshi Takahashi, Carp—20
Senichi Hoshino, Dragons—18
Shigeru Kobayashi, Giants—18
Takamasa Suzuki, Dragons—18
Takeshi Yasuda, Swallows—17

Strikeouts
Kojiro Ikegaya, Carp—176
Satoshi Takahashi, Carp—156
Shigeru Kobayashi, Giants—155
Hiromu Matsuoka, Swallows—138
Takamasa Suzuki, Dragons—131

Most Valuable Player
Sadaharu Oh, Giants

Sawamura Award
Shigeru Kobayashi, Giants

Rookie of the Year
Akio Saito, Whales

Best Nine
Pitcher—Shigeru Kobayashi, Giants
Catcher—Tatsuhiko Kimata, Dragons
First Base—Sadaharu Oh, Giants
Second Base—Morimichi Takagi, Dragons
Third Base—Masayuki Kakefu, Tigers
Shortstop—Kazumasa Kono, Giants
Outfield—Tsutomu Wakamatsu, Swallows
Outfield—Koji Yamamoto, Carp
Outfield—Isao Harimoto, Giants

Gold Glove Awards
Pitcher—Tsuneo Horiuchi, Giants
Catcher—Tatsuhiko Kimata, Dragons
First Base—Sadaharu Oh, Giants
Second Base—Morimichi Takagi, Dragons
Third Base—Shigeru Takada, Giants
Shortstop—Daisuke Yamashita, Whales
Outfield—Koji Yamamoto, Carp
Outfield—Isao Shibata, Giants
Outfield—Tsutomu Wakamatsu, Swallows

PACIFIC LEAGUE

TOTAL SEASON

Team	G	W	L	T	PCT	GB	BA	HR	ERA	E
*Hankyu Braves	130	69	51	10	.575	—	.269	147	3.23	117
Nankai Hawks	130	63	55	12	.534	5.0	.250	108	3.15	122
Lotte Orions	130	60	57	13	.513	7.5	.270	111	3.17	106
Kintetsu Buffaloes	130	59	61	10	.492	10.0	.2446	92	3.31	84
Nippon Ham Fighters	130	58	61	11	.487	10.5	.2454	113	3.36	85
Crown Lighter Lions	130	49	73	8	.402	21.0	.249	128	4.27	95

*Indicates league champion

FIRST HALF

Team	G	W	L	T	PCT	GB
Hankyu Braves	65	35	25	5	.583	—
Nankai Hawks	65	33	26	6	.559	1.5
Kintetsu Buffaloes	65	31	26	8	.544	2.5
Nippon Ham Fighters	65	31	29	5	.517	4.0
Lotte Orions	65	27	33	5	.450	8.0
Crown Lighter Lions	65	20	38	7	.345	14.0

SECOND HALF

Team	G	W	L	T	PCT	GB
Lotte Orions	65	33	24	8	.579	—
Hankyu Braves	65	34	26	5	.567	0.5
Nankai Hawks	65	30	29	6	.508	4.0
Nippon Ham Fighters	65	27	32	6	.458	7.0
Crown Lighter Lions	65	29	35	1	.453	7.5
Kintetsu Buffaloes	65	28	35	2	.444	8.0

Qualifiers for Batting Championship

Player and Team	G	AB	R	H	2B	3B	HR	RBI	SB	AVG
Michiyo Arito, Orions	115	404	72	133	22	3	16	53	26	**.329**
Kinji Shimatani, Braves	130	477	62	155	25	1	22	74	3	.325
Hideji Kato, Braves	120	423	64	135	27	4	19	73	4	.319
LeRon Lee, Orions	124	467	74	148	**30**	3	**34**	109	9	.317
Hiromitsu Kadota, Hawks	128	479	71	150	22	0	25	91	5	.313
Masaru Tomita, Fighters	113	414	55	127	21	6	9	59	9	.307
Yutaka Fukumoto, Braves	130	**541**	**89**	**165**	21	9	16	54	**61**	.305
Mitsuru Fujiwara, Hawks	102	406	46	122	12	2	4	39	15	.300
Shigeru Ishiwata, Buffaloes	130	508	57	145	22	3	4	48	16	.285
Jinten Haku, Orions	126	452	50	127	11	2	16	56	6	.281
Yasuhiro Takai, Braves	111	364	34	101	13	0	11	56	0	.277
Toshio Kato, Fighters	129	408	47	110	19	1	11	36	17	.270
Bob Hansen, Lions	125	449	53	121	14	0	20	60	2	.2694
Bobby Marcano, Braves	104	394	52	106	21	0	21	67	5	.269
Walt Williams, Fighters	117	458	62	123	20	6	21	65	10	.2685
Gail Hopkins, Hawks	113	402	37	107	13	2	16	69	1	.266
Koichi Hada, Buffaloes	130	498	62	132	16	1	22	75	9	.265
Mitsuo Motoi, Lions	119	422	48	111	13	5	11	39	22	.263
Masashi Takenouchi, Lions	119	388	58	102	11	0	26	51	9	.2628
Mitsuyasu Hirano, Buffaloes	118	390	37	102	12	5	8	46	10	.262
Hiroyuki Yamazaki, Orions	128	451	49	116	21	4	17	62	4	.257
Junichi Kashiwabara, Hawks	129	462	65	118	19	3	18	54	12	.255
Tadayoshi Okuma, Braves	123	399	45	100	17	1	12	35	1	.2506
Bernie Williams, Braves	125	439	60	110	21	6	16	50	8	.2505
Masahiro Doi, Lions	123	428	45	106	8	0	24	67	3	.248
Bobby Mitchell, Fighters	128	482	70	117	19	1	32	75	9	.243
Sumio Hirota, Orions	114	403	55	96	10	2	2	23	20	.238

Part One : 1977 Season

Player and Team	G	AB	R	H	2B	3B	HR	RBI	SB	AVG
Satoru Yoshioka, Lions	114	387	44	88	14	1	6	36	15	.22739
Hiromasa Arai, Hawks	121	409	63	93	15	5	1	21	14	.22738
Katsuya Nomura, Hawks	127	447	33	95	9	1	16	58	0	.213

Qualifiers for Earned Run Average Championship

Player and Team	G	IP	W-L-S	PCT	SO	BB	H	ERA
Hisashi Yamada, Braves	44	240.2	16-10-7	.615	132	46	204	**2.28**
Keishi Suzuki, Buffaloes	39	267.2	**20**-12-1	.625	144	41	225	2.35
Mitsuo Inaba, Braves	30	190.2	17-6-1	**.739**	104	51	146	2.45
Motoyasu Kaneshiro, Hawks	31	189.2	10-11-1	.476	123	65	149	2.51
Soroku Yagisawa, Orions	40	175	11-14-1	.440	89	32	167	2.62
Choji Murata, Orions	47	235	17-14-6	.548	**180**	62	216	2.68
Naoki Takahashi, Fighters	36	**278.2**	17-17-0	.500	160	39	235	2.97
Takashi Yamaguchi, Braves	42	179.2	10-12-11	.455	151	**85**	141	3.05
Shinichi Yamauchi, Hawks	26	191.1	11-12-0	.478	47	47	189	3.20
Koji Ota, Buffaloes	36	218.2	10-14-1	.417	72	39	208	3.21
Manabu Fujita, Hawks	35	244.1	16-13-0	.552	99	49	237	3.28
Shizuo Shiraishi, Braves	21	131	7-6-0	.538	64	52	143	3.30
Tamotsu Nagai, Lions	49	199.2	9-10-6	.474	109	33	164	3.33
Michio Sato, Hawks	38	202.2	12-10-0	.545	79	61	210	3.458
Ritsuo Yamashita, Lions	36	156	12-5-5	.706	69	33	151	3.461
Kazushi Saeki, Fighters	33	168	6-8-2	.429	82	42	159	3.54
Kazumi Takahashi, Fighters	34	140.1	6-10-4	.375	108	39	133	3.66
Takashi Imoto, Buffaloes	31	141.2	7-9-0	.438	49	33	161	3.74
Yutaka Yanagida, Buffaloes	32	134.1	6-6-1	.500	72	33	117	3.76
Osamu Higashio, Lions	42	241.2	11-**20**-4	.355	108	56	**259**	3.87
Osamu Nomura, Fighters	27	132	5-10-1	.333	61	17	152	4.50

Games Leader—Masanori Murakami, Fighters—61
Saves Leader—Yutaka Enatsu, Hawks—19

Leaders and Award Winners

Home Runs
LeRon Lee, Orions—34
Bobby Mitchell, Fighters—32
Masashi Takenouchi, Lions—26
Hiromitsu Kadota, Hawks—25
Masahiro Doi, Lions—24

Runs Batted In
LeRon Lee, Orions—109
Hiromitsu Kadota, Hawks—91
Koichi Hada, Buffaloes—75
Bobby Mitchell, Fighters—75
Kinji Shimatani, Braves—74

Wins
Keishi Suzuki, Buffaloes—20
Mitsuo Inaba, Braves—17
Choji Murata, Orions—17
Naoki Takahashi, Fighters—17
Manabu Fujita, Hawks—16
Hisashi Yamada, Braves—16

Strikeouts
Choji Murata, Orions—180
Naoki Takahashi, Fighters—160
Takashi Yamaguchi, Braves—151
Keishi Suzuki, Buffaloes—144
Hisashi Yamada, Braves—132

Leaders and Award Winners

Most Valuable Player
Hisashi Yamada, Braves

Rookie of the Year
Yoshinori Sato, Braves

Best Nine
Pitcher—Hisashi Yamada, Braves
Catcher—Toshio Kato, Fighters
First Base—Hideji Kato, Braves
Second Base—Bobby Marcano, Braves
Third Base—Michiyo Arito, Braves
Shortstop—Shigeru Ishiwata, Buffaloes
Outfield—Yutaka Fukumoto, Braves
Outfield—Hiromitsu Kadota, Hawks
Outfield—Leon Lee, Orions
Designated Hitter—Yasuhiro Takai, Braves

Gold Glove Awards
Pitcher—Hisashi Yamada, Braves
Catcher—Toshio Kato, Fighters
First Base—Hideji Kato, Braves
Second Base—Hiroyuki Yamazaki, Orions
Third Base—Kinji Shimatani, Braves
Shortstop—Yutaka Ohashi, Braves
Outfield—Yutaka Fukumoto, Braves
Outfield—Sumio Hirota, Orions
Outfield—Tadayoshi Okuma, Braves

PACIFIC LEAGUE CHAMPIONSHIP

Teams and Managers—Hankyu Braves (Toshiharo Ueda) 3—Lotte Orions (Masaichi Kaneda) 2

Game	Date	Site	Braves Pitcher	Score	Orions Pitcher
1	10/9	Nishinomiya	Hisashi Yamada (W)	18-1	Choji Murata (L)

Home Runs—LeRon Lee (Orions), Yutaka Ohashi (Braves), Eiji Fujii (Braves)

Game	Date	Site	Braves Pitcher	Score	Orions Pitcher
2	10/10	Nishinomiya	Mitsuhiro Adachi (L)	0-3	Masaharu Mitsui (W)

Home Runs—Yoshihiro Iizuka (Orions)

Game	Date	Site	Braves Pitcher	Score	Orions Pitcher
3	10/12	Sendai	Mitsuo Inaba (L)	1-3	Tomehiro Kaneda (W)

Home Runs—Michiyo Arito (Orions)

Game	Date	Site	Braves Pitcher	Score	Orions Pitcher
4	10/13	Sendai	Hisashi Yamada (W)	4-2	Choji Murata (L)

Home Runs—LeRon Lee (Orions), Hideji Kato (Braves)

Game	Date	Site	Braves Pitcher	Score	Orions Pitcher
5	10/15	Sendai	Mitsuhiro Adachi (W)	7-0	Masaharu Mitsui (L)

Home Runs—none

Most Valuable Player—Hisashi Yamada, Braves

ALL-STAR GAMES

Managers—Shigeo Nagashima (Central League)—Toshiharo Ueda (Pacific League)

Game	Date	Site	C.L. Pitcher	Score	P.L. Pitcher
1	7/23	Heiwadai	Kenichi Kajima (W)	2-1	Mitsuo Inaba (L)

Home Runs—Yoshiharu Wakana (P)
MVP—Tsutomu Wakamatsu (P)

Game	Date	Site	C.L. Pitcher	Score	P.L. Pitcher
2	7/24	Nishinomiya	Kenji Fujisawa (L)	0-4	Hisashi Yamada (W)

Home Runs—LeRon Lee (P)
MVP—Katsuya Nomura (P)

Game	Date	Site	C.L. Pitcher	Score	P.L. Pitcher
3	7/26	Jingu	Kenichi Kajima (W)	4-3	Manabu Fujita (L)

Home Runs—Sadaharu Oh (C), Kinji Shimatani (P)
MVP—Sadaharu Oh (C)

JAPAN SERIES

Teams and Managers—Pacific League's Hankyu Braves (Toshiharo Ueda) 4—Central League's Yomiuri Giants (Shigeo Nagashima) 1

Game	Date	Site	Braves Pitcher	Score	Giants Pitcher
1	10/22	Nishinomiya	Hisashi Yamada (W)	7-2	Shigeru Kobayashi (L)

Home Runs—Sadaharu Oh (Giants), Isao Harimoto (Giants)

2	10/23	Nishinomiya	Mitsuhiro Adachi (W)	3-0	Tsuneo Horiuchi (L)

Home Runs—none

3	10/25	Korakuen	Takashi Yamaguchi (L)	2-5 (12 innings)	Keishi Asano (W)

Home Runs—Sadaharu Oh (Giants), Kazumasa Kono (Giants), Kinji Shimatani (Braves)

4	10/26	Korakuen	Hisashi Yamada (W)	5-2	Keishi Asano (L)

Home Runs—Isao Harimoto (Giants)

5	10/27	Korakuen	Shizuo Shiraishi (W)	6-3	Hisao Niura (L)

Home Runs—Isao Shibata (Giants), Hideji Kato (Braves)

Awards
Most Valuable Player—Hisashi Yamada, Braves
Fighting Spirit—Kazumasa Kono, Giants
Leading Hitter—Isao Harimoto, Giants
Outstanding Pitcher—Mitsuhiro Adachi, Braves
Outstanding Player—Yutaka Fukumoto, Braves
Outstanding Technique—Tadayoshi Okuma, Braves

1978 SEASON

CENTRAL LEAGUE

Team	G	W	L	T	PCT	GB	BA	HR	ERA	E
Yakult Swallows	130	68	46	16	.596	—	.279	157	4.382	94
Yomiuri Giants	130	65	49	16	.570	3.0	.270	136	3.61	65
Hiroshima Toyo Carp	130	62	50	18	.554	5.0	.284	205	4.378	87
Yokohama Taiyo Whales	130	64	57	9	.529	7.5	.273	132	3.90	67
Chunichi Dragons	130	53	71	6	.427	20.0	.252	141	4.45	99
Hanshin Tigers	130	41	80	9	.339	30.5	.254	139	4.79	88

Qualifiers for Batting Championship

Player and Team	G	AB	R	H	2B	3B	HR	RBI	SB	AVG
Jitsuo Mizutani, Carp	119	402	60	140	23	0	25	75	2	**.348**
Tsutomu Wakamatsu, Swallows	120	460	100	157	30	5	17	71	12	.341
Makoto Matsubara, Whales	129	499	70	**164**	45	0	16	91	4	.329
Katsuo Osugi, Swallows	125	462	73	151	17	0	30	97	0	.327
Yoshikazu Takagi, Whales	126	451	78	147	30	2	23	80	2	.326
Koji Yamamoto, Carp	130	473	**114**	153	28	0	**44**	112	12	.323
Masayuki Kakefu, Tigers	129	465	73	148	17	2	32	102	7	.318
Dave Hilton, Swallows	128	501	76	159	37	1	19	76	6	.3173

Player and Team	G	AB	R	H	2B	3B	HR	RBI	SB	AVG
Masayuki Nakatsuka, Whales	124	398	44	126	18	3	1	30	8	.3165
John Sipin, Giants	116	375	52	118	19	1	16	63	5	.315
Chuck Manuel, Swallows	127	468	85	146	12	2	39	103	1	.312
Isao Harimoto, Giants	115	424	53	131	17	1	21	73	1	.309
Yoshihiko Takahashi, Carp	110	427	72	129	19	10	7	47	15	.302
Taira Fujita, Tigers	130	522	77	157	26	4	13	58	4	.301
Sadaharu Oh, Giants	130	440	91	132	20	0	39	**118**	1	.300
Jim Lyttle, Carp	130	**524**	85	155	30	1	33	108	2	.296
Tatsuhiko Kimata, Dragons	117	385	37	113	14	0	16	55	0	.294
Isao Shibata, Giants	125	459	90	134	32	6	13	50	**34**	.292
Toru Sugiura, Swallows	125	388	55	113	17	2	17	67	7	.2912
Kazumasa Kono, Giants	128	443	57	129	19	7	9	55	23	.2911
Tomio Tashiro, Whales	129	472	66	136	28	2	27	104	1	.2881
Koichi Tabuchi, Tigers	117	413	64	119	8	0	38	89	1	.2881
Gene Martin, Dragons	130	448	56	129	14	0	33	84	1	.2879
Yoshiyuki Sakakibara, Tigers	105	358	50	103	20	0	3	28	8	.2877
Keiichi Nagasaki, Whales	128	438	84	126	30	8	21	72	27	.2876
Felix Millan, Whales	120	443	63	127	17	3	2	31	1	.287
Shozo Doi, Giants	110	376	46	107	11	1	4	28	4	.285
Yasunori Oshima, Dragons	98	352	50	99	11	0	15	47	1	.281
Shigeru Takada, Giants	100	349	48	97	15	2	5	31	11	.278
Shiro Mizunuma, Carp	127	388	51	105	19	3	7	46	3	.2706
Adrian Garrett, Carp	130	462	76	125	9	0	40	97	2	.2705
Akihiko Oya, Swallows	118	365	44	98	13	0	7	44	2	.268
Sachio Kinugasa, Carp	130	461	81	123	18	1	30	87	9	.267
Daisuke Yamashita, Whales	129	466	55	118	22	8	9	41	8	.2532
Mike Reinbach, Tigers	102	372	42	94	12	1	16	53	2	.2526
Hisaaki Fukushima, Whales	118	373	41	93	18	3	15	46	1	.249

Qualifiers for Earned Run Average Championship

Player and Team	G	IP	W-L-S	PCT	SO	BB	H	ERA
Hisao Niura, Giants	**63**	189	15-7-**15**	.682	152	75	160	**2.81**
Takenori Emoto, Tigers	56	150.2	11-13-11	.458	103	70	124	3.10
Akio Saito, Whales	47	**241**	16-15-4	.516	**162**	67	234	3.136
Osamu Nomura, Whales	44	238	**17**-11-4	.607	123	64	215	3.138
Shinichiro Ihara, Swallows	58	133	10-4-4	.714	95	46	123	3.38
Shigeyuki Takahashi, Whales	35	130	8-5-1	.615	57	53	129	3.39
Jun Misawa, Dragons	55	187.2	12-9-1	.571	90	58	185	3.40
Tsuneo Horiuchi, Giants	35	201	12-9-0	.571	113	59	190	3.54
Akio Matsubara, Carp	41	230	15-8-0	.652	94	70	**236**	3.60
Hajime Kato, Giants	34	157	8-5-3	.615	114	64	146	3.61
Yutaka Ikeuchi, Tigers	42	137.2	9-6-0	.600	78	33	129	3.65

Part One : 1978 Season

Player and Team	G	IP	W-L-S	PCT	SO	BB	H	ERA
Hiromu Matsuoka, Swallows	43	199.1	16-11-2	.593	119	**96**	191	3.75
Masaji Hiramatsu, Whales	36	146.2	10-5-7	.667	83	49	142	3.92
Takeshi Yasuda, Swallows	47	182.2	15-10-4	.600	71	50	228	3.93
Shigeru Kobayashi, Giants	43	191.1	13-12-2	.520	130	73	176	4.10
Yasujiro Suzuki, Swallows	37	186	13-3-1	**.813**	70	51	203	4.11
Kojiro Ikegaya, Carp	35	208.1	13-7-1	.650	132	93	212	4.24
Terashi Donoue, Dragons	54	197	9-**18**-4	.333	81	63	227	4.48
Manabu Kitabeppu, Carp	39	175	10-7-0	.588	98	56	180	4.58
Kenji Furusawa, Tigers	34	158.2	4-16-2	.200	90	46	170	4.98
Yukitsura Matsumoto, Dragons	32	157.2	6-12-0	.333	58	41	185	5.126
Kazuyuki Yamamoto, Tigers	35	162.2	5-10-1	.333	84	66	183	5.134
Satoshi Takahashi, Carp	38	191.1	10-14-0	.417	103	62	217	5.37

Leaders and Award Winners

Home Runs
Koji Yamamoto, Carp—44
Adrian Garrett, Carp—40
Chuck Manuel, Swallows—39
Sadaharu Oh, Giants—39
Koichi Tabuchi, Tigers—38

Runs Batted In
Sadaharu Oh, Giants—118
Koji Yamamoto, Carp—112
Jim Lyttle, Carp—108
Tomio Tashiro, Whales—104
Chuck Manuel, Swallows—103

Wins
Osamu Nomura, Whales—17
Hiromu Matsuoka, Swallows—16
Akio Saito, Whales—16
Akio Matsubara, Carp—15
Hisao Niura, Giants—15
Takeshi Yasuda, Swallows—15

Strikeouts
Akio Saito, Whales—162
Hisao Niura, Giants—152
Kojiro Ikegaya, Carp—132
Shigeru Kobayashi, Giants—130
Osamu Nomura, Whales—123

Most Valuable Player
Tsutomu Wakamatsu, Swallows

Sawamura Award
Hiromu Matsuoka, Swallows

Rookie of the Year
Mitsuo Sumi, Giants

Best Nine
Pitcher—Hisao Niura, Giants
Catcher—Akihiko Oya, Swallows
First Base—Sadaharu Oh, Giants
Second Base—Dave Hilton, Swallows
Third Base—Masayuki Kakefu, Tigers
Shortstop—Yoshihiko Takahashi, Carp
Outfield—Koji Yamamoto, Carp
Outfield—Tsutomu Wakamatsu, Swallows
Outfield—Chuck Manuel, Swallows

Gold Glove Awards
Pitcher—Tsuneo Horiuchi, Giants
Catcher—Akihiko Oya, Swallows
First Base—Sadaharu Oh, Giants
Second Base—Shozo Doi, Giants
Third Base—Masayuki Kakefu, Tigers
Shortstop—Daisuke Yamashita, Whales
Outfield—Koji Yamamoto, Carp
Outfield—Tsutomu Wakamatsu, Swallows
Outfield—Jim Lyttle, Carp

PACIFIC LEAGUE

TOTAL SEASON

Team	G	W	L	T	PCT	GB	BA	HR	ERA	E
*Hankyu Braves	130	82	39	9	.678	—	.283	176	3.13	122
Kintetsu Buffaloes	130	71	46	13	.607	9.0	.266	115	3.21	81
Nippon Ham Fighters	130	55	63	12	.466	25.5	.264	131	3.98	86
Lotte Orions	130	53	62	15	.461	26.0	.269	115	4.01	105
Crown Lighter Lions	130	51	67	12	.432	29.5	.268	109	3.75	116
Nankai Hawks	130	42	77	11	.353	39.0	.239	78	4.01	90

*Indicates league champion

FIRST HALF

Team	G	W	L	T	PCT	GB
Hankyu Braves	65	44	20	1	.688	—
Kintetsu Buffaloes	65	32	26	7	.552	9.0
Nippon Ham Fighters	65	29	31	5	.483	13.0
Crown Lighter Lions	65	28	31	6	.475	13.5
Lotte Orions	65	25	33	7	.431	16.0
Nankai Hawks	65	22	39	4	.361	20.5

SECOND HALF

Team	G	W	L	T	PCT	GB
Hankyu Braves	65	38	19	8	.667	—
Kintetsu Buffaloes	65	39	20	6	.661	—
Lotte Orions	65	28	29	8	.491	10.0
Nippon Ham Fighters	65	26	32	7	.448	12.5
Crown Lighter Lions	65	23	36	6	.390	16.0
Nankai Hawks	65	20	38	7	.345	18.5

Qualifiers for Batting Championship

Player and Team	G	AB	R	H	2B	3B	HR	RBI	SB	AVG
Kyosuke Sasaki, Buffaloes	109	376	47	133	19	2	9	62	8	**.354**
Yutaka Fukumoto, Braves	130	**526**	**107**	**171**	35	**10**	8	34	**70**	.325
Bobby Marcano, Braves	126	488	78	157	28	7	27	**94**	9	.322
LeRon Lee, Orions	126	461	76	146	22	0	30	88	3	.317
Leon Lee, Orions	128	471	59	149	26	6	19	73	6	.316
Carlos May, Hawks	123	414	51	129	17	2	12	80	8	.312
Koji Minoda, Braves	125	423	85	130	19	6	17	65	61	.3073
Masaru Tomita, Fighters	108	375	49	115	19	2	9	34	12	.3066
Masahiro Doi, Lions	126	433	54	131	13	0	26	75	2	.303
Yasuhiro Takai, Braves	116	377	47	114	13	1	22	77	1	.302
Kinji Shimatani, Braves	123	436	66	130	16	1	22	76	5	.298
Bernie Williams, Braves	117	403	64	119	16	2	18	66	11	.295
Junichi Kashiwabara, Fighters	130	500	72	147	18	4	24	84	15	.294
Willie Davis, Lions	127	509	67	149	21	4	18	69	12	.293

Player and Team	G	AB	R	H	2B	3B	HR	RBI	SB	AVG
Shigeru Kurihashi, Buffaloes	128	425	75	124	17	7	20	72	13	.292
Hiroyuki Yamazaki, Orions	122	435	56	126	23	2	13	52	3	.290
Takahiro Tokutsu, Orions	114	391	51	112	18	1	6	28	2	.286
Akinobu Mayumi, Lions	118	418	68	117	13	3	8	38	34	.280
Michiyo Arito, Orions	120	473	81	132	22	2	20	63	17	.279
Bobby Mitchell, Fighters	128	470	71	129	16	1	**36**	93	3	.2744
Chris Arnold, Buffaloes	123	402	59	110	26	0	15	72	5	.2736
Mitsuyasu Hirano, Buffaloes	129	507	82	137	16	1	7	39	27	.270
Masashi Takenouchi, Lions	117	356	43	95	17	0	14	44	5	.267
Shigeru Ishiwata, Buffaloes	126	440	59	117	8	3	8	28	13	.266
Hideji Kato, Braves	120	427	65	109	16	4	24	86	7	.255
Mitsuru Fujiwara, Hawks	99	396	44	100	8	0	2	15	13	.253
Yoshiie Tachibana, Lions	124	460	34	115	6	2	0	39	7	.250
Toshio Kato, Fighters	126	392	40	98	17	0	12	37	12	.250
Hiromitsu Kadota, Hawks	106	360	37	90	13	0	15	44	3	.250
Takayuki Kono, Hawks	107	398	47	98	18	5	3	23	16	.246
Sumio Hirota, Orions	115	371	36	91	14	1	2	31	25	.245
Koichi Hada, Buffaloes	130	419	41	100	8	4	9	47	8	.239

Qualifiers for Earned Run Average Championship

Player and Team	G	IP	W-L-S	PCT	SO	BB	H	ERA
Keishi Suzuki, Buffaloes	37	294.1	**25**-10-0	.714	**178**	42	234	**2.02**
Yutaro Imai, Braves	34	188.2	13-4-1	.765	122	49	165	2.38
Hisashi Yamada, Braves	35	219.2	18-4-4	**.818**	117	40	188	2.66
Manabu Fujita, Hawks	33	231.2	16-11-0	.593	100	42	206	2.87
Naoki Takahashi, Fighters	34	234	9-10-2	.474	107	28	230	2.88
Choji Murata, Orions	37	223.1	14-13-3	.519	174	58	188	2.905
Mitsuo Inaba, Braves	25	164	10-5-0	.667	74	51	159	2.908
Osamu Higashio, Lions	45	**303.1**	23-14-1	.622	126	53	**299**	2.94
Masanori Murakami, Fighters	**57**	130.2	12-11-10	.522	59	29	125	3.02
Masumitsu Moriguchi, Hawks	31	185.2	9-10-0	.474	103	**73**	157	3.29
Yutaka Yanagida, Buffaloes	38	202.2	13-9-2	.591	113	37	193	3.59
Yukihiro Murakami, Hawks	40	132	5-8-3	.385	69	53	126	3.61
Yoshinori Sato, Braves	33	194	13-8-1	.619	114	**73**	176	3.62
Shigekuni Mashiba, Fighters	37	170.2	7-11-0	.389	77	51	176	3.68
Ritsuo Yamashita, Lions	36	146.1	6-10-1	.375	53	39	153	3.95
Tomotaka Sugiyama, Fighters	26	134	9-6-0	.600	65	40	151	4.03
Takashi Imoto, Buffaloes	28	167	9-7-0	.563	58	41	176	4.095
Kazushi Saeki, Fighters	32	225.2	13-13-0	.500	109	51	237	4.101
Norihiro Mizutani, Orions	34	131	5-8-0	.385	71	54	132	4.33
Shinichi Yamauchi, Hawks	25	154	3-**16**-0	.158	46	34	190	4.91

Saves Leader—Takashi Yamaguchi, Braves—14

Leaders and Award Winners

Home Runs
Bobby Mitchell, Fighters—36
LeRon Lee, Orions—30
Bobby Marcano, Braves—27
Masahiro Doi, Lions—26
Junichi Kashiwabara, Fighters—24
Hideji Kato, Braves—24

Runs Batted In
Bobby Marcano, Braves—94
Bobby Mitchell, Fighters—93
LeRon Lee, Orions—88
Hideji Kato, Braves—86
Junichi Kashiwabara, Fighters—84

Wins
Keishi Suzuki, Buffaloes—25
Osamu Higashio, Lions—23
Hisashi Yamada, Braves—18
Manabu Fujita, Hawks—16
Choji Murata, Orions—14

Strikeouts
Keishi Suzuki, Buffaloes—178
Choji Murata, Orions—174
Osamu Higashio, Lions—126
Yutaro Imai, Braves—122
Hisashi Yamada, Braves—117

Most Valuable Player
Hisashi Yamada, Braves

Rookie of the Year
Yukihiro Murakami, Hawks

Best Nine
Pitcher—Keishi Suzuki, Buffaloes
Catcher—Shinji Nakazawa, Braves
First Base—Junichi Kashiwabara, Fighters
Second Base—Bobby Marcano, Braves
Third Base—Kinji Shimatani, Braves
Shortstop—Akinobu Mayumi, Lions
Outfield—Yutaka Fukumoto, Braves
Outfield—Kyosuke Sasaki, Buffaloes
Outfield—Koji Minoda, Braves
Designated Hitter—Masahiro Doi, Lions

Gold Glove Awards
Pitcher—Hisashi Yamada, Braves
Catcher—Shinji Nakazawa, Braves
First Base—Junichi Kashiwabara, Fighters
Second Base—Bobby Marcano, Braves
Third Base—Kinji Shimatani, Braves
Shortstop—Yutaka Ohashi, Braves
Outfield—Yutaka Fukumoto, Braves
Outfield—Koji Minoda, Braves
Outfield—Bernie Williams, Braves

ALL-STAR GAMES

Managers—Shigeo Nagashima (Central League)—Yoshinori Hirose (Pacific League)

Game	Date	Site	C.L. Pitcher	Score	P.L. Pitcher
1	7/22	Hiroshima	Akio Matsubara (W)	7-5	Naoki Takahashi (L)

Home Runs—Adrian Garrett (C), Bobby Mitchell (P)
MVP—Adrian Garrett (C)

Game	Date	Site	C.L. Pitcher	Score	P.L. Pitcher
2	7/23	Koshien	Kazuyuki Yamamoto (L)	0-9	Hisashi Yamada (W)

Home Runs—none
MVP—Koji Minoda (P)

Game	Date	Site	C.L. Pitcher	Score	P.L. Pitcher
3	7/25	Korakuen	Osamu Nomura (W)	8-5	Kazushi Saeki (L)

Home Runs—Masayuki Kakefu—3 (C), Koji Yamamoto (C), Mitsuru Fujiwara (P)
MVP—Masayuki Kakefu (C)

JAPAN SERIES

Teams and Managers—Central League's Yakult Swallows (Tatsuro Hirooka) 4—Pacific League's Hankyu Braves (Toshiharo Ueda) 3

Game	Date	Site	Swallows Pitcher	Score	Braves Pitcher
1	10/14	Korakuen	Takeshi Yasuda (L)	5-6	Hisashi Yamada (W)

Home Runs—Kazuhide Funada (Swallows), Chuck Manuel (Swallows), Akihiko Oya (Swallows), Yasuhiro Takai (Braves), Kenichiro Kawamura (Braves)

Game	Date	Site	Swallows Pitcher	Score	Braves Pitcher
2	10/15	Korakuen	Hiromu Matsuoka (W)	10-6	Yutaro Imai (L)

Home Runs—Chuck Manuel (Swallows), Fujio Sumi (Swallows), Katsuo Osugi (Swallows), Yutaka Fukumoto (Braves), Bobby Marcano (Braves)

Game	Date	Site	Swallows Pitcher	Score	Braves Pitcher
3	10/17	Nishinomiya	Yasujiro Suzuki (L)	0-5	Mitsuhiro Adachi (W)

Home Runs—none

Game	Date	Site	Swallows Pitcher	Score	Braves Pitcher
4	10/18	Nishinomiya	Tetsuo Nishii (W)	6-5	Yutaro Imai (L)

Home Runs—Dave Hilton (Swallows)

Game	Date	Site	Swallows Pitcher	Score	Braves Pitcher
5	10/19	Nishinomiya	Shinichiro Ihara (W)	7-3	Hisashi Yamada (L)

Home Runs—Tsutomu Wakamatsu (Swallows), Katsuo Osugi (Swallows), Bobby Marcano (Braves)

Game	Date	Site	Swallows Pitcher	Score	Braves Pitcher
6	10/21	Korakuen	Yasujiro Suzuki (L)	3-12	Shizuo Shiraishi (W)

Home Runs—Kazuhide Funada (Swallows), Kinji Shimatani (Braves), Bernie Williams (Braves), Shinji Nakazawa (Braves), Yutaka Fukumoto (Braves)

Game	Date	Site	Swallows Pitcher	Score	Braves Pitcher
7	10/22	Korakuen	Hiromu Matsuoka (W)	4-0	Mitsuhiro Adachi (L)

Home Runs—Katsuo Osugi—2 (Swallows), Bobby Marcano (Braves)

Awards

Most Valuable Player—Katsuo Osugi, Swallows
Fighting Spirit—Mitsuhiro Adachi, Braves
Leading Hitter—Kinji Shimatani, Braves
Outstanding Pitcher—Hiromu Matsuoka, Swallows
Outstanding Player—Tsutomu Wakamatsu, Swallows
Outstanding Technique—Dave Hilton, Swallows

1979 SEASON

CENTRAL LEAGUE

Team	G	W	L	T	PCT	GB	BA	HR	ERA	E
Hiroshima Toyo Carp	130	67	50	13	.573	—	.257	172	3.74	77
Yokohama Taiyo Whales	130	59	54	17	.522	6.0	.266	135	4.05	82
Chunichi Dragons	130	59	57	14	.509	7.5	.2678	155	3.97	97
Hanshin Tigers	130	61	60	9	.504	8.0	.2683	172	4.15	103
Yomiuri Giants	130	58	62	10	.483	10.5	.259	154	3.85	89
Yakult Swallows	130	48	69	13	.410	19.0	.252	157	4.60	94

Qualifiers for Batting Championship

Player and Team	G	AB	R	H	2B	3B	HR	RBI	SB	AVG
Felix Millan, Whales	98	364	61	126	23	2	6	41	2	**.346**
Masayuki Kakefu, Tigers	122	468	**107**	153	20	3	**48**	95	10	.327

Player and Team	G	AB	R	H	2B	3B	HR	RBI	SB	AVG
Yasunori Oshima, Dragons	130	501	95	**159**	33	1	36	103	1	.317
John Sipin, Giants	117	432	70	135	17	1	27	74	3	.313
Tatsuhiko Kimata, Dragons	126	459	53	143	16	0	17	72	1	.312
Mike Reinbach, Tigers	130	472	79	146	23	1	27	84	0	.309
Masayuki Nakatsuka, Whales	122	369	49	113	18	1	2	27	10	.3062
Tsutomu Wakamatsu, Swallows	120	438	81	134	30	1	17	65	8	.3059
Yoshihiko Takahashi, Carp	120	490	86	149	22	7	5	33	**55**	.304
Yoshiharu Wakana, Tigers	112	386	38	117	10	1	9	42	8	.303
Noriyoshi Sano, Tigers	123	413	42	124	18	4	10	52	2	.3002
Morimichi Takagi, Dragons	120	467	74	140	25	1	11	48	11	.2997
Mitsuo Motoi, Whales	112	373	64	110	22	2	15	65	16	.295
Koji Yamamoto, Carp	130	467	90	137	20	0	42	**113**	15	.293
Keiichi Nagasaki, Whales	117	351	71	102	18	5	11	50	18	.291
Toshiyuki Mimura, Carp	116	389	46	112	17	0	12	60	1	.288
Sadaharu Oh, Giants	120	407	73	116	15	0	33	81	1	.285
Toru Sugiura, Swallows	126	423	63	120	19	1	22	54	10	.284
Kazuhide Funada, Swallows	105	371	51	105	13	0	14	49	6	.283
Masashi Takenouchi, Tigers	112	401	55	113	18	2	25	66	4	.2817
Daisuke Yamashita, Whales	129	458	59	129	24	3	12	53	6	.2816
Sachio Kinugasa, Carp	130	410	82	114	21	2	20	57	15	.278
Akinobu Mayumi, Tigers	125	**517**	55	142	15	3	13	51	20	.275
Hiroaki Inoue, Dragons	113	345	47	94	16	0	16	49	2	.2724
John Scott, Swallows	112	434	72	118	19	0	28	81	19	.2718
Makoto Matsubara, Whales	122	428	55	114	22	0	13	62	4	.266
Jim Lyttle, Carp	130	504	54	133	24	0	23	61	6	.264
Jitsuo Mizutani, Carp	125	408	48	106	9	0	23	69	2	.260
Dave Hilton, Swallows	105	399	59	103	14	3	19	48	1	.258
Gene Martin, Whales	125	417	47	106	17	0	28	83	0	.254
Wayne Garrett, Dragons	115	417	64	105	15	3	20	71	3	.252
Yasushi Tao, Dragons	123	383	47	96	22	1	13	50	0	.251
Katsuo Osugi, Swallows	118	413	46	100	18	0	17	68	1	.242
Isao Shibata, Giants	114	395	53	95	18	1	9	33	10	.241
Kazumasa Kono, Giants	128	439	53	100	22	1	15	56	21	.228
Leroy Stanton, Tigers	121	457	51	103	16	3	23	58	0	.22538
Adrian Garrett, Carp	126	395	53	89	9	2	27	59	3	.22531

Qualifiers for Earned Run Average Championship

Player and Team	G	IP	W-L-S	PCT	SO	BB	H	ERA
Masaji Hiramatsu, Whales	30	196	13-7-1	.650	138	50	155	**2.39**
Takashi Nishimoto, Giants	44	153	8-4-6	.667	85	38	143	2.76
Suguru Egawa, Giants	27	161	9-10-0	.474	138	50	132	2.80
Kimiya Fujisawa, Dragons	33	185.1	13-5-0	**.722**	129	69	158	2.82
Shigeru Kobayashi, Tigers	37	**273.2**	**22**-9-1	.710	200	75	**227**	2.89
Kazuo Yamane, Carp	27	130.1	8-4-0	.667	83	23	129	2.91
Hisao Niura, Giants	45	236.1	15-11-5	.577	**223**	68	211	3.43

Part One : 1979 Season

Player and Team	G	IP	W-L-S	PCT	SO	BB	H	ERA
Akio Fukushi, Carp	37	163.2	7-9-1	.438	109	44	156	3.57
Manabu Kitabeppu, Carp	36	215.2	17-11-0	.607	155	39	218	3.58
Yutaka Ikeuchi, Tigers	54	130	5-5-13	.500	81	37	110	3.67
Jun Misawa, Dragons	45	203	13-11-0	.542	97	53	226	3.72
Kazuhiko Endo, Whales	47	203.1	12-12-8	.500	165	54	198	3.81
Hiromu Matsuoka, Swallows	50	181.2	9-11-13	.450	139	52	182	3.96
Hajime Kato, Giants	36	142	7-10-2	.412	98	57	124	3.99
Akio Saito, Whales	37	196.1	11-6-0	.647	138	56	198	4.04
Yoshio Tanaka, Whales	45	141.1	5-6-1	.455	95	80	125	4.21
Yasujiro Suzuki, Swallows	37	185.2	8-11-0	.421	68	45	198	4.26
Takenori Emoto, Tigers	47	178.2	12-12-6	.500	141	67	181	4.37
Senichi Hoshino, Dragons	28	154.1	10-7-0	.588	85	51	168	4.68
Kojiro Ikegaya, Carp	32	168	12-8-0	.600	124	52	165	4.88
Takao Obana, Swallows	36	137	4-9-0	.308	75	49	163	4.93
Kenichi Kajima, Swallows	43	141.1	10-12-0	.455	116	60	137	5.11

Games Leader—Yutaka Ono, Carp—58
Saves Leader—Yutaka Enatsu, Carp—22

Leaders and Award Winners

Home Runs
Masayuki Kakefu, Tigers—48
Koji Yamamoto, Carp—42
Yasunori Oshima, Dragons—36
Sadaharu Oh, Giants—33
Gene Martin, Whales—28
John Scott, Swallows—28

Runs Batted In
Koji Yamamoto, Carp—113
Yasunori Oshima, Dragons—103
Masayuki Kakefu, Tigers—95
Mike Reinbach, Tigers—84
Gene Martin, Whales—83

Wins
Shigeru Kobayashi, Tigers—22
Manabu Kitabeppu, Carp—17
Hisao Niura, Giants—15
Kimiya Fujisawa, Dragons—13
Masaji Hiramatsu, Whales—13
Jun Misawa, Dragons—13

Strikeouts
Hisao Niura, Giants—223
Shigeru Kobayashi, Tigers—200
Kazuhiko Endo, Whales—165
Manabu Kitabeppu, Carp—155
Takenori Emoto, Tigers—141

Most Valuable Player
Yutaka Enatsu, Carp

Sawamura Award
Shigeru Kobayashi, Tigers

Rookie of the Year
Kimiya Fujisawa, Dragons

Best Nine
Pitcher—Shigeru Kobayashi, Tigers
Catcher—Tatsuhiko Kimata, Dragons
First Base—Sadaharu Oh, Giants
Second Base—Felix Millan, Whales
Third Base—Masayuki Kakefu, Tigers
Shortstop—Yoshihiko Takahashi, Carp
Outfield—Koji Yamamoto, Carp
Outfield—Tsutomu Wakamatsu, Swallows
Outfield—Mike Reinbach, Tigers

Gold Glove Awards
Pitcher—Takashi Nishimoto, Giants
Catcher—Yoshiharu Wakana, Tigers
First Base—Sadaharu Oh, Giants
Second Base—Morimichi Takagi, Dragons
Third Base—Masayuki Kakefu, Tigers
Shortstop—Daisuke Yamashita, Whales
Outfield—Koji Yamamoto, Carp
Outfield—John Scott, Swallows
Outfield—Jim Lyttle, Carp

PACIFIC LEAGUE

TOTAL SEASON

Team	G	W	L	T	PCT	GB	BA	HR	ERA	E
*Kintetsu Buffaloes	130	74	45	11	.622	1.0	.285	195	3.70	80
Hankyu Braves	130	75	44	11	.630	—	.281	193	3.84	116
Nippon Ham Fighters	130	63	60	7	.512	14.0	.266	131	4.09	59
Lotte Orions	130	55	63	12	.466	19.5	.274	150	4.30	100
Nankai Hawks	130	46	73	11	.387	29.0	.276	125	4.86	120
Seibu Lions	130	45	73	12	.381	29.5	.259	140	4.60	132

*Indicates league champion

FIRST HALF

Team	G	W	L	T	PCT	GB
Kintetsu Buffaloes	65	39	19	7	.672	—
Hankyu Braves	65	39	21	5	.650	1.0
Nippon Ham Fighters	65	34	26	5	.567	6.0
Lotte Orions	65	26	34	5	.433	14.0
Nankai Hawks	65	23	39	3	.371	18.0
Seibu Lions	65	18	40	7	.310	21.0

SECOND HALF

Team	G	W	L	T	PCT	GB
Hankyu Braves	65	36	23	6	.610	—
Kintetsu Buffaloes	65	35	26	4	.574	2.0
Lotte Orions	65	29	29	7	.500	6.5
Nippon Ham Fighters	65	29	34	2	.460	9.0
Seibu Lions	65	27	33	5	.450	9.5
Nankai Hawks	65	23	34	8	.404	12.0

Qualifiers for Batting Championship

Player and Team	G	AB	R	H	2B	3B	HR	RBI	SB	AVG
Hideji Kato, Braves	122	448	84	**163**	**32**	2	35	**104**	14	**.364**
Hiromasa Arai, Hawks	114	388	52	139	19	1	2	34	17	.358
Jinten Haku, Orions	124	415	47	141	25	4	18	71	3	.340
LeRon Lee, Orions	126	471	79	157	28	3	28	95	2	.333
Shinsaku Katahira, Hawks	123	444	56	146	20	4	16	68	2	.329
Chuck Manuel, Buffaloes	97	333	69	108	18	0	**37**	94	0	.3243
Yasuhiro Takai, Braves	113	367	54	119	22	0	21	66	1	.3242
Kyosuke Sasaki, Buffaloes	111	363	56	116	13	0	18	46	14	.320
Hideo Furuya, Fighters	109	390	58	122	23	2	15	56	14	.313
Kinji Shimatani, Braves	127	490	81	153	31	3	27	102	4	.312
Carlos May, Hawks	117	398	59	122	15	1	26	75	3	.307
Leon Lee, Orions	128	484	77	147	21	1	35	93	4	.304
Takayuki Kono, Hawks	125	496	72	149	25	5	13	55	25	.300
Bobby Marcano, Braves	127	502	73	150	22	5	32	97	9	.299

Player and Team	G	AB	R	H	2B	3B	HR	RBI	SB	AVG
Mitsuru Fujiwara, Hawks	124	491	65	145	24	2	7	62	20	.295
Shigeru Kurihashi, Buffaloes	130	446	69	130	20	1	32	80	16	.291
Jack Maloof, Lions	129	**503**	65	146	26	0	12	48	18	.290
Chris Arnold, Buffaloes	116	395	57	114	17	4	17	65	6	.289
Yutaka Fukumoto, Braves	128	493	**101**	142	27	9	17	67	**60**	.288
Michiyo Arito, Orions	123	471	90	135	22	3	29	75	14	.287
Sam Ewing, Fighters	119	416	41	119	20	2	15	65	2	.286
Junichi Kashiwabara, Fighters	123	487	77	139	18	3	22	90	18	.2854
Sumio Hirota, Orions	101	397	54	113	28	0	4	31	13	.2846
Koji Minoda, Braves	125	436	69	123	24	9	9	51	33	.282
Shigeru Ishiwata, Buffaloes	121	395	51	111	21	1	11	45	10	.281
Masaru Tomita, Fighters	128	485	76	136	28	3	12	61	23	.280
Mitsuyasu Hirano, Buffaloes	122	473	83	132	16	1	18	51	21	.279
Toru Ogawa, Buffaloes	118	376	47	104	20	0	12	44	2	.277
Makoto Shimada, Fighters	129	456	74	126	30	6	8	47	55	.276
Koichi Hada, Buffaloes	119	351	56	96	13	3	13	49	11	.274
Masahiro Doi, Lions	128	470	56	127	12	1	27	70	2	.270
Yoshinori Yamamura, Lions	122	386	48	104	24	1	11	49	4	.269
Koichi Tabuchi, Lions	107	382	59	100	14	2	27	69	0	.262
Toshio Kato, Fighters	124	355	52	92	19	1	14	38	14	.259
Nobuhiro Takashiro, Fighters	123	397	48	99	19	1	7	47	14	.249
Frank Ortenzio, Hawks	113	387	39	96	9	0	23	56	2	.248
Yoshiie Tachibana, Lions	123	406	41	100	16	5	6	36	3	.246
Bobby Mitchell, Fighters	111	365	53	85	11	0	22	60	2	.233

Qualifiers for Earned Run Average Championship

Player and Team	G	IP	W-L-S	PCT	SO	BB	H	ERA
Tetsuji Yamaguchi, Buffaloes	36	148.1	7-7-4	.500	57	32	139	**2.49**
Hisashi Yamada, Braves	36	237	**21-5-4**	**.808**	115	64	211	2.73
Naoki Takahashi, Fighters	37	254.2	20-11-4	.645	118	23	**257**	2.75
Choji Murata, Orions	37	**255**	17-12-2	.586	**230**	55	224	2.96
Koji Ota, Buffaloes	31	136	7-4-0	.636	47	41	135	3.31
Tatsumi Murata, Buffaloes	43	192.1	12-8-2	.600	98	34	207	3.42
Toshoku Uda, Fighters	39	135	9-3-0	.750	34	20	151	3.466
Koichiro Sasaki, Hawks	38	139.2	3-7-1	.300	37	27	144	3.471
Takashi Imoto, Buffaloes	33	192	15-4-1	.789	93	49	194	3.61
Tokinari Nishina, Orions	30	179.2	9-11-0	.450	87	57	170	4.00
Hirohisa Matsunuma, Lions	34	212.1	16-10-0	.615	134	**80**	189	4.03
Yutaka Yanagida, Buffaloes	37	187	11-13-4	.458	102	43	165	4.09
Shinichi Yamauchi, Hawks	30	193.2	12-7-0	.632	64	56	219	4.13
Kazushi Saeki, Fighters	28	192.2	11-11-0	.500	88	40	197	4.15
Masumitsu Moriguchi, Hawks	32	179	9-14-0	.391	102	77	188	4.17

Player and Team	G	IP	W-L-S	PCT	SO	BB	H	ERA
Yutaro Imai, Braves	27	166.2	11-7-0	.611	65	72	179	4.26
Yoshinori Sato, Braves	26	155.1	10-6-2	.625	92	65	177	4.30
Mitsuo Inaba, Braves	23	151	11-9-0	.550	84	47	154	4.35
Keishi Suzuki, Buffaloes	24	134.2	10-8-0	.556	91	37	148	4.40
Shigekazu Mori, Lions	43	203.1	5-16-7	.238	130	78	207	4.52
Osamu Higashio, Lions	23	155	6-13-0	.316	61	32	181	4.53
Tomotaka Sugiyama, Fighters	31	186.2	11-17-0	.393	120	78	188	4.72
Hideyuki Okue, Orions	27	133.2	9-4-1	.692	82	74	138	4.90
Norihiro Mizutani, Orions	33	137	7-11-0	.389	76	73	166	5.12
Hisao Sugita, Hawks	36	147.1	7-14-0	.333	28	55	185	5.63

Games Leader—Tamotsu Nagai, Lions—63
Saves Leader—Motoyasu Kaneshiro, Hawks—16

Leaders and Award Winners

Home Runs
Chuck Manuel, Buffaloes—37
Hideji Kato, Braves—35
Leon Lee, Orions—35
Shigeru Kurihashi, Buffaloes—32
Bobby Marcano, Braves—32

Runs Batted In
Hideji Kato, Braves—104
Kinji Shimatani, Braves—102
Bobby Marcano, Braves—97
LeRon Lee, Orions—95
Chuck Manuel, Buffaloes—94

Wins
Hisashi Yamada, Braves—21
Naoki Takahashi, Fighters—20
Choji Murata, Orions—17
Hirohisa Matsunuma, Lions—16
Takashi Imoto, Buffaloes—15

Strikeouts
Choji Murata, Orions—230
Hirohisa Matsunuma, Lions—134
Shigekazu Mori, Lions—130
Tomotaka Sugiyama, Fighters—120
Naoki Takahashi, Fighters—118

Most Valuable Player
Chuck Manuel, Buffaloes

Rookie of the Year
Hirohisa Matsunuma, Lions

Best Nine
Pitcher—Hisashi Yamada, Braves
Catcher—Masataka Nashida, Buffaloes
First Base—Hideji Kato, Braves
Second Base—Bobby Marcano, Braves
Third Base—Kinji Shimatani, Braves
Shortstop—Shigeru Ishiwata, Buffaloes
Outfield—Yutaka Fukumoto, Braves
Outfield—Shigeru Kurihashi, Buffaloes
Outfield—Hiromasa Arai, Hawks
Designated Hitter—Chuck Manuel, Buffaloes

Gold Glove Awards
Pitcher—Hisashi Yamada, Braves
Catcher—Masataka Nashida, Buffaloes
First Base—Junichi Kashiwabara, Fighters
Second Base—Bobby Marcano, Braves
Third Base—Kinji Shimatani, Braves
Shortstop—Nobuhiro Takashiro, Fighters
Outfield—Yutaka Fukumoto, Braves
Outfield—Koji Minoda, Braves
Outfield—Mitsuyasu Hirano, Buffaloes

PACIFIC LEAGUE CHAMPIONSHIP

Teams and Managers—Kintetsu Buffaloes (Yukio Nishimoto) 3—Hankyu Braves (Takao Kajimoto) 0

Game	Date	Site	Buffaloes Pitcher	Score	Braves Pitcher
1	10/13	Osaka	Takashi Imoto (W)	5-1	Hisashi Yamada (L)

Home Runs—Toru Ogawa (Buffaloes), Shigeru Kurihashi (Buffaloes)

2	10/14	Osaka	Keishi Suzuki (W)	7-4	Shizuo Shiraishi (L)

Home Runs—Toru Ogawa (Buffaloes), Shuzo Arita (Buffaloes), Yasuhiro Takai (Braves), Mitsuyasu Hirano (Buffaloes)

3	10/16	Nishinomiya	Tetsuji Yamaguchi (W)	2-1 (10 innings)	Mitsuo Inaba (L)

Home Runs—Yutaka Fukumoto (Braves)

Most Valuable Player—Tetsuji Yamaguchi, Buffaloes

ALL-STAR GAMES

Managers—Tatsuro Hirooka (Central League)—Takao Kajimoto (Pacific League)

Games	Date	Site	C.L. Pitcher	Score	P.L. Pitcher
1	7/21	Osaka	Yutaka Enatsu (W)	11-2	Shinichi Yamauchi (L)

Home Runs—Sadaharu Oh (C)
MVP—Sadaharu Oh (C)

2	7/22	Nagoya	Senichi Hoshino (L)	1-3	Hisashi Yamada (W)

Home Runs—Koji Yamamoto (C)
MVP—Bobby Marcano (P)

3	7/24	Jingu	Hisao Niura (W)	7-5	Yutaka Yanagida (L)

Home Runs—Sadaharu Yutaka Oh—2 (C), Koji Yamamoto—2 (C), Jinten Haku (P), LeRon Lee (P), Michiyo Arito (P), Junichi Kashiwabara (P)
MVP—Koji Yamamoto (C)

JAPAN SERIES

Teams and Managers—Central League's Hiroshima Toyo Carp (Takeshi Koba) 4—Pacific League's Kintetsu Buffaloes (Yukio Nishimoto) 3

Game	Date	Site	Carp Pitcher	Score	Buffaloes Pitcher
1	10/21	Osaka	Manabu Kitabeppu (L)	2-5	Takashi Imoto (W)

Home Runs—none

2	10/28	Osaka	Kazuo Yamane (L)	0-4	Keishi Suzuki (W)

Home Runs—Shuzo Arita (Buffaloes)

3	10/30	Hiroshima	Kojiro Ikegaya (W)	3-2	Yutaka Yangida (L)

Home Runs—Jitsuo Mizutani (Carp)

4	10/31	Hiroshima	Akio Fukushi (W)	5-3	Takashi Imoto (L)

Home Runs—Chuck Manuel (Buffaloes), Shuzo Arita (Buffaloes), Jitsuo Mizutani (Carp), Yoshihiko Takahashi (Carp)

5	11/1	Hiroshima	Kazuo Yamane (W)	1-0	Keishi Suzuki (L)

Home Runs—none

6	11/3	Osaka	Kojiro Ikegaya (L)	2-6	Takashi Imoto (W)

Home Runs—Masataka Nashida (Buffaloes), Toshiyuki Mimura (Carp), Koji Yamamoto (Carp)

7	11/4	Osaka	Kazuo Yamane (W)	4-3	Yutaka Yanagida (L)

Home Runs—Mitsuyasu Hirano (Buffaloes), Shiro Mizunuma (Carp)

Awards
Most Valuable Player—Yoshihiko Takahashi, Carp
Fighting Spirit—Takashi Imoto, Buffaloes
Leading Hitter—Yoshihiko Takahashi, Carp
Outstanding Pitcher—Kazuo Yamane, Carp
Outstanding Player—Jitsuo Mizutani, Carp
Outstanding Technique—Toshiyuki Mimura, Carp

1980 SEASON

CENTRAL LEAGUE

Team	G	W	L	T	PCT	GB	BA	HR	ERA	E
Hiroshima Toyo Carp	130	73	44	13	.624	—	.263	161	3.37	66
Yakult Swallows	130	68	52	10	.567	6.5	.270	132	3.17	82
Yomiuri Giants	130	61	60	9	.504	14.0	.243	153	2.95	79
Yokohama Taiyo Whales	130	59	62	9	.488	16.0	.259	135	4.18	91
Hanshin Tigers	130	54	66	10	.450	20.5	.262	134	3.73	95
Chunichi Dragons	130	45	76	9	.372	30.0	.261	134	4.43	126

Qualifiers for Batting Championship

Player and Team	G	AB	R	H	2B	3B	HR	RBI	SB	AVG
Kenichi Yazawa, Dragons	120	425	61	157	27	1	27	80	2	**.369**
Tsutomu Wakamatsu, Swallows	116	427	62	150	**36**	1	15	63	16	.351
Koji Yamamoto, Carp	130	440	91	148	28	3	**44**	**112**	14	.336
Mitsuo Motoi, Whales	119	407	51	128	24	1	12	70	18	.3144
Hirokazu Kato, Tigers	112	379	63	119	18	3	7	21	34	.3139
Toru Sugiura, Swallows	123	408	71	127	24	4	20	62	18	.311
Yoshihiko Takahashi, Carp	130	**550**	68	**169**	24	11	5	33	**38**	.307
Katsuo Osugi, Swallows	118	425	52	128	19	1	21	82	0	.301
Yasushi Tao, Dragons	122	472	60	141	29	3	7	34	16	.299
Tatsuhiko Kimata, Dragons	125	429	43	128	13	0	18	67	0	.298
Tomio Tashiro, Whales	128	472	74	140	22	4	36	94	6	.297
Sachio Kinugasa, Carp	130	489	79	144	20	0	31	85	16	.294
Akinobu Okada, Tigers	108	376	44	109	19	0	18	54	4	.290
Akinobu Mayumi, Tigers	113	459	79	131	15	4	29	74	20	.285
Roy White, Giants	128	469	71	133	21	0	29	75	13	.284
Yoshikazu Takagi, Whales	128	460	62	130	24	3	12	56	5	.283
Akihiko Oya, Swallows	110	368	35	104	15	3	8	50	1	.283
Sam Perlozzo, Swallows	118	473	70	133	11	3	15	43	13	.281
Jim Lyttle, Carp	130	507	68	142	25	1	23	82	5	.280
Jitsuo Mizutani, Carp	116	352	35	95	5	1	22	61	0	.270
Skip James, Whales	111	368	58	99	18	2	21	57	2	.269
Noriyoshi Sano, Tigers	129	462	52	124	18	2	15	58	6	.2683
Kiyoshi Nakahata, Giants	124	459	61	123	15	2	22	57	10	.2679
John Scott, Swallows	123	449	63	120	22	4	16	69	20	.267

Player and Team	G	AB	R	H	2B	3B	HR	RBI	SB	AVG
Mike Dupree, Carp	127	459	37	122	21	3	10	40	0	.266
Daisuke Yamashita, Whales	121	419	50	111	21	4	9	41	15	.265
Yoshiharu Wakana, Tigers	126	441	34	113	12	2	4	32	2	.256
Kazuhiro Yamakura, Giants	127	399	44	98	21	3	17	52	3	.246
Masaru Uno, Dragons	121	408	40	100	22	0	12	44	3	.245
Sadaharu Oh, Giants	129	444	59	105	10	0	30	84	0	.236

Qualifiers for Earned Run Average Championship

Player and Team	G	IP	W-L-S	PCT	SO	BB	H	ERA
Hiromu Matsuoka, Swallows	29	157	13-6-1	.684	92	47	145	**2.35**
Suguru Egawa, Giants	34	261.1	**16**-12-0	.571	**219**	60	226	2.48
Shoji Sadaoka, Giants	28	149.1	9-8-0	.529	96	50	126	2.54
Takashi Nishimoto, Giants	36	222	14-14-2	.500	118	40	223	2.59
Kenichi Kajima, Swallows	33	195.2	15-8-0	.652	148	60	164	2.76
Kazuo Yamane, Carp	35	230.2	14-13-0	.519	112	53	223	2.96
Yasujiro Suzuki, Swallows	37	183.2	11-6-5	.647	75	46	194	2.98
Takao Obana, Swallows	34	209.1	8-13-1	.381	123	70	182	3.01
Shigeru Kobayashi, Tigers	37	**280.1**	15-14-0	.517	179	57	241	3.02
Kazuyuki Yamamoto, Tigers	35	221.1	15-11-2	.577	158	57	189	3.26
Kojiro Ikegaya, Carp	28	169.1	9-6-0	.600	107	43	162	3.30
Yoshinori Toda, Dragons	29	137.1	7-6-1	.538	76	36	131	3.42
Akio Saito, Whales	35	247.1	14-**17**-1	.452	165	**72**	**245**	3.79
Hiroaki Fukushi, Carp	31	187	15-6-0	**.714**	106	52	195	3.95
Manabu Kitabeppu, Carp	30	177.2	12-5-0	.706	82	44	210	4.04
Jun Misawa, Dragons	37	153.2	8-12-0	.400	81	52	156	4.09
Masaji Hiramatsu, Whales	30	199.1	10-11-0	.476	107	57	227	4.30
Osamu Nomura, Whales	33	192.1	15-10-0	.600	92	51	225	4.69
Takenori Emoto, Tigers	31	160	8-15-0	.348	108	64	168	4.78
Terashi Donoue, Dragons	33	134.1	7-7-0	.500	48	53	145	4.97

Games Leader—Yutaka Ikeuchi (Tigers), Hiroaki Mizutani (Dragons), Mitsuo Sumi (Giants)—56

Saves Leader—Yutaka Enatsu, Carp—21

Leaders and Award Winners

Home Runs
Koji Yamamoto, Carp—44
Tomio Tashiro, Whales—36
Sachio Kinugasa, Carp—31
Sadaharu Oh, Giants—30
Akinobu Mayumi, Tigers—29
Roy White, Giants—29

Runs Batted In
Koji Yamamoto, Carp—112
Tomio Tashiro, Whales—94
Sachio Kinugasa, Carp—85
Sadaharu Oh, Giants—84
Jim Lyttle, Carp—82
Katsuo Osugi, Swallows—82

Wins
Suguru Egawa, Giants—16
Hiroaki Fukushi, Carp—15
Kenichi Kajima, Swallows—15
Shigeru Kobayashi, Tigers—15
Osamu Nomura, Whales—15
Kazuyuki Yamamoto, Tigers—15

Leaders and Award Winners

Strikeouts
Suguru Egawa, Giants—219
Shigeru Kobayashi, Tigers—179
Akio Saito, Whales—165
Kazuyuki Yamamoto, Tigers—158
Kenichi Kajima, Swallows—148

Most Valuable Player
Koji Yamamoto, Carp

Sawamura Award
none

Rookie of the Year
Akinobu Okada, Tigers

Best Nine
Pitcher—Suguru Egawa, Giants
Catcher—Akihiko Oya, Swallows
First Base—Kenichi Yazawa, Dragons
Second Base—Mitsuo Motoi, Whales
Third Base—Sachio Kinugasa, Carp
Shortstop—Yoshihiko Takahashi, Carp
Outfield—Koji Yamamoto, Carp
Outfield—Tsutomu Wakamatsu, Swallows
Outfield—Toru Sugiura, Swallows

Gold Glove Awards
Pitcher—Takashi Nishimoto, Giants
Catcher—Akihiko Oya, Swallows
First Base—Sadaharu Oh, Giants
Second Base—Mitsuo Motoi, Whales
Third Base—Sachio Kinugasa, Carp
Shortstop—Daisuke Yamashita, Whales
Outfield—Koji Yamamoto, Carp
Outfield—Jim Lyttle, Carp
Outfield—John Scott, Swallows

PACIFIC LEAGUE

TOTAL SEASON

Team	G	W	L	T	PCT	GB	BA	HR	ERA	E
*Kintetsu Buffaloes	130	68	54	8	.5573	—	.290	239	4.96	86
Lotte Orions	130	64	51	15	.5565	0.5	.280	184	4.15	92
Nippon Ham Fighters	130	66	53	11	.555	0.5	.264	167	3.61	92
Seibu Lions	130	62	64	4	.492	8.0	.267	219	4.43	106
Hankyu Braves	130	58	67	5	.464	11.5	.262	204	5.08	128
Nankai Hawks	130	48	77	5	.384	21.5	.274	183	5.63	98

*Indicates league champion

FIRST HALF

Team	G	W	L	T	PCT	GB
Lotte Orions	65	33	25	7	.569	—
Kintetsu Buffaloes	65	33	28	4	.541	1.5
Nippon Ham Fighters	65	33	28	4	.541	1.5
Hankyu Braves	65	29	34	2	.460	6.5
Nankai Hawks	65	28	34	3	.452	7.0
Seibu Lions	65	27	34	4	.443	7.5

SECOND HALF

Team	G	W	L	T	PCT	GB
Kintetsu Buffaloes	65	35	26	4	.574	—
Nippon Ham Fighters	65	33	25	7	.569	0.5
Lotte Orions	65	31	26	8	.544	2.0
Seibu Lions	65	35	30	0	.538	2.0
Hankyu Braves	65	29	33	3	.468	6.5
Nankai Hawks	65	20	43	2	.317	16.0

Qualifiers for Batting Championship

Player and Team	G	AB	R	H	2B	3B	HR	RBI	SB	AVG
LeRon Lee, Orions	127	489	88	**175**	15	1	33	90	1	**.358**
Leon Lee, Orions	128	486	85	165	22	0	41	116	2	.340
Shigeru Kurihashi, Buffaloes	124	436	85	143	26	1	28	84	9	.328
Carlos May, Hawks	124	423	66	138	24	0	27	75	6	.326
Chuck Manuel, Buffaloes	118	459	88	149	16	0	**48**	**129**	0	.325
Toru Ogawa, Buffaloes	114	344	69	111	24	0	15	55	1	.323
Yutaka Fukumoto, Braves	128	517	**112**	166	**29**	6	21	58	**54**	.321
Hideji Kato, Braves	130	484	72	154	26	3	28	97	5	.3181
Kyosuke Sasaki, Buffaloes	112	359	68	114	18	0	19	66	8	.3175
Tommy Cruz, Fighters	127	488	62	151	27	3	26	84	4	.3094
Michiyo Arito, Orions	107	392	69	121	24	1	22	64	27	.3086
Makoto Shimada, Fighters	129	487	79	149	24	7	5	42	38	.306
Yoshiie Tachibana, Lions	130	478	67	144	18	4	18	60	8	.301
Mitsuru Fujiwara, Hawks	119	476	72	143	25	1	8	37	21	.300
Bobby Marcano, Braves	116	445	63	131	23	2	24	85	6	.2943
Hiroyuki Yamazaki, Lions	128	477	89	140	26	2	25	77	6	.2935
Yuji Kubodera, Hawks	118	373	48	109	29	5	4	32	11	.2922
Hiromitsu Kadota, Hawks	111	377	60	110	10	0	41	84	0	.2917
Masataka Nashida, Buffaloes	118	360	55	105	26	2	15	55	1	.2916
Mitsuyasu Hirano, Buffaloes	130	496	102	141	21	5	23	68	13	.2842
Masahiro Doi, Lions	116	395	48	112	8	1	23	65	1	.2835
Jim Tyrone, Lions	128	**529**	87	146	14	1	35	68	9	.276
Koichi Hada, Buffaloes	115	401	71	109	13	1	30	80	6	.272
Nobuhiro Takashiro, Fighters	119	383	55	103	14	0	5	35	11	.269
Koji Minoda, Braves	130	494	83	132	14	6	31	79	39	.267
Koichi Tabuchi, Lions	123	440	75	117	9	1	43	97	3	.2659
Kinji Shimatani, Braves	112	395	62	105	16	2	16	66	5	.2658
Shinsaku Katahira, Hawks	114	380	51	101	16	1	21	66	1	.2657
Shigeru Ishiwata, Buffaloes	117	373	50	99	18	1	9	47	5	.265
Junichi Kashiwabara, Fighters	130	503	82	133	17	3	34	96	8	.264
Toshio Kato, Fighters	122	358	42	94	3	1	8	32	4	.263
Sumio Hirota, Orions	116	427	66	112	20	1	5	43	41	.262
Yoshio Mizukami, Orions	130	391	50	97	14	1	15	44	11	.248
Chiaki Sadaoka, Hawks	114	373	46	90	14	1	13	42	5	.241
Tony Solaita, Fighters	125	447	62	107	9	0	45	95	0	.239
Takayuki Kono, Hawks	125	399	54	92	18	1	10	49	8	.231

Qualifiers for Earned Run Average Championship

Player and Team	G	IP	W-L-S	PCT	SO	BB	H	ERA
Isamu Kida, Fighters	40	**253**	22-8-4	**.733**	**225**	89	195	**2.28**
Hisashi Yamada, Braves	30	200.2	13-10-1	.565	112	59	172	2.96

Player and Team	G	IP	W-L-S	PCT	SO	BB	H	ERA
Tokinari Nishina, Orions	29	208.2	17-8-0	.680	94	49	193	3.19
Norihiro Mizutani, Orions	35	196	11-9-0	.550	90	92	204	3.49
Kazumi Takahashi, Fighters	33	177.1	9-7-4	.563	112	49	170	3.56
Shinichi Yamauchi, Hawks	28	206.2	9-**16**-0	.360	57	49	236	3.78
Osamu Higashio, Lions	33	235.1	17-13-0	.567	84	41	**258**	3.79
Shigekuni Mashiba, Fighters	38	188.1	10-7-0	.588	76	56	188	3.83
Keishi Suzuki, Buffaloes	26	179	14-8-0	.636	100	52	161	3.87
Yukitsura Matsumoto, Braves	24	137.1	10-5-1	.667	28	18	164	3.88
Choji Murata, Orions	27	178	9-9-2	.500	135	83	169	3.89
Hirohisa Matsunuma, Lions	33	202.2	9-14-1	.391	139	58	188	3.95
Masayuki Matsunuma, Lions	33	175.1	12-7-1	.632	123	48	171	4.01
Yasuo Kubo, Buffaloes	34	130.1	8-5-3	.615	69	45	130	4.02
Yutaka Yanagida, Buffaloes	46	211.1	13-9-7	.591	150	59	190	4.05
Naoki Takahashi, Fighters	30	152.2	10-9-1	.526	86	24	164	4.06
Takashi Imoto, Buffaloes	35	205.2	15-8-1	.652	94	59	217	4.37
Shigekazu Mori, Lions	40	156.2	10-14-7	.417	73	53	160	4.70
Tomohiro Tanimura, Braves	31	140.1	7-7-2	.500	35	39	166	4.76
Hideyuki Okue, Orions	28	170.1	13-8-1	.619	85	**102**	170	5.19
Masumitsu Moriguchi, Hawks	20	130.1	3-14-0	.176	51	49	155	5.47
Yoshinori Sato, Braves	30	135.2	4-13-0	.235	93	81	135	5.82
Kenji Tachibana, Buffaloes	35	146.1	8-11-1	.421	75	51	159	5.92
Tatsumi Murata, Buffaloes	36	136	7-7-2	.500	52	57	165	6.22

Games Leader—Tamotsu Nagai, Lions—56
Saves Leader—Akito Kumochi, Orions—18

Leaders and Award Winners

Home Runs
Chuck Manuel, Buffaloes—48
Tony Solaita, Fighters—45
Koichi Tabuchi, Lions—43
Hiromitsu Kadota, Hawks—41
Leon Lee, Orions—41
Takashi Imoto, Buffaloes—15
Keishi Suzuki, Buffaloes—14

Runs Batted In
Chuck Manuel, Buffaloes—129
Leon Lee, Orions—116
Hideji Kato, Braves—97
Koichi Tabuchi, Lions—97
Junichi Kashiwabara, Fighters—96

Wins
Isamu Kida, Fighters—22
Osamu Higashio, Lions—17
Tokinari, Nishina, Orions—17

Strikeouts
Isamu Kida, Fighters—225
Yutaka Yanagida, Buffaloes—150
Hirohisa Matsunuma, Lions—139
Choji Murata, Orions—135
Masayuki Matsunuma, Lions—123

Most Valuable Player
Isamu Kida, Fighters

Rookie of the Year
Isamu Kida, Fighters

Best Nine
Pitcher—Isamu Kida, Fighters

Leaders and Award Winners

Best Nine
Catcher—Masataka Nashida, Buffaloes
First Base—Leon Lee, Orions
Second Base—Hiroyuki Yamazaki, Lions
Third Base—Michiyo Arito, Orions
Shortstop—Nobuhiro Takashiro, Fighters
Outfield—LeRon Lee, Orions
Outfield—Yutaka Fukumoto, Braves
Outfield—Shigeru Kurihashi, Buffaloes
Designated Hitter—Chuck Manuel, Buffaloes

Gold Glove Awards
Pitcher—Isamu Kida, Fighters
Catcher—Masataka Nashida, Buffaloes
First Base—Toru Ogawa, Buffaloes
Second Base—Hiroyuki Yamazaki, Lions
Third Base—Koichi Hada, Buffaloes
Shortstop—Yoshio Mizukami, Orions
Outfield—Yutaka Fukumoto, Braves
Outfield—Mitsuyasu Hirano, Buffaloes
Outfield—Koji Minoda, Braves

PACIFIC LEAGUE CHAMPIONSHIP

Teams and Managers—Kintetsu Buffaloes (Yukio Nishimoto) 3—Lotte Orions (Kazuhiro Yamauchi) 0

Game	Date	Site	Buffaloes Pitcher	Score	Orions Pitcher
1	10/15	Kawasaki	Takashi Imoto (W)	4-1	Tokinari Nishina (L)

Home Runs—Mitsuyasu Hirano (Buffaloes), Shigeru Kurihashi (Buffaloes), Koichi Hada (Buffaloes)

2	10/16	Kawasaki	Keishi Suzuki (W)	4-2	Norihiro Mizutani (L)

Home Runs—Michiyo Arito (Orions)

3	10/18	Osaka	Tatsumi Murata (W)	13-4	Tokinari Nishina (L)

Home Runs—Isao Harimoto (Orions), Chris Arnold (Buffaloes), Mitsuyasu Hirano (Buffaloes), Masataka Nashida (Buffaloes), Tokuichi Fukiishi (Buffaloes)

Most Valuable Player—Mitsuyasu Hirano, Buffaloes

ALL-STAR GAMES

Managers—Takeshi Koba (Central League) Yukio Nishimoto (Pacific League)

Game	Date	Site	C.L. Pitcher	Score	P.L. Pitcher
1	7/19	Nishinomiya	Shigeru Kobayashi (W)	7-6	Shigekuni Mashiba (L)

Home Runs—Sadaharu Oh (C), Akinobu Okada (C), LeRon Lee—2 (P), Hiromitsu Kadota (P)
MVP—Akinobu Okada (C)

2	7/20	Kawasaki	Masaji Hiramatsu (L)	1-3	Shinichi Yamauchi (W)

Home Runs—Mitsuyasu Hirano (P)
MVP—Mitsuyasu Hirano (P)

3	10/28	Korakuen	Kazuyuki Yamamoto	2-1	Naoki Takahashi (L)

Home Runs—Masayuki Kakefu (C)
MVP—Yutaka Enatsu (C)

JAPAN SERIES

Teams and Managers—Central League's Hiroshima Toyo Carp (Takeshi Koba) 4—Pacific League's Kintetsu Buffaloes (Yukio Nishimoto) 3

Game	Date	Site	Carp Pitcher	Score	Buffaloes Pitcher
1	10/25	Hiroshima	Yutaka Enatsu (L)	4-6 (12 innings)	Yutaka Yanagida (W)

Home Runs—Jim Lyttle—2 (Carp), Koichi Hada (Buffaloes)

Game	Date	Site	Carp Pitcher	Score	Buffaloes Pitcher
2	10/26	Hiroshima	Kojiro Ikegaya (L)	2-9	Keishi Suzuki (W)

Home Runs—Tokuichi Fukiishi (Buffaloes), Chuck Manuel (Buffaloes)

Game	Date	Site	Carp Pitcher	Score	Buffaloes Pitcher
3	10/28	Osaka	Yutaka Enatsu (W)	4-3	Takashi Imoto (L)

Home Runs—Jitsuo Mizutani (Carp), Koji Yamamoto (Carp)

Game	Date	Site	Carp Pitcher	Score	Buffaloes Pitcher
4	10/29	Osaka	Kazuo Yamane (W)	2-0	Takashi Imoto (L)

Home Runs—Jim Lyttle (Carp)

Game	Date	Site	Carp Pitcher	Score	Buffaloes Pitcher
5	10/30	Osaka	Kojiro Ikegaya (L)	2-6	Keishi Suzuki (W)

Home Runs—Jitsuo Mizutani (Carp)

Game	Date	Site	Carp Pitcher	Score	Buffaloes Pitcher
6	11/1	Hiroshima	Hiroaki Fukushi (W)	6-2	Tatsumi Murata (L)

Home Runs—Mizutani (Carp), Koji Yamamoto (Carp), Shigeru Kurihashi (Buffaloes)

Game	Date	Site	Carp Pitcher	Score	Buffaloes Pitcher
7	11/2	Hiroshima	Kazuo Yamane (W)	8-3	Keishi Suzuki (L)

Home Runs—Sachio Kinugasa (Carp)

Awards
Most Valuable Player—Jim Lyttle, Carp
Fighting Spirit—Toru Ogawa, Buffaloes
Outstanding Player—Tomio Kinoshita (Carp), Kazuo Yamane (Carp), Mitsuyasu Hirano (Buffaloes)

1981 SEASON

CENTRAL LEAGUE

Team	G	W	L	T	PCT	GB	BA	HR	ERA	E
Yomiuri Giants	130	73	48	9	.603	—	.26796	135	2.88	79
Hiroshima Toyo Carp	130	67	54	9	.554	6.0	.274	181	3.66	84
Hanshin Tigers	130	67	58	5	.536	8.0	.272	114	3.32	100
Yakult Swallows	130	56	58	16	.491	13.5	.255	120	4.30	75
Chunichi Dragons	130	58	65	7	.472	16.0	.26791	151	3.71	106
Yokohama Taiyo Whales	130	42	80	8	.344	31.5	.252	105	4.41	75

Qualifiers for Batting Championship

Player and Team	G	AB	R	H	2B	3B	HR	RBI	SB	AVG
Taira Fujita, Tigers	107	369	41	132	24	0	11	70	2	**.358**
Toshio Shinozuka, Giants	116	412	51	147	21	2	7	45	2	.357
Katsuo Osugi, Swallows	120	414	59	142	21	2	20	78	1	.343
Masayuki Kakefu, Tigers	130	458	84	156	25	1	23	86	1	.341
Jitsuo Mizutani, Carp	126	427	55	144	22	0	23	82	1	.337
Koji Yamamoto, Carp	130	473	**102**	156	21	0	**43**	**103**	5	.330
Kiyoshi Nakahata, Giants	109	416	55	134	17	7	16	66	10	.322
Jim Lyttle, Carp	128	493	83	**157**	25	2	33	100	0	.3184
Kenichi Yazawa, Dragons	127	462	57	147	22	3	28	79	4	.3181
Yasushi Tao, Dragons	124	462	72	140	17	6	15	53	7	.303
Yasunori Oshima, Dragons	130	468	69	141	22	2	23	81	7	.301

Part One: 1981 Season

Player and Team	G	AB	R	H	2B	3B	HR	RBI	SB	AVG
Noriyoshi Sano, Tigers	127	466	59	138	14	0	11	48	5	.296
Toru Sugiura, Swallows	122	401	71	116	20	1	16	61	13	.2892
Yoshihiko Takahashi, Carp	111	460	72	133	23	4	5	31	14	.2891
Akinobu Okada, Tigers	130	485	70	140	23	3	20	76	1	.2886
Masaru Uno, Dragons	128	429	62	121	18	3	25	70	6	.282
Art Gardner, Carp	129	480	61	135	22	2	26	77	10	.2812
Fujio Sumi, Swallows	120	431	52	121	17	2	18	46	2	.2807
Yoshiharu Wakana, Tigers	115	360	24	101	13	2	3	32	4	.2805
Daisuke Yamashita, Whales	130	490	68	136	**31**	1	16	52	6	.278
Akinobu Mayumi, Tigers	111	444	64	121	15	3	13	36	26	.27252
Roy White, Giants	127	422	58	115	20	2	13	55	18	.27251
Sachio Kinugasa, Carp	130	495	82	134	23	2	30	72	7	.271
Yoshikazu Takagi, Whales	115	382	44	103	17	1	9	50	7	.270
Tatsunori Hara, Giants	125	470	64	126	23	6	22	67	6	.268
Tomio Tashiro, Whales	130	489	62	131	19	1	30	81	8	.2678
Susumu Watanabe, Swallows	125	404	48	108	21	2	16	57	5	.267
Kazumasa Kono, Giants	130	**503**	73	133	16	1	16	42	27	.264
Gary Thomasson, Giants	120	402	39	105	23	0	20	50	5	.261
Kazuhiro Yamakura, Giants	124	371	31	76	9	2	11	40	3	.205

Triples Co-Leader—Shintaro Mizutani, Swallows—7
Stolen Base Leader—Minoru Aoki, Swallows—34

Qualifiers for Earned Run Average Championship

Player and Team	G	IP	W-L-S	PCT	SO	BB	H	ERA
Suguru Egawa, Giants	31	240.1	**20**-6-0	**.769**	**221**	38	187	**2.29**
Takashi Nishimoto, Giants	34	**257.2**	18-12-0	.600	126	55	**232**	2.58
Hajime Kato, Giants	30	158	12-6-2	.667	97	63	133	2.91
Shigeru Kobayashi, Tigers	32	230	16-10-2	.615	156	53	202	3.01
Tatsuo Komatsu, Dragons	42	152.2	12-6-**11**	.667	122	41	139	3.06
Kazuo Yamane, Carp	29	195.1	12-11-0	.522	94	28	199	3.09
Kazuyuki Yamamoto, Tigers	31	202.1	12-12-1	.500	158	56	181	3.30
Manabu Kitabeppu, Carp	32	226.1	16-10-0	.615	123	43	229	3.31
Jun Misawa, Dragons	37	163.2	7-10-2	.412	69	49	159	3.35
Hiromitsu Ito, Tigers	33	147	8-8-0	.500	89	31	148	3.67
Shoji Sadaoka, Giants	31	196.2	11-7-0	.611	122	59	185	3.70
Hiromu Matsuoka, Swallows	36	194.1	12-7-4	.632	133	67	191	3.76
Kazuhiko Kudo, Tigers	32	163.2	9-9-0	.500	99	42	163	3.79
Yasujiro Suzuki, Swallows	33	182	9-8-0	.529	78	46	190	3.81
Senichi Hoshino, Dragons	23	142	10-9-0	.526	69	37	152	3.929

Player and Team	G	IP	W-L-S	PCT	SO	BB	H	ERA
Kazuhiko Endo, Whales	35	135.1	8-11-2	.421	96	51	144	3.933
Hiroaki Fukushi, Carp	35	201.1	12-9-0	.571	116	76	211	4.03
Akio Saito, Whales	47	169.1	5-15-10	.250	100	61	195	4.31
Yujiro Miyako, Dragons	36	131.1	6-8-1	.429	84	44	140	4.47
Shinichiro Ihara, Swallows	32	166.2	9-9-0	.500	96	52	188	4.58
Kojiro Ikegaya, Carp	25	130.2	10-7-0	.588	98	34	156	4.60
Kenichi Kajima, Swallows	39	144.1	6-10-1	.375	98	48	170	5.38

Games Leader—Yutaka Ono (Carp), Masao Sato (Whales)—57
Saves Leader—Mitsuo Sumi, Giants—20

Leaders and Award Winners

Home Runs
Koji Yamamoto, Carp—43
Jim Lyttle, Carp—33
Sachio Kinugasa, Carp—30
Tomio Tashiro, Whales—30
Kenichi Yazawa, Dragons—28

Runs Batted In
Koji Yamamoto, Carp—103
Jim Lyttle, Carp—100
Masayuki Kakefu, Tigers—86
Jitsuo Mizutani, Carp—82
Yasunori Oshima, Dragons—81
Tomio Tashiro, Whales—81

Wins
Suguru Egawa, Giants—20
Takashi Nishimoto, Giants—18
Manabu Kitabeppu, Carp—16
Shigeru Kobayashi, Tigers—16
Hiroaki Fukushi, Carp—12
Hajime Kato, Giants—12
Tatsuo Komatsu, Dragons—12
Hiromu Matsuoka, Swallows—12
Kazuyuki Yamamoto, Tigers—12
Kazuo Yamane, Carp—12

Strikeouts
Suguru Egawa, Giants—221
Kazuyuki Yamamoto, Tigers—158
Shigeru Kobayashi, Tigers—156
Hiromu Matsuoka, Swallows—133
Takashi Nishimoto, Giants—126

Most Valuable Player
Suguru Egawa, Giants

Sawamura Award
Takashi Nishimoto, Giants

Rookie of the Year
Tatsunori Hara, Giants

Best Nine
Pitcher—Suguru Egawa, Giants
Catcher—Kazuhiro Yamakura, Giants
First Base—Taira Fujita, Tigers
Second Base—Toshio Shinozuka, Giants
Third Base—Masayuki Kakefu, Tigers
Shortstop—Daisuke Yamashita, Whales
Outfield—Koji Yamamoto, Carp
Outfield—Jim Lyttle, Carp
Outfield—Yasushi Tao, Dragons

Gold Glove Awards
Pitcher—Takashi Nishimoto, Giants
Catcher—Kazuhiro Yamakura, Giants
First Base—Taira Fujita, Tigers
Second Base—Toshio Shinozuka, Giants
Third Base—Masayuki Kakefu, Tigers
Shortstop—Daisuke Yamashita, Whales
Outfield—Jim Lyttle, Carp
Outfield—Koji Yamamoto, Carp
Outfield—Tadashi Matsumoto, Giants

PACIFIC LEAGUE

TOTAL SEASON

Team	G	W	L	T	PCT	GB	BA	HR	ERA	E
*Nippon Ham Fighters	130	68	54	8	.557	—	.276	126	3.81	80
Hankyu Braves	130	68	58	4	.540	2.0	.2666	140	4.01	102
Lotte Orions	130	63	57	10	.525	4.0	.277	126	4.16	105
Seibu Lions	130	61	61	8	.500	7.0	.2673	143	3.62	74
Nankai Hawks	130	53	65	12	.449	13.0	.273	128	4.37	106
Kintetsu Buffaloes	130	54	72	4	.429	16.0	.253	149	4.10	84

*Indicates league champion

FIRST HALF

Team	G	W	L	T	PCT	GB
Lotte Orions	65	35	26	4	.574	—
Seibu Lions	65	33	28	4	.541	2.0
Hankyu Braves	65	32	30	3	.516	3.5
Nippon Ham Fighters	65	31	31	3	.500	4.5
Nankai Hawks	65	29	32	4	.475	6.0
Kintetsu Buffaloes	65	25	38	2	.397	11.0

SECOND HALF

Team	G	W	L	T	PCT	GB
Nippon Ham Fighters	65	37	23	5	.617	—
Hankyu Braves	65	36	28	1	.563	3.0
Lotte Orions	65	28	31	6	.475	8.5
Kintetsu Buffaloes	65	29	34	4	.460	9.5
Seibu Lions	65	28	33	2	.459	9.5
Nankai Hawks	65	24	33	8	.421	11.5

Qualifiers for Batting Championship

Player and Team	G	AB	R	H	2B	3B	HR	RBI	SB	AVG
Hiromitsu Ochiai, Orions	127	423	69	138	19	3	33	90	6	**.326**
Makoto Shimada, Fighters	115	462	73	147	17	6	3	41	42	.318
Terry Whitfield, Lions	123	469	69	148	23	3	22	100	5	.316
Hideji Kato, Braves	127	468	63	147	25	2	17	79	4	.314
Hiromitsu Kadota, Hawks	127	438	83	137	18	0	**44**	105	4	.313
Jim Tyrone, Hawks	125	492	77	153	23	0	18	60	11	.3109
Hiromichi Ishige, Lions	121	409	82	127	21	3	21	55	25	.3105
Junichi Kashiwabara, Fighters	130	468	92	145	22	3	16	81	15	.310
LeRon Lee, Orions	125	447	58	135	11	2	19	71	5	.302
Leon Lee, Orions	107	395	50	119	17	0	13	62	1	.301
Hiromasa Arai, Hawks	117	406	51	122	18	**8**	4	33	12	.3004
Mitsuru Fujiwara, Hawks	127	513	58	**154**	24	3	3	33	24	.3001
Tony Solaita, Fighters	128	454	86	136	23	1	**44**	**108**	0	.2995
Tommy Cruz, Fighters	116	465	65	138	**30**	2	18	75	2	.297

Player and Team	G	AB	R	H	2B	3B	HR	RBI	SB	AVG
Toru Ogawa, Buffaloes	116	359	50	106	20	2	9	35	5	.295
Tomohisa Shoji, Orions	127	516	65	151	15	7	10	63	17	.293
Hideo Furuya, Fighters	130	465	55	135	22	2	11	73	18	.290
Yutaka Fukumoto, Braves	130	495	90	142	22	7	14	48	54	.287
Michiyo Arito, Orions	113	410	64	117	18	3	15	50	13	.2853
Koji Minoda, Braves	116	432	66	123	20	0	10	40	26	.2847
Kinji Shimatani, Braves	114	383	57	108	14	1	23	64	3	.2819
Shinya Kobayashi, Braves	121	380	46	107	23	2	3	37	6	.2815
Masataka Nashida, Buffaloes	106	374	44	102	16	0	17	48	5	.273
Takayuki Kono, Hawks	125	453	47	123	10	2	4	36	7	.272
Yoshiie Tachibana, Lions	124	431	42	117	12	3	6	51	5	.2714
Hiroyuki Yamazaki, Lions	125	457	97	124	27	4	22	68	5	.2713
Steve Ontiveros, Lions	116	380	44	103	16	1	7	47	0	.271
Vic Harris, Buffaloes	124	447	58	120	17	4	22	74	13	.268
Bobby Marcano, Braves	126	447	51	119	19	2	13	67	12	.266
Sumio Hirota, Orions	122	460	56	122	18	1	5	40	29	.265
Mitsuyasu Hirano, Buffaloes	121	482	53	125	19	6	10	50	12	.2593
Yoshio Mizukami, Orions	130	386	51	100	16	2	8	45	9	.259
Tatsuo Omiya, Fighters	113	358	51	89	9	3	15	53	13	.249
Tokuichi Fukiishi, Buffaloes	126	412	47	101	13	1	10	48	13	.245
Wayne Cage, Braves	124	424	52	101	19	0	31	74	2	.238
Keijiro Yumioka, Braves	130	377	42	80	11	4	4	30	15	.212

Qualifiers for Earned Run Average Championship

Player and Team	G	IP	W-L-S	PCT	SO	BB	H	ERA
Noriaki Okabe, Fighters	27	130	13-2-0	.867	88	46	103	2.70
Mitsuo Inaba, Braves	23	135.1	11-5-0	.688	36	47	150	2.93
Kazumi Takahashi, Fighters	26	198.2	14-6-0	.700	110	41	185	2.939
Hisashi Yamada, Braves	34	208	13-12-5	.520	114	45	172	2.942
Choji Murata, Orions	32	230.2	19-8-0	.704	154	55	237	2.96
Yoshikatsu Umezawa, Orions	48	130	7-2-8	.778	62	65	99	3.25
Tatsumi Murata, Buffaloes	37	150.2	7-7-0	.500	80	46	156	3.34
Shigekuni Mashiba, Fighters	27	150.2	15-0-0	1.000	71	44	157	3.456
Masayuki Matsunuma, Lions	30	189.2	12-8-3	.600	83	60	166	3.457
Kenji Tachibana, Buffaloes	32	130	7-7-1	.500	50	29	129	3.461
Tadashi Sugimoto, Lions	36	145.1	7-8-2	.467	61	57	138	3.475
Takanori Yamauchi, Hawks	25	162.2	7-13-0	.350	50	24	188	3.478
Manabu Fujita, Hawks	29	213.1	13-11-0	.542	78	59	209	3.68
Yutaro Imai, Braves	36	231.1	19-15-0	.559	70	77	240	3.74
Shigekazu Mori, Lions	31	200.1	14-11-0	.560	83	51	188	3.78
Osamu Higashio, Lions	27	181	8-11-0	.421	55	51	192	3.83
Norihiro Mizutani, Orions	34	191.1	12-11-0	.522	90	87	210	4.01

Player and Team	G	IP	W-L-S	PCT	SO	BB	H	ERA
Tokinari Nishina, Orions	29	186.1	13-10-0	.565	80	47	183	4.06
Yasuo Kubo, Buffaloes	42	165.1	9-11-8	.450	78	71	166	4.09
Shinichi Yamauchi, Hawks	30	218.2	14-10-0	.583	51	63	**260**	4.44
Yutaka Yanagida, Buffaloes	30	164.2	10-13-4	.435	88	58	160	4.53
Isamu Kida, Fighters	28	164.1	10-10-0	.500	104	81	164	4.77
Jiro Ueda, Hawks	24	134.1	5-9-0	.357	52	48	152	4.90

Games Leader—Tamotsu Nagai, Lions—61
Saves Leader—Yutaka Enatsu, Fighters—25

Leaders and Award Winners

Home Runs
Hiromitsu Kadota, Hawks—44
Tony Solaita, Fighters—44
Hiromitsu Ochiai, Orions—33
Wayne Cage, Braves—31
Takuji Ota, Lions—24

Runs Batted In
Tony Solaita, Fighters—108
Hiromitsu Kadota, Hawks—105
Terry Whitfield, Lions—100
Hiromitsu Ochiai, Orions—90
Junichi Kashiwabara, Fighters—81

Wins
Yutaro Imai, Braves—19
Choji Murata, Orions—19
Shigekuni Mashiba, Fighters—15
Shigekazu Mori, Lions—14
Kazumi Takahashi, Fighters—14
Shinichi Yamauchi, Hawks—14

Strikeouts
Choji Murata, Orions—154
Hisashi Yamada, Braves—114
Kazumi Takahashi, Fighters—110
Isamu Kida, Fighters—104
Norihiro Mizutani, Orions—90

Most Valuable Player
Yutaka Enatsu, Fighters

Rookie of the Year
Hiromichi Ishige, Lions

Best Nine
Pitcher—Choji Murata, Orions
Catcher—Masataka Nashida, Buffaloes
First Base—Junichi Kashiwabara, Fighters
Second Base—Hiromitsu Ochiai, Orions
Third Base—Michiyo Arito, Orions
Shortstop—Hiromichi Ishige, Lions
Outfield—Terry Whitfield, Lions
Outfield—Yutaka Fukumoto, Braves
Outfield—Makoto Shimada, Fighters
Designated Hitter—Hiromitsu Kadota, Hawks

Gold Glove Awards
Pitcher—Hisashi Yamada, Braves
Catcher—Masataka Nashida, Buffaloes
First Base—Junichi Kashiwabara, Fighters
Second Base—Hiroyuki Yamazaki, Lions
Third Base—Mitsuru Fujiwara, Hawks
Shortstop—Hiromichi Ishige, Lions
Outfield—Makoto Shimada, Fighters
Outfield—Yutaka Fukumoto, Braves
Outfield—Koji Minoda, Braves

PACIFIC LEAGUE CHAMPIONSHIP

Teams and Managers—Nippon Ham Fighters (Keiji Osawa) 3—Lotte Orions (Kazuhiro Yamauchi) 2

Game	Date	Site	Fighters Pitcher	Score	Orions Pitcher
1	10/7	Kawasaki	Kazumi Takahashi (W)	1-0	Choji Murata (L)

Home Runs—Junichi Kashiwabara (Fighters)

Game	Date	Site	Fighters Pitcher	Score	Orions Pitcher
2	10/10	Kawasaki	—	5-5	—

Home Runs—Nobuhiro Takashiro (Fighters)

Game	Date	Site	Fighters Pitcher	Score	Orions Pitcher
3	10/11	Korakuen	Shigekuni Mashiba (L)	4-1	Norihiro Mizutani (W)

Home Runs—none

Game	Date	Site	Fighters Pitcher	Score	Orions Pitcher
4	10/12	Korakuen	Satoshi Takahashi (L)	6-11	Choji Murata (W)

Home Runs—Michiyo Arito (Orions), Hiromitsu Ochiai (Orions), Yoshio Mizukami (Orions)

Game	Date	Site	Fighters Pitcher	Score	Orions Pitcher
5	10/13	Korakuen	Isamu Kida (W)	8-4	Tokinari Nishina (L)

Home Runs—Michiyo Arito (Orions), Leon Lee (Orions), Kenji Doi (Orions)

Most Valuable Player—Junichi Kashiwabara, Fighters

ALL-STAR GAMES

Managers—Takeshi Koba (Central League)—Yukio Nishimoto (Pacific League)

Game	Date	Site	C.L. Pitcher	Score	P.L. Pitcher
1	7/25	Koshien	Akio Saito (L)	3-5	Yutaka Yanagida (W)

Home Runs—Jim Lyttle (C)
MVP—Mitsuru Fujiwara (P)

Game	Date	Site	C.L. Pitcher	Score	P.L. Pitcher
2	7/26	Yokohama	Mitsuo Sumi (W)	6-3 (10 innings)	Yutaka Yanagida (L)

Home Runs—Masayuki Kakefu—2 (C), Koji Yamamoto (C), Tomohisa Shoji (P)
MVP—Masayuki Kakefu (C)

Game	Date	Site	C.L. Pitcher	Score	P.L. Pitcher
3	7/28	Jingu	Suguru Egawa (W)	6-0	Choji Murata (L)

Home Runs—Kazuhiro Yamakura (C), Masayuki Kakefu (C)
MVP—Kazuhiro Yamakura (C)

JAPAN SERIES

Teams and Managers—Central League's Yomiuri Giants (Motoshi Fujita) 4—Pacific League's Nippon Ham Fighters (Keiji Osawa) 2

Game	Date	Site	Giants Pitcher	Score	Fighters Pitcher
1	10/17	Korakuen	Mitsuo Sumi (L)	5-6	Mikio Kudo (W)

Home Runs—Tony Solaita (Fighters), Junichi Kashiwabara (Fighters), Kazuhiko Okaji (Fighters), Makoto Matsubara (Giants)

Game	Date	Site	Giants Pitcher	Score	Fighters Pitcher
2	10/18	Korakuen	Takashi Nishimoto (W)	2-1	Shigekuni Mashiba (L)

Home Runs—Tony Solaita (Fighters), Roy White (Giants)

Game	Date	Site	Giants Pitcher	Score	Fighters Pitcher
3	10/20	Korakuen	Shoji Sadaoka (L)	2-3	Mikio Kudo (W)

Home Runs—Kiyoshi Nakahata (Giants)

Game	Date	Site	Giants Pitcher	Score	Fighters Pitcher
4	10/21	Korakuen	Suguru Egawa (W)	8-2	Fumio Narita (L)

Home Runs—Junichi Kashiwabara (Fighters), Kaoru Hirata (Giants), Kazumasa Kono (Giants), Tatsunori Hara (Giants), Kazuhiro Yamakura (Giants)

Game	Date	Site	Giants Pitcher	Score	Fighters Pitcher
5	10/23	Korakuen	Takashi Nishimoto (W)	9-0	Kazumi Takahashi (L)

Home Runs—Kaoru Hirata (Giants), Kazuhiro Yamakura (Giants), Toshio Shinozuka (Giants)

Game	Date	Site	Giants Pitcher	Score	Fighters Pitcher
6	10/25	Korakuen	Suguru Egawa (W)	6-3	Shigekuni Mashiba (L)

Home Runs—Tatsunori Hara (Giants), Kazumasa Kono (Giants), Hiroaki Inoue (Fighters)

Awards
Most Valuable Player—Takashi Nishimoto, Giants
Fighting Spirit—Hiroaki Inoue, Fighters
Outstanding Player—Kaoru Hirata (Giants), Suguru Egawa (Giants), Kazumasa Kono (Giants)

1982 SEASON

CENTRAL LEAGUE

Team	G	W	L	T	PCT	GB	BA	HR	ERA	E
Chunichi Dragons	130	64	47	19	.577	—	.266	143	3.27	110
Yomiuri Giants	130	66	50	14	.569	0.5	.2537	133	2.93	94
Hanshin Tigers	130	65	57	8	.533	4.5	.262	118	3.44	71
Hiroshima Toyo Carp	130	59	58	13	.504	8.0	.2544	139	3.30	90
Yokohama Taiyo Whales	130	53	65	12	.449	14.5	.250	125	3.92	90
Yakult Swallows	130	45	75	10	.375	23.5	.240	95	3.64	74

Qualifiers for Batting Championship

Player and Team	G	AB	R	H	2B	3B	HR	RBI	SB	AVG
Keiji Nagasaki, Whales	114	396	57	139	21	1	11	40	3	**.351**
Yasushi Tao, Dragons	129	497	**92**	**174**	25	3	14	41	9	.350
Masayuki Kakefu, Tigers	130	464	79	151	**27**	0	**35**	**95**	6	.325
Toshio Shinozuka, Giants	124	467	64	147	26	6	7	67	5	.315
Ken Macha, Dragons	130	483	57	150	20	2	23	76	1	.311
Tsutomu Wakamatsu, Swallows	112	390	50	121	12	2	11	38	6	.310
Koji Yamamoto, Carp	130	448	84	137	21	0	30	90	8	.306
Jitsuo Mizutani, Carp	119	403	40	122	25	0	18	63	0	.303
Akinobu Okada, Tigers	129	466	57	140	22	1	14	69	10	.300
Akinobu Mayumi, Tigers	130	515	75	151	21	2	15	55	11	.293
Taira Fujita, Tigers	116	403	30	117	18	2	7	40	1	.290
Ken Hirano, Dragons	125	448	58	129	13	5	4	33	20	.288
Toru Sugiura, Swallows	130	474	64	136	24	**8**	14	65	22	.287
Tadashi Matsumoto, Giants	113	415	62	117	13	5	1	12	**61**	.2819
Takayoshi Nakao, Dragons	119	394	47	111	12	2	18	47	7	.2817
Kenichi Yazawa, Dragons	129	471	57	132	20	1	21	85	2	.2802
Sachio Kinugasa, Carp	130	483	74	135	22	0	29	74	12	.2795
Daisuke Yamashita, Whales	130	519	79	144	23	2	18	42	3	.277
Tatsunori Hara, Giants	130	494	81	136	19	1	33	92	11	.275
Kazumasa Kono, Giants	127	428	62	116	21	4	11	34	15	.271
Noriyoshi Sano, Tigers	130	495	56	134	13	2	15	65	10	.2707
Jim Lyttle, Carp	126	482	54	130	19	1	24	75	1	.270
Yoshihiko Takahashi, Carp	130	**546**	75	147	20	5	6	27	43	.2692
Yasunori Oshima, Dragons	124	416	43	112	14	0	18	60	5	.2692
Mike Lum, Whales	117	450	48	121	25	1	12	46	2	.26888
Mitsuo Motoi, Whales	105	372	41	100	19	1	18	63	2	.26881
Fujio Sumi, Swallows	126	473	50	127	19	2	13	47	2	.268
Kiyoshi Nakahata, Giants	124	468	56	125	24	5	25	78	4	.267
Masaru Uno, Dragons	125	446	57	117	15	0	30	69	4	.262
Shintaro Mizutani, Swallows	120	368	38	94	11	3	1	21	22	.255
Tomio Tashiro, Whales	124	469	66	119	21	2	27	83	1	.254
Kazuhiro Yamakura, Giants	129	398	27	78	14	1	7	39	2	.196

Qualifiers for Earned Run Average Championship

Player and Team	G	IP	W-L-S	PCT	SO	BB	H	ERA
Akio Saito, Whales	56	134.2	5-6-**30**	.455	80	35	109	**2.07**
Suguru Egawa, Giants	31	263.1	19-12-0	.613	**196**	24	200	2.36
Kazuyuki Yamamoto, Tigers	63	141.2	15-8-26	.652	113	19	110	2.41
Manabu Kitabeppu, Carp	36	**267.1**	**20**-8-1	.714	184	44	223	2.43
Takashi Nishimoto, Giants	37	262	15-10-1	.600	124	64	**252**	2.58
Takao Obana, Swallows	42	246	12-16-4	.429	154	45	226	2.60
Kazuhiko Kudo, Tigers	35	204.1	11-8-2	.579	96	52	208	3.00
Kazuhiko Endo, Whales	38	243.2	14-**17**-1	.452	177	**71**	229	3.06
Takamasa Suzuki, Dragons	40	133	9-7-0	.563	56	24	137	3.11
Yujiro Miyako, Dragons	43	221.1	16-5-0	**.762**	141	59	211	3.14
Hiromitsu Ito, Tigers	27	158.2	10-10-0	.500	84	42	164	3.28
Shoji Sadaoka, Giants	30	189.1	15-6-0	.714	85	68	196	3.29
Hiromu Matsuoka, Swallows	34	168	9-13-3	.409	101	54	153	3.32
Kazuo Yamane, Carp	30	191.2	7-12-0	.368	66	43	209	3.38
Shigeru Kobayashi, Tigers	27	163.1	11-9-0	.550	95	47	154	3.42
Genji Kaku, Dragons	34	176	9-7-0	.563	132	69	160	3.48
Jun Misawa, Dragons	30	144	8-7-0	.533	74	46	164	3.56
Tsunemi Tsuda, Carp	31	166.2	11-6-0	.647	114	45	166	3.88
Masaji Hiramatsu, Whales	25	140.1	9-10-0	.474	83	31	150	3.99

Games Leader—Yutaka Ikeuchi, Tigers

Leaders and Award Winners

Home Runs
Masayuki Kakefu, Tigers—35
Tatsunori Hara, Giants—33
Masaru Uno, Dragons—30
Koji Yamamoto, Carp—30
Sachio Kinugasa, Carp—29

Runs Batted In
Masayuki Kakefu, Tigers—95
Tatsunori Hara, Giants—92
Koji Yamamoto, Carp—90
Kenichi Yazawa, Dragons—85
Tomio Tashiro, Whales—83

Wins
Manabu Kitabeppu, Carp—20
Suguru Egawa, Giants—19
Yujiro Miyako, Dragons—16
Takashi Nishimoto, Giants—15
Shoji Sadaoka, Giants—15
Kazuyuki Yamamoto, Giants—15

Strikeouts
Suguru Egawa, Giants—196
Manabu Kitabeppu, Carp—184
Kazuhiko Endo, Whales—177
Takao Obana, Swallows—154
Yujiro Miyako, Dragons—141

Most Valuable Player
Takayoshi Nakao, Dragons

Sawamura Award
Manabu Kitabeppu, Carp

Rookie of the Year
Tsunemi Tsuda, Carp

Best Nine
Pitcher—Manabu Kitabeppu, Carp
Catcher—Takayoshi Nakao, Dragons
First Base—Kenichi Yazawa, Dragons
Second Base—Toshio Shinozuka, Giants
Third Base—Masayuki Kakefu, Tigers
Shortstop—Masaru Ono, Dragons
Outfield—Yasushi Tao, Dragons
Outfield—Keiji Nagasaki, Whales
Outfield—Koji Yamamoto, Carp

Gold Glove Awards
Pitcher—Takashi Nishimoto, Giants
Catcher—Takayoshi Nakao, Dragons
First Base—Kiyoshi Nakahata, Giants
Second Base—Toshio Shinozuka, Giants
Third Base—Masayuki Kakefu, Tigers
Shortstop—Daisuke Yamashita, Whales
Outfield—Ken Hirano, Dragons
Outfield—Tadashi Matsumoto, Giants
Outfield—Terufumi Kitamura, Tigers

PACIFIC LEAGUE
TOTAL SEASON

Team	G	W	L	T	PCT	GB	BA	HR	ERA	E
*Seibu Lions	130	68	58	4	.540	2.5	.253	131	3.31	64
Nippon Ham Fighters	130	67	52	11	.563	—	.266	127	3.63	83
Kintetsu Buffaloes	130	63	57	10	.525	4.5	.258	151	4.11	92
Hankyu Braves	130	62	60	8	.508	6.5	.256	150	3.73	68
Lotte Orions	130	54	69	7	.439	15.0	.263	123	4.24	95
Nankai Hawks	130	53	71	6	.427	16.5	.255	90	4.05	95

Indicates league champion

FIRST HALF

Team	G	W	L	T	PCT	GB
Seibu Lions	65	36	27	2	.571	—
Hankyu Braves	65	33	28	4	.541	2.0
Kintetsu Buffaloes	65	30	27	8	.526	3.0
Nippon Ham Fighters	65	32	29	4	.525	3.0
Nankai Hawks	65	27	34	4	.443	8.0
Lotte Orions	65	23	36	6	.390	11.0

SECOND HALF

Team	G	W	L	T	PCT	GB
Nippon Ham Fighters	65	35	23	7	.603	—
Kintetsu Buffaloes	65	33	30	2	.524	4.5
Seibu Lions	65	32	31	2	.508	5.5
Lotte Orions	65	31	33	1	.484	7.0
Hankyu Braves	65	29	32	4	.475	7.5
Nankai Hawks	65	26	37	2	.413	11.5

Qualifiers for Batting Championship

Player and Team	G	AB	R	H	2B	3B	HR	RBI	SB	AVG
Hiromitsu Ochiai, Orions	128	462	86	**150**	32	1	**32**	99	8	**.325**
Hiromasa Arai, Hawks	114	413	50	130	29	4	7	41	12	.315
Shigeru Kurihashi, Buffaloes	113	383	73	119	20	3	22	79	8	.311
Steve Ontiveros, Lions	122	420	55	129	23	0	11	46	3	.307
Yutaka Fukumoto, Braves	127	476	97	144	31	7	15	56	**54**	.303
Shinji Nakazawa, Braves	120	334	39	101	15	0	11	47	1	.302
Michiyo Arito, Orions	112	385	48	116	17	0	16	47	11	.301
Hideo Furuya, Fighters	130	471	57	137	25	4	13	52	9	.291

Player and Team	G	AB	R	H	2B	3B	HR	RBI	SB	AVG
Makoto Shimada, Fighters	125	448	70	128	28	5	6	33	34	.286
Junichi Kashiwabara, Fighters	130	470	71	134	22	1	22	75	3	.285
Leon Lee, Orions	128	481	50	136	22	0	22	78	0	.283
Koji Minoda, Braves	130	479	81	135	22	4	22	70	27	.282
Tony Solaita, Fighters	130	449	65	126	22	1	30	84	2	.281
Takayuki Kono, Hawks	130	**519**	70	144	24	0	6	33	11	.2774
Koichi Hada, Buffaloes	123	430	69	119	18	2	22	85	9	.27674
Shinsaku Katahira, Lions	117	365	49	101	18	1	14	47	1	.27671
Daijiro Oishi, Buffaloes	129	492	86	135	16	1	12	41	47	.274
Terry Whitfield, Lions	122	453	53	123	15	4	25	71	6	.272
Jim Tyrone, Hawks	124	457	58	124	18	1	13	48	12	.271
Tommy Cruz, Fighters	125	477	55	128	24	1	17	67	1	.268
Bobby Marcano, Braves	117	430	50	115	23	1	15	66	4	.267
Yuji Kubodera, Hawks	112	364	31	96	18	2	4	31	5	.264
Nobuhiro Takashiro, Fighters	116	385	37	101	18	1	3	33	3	.2623
Mitsuru Fujiwara, Hawks	125	466	38	122	14	3	3	36	8	.2618
Hiromichi Ishige, Lions	124	464	64	120	17	2	15	54	22	.259
Tatsuo Omiya, Fighters	112	361	48	93	26	6	16	67	7	.2576
Sumio Hirota, Orions	107	365	39	94	16	2	7	35	22	.2575
Hiroyuki Yamazaki, Lions	122	415	50	102	16	1	7	34	4	.246
Mitsuyasu Hirano, Buffaloes	119	470	61	115	17	2	15	43	4	.245
Hiromi Matsunaga, Braves	128	398	58	94	13	4	12	44	21	.236
Hideji Kato, Braves	129	456	57	107	21	1	21	84	1	.235
Wayne Cage, Braves	128	430	57	100	9	1	31	72	2	.233
Yoshio Mizukami, Orions	130	446	50	103	22	3	7	46	5	.231
Chiaki Sadaoka, Hawks	127	394	34	85	13	0	13	48	2	.216

Qualifiers for Earned Run Average Championship

Player and Team	G	IP	W-L-S	PCT	SO	BB	H	ERA
Satoshi Takahashi, Fighters	29	132	8-5-0	.615	58	54	109	**1.84**
Mikio Kudo, Fighters	28	197	**20**-4-0	**.833**	96	48	156	2.10
Masayuki Matsunuma, Lions	31	172.2	11-8-0	.579	110	63	158	2.76
Hirohisa Matsunuma, Lions	34	180.2	10-9-0	.526	**152**	36	130	2.83
Norihiro Mizutani, Orions	30	219.1	14-11-0	.560	90	**89**	219	2.96
Takanori Yamauchi, Hawks	30	216	13-12-0	.520	79	25	212	3.04
Hisashi Yamada, Braves	33	218	16-9-4	.640	97	65	204	3.10
Kazuhiro Yamauchi, Hawks	30	**223.1**	11-13-0	.458	96	75	185	3.15
Osamu Higashio, Lions	28	183.2	10-11-1	.476	59	49	179	3.28
Hiroaki Nagamoto, Braves	31	185.2	15-4-0	.789	94	61	165	3.34
Takashi Imoto, Buffaloes	19	131	11-4-0	.733	39	39	109	3.37
Hiroaki Tani, Buffaloes	28	200.2	11-9-0	.550	107	58	184	3.54
Tadashi Sugimoto, Lions	26	132.2	7-12-0	.368	60	51	130	3.65
Keishi Suzuki, Buffaloes	24	190.1	11-10-0	.524	100	35	199	3.74
Isamu Kida, Fighters	32	183.2	6-8-1	.429	123	85	155	3.82
Yukihiko Yamaoki, Braves	30	163.2	7-**15**-1	.318	106	63	149	3.84

Player and Team	G	IP	W-L-S	PCT	SO	BB	H	ERA
Yasuo Kubo, Buffaloes	26	176.2	12-9-1	.571	75	68	165	3.86
Tatsumi Murata, Buffaloes	25	136.2	7-11-2	.389	51	40	135	4.27
Tokinari Nishina, Orions	27	178.1	9-14-0	.391	102	46	194	4.40
Shinichi Yamauchi, Hawks	30	208.1	10-12-0	.455	48	67	**229**	4.50
Yoshio Fukazawa, Orions	27	152	9-11-0	.450	97	75	146	4.86

Games—Motoyasu Kaneshiro, Hawks—57
Saves—Yutaka Enatsu, Fighters—29

Leaders and Award Winners

Home Runs
Hiromitsu Ochiai, Orions—32
Wayne Cage, Braves—31
Tony Solaita, Fighters—30
Koichi Tabuchi, Lions—25
Terry Whitfield, Lions—25

Runs Batted In
Hiromitsu Ochiai, Orions—99
Koichi Hada, Buffaloes—85
Hideji Kato, Braves—84
Tony Solaita, Fighters—84
Shigeru Kurihashi, Buffaloes—79

Wins
Mikio Kudo, Fighters—20
Hisashi Yamada, Braves—16
Hiroaki Nagamoto, Braves—15
Norihiro Mizutani, Orions—14
Takanori Yamauchi, Hawks—13

Strikeouts
Hirohisa Matsunuma, Lions—152
Isamu Kida, Fighters—123
Masayuki Matsunuma, Lions—110
Yutaka Enatsu, Fighters—107
Hiroaki Tani, Buffaloes—107

Most Valuable Player
Hiromitsu Ochiai, Orions

Rookie of the Year
Daijiro Oishi, Buffaloes

Best Nine
Pitcher—Mikio Kudo, Fighters
Catcher—Shinji Nakazawa, Braves
First Base—Junichi Kashiwabara, Fighters
Second Base—Hiromitsu Ochiai, Orions
Third Base—Steve Ontiveros, Lions
Shortstop—Hiromichi Ishige, Lions
Outfield—Yutaka Fukumoto, Braves
Outfield—Shigeru Kurihashi, Buffaloes
Outfield—Hiromasa Arai, Hawks
Designated Hitter—Tony Solaita, Fighters

Gold Glove Awards
Pitcher—Hisashi Yamada, Braves
Catcher—Tatsuo Omiya, Fighters
First Base—Junichi Kashiwabara, Fighters
Second Base—Daijiro Oishi, Buffaloes
Third Base—Hideo Furuya, Fighters
Shortstop—Hiromichi Ishige, Lions
Outfield—Yutaka Fukumoto, Braves
Outfield—Koji Minoda, Braves
Outfield—Makoto Shimada, Fighters

PACIFIC LEAGUE CHAMPIONSHIP

Teams and Managers—Seibu Lions (Tatsuro Hirooka) 3—Nippon Ham Fighters (Keiji Osawa) 1

Game	Date	Site	Lions Pitcher	Score	Fighters Pitcher
1	10/9	Seibu	Osamu Higashio (W)	6-0	Yutaka Enatsu (L)

Home Runs—none

Game	Date	Site	Lions Pitcher	Score	Fighters Pitcher
2	10/10	Seibu	Kimiyasu Kudo (W)	3-2	Yutaka Enatsu (L)

Home Runs—Hideo Furuya (Fighters)

Game	Date	Site	Lions Pitcher	Score	Fighters Pitcher
3	10/12	Korakuen	Tadashi Sugimoto (L)	1-2	Mikio Kudo (W)

Home Runs—None

Game	Date	Site	Lions Pitcher	Score	Fighters Pitcher
4	10/14	Korakuen	Osamu Higashio (W)	7-5	Kazumi Takahashi (L)

Home Runs—Tommy Cruz (Fighters), Tony Solaita (Fighters), Hideo Furuya (Fighters), Terry Whitfield (Lions)—2, Masahiro Kuroda (Lions)

Most Valuable Player—Takuji Ota, Lions

ALL-STAR GAMES

Managers—Motoshi Fujita (Central League)—Keiji Osawa (Pacific League)

Game	Date	Site	C.L. Pitcher	Score	P.L. Pitcher
1	7/24	Korakuen	Suguru Egawa (L)	2-7	Isamu Kida (W)

Home Runs—Junichi Kashiwabara (P)
MVP—Yutaka Fukumoto (P)

Game	Date	Site	C.L. Pitcher	Score	P.L. Pitcher
2	7/25	Seibu	—	5-5 (11 innings)	—

Home Runs—Koji Yamamoto (C), Yutaka Fukumoto (C), Junichi Kashiwabara (P)
MVP—Junichi Kashiwabara (P)

Game	Date	Site	C.L. Pitcher	Score	P.L. Pitcher
3	7/27	Osaka	Genji Kaku (W)	3-2	Mikio Kudo (L)

Home Runs—Masayuki Kakefu (C)
MVP—Masayuki Kakefu (C)

JAPAN SERIES

Teams and Managers—Pacific League's Seibu Lions (Tatsuro Hirooka) 4—Central League's Chunichi Dragons (Sadao Kondo) 2

Game	Date	Site	Lions Pitcher	Score	Dragons Pitcher
1	10/23	Nagoya	Osamu Higashio (W)	7-3	Tatsuo Komatsu (L)

Home Runs—Steve Ontiveros (Lions), Takuji Ota (Lions), Ken Macha (Dragons)

Game	Date	Site	Lions Pitcher	Score	Dragons Pitcher
2	10/24	Nagoya	Seiji Kobayashi (W)	7-1	Yujiro Miyako (L)

Home Runs—Yoshihiro Nishioka (Lions)

Game	Date	Site	Lions Pitcher	Score	Dragons Pitcher
3	10/26	Seibu	Osamu Higashio (L)	4-5	Kazuhiko Ushijima (W)

Home Runs—Seiji Kamikawa (Dragons)

Game	Date	Site	Lions Pitcher	Score	Dragons Pitcher
4	10/27	Seibu	Seiji Kobayashi (L)	3-5	Tatsuo Komatsu (W)

Home Runs—Kenichi Yazawa (Dragons)

Game	Date	Site	Lions Pitcher	Score	Dragons Pitcher
5	10/28	Seibu	Osamu Higashio (W)	3-1	Tatsuo Komatsu (L)

Home Runs—Yasunori Oshima (Dragons)

Game	Date	Site	Lions Pitcher	Score	Dragons Pitcher
6	10/30	Nagoya	Seiji Kobayashi (W)	9-4	Takamasa Suzuki (L)

Home Runs—Takuji Ota (Lions), Shinsaku Katahira (Lions), Terry Whitfield (Lions)

Awards
Most Valuable Player—Osamu Higashio, Lions
Fighting Spirit—Seiji Kamikawa, Dragons
Outstanding Player—Takuji Ota (Lions), Steve Ontiveros (Lions), Takayoshi Nakao (Dragons)

1983 SEASON

CENTRAL LEAGUE

Team	G	W	L	T	PCT	GB	BA	HR	ERA	E
Yomiuri Giants	130	72	50	8	.590	—	.275	156	3.77	85
Hiroshima Toyo Carp	130	65	55	10	.542	6.0	.269	164	3.65	92
Yokohama Taiyo Whales	130	61	61	8	.500	11.0	.272	137	4.523	83
Hanshin Tigers	130	62	63	5	.496	11.5	.274	169	4.22	91
Chunichi Dragons	130	54	69	7	.439	18.5	.263	160	4.11	121
Yakult Swallows	130	53	69	8	.434	19.0	.266	149	4.515	78

Qualifiers for Batting Championship

Player and Team	G	AB	R	H	2B	3B	HR	RBI	SB	AVG
Akinobu Mayumi, Tigers	112	448	77	158	22	3	23	77	13	**.353**
Tsutomu Wakamatsu, Swallows	112	413	61	139	21	1	15	60	11	.337
Yasushi Tao, Dragons	130	506	74	**161**	26	3	13	61	9	.318
Koji Yamamoto, Carp	129	462	86	146	19	2	**36**	101	5	.316
Kenichi Yazawa, Dragons	130	485	60	153	**33**	0	21	87	1	.315
Yutaka Takagi, Whales	125	465	73	146	22	5	12	49	27	.314
Toshio Shinozuka, Giants	115	424	79	130	21	2	13	56	10	.307
Yoshihiko Takahashi, Carp	124	465	91	142	23	3	24	58	70	.30537
Ryuzo Yamasaki, Carp	107	357	51	109	17	5	6	34	26	.30532
Keiji Nagasaki, Whales	112	364	40	111	17	2	7	44	0	.3049
Jim Tracy, Whales	125	469	61	142	29	2	19	66	3	.303
Tatsunori Hara, Giants	130	500	**94**	151	32	4	32	**103**	9	.3020
Kenji Awaguchi, Giants	119	381	61	115	18	4	10	50	3	.3018
Kiyoshi Nakahata, Giants	114	416	53	125	20	2	15	68	13	.300
Masayuki Kakefu, Tigers	130	483	72	143	25	2	33	93	6	.2960
Toru Sugiura, Swallows	123	446	66	132	24	5	13	62	19	.2959
Kiyoyuki Nagashima, Carp	130	464	46	137	24	3	13	57	12	.295
Tadashi Matsumoto, Giants	125	**510**	75	150	15	4	6	24	**76**	.294
Sachio Kinugasa, Carp	130	496	86	145	25	1	27	84	8	.292
Yasunori Oshima, Dragons	130	473	69	137	13	1	**36**	94	7	.290
Randy Bass, Tigers	113	371	69	107	15	0	35	83	0	.2884
Leon Lee, Whales	128	472	83	136	27	1	30	98	1	.2881
Kaname Yashiki, Whales	119	373	50	107	16	1	5	27	16	.287
Ken Macha, Dragons	111	389	40	110	16	1	15	45	0	.283
Noriyoshi Sano, Tigers	130	495	51	138	21	0	13	64	8	.279
Susumu Watanabe, Swallows	118	381	60	106	12	0	19	45	3	.278
Yuji Kasama, Tigers	127	380	46	103	13	0	12	41	0	.27105
Bobby Marcano, Swallows	128	487	70	132	27	2	25	78	2	.27104
Masaru Uno, Dragons	129	457	71	123	21	2	27	64	9	.2691
Daisuke Yamashita, Whales	130	495	73	133	**33**	2	11	36	11	.2686
Dan Briggs, Swallows	123	381	40	102	24	1	12	44	2	.268

Player and Team	G	AB	R	H	2B	3B	HR	RBI	SB	AVG
Shintaro Mizutani, Swallows	118	404	51	108	16	2	3	28	19	.267
Terufumi Kitamura, Tigers	116	354	58	92	12	2	9	29	26	.260
Kazuhiro Yamakura, Giants	115	397	30	101	22	0	6	41	5	.254
Tomio Tashiro, Whales	119	442	60	111	23	2	28	91	2	.251
Seiji Kamikawa, Dragons	127	369	36	92	17	3	5	30	3	.249
Ken Hirano, Dragons	127	434	63	107	26	0	7	30	14	.247

Qualifiers for Earned Run Average Championship

Player and Team	G	IP	W-L-S	PCT	SO	BB	H	ERA
Osamu Fukuma, Tigers	**69**	130.2	6-4-6	.600	89	36	125	**2.62**
Kazuhiko Endo, Whales	36	238.1	**18**-9-3	.667	**186**	42	219	2.87
Kazuhisa Kawaguchi, Carp	33	218.2	15-10-0	.600	166	**104**	189	2.92
Tsunemi Tsuda, Carp	19	132	9-3-0	**.750**	82	51	120	3.07
Tatsuo Komatsu, Dragons	35	191.1	7-**14**-5	.333	133	49	181	3.20
Kenichi Kajima, Swallows	43	232.2	14-12-3	.538	147	84	190	3.21
Suguru Egawa, Giants	33	217.2	16-9-3	.640	131	59	187	3.27
Takamasa Suzuki, Dragons	24	130.2	7-4-0	.636	48	15	135	3.65
Hiromi Makihara, Giants	31	184	12-9-1	.571	124	66	165	3.67
Genji Kaku, Dragons	32	213.1	10-10-0	.500	159	64	214	3.75
Kazuo Yamane, Carp	34	207.2	10-13-2	.435	67	53	212	3.81
Takashi Nishimoto, Giants	32	**239.1**	15-10-0	.600	122	45	**265**	3.84
Osamu Nomura, Tigers	32	191.1	12-11-0	.522	85	42	209	3.86
Masaji Hiramatsu, Whales	23	131	8-8-0	.500	83	53	136	3.92
Manabu Kitabeppu, Carp	33	215.2	12-13-0	.480	106	61	228	3.96
Shigeru Kobayashi, Tigers	35	209	13-**14**-1	.481	109	60	202	4.05
Hiromu Matsuoka, Swallows	35	191.1	11-**14**-0	.440	92	67	179	4.09
Kazuhiko Kudo, Tigers	32	175.1	13-10-1	.565	66	62	177	4.16
Kenji Miyamoto, Swallows	30	134.2	7-8-2	.467	51	41	141	4.48
Takao Obana, Swallows	41	165	11-10-6	.524	88	44	193	4.69
Tsugio Kanazawa, Whales	37	182.1	10-12-2	.455	118	85	188	4.94
Takashi Imoto, Swallows	27	141.2	6-**14**-0	.300	65	52	169	5.46

Saves Leader—Akio Saito, Whales—22

Leaders and Award Winners

Home Runs
Yasunori Oshima, Dragons—36
Koji Yamamoto, Carp—36
Randy Bass, Tigers—35
Masayuki Kakefu, Tigers—33
Tatsunori Hara, Giants—32

Runs Batted In
Tatsunori Hara, Giants—103
Koji Yamamoto, Carp—101
Leon Lee, Whales—98
Yasunori Oshima, Dragons—94
Masayuki Kakefu, Tigers—93

Wins
Kazuhiko Endo, Whales—18
Suguru Egawa, Giants—16
Kazuhisa Kawaguchi, Carp—15
Takashi Nishimoto, Giants—15
Kenichi Kajima, Swallows—14

Leaders and Award Winners

Strikeouts
Kazuhiko Endo, Whales—186
Kazuhisa Kawaguchi, Carp—166
Genji Kaku, Dragons—159
Kenichi Kajima, Swallows—147
Tatsuo Komatsu, Dragons—133

Most Valuable Player
Tatsunori Hara, Giants

Sawamura Award
Kazuhiko Endo, Whales

Rookie of the Year
Hiromi Makihara, Giants

Best Nine
Pitcher—Kazuhiko Endo, Whales
Catcher—Kazuhiro Yamakura, Giants
First Base—Kenichi Yazawa, Dragons
Second Base—Akinobu Mayumi, Tigers
Third Base—Tatsunori Hara, Giants
Shortstop—Yoshihiko Takahashi, Carp
Outfield—Koji Yamamoto, Carp
Outfield—Tadashi Matsumoto, Giants
Outfield—Yasushi Tao, Dragons

Gold Glove Awards
Pitcher—Takashi Nishimoto, Giants
Catcher—Kazuhiro Yamakura, Giants
First Base—Kiyoshi Nakahata, Giants
Second Base—Yutaka Takagi, Whales
Third Base—Masayuki Kakefu, Tigers
Shortstop—Daisuke Yamashita, Whales
Outfield—Terufumi Kitamura, Tigers
Outfield—Kiyoyuki Nagashima, Carp
Outfield—Tadashi Matsumoto, Giants

PACIFIC LEAGUE

Team	G	W	L	T	PCT	GB	BA	HR	ERA	E
Seibu Lions	130	86	40	4	.683	—	.278	182	3.20	83
Hankyu Braves	130	67	55	8	.549	17.0	.272	157	4.16	98
Nippon Ham Fighters	130	64	59	7	.520	20.5	.275	153	3.82	79
Kintetsu Buffaloes	130	52	65	13	.444	29.5	.262	134	4.49	110
Nankai Hawks	130	52	69	9	.430	31.5	.268	128	4.75	94
Lotte Orions	130	43	76	11	.361	39.5	.264	128	5.12	99

Qualifiers for Batting Championship

Player and Team	G	AB	R	H	2B	3B	HR	RBI	SB	AVG
Hiromitsu Ochiai, Orions	119	428	79	142	22	1	25	75	6	**.332**
Steve Ontiveros, Lions	129	476	70	**153**	29	4	17	85	0	.321
Tommy Cruz, Fighters	113	434	34	139	21	1	11	74	2	.320
LeRon Lee, Orions	126	479	71	152	26	1	25	82	2	.317
Koji Minoda, Braves	127	445	95	139	19	2	32	92	35	.312
Hideo Furuya, Fighters	130	487	67	149	20	0	19	65	10	.306
Greg "Boomer" Wells, Braves	121	450	60	137	22	1	17	62	2	.304
Hiromichi Ishige, Lions	128	439	86	133	26	**7**	16	64	29	.3029
Makoto Shimada, Fighters	127	489	93	148	21	4	14	40	47	.3026
Yoshio Mizukami, Orions	130	427	49	129	22	4	9	54	9	.302
Takuji Ota, Lions	105	397	55	118	18	2	20	67	1	.297
Shigeru Kurihashi, Buffaloes	110	374	71	110	22	2	23	72	8	.294
Hiromitsu Kadota, Hawks	122	396	68	116	14	1	**40**	96	1	.293
Mitsuyasu Hirano, Buffaloes	121	456	39	133	22	2	10	48	6	.292
Hiromasa Arai, Hawks	130	479	69	139	25	2	5	53	19	.2901
Jitsuo Mizutani, Braves	130	480	67	139	18	0	36	**114**	2	.2895

Player and Team	G	AB	R	H	2B	3B	HR	RBI	SB	AVG
Hiroyuki Yamazaki, Lions	128	**515**	**96**	148	**30**	3	18	82	4	.2873
Daijiro Oishi, Buffaloes	130	506	90	145	23	6	10	46	**60**	.2865
Yutaka Fukumoto, Braves	130	493	89	141	26	7	10	59	55	.286
Junichi Kashiwabara, Fighters	130	490	68	138	21	0	26	89	6	.282
Hiromi Matsunaga, Braves	122	427	58	120	23	7	21	74	20	.281
Shinsaku Katahira, Lions	118	370	50	103	12	1	19	55	1	.27837
Terry Whitfield, Lions	129	485	76	135	22	3	38	109	2	.27835
Nobuhiro Takashiro, Fighters	124	466	69	128	25	0	9	55	12	.275
Bump Wills, Braves	125	426	52	116	27	4	12	57	20	.272
Koichi Hada, Buffaloes	123	414	61	110	22	2	14	66	6	.266
Michiyo Arito, Orions	111	396	50	105	19	3	14	60	10	.265
Yuji Kubodera, Hawks	123	422	58	111	14	2	11	45	13	.263
Keijiro Yumioka, Braves	130	462	62	120	17	4	5	41	35	.260
Takayuki Kono, Hawks	126	477	68	123	19	1	11	44	16	.258
Chiaki Sadaoka, Hawks	130	417	37	107	14	2	9	47	2	.257
Tony Solaita, Fighters	127	436	64	110	16	1	36	84	0	.252
Tatsuo Omiya, Fighters	123	369	45	85	13	1	8	34	11	.230

Qualifiers for Earned Run Average Championship

Player and Team	G	IP	W-L-S	PCT	SO	BB	H	ERA
Osamu Higashio, Lions	32	213	**18**-9-2	.667	72	51	198	**2.92**
Naoki Takahashi, Lions	25	142.2	13-3-0	**.813**	37	23	137	3.03
Masayuki Matsunuma, Lions	28	216	15-8-0	.652	112	62	165	3.25
Hisashi Yamada, Braves	28	214.1	14-11-0	.560	90	46	223	3.32
Shoji Kawahara, Fighters	**59**	145.2	11-7-2	.611	116	51	110	3.40
Tadashi Sugimoto, Lions	26	136.1	12-6-0	.667	44	39	133	3.43
Yukihiko Yamaoki, Braves	34	233	15-8-2	.652	**143**	79	217	3.48
Keishi Suzuki, Buffaloes	28	226	14-11-0	.560	101	30	232	3.70
Hirohisa Matsunuma, Lions	23	132	12-6-0	.667	87	47	111	3.82
Kazuhiro Yamauchi, Hawks	35	**249.2**	**18**-10-0	.643	110	**99**	242	3.93
Takanori Yamauchi, Hawks	31	242	10-**14**-0	.417	88	35	**264**	4.09
Yutaro Imai, Braves	31	200	15-10-0	.600	70	59	211	4.10
Yoshio Fukazawa, Orions	27	155	12-8-0	.600	82	**99**	149	4.53
Yasuo Kubo, Buffaloes	29	142.1	5-10-2	.333	46	52	134	4.55
Yutaka Yanagida, Buffaloes	28	159.2	6-**14**-0	.300	90	46	176	4.79
Hiroaki Nagamoto, Braves	27	135.2	7-9-0	.438	56	52	144	4.84
Tokinari Nishina, Orions	28	144	5-13-0	.278	57	41	162	5.06
Yuji Inoue, Hawks	35	160.2	6-10-3	.375	61	65	182	5.21
Norihiro Mizutani, Orions	34	181.2	10-**14**-0	.417	95	81	218	5.35

Games Co-Leader—Shigekazu Mori, Lions—59
Saves Leaders—Yutaka Enatsu (Fighters), Shigekazu Mori (Lions)—34

Leaders and Award Winners

Home Runs
Hiromitsu Kadota, Hawks—40
Terry Whitfield, Lions—38
Jitsuo Mizutani, Braves—36
Tony Solaita, Fighters—36
Koji Minoda, Braves—32

Runs Batted In
Jitsuo Mizutani, Braves—114
Terry Whitfield, Lions—109
Hiromitsu Kadota, Hawks—96
Koji Minoda, Braves—92
Junichi Kashiwabara, Fighters—89

Wins
Osamu Higashio, Lions—18
Kazuhiro Yamauchi, Hawks—18
Yutaro Imai, Braves—15
Masayuki Matsunuma, Lions—15
Yukihiko Yamaoki, Braves—15

Strikeouts
Yukihiko Yamaoki, Braves—143
Shoji Kawahara, Fighters—116
Masayuki Matsunuma, Lions—112
Kazuhiro Yamauchi, Hawks—110
Keishi Suzuki, Buffaloes—101

Most Valuable Player
Osamu Higashio, Lions

Rookie of the Year
Tadami Futamura, Fighters

Best Nine
Pitcher—Osamu Higashio, Lions
Catcher—Nobuyuki Kagawa, Hawks
First Base—Hiromitsu Ochiai, Orions
Second Base—Daijiro Oishi, Buffaloes
Third Base—Steve Ontiveros, Lions
Shortstop—Hiromichi Ishige, Lions
Outfield—Koji Minoda, Braves
Outfield—Terry Whitfield, Lions
Outfield—Makoto Shimada, Fighters
Designated Hitter—Hiromitsu Kadota, Hawks

Gold Glove Awards
Pitcher—Osamu Higashio, Lions
Catcher—Masataka Nashida, Buffaloes
First Base—Shinsaku Kitahira, Lions
Second Base—Daijiro Oishi, Buffaloes
Third Base—Hideo Furuya, Fighters
Shortstop—Hiromichi Ishige, Lions
Outfield—Koji Minoda, Braves
Outfield—Makoto Shimada, Fighters
Outfield—Yutaka Fukumoto, Braves

ALL-STAR GAMES

Managers—Sadao Kondo (Central League)—Tatsuro Hirooka (Pacific League)

Game	Date	Site	C.L. Pitcher	Score	P.L. Pitcher
1	7/23	Jingu	Hiromu Matsuoka (L)	3-5	Hirohisa Matsunuma (W)

Home Runs—Koji Yamamoto (C), Hiromitsu Kadota—2 (P), Terry Whitfield (P), Daijiro Oishi (P)
MVP—Hiromitsu Kadota (P)

Game	Date	Site	C.L. Pitcher	Score	P.L. Pitcher
2	7/24	Nishinomiya	Mitsuo Sumi (L)	3-4	Masayuki Matsunuma (W)

Home Runs—Koji Yamamoto (C), Hiromitsu Ochiai (P)
MVP—Masataka Nashida (P)

Game	Date	Site	C.L. Pitcher	Score	P.L. Pitcher
3	7/26	Hiroshima	Suguru Egawa (L)	1-4	Shigekazu Mori (W)

Home Runs—Hiromitsu Ochiai—2 (P), Yutaka Fukumoto (P)
MVP—Hiromitsu Ochiai (P)

JAPAN SERIES

Teams and Managers—Pacific League's Seibu Lions (Tatsuro Hirooka) 4—Central League's Yomiuri Giants (Motoshi Fujita) 3

Game	Date	Site	Lions Pitcher	Score	Giants Pitcher
1	10/29	Seibu	Hirohisa Matsunuma (W)	6-3	Suguru Egawa (L)

Home Runs—Koichi Tabuchi (Lions), Kazumasa Kono (Giants)

2	10/30	Seibu	Naoki Takahashi (L)	0-4	Takashi Nishimoto (W)

Home Runs—Tatsunori Hara (Giants)

3	11/1	Korakuen	Osamu Higashio (L)	4-5	Hajime Kato (W)

Home Runs—Terry Whitfield (Lions), Hector Cruz (Giants)

4	11/2	Korakuen	Masayuki Matsunuma (W)	7-4	Hajime Kato (L)

Home Runs—Yoshiie Tachibana (Lions), Hiroyuki Yamazaki (Lions), Tatsunori Hara (Giants), Kazuhiro Yamakura (Giants)

5	11/3	Korakuen	Shigekazu Mori (L)	2-5	Takashi Nishimoto (W)

Home Runs—Koichi Tabuchi (Lions), Tatsunori Hara (Giants), Hector Cruz (Giants)

6	11/5	Seibu	Tamotsu Nagai (W)	4-3 (10 innings)	Suguru Egawa (L)

Home Runs—Ota (Seibu)

7	11/7	Seibu	Osamu Higashio (W)	3-2	Takashi Nishimoto (L)

Home Runs—Kazuhiro Yamakura (Giants)

Awards

Most Valuable Player—Takuji Ota, Lions
Fighting Spirit—Takashi Nishimoto, Giants
Outstanding Player—Koichi Tabuchi (Lions), Terry Whitfield (Lions), Kiyoshi Nakahata (Giants)

1984 SEASON

CENTRAL LEAGUE

Team	G	W	L	T	PCT	GB	BA	HR	ERA	E
Hiroshima Toyo Carp	130	75	45	10	.625	—	.274	167	3.37	91
Chunichi Dragons	130	73	49	8	.598	3.0	.282	191	3.82	107
Yomiuri Giants	130	67	54	9	.554	8.5	.268	186	3.66	80
Hanshin Tigers	130	53	69	8	.434	23.0	.2638	165	4.46	93
Yakult Swallows	130	51	71	8	.418	25.0	.2640	101	4.76	75
Yokohama Taiyo Whales	130	46	77	7	.374	30.5	.263	100	4.55	84

Qualifiers for Batting Championship

Player and Team	G	AB	R	H	2B	3B	HR	RBI	SB	AVG
Toshio Shinozuka, Giants	126	461	75	154	**35**	2	12	66	7	**.334**
Kenichi Yazawa, Dragons	130	505	84	**166**	20	1	34	99	3	.3287
Sachio Kinugasa, Carp	130	490	79	161	25	1	31	**102**	11	.3285
Randy Bass, Tigers	104	356	57	116	16	0	27	73	1	.326
Tsutomu Wakamatsu, Swallows	114	397	49	129	22	2	9	50	6	.325

Player and Team	G	AB	R	H	2B	3B	HR	RBI	SB	AVG
Leon Lee, Whales	130	480	66	154	25	1	21	84	6	.321
Ryuzo Yamasaki, Carp	130	495	79	158	27	3	6	43	39	.319
Ken Macha, Dragons	130	465	71	147	5	1	31	93	1	.316
Sumio Hirota, Tigers	110	361	45	113	18	4	7	34	6	.313
Yasushi Tao, Dragons	130	**536**	94	**166**	21	6	20	49	3	.310
Seiji Kamikawa, Dragons	126	404	47	125	26	5	7	39	17	.309
Noriyoshi Sano, Tigers	125	475	61	145	17	1	15	50	7	.3052
Kaname Yashiki, Whales	124	397	40	121	24	5	4	29	11	.3047
Yoshihiko Takahashi, Carp	126	495	**97**	150	23	4	23	71	30	.303
Bobby Marcano, Swallows	123	466	57	140	18	2	15	77	4	.3004
Yutaka Takagi, Whales	117	443	76	133	20	4	11	39	**56**	.3002
Kiyoshi Nakahata, Giants	130	493	78	145	30	1	31	83	4	.294
Koji Yamamoto, Carp	123	437	64	128	15	0	33	94	5	.293
Shintaro Mizutani, Swallows	125	429	48	125	15	4	4	33	10	.29137
Ken Hirano, Dragons	108	381	54	111	11	1	3	31	30	.29133
Akinobu Mayumi, Tigers	117	430	69	123	22	5	27	64	15	.286
Susumu Watanabe, Swallows	121	391	53	110	19	0	9	53	3	.2813
Toru Sugiura, Swallows	109	352	46	99	17	0	8	49	4	.2812
Yasunori Oshima, Dragons	130	471	75	132	15	1	30	87	7	.2802
Warren Cromartie, Giants	122	457	68	128	23	1	35	93	4	.28008
Takehiko Kobayakawa, Carp	112	375	50	105	17	1	16	59	8	.280
Tatsunori Hara, Giants	130	468	72	130	19	1	27	81	7	.278
Masayuki Kakefu, Tigers	130	442	79	119	14	1	**37**	95	3	.269
Katsuo Hirata, Tigers	128	437	42	117	24	1	6	41	2	.268
Fujio Sumi, Swallows	130	445	58	119	15	1	11	38	1	.267
Tomio Tashiro, Whales	130	479	56	125	14	2	21	71	4	.261
Tadashi Matsumoto, Giants	121	394	61	102	10	7	3	24	45	.259
Masaru Uno, Dragons	130	458	74	116	8	0	**37**	87	13	.253
Yukio Yaegashi, Swallows	124	398	50	100	19	2	18	58	1	.251
Daisuke Yamashita, Whales	116	413	38	102	6	0	6	33	4	.247

Qualifiers for Earned Run Average Championship

Player and Team	G	IP	W-L-S	PCT	SO	BB	H	ERA
Seiji Kobayashi, Carp	55	130.2	11-4-9	.733	112	36	98	**2.20**
Yutaka Ono, Carp	24	147	10-5-2	.667	95	49	133	2.94
Tatsuo Komatsu, Dragons	29	186	11-6-2	.647	168	59	166	3.05
Takashi Nishimoto, Giants	31	224.2	15-11-0	.577	91	55	218	3.12
Genji Kaku, Dragons	34	216	13-11-0	.542	177	76	202	3.25
Manabu Kitabeppu, Carp	32	203.2	13-8-2	.619	99	46	215	3.31
Hajime Kato, Giants	25	152.2	10-7-0	.588	95	56	140	3.36
Kazuo Yamane, Carp	32	222	16-8-0	.667	102	50	224	3.41
Takao Obana, Swallows	45	175	14-8-7	.636	106	47	172	3.45
Suguru Egawa, Giants	28	186	15-5-0	**.750**	112	58	186	3.48

Player and Team	G	IP	W-L-S	PCT	SO	BB	H	ERA
Kazuhiko Endo, Whales	38	**276.2**	17-17-0	.500	**208**	60	**255**	3.68
Kenichi Kajima, Swallows	35	180	12-11-2	.522	87	64	184	3.75
Tsugio Kanazawa, Whales	30	185.1	10-11-0	.476	123	62	184	3.84
Chikafusa Ikeda, Tigers	29	152.1	9-8-0	.529	96	73	142	3.90
Takamasa Suzuki, Dragons	28	168	16-8-0	.667	60	33	192	4.07
Yujiro Miyako, Dragons	34	187.2	13-8-1	.619	96	57	201	4.08
Hirofumi Sekine, Whales	39	130	3-11-0	.214	63	43	130	4.29
Hiromi Makihara, Giants	27	145.2	8-9-0	.471	114	72	143	4.70
Hikaru Takano, Swallows	38	162	10-12-2	.455	128	**82**	151	4.83
Hiromitsu Ito, Tigers	32	150.2	4-11-2	.267	80	52	171	4.84

Games Leader—Osamu Fukuma, Tigers—77
Saves Leader—Kazuhiko Ushijima, Dragons—29

Leaders and Award Winners

Home Runs
Masayuki Kakefu, Tigers—37
Masaru Uno, Dragons—37
Warren Cromartie, Giants—35
Kenichi Yazawa, Dragons—34
Koji Yamamoto, Carp—33

Runs Batted In
Sachio Kinugasa, Carp—102
Kenichi Yazawa, Dragons—99
Masayuki Kakefu, Tigers—95
Koji Yamamoto, Carp—94
Warren Cromartie, Giants—93
Ken Macha, Dragons—93

Wins
Kazuhiko Endo, Whales—17
Takamasa Suzuki, Dragons—16
Kazuo Yamane, Carp—16
Suguru Egawa, Giants—15
Takashi Nishimoto, Giants—15

Strikeouts
Kazuhiko Endo, Whales—208
Genji Kaku, Dragons—177
Tatsuo Komatsu, Dragons—168
Hikaru Takano, Swallows—128
Tsugio Kanazawa, Whales—123

Most Valuable Player
Sachio Kinugasa, Carp

Sawamura Award
none

Rookie of the Year
Takehiko Kobayakawa, Carp

Best Nine
Pitcher—Kazuo Yamane, Carp
Catcher—Mitsuo Tatsukawa, Carp
First Base—Kenichi Yazawa, Dragons
Second Base—Toshio Shinozuka, Giants
Third Base—Sachio Kinugasa, Carp
Shortstop—Masaru Uno, Dragons
Outfield—Koji Yamamoto, Carp
Outfield—Ryuzo Yamasaki, Carp
Outfield—Tsutomu Wakamatsu, Swallows

Gold Glove Awards
Pitcher—Takashi Nishimoto, Giants
Catcher—Mitsuo Tatsukawa, Carp
First Base—Kiyoshi Nakahata, Giants
Second Base—Toshio Shinozuka, Giants
Third Base—Sachio Kinugasa, Carp
Shortstop—Katsuo Hirata, Tigers
Outfield—Kaname Yashiki, Whales
Outfield—Kiyoyuki Nagashima, Carp
Outfield—Ryuzo Yamasaki, Carp

PACIFIC LEAGUE

Team	G	W	L	T	PCT	GB	BA	HR	ERA	E
Hankyu Braves	130	75	45	10	.625	—	.272	166	3.72	54
Lotte Orions	130	64	51	15	.557	8.5	.275	149	4.22	94
Seibu Lions	130	62	61	7	.504	14.5	.256	153	4.10	81
Kintetsu Buffaloes	130	58	61	11	.487	16.5	.257	174	4.36	115
Nankai Hawks	130	53	65	12	.449	21.0	.269	159	4.89	115
Nippon Ham Fighters	130	44	73	13	.376	29.5	.259	144	4.98	73

Qualifiers for Batting Championship

Player and Team	G	AB	R	H	2B	3B	HR	RBI	SB	AVG
Greg "Boomer" Wells, Braves	128	482	82	171	23	2	37	130	2	.355
Tommy Cruz, Fighters	124	489	66	170	36	2	29	96	0	.348
Steve Ontiveros, Lions	129	461	64	156	32	1	20	101	0	.338
Hideaki Takazawa, Orions	97	385	70	122	26	5	11	47	11	.317
Hiromitsu Ochiai, Orions	129	456	89	143	17	3	33	94	8	.314
Hiromi Matsunaga, Braves	125	458	84	142	24	6	19	70	21	.310
LeRon Lee, Orions	129	485	84	150	23	2	31	88	5	.309
Keijiro Yumioka, Braves	125	470	72	143	18	5	6	45	15	.304
Koji Yamamoto, Orions	125	429	49	129	28	2	10	66	4	.301
Takayuki Kono, Hawks	130	551	80	163	33	2	14	76	17	.296
Hiromasa Arai, Hawks	127	412	55	118	25	1	4	39	14	.2864
Takayuki Iwai, Fighters	125	371	49	106	14	1	7	34	11	.2857
Norifumi Nishimura, Orions	124	368	46	105	17	3	5	29	25	.2853
Hiromitsu Kadota, Hawks	108	362	60	103	11	0	30	78	3	.2845
Tsutomu Ito, Lions	113	345	44	98	15	1	10	44	20	.284
Daijiro Oishi, Buffaloes	130	528	97	149	22	5	29	65	46	.282
Shigeru Kurihashi, Buffaloes	118	427	61	120	28	1	14	55	9	.281
Koji Minoda, Braves	119	436	74	122	13	3	26	88	5	.280
Koichi Hada, Buffaloes	115	393	55	107	13	1	16	50	8	.272
Makoto Shimada, Fighters	128	490	73	133	21	3	7	42	31	.271
Chris Nyman, Hawks	125	427	75	114	21	3	29	82	15	.267
Jeff Doyle, Hawks	123	447	68	117	30	1	13	49	7	.262
Hidetoshi Hakamada, Orions	127	382	40	99	21	3	5	49	1	.2591
Hiromichi Ishige, Lions	124	452	91	117	28	1	26	71	26	.2588
Yutaka Fukumoto, Braves	130	488	93	126	22	2	9	41	36	.2581
Tadami Futamura, Fighters	124	388	51	100	19	1	12	50	10	.2577
Tomohisa Shoji, Orions	113	391	66	100	11	1	11	42	9	.256
Hideji Kato, Buffaloes	130	499	65	126	16	1	14	72	1	.253
Mitsuyasu Hirano, Buffaloes	121	490	59	123	9	1	10	53	5	.251
Hideo Furuya, Fighters	130	468	49	116	24	2	13	52	12	.248
Michiyo Arito, Orions	120	401	43	98	16	1	11	58	6	.244
Jerry White, Lions	130	469	70	114	15	2	27	68	12	.243
Junichi Kashiwabara, Fighters	130	454	67	103	15	1	18	68	13	.227

Qualifiers for Earned Run Average Championship

Player and Team	G	IP	W-L-S	PCT	SO	BB	H	ERA
Yutaro Imai, Braves	32	218	**21**-9-0	.700	83	53	208	**2.93**
Hisashi Yamada, Braves	24	167.2	14-4-0	.778	60	39	156	3.27
Osamu Higashio, Lions	32	**241.1**	14-**14**-0	.500	84	53	227	3.32
Akira Sakamaki, Fighters	38	173	7-6-0	.538	77	64	163	3.33
Yoshinori Sato, Braves	33	210.1	17-6-1	.739	**136**	**106**	177	3.51
Hiroaki Tani, Buffaloes	24	146.1	8-9-0	.471	85	76	121	3.57
Masayuki Matsunuma, Lions	26	178.1	11-8-0	.579	86	59	159	3.68
Tokinari Nishina, Orions	29	213.2	13-11-0	.542	113	61	202	3.71
Yoshio Fukazawa, Orions	29	212	15-8-0	.652	103	95	175	3.74
Keishi Suzuki, Buffaloes	28	213	16-10-0	.615	102	45	217	3.76
Masaru Ishikawa, Orions	27	175.2	15-4-0	**.789**	68	46	171	3.79
Shiro Miyamoto, Braves	28	140	8-6-0	.571	86	46	134	3.99
Yutaka Yanagida, Buffaloes	27	177.1	10-9-0	.526	84	58	149	4.06
Yukihiko Yamaoki, Braves	**48**	131.2	11-8-15	.579	121	50	119	4.10
Hirohisa Matsunuma, Lions	26	154	12-7-0	.632	90	47	138	4.15
Hitoshi Hatayama, Hawks	32	153	5-12-0	.294	62	81	164	4.24
Kazuhiro Yamauchi, Hawks	32	222	12-12-0	.500	124	96	230	4.62
Shigekuni Mashiba, Fighters	36	147	5-11-0	.313	47	42	156	4.65
Shuji Fujimoto, Hawks	31	162	7-6-0	.538	82	90	152	4.72
Tomio Tanaka, Fighters	27	174	8-13-0	.381	91	78	183	4.81
Takanori Yamauchi, Hawks	31	204.2	16-11-0	.593	89	34	**248**	4.88
Isamu Kida, Fighters	32	172.1	6-11-0	.353	109	98	164	5.33

Games Co-Leader—Tamotsu Nagai, Lions—48
Saves Leader—Yasujiro Suzuki, Buffaloes—18

Leaders and Award Winners

Home Runs
Greg "Boomer" Wells, Braves—37
Hiromitsu Ochiai, Orions—33
LeRon Lee, Orions—31
Hiromitsu Kadota, Hawks—30
Tommy Cruz, Fighters—29
Chris Nyman, Hawks—29
Daijiro Oishi, Buffaloes—29

Runs Batted In
Greg "Boomer" Wells, Braves—130
Steve Ontiveros, Lions—101
Tommy Cruz, Fighters—96
Hiromitsu Ochiai, Orions—94
LeRon Lee, Orions—88
Koji Minoda, Braves—88

Wins
Yutaro Imai, Braves—21
Yoshinori Sato, Braves—17
Keishi Suzuki, Buffaloes—16
Takanori Yamauchi, Hawks—16
Yoshio Fukazawa, Orions—15
Masaru Ishikawa, Orions—15

Strikeouts
Yoshinori Sato, Braves—136
Kazuhiro Yamauchi, Hawks—124
Yukihiko Yamaoki, Braves—121
Tokinari Nishina, Orions—113
Isamu Kida, Fighters—109

Most Valuable Player
Greg "Boomer" Wells, Braves

Part One : 1984 Season

Rookie of the Year
Hiromasa Fujita, Braves

Best Nine
Pitcher—Yutaro Imai, Braves
Catcher—Hiromasa Fujita, Braves
First Base—Greg "Boomer" Wells, Braves
Second Base—Daijiro Oishi, Buffaloes
Third Base—Hiromitsu Ochiai, Orions
Shortstop—Keijiro Yumioka, Braves
Outfield—Koji Minoda, Braves
Outfield—Tommy Cruz, Fighters
Outfield—Hideaki Takazawa, Orions
Designated Hitter—LeRon Lee, Orions

Gold Glove Awards
Pitcher—Osamu Higashio, Lions
Catcher—Hiromasa Fujita, Braves
First Base—Koji Yamamoto, Orions
Second Base—Daijiro Oishi, Buffaloes
Third Base—Hiromi Matsunaga, Braves
Shortstop—Keijiro Yumioka, Braves
Outfield—Koji Minoda, Braves
Outfield—Makoto Shimada, Fighters
Outfield—Hideaki Takazawa, Orions

ALL-STAR GAMES

Managers—Sadaharu Oh (Central League) Tatsuro Hirooka (Pacific League)

Game	Date	Site	C.L. Pitcher	Score	P.L. Pitcher
1	7/21	Korakuen	Takashi Nishimoto (L)	5-14	Masayuki Matsunum (W)

Home Runs—Koji Yamamoto (C), Hiromichi Ishige (P), Koji Minoda (P)
MVP—Koji Minoda (P)

2	7/22	Koshien	Takashi Nishimoto (L)	5-6	Yasujiro Suzuki (W)

Home Runs—Kiyoshi Nakahata (C), Kenichi Yazawa (C), Hiromichi Ishige (P), Greg "Boomer" Wells (P), Hiromitsu Kadota (P)
MVP—Greg "Boomer" Wells (P)

3	7/24	Nagoya	Suguru Egawa (W)	4-1	Yasujiro Suzuki (L)

Home Runs—Kiyoshi Nakahata (C), Greg "Boomer" Wells (P)
MVP—Suguru Egawa (C)

JAPAN SERIES

Teams and Managers—Central League's Hiroshima Toyo Carp (Takeshi Koba) 4—Pacific League's Hankyu Braves (Toshiharo Ueda) 3

Game	Date	Site	Carp Pitcher	Score	Braves Pitcher
1	10/13	Hiroshima	Seiji Kobayashi (W)	3-2	Hisashi Yamada (L)

Home Runs—Mineo Fukuhara (Braves), Kiyoyuki Nagashima (Carp)

2	10/14	Hiroshima	Manabu Kitabeppu (L)	2-5	Yukihiko Yamaoki (W)

Home Runs—Koji Minoda (Braves)

3	10/16	Nishinomiya	Kazuhisa Kawaguchi (W)	8-3	Yoshinori Sato (L)

Home Runs—Koji Yamamoto (Carp), Kiyoyuki Nagashima (Carp), Yoshihiko Takahashi (Carp), Sachio Kinugasa (Carp)

4	10/18	Nishinomiya	Yutaka Ono (W)	3-2	Hisashi Yamada (L)

Home Runs—Sachio Kinugasa (Carp), Hiromi Matsunaga (Braves)

5	10/19	Nishinomiya	Manabu Kitabeppu (L)	2-6	Yutaro Imai (W)

Home Runs—Shinya Kobayashi (Braves)

6	10/21	Hiroshima	Kazuhisa Kawaguchi (L)	3-8	Yukihiko Yamaoki (W)

Home Runs—Mitsuo Tatsukawa (Carp), Mineo Fukuhara (Braves)

7	10/22	Hiroshima	Kazuo Yamane (W)	7-2	Hisashi Yamada (L)

Home Runs—Keijiro Yumioka (Braves), Sachio Kinugasa (Carp), Kiyoyuki Nagashima (Carp)

Awards
Most Valuable Player—Kiyoyuki Nagashima, Carp
Fighting Spirit—Yukihiko Yamaoki, Braves
Outstanding Player—Koji Yamamoto (Carp), Yoshihiko Takahashi (Carp), Yutaka Fukumoto (Braves)

1985 SEASON

CENTRAL LEAGUE

Team	G	W	L	T	PCT	GB	BA	HR	ERA	E
Hanshin Tigers	130	74	49	7	.602	—	.285	219	4.16	78
Hiroshima Toyo Carp	130	68	57	5	.544	7.0	.271	160	4.13	76
Yomiuri Giants	130	61	60	9	.504	12.0	.279	157	3.96	85
Yokohama Taiyo Whales	130	57	61	12	.483	14.5	.267	132	4.59	88
Chunichi Dragons	130	56	61	13	.479	15.0	.265	136	4.08	112
Yakult Swallows	130	46	74	10	.383	26.5	.264	143	4.75	81

Qualifiers for Batting Championship

Player and Team	G	AB	R	H	2B	3B	HR	RBI	SB	AVG
Randy Bass, Tigers	126	497	100	174	21	0	54	134	1	.350
Akinobu Okada, Tigers	127	459	80	157	24	3	35	101	7	.342
Sadaaki Yoshimura, Giants	120	344	57	113	19	1	16	56	8	.3284
Ryuzo Yamasaki, Carp	130	509	86	167	23	2	10	46	35	.328
Akinobu Mayumi, Tigers	119	497	108	160	32	2	34	84	8	.322
Yutaka Takagi, Whales	125	488	105	155	33	5	11	50	42	.318
Toru Sugiura, Swallows	121	401	86	126	26	0	34	81	1	.314
Warren Cromartie, Giants	119	482	77	149	34	1	32	112	4	.309
Toshio Shinozuka, Giants	122	466	57	143	21	1	8	54	6	.307
Yukio Yaegashi, Swallows	120	427	57	130	28	3	13	68	2	.3044
Kaname Yashiki, Whales	118	444	65	135	15	5	15	78	58	.304
Leon Lee, Whales	128	462	65	140	21	0	31	110	6	.303
Tadashi Matsumoto, Giants	130	523	97	158	26	1	5	37	32	.302
Ken Macha, Dragons	102	362	46	109	20	2	13	54	4	.301
Masayuki Kakefu, Tigers	130	476	102	143	16	4	40	108	3	.3004
Tsutomu Wakamatsu, Swallows	114	443	52	133	13	1	12	34	2	.3002
Ken Hirano, Dragons	130	527	69	158	26	5	6	49	17	.2998
Kiyoshi Nakahata, Giants	125	490	71	144	32	2	18	62	7	.294
Sachio Kinugasa, Carp	130	480	77	140	16	0	28	83	10	.292
Kiyoyuki Nagashima, Carp	130	453	66	132	19	4	15	55	14	.291
Yonetoshi Kawamata, Dragons	122	362	43	105	27	3	9	44	2	.290
Kenichi Yazawa, Dragons	104	360	37	104	9	0	11	47	1	.289
Noriyoshi Sano, Tigers	120	375	38	108	18	1	13	60	1	.288
Koji Yamamoto, Carp	113	382	57	110	15	1	24	79	2	.2879
Tatsunori Hara, Giants	124	441	79	125	23	2	34	94	7	.283

Player and Team	G	AB	R	H	2B	3B	HR	RBI	SB	AVG
Hirokazu Kato, Whales	129	436	63	122	16	5	4	35	48	.280
Yoshihiko Takahashi, Carp	130	**533**	96	147	10	2	24	68	**73**	.276
Masaru Uno, Dragons	130	486	82	133	17	2	41	91	5	.274
Kazuhiro Yamakura, Giants	109	363	41	99	15	0	13	41	3	.273
Yoshiharu Wakana, Whales	130	403	28	108	9	2	7	44	1	.268
Shintaro Mizutani, Swallows	112	369	48	97	20	2	4	31	10	.263
Katsuo Hirata, Tigers	125	402	47	105	15	2	7	53	6	.261
Tomio Tashiro, Whales	110	366	44	95	14	1	24	68	0	.260
Seiji Kamikawa, Dragons	119	385	37	98	18	5	5	38	4	.255
Fujio Sumi, Swallows	122	429	42	105	12	2	15	54	1	.245

Qualifiers for Earned Run Average Championship

Player and Team	G	IP	W-L-S	PCT	SO	BB	H	ERA
Tatsuo Komatsu, Dragons	33	210.1	**17**-8-1	.680	**172**	48	185	**2.65**
Jun Kawabata, Carp	45	162.1	11-7-7	.611	109	72	127	2.72
Masaki Saito, Giants	41	155	12-8-7	.600	124	53	125	2.96
Kazuhiko Endo, Whales	28	214.1	14-7-0	.667	154	51	188	3.15
Genji Kaku, Dragons	34	**230.1**	11-11-3	.500	157	57	224	3.48
Manabu Kitabeppu, Carp	35	199	16-6-2	**.727**	85	55	209	3.57
Takashi Nishimoto, Giants	33	169.2	10-8-2	.556	66	44	184	4.03
Yutaka Ono, Carp	32	161.2	10-7-2	.588	86	80	157	4.06
Takamasa Suzuki, Dragons	28	158.1	8-12-0	.400	66	40	204	4.15
Kenichi Kajima, Swallows	38	189.2	11-**17**-0	.393	88	81	203	4.22
Rich Gale, Tigers	33	190.2	13-8-0	.619	126	**84**	187	4.30
Hirofumi Sekine, Whales	38	160.1	6-13-1	.316	66	49	170	4.38
Kazuhisa Kawaguchi, Carp	31	143.2	9-9-0	.500	116	62	150	4.385
Takao Obana, Swallows	40	205	11-8-7	.579	107	57	**229**	4.390
Chikafusa Ikeda, Tigers	32	151.2	9-6-0	.600	82	69	153	4.45
Hikaru Takano, Swallows	29	141.1	7-11-0	.389	110	79	143	4.97
Mitsunori Kakehata, Whales	28	152.2	9-5-0	.643	77	44	178	5.07
Suguru Egawa, Giants	30	167	11-7-0	.611	117	56	188	5.28

Games Leader—Kiyooki Nakanishi, Tigers—63
Saves Leader—Kiyooki Nakanishi, Tigers—19

Leaders and Award Winners

Home Runs
Randy Bass, Tigers—54
Masaru Uno, Dragons—41
Masayuki Kakefu, Tigers—40
Akinobu Okada, Tigers—35
Tatsunori Hara, Giants—34
Akinobu Mayumi, Tigers—34
Toru Sugiura, Swallows—34

Runs Batted In
Randy Bass, Tigers—134
Warren Cromartie, Giants—112
Leon Lee, Whales—110
Masayuki Kakefu, Tigers—108
Akinobu Okada, Tigers—101

Wins
Tatsuo Komatsu, Dragons—17
Manabu Kitabeppu, Carp—16
Kazuhiko Endo, Whales—14
Rich Gale, Tigers—13
Yoshihiro Nakada, Tigers—12
Masaki Saito, Giants—12

Leaders and Award Winners

Strikeouts
Tatsuo Komatsu, Dragons—172
Genji Kaku, Dragons—157
Kazuhiko Endo, Whales—154
Rich Gale, Tigers—126
Masaki Saito, Giants—124

Most Valuable Player
Randy Bass, Tigers

Sawamura Award
Tatsuo Komatsu, Dragons

Rookie of the Year
Jun Kawabata, Carp

Best Nine
Pitcher—Tatsuo Komatsu, Dragons
Catcher—Yukio Yaegashi, Swallows
First Base—Randy Bass, Tigers
Second Base—Akinobu Okada, Tigers
Third Base—Masayuki Kakefu, Tigers
Shortstop—Yutaka Takagi, Whales
Outfield—Akinobu Mayumi, Tigers
Outfield—Toru Sugiura, Swallows
Outfield—Ryuzo Yamasaki, Carp

Gold Glove Awards
Pitcher—Takashi Nishimoto, Giants
Catcher—Katsuhiko Kido, Tigers
First Base—Kiyoshi Nakahata, Giants
Second Base—Akinobu Okada, Tigers
Third Base—Masayuki Kakefu, Tigers
Shortstop—Katsuo Hirata, Tigers
Outfield—Kaname Yashiki, Whales
Outfield—Ryuzo Yamasaki, Carp
Outfield—Ken Hirano, Dragons

PACIFIC LEAGUE

Team	G	W	L	T	PCT	GB	BA	HR	ERA	E
Seibu Lions	130	79	45	6	.637	—	.2715	155	3.82	69
Lotte Orions	130	64	60	6	.516	15.0	.287	168	4.80	106
Kintetsu Buffaloes	130	63	60	7	.5121	15.5	.2718	212	5.10	113
Hankyu Braves	130	64	61	5	.5120	15.5	.274	197	4.98	81
Nippon Ham Fighters	130	53	65	12	.449	23.0	.265	169	4.36	89
Nankai Hawks	130	44	76	10	.367	33.0	.260	149	5.05	127

Qualifiers for Batting Championship

Player and Team	G	AB	R	H	2B	3B	HR	RBI	SB	AVG
Hiromitsu Ochiai, Orions	130	460	**118**	169	24	1	**52**	**146**	5	**.367**
Dick Davis, Buffaloes	128	472	88	162	22	0	40	109	1	.343
LeRon Lee, Orions	115	451	87	148	21	1	28	94	1	.328
Greg "Boomer" Wells, Braves	129	**529**	86	**173**	**26**	2	34	122	2	.327
Tommy Cruz, Fighters	107	427	63	137	17	2	19	70	0	.321
Hiromi Matsunaga, Braves	130	481	94	154	**26**	1	26	87	**38**	.320
Steve Ontiveros, Lions	125	463	60	146	22	0	11	61	0	.315
Eiji Kanamori, Lions	129	413	71	129	18	2	12	55	2	.312
Norifumi Nishimura, Orions	127	512	83	159	17	**9**	6	46	33	.311
Masashi Yokota, Orions	124	406	77	122	21	3	9	51	17	.3004
Hideo Furuya, Fighters	127	470	80	141	25	2	33	96	2	.300
Terumitsu Kumano, Braves	118	386	74	114	21	4	14	60	13	.2953
Keijiro Yumioka, Braves	124	478	80	141	17	2	8	63	28	.2949
Koji Yamamoto, Orions	122	413	45	121	19	0	10	67	1	.293
Yutaka Fukumoto, Braves	130	425	95	122	15	7	11	51	23	.287

Player and Team	G	AB	R	H	2B	3B	HR	RBI	SB	AVG
Hideji Kato, Buffaloes	129	455	73	130	24	0	26	78	2	.286
Chris Nyman, Hawks	121	425	79	121	22	1	26	78	13	.285
Makoto Shimada, Fighters	128	512	93	144	24	4	18	58	19	.281
Hiromichi Ishige, Lions	130	504	96	141	26	4	27	76	11	.280
Koji Minoda, Braves	105	389	69	108	25	0	24	80	9	.278
Takayuki Murakami, Buffaloes	116	423	63	116	25	3	16	46	8	.274
Hideaki Takazawa, Orions	120	418	75	114	18	2	12	56	12	.273
Hiromitsu Kadota, Hawks	114	383	63	104	12	2	23	62	0	.272
Shinya Takashiro, Fighters	111	402	61	109	18	2	11	58	5	.271
Yasushi Tao, Lions	127	477	66	128	21	5	13	60	1	.268
Shigeru Kurihashi, Buffaloes	128	461	73	123	20	5	18	56	10	.267
Koichi Hada, Buffaloes	114	399	64	106	14	0	18	62	2	.266
Kazunori Yamamoto, Hawks	130	472	73	125	17	4	15	57	14	.265
Jeff Doyle, Hawks	120	406	62	107	22	4	16	44	5	.264
Tsutomu Ito, Lions	124	411	57	106	19	5	13	62	13	.258
Koji Akiyama, Lions	130	468	93	118	16	0	40	93	17	.252
Masataka Nashida, Buffaloes	118	373	41	92	15	3	11	51	3	.247
Bombo Rivera, Buffaloes	117	405	60	99	15	1	31	69	8	.244
Yoshio Mizukami, Orions	115	358	47	87	9	1	15	43	20	.243
Hidetoshi Hakamada, Orions	129	376	47	91	15	0	8	50	1	.242

Qualifiers for Earned Run Average Championship

Player and Team	G	IP	W-L-S	PCT	SO	BB	H	ERA
Kimiyasu Kudo, Lions	34	137	8-3-0	.727	104	73	84	**2.76**
Hisanobu Watanabe, Lions	43	152	8-8-11	.500	121	72	132	3.20
Yasumitsu Shibata, Fighters	36	194.2	11-13-1	.458	160	57	168	3.28
Osamu Higashio, Lions	31	174.1	17-3-1	.850	74	46	164	3.30
Yoshiaki Ishimoto, Buffaloes	**70**	131.1	19-3-7	**.864**	80	64	115	3.56
Shinichi Kato, Hawks	34	189.1	9-11-1	.450	79	87	180	4.09
Katsuo Soh, Orions	34	158.1	11-10-4	.524	86	49	162	4.15
Hirohisa Matsunuma, Lions	27	171	14-6-0	.700	88	60	154	4.16
Hirofumi Kono, Fighters	36	170.2	8-13-0	.381	104	87	166	4.17
Yoshinori Sato, Braves	35	**260.1**	**21**-11-0	.656	**188**	**105**	**279**	4.29
Choji Murata, Orions	24	173.2	17-5-0	.773	93	65	181	4.30
Tokinari Nishina, Orions	30	198	12-13-0	.480	103	44	218	4.32
Hisashi Yamada, Braves	30	222.1	18-10-0	.643	104	54	216	4.33
Hiroshi Tsuno, Fighters	31	165	7-10-0	.412	84	99	169	4.418
Yukio Tanaka, Fighters	47	138.1	6-6-0	.500	101	76	121	4.424
Tatsumi Murata, Buffaloes	36	184.2	9-14-2	.391	57	81	202	4.44
Takanori Yamauchi, Hawks	32	202.1	10-12-0	.455	85	37	228	4.76
Yukihiko Yamaoki, Braves	38	139.2	7-14-6	.333	61	57	143	4.83
Kazuhiro Yamauchi, Hawks	29	164.2	11-11-0	.500	68	90	169	4.86
Yutaro Imai, Braves	35	220	12-13-3	.480	96	65	247	4.99

Player and Team	G	IP	W-L-S	PCT	SO	BB	H	ERA
Tomio Tanaka, Fighters	28	132.2	8-11-0	.421	61	48	140	5.16
Shuji Fujimoto, Hawks	37	196.1	8-17-0	.320	81	83	215	5.41
Masao Koyama, Buffaloes	25	133.2	6-7-0	.462	44	52	155	5.59

Saves Leader—Yaujiro Suzuki, Buffaloes—12

Leaders and Award Winners

Home Runs
Hiromitsu Ochiai, Orions—52
Koji Akiyama, Lions—40
Dick Davis, Buffaloes—40
Greg "Boomer" Wells, Braves—34
Hideo Furuya, Fighters—33

Runs Batted In
Hiromitsu Ochiai, Orions—146
Greg "Boomer" Wells, Braves—122
Dick Davis, Buffaloes—109
Hideo Furuya, Fighters—96
LeRon Lee, Orions—94

Wins
Yoshinori Sato, Braves—21
Yoshiaki Ishimoto, Buffaloes—19
Hisashi Yamada, Braves—18
Osamu Higashio, Lions—17
Choji Murata, Orions—17

Strikeouts
Yoshinori Sato, Braves—188
Yasumitsu Shibata, Fighters—160
Hisanobu Watanabe, Lions—121
Hirofumi Kono, Fighters—104
Kimiyasu Kudo, Lions—104
Hisashi Yamada, Braves—104

Most Valuable Player
Hiromitsu Ochiai, Orions

Rookie of the Year
Terumitsu Kumano, Braves

Best Nine
Pitcher—Osamu Higashio, Lions
Catcher—Tsutomu Ito, Lions
First Base—Dick Davis, Buffaloes
Second Base—Norifumi Nishimura, Orins
Third Base—Hiromitsu Ochiai, Orions
Shortstop—Hiromichi Ishige, Lions
Outfield—Eiji Kanamori, Lions
Outfield—Masashi Yokota, Orions
Outfield—Terumitsu Kumano, Braves
Designated Hitter—LeRon Lee, Orions

Gold Glove Awards
Pitcher—Osamu Higashio, Lions
Catcher—Tsutomu Ito, Lions
First Base—Koji Yamamoto, Orions
Second Base—Norifumi Nishimura, Orins
Third Base—Hideo Furuya, Fighters
Shortstop—Hiromichi Ishige, Lions
Outfield—Makoto Shimada, Fighters
Outfield—Koji Minoda, Braves
Outfield—Eiji Kanamori, Lions

ALL-STAR GAMES

Managers—Takeshi Koba (Central League)—Toshiharo Ueda (Pacific League)

Game	Date	Site	C.L. Pitcher	Score	P.L. Pitcher
1	7/20	Jingu	Takao Obana (W)	2-0	Hiroshi Tsuno (L)

Home Runs—none
MVP—Yutaka Takagi (C)

| 2 | 7/21 | Kawasaki | Tatsuo Komatsu (W) | 6-5 | Hirohisa Matsunuma (L) |

Home Runs—Yoshiharu Wakana (C), Warren Cromartie (C), Tsutomu Ito (P), Hiromitsu Ochiai—2 (P)
MVP—Warren Cromartie (C)

| 3 | 7/23 | Fujidera | Takao Obana (L) | 2-10 | Tatsumi Murata (W) |

Home Runs—Koji Yamamoto (C), Koji Minoda (P)
MVP—Hiromi Matsunaga (P)

JAPAN SERIES

Teams and Managers—Central League's Osaka Tigers (Yoshio Yoshida) 4—Pacific League's Seibu Lions (Tatsuro Hirooka) 2

Game	Date	Site	Tigers Pitcher	Score	Lions Pitcher
1	10/26	Seibu	Chikahisa Ikeda (W)	3-0	Hirohisa Matsunuma (L)

Home Runs—Randy Bass (Tigers)

2	10/27	Seibu	Rich Gale (W)	2-1	Naoki Takahashi (L)

Home Runs—Hiromichi Ishige (Seibu), Randy Bass (Tigers)

3	10/29	Koshien	Yoshihiro Nakada (L)	4-6	Osamu Higashio (W)

Home Runs—Hiromichi Ishige (Lions), Takanori Okamura (Lions), Randy Bass (Tigers), Munehiko Shimada (Tigers)

4	10/30	Koshien	Osamu Fukuma (L)	2-4	Tamotsu Nagai (W)

Home Runs—Steve Ontiveros (Lions), Yoshihiro Nishioka (Lions), Akinobu Mayumi (Tigers)

5	10/31	Koshien	Osamu Fukuma (W)	7-2	Kazuyuki Ono (L)

Home Runs—Masayuki Kakefu (Tigers), Keiji Nagasaki (Tigers), Takuji Ota (Lions)

6	11/2	Seibu	Rich Gale (W)	9-3	Naoki Takahashi (L)

Home Runs—Keiji Nagasaki (Tigers), Akinobu Mayumi (Tigers), Masayuki Kakefu (Tigers), Hiromichi Ishige (Lions)

Awards

Most Valuable Player—Randy Bass, Tigers
Fighting Spirit—Hiromichi Ishige, Lions
Outstanding Player—Rich Gale (Tigers), Akinobu Mayumi (Tigers), Keiji Nagasaki (Tigers)

1986 SEASON

CENTRAL LEAGUE

Team	G	W	L	T	PCT	GB	BA	HR	ERA	E
Hiroshima Toyo Carp	130	73	46	11	.613	—	.254	137	2.89	86
Yomiuri Giants	130	75	48	7	.610	—	.270	155	3.12	79
Hanshin Tigers	130	60	60	10	.500	13.5	.271	184	3.69	89
Yokohama Taiyo Whales	130	59	69	5	.448	20.0	.264	84	3.81	94
Chunichi Dragons	130	54	67	9	.446	20.0	.242	131	3.70	86
Yakult Swallows	130	49	77	4	.389	27.5	.252	119	4.27	105

Qualifiers for Batting Championship

Player and Team	G	AB	R	H	2B	3B	HR	RBI	SB	AVG
Randy Bass, Tigers	126	453	92	**176**	31	2	**47**	**109**	2	**.389**
Warren Cromartie, Giants	124	471	**99**	171	29	3	37	98	6	.363
Carlos Ponce, Whales	128	469	79	151	29	4	27	105	18	.322
Leon Lee, Swallows	130	483	73	154	19	0	34	97	2	.319
Sadaaki Yoshimura, Giants	128	474	84	148	25	6	23	72	10	.312
Yutaka Takagi, Whales	126	468	63	145	**37**	5	1	29	24	.310
Akinobu Mayumi, Tigers	123	512	78	157	31	2	28	60	9	.307
Seiji Kamikawa, Dragons	129	437	43	129	20	5	3	22	7	.295

Player and Team	G	AB	R	H	2B	3B	HR	RBI	SB	AVG
Doug Loman, Whales	126	470	53	137	26	4	14	75	14	.2914
Toshio Shinozuka, Giants	128	485	64	141	25	3	8	43	3	.2907
Yoshiharu Wakana, Whales	122	372	29	107	14	1	4	29	3	.288
Yoshihiko Takahashi, Carp	130	**552**	88	157	33	2	21	55	39	.284
Tatsunori Hara, Giants	113	406	70	115	21	3	36	80	7	.283
Yonetoshi Kawamata, Dragons	115	358	41	99	20	1	9	42	3	.277
Koji Yamamoto, Carp	126	439	48	121	13	0	27	78	4	.276
Tsutomu Wakamatsu, Swallows	119	400	38	110	14	2	6	39	1	.275
Ryuzo Yamasaki, Carp	130	491	63	135	25	2	7	43	23	.2749
Mitsuo Tatsukawa, Carp	128	416	42	114	21	1	9	46	1	.274
Kiyoshi Nakahata, Giants	127	447	57	122	29	2	14	69	7	.273
Ken Hirano, Dragons	130	541	56	146	15	1	11	44	**48**	.270
Akinobu Okada, Tigers	129	474	67	127	21	0	26	70	11	.2679
Kiyoyuki Nagashima, Carp	130	482	62	129	29	3	12	54	24	.2676
Katsuo Hirata, Tigers	124	405	47	108	15	1	5	33	1	.267
Mark Brouhard, Swallows	129	480	59	124	30	1	21	64	4	.258
Tadashi Matsumoto, Giants	119	461	66	118	14	**8**	3	26	39	.256
Takashi Osanai, Carp	118	421	58	107	25	3	19	58	5	.254
Katsumi Hirosawa, Swallows	116	379	38	96	14	1	16	45	5	.253
Gary Rajsich, Dragons	129	486	58	122	12	2	36	82	2	.251
Kaname Yashiki, Whales	127	460	54	109	20	1	8	34	**48**	.237
Yasutomo Suzuki, Dragons	119	368	31	86	16	1	11	30	3	.234
Sachio Kinugasa, Carp	130	477	42	98	11	0	24	59	4	.205

Qualifiers for Earned Run Average Championship

Player and Team	G	IP	W-L-S	PCT	SO	BB	H	ERA
Manabu Kitabeppu, Carp	30	230	**18**-4-0	.818	123	30	216	**2.43**
Akihito Kaneishi, Carp	26	158	12-6-0	.667	105	39	137	2.68
Suguru Egawa, Giants	26	194	16-6-0	.727	119	49	172	2.69
Hajime Kato, Giants	26	143.2	14-5-0	.737	93	45	123	2.76
Tadashi Sugimoto, Dragons	31	182.2	12-13-0	.480	106	44	163	3.005
Kazuhisa Kawaguchi, Carp	24	164.2	12-9-0	.571	145	63	153	3.006
Kazuhiko Endo, Whales	31	**233**	13-13-0	.500	**185**	31	**242**	3.012
Hikaru Takano, Swallows	32	209.1	12-11-0	.522	141	**75**	200	3.095
Koji Nakada, Tigers	32	148	7-12-0	.368	124	64	118	3.101
Takamasa Suzuki, Dragons	26	162.2	9-9-0	.500	78	33	156	3.15
Tatsuo Komatsu, Dragons	24	138.2	7-9-0	.438	97	31	134	3.50
Isamu Kida, Whales	39	171.2	8-13-1	.381	107	68	156	3.62
Genji Kaku, Dragons	30	177.1	11-10-0	.524	127	53	164	3.65
Mitsunori Kakehata, Whales	29	146.2	7-11-0	.389	80	27	148	3.74
Takao Obana, Swallows	34	201.1	9-**17**-1	.346	86	39	241	4.25
Fumitaka Ito, Tigers	29	139	8-8-0	.500	83	33	142	4.47
Rich Gale, Tigers	27	161.2	5-10-0	.333	102	50	182	4.56
Daisuke Araki, Swallows	32	157.2	8-13-2	.381	83	41	176	4.57

Games Leader—Kiyooki Nakanishi, Tigers—61
Saves Leader—Akio Saito, Whales—23

Leaders and Award Winners

Home Runs
Randy Bass, Tigers—47
Warren Cromartie, Giants—37
Tatsunori Hara, Giants—36
Gary Rajsich, Dragons—36
Leon Lee, Swallows—34

Runs Batted In
Randy Bass, Tigers—109
Carlos Ponce, Whales—105
Warren Cromartie, Giants—98
Leon Lee, Swallows—97
Gary Rajsich, Dragons—82

Wins
Manabu Kitabeppu, Carp—18
Suguru Egawa, Giants—16
Hajime Kato, Giants—14
Kazuhiko Endo, Whales—13
Akihito Kaneishi, Carp—12
Kazuhisa Kawaguchi, Swallows—12
Tadashi Sugimoto, Dragons—12
Hikaru Takano, Swallows—12

Strikeouts
Kazuhiko Endo, Whales—185
Kazuhisa Kawaguchi, Carp—145
Hikaru Takano, Swallows—141
Genji Kaku, Dragons—127
Hiromi Makihara, Giants—125

Most Valuable Player
Manabu Kitabeppu, Carp

Sawamura Award
Manabu Kitabeppu, Carp

Rookie of the Year
Hiroshi Nagatomi, Carp

Best Nine
Pitcher—Manabu Kitabeppu, Carp
Catcher—Mitsuo Tatsukawa, Carp
First Base—Randy Bass, Tigers
Second Base—Toshio Shinozuka, Giants
Third Base—Leon Lee, Swallows
Shortstop—Yoshihiko Takahashi, Carp
Outfield—Warren Cromartie, Giants
Outfield—Sadaaki Yoshimura, Giants
Outfield—Koji Yamamoto, Carp

Gold Glove Awards
Pitcher—Manabu Kitabeppu, Carp
Catcher—Mitsuo Tatsukawa, Carp
First Base—Kiyoshi Nakahata, Giants
Second Base—Toshio Shinozuka, Giants
Third Base—Sachio Kinugasa, Carp
Shortstop—Katsuo Hirata, Tigers
Outfield—Ken Hirano, Dragons
Outfield—Kaname Yashiki, Whales
Outfield—Kiyoyuki Nagashima, Carp

PACIFIC LEAGUE

Team	G	W	L	T	PCT	GB	BA	HR	ERA	E
Seibu Lions	130	68	49	13	.581	—	.2806	185	3.69	65
Kintetsu Buffaloes	130	66	52	12	.559	2.5	.271	183	4.337	93
Hankyu Braves	130	63	57	10	.525	6.5	.277	180	4.11	82
Lotte Orions	130	57	64	9	.471	13.0	.2808	171	4.342	82
Nippon Ham Fighters	130	57	65	8	.467	13.5	.262	151	4.10	62
Nankai Hawks	130	49	73	8	.402	21.5	.251	136	4.46	116

Qualifiers for Batting Championship

Player and Team	G	AB	R	H	2B	3B	HR	RBI	SB	AVG
Hiromitsu Ochiai, Orions	123	417	98	150	11	0	**50**	**116**	5	**.360**
Greg "Boomer" Wells, Braves	127	494	94	**173**	20	2	42	103	1	.350
Dick Davis, Buffaloes	122	451	83	152	25	0	36	97	3	.337
LeRon Lee, Orions	129	483	75	160	18	0	31	94	1	.331

Player and Team	G	AB	R	H	2B	3B	HR	RBI	SB	AVG
Hiromichi Ishige, Lions	129	514	91	169	23	0	27	89	19	.329
Tony Brewer, Fighters	130	511	78	164	28	2	20	68	1	.321
Junichi Fukura, Braves	122	404	68	125	23	4	12	44	14	.309
Kazuhiro Kiyohara, Lions	126	404	66	123	18	1	31	78	6	.3044
Masashi Yokota, Orions	123	398	57	121	15	1	8	42	11	.304
Hiromi Matsunaga, Braves	130	492	80	148	31	3	19	75	20	.301
Kazuhiko Ishimine, Braves	126	454	62	136	19	2	33	96	3	.300
Eiji Kanamori, Lions	112	336	42	100	18	5	3	34	3	.298
Hatsuhiko Tsuji, Lions	130	425	65	126	19	5	7	57	35	.296
Kazunori Yamamoto, Hawks	129	446	73	131	26	4	19	57	7	.294
Daijiro Oishi, Buffaloes	130	**538**	95	156	16	**12**	16	55	24	.290
Hiromasa Arai, Buffaloes	130	514	72	148	31	4	12	51	6	.288
Pat Putnam, Fighters	128	483	61	138	16	1	25	78	0	.286
Dave Hostetler, Hawks	130	487	65	139	20	0	25	74	6	.2854
Hideaki Tsusue, Fighters	119	330	38	94	13	1	19	52	5	.2848
Hideo Furuya, Fighters	130	492	62	140	27	1	21	68	23	.2845
Norifumi Nishimura, Orions	105	387	71	110	10	1	4	29	**36**	.284
Kenichi Sato, Orions	126	381	41	108	26	1	9	46	5	.283
Yoshiaki Kanemura, Buffaloes	130	437	66	120	23	6	23	67	3	.275
Fujio Tamura, Fighters	130	468	53	128	20	0	19	56	4	.274
Hideaki Takazawa, Orions	106	355	48	97	16	2	15	48	14	.273
Shigeru Kurihashi, Buffaloes	106	374	50	101	20	0	16	56	1	.270
Koji Akiyama, Lions	130	492	88	132	19	3	41	115	21	.268
Takayuki Murakami, Buffaloes	126	420	50	112	21	2	22	57	5	.267
George Vukovich, Lions	121	434	52	115	21	1	18	67	0	.265
Yutaka Fukumoto, Braves	130	454	75	120	18	2	8	29	23	.264
Takayuki Kono, Hawks	115	369	35	97	19	2	5	22	4	.263
Hiromitsu Kadota, Hawks	123	416	51	109	14	0	25	77	2	.262
Keijiro Yumioka, Braves	127	452	55	115	17	2	6	43	12	.254
Hiromasa Fujita, Braves	126	419	52	106	16	1	18	53	0	.253
Hiroshi Ogawa, Hawks	128	472	47	117	15	1	3	32	14	.248
Makoto Shimada, Fighters	121	457	45	110	20	6	5	41	20	.241
Tsutomu Ito, Lions	129	418	59	98	20	3	11	40	18	.234
Kazuyuki Shirai, Fighters	129	433	55	100	20	6	6	35	15	.231
Shinya Takashiro, Fighters	113	355	54	80	15	2	8	39	4	.225

Qualifiers for Earned Run Average Championship

Player and Team	G	IP	W-L-S	PCT	SO	BB	H	ERA
Yoshinori Sato, Braves	21	162	14-6-0	.700	105	34	144	**2.83**
Hisanobu Watanabe, Lions	39	**219.2**	**16-6-1**	**.727**	**178**	76	191	2.87
Katsuo Soh, Orions	49	143	11-5-18	.688	130	46	120	3.15
Kimiyasu Kudo, Lions	22	145.1	11-5-0	.688	138	56	111	3.22
Yasumitsu Shibata, Fighters	33	159.2	14-9-4	.609	104	34	165	3.38
Shuji Fujimoto, Hawks	31	159.2	10-12-1	.455	80	52	154	3.78

Part One : 1986 Season

Player and Team	G	IP	W-L-S	PCT	SO	BB	H	ERA
Tsugio Kanazawa, Fighters	27	178.1	10-9-0	.526	122	38	171	3.79
Hisashi Yamada, Braves	28	210.1	14-9-0	.609	105	46	208	3.81
Nobuyuki Hoshino, Braves	35	153	9-8-0	.529	129	68	145	3.88
Yoshiaki Nishikawa, Hawks	26	159.2	10-10-1	.500	75	44	165	3.89
Choji Murata, Orions	23	155.1	8-11-0	.421	106	32	164	3.94
Tatsumi Murata, Buffaloes	30	181	14-10-0	.583	84	53	198	4.08
Osamu Higashio, Lions	31	168.1	12-11-2	.522	52	27	183	4.22
Osamu Sasaki, Buffaloes	28	139.1	8-6-0	.571	88	36	157	4.46
Takanori Yamauchi, Hawks	33	211.1	11-**18**-0	.379	117	32	**251**	4.47
Hiroshi Tsuno, Fighters	30	174	10-10-0	.500	102	72	182	4.50
Kazuhiro Yamauchi, Hawks	28	163.2	8-15-0	.348	102	74	172	4.73
Norihiro Mizutani, Orions	33	147.1	7-10-0	.412	76	63	160	4.825
Yutaro Imai, Braves	31	149	7-13-0	.350	71	36	179	4.832
Yoshio Fukazawa, Orions	24	135	10-8-0	.556	70	53	132	4.93
Tokinari Nishina, Orions	25	142.2	10-12-0	.455	68	29	162	4.98
Kazuyoshi Ono, Buffaloes	31	195.1	14-11-0	.560	165	65	201	5.02

Games Leader—Yoshiaki Ishimoto, Buffaloes—64
Saves—Yoshiaki Ishimoto, Buffaloes—32

Leaders and Award Winners

Home Runs
Hiromitsu Ochiai, Orions—50
Greg "Boomer" Wells, Braves—42
Koji Akiyama, Lions—41
Dick Davis, Buffaloes—36
Kazuhiko Ishimine, Braves—33

Runs Batted In
Hiromitsu Ochiai, Orions—116
Koji Akiyama, Lions—115
Greg "Boomer" Wells, Braves—103
Dick Davis, Buffaloes—97
Kazuhiko Ishimine, Braves—96

Wins
Hisanobu Watanabe, Lions—16
Tatsumi Murata, Buffaloes—14
Kazuyoshi Ono, Buffaloes—14
Yoshinori Sato, Braves—14
Yasumitsu Shibata, Fighters—14
Hisashi Yamada, Braves—14

Strikeouts
Hisanobu Watanabe, Lions—178
Kazuyoshi Ono, Buffaloes—165
Kimiyasu Kudo, Lions—138
Katsuo Soh, Orions—130
Nobuyuki Hoshino, Braves—129

Most Valuable Player
Hiromichi Ishige, Lions

Rookie of the Year
Kazuhiro Kiyohara, Lions

Best Nine
Pitcher—Hisanobu Watanabe, Lions
Catcher—Tsutomu Ito, Lions
First Base—Greg "Boomer" Wells, Braves
Second Base—Hatsuhiko Tsuji, Lions
Third Base—Hiromitsu Ochiai, Orions
Shortstop—Hiromichi Ishige, Lions
Outfield—Koji Akiyama, Lions
Outfield—Masashi Yakota, Orions
Outfield—Hiromasa Arai, Buffaloes
Designated Hitter—Kazuhiko Ishimine, Braves

Gold Glove Awards
Pitcher—Osamu Higashio, Lions
Catcher—Tsutomu Ito, Lions
First Base—Greg "Boomer" Wells, Braves
Second Base—Hatsuhiko Tsuji, Lions
Third Base—Hideo Furuya, Fighters
Shortstop—Hiromichi Ishige, Lions
Outfield—Kazunori Yamamoto, Hawks
Outfield—Yoshihiro Nishioka, Lions
Outfield—Masfumi Yamamori, Braves

ALL-STAR GAMES

Managers—Yoshio Yoshida (Central League)—Masahiko Mori (Pacific League)

Game	Date	Site	C.L. Pitcher	Score	P.L. Pitcher
1	7/19	Koshien	Akihito Kaneishi (L)	4-6	Yoshiaki Ishimoto (W)

Home Runs—Yutaka Takagi (C), Daijiro Oishi (P)
MVP—Kazunori Yamamoto (P)

2	7/20	Osaka	Kazuyuki Yamamoto (L)	3-4 (11 innings)	Brad "Animal" Lesley (W)

Home Runs—Kazunori Yamamoto (P), Kazuhiro Kiyohara (P)
MVP—Kazuhiro Kiyohara (P)

3	7/22	Hiroshima	Kazuyuki Yamamoto (W)	5-3 (10 innings)	Kazuyuki Ono (L)

Home Runs—Sadaaki Yoshimura—2 (C), Hiromitsu Ochiai (P)
MVP—Sadaaki Yoshimura (C)

JAPAN SERIES

Teams and Managers—Pacific League's Seibu Lions (Masahiko Mori) 4—Central League's Hiroshima Toyo Carp (Junro Anan) 3—1 tie

Game	Date	Site	Lions Pitcher	Score	Carp Pitcher
1	10/18	Hiroshima	—	2-2 (14 innings)	—

Home Runs—Takehiko Kobayakawa (Carp), Koji Yamamoto (Carp)

2	10/19	Hiroshima	Kimiyasu Kudo (L)	1-2	Yutaka Ono (W)

Home Runs—Koji Akiyama (Lions)

3	10/21	Seibu	Taigen Kaku (L)	4-7	Hiroshi Nagatomi (W)

Home Runs—Hiromichi Ishige (Lions)

4	10/22	Seibu	Hisanobu Watanabe (L)	1-3	Tsunemi Tsuda (W)

Home Runs—none

5	10/23	Seibu	Kimiyasu Kudo (W)	2-1 (12 innings)	Manabu Kitabeppu (L)

Home Runs—none

6	10/25	Hiroshima	Hisanobu Watanabe (W)	3-1	Yutaka Ono (L)

Home Runs—Takuji Ota (Lions), Kazuhiro Kiyohara (Lions), Kiyoyuki Nagashima (Carp)

7	10/26	Hiroshima	Hirohisa Matsunuma (W)	3-1	Hiroshi Nagatomi (L)

Home Runs—Kiyoyuki Nagashima (Carp)

8	10/27	Hiroshima	Hisanobu Watanabe (W)	3-2	Akihito Kaneishi (L)

Home Runs—Koji Akiyama (Lions), Akihito Kaneishi (Carp)

Awards

Most Valuable Player—Kimiyasu Kudo, Lions
Fighting Spirit—Mitsuo Tatsukawa, Carp
Outstanding Player—Kazuhiro Kiyohara (Lions), Hiromichi Ishige (Lions), Tsunemi Tsuda (Carp)

1987 SEASON

CENTRAL LEAGUE

Team	G	W	L	T	PCT	GB	BA	HR	ERA	E
Yomiuri Giants	130	76	43	11	.639	—	.281	159	3.06	68
Chunichi Dragons	130	68	51	11	.571	8.0	.265	168	3.64	76
Hiroshima Toyo Carp	130	65	55	10	.542	11.5	.268	143	3.14	72
Yakult Swallows	130	58	64	8	.475	19.5	.260	159	4.51	89
Yokohama Taiyo Whales	130	56	68	6	.452	22.5	.259	113	4.26	76
Hanshin Tigers	130	41	83	6	.331	37.5	.242	140	4.36	78

Qualifiers for Batting Championship

Player and Team	G	AB	R	H	2B	3B	HR	RBI	SB	AVG
Toshio Shinozuka, Giants	115	429	69	143	25	3	7	49	4	**.333**
Kozo Shoda, Carp	123	393	55	131	20	4	0	26	30	.333
Hiromitsu Ochiai, Dragons	125	432	**83**	143	**33**	0	28	85	1	.331
Carlos Ponce, Whales	130	492	75	**159**	31	4	35	**98**	9	.323
Sadaaki Yoshimura, Giants	127	428	76	138	21	2	30	86	5	.322
Kiyoshi Nakahata, Giants	110	371	37	119	23	1	6	40	6	.321
Randy Bass, Tigers	123	453	60	145	15	2	37	79	1	.320
Tatsunori Hara, Giants	123	433	80	133	17	3	34	95	7	.307
Toru Sugiura, Swallows	117	375	68	114	18	3	24	73	3	.304
Yukio Arai, Swallows	105	372	52	112	22	2	9	38	2	.301
Warren Cromartie, Giants	124	476	65	143	20	2	28	92	2	.3004
Leon Lee, Swallows	120	453	60	136	14	1	22	73	0	.3002
Ryuzo Yamasaki, Carp	130	487	79	143	20	2	12	43	21	.294
Kaname Yashiki, Whales	130	**526**	77	153	18	**5**	9	57	**48**	.2908
Yutaka Takagi, Whales	127	509	75	148	24	**5**	12	52	21	.2907
Kiyoyuki Nagashima, Carp	128	462	54	133	20	**5**	15	53	5	.288
Toru Nimura, Dragons	122	439	61	126	20	4	11	40	6	.287
Takehiko Kobayakawa, Carp	124	420	57	120	17	1	24	93	5	.286
Katsumi Hirosawa, Swallows	130	461	61	131	21	3	19	60	9	.284
Yoshihiko Takahashi, Carp	118	462	65	130	21	2	11	53	28	.281
Yukio Yaegashi, Swallows	120	400	35	112	18	1	9	47	2	.280
Kazuhiro Yamakura, Giants	128	395	46	108	16	1	22	66	3	.273
Akinobu Mayumi, Tigers	119	455	60	123	18	1	23	53	4	.2703
Masaru Uno, Dragons	130	471	72	127	20	0	30	80	9	.2696
Katsuo Hirata, Tigers	126	418	30	109	15	0	3	21	3	.261
Mitsuo Tatsukawa, Carp	130	418	40	107	18	0	8	34	2	.256
Akinobu Okada, Tigers	130	474	54	121	24	3	14	58	5	.255
Yonetoshi Kawamata, Dragons	123	376	40	95	16	4	16	57	6	.253
Takahiro Ikeyama, Swallows	127	400	42	100	25	1	13	46	3	.250
Sachio Kinugasa, Carp	130	370	40	92	17	0	17	48	2	.249
Masahiro Takahashi, Whales	128	438	45	104	9	3	2	24	14	.237
Masayuki Kakefu, Tigers	106	387	33	88	14	3	12	45	0	.227
Rick Lancellotti, Carp	121	403	67	88	9	1	**39**	83	0	.218

Qualifiers for Earned Run Average Championship

Player and Team	G	IP	W-L-S	PCT	SO	BB	H	ERA
Masumi Kuwata, Giants	28	**207.2**	15-6-0	.714	151	43	177	**2.17**
Jun Kawabata, Carp	57	130.1	10-2-2	**.833**	80	44	101	2.42
Tatsuo Komatsu, Dragons	28	200.1	**17**-6-0	.739	147	41	167	2.74
Kazuhiko Endo, Whales	23	181.1	14-7-0	.667	107	25	172	2.88
Yutaka Ono, Carp	25	159.2	13-5-0	.722	145	35	144	2.93
Kazuhisa Kawaguchi, Carp	27	183.1	12-11-0	.522	**184**	62	154	2.95
Hiromi Makihara, Giants	21	140.1	10-6-0	.625	132	38	132	3.40
Suguru Egawa, Giants	26	166.2	13-5-0	.722	113	49	150	3.51
Takashi Nishimoto, Giants	26	130	8-8-0	.500	67	22	131	3.67
Matt Keough, Tigers	27	168	11-14-0	.440	119	43	162	3.80
Koji Nakada, Tigers	28	155.2	8-11-0	.421	150	**74**	128	3.93
Takao Obana, Swallows	33	206.2	11-**15**-3	.423	145	37	**227**	3.96
Hikaru Takano, Swallows	38	134.1	7-6-11	.538	95	59	139	4.02
Hisao Niura, Whales	25	152	11-12-0	.478	107	47	151	4.26
Akimitsu Ito, Swallows	31	196	14-11-0	.560	87	58	211	4.27
Tadashi Sugimoto, Dragons	28	158	13-9-0	.591	85	45	180	4.33
Manabu Kitabeppu, Carp	29	181.1	10-14-0	.417	119	31	206	4.37
Takamasa Suzuki, Dragons	30	130	9-6-0	.600	60	29	147	4.50
Daisuke Araki, Swallows	31	151	10-9-0	.526	72	32	168	5.07
Hiroaki Nakayama, Whales	33	132.1	5-12-0	.294	81	44	147	5.17

Games Leader—Yoshitaka Katori, Giants—63
Saves Leader—Genji Kaku, Dragons—26

Leaders and Award Winners

Home Runs
Rick Lancellotti, Carp—39
Randy Bass, Tigers—37
Carlos Ponce, Whales—35
Tatsunori Hara, Giants—34
Bob Horner, Swallows—31

Runs Batted In
Carlos Ponce, Whales—98
Tatsunori Hara, Giants—95
Takehiko Kobayakawa, Carp—93
Warren Cromartie, Giants—92
Sadaaki Yoshimura, Giants—86

Wins
Tatsuo Komatsu, Dragons—17
Masumi Kuwata, Giants—15
Kazuhiko Endo, Whales—14
Akimitsu Ito, Swallows—14
Suguru Egawa, Giants—13
Yutaka Ono, Carp—13
Tadashi Sugimoto, Dragons—13

Strikeouts
Kazuhisa Kawaguchi, Carp—184
Masumi Kuwata, Giants—151
Koji Nakada, Tigers—150
Tatsuo Komatsu, Dragons—147
Takao Obana, Swallows—145
Yutaka Ono, Carp—145

Most Valuable Player
Kazuhiro Yamakura, Giants

Sawamura Award
Masumi Kuwata, Giants

Rookie of the Year
Yukio Arai, Swallows

Best Nine
Pitcher—Masumi Kuwata, Giants
Catcher—Kazuhiro Yamakura, Giants
First Base—Randy Bass, Tigers

Leaders and Award Winners

Best Nine
Second Base—Toshio Shinozuka, Giants
Third Base—Tatsunori Hara, Giants
Shortstop—Masaru Uno, Dragons
Outfield—Sadaaki Yoshimura, Giants
Outfield—Carlos Ponce, Whales
Outfield—Warren Cromartie, Giants

Catcher—Kazuhiro Yamakura, Giants
First Base—Kiyoshi Nakahata, Giants
Second Base—Kozo Shoda, Carp
Third Base—Tatsunori Hara, Giants
Shortstop—Katsuo Hirata, Tigers
Outfield—Kaname Yashiki, Whales
Outfield—Ryuzo Yamasaki, Carp
Outfield—Kiyoyuki Nagashima, Carp

Gold Glove Awards
Pitcher—Masumi Kuwata, Giants

PACIFIC LEAGUE

Team	G	W	L	T	PCT	GB	BA	HR	ERA	E
Seibu Lions	130	71	45	14	.612	—	.249	153	2.96	70
Hankyu Braves	130	64	56	10	.533	9.0	.272	152	3.89	70
Nippon Ham Fighters	130	63	60	7	.512	11.5	.259	128	3.96	97
Nankai Hawks	130	57	63	10	.475	16.0	.261	132	3.86	123
Lotte Orions	130	51	65	14	.440	20.0	.264	104	3.67	101
Kintetsu Buffaloes	130	52	69	9	.430	21.5	.270	135	4.22	100

Qualifiers for Batting Championship

Player and Team	G	AB	R	H	2B	3B	HR	RBI	SB	AVG
Hiromasa Arai, Buffaloes	128	503	67	**184**	22	5	13	67	5	**.366**
Greg "Boomer" Wells, Braves	129	513	81	170	**30**	0	40	**119**	2	.331
Kazuhiko Ishimine, Braves	127	495	65	157	24	0	34	91	1	.3171
Hiromitsu Kadota, Hawks	126	379	63	120	16	0	31	69	1	.3166
Tony Brewer, Fighters	129	478	**85**	145	24	1	35	98	2	.303
Ben Oglivie, Buffaloes	110	413	62	124	24	1	24	74	5	.300
Hideaki Takazawa, Orions	128	455	64	133	20	2	11	50	27	.292
Hiromi Matsunaga, Braves	114	393	59	114	22	2	11	45	9	.290
Makoto Sasaki, Hawks	125	451	67	130	22	2	11	33	15	.288
Masashi Yokota, Orions	125	399	52	112	19	**5**	7	51	26	.281
Fujio Tamura, Fighters	125	454	49	125	16	1	12	60	5	.275
LeRon Lee, Orions	104	379	41	103	15	0	9	41	3	.272
Hiromichi Ishige, Lions	130	525	80	141	20	0	11	41	14	.269
Daijiro Oishi, Buffaloes	130	**532**	75	141	26	4	5	42	**41**	.265
Kazuyuki Shirai, Fighters	130	499	77	132	18	1	15	63	21	.2645
Norifumi Nishimura, Orions	114	440	55	116	11	4	2	27	**41**	.264
Junichi Fukura, Braves	130	463	58	122	23	1	8	40	12	.2634
Yoshio Mizukami, Orions	119	361	34	95	18	0	9	42	14	.2631
Makoto Shimada, Fighters	122	472	64	124	16	2	5	30	14	.2627
Takahisa Suzuki, Buffaloes	119	450	46	118	21	0	21	54	4	.2622
Koji Akiyama, Lions	130	496	82	130	13	2	**43**	94	38	.262
Hideo Furuya, Fighters	104	366	56	95	14	1	15	69	2	.260
Kazuhiro Kiyohara, Lions	130	444	66	115	25	3	29	83	11	.259
Kazunori Yamamoto, Hawks	104	357	44	90	16	0	7	38	7	.252

Player and Team	G	AB	R	H	2B	3B	HR	RBI	SB	AVG
Dave Hostetler, Hawks	124	391	42	98	12	1	17	68	1	.251
Tsutomu Ito, Lions	124	405	42	100	14	1	10	51	7	.247
Keijiro Yumioka, Braves	127	366	37	90	14	0	5	22	3	.246
Yoshiaki Kanemura, Buffaloes	130	469	51	114	12	2	14	61	4	.243
Pat Putnam, Fighters	115	382	39	92	16	0	12	43	0	.2408
Koji Minoda, Braves	121	424	47	102	21	0	13	50	3	.2405

Qualifiers for Earned Run Average Championship

Player and Team	G	IP	W-L-S	PCT	SO	BB	H	ERA
Kimiyasu Kudo, Lions	27	223.2	15-4-0	**.789**	175	64	181	**2.41**
Osamu Higashio, Lions	28	222.2	15-9-0	.625	85	29	215	2.59
Yukihiko Yamaoki, Braves	32	245.1	**19**-10-0	.655	155	38	230	2.75
Hideyuki Awano, Buffaloes	32	**249.2**	15-12-0	.556	**201**	58	211	2.88
Yukihiro Nishizaki, Fighters	30	221.1	15-7-0	.682	176	62	185	2.89
Taigen Kaku, Lions	22	158	13-4-0	.765	81	40	136	3.02
Shuji Fujimoto, Hawks	31	217	15-8-2	.652	126	60	203	3.15
Kazuhiro Yamauchi, Hawks	31	207	10-11-0	.476	146	71	178	3.22
Hirofumi Kono, Fighters	37	136.2	4-6-0	.400	78	70	115	3.29
Katsuo Soh, Orions	28	230.2	13-11-0	.542	121	**75**	215	3.32
Kazumi Sonokawa, Orions	30	157.1	8-9-0	.471	116	44	157	3.55
Kazuyuki Ono, Lions	23	130.2	4-11-0	.267	65	31	131	3.86
Nobuyuki Hoshino, Braves	29	179	11-12-0	.478	170	67	138	3.87
Kazuyoshi Ono, Buffaloes	28	190.1	11-11-0	.500	138	56	169	4.07
Takanori Yamauchi, Hawks	30	195.2	10-**14**-0	.417	75	33	**240**	4.19
Choji Murata, Orions	21	130.2	7-9-0	.438	74	42	151	4.34
Seiichi Sato, Fighters	27	161.2	9-12-0	.429	131	57	153	4.51
Yoshinori Sato, Braves	27	147.1	7-8-3	.467	90	47	164	4.70
Hiroshi Tsuno, Fighters	26	130.2	8-9-0	.471	71	55	148	5.10

Games Leader—Yoshiaki Ishimoto, Buffaloes—50
Saves Leader—Kazuhiko Ushijima, Orions—24

Leaders and Award Winners

Home Runs
Koji Akiyama, Lions—43
Greg "Boomer" Wells, Braves—40
Tony Brewer, Fighters—35
Kazuhiko Ishimine, Braves—34
Hiromitsu Kadota, Hawks—31

Runs Batted In
Greg "Boomer" Wells, Braves—119
Tony Brewer, Fighters—98
Koji Akiyama, Lions—94
Kazuhiko Ishimine, Braves—91
Kazuhiro Kiyohara, Lions—83

Wins
Yukihiko Yamaoki, Braves—19
Hideyuki Awano, Buffaloes—15
Shuji Fujimoto, Hawks—15
Osamu Higashio, Lions—15
Kimiyasu Kudo, Lions—15
Yukihiro Nishizaki, Fighters—15

Strikeouts
Hideyuki Awano, Buffaloes—201
Yukihiro Nishizaki, Fighters—176
Kimiyasu Kudo, Lions—175
Nobuyuki Hoshino, Braves—170
Yukihiko Yamaoki, Braves—155

Part One : 1987 Season

Leaders and Award Winners

Most Valuable Player
Osamu Higashio, Lions

Rookie of the Year
Hideyuki Awano, Buffaloes

Best Nine
Pitcher—Kimiyasu Kudo, Lions
Catcher—Tsutomu Ito, Lions
First Base—Greg "Boomer" Wells, Braves
Second Base—Kazuyuki Shirai, Fighters
Third Base—Hiromichi Ishige, Lions
Shortstop—Yoshio Mizukami, Orions
Outfield—Hiromasa Arai, Buffaloes
Outfield—Koji Akiyama, Lions
Outfield—Tony Brewer, Fighters
Designated Hitter—Kazuhiko Ishimine, Braves

Gold Glove Awards
Pitcher—Osamu Higashio, Lions
Catcher—Tsutomu Ito, Lions
First Base—Greg "Boomer" Wells, Braves
Second Base—Kazuyuki Shirai, Fighters
Third Base—Hiromichi Ishige, Lions
Shortstop—Keijiro Yumioka, Braves
Outfield—Koji Akiyama, Lions
Outfield—Hideaki Takazawa, Orions
Outfield—Hiromasa Arai, Buffaloes, Makoto Shimada, Fighters

ALL-STAR GAMES

Managers—Junro Anan (Central League)—Masahiko Mori (Pacific League)

Game	Date	Site	C.L. Pitcher	Score	P.L. Pitcher
1	7/25	Seibu	Tatsuo Komatsu (L)	4-7	Hisashi Yamada (W)

Home Runs—Tatsunori Hara (C), Hiromichi Ishige (P), Hideaki Takazawa (P)
MVP—Hideaki Takazawa (P)

| 2 | 7/26 | Yokohama | Tadashi Sugimoto (L) | 3-8 | Kazuyoshi Ono (W) |

Home Runs—Randy Bass (C), Daijiro Oishi (P), Hiromichi Ishige (P)
MVP—Hiromichi Ishige (P)

| 3 | 7/28 | Koshien | Masumi Kuwata (L) | 7-9 | Hideyuki Awano (W) |

Home Runs—Takehiko Kobayakawa (C), Randy Bass (C), Sachio Kinugasa (C), Kazuhiro Kiyohara (P), Takayuki Murakami—2 (P), Dick Davis (P), Kazuhiko Ishimine (P)
MVP—Kazuhiro Kiyohara (P)

JAPAN SERIES

Teams and Managers—Pacific League's Seibu Lions (Masahiko Mori) 4—Central League's Yomiuri Giants (Sadaharu Oh) 2

Game	Date	Site	Lions Pitcher	Score	Giants Pitcher
1	10/25	Seibu	Osamu Higashio (L)	3-7	Hajime Kato (W)

Home Runs—Kiyoshi Nakahata (Giants), Norihiro Komada (Giants)

| 2 | 10/26 | Seibu | Kimiyasu Kudo (W) | 6-0 | Takashi Nishimoto (L) |

Home Runs—Hiromichi Ishige (Lions), Koji Akiyama (Lions), Kazuhiro Kiyohara (Lions)

| 3 | 10/28 | Korakuen | Taigen Kaku (W) | 2-1 | Suguru Egawa (L) |

Home Runs—George Vukovich (Lions), Hiromichi Ishige (Lions)

| 4 | 10/29 | Korakuen | Hirohisa Matsunuma (L) | 0-4 | Hiromi Makihara (W) |

Home Runs—none

| 5 | 10/30 | Korakuen | Osamu Higashio (W) | 3-1 | Masumi Kuwata (L) |

Home Runs—Tatsunori Hara (Giants), Toshio Shinozuka (Giants)

| 6 | 11/1 | Seibu | Kimiyasu Kudo (W) | 3-1 | Katsuhito Mizuno (L) |

Home Runs—Masakazu Seike (Lions), Tatsunori Hara (Giants)

Awards
Most Valuable Player—Kimiyasu Kudo, Lions
Fighting Spirit—Toshio Shinozuka, Giants
Outstanding Player—Hiromichi Ishige (Lions), Koji Akiyama (Lions), Hiromi Makihara (Giants)

1988 SEASON

CENTRAL LEAGUE

Team	G	W	L	T	PCT	GB	BA	HR	ERA	E
Chunichi Dragons	130	79	46	5	.632	—	.258	131	3.20	85
Yomiuri Giants	130	68	59	3	.535	12.0	.268	134	3.09	71
Hiroshima Toyo Carp	130	65	62	3	.512	15.0	.244	105	3.06	72
Yokohama Taiyo Whales	130	59	67	4	.468	20.5	.273	85	3.93	54
Yakult Swallows	130	58	69	3	.457	22.0	.246	147	3.79	84
Hanshin Tigers	130	51	77	2	.398	29.5	.248	82	3.82	72

Qualifiers for Batting Championship

Player and Team	G	AB	R	H	2B	3B	HR	RBI	SB	AVG
Kozo Shoda, Carp	104	394	49	134	8	7	3	23	16	**.340**
Jim Paciorek, Whales	130	497	58	**165**	33	2	17	76	6	.332
Toshio Shinozuka, Giants	116	414	37	131	18	1	6	58	2	.316
Norihiro Komada, Giants	116	365	45	112	22	2	11	40	0	.307
Yutaka Takagi, Whales	114	416	67	125	21	3	7	46	29	.3004
Tatsunori Hara, Giants	126	467	79	140	24	1	31	81	5	.2997
Kiyoshi Nakahata, Giants	124	444	46	131	**36**	2	10	46	5	.295
Masahiro Takahashi, Whales	130	**542**	62	159	22	2	3	42	16	.29335
Hiromitsu Ochiai, Dragons	130	450	**82**	132	31	1	32	95	3	.29333
Gary Rajsich, Dragons	101	358	56	105	25	3	16	53	2	.2932
Carlos Ponce, Whales	130	497	79	145	25	6	**33**	**102**	5	.292
Takehiko Kobayakawa, Carp	126	453	63	131	24	2	17	69	8	.289
Katsumi Hirosawa, Swallows	130	496	71	143	26	0	30	80	13	.288
Yutaka Wada, Tigers	127	398	57	111	12	1	1	20	17	.279
Masaru Uno, Dragons	130	465	68	129	28	0	18	76	8	.277
Toshikatsu Hikono, Dragons	113	374	53	102	25	2	15	47	9	.273
Toshio Choshi, Whales	125	425	44	115	12	1	0	23	6	.271
Akinobu Mayumi, Tigers	130	478	45	129	17	0	17	67	7	.270
Akinobu Okada, Tigers	127	454	65	121	22	1	23	72	10	.267
Mitsuo Tatsukawa, Carp	122	383	29	100	13	0	6	38	2	.261
Toru Sugiura, Swallows	122	416	52	106	20	0	20	53	0	.255
Takahiro Ikeyama, Swallows	130	504	72	128	21	2	31	81	12	.25396

Player and Team	G	AB	R	H	2B	3B	HR	RBI	SB	AVG
Hisashi Ono, Tigers	130	512	64	130	23	5	7	42	24	.2539
Katsuhiko Kido, Tigers	121	351	34	89	14	1	6	38	0	.2535
Ryuzo Yamasaki, Carp	130	470	51	113	17	6	10	47	14	.240
Yoshihiko Takahashi, Carp	127	499	58	119	24	3	11	43	32	.238
Kaname Yashiki, Whales	121	368	36	87	7	1	3	30	**33**	.236
Kiyoyuki Nagashima, Carp	117	378	46	87	19	0	9	29	5	.230
Kazuyoshi Tatsunami, Dragons	110	336	61	75	15	1	4	18	22	.223

Qualifiers for Earned Run Average Championship

Player and Team	G	IP	W-L-S	PCT	SO	BB	H	ERA
Yutaka Ono, Carp	24	185	13-7-0	.650	183	39	132	**1.70**
Hiromi Makihara, Giants	27	208.2	10-13-0	.435	**187**	43	170	2.16
Hiroaki Nakayama, Whales	**70**	142.1	10-6-24	.625	118	52	124	2.28
Kazuhisa Kawaguchi, Carp	27	190.2	13-10-0	.565	179	**72**	155	2.55
Kazuyuki Ono, Dragons	29	187	**18**-4-0	**.818**	106	44	173	2.60
Matt Keough, Tigers	28	179.2	12-12-0	.500	97	37	174	2.76
Takao Obana, Swallows	31	**232**	9-**16**-0	.360	125	42	**242**	2.87
Bill Gullickson, Giants	26	203.1	14-9-0	.609	134	45	173	3.10
Manabu Kitabeppu, Carp	27	209.2	11-12-0	.478	112	27	224	3.13
Mitsunori Kakehata, Whales	51	151	11-8-1	.579	94	34	146	3.22
Tatsuo Komatsu, Dragons	24	157.1	12-7-0	.632	114	49	137	3.26
Masumi Kuwata, Giants	27	198.1	10-11-0	.476	139	53	174	3.40
Shigeki Nakamoto, Swallows	42	147.2	5-7-0	.417	43	47	141	3.60
Koji Nakada, Tigers	29	130	6-9-1	.400	103	71	106	3.88
Koji Noda, Tigers	42	138	3-13-0	.188	69	44	136	3.98
Chikafusa Ikeda, Tigers	28	139	7-10-0	.412	71	61	152	4.01
Hisao Niura, Whales	29	160.1	10-11-0	.476	110	66	147	4.32
Bob Gibson, Swallows	23	140.1	7-11-0	.389	80	70	127	4.87

Wins Co-Leader—Akimitsu Ito, Swallows—18
Saves Leader—Genji Kaku, Dragons—37

Leaders and Award Winners

Home Runs
Carlos Ponce, Whales—33
Hiromitsu Ochiai, Dragons—32
Tatsunori Hara, Giants—31
Takahiro Ikeyama, Swallows—31
Katsumi Hirosawa, Swallows—30

Runs Batted In
Carlos Ponce, Whales—102
Hiromitsu Ochiai, Dragons—95
Tatsunori Hara, Giants—81
Takahiro Ikeyama, Swallows—81
Katsumi Hirosawa, Swallows—80

Wins
Akimitsu Ito, Swallows—18
Kazuyuki Ono, Dragons—18
Bill Gullickson, Giants—14

Leaders and Award Winners

Wins
Kazuhisa Kawaguchi, Carp—13
Yutaka Ono, Carp—13

Strikeouts
Hiromi Makihara, Giants—187
Yutaka Ono, Carp—183
Kazuhisa Kawaguchi, Carp—179
Masumi Kuwata, Giants—139
Bill Gullickson, Giants—134

Most Valuable Player
Genji Kaku, Dragons

Sawamura Award
Yutaka Ono, Carp

Rookie of the Year
Kazuyoshi Tatsunami, Dragons

Best Nine
Pitcher—Kazuyuki Ono, Dragons
Catcher—Mitsuo Tatsukawa, Carp
First Base—Hiromitsu Ochiai, Dragons
Second Base—Kozo Shoda, Carp
Third Base—Tatsunori Hara, Giants
Shortstop—Takahiro Ikeyama, Swallows
Outfield—Jim Paciorek, Whales
Outfield—Carlos Ponce, Whales
Outfield—Katsumi Hirosawa, Swallows

Gold Glove Awards
Pitcher—Masumi Kuwata, Giants
Catcher—Mitsuo Tatsukawa, Carp
First Base—Kiyoshi Nakahata, Giants
Second Base—Kozo Shoda, Carp
Third Base—Tatsunori Hara, Giants
Shortstop—Kazuyoshi Tatsunami, Dragons
Outfield—Kaname Yashiki, Whales
Outfield—Ryuzo Yamasaki, Carp
Outfield—Toshikatsu Hikono, Dragons

PACIFIC LEAGUE

Team	G	W	L	T	PCT	GB	BA	HR	ERA	E
Seibu Lions	130	73	51	6	.589	—	.270	176	3.61	69
Kintetsu Buffaloes	130	74	52	4	.587	—	.253	154	3.23	75
Nippon Ham Fighters	130	62	65	3	.488	12.5	.245	101	3.12	82
Hankyu Braves	130	60	68	2	.469	15.0	.264	117	4.08	100
Nankai Hawks	130	58	71	1	.450	17.5	.267	162	4.07	113
Lotte Orions	130	54	74	2	.422	21.0	.262	100	4.38	79

Qualifiers for Batting Championship

Player and Team	G	AB	R	H	2B	3B	HR	RBI	SB	AVG
Hideaki Takazawa, Orions	125	483	67	**158**	28	1	14	64	13	**.327**
Hiromi Matsunaga, Braves	130	473	78	154	27	3	16	77	11	.326
Junichi Fukura, Braves	110	410	74	131	17	2	7	33	12	.320
Tony Bernazard, Hawks	111	438	71	138	23	1	20	60	6	.315
Ben Oglivie, Buffaloes	114	392	61	122	22	1	22	65	1	.3112
Hiromitsu Kadota, Hawks	130	447	82	139	12	0	**44**	**125**	2	.3109
Mike Easler, Fighters	97	355	47	108	20	1	19	58	1	.304
Ken Hirano, Lions	130	508	75	154	24	2	7	46	18	.303
Kazuhiko Ishimine, Braves	128	469	54	139	18	0	22	76	0	.296
Koji Akiyama, Lions	130	517	93	151	23	2	38	103	20	.292
Kazuhiro Kiyohara, Lions	130	451	**97**	129	21	0	31	77	5	.28603
Hiromasa Arai, Buffaloes	125	465	64	133	23	5	8	54	2	.28602
Takeshi Aiko, Orions	130	493	61	141	**30**	0	17	63	7	.28600
Hiroshi Yugamidani, Hawks	109	401	64	114	16	5	9	48	16	.2842

Player and Team	G	AB	R	H	2B	3B	HR	RBI	SB	AVG
Makoto Sasaki, Hawks	97	373	55	106	14	1	16	58	13	.2841
Hiromichi Ishige, Lions	130	508	84	144	15	1	21	63	22	.283
Yukio Tanaka, Fighters	130	509	68	141	21	2	16	57	1	.277
Yasunori Oshima, Fighters	130	492	48	136	26	1	15	63	2	.276
Takayuki Kono, Hawks	121	369	53	102	14	0	5	18	9	.276
Masashi Yokota, Orions	122	428	41	116	20	4	3	27	10	.271
Tyler Van Burkleo, Lions	118	366	67	98	10	2	38	90	3	.268
Bill Madlock, Orions	123	437	47	115	15	0	19	61	4	.2631
Hatsuhiko Tsuji, Lions	130	419	45	110	19	1	3	39	13	.2625
Norifumi Nishimura, Orions	130	**532**	68	136	15	0	3	38	**55**	.256
Hiroyuki Yoshida, Hawks	121	393	33	100	12	1	7	41	2	.254
Daijiro Oishi, Buffaloes	128	488	65	123	13	9	5	34	16	.2520
Tsutomu Ito, Lions	129	429	51	108	16	5	11	56	2	.2517
Fujio Tamura, Fighters	129	456	42	113	18	2	10	35	4	.248
Takahisa Suzuki, Buffaloes	123	378	41	93	11	1	20	54	1	.246

Qualifiers for Earned Run Average Championship

Player and Team	G	IP	W-L-S	PCT	SO	BB	H	ERA
Hirofumi Kono, Fighters	46	144	6-5-9	.545	111	53	118	**2.38**
Taigen Kaku, Lions	19	149.1	13-3-1	**.813**	76	23	113	2.41
Yukihiro Nishizaki, Fighters	29	**241.2**	**15**-11-0	.577	181	73	**211**	2.50
Kazuyoshi Ono, Buffaloes	30	208.2	10-10-0	.500	144	60	194	2.59
Hideyuki Awano, Buffaloes	29	220.1	14-12-1	.538	181	51	199	2.61
Hiroaki Matsuura, Fighters	36	169.1	**15**-5-4	.750	153	78	125	2.76
Hiroshi Tsuno, Fighters	26	166.2	8-13-0	.381	90	63	160	2.92
Nobuyuki Hoshino, Braves	27	209	13-9-0	.591	163	79	168	3.06
Shintaro Yamasaki, Buffaloes	25	168.1	13-7-0	.650	100	67	146	3.10
Yoshinori Sato, Braves	25	195.2	13-10-0	.565	112	70	176	3.22
Hiroshi Ogawa, Orions	31	203.2	10-9-0	.526	**204**	**91**	144	3.40
Seiichi Sato, Fighters	28	148.2	8-10-1	.444	82	51	154	3.45
Ryoji Moriyama, Lions	28	169	10-9-0	.526	77	41	166	3.46
Hisanobu Watanabe, Lions	28	185	**15**-7-0	.682	123	59	163	3.60
Kimiyasu Kudo, Lions	24	159	10-10-1	.500	94	70	164	3.79
Kazuhiro Yamauchi, Hawks	29	169.1	8-**15**-0	.348	106	57	183	3.83
Choji Murata, Orions	20	145.2	10-7-0	.588	120	45	123	3.89
Katsuo Soh, Orions	29	201	13-14-0	.481	82	83	188	4.12
Takanori Yamauchi, Hawks	26	186.1	11-11-0	.500	68	43	208	4.20
Shuji Fujimoto, Hawks	30	169.1	10-**15**-1	.400	115	65	178	4.31
Kazumi Sonokawa, Orions	33	164	10-**15**-0	.400	134	62	160	4.34
Katsuyuki Furumizo, Braves	28	155.1	10-10-0	.500	81	58	153	4.519
Yoshiaki Nishikawa, Hawks	28	139.1	6-10-0	.375	68	58	149	4.521
Shinichi Kato, Hawks	27	138.2	8-10-3	.444	53	42	164	4.54
Yukihiko Yamaoki, Braves	25	142.2	7-12-0	.368	73	47	166	4.98

Games Leader—Minoru Yano, Hawks—57
Saves Leader—Kazuhiko Ushijima, Orions—25

Leaders and Award Winners

Home Runs
Hiromitsu Kadota, Hawks—44
Koji Akiyama, Lions—38
Tyler Van Burkleo, Lions—38
Ralph Bryant, Buffaloes—34
Kazuhiro Kiyohara, Lions—31

Runs Batted In
Hiromitsu Kadota, Hawks—125
Koji Akiyama, Lions—103
Tyler Van Burkleo, Lions—90
Kazuhiro Kiyohara, Lions—77
Hiromi Matsunaga, Braves—77

Wins
Hiroaki Matsuura, Fighters—15
Yukihiro Nishizaki, Fighters—15
Hisanobu Watanabe, Lions—15
Hideyuki Awano, Buffaloes—14
Nobuyuki Hoshino, Braves—13
Taigen Kaku, Lions—13
Yoshinori Sato, Braves—13
Katsuo Soh, Orions—13
Shintaro Yamasaki, Buffaloes—13

Strikeouts
Hiroshi Ogawa, Orions—204
Hideyuki Awano, Buffaloes—181
Yukihiro Nishizaki, Fighters—181
Nobuyuki Hoshino, Braves—163
Hiroaki Matsuura, Fighters—153

Most Valuable Player
Hiromitsu Kadota, Hawks

Rookie of the Year
Ryoji Moriyama, Lions

Best Nine
Pitcher—Yukihiro Nishizaki, Fighters
Catcher—Tsutomu Ito, Lions
First Base—Kazuhiro Kiyohara, Lions
Second Base—Junichi Fukura, Braves
Third Base—Hiromi Matsunaga, Braves
Shortstop—Yukio Tanaka, Fighters
Outfield—Hideaki Takazawa, Orions
Outfield—Koji Akiyama, Lions
Outfield—Ken Hirano, Lions
Designated Hitter—Hiromitsu Kadota, Hawks

Gold Glove Awards
Pitcher—Yukihiro Nishizaki, Fighters
Catcher—Tsutomu Ito, Lions
First Base—Kazuhiro Kiyohara, Lions
Second Base—Hatsuhiko Tsuji, Lions
Third Base—Hiromichi Ishige, Lions
Shortstop—Yukio Tanaka, Fighters
Outfield—Koji Akiyama, Lions
Outfield—Ken Hirano, Lions
Outfield—Hideaki Takazawa, Orions

ALL-STAR GAMES

Managers—Sadaharu Oh (Central League)—Masahiko Mori (Pacific League)

Game	Date	Site	C.L. Pitcher	Score	P.L. Pitcher
1	7/24	Nishinomiya	Hisao Niura (L)	1-3	Hiroshi Tsuno (W)

Home Runs—Takahiro Ikeyama (C), Ralph Bryant (P)
MVP—Ralph Bryant (P)

Game	Date	Site	C.L. Pitcher	Score	P.L. Pitcher
2	7/25	Nagoya	Hiroaki Nakayama (W)	4-1	Hisanobu Watanabe (L)

Home Runs—Akinobu Okada (C), Tsutomu Ito (P)
MVP—Akinobu Okada (C)

Game	Date	Site	C.L. Pitcher	Score	P.L. Pitcher
3	7/26	Tokyo Dome	Hiroaki Nakayama (W)	4-3 (12 innings)	Kazuhiko Ushijima (L)

Home Runs—Hideaki Takazawa (P)
MVP—Kozo Shoda (C)

JAPAN SERIES

Teams and Managers—Pacific League's Seibu Lions (Masahiko Mori) 4—Central League's Chunichi Dragons (Senichi Hoshino) 1

Game	Date	Site	Lions Pitcher	Score	Dragons Pitcher
1	10/22	Nagoya	Hisanobu Watanabe (W)	5-1	Kazuyuki Ono (L)

Home Runs—Kazuhiro Kiyohara (Lions), Hiromichi Ishige (Lions)

2	7/25	Nagoya	Taigen Kaku (L)	3-7	Genji Kaku (W)

Home Runs—Yonetoshi Kawamata (Dragons)

3	7/26	Seibu	Kimiyasu Kudo (W)	4-3	Masahiro Yamamoto (L)

Home Runs—Toshikatsu Hikono (Dragons), Masaru Uno (Dragons), Hiromichi Ishige (Lions)

4	10/26	Seibu	Ryoji Moriyama (W)	6-0	Tadashi Sugimoto (L)

Home Runs—Koji Akiyama (Lions), Kazuhiro Kiyohara (Lions), Hatsuhiko Tsuji (Lions)

5	10/27	Seibu	Hirohisa Matsunuma (W)	7-6 (11 innings)	Taigen Kaku (L)

Home Runs—Masaru Uno (Dragons), Kazuhiro Kiyohara (Lions), Hiromichi Ishige (Lions)

Awards

Most Valuable Player—Hiromichi Ishige, Lions
Fighting Spirit—Masaru Uno, Dragons
Outstanding Player—Kazuhiro Kiyohara (Lions), Ryoji Moriyama (Lions), Genji Kaku (Dragons)

1989 SEASON

CENTRAL LEAGUE

Team	G	W	L	T	PCT	GB	BA	HR	ERA	E
Yomiuri Giants	130	84	44	2	.656	—	.263	106	2.56	61
Hiroshima Toyo Carp	130	73	51	6	.589	9.0	.271	101	3.01	73
Chunichi Dragons	130	68	59	3	.535	15.5	.256	149	3.68	73
Yakult Swallows	130	55	72	3	.433	28.5	.254	140	3.97	63
Hanshin Tigers	130	54	75	1	.419	30.5	.257	135	4.15	76
Yokohama Taiyo Whales	130	47	80	3	.370	36.5	.260	76	4.07	90

Qualifiers for Batting Championship

Player and Team	G	AB	R	H	2B	3B	HR	RBI	SB	AVG
Warren Cromartie, Giants	124	439	70	**166**	33	1	15	72	7	**.378**
Jim Paciorek, Whales	118	435	48	145	32	3	12	62	2	.333
Kozo Shoda, Carp	128	498	74	161	19	7	1	25	**34**	.323
Hiromitsu Ochiai, Dragons	130	476	78	153	23	1	40	**116**	4	.321
Kenichi Yamazaki, Whales	129	476	64	147	24	5	7	56	17	.309
Masaru Uno, Dragons	119	437	66	133	22	0	25	68	2	.304
Hisashi Ono, Tigers	125	403	53	122	16	2	4	26	22	.3027
Norihiro Komada, Giants	126	413	47	125	31	3	11	56	10	.3026
Cecil Fielder, Tigers	106	384	60	116	11	0	38	81	0	.302
Takehiko Kobayakawa, Carp	114	396	48	119	13	1	12	61	1	.301
Wade Rowdon, Carp	123	473	60	142	20	1	22	79	8	.300

Player and Team	G	AB	R	H	2B	3B	HR	RBI	SB	AVG
Yutaka Wada, Tigers	129	476	61	141	20	4	1	25	18	.296
Toshio Shinozuka, Giants	119	461	59	134	28	4	4	38	5	.291
Toshio Choshi, Whales	114	402	43	113	30	0	2	26	8	.281
Akinobu Okada, Tigers	130	492	66	138	20	1	24	76	8	.280
Yutaka Takagi, Whales	127	497	71	138	29	2	5	31	32	.278
Toshikatsu Hikono, Dragons	125	454	**83**	125	21	3	26	59	10	.275
Katsumi Hirosawa, Swallows	130	470	63	127	16	0	17	59	11	.2702
Takeshi Nakamura, Dragons	125	352	23	95	12	0	7	41	2	.2698
Kaoru Okazaki, Giants	127	444	57	119	23	1	12	59	4	.268
Larry Parrish, Swallows	130	493	75	132	17	1	**42**	103	2	.2677
Yoshihiko Takahashi, Carp	127	491	63	131	21	0	12	47	13	.267
Ryuzo Yamasaki, Carp	130	364	45	97	13	1	8	34	12	.266
Takahiro Ikeyama, Swallows	130	484	80	128	13	2	34	74	6	.2644
Carlos Ponce, Whales	130	**512**	69	135	**33**	7	24	81	12	.2636
Kenji Tomashino, Swallows	120	429	57	113	17	3	5	27	32	.263
Tatsunori Hara, Giants	114	395	60	103	22	0	25	74	3	.261
Hideki Kuriyama, Swallows	125	420	49	107	18	3	2	26	4	.255

Qualifiers for Earned Run Average Championship

Player and Team	G	IP	W-L-S	PCT	SO	BB	H	ERA
Masaki Saito, Giants	30	245	**20**-7-0	.741	182	53	178	**1.62**
Hiromi Makihara, Giants	21	150.2	12-4-4	.750	141	33	113	1.79
Yutaka Ono, Carp	19	145.2	8-6-0	.571	139	36	97	1.92
Takashi Nishimoto, Dragons	30	246.2	**20**-6-0	**.769**	96	39	**231**	2.44
Kazuhisa Kawaguchi, Carp	26	208.1	12-7-0	.632	**192**	73	167	2.51
Masumi Kuwata, Giants	30	**249**	17-9-0	.654	155	54	214	2.60
Naoyuki Naito, Swallows	41	163	12-5-8	.706	97	44	141	2.82
Hiroto Kato, Swallows	31	130.1	6-9-1	.400	96	53	104	2.83
Masahiro Yamamoto, Dragons	35	181	9-9-1	.500	108	56	172	2.93
Mitsunori Kakehata, Whales	31	130.1	9-10-1	.474	88	32	147	3.31
Hisao Niura, Whales	28	175	8-**13**-0	.381	130	**75**	176	3.39
Hiroshi Nagatomi, Carp	28	166.2	10-9-0	.526	155	55	139	3.46
Matt Keough, Tigers	28	201	15-9-0	.625	110	39	203	3.72
Kazuhiko Daimon, Whales	34	183.1	8-**13**-1	.381	117	62	189	3.88
Kiyooki Nakanishi, Tigers	34	139.2	10-10-5	.500	74	36	156	4.00
Takao Obana, Swallows	27	167.2	11-8-0	.579	77	35	225	4.40

Games Leader—Makoto Kito, Carp—61
Saves Leader—Tsunemi Tsuda, Carp—28

Leaders and Award Winners

Home Runs
Larry Parrish, Swallows—42
Hiromitsu Ochiai, Dragons—40
Cecil Fielder, Tigers—38
Takahiro Ikeyama, Swallows—34
Toshikatsu Hikono, Dragons—26

Runs Batted In
Hiromitsu Ochiai, Dragons—116
Larry Parrish, Swallows—103
Cecil Fielder, Tigers—81
Carlos Ponce, Whales—81
Wade Rowdon, Carp—79

Wins
Takashi Nishimoto, Dragons—20
Masaki Saito, Giants—20
Masumi Kuwata, Giants—17
Matt Keough, Tigers—15
Kazuhisa Kawaguchi, Carp—12
Hiromi Makihara, Giants—12
Naoyuki Naito, Swallows—12
Tsunemi Tsuda, Carp—12

Strikeouts
Kazuhisa Kawaguchi, Carp—192
Masaki Saito, Giants—182
Masumi Kuwata, Giants—155
Hiroshi Nagatomi, Carp—155
Hiromi Makihara, Giants—141

Most Valuable Player
Warren Cromartie, Giants

Sawamura Award
Masaki Saito, Giants

Rookie of the Year
Kenji Tomashino, Swallows

Best Nine
Pitcher—Masaki Saito, Giants
Catcher—Takayoshi Nakao, Giants
First Base—Larry Parrish, Swallows
Second Base—Kozo Shoda, Carp
Third Base—Hiromitsu Ochiai, Dragons
Shortstop—Takahiro Ikeyama, Swallows
Outfield—Warren Cromartie, Giants
Outfield—Kenichi Yamazaki, Whales
Outfield—Toshikatsu Hikono, Dragons

Gold Glove Awards
Pitcher—Takashi Nishimoto, Dragons
Catcher—Takayoshi Nakao, Giants
First Base—Norihiro Komada, Giants
Second Base—Kozo Shoda, Carp
Third Base—Wade Rowdon, Carp
Shortstop—Masahiro Kawai, Giants
Outfield—Toshikatsu Hikono, Dragons
Outfield—Kenichi Yamazaki, Whales
Outfield—Hideki Kuriyama, Swallows

PACIFIC LEAGUE

Team	G	W	L	T	PCT	GB	BA	HR	ERA	E
Kintetsu Buffaloes	130	71	54	5	.568	—	.261	157	3.85	96
Orix Braves	130	72	55	3	.567	—	.278	170	4.26	93
Seibu Lions	130	69	53	8	.566	0.5	.271	150	3.856	77
Fukuoka Daiei Hawks	130	59	64	7	.480	11.0	.257	166	4.74	91
Nippon Ham Fighters	130	54	73	3	.425	18.0	.2659	131	4.20	69
Lotte Orions	130	48	74	8	.393	21.5	.2657	119	4.50	94

Qualifiers for Batting Championship

Player and Team	G	AB	R	H	2B	3B	HR	RBI	SB	AVG
Greg "Boomer" Wells, Braves	130	512	101	**165**	19	0	40	**124**	2	**.322**

Player and Team	G	AB	R	H	2B	3B	HR	RBI	SB	AVG
Norio Tanabe, Lions	114	424	51	134	20	3	8	68	18	.316
Hiromi Matsunaga, Braves	124	470	**106**	145	30	3	17	60	14	.309
Kazunori Yamamoto, Hawks	111	390	65	120	23	1	13	55	19	.308
Tony Brewer, Fighters	130	477	70	146	23	1	27	73	8	.306
Hiromitsu Kadota, Braves	116	406	70	124	17	1	33	93	0	.305
Hatsuhiko Tsuji, Lions	130	437	58	133	12	5	3	52	33	.304
Takeshi Aiko, Orions	130	**528**	66	160	**34**	2	13	65	8	.303
Hiromasa Arai, Buffaloes	124	444	64	134	25	2	7	47	6	.302
Koji Akiyama, Lions	130	478	92	144	24	4	31	99	31	.3012
Mike Diaz, Orions	130	489	75	147	19	2	39	105	1	.3006
Yasuo Fujii, Braves	121	432	66	126	27	3	30	90	3	.292
Takahisa Suzuki, Buffaloes	118	412	50	118	15	1	20	57	1	.286
Ralph Bryant, Buffaloes	129	494	91	140	23	0	**49**	121	5	.2834
Kazuhiro Kiyohara, Lions	128	445	92	126	22	2	35	92	7	.2831
Norifumi Nishimura, Orions	96	392	61	110	10	5	2	17	**42**	.281
Masashi Yokota, Orions	117	374	58	104	14	5	2	26	18	.278
Kazuhiko Ishimine, Braves	130	487	55	135	29	1	20	77	1	.2772
Hideaki Takazawa, Orions	105	368	61	102	22	1	12	56	7	.2771
Daijiro Oishi, Buffaloes	109	401	70	111	22	1	8	33	14	.2768
Tony Bernazard, Hawks	122	446	71	121	19	0	34	93	2	.271
Hiromichi Ishige, Lions	130	486	78	131	21	4	16	63	28	.270
Ken Hirano, Lions	98	365	49	98	21	7	2	32	6	.268
Yasunori Oshima, Fighters	130	461	52	122	26	0	18	59	5	.265
German Rivera, Buffaloes	123	473	70	123	18	0	25	79	4	.26004
Katsuya Kishikawa, Hawks	123	400	67	104	16	3	26	66	10	.260
Junichi Fukura, Braves	115	394	61	102	16	0	8	47	8	.259
Willie Upshaw, Hawks	123	462	81	118	28	2	33	80	5	.255
Fujio Tamura, Fighters	123	366	35	91	23	2	11	45	5	.249
Yukio Tanaka, Fighters	130	429	41	106	16	3	7	43	7	.247
Kazuyuki Shirai, Fighters	129	422	50	102	14	2	5	42	38	.242
Tsutomu Ito, Lions	117	374	37	88	14	1	9	35	3	.2352
Makoto Sasaki, Hawks	124	489	63	115	20	1	15	45	12	.2351

Qualifiers for Earned Run Average Championship

Player and Team	G	IP	W-L-S	PCT	SO	BB	H	ERA
Choji Murata, Orions	22	179.2	7-9-0	.438	135	69	143	**2.50**
Hideyuki Awano, Buffaloes	29	**235.2**	**19**-8-1	.704	**183**	80	187	2.71
Taigen Kaku, Lions	26	198.1	10-10-0	.500	117	49	172	3.27
Kazuyoshi Ono, Buffaloes	25	180.1	12-9-1	.571	149	59	167	3.39
Hisanobu Watanabe, Lions	29	226.2	15-11-0	.577	174	86	**210**	3.41
Nobuyuki Hoshino, Braves	28	194	15-6-0	**.714**	160	78	173	3.48
Tomio Watanabe, Lions	19	138	10-7-0	.588	101	41	129	3.52
Yukihiro Nishizaki, Fighters	27	208	16-9-0	.640	164	76	160	3.55
Tsutomu Sakai, Braves	36	154.2	9-7-9	.563	118	49	141	3.61
Kazuhiko Ushijima, Orions	21	148.2	12-5-0	.706	115	75	134	3.63

Player and Team	G	IP	W-L-S	PCT	SO	BB	H	ERA
Shinichi Kato, Hawks	26	176.2	12-8-1	.600	68	62	193	3.67
Hirohisa Matsunuma, Lions	24	146	11-5-0	.688	58	66	124	3.70
Yasumitsu Shibata, Fighters	34	177.1	9-12-0	.429	95	45	160	3.755
Shintaro Yamasaki, Buffaloes	26	165	9-10-1	.474	90	69	174	3.763
Katsuyoshi Murata, Hawks	25	130	7-8-0	.467	107	88	117	3.95
Kazuhiro Yamauchi, Hawks	32	134.2	9-9-1	.500	79	69	139	4.01
Katsuo So, Orions	28	207.1	11-**15**-0	.423	101	**112**	205	4.21
Kazuhiro Takeda, Fighters	36	143	6-8-0	.429	108	56	128	4.22
Yoshinori Sato, Braves	28	165.2	9-13-0	.409	105	71	195	5.00
Toyohiko Yoshida, Hawks	26	149	10-8-0	.556	88	59	172	5.32
Hiroshi Tsuno, Fighters	28	131	11-11-0	.500	64	69	139	5.50
Kazumi Sonokawa, Orions	28	131.1	7-12-1	.368	119	56	134	6.10

Games Leader—Yuji Inoue, Hawks—57
Saves Leader—Yuji Inoue, Hawks—21

Leaders and Award Winners

Home Runs
Ralph Bryant, Buffaloes—49
Greg "Boomer" Wells, Braves—40
Mike Diaz, Orions—39
Kazuhiro Kiyohara, Lions—35
Tony Bernazard, Hawks—34

Runs Batted In
Greg "Boomer" Wells, Braves—124
Ralph Bryant, Buffaloes—121
Mike Diaz, Orions—105
Koji Akiyama, Lions—99
Tony Bernazard, Hawks—93
Hiromitsu Kadota, Hawks—93

Wins
Hideyuki Awano, Buffaloes—19
Yukihiro Nishizaki, Fighters—16
Nobuyuki Hoshino, Braves—15
Hisanobu Watanabe, Lions—15
Shinichi Kato, Hawks—12
Kazuyoshi Ono, Buffaloes—12
Kazuhiko Ushijima, Orions—12

Strikeouts
Hideyuki Awano, Buffaloes—183
Hisanobu Watanabe, Lions—174
Yukihiro Nishizaki, Fighters—164
Noboyuki Hoshino, Braves—160
Kazuyoshi Ono, Buffaloes—149

Most Valuable Player
Ralph Bryant, Buffaloes

Rookie of the Year
Tsutomu Sakai, Braves

Best Nine
Pitcher—Hideyuki Awano, Buffaloes
Catcher—Kazuhiko Yamashita, Buffaloes
First Base—Greg "Boomer" Wells, Braves
Second Base—Hatsuhiko Tsuji, Lions
Third Base—Hiromi Matsunaga, Braves
Shortstop—Norio Tanabe, Lions
Outfield—Koji Akiyama, Lions
Outfield—Ralph Bryant, Buffaloes
Outfield—Yasuo Fujii, Braves
Designated Hitter—Hiromitsu Kadota, Braves

Gold Glove Awards
Pitcher—Hideyuki Awano, Buffaloes
Catcher—Satoshi Nakajima, Braves
First Base—Takeshi Aiko, Orions
Second Base—Hatsuhiko Tsuji, Lions
Third Base—Hiromi Matsunaga, Braves
Shortstop—Norio Tanabe, Lions
Outfield—Koji Akiyama, Lions
Outfield—Ken Hirano, Lions
Outfield—Atsuhiro Motonishi, Braves

ALL-STAR GAMES

Managers—Senichi Hoshino (Central League)—Masahiko Mori (Pacific League)

Game	Date	Site	C.L. Pitcher	Score	P.L. Pitcher
1	7/25	Jingu	Takashi Nishimoto (L)	0-6	Choji Murata (W)

Home Runs—Fujio Tamura (P), Yasuo Fujii (P), Kazunori Yamamoto (P)
MVP—Choji Murata (P)

Game	Date	Site	C.L. Pitcher	Score	P.L. Pitcher
2	7/26	Fujidera	Hiroshi Nagatomi (W)	4-1	Seiichi Sato (L)

Home Runs—Toshikatsu Hikono (C), Masaru Uno (C), Greg "Boomer" Wells (P)
MVP—Toshikatsu Hikono (C)

JAPAN SERIES

Teams and Managers—Central League's Yomiuri Giants (Motoshi Fujita) 4—Pacific League's Kintetsu Buffaloes (Akira Ogi) 3

Game	Date	Site	Giants Pitcher	Score	Buffaloes Pitcher
1	10/21	Fujidera	Masaki Saito (L)	3-4	Hideyuki Awano (W)

Home Runs—Kaoru Okazaki (Giants), Daijiro Oishi (Buffaloes), Takahisa Suzuki (Buffaloes)

Game	Date	Site	Giants Pitcher	Score	Buffaloes Pitcher
2	10/22	Fujidera	Masumi Kuwata (L)	3-6	Hideaki Sato (W)

Home Runs—Takayoshi Nakao (Giants)

Game	Date	Site	Giants Pitcher	Score	Buffaloes Pitcher
3	10/24	Tokyo Dome	Kazutomo Miyamoto (L)	0-3	Tetsuro Kato (W)

Home Runs—Hidekazu Mitsuyama (Buffaloes)

Game	Date	Site	Giants Pitcher	Score	Buffaloes Pitcher
4	10/25	Tokyo Dome	Isao Koda (W)	5-0	Kazuyoshi Ono (L)

Home Runs—none

Game	Date	Site	Giants Pitcher	Score	Buffaloes Pitcher
5	10/26	Tokyo Dome	Masaki Saito (W)	6-1	Hideyuki Awano (L)

Home Runs—Ralph Bryant (Buffaloes), Tatsunori Hara (Giants)

Game	Date	Site	Giants Pitcher	Score	Buffaloes Pitcher
6	10/28	Fujidera	Masumi Kuwata (W)	3-1	Shintaro Yamazaki (L)

Home Runs—Kaoru Okazaki (Giants), German Rivera (Buffaloes)

Game	Date	Site	Giants Pitcher	Score	Buffaloes Pitcher
7	10/29	Fujidera	Isao Koda (W)	8-5	Tetsuro Kato (L)

Home Runs—Norihiro Komada (Giants), Tatsunori Hara (Giants), Kiyoshi Nakahata (Giants), Warren Cromartie (Giants), Yasunaga Makishi (Buffaloes), Takayuki Murakami (Buffaloes), Daijiro Oishi (Buffaloes)

Awards

Most Valuable Player—Norihiro Komada, Giants
Fighting Spirit—Hiromasa Arai, Buffaloes
Outstanding Player—Kaoru Okazaki (Buffaloes), Isao Koda (Giants), Hideyuki Awano (Buffaloes)

1990 SEASON

CENTRAL LEAGUE

Team	G	W	L	T	PCT	GB	BA	HR	AVG	E
Yomiuri Giants	130	88	42	0	.677	—	.2666	134	2.83	48
Hiroshima Toyo Carp	132	66	64	2	.508	22.0	.2671	140	3.57	80
Yokohama Taiyo Whales	133	64	66	3	.492	24.0	.266	90	3.94	58
Chunichi Dragons	131	62	68	1	.477	26.0	.264	162	4.26	66
Yakult Swallows	130	58	72	0	.446	30.0	.257	123	4.24	76
Hanshin Tigers	130	52	78	0	.400	36.0	.252	135	4.58	90

Qualifiers for Batting Championship

Player and Team	G	AB	R	H	2B	3B	HR	RBI	SB	AVG
Jim Paciorek, Whales	133	**527**	78	**172**	36	3	17	94	3	**.326**
Yutaka Takagi, Whales	118	406	61	131	21	3	10	55	13	.323
Katsumi Hirosawa, Swallows	130	496	81	157	23	1	25	72	4	.317
Vance Law, Dragons	122	457	69	143	24	1	29	78	2	.313
Yutaka Wada, Tigers	126	496	72	151	16	4	8	36	17	.304
Kazuyoshi Tatsunami, Dragons	128	511	73	155	33	6	11	45	18	.3033
Tatsunori Hara, Giants	103	366	58	111	17	1	20	68	6	.3032
Takahiro Ikeyama, Swallows	130	502	83	152	25	4	31	97	11	.3027
Kozo Shoda, Carp	124	462	48	139	18	6	3	39	9	.3008
Fujio Sumi, Swallows	112	366	26	110	14	2	6	51	2	.3005
Ryuzo Yamasaki, Carp	127	402	51	118	22	3	7	50	8	.294
Warren Cromartie, Giants	117	450	68	132	23	1	14	55	2	.293
Hiromitsu Ochiai, Dragons	131	458	**93**	133	19	1	**34**	**102**	3	.290
Kaoru Okazaki, Giants	102	356	52	103	24	6	6	49	2	.2893
Masaru Uno, Dragons	119	454	66	131	22	0	27	78	4	.2885
Masahiro Kawai, Giants	94	309	53	89	19	2	9	32	9	.288
Norihiro Komada, Giants	130	470	70	135	27	3	22	83	7	.2872
Kenjiro Nomura, Carp	125	519	84	149	28	**8**	16	44	33	.287
Takehiko Kobayakawa, Carp	105	353	49	100	12	1	17	61	2	.283
Yukio Arai, Swallows	119	412	55	116	21	1	8	38	3	.282
Yasushi Tao, Tigers	119	386	41	108	14	0	11	50	2	.280
Tetsuya Iida, Swallows	117	441	69	123	15	6	6	33	29	.279
Joey Meyer, Whales	104	378	59	104	18	0	26	77	0	.275
Akinobu Okada, Tigers	130	486	75	129	27	0	20	75	7	.265
Yoshiyuki Shimizu, Whales	122	364	34	96	14	4	4	45	4	.264
Koichi Ogata, Giants	119	401	70	104	20	6	3	27	**33**	.2593
Kenichi Yamazaki, Whales	109	421	56	109	13	5	4	34	18	.2589
Hiroshi Yagi, Tigers	124	412	63	103	15	2	28	66	4	.250
Larry Parrish, Tigers	105	381	56	95	14	1	28	80	0	.2493
Toshikatsu Hikono, Dragons	109	353	41	88	14	0	12	42	7	.2492
Hisashi Ono, Tigers	117	360	48	89	17	4	4	26	16	.247
Koichi Yanada, Swallows	119	379	40	90	14	4	4	38	21	.237
Masahiro Takahashi, Whales	119	385	47	87	16	2	2	15	14	.226

Qualifiers for Earned Run Average Championship

Player and Team	G	IP	W-L-S	PCT	SO	BB	H	ERA
Masaki Saito, Giants	27	**224**	20-5-0	**.800**	146	52	177	**2.17**
Masumi Kuwata, Giants	23	186.1	14-7-0	.667	115	40	161	2.51
Masao Kida, Giants	32	182.2	12-8-7	.600	**182**	51	130	2.71
Isao Koda, Giants	23	130.1	11-5-0	.688	106	37	116	2.90
Shinji Sasaoka, Carp	44	151.1	13-11-17	.542	129	53	123	3.15
Kenji Miyamoto, Swallows	22	159.1	11-7-0	.611	76	43	165	3.16

Player and Team	G	IP	W-L-S	PCT	SO	BB	H	ERA
Takashi Nishimoto, Dragons	25	174.1	11-9-0	.550	71	22	193	3.25
Takashi Inomata, Tigers	23	145.2	5-11-0	.313	115	77	125	3.27
Hiroki Nomura, Whales	24	162	11-6-0	.647	114	35	140	3.50
Hiroshi Nagatomi, Carp	30	184	11-11-0	.500	158	84	159	3.52
Masahiro Yamamoto, Dragons	26	152	10-7-0	.588	77	45	154	3.55
Kazutomo Miyamoto, Giants	28	190.1	14-6-1	.700	166	72	165	3.69
Hisao Niura, Whales	42	140	6-10-2	.375	107	68	121	3.79
Shinji Imanaka, Dragons	31	144.2	10-6-1	.625	85	54	169	3.86
Hiroaki Nakayama, Whales	27	153.2	8-12-0	.400	89	44	157	3.92
Kazuhisa Kawaguchi, Carp	29	208.2	11-**13**-0	.458	180	**87**	187	3.97
Kenjiro Kawasaki, Swallows	29	202.1	12-**13**-0	.480	154	73	**194**	4.05
Tatsuji Nishimura, Swallows	31	177.1	10-7-1	.588	132	53	191	4.06
Akio Saito, Whales	24	150.1	10-7-0	.588	98	39	194	4.07
Naoyuki Naito, Swallows	28	132.1	10-8-6	.556	109	47	122	4.08
Koji Nakada, Tigers	45	152.2	4-**13**-2	.235	153	76	138	4.24

Games Leader—Yasuo Kubo, Tigers—55
Saves Leader—Tsuyoshi Yoda, Dragons—31

Leaders and Award Winners

Home Runs
Hiromitsu Ochiai, Dragons—34
Takahiro Ikeyama, Swallows—31
Vance Law, Dragons—29
Larry Parrish, Tigers—28
Hiroshi Yagi, Tigers—28

Runs Batted In
Hiromitsu Ochiai, Dragons—102
Takahiro Ikeyama, Swallows—97
Jim Paciorek, Whales—94
Norihiro Komada, Giants—83
Larry Parrish, Tigers—80

Wins
Masaki Saito, Giants—20
Masumi Kuwata, Giants—14
Kazutomo Miyamoto, Giants—14
Shinji Sasaoka, Carp—13
Kenjiro Kawasaki, Swallows—12
Masao Kida, Giants—12

Strikeouts
Masao Kida, Giants—182
Kazuhisa Kawaguchi, Carp—180
Kazutomo Miyamoto, Giants—166
Hiroshi Nagatomi, Carp—158
Kenjiro Kawasaki, Swallows—154

Most Valuable Player
Masaki Saito, Giants

Rookie of the Year
Tsuyoshi Yoda, Dragons

Best Nine
Pitcher—Masaki Saito, Giants
Catcher—Shinichi Murata, Giants
First Base—Hiromitsu Ochiai, Dragons
Second Base—Yutaka Takagi, Whales
Third Base—Vance Law, Dragons
Shortstop—Takahiro Ikeyama, Swallows
Outfield—Carlos Ponce, Whales
Outfield—Katsumi Hirosawa, Swallows
Outfield—Tatsunori Hara, Giants

Gold Glove Awards
Pitcher—Masaki Saito, Giants
Catcher—Atsuya Furuta, Swallows
First Base—Norihiro Komada, Giants
Second Base—Kozo Shoda, Carp
Third Base—Kaoru Okazaki, Giants
Shortstop—Masahiro Kawai, Giants
Outfield—Toshikatsu Hikono, Dragons
Outfield—Kenichi Yamazaki, Whales
Outfield—Koichi Yanada, Swallows

PACIFIC LEAGUE

Team	G	W	L	T	PCT	GB	BA	HR	ERA	E
Seibu Lions	130	81	45	4	.643	—	.2628	162	3.48	65
Orix Braves	130	69	57	4	.548	12.0	.271	186	4.30	104
Kintetsu Buffaloes	130	67	60	3	.528	14.5	.275	181	4.34	105
Nippon Ham Fighters	130	66	63	1	.512	16.5	.2627	128	3.68	74
Lotte Orions	130	57	71	2	.445	25.0	.262	132	4.22	108
Fukuoka Daiei Hawks	130	41	85	4	.325	40.0	.251	116	5.56	65

Qualifiers for Batting Championship

Player and Team	G	AB	R	H	2B	3B	HR	RBI	SB	AVG
Norifumi Nishimura, Orions	117	438	78	148	27	5	3	38	35	**.338**
Daijiro Oishi, Buffaloes	125	471	93	148	25	6	20	69	20	.314
Mike Diaz, Orions	128	454	74	141	23	1	33	101	3	.311
Kazuhiro Kiyohara, Lions	129	436	99	134	19	2	37	94	11	.307
Jim Traber, Buffaloes	123	495	64	**150**	25	1	24	92	2	.303
Hiromichi Ishige, Lions	100	359	48	107	21	1	8	47	7	.298
Tony Brewer, Fighters	109	407	65	120	16	2	17	63	4	.295
Hiromasa Arai, Buffaloes	115	363	58	106	19	4	6	34	4	.292
Yukio Tanaka, Fighters	130	450	63	129	30	2	18	52	4	.287
Yasuo Fujii, Braves	128	463	81	132	25	2	37	96	6	.285
Hiromi Matsunaga, Braves	128	518	**103**	147	26	4	21	70	26	.284
Tsutomu Ito, Lions	119	366	47	103	20	3	11	43	4	.281
Hiromitsu Kadota, Braves	119	446	77	125	21	0	31	91	0	.280
Matt Winters, Fighters	127	468	73	130	21	1	35	97	3	.278
Yoshiaki Kanemura, Buffaloes	113	376	67	103	25	1	17	51	7	.274
Makoto Sasaki, Hawks	130	516	69	141	**33**	4	14	52	19	.2732
Kazuhiko Ishimine, Braves	130	473	72	129	8	1	37	**106**	0	.2727
Kenichi Sato, Orions	118	361	48	98	15	2	9	43	5	.271
Takahisa Suzuki, Buffaloes	122	422	65	114	21	0	22	71	4	.270
Ken Hirano, Lions	123	445	55	119	21	4	2	42	23	.2674
Yasunori Oshima, Fighters	110	360	43	96	17	1	11	50	2	.2666
Hatsuhiko Tsuji, Lions	130	421	59	112	17	2	3	39	31	.266
Kiyoshi Hatsushiba, Orions	120	426	50	113	16	3	18	67	0	.2652
Hiroshi Yugamidani, Hawks	130	453	70	120	17	2	5	27	13	.2649
Orestes Destrade, Lions	130	476	81	125	19	0	**42**	106	10	.263
Hirofumi Ogawa, Braves	125	385	43	100	13	1	5	41	22	.260
Katsuya Kishikawa, Hawks	121	438	51	113	16	2	20	74	2	.258
Koji Akiyama, Lions	130	476	84	122	16	0	35	91	**51**	.256
Ralph Bryant, Buffaloes	108	412	67	101	19	1	29	73	4	.245
Takeshi Aiko, Orions	130	**523**	75	127	27	0	21	72	15	.243

Triples Co-Leader—Norohito Yamashita, Orions—6

Qualifiers for Earned Run Average Championship

Player and Team	G	IP	W-L-S	PCT	SO	BB	H	ERA
Hideo Nomo, Buffaloes	29	**235**	**18**-8-0	.692	287	109	167	**2.91**
Hisanobu Watanabe, Lions	30	224.1	**18**-10-0	.643	172	84	**206**	2.97
Yasumitsu Shibata, Fighters	27	202.1	12-10-0	.545	150	47	168	3.11
Satoru Komiyama, Orions	30	170.2	6-10-2	.375	126	63	159	3.27
Tomio Watanabe, Lions	24	176	13-7-1	.650	130	52	156	3.38
Takehiro Ishii, Lions	23	133.1	8-6-0	.571	99	29	132	3.38
Mitsujiro Sakai, Fighters	27	171.2	10-10-0	.500	103	54	149	3.46
Hiroaki Matsuura, Fighters	26	140	11-8-0	.579	103	73	127	3.47
Yukihiko Yamaoki, Braves	25	182.2	13-8-0	.619	123	48	167	3.74
Yukihiro Nishizaki, Fighters	28	192.2	12-13-0	.480	154	88	177	3.88
Yukinaga Maeda, Orions	33	167	8-13-2	.381	130	51	162	3.99
Nobuyuki Hoshino, Braves	27	190.1	14-9-0	.609	163	60	188	4.02
Guy Hoffman, Braves	24	152.2	8-9-0	.471	111	65	164	4.13
Hideyuki Awano, Buffaloes	25	190.2	10-11-1	.476	141	62	192	4.63
Yuji Inoue, Hawks	29	130.1	5-8-0	.385	93	65	129	4.70
Shintaro Yamasaki, Buffaloes	25	145.1	8-10-0	.444	89	76	156	5.26
Katsuyoshi Murata, Hawks	27	175.2	7-**15**-0	.318	143	92	179	5.79

Games Leader—Kaname Aoi, Hawks—49
Saves Leader—Yoshitaka Katori, Lions—24

Leaders and Award Winners

Home Runs
Orestes Destrade, Lions—42
Yasuo Fujii, Braves—37
Kazuhiko Ishimine, Braves—37
Kazuhiro Kiyohara, Lions—37
Koji Akiyama, Lions—35
Matt Winters, Fighters—35

Runs Batted In
Orestes Destrade, Lions—106
Kazuhiko Ishimine, Braves—106
Mike Diaz, Orions—101
Matt Winters, Fighters—97
Yasuo Fujii, Braves—96

Wins
Hideo Nomo, Buffaloes—18
Hisanobu Watanabe, Lions—18
Nobuyuki Hoshino, Braves—14
Tomio Watanabe, Lions—13
Yukihiko Yamaoki, Braves—13

Strikeouts
Hideo Nomo, Buffaloes—287
Hisanobu Watanabe, Lions—172
Nobuyuki Hoshino, Braves—163
Yukihiro Nishizaki, Fighters—154
Yasumitsu Shibata, Fighters—150

Most Valuable Player
Hideo Nomo, Buffaloes

Sawamura Award
Hideo Nomo, Buffaloes

Rookie of the Year
Hideo Nomo, Buffaloes

Best Nine
Pitcher—Hideo Nomo, Buffaloes
Catcher—Tsutomu Ito, Lions
First Base—Kazuhiro Kiyohara, Lions
Second Base—Daijiro Oishi, Buffaloes

Leaders and Award Winners

Best Nine
Third Base—Hiromi Matsunaga, Braves
Shortstop—Yukio Tanaka, Fighters
Outfield—Norifumi Nishimura, Orions
Outfield—Kazuhiko Ishimine, Braves
Outfield—Koji Akiyama, Lions
Designated Hitter—Orestes Destrade, Lions

Catcher—Tsutomu Ito, Lions
First Base—Kazuhiro Kiyohara, Lions
Second Base—Hatsuhiko Tsuji, Lions
Third Base—Hiromi Matsunaga, Braves
Shortstop—Yukio Tanaka, Fighters
Outfield—Koji Akiyama, Lions
Outfield—Ken Hirano, Lions
Outfield—Norifumi Nishimura, Orions

Gold Glove Awards
Pitcher—Hisanobu Watanabe, Lions

ALL-STAR GAMES

Managers—Motoshi Fujita (Central League)—Akira Ogi (Pacific League)

Game	Date	Site	C.L. Pitcher	Score	P.L. Pitcher
1	7/24	Yokohama	Masaki Saito (L)	0-7	Hideyuki Awano (W)

Home Runs—Ralph Bryant (P), Kazuhiro Kiyohara (P)
MVP—Ralph Bryant (P)

Game	Date	Site	C.L. Pitcher	Score	P.L. Pitcher
2	7/25	Heiwadai	Kenjiro Kawasaki (L)	7-12	Yukihiro Nishizaki (W)

Home Runs—Hiromitsu Ochiai—2 (C), Kazuhiro Kiyohara—2 (P), Kazuhiko Ishimine (P), Daijiro Oishi (P), Takahisa Suzuki (P)
MVP—Kazuhiro Kiyohara (P)

JAPAN SERIES

Teams and Managers—Pacific League's Seibu Lions (Masahiko Mori) 4—Central League's Yomiuri Giants (Motoshi Fujita) 0

Game	Date	Site	Lions Pitcher	Score	Giants Pitcher
1	10/20	Tokyo Dome	Hisanobu Watanabe (W)	5-0	Hiromi Makihara (L)

Home Runs—Orestes Destrade (Lions)

Game	Date	Site	Lions Pitcher	Score	Giants Pitcher
2	10/21	Tokyo Dome	Tetsuya Shiozaki (W)	9-5	Masaki Saito (L)

Home Runs—Tsutomu Ito (Lions), Orestes Destrade (Lions), Kaoru Okazaki (Giants), Toshio Shinozuka (Giants)

Game	Date	Site	Lions Pitcher	Score	Giants Pitcher
3	10/23	Seibu	Tomio Watanabe (W)	7-0	Masumi Kuwata (L)

Home Runs—Koji Akiyama (Lions)

Game	Date	Site	Lions Pitcher	Score	Giants Pitcher
4	10/24	Seibu	Taigen Kaku (W)	7-3	Kazutomo Miyamoto (L)

Home Runs—Masahiro Kawai (Giants), Shinichi Murata (Giants)

Awards
Most Valuable Player—Orestes Destrade, Lions
Fighting Spirit—Kaoru Okazaki, Giants
Outstanding Player—Hisanobu Watanabe (Lions), Hatsuhiko Tsuji (Lions), Tsutomu Ito (Lions)

1991 SEASON

CENTRAL LEAGUE

Team	G	W	L	T	PCT	GB	BA	HR	ERA	E
Hiroshima Toyo Carp	132	74	56	2	.569	—	.254	88	3.23	72
Chunichi Dragons	131	71	59	1	.546	3.0	.262	178	3.59	78
Yakult Swallows	132	67	63	2	.515	7.0	.259	140	3.93	56
Yomiuri Giants	130	66	64	0	.508	8.0	.253	128	3.72	76
Yokohama Taiyo Whales	131	64	66	1	.492	10.0	.269	66	3.74	61
Hanshin Tigers	130	48	82	0	.369	26.0	.237	111	4.37	88

Qualifiers for Batting Championship

Player and Team	G	AB	R	H	2B	3B	HR	RBI	SB	AVG
Atsuya Furuta, Swallows	128	412	58	140	23	5	11	50	4	**.3398**
Hiromitsu Ochiai, Dragons	112	374	80	127	17	0	**37**	91	4	.3395
Yutaka Takagi, Whales	131	490	81	163	30	2	4	62	24	.333
Kenjiro Nomura, Carp	132	**524**	75	**170**	22	7	10	66	**31**	.324
R.J. Reynolds, Whales	118	468	71	148	29	1	15	80	17	.316
Norihiro Komada, Giants	130	510	66	160	23	2	19	66	5	.314
Jim Paciorek, Whales	114	442	52	137	23	1	11	75	0	.310
Tom O'Malley, Tigers	130	476	61	146	29	0	21	81	0	.307
Ryuzo Yamasaki, Carp	122	402	54	121	19	0	8	50	9	.301
Johnny Ray, Swallows	110	415	62	124	**36**	3	11	51	0	.299
Yutaka Wada, Tigers	129	494	50	147	13	3	0	34	9	.298
Shinji Hata, Swallows	117	383	51	112	20	4	16	47	5	.292
Futoshi Miyazato, Whales	125	395	46	115	16	2	7	36	18	.2911
Kozo Shoda, Carp	132	481	66	140	17	5	8	52	9	.291
Kazuyoshi Tatsunami, Dragons	131	520	**87**	151	35	2	10	45	10	.290
Mark Ryal, Dragons	117	463	65	132	21	1	24	87	2	.285
Yasuaki Taihoh, Dragons	121	396	50	112	23	1	26	72	2	.283
Phil Bradley, Giants	121	440	67	124	19	5	21	70	2	.282
Katsumi Hirosawa, Swallows	132	492	71	137	24	2	27	**99**	8	.278
Tomonori Maeda, Carp	129	395	54	107	21	1	4	25	14	.271
Takahiro Ikeyama, Swallows	132	498	74	134	28	1	32	80	13	.269
Tatsunori Hara, Giants	127	455	66	122	13	1	29	86	5	.268
Yoshiyuki Shimizu, Whales	129	448	55	119	24	2	5	54	10	.266
Kaoru Okazaki, Giants	113	400	44	103	13	1	5	44	1	.258
Masahiro Kawai, Giants	126	439	53	110	17	2	2	36	8	.251
Hiroshi Yagi, Tigers	130	472	60	118	12	1	22	64	11	.250
Akinobu Okada, Tigers	108	383	45	92	11	0	15	50	1	.240
Masaru Uno, Dragons	125	428	56	102	18	3	26	74	2	.238
Mitsuo Tatsukawa, Carp	120	359	30	85	19	0	1	39	3	.237
Marvell Wynne, Tigers	123	453	40	104	18	5	13	44	6	.230

Qualifiers for Earned Run Average Championship

Player and Team	G	IP	W-L-S	PCT	SO	BB	H	ERA
Shinji Sasaoka, Carp	33	**240**	17-9-0	.654	213	69	186	**2.44**
Shinji Imanaka, Dragons	36	193	12-13-0	.480	167	59	192	2.52
Genji Kaku, Dragons	33	163	13-9-2	.591	95	48	131	2.71
Tatsuji Nishimura, Swallows	30	228.1	15-8-0	.652	134	73	202	2.80
Kazuhisa Kawaguchi, Carp	29	205	12-8-0	.600	**230**	82	169	2.90
Kenjiro Kawasaki, Swallows	28	191.2	14-9-1	.609	148	65	159	2.91
Hiroki Nomura, Whales	26	182.1	15-8-0	.652	113	43	163	3.159
Masumi Kuwata, Giants	28	227.2	16-8-1	.667	175	58	192	3.162
Takashi Inomata, Tigers	27	172.1	9-13-0	.409	116	80	135	3.29
Kazutomo Miyamoto, Giants	30	189.2	10-11-2	.476	143	75	169	3.37
Masaki Saito, Giants	24	178.2	11-11-0	.500	103	40	171	3.38
Manabu Kitabeppu, Carp	25	141.1	11-4-0	**.733**	73	31	149	3.38
Hiromi Makihara, Giants	25	186	9-12-0	.429	152	59	176	3.39
Kazuhiko Daimon, Whales	42	142	6-8-0	.429	95	39	146	3.49
Masahiro Yamamoto, Dragons	33	144	6-8-1	.429	96	43	158	3.63
Toru Okamoto, Whales	30	154	11-7-0	.611	73	50	146	3.74
Koji Noda, Tigers	32	212.2	8-**14**-1	.364	143	75	**206**	3.81
Hiroto Kato, Swallows	28	141	7-11-0	.389	92	63	136	3.96
Scott Anderson, Dragons	23	132	9-7-0	.563	80	43	131	4.09
Hiroaki Nakayama, Whales	27	156.1	8-10-0	.444	107	58	152	4.20

Games Leader—Kazuhiro Sasaki, Whales—58
Saves Leader—Yutaka Ono, Carp—26

Leaders and Award Winners

Home Runs
Hiromitsu Ochiai, Dragons—37
Takahiro Ikeyama, Swallows—32
Tatsunori Hara, Giants—29
Katsumi Hirosawa, Swallows—27
Yasuaki Taihoh, Dragons—26
Masaru Uno, Dragons—26

Runs Batted In
Katsumi Hirosawa, Swallows—99
Hiromitsu Ochiai, Dragons—91
Mark Ryal, Dragons—87
Tatsunori Hara, Giants—86
Tom O'Malley, Tigers—81

Wins
Shinji Sasaoka, Carp—17
Masumi Kuwata, Giants—16
Tatsuji Nishimura, Swallows—15
Hiroki Nomura, Whales—15
Kenjiro Kawasaki, Swallows—14

Strikeouts
Kazuhisa Kawaguchi, Carp—230
Shinji Sasaoka, Carp—213
Masumi Kuwata, Giants—175
Shinji Imanaka, Dragons—167
Hiromi Makihara, Giants—152

Most Valuable Player
Shinji Sasaoka, Carp

Sawamura Award
Shinji Sasaoka, Carp

Leaders and Award Winners

Rookie of the Year
Koichi Morita, Dragons

Best Nine
Pitcher—Shinji Sasaoka, Carp
Catcher—Atsuya Furuta, Swallows
First Base—Hiromitsu Ochiai, Dragons
Second Base—Yutaka Takagi, Whales
Third Base—Ryuzo Yamasaki, Carp
Shortstop—Kenjiro Nomura, Carp
Outfield—R.J. Reynolds, Whales
Outfield—Katsumi Hirosawa, Swallows
Outfield—Tatsunori Hara, Giants

Gold Glove Awards
Pitcher—Masumi Kuwata, Giants
Catcher—Atsuya Furuta, Swallows
First Base—Norihiro Komada, Giants
Second Base—Kozo Shoda, Carp
Third Base—Fujio Sumi, Swallows
Shortstop—Masahiro Kawai, Giants
Outfield—R.J. Reynolds, Whales
Outfield—Tomonori Maeda, Carp
Outfield—Tetsuya Iida, Swallows

PACIFIC LEAGUE

Team	G	W	L	T	PCT	GB	BA	HR	ERA	E
Seibu Lions	130	81	43	6	.653	—	.2651	155	3.22	38
Kintetsu Buffaloes	130	77	48	5	.616	4.5	.2650	157	3.46	71
Orix BlueWave	130	64	63	3	.504	18.5	.261	127	3.90	72
Nippon Ham Fighters	130	53	72	5	.424	28.5	.251	112	3.72	61
Fukuoka Daiei Hawks	130	53	73	4	.421	29.0	.253	152	4.74	68
Lotte Orions	130	48	77	5	.384	33.5	.260	89	4.23	77

Qualifiers for Batting Championship

Player and Team	G	AB	R	H	2B	3B	HR	RBI	SB	AVG
Mitsuchika Hirai, Orions	110	353	38	111	14	1	4	34	4	**.3144**
Hiromi Matsunaga, BlueWave	130	484	74	152	22	**10**	13	76	20	.314
Kazuyuki Shirai, Fighters	105	328	50	102	14	4	4	32	15	.311
Makoto Sasaki, Hawks	130	**519**	82	**158**	**32**	7	21	71	36	.304
Greg "Boomer" Wells, BlueWave	121	463	45	139	26	0	20	67	1	.300
Koji Akiyama, Lions	116	455	**97**	135	23	3	35	88	21	.297
Hisashi Ono, Hawks	130	456	72	132	22	1	1	25	**42**	.289
Koichi Hori, Orions	110	380	53	108	16	1	20	69	5	.284
Ken Hirano, Lions	125	459	60	129	19	6	3	41	13	.281
Norifumi Nishimura, Orions	118	443	57	122	14	2	2	17	23	.275
Junichi Fukura, BlueWave	104	355	53	97	13	1	2	26	15	.2732
Hirofumi Ogawa, BlueWave	130	495	57	135	24	2	5	48	8	.2727
Jim Traber, Buffaloes	124	486	61	132	15	2	29	**92**	11	.272
Hatsuhiko Tsuji, Lions	129	498	61	135	27	2	8	43	16	.271
Takeshi Aiko, Orions	130	495	46	134	30	2	8	59	7	.2707
Kazuhiro Kiyohara, Lions	126	448	73	121	20	0	23	79	3	.270
Yoshiaki Kanemura, Buffaloes	130	467	65	126	16	3	16	60	2	.2698
Kazuhiko Ishimine, BlueWave	130	490	63	132	28	3	21	85	0	.2693
Takahisa Suzuki, Buffaloes	127	431	50	116	20	2	18	63	2	.2691

Player and Team	G	AB	R	H	2B	3B	HR	RBI	SB	AVG
Matt Winters, Fighters	130	472	57	127	24	0	33	84	3	.269
Hiromichi Ishige, Lions	122	417	49	112	24	1	13	61	8	.2685
Daijiro Oishi, Buffaloes	125	459	77	123	22	3	6	42	12	.2679
Orestes Destrade, Lions	130	437	90	117	21	0	**39**	**92**	15	.2677
Norio Tanabe, Lions	124	359	42	96	19	0	11	54	3	.267
Hiromitsu Kadota, Hawks	112	367	38	97	15	0	18	66	1	.2643
Atsuhiro Motonishi, BlueWave	124	394	52	104	13	7	4	22	13	.2639
Minoru Ouchi, Fighters	120	335	37	88	8	1	0	18	14	.263
Hiroshi Yugamidani, Hawks	130	425	55	109	17	7	6	30	30	.256
Satoshi Nakajima, BlueWave	129	430	49	109	22	3	12	48	4	.253
Yasunori Oshima, Fighters	120	403	35	101	18	1	10	61	1	.251
Bill Bathe, Fighters	116	407	31	101	18	0	16	41	1	.248
Satoshi Takahashi, BlueWave	123	413	64	101	19	5	23	67	7	.245
Yukio Tanaka, Fighters	130	453	46	109	15	6	13	62	3	.241
Mike Laga, Hawks	124	453	53	107	18	1	32	81	1	.236
Yasuo Fujii, BlueWave	121	401	49	89	19	0	21	57	0	.222
Tsutomu Ito, Lions	124	392	51	83	17	0	8	44	3	.212

Qualifiers for Earned Run Average Championship

Player and Team	G	IP	W-L-S	PCT	SO	BB	H	ERA
Tomio Watanabe, Lions	22	157	11-6-1	.647	119	60	117	**2.35**
Yasumitsu Shibata, Fighters	23	174	9-9-0	.500	116	38	146	2.48
Taigen Kaku, Lions	24	184.1	15-6-1	.714	108	30	162	2.59
Kimiyasu Kudo, Lions	25	175.1	16-3-0	**.842**	151	75	124	2.82
Kazuyoshi Ono, Buffaloes	21	144.2	12-4-0	.750	65	49	128	2.86
Hideo Nomo, Buffaloes	31	**242.1**	**17**-11-1	.607	**287**	**128**	183	3.05
Atsunori Ito, BlueWave	29	158	6-12-1	.333	100	42	137	3.08
Osamu Sasaki, Buffaloes	24	145.2	10-4-1	.714	45	40	138	3.21
Yukihiko Yamaoki, BlueWave	24	155.2	9-7-0	.563	77	40	170	3.30
Nobuyuki Hoshino, BlueWave	28	193.2	16-10-1	.615	138	75	165	3.53
Katsuyoshi Murata, Hawks	23	188	13-9-0	.591	155	70	166	3.54
Shigetoshi Hasegawa, BlueWave	28	185	12-9-1	.571	111	50	184	3.55
Mitsujiro Sakai, Fighters	23	157.2	6-12-0	.333	91	60	163	3.71
Izumi Takayanagi, Buffaloes	23	131.2	7-5-0	.583	55	47	125	3.76
Kazumi Sonokawa, Orions	31	135.2	5-11-1	.313	103	40	130	3.78
Yukinaga Maeda, Orions	30	163.1	8-11-2	.421	130	72	145	3.86
Satoru Komiyama, Orions	29	212	10-**16**-0	.385	130	80	**219**	3.95
Hisanobu Watanabe, Lions	25	151.1	7-10-0	.412	127	68	142	4.40
Masaharu Motohara, Hawks	26	148.2	8-9-0	.471	54	60	166	4.78

Games Leader—Tetsuya Shiozaki, Lions—45
Saves Leader—Kazuhiro Takeda, Fighters—18

Leaders and Award Winners

Home Runs
Orestes Destrade, Lions—39
Koji Akiyama, Lions—35
Matt Winters, Fighters—33
Mike Laga, Hawks—32
Jim Traber, Buffaloes—29

Runs Batted In
Orestes Destrade, Lions—92
Jim Traber, Buffaloes—92
Koji Akiyama, Lions—88
Kazuhiko Ishimine, BlueWave—85
Matt Winters, Fighters—84

Wins
Hideo Nomo, Buffaloes—17
Nobuyuki Hoshino, BlueWave—16
Kimiyasu Kudo, Lions—16
Taigen Kaku, Lions—15
Katsuyoshi Murata, Hawks—13

Strikeouts
Hideo Nomo, Buffaloes—287
Katsuyoshi Murata, Hawks—155
Kimiyasu Kudo, Lions—151
Nobuyuki Hoshino, BlueWave—138
Satoru Komiyama, Orions—130
Yukinaga Maeda, Orions—130

Most Valuable Player
Taigen Kaku, Lions

Rookie of the Year
Shigetoshi Hasegawa, BlueWave

Best Nine
Pitcher—Taigen Kaku, Lions
Catcher—Tsutomu Ito, Lions
First Base—Jim Traber, Buffaloes
Second Base—Hatsuhiko Tsuji, Lions
Third Base-Hiromi Matsunaga, BlueWave
Shortstop—Hirofumi Ogawa, BlueWave
Outfield—Koji Akiyama, Lions
Outfield—Makoto Sasaki, Hawks
Outfield—Mitsuchika Hirai, Orions
Designated Hitter—Orestes Destrade, Lions

Gold Glove Awards
Pitcher—Taigen Kaku, Lions
Catcher—Tsutomu Ito, Lions
First Base—Jim Traber, Buffaloes
Second Base—Hatsuhiko Tsuji, Lions
Third Base—Hiromichi Ishige, Lions
Shortstop—Yukio Tanaka, Fighters
Outfield—Koji Akiyama, Lions
Outfield—Ken Hirano, Lions
Outfield—Makoto Sasaki, Hawks

ALL-STAR GAMES

Managers—Motoshi Fujita (Central League)—Masahiko Mori (Pacific League)

Game	Date	Site	C.L. Pitcher	Score	P.L. Pitcher
1	7/23	Tokyo Dome	Hiromi Makihara (W)	1-0	Hideo Nomo (L)

Home Runs—none
MVP—Atsuya Furuta (C)

Game	Date	Site		Score	
2	7/24	Hiroshima	—	3-3 (12 innings)	—

Home Runs—Hiromasa Arai (P), Satoshi Nakajima (P), Hiromitsu Kadota (P)
MVP—Katsumi Hirosawa (C)

JAPAN SERIES

Teams and Managers—Pacific League's Seibu Lions (Masahiko Mori) 4—Central League's Hiroshima Toyo Carp (Koji Yamamoto) 3

Game	Date	Site	Lions Pitcher	Score	Carp Pitcher
1	10/19	Seibu	Kimiyasu Kudo (W)	11-3	Shinji Sasaoka (L)

Home Runs—Kazuhiro Kiyohara (Lions), Orestes Destrade (Lions), Koji Akiyama (Lions), Hiromichi Ishige (Lions), Rod Allen (Carp)

Game	Date	Site	Lions Pitcher	Score	Carp Pitcher
2	10/20	Seibu	Taigen Kaku (L)	2-4	Kazuhisa Kawaguchi (W)

Home Runs—Orestes Destrade (Lions)

3	10/22	Hiroshima	Hisanobu Watanabe (W)	1-0	Manabu Kitabeppu (L)

Home Runs—Koji Akiyama (Lions)

4	10/23	Hiroshima	Tomio Watanabe (L)	3-7	Shinji Sasaoka (W)

Home Runs—Takashi Osanai (Carp)

5	10/24	Hiroshima	Kimiyasu Kudo (L)	0-3	Kazuhisa Kawaguchi (W)

Home Runs—Rod Allen (Carp)

6	10/26	Seibu	Takehiro Ishii (W)	6-1	Akihito Kaneishi (L)

Home Runs—Koji Akiyama (Lions)

7	10/28	Seibu	Kimiyasu Kudo (W)	7-1	Shinji Sasaoka (L)

Home Runs—Koji Akiyama (Lions)

Awards

Most Valuable Player—Koji Akiyama, Lions
Fighting Spirit—Kazuhisa Kawaguchi, Carp
Outstanding Hitter—Kimiyasu Kudo (Lions), Hisanobu Watanabe (Lions), Kenjiro Nomura (Carp)

1992 SEASON

CENTRAL LEAGUE

Team	G	W	L	T	PCT	GB	BA	HR	ERA	E
Yakult Swallows	131	69	61	1	.531	—	.261	173	3.79	83
Yomiuri Giants	130	67	63	0	.515	2.0	.262	139	3.69	77
Hanshin Tigers	132	67	63	2	.515	2.0	.250	86	2.90	69
Hiroshima Toyo Carp	130	66	64	0	.508	3.0	.260	122	3.60	83
Yokohama Taiyo Whales	131	61	69	1	.469	8.0	.249	97	3.75	80
Chunichi Dragons	130	60	70	0	.462	9.0	.252	108	3.91	91

Qualifiers for Batting Championship

Player and Team	G	AB	R	H	2B	3B	HR	RBI	SB	AVG
Jack Howell, Swallows	113	387	67	128	21	1	**38**	87	3	**.331**
Tom O'Malley, Tigers	111	381	55	124	30	2	15	62	3	.325
Atsuya Furuta, Swallows	131	474	87	150	27	3	30	86	3	.316
Jim Paciorek, Tigers	129	512	73	**159**	**33**	0	22	88	0	.311
Tomonori Maeda, Carp	130	493	82	152	23	3	19	89	18	.3083
Larry Sheets, Whales	131	487	61	150	32	2	26	**100**	1	.308
Norihiro Komada, Giants	130	505	73	155	25	1	27	64	1	.307
Kozo Shoda, Carp	89	359	49	108	21	1	4	33	15	.3008
Kazuyoshi Tatsunami, Dragons	98	379	52	114	16	4	5	42	8	.3007
Yutaka Takagi, Whales	131	500	76	150	32	2	5	39	24	.300
Tetsuya Iida, Swallows	125	521	69	153	24	**8**	7	42	**33**	.294

Player and Team	G	AB	R	H	2B	3B	HR	RBI	SB	AVG
Hiromitsu Ochiai, Dragons	116	384	58	112	22	1	22	71	2	.292
Kenjiro Nomura, Carp	130	545	**89**	157	22	5	14	63	21	.288
Tsutomu Kameyama, Tigers	131	488	65	140	14	7	4	28	15	.287
Koichi Ogata, Giants	98	357	47	102	16	1	6	30	7	.286
Takahiro Ikeyama, Swallows	127	477	74	133	29	2	30	79	13	.279
Yutaka Wada, Tigers	132	**550**	65	153	23	**8**	0	23	1	.278
Kaname Yashiki, Whales	115	365	41	101	18	2	2	31	8	.277
Katsumi Hirosawa, Swallows	131	503	84	139	18	0	25	85	3	.276
Tatsunori Hara, Giants	117	437	61	119	17	1	28	77	4	.272
Hiroshi Yagi, Tigers	129	424	57	113	23	3	21	60	8	.267
Kaoru Okazaki, Giants	124	461	57	116	24	2	12	53	1	.252
R.J. Reynolds, Whales	113	427	57	106	16	0	19	66	12	.248
Teruyoshi Kuji, Tigers	121	371	29	91	8	**8**	0	21	4	.245
Marty Brown, Carp	109	386	37	90	22	1	19	68	2	.233

Qualifiers for Earned Run Average Championship

Player and Team	G	IP	W-L-S	PCT	SO	BB	H	ERA
Koki Morita, Whales	52	131.2	14-6-2	.700	80	51	100	**2.05**
Shin Nakagomi, Tigers	28	200.2	9-8-0	.529	111	77	147	2.42
Koji Nakada, Tigers	35	**217.1**	14-12-1	.538	**194**	67	194	2.53
Manabu Kitabeppu, Carp	26	181.1	14-8-0	.636	101	28	179	2.58
Masaki Saito, Giants	25	187.2	**17**-6-0	**.739**	148	48	165	2.59
Akimitsu Ito, Swallows	29	146	7-5-1	.583	85	44	130	2.77
Toshiro Yufune, Tigers	27	146.2	11-8-0	.579	136	65	113	2.82
Yoichi Okabayashi, Swallows	34	197	15-10-0	.600	131	41	190	2.97
Kazutomo Miyamoto, Giants	28	157	9-9-1	.500	146	63	141	3.21
Toru Okamoto, Whales	27	159	8-9-0	.471	97	62	147	3.23
Kazuhisa Kawaguchi, Carp	26	183	8-12-0	.400	156	65	168	3.34
Shinji Sasaoka, Carp	29	197	12-8-0	.600	161	60	186	3.38
Masahiro Yamamoto, Dragons	30	170.2	13-10-0	.565	135	49	158	3.43
Hiromi Makihara, Giants	29	196	12-13-1	.480	159	80	192	3.58
Manabu Tanabe, Whales	29	131.1	4-9-0	.308	98	**84**	125	3.84
Scott Anderson, Dragons	31	140	9-**14**-0	.391	92	50	147	3.92
Tatsuji Nishimura, Swallows	31	200.2	14-13-0	.519	124	77	199	3.95
Masumi Kuwata, Giants	29	210.1	10-**14**-0	.417	152	64	**235**	4.41
Hiroshi Nagatomi, Carp	33	140	11-10-0	.524	100	57	154	4.56

Games Leader—Mitsunori Kakehata, Whales—55
Saves Leader—Yutaka Ono, Carp—26

Leaders and Award Winners

Home Runs
Jack Howell, Swallows—38
Atsuya Furuta, Swallows—30
Takahiro Ikeyama, Swallows—30
Tatsunori Hara, Giants—28
Norihiro Komada, Giants—27

Runs Batted In
Larry Sheets, Whales—100
Tomonori Maeda, Carp—89
Jim Paciorek, Tigers—88
Jack Howell, Swallows—87
Atsuya Furuta, Swallows—86

Wins
Masaki Saito, Giants—17
Yoichi Okabayashi, Swallows—15
Manabu Kitabeppu, Carp—14
Koki Morita, Whales—14
Koji Nakada, Tigers—14
Tatsuji Nishimura, Swallows—14

Strikeouts
Koji Nakada, Tigers—194
Shinji Sasaoka, Carp—161
Hiromi Makihara, Giants—159
Kazuhisa Kawaguchi, Carp—156
Masumi Kuwata, Giants—152

Most Valuable Player
Jack Howell, Swallows

Rookie of the Year
Teruyoshi Kuji, Tigers

Best Nine
Pitcher—Masaki Saito, Giants
Catcher—Atsuya Furuta, Swallows
First Base—Tom O'Malley, Tigers
Second Base—Yutaka Wada, Tigers
Third Base—Jack Howell, Swallows
Shortstop—Takahiro Ikeyama, Swallows
Outfield—Tomonori Maeda, Carp
Outfield—Tetsuya Iida, Swallows
Outfield—Larry Sheets, Whales

Gold Glove Awards
Pitcher—Masaki Saito, Giants
Catcher—Atsuya Furuta, Swallows
First Base—Jim Paciorek, Tigers
Second Base—Yutaka Wada, Tigers
Third Base—Tom O'Malley, Tigers
Shortstop—Takahiro Ikeyama, Swallows
Outfield—Tetsuya Iida, Swallows
Outfield—Tomonori Maeda, Carp
Outfield—Tsutomu Kameyama, Tigers

PACIFIC LEAGUE

Team	G	W	L	T	PCT	GB	BA	HR	ERA	E
Seibu Lions	130	80	47	3	.630	—	.278	159	3.52	56
Kintetsu Buffaloes	130	74	50	6	.597	4.5	.247	155	3.69	73
Orix BlueWave	130	61	64	5	.488	18.0	.272	88	3.58	63
Fukuoka Daiei Hawks	130	57	72	1	.442	24.0	.258	139	4.60	86
Nippon Ham Fighters	130	54	73	3	.425	26.0	.259	99	4.20	66
Chiba Lotte Marines	130	54	74	2	.422	26.5	.241	89	3.82	75

Qualifiers for Batting Championship

Player and Team	G	AB	R	H	2B	3B	HR	RBI	SB	AVG
Makoto Sasaki, Hawks	126	**509**	83	**164**	26	2	21	54	**40**	**.322**
Kelvin Torve, BlueWave	96	367	42	112	19	1	11	58	3	.305
Norio Tanabe, Lions	126	401	50	121	32	0	13	63	4	.302
Hiromi Matsunaga, BlueWave	118	473	72	141	**34**	4	3	39	15	.298
Hiromichi Ishige, Lions	125	438	64	130	27	0	8	52	11	.2968
Satoshi Takahashi, BlueWave	127	465	84	138	30	7	29	78	3	.2967

Player and Team	G	AB	R	H	2B	3B	HR	RBI	SB	AVG
Koji Akiyama, Lions	130	480	**92**	142	26	2	31	89	13	.296
Koichiro Yoshinaga, Hawks	124	420	44	122	20	3	11	49	0	.2904
Terushi Nakajima, Fighters	115	441	49	128	23	1	13	66	0	.2902
Atsushi Kataoka, Fighters	125	431	44	125	17	3	10	53	5	.290
Hiroo Ishii, Buffaloes	128	473	68	137	27	1	29	89	4	.2896
Kazuhiro Kiyohara, Lions	129	464	82	134	17	0	36	96	5	.289
Hiroshi Yugamidani, Hawks	130	367	47	105	11	2	6	40	15	.286
Hatsuhiko Tsuji, Lions	123	474	66	135	23	4	6	48	23	.285
Yoshihiro Suzuki, Fighters	120	430	56	122	10	5	6	34	20	.2837
Junichi Fukura, BlueWave	114	409	57	116	16	4	3	37	13	.2836
Matt Winters, Fighters	120	426	70	120	21	1	35	79	1	.282
Koichi Hori, Marines	105	409	66	115	25	3	8	38	11	.281
Ken Hirano, Lions	122	436	57	122	19	1	4	45	15	.280
Takeshi Aiko, Marines	130	464	42	127	26	2	8	53	4	.274
Greg "Boomer" Wells, Hawks	129	506	56	137	19	1	26	**97**	4	.271
Daijiro Oishi, Buffaloes	130	487	76	131	24	6	6	47	39	.269
Max Venable, Marines	111	425	57	114	26	4	13	50	13	.268
Kazuhiko Ishimine, BlueWave	130	506	56	135	17	0	18	68	2	.267
Orestes Destrade, Lions	128	448	87	119	19	0	**41**	87	12	.266
Kazunori Yamamoto, Hawks	130	475	58	126	22	1	18	65	3	.265
Tsutomu Ito, Lions	124	365	52	96	14	3	4	49	10	.263
Hiroshi Fujimoto, Hawks	130	368	48	93	15	2	20	56	2	.253
Takayuki Murakami, Buffaloes	116	388	63	97	20	3	20	59	15	.250
Kiyoshi Hatsushiba, Marines	110	377	37	94	17	0	10	46	0	.2493
Satoshi Nakajima, BlueWave	115	342	44	85	13	0	6	33	5	.2485
Fujio Tamura, Fighters	116	345	36	84	11	1	9	35	0	.2434
Ralph Bryant, Buffaloes	119	448	78	109	17	2	38	96	6	.2433
Kazuyuki Shirai, Fighters	128	410	33	88	14	2	4	30	11	.215

Qualifiers for Earned Run Average Championship

Player and Team	G	IP	W-L-S	PCT	SO	BB	H	ERA
Motoyuki Akahori, Buffaloes	**50**	130	11-4-**22**	.733	88	29	91	**1.80**
Takehiro Ishii, Lions	27	148.1	15-3-3	**.833**	123	28	103	1.94
Taigen Kaku, Lions	23	168	14-4-0	.778	108	44	128	2.41
Hideo Nomo, Buffaloes	30	**216.2**	**18**-8-0	.692	**228**	117	150	2.66
Hiroshi Takamura, Buffaloes	28	180	13-9-0	.591	153	71	156	3.15
Yasumitsu Shibata, Fighters	26	191	6-12-0	.333	123	46	174	3.16
Shigetoshi Hasegawa, BlueWave	24	143.1	6-8-1	.429	86	51	138	3.27
Tsutomu Sakai, BlueWave	22	156	10-11-0	.476	105	52	140	3.29
Kimiyasu Kudo, Lions	25	150.2	11-5-0	.688	133	69	140	3.52
Nobuyuki Hoshino, BlueWave	27	196.2	13-9-0	.591	175	66	188	3.62
Toyohiko Yoshida, Hawks	23	165.2	11-9-0	.550	81	53	159	3.64
Katsuyoshi Murata, Hawks	25	181.2	10-9-0	.526	123	76	162	3.67
Akihito Kaneishi, Fighters	28	183.2	14-12-0	.538	98	47	188	3.77

Player and Team	G	IP	W-L-S	PCT	SO	BB	H	ERA
Atsunori Ito, BlueWave	26	191.2	8-8-0	.500	93	52	**192**	3.80
Hisanobu Watanabe, Lions	28	179.1	12-12-0	.500	141	84	164	3.81
Izumi Takayanagi, Buffaloes	24	139.2	8-8-0	.500	76	42	142	3.93
Yukinaga Maeda, Marines	28	173	9-14-0	.391	158	86	151	3.95
Kazumi Sonokawa, Marines	27	152.1	7-9-0	.438	130	59	145	3.958
Satoru Komiyama, Marines	29	172.2	8-**15**-0	.348	124	64	187	3.961
Kenichi Wakatabe, Hawks	27	193.1	10-13-0	.435	97	63	190	4.00
Yukihiro Nishizaki, Fighters	21	136.2	6-10-0	.375	107	54	129	4.08

Leaders and Award Winners

Home Runs
Orestes Destrade, Lions—41
Ralph Bryant, Buffaloes—38
Kazuhiro Kiyohara, Lions—36
Matt Winters, Fighters—35
Koji Akiyama, Lions—31

Runs Batted In
Greg "Boomer" Wells, Hawks—97
Ralph Bryant, Buffaloes—96
Kazuhiro Kiyohara, Lions—96
Koji Akiyama, Lions—89
Hiroo Ishii, Buffaloes—89

Wins
Hideo Nomo, Buffaloes—18
Takehiro Ishii, Lions—15
Akihito Kaneishi, Fighters—14
Taigen Kaku, Lions—14
Nobuyuki Hoshino, BlueWave—13
Hiroshi Takamura, Buffaloes—13

Strikeouts
Hideo Nomo, Buffaloes—228
Nobuyuki Hoshino, BlueWave—175
Yukinaga Maeda, Marines—158
Hiroshi Takamura, Buffaloes—153
Hisanobu Watanabe, Lions—141

Most Valuable Player
Takehiro Ishii, Lions

Sawamura Award
Takehiro Ishii, Lions

Rookie of the Year
Hiroshi Takamura, Buffaloes

Best Nine
Pitcher—Takehiro Ishii, Lions
Catcher—Tsutomu Ito, Lions
First Base—Kazuhiro Kiyohara, Lions
Second Base—Hatsuhiko Tsuji, Lions
Third Base—Hiromichi Ishige, Lions
Shortstop—Norio Tanabe, Lions
Outfield—Koji Akiyama, Lions
Outfield—Makoto Sasaki, Hawks
Outfield—Satoshi Takahashi, BlueWave
Designated Hitter—Orestes Destrade, Lions

Gold Glove Awards
Pitcher—Taigen Kaku, Lions
Catcher—Tsutomu Ito, Lions
First Base—Kazuhiro Kiyohara, Lions
Second Base—Hatsuhiko Tsuji, Lions
Third Base—Hiromichi Ishige, Lions
Shortstop—Norio Tanabe, Lions
Outfield—Koji Akiyama, Lions
Outfield—Ken Hirano, Lions
Outfield—Makoto Sasaki, Hawks

ALL-STAR GAMES

Managers—Koji Yamamoto (Central League)—Masahiko Mori (Pacific League)

Game	Date	Site	C.L. Pitcher	Score	P.L. Pitcher
1	7/18	Koshien	Tatsuo Komatsu (L)	1-6	Hisanobu Watanabe (W)

Home Runs—Hiroo Ishii (P), Norio Tanabe (P), Makoto Sasaki (P)
MVP—Hiroo Ishii (P)

2	7/19	Chiba	Masumi Kuwata (W)	6-4	Yukinaga Maeda (L)

Home Runs—Atsuya Furuta (C), Daijiro Oishi (P)
MVP—Atsuya Furuta (C)

3	7/21	Sendai	Masahiro Yamamoto (W)	4-2	Atsunori Ito (L)

Home Runs—Norihiro Komada (C), Makoto Sasaki (C), Kazuhiro Kiyohara (C)
MVP—Norihiro Komada (C)

JAPAN SERIES

Teams and Managers—Pacific League's Seibu Lions (Masahiko Mori) 4—Central League's Yakult Swallows (Katsuya Nomura) 3

Game	Date	Site	Lions Pitcher	Score	Swallows Pitcher
1	10/17	Jingu	Yoshitaka Katori (L)	3-7 (12 innings)	Yoichi Okabayashi (W)

Home Runs—Orestes Destrade—2 (Lions), Atsuya Furuta (Swallows), Toru Sugiura (Swallows)

2	10/18	Jingu	Taigen Kaku (W)	2-0	Daisuke Araki (L)

Home Runs—Kazuhiro Kiyohara (Lions)

3	10/21	Seibu	Takehiro Ishii (W)	6-1	Kazuhisa Ishii (L)

Home Runs—Katsumi Hirosawa (Swallows)

4	10/22	Seibu	Yoshitaka Katori (W)	1-0	Yoichi Okabayashi (L)

Home Runs—Koji Akiyama (Lions)

5	10/23	Seibu	Tetsuya Shiozaki (L)	6-7 (10 innings)	Akimitsu Ito (W)

Home Runs—Orestes Destrade (Lions), Jack Howell (Swallows), Takahiro Ikeyama (Swallows)

6	10/25	Jingu	Tetsuya Shiozaki (L)	7-8 (10 innings)	Akimitsu Ito (W)

Home Runs—Hiromichi Ishige (Lions), Ken Suzuki (Lions), Hideki Hashigami (Swallows), Takahiro Ikeyama (Swallows), Jack Howell (Swallows), Shinji Hata (Swallows)

7	10/26	Jingu	Takehiro Ishii (W)	2-1 (10 innings)	Yoichi Okabayashi (L)

Home Runs—none

Awards
Most Valuable Player—Takehiro Ishii, Lions
Fighting Spirit—Yoichi Okabayashi, Swallows
Outstanding Player—Hiromichi Ishige (Lions), Koji Akiyama (Lions), Tetsuya Iida (Swallows)

1993 SEASON

CENTRAL LEAGUE

Team	G	W	L	T	PCT	GB	BA	HR	ERA	E
Yakult Swallows	132	80	50	2	.615	—	.263	140	3.20	68
Chunichi Dragons	132	73	57	2	.562	7.0	.256	158	3.12	66
Yomiuri Giants	131	64	66	1	.492	16.0	.238	105	3.22	57
Hanshin Tigers	132	63	67	2	.485	17.0	.2529	86	3.88	60
Yokohama BayStars	130	57	73	0	.438	23.0	.249	87	3.83	66
Hiroshima Toyo Carp	131	53	77	1	.408	27.0	.2530	155	4.29	73

Qualifiers for Batting Championship

Player and Team	G	AB	R	H	2B	3B	HR	RBI	SB	AVG
Tom O'Malley, Tigers	125	434	60	143	32	1	23	87	1	**.329**
Bobby Rose, BayStars	130	486	61	158	**33**	4	19	**94**	2	.325
Alonzo Powell, Dragons	97	394	63	125	20	1	27	66	3	.3172
Tomonori Maeda, Carp	131	499	85	158	**33**	2	27	70	10	.3166
Yutaka Wada, Tigers	127	511	63	**161**	22	2	0	36	4	.315
Atsuya Furuta, Swallows	132	522	**90**	**161**	29	0	17	75	11	.308
Rex Hudler, Swallows	120	410	48	123	26	3	14	64	1	.300
Jack Howell, Swallows	121	396	72	117	15	1	28	88	3	.295
Yukio Arai, Swallows	106	357	45	104	15	2	9	35	1	.291
Masahiro Kawai, Giants	131	462	58	134	23	2	5	35	2	.290
Katsumi Hirosawa, Swallows	132	524	87	151	22	0	25	**94**	7	.288
Kazuyoshi Tatsunami, Dragons	128	500	73	143	18	3	16	50	6	.286
Hiromitsu Ochiai, Dragons	119	396	64	113	19	0	17	65	1	.285
Akira Eto, Carp	131	482	88	136	15	1	**34**	82	7	.282
Hitoshi Hatayama, BayStars	128	452	44	127	27	2	14	72	0	.281
Marty Brown, Carp	120	428	60	118	21	2	27	83	1	.276
Yutaka Takagi, BayStars	130	489	53	131	21	0	3	42	9	.268
Kenjiro Nomura, Carp	130	**556**	67	148	21	1	14	48	12	.2661
Takuro Ishii, BayStars	121	414	53	110	19	5	5	36	**24**	.2657
Yasuaki Taihoh, Dragons	117	367	53	95	14	0	25	59	0	.259
Tsuyoshi Shinjo, Tigers	102	408	50	105	13	1	23	62	13	.25735
Kozo Shoda, Carp	121	443	60	114	13	0	7	24	4	.25733
Takahiro Ikeyama, Swallows	108	390	63	100	15	1	24	71	10	.256
Hitoshi Taneda, Dragons	132	512	65	130	13	4	10	40	10	.254
Norihiro Komada, Giants	122	437	35	109	18	0	7	39	1	.249
Teruyoshi Kuji, Tigers	128	401	49	98	9	4	1	16	6	.244
Tatsuya Shindo, BayStars	127	414	53	94	22	4	12	45	3	.227
Takeshi Nakamura, Dragons	127	404	38	88	11	0	18	46	0	.218
Jesse Barfield, Giants	104	344	52	74	8	2	26	53	1	.215

Stolen Base Co-Leader—Koichi Ogata, Giants—24

Qualifiers for Earned Run Average Championship

Player and Team	G	IP	W-L-S	PCT	SO	BB	H	ERA
Masahiro Yamamoto, Dragons	27	188.1	17-5-0	.773	132	30	140	**2.05**
Shinji Imanaka, Dragons	31	**249**	17-7-1	.708	**247**	59	183	2.20
Hiromi Makihara, Giants	28	173.2	13-5-0	.722	175	53	149	2.28
Hiroki Nomura, BayStars	28	179.1	17-6-0	.739	137	41	148	2.51
Akimitsu Ito, Swallows	26	173.2	13-4-2	.765	94	45	162	3.11
Masaki Saito, Giants	23	149.2	9-11-0	.450	105	40	135	3.19
Masao Kida, Giants	35	131.2	7-7-2	.500	97	40	129	3.35
Kenjiro Kawasaki, Swallows	27	139.2	10-9-0	.526	108	61	120	3.48
Toshiro Yufune, Tigers	23	161	12-6-0	.667	131	61	158	3.52
Kazuhisa Kawaguchi, Carp	25	162.2	8-11-0	.421	128	**74**	167	3.54
Shin Nakagomi, Tigers	28	199	8-13-0	.381	153	62	175	3.71
Tatsuji Nishimura, Swallows	26	154.2	11-6-1	.647	98	42	148	3.72
Takashi Saito, BayStars	29	149	8-10-0	.444	125	61	127	3.81
Takashi Inomata, Tigers	27	166.2	11-12-0	.478	133	71	179	3.89
Masumi Kuwata, Giants	26	178	8-15-0	.348	158	61	162	3.99
Shinji Sasaoka, Carp	30	183	5-**17**-0	.227	124	58	**206**	4.33

Games Leader—Yoshihisa Kondo, Carp—60
Saves Leader—Hiroshi Ishige, Giants—30

Leaders and Award Winners

Home Runs
Akira Eto, Carp—34
Jack Howell, Swallows—28
Marty Brown, Carp—27
Tomonori Maeda, Carp—27
Alonzo Powell, Dragons—27

Runs Batted In
Bobby Rose, BayStars—94
Katsumi Hirosawa, Swallows—94
Jack Howell, Swallows—88
Tom O'Malley, Tigers—87
Marty Brown, Carp—83

Wins
Shinji Imanaka, Dragons—17
Hiroki Nomura, BayStars—17
Masahiro Yamamoto, Dragons—17
Akimitsu Ito, Swallows—13
Hiromi Makihara, Giants—13

Strikeouts
Shinji Imanaka, Dragons—247
Hiromi Makihara, Giants—175
Masumi Kuwata, Giants—158
Shin Nakagomi, Tigers—153
Hiroki Nomura, BayStars—137

Most Valuable Player
Atsuya Furuta, Swallows

Sawamura Award
Shinji Imanaka, Dragons

Rookie of the Year
Tomohito Ito, Swallows

Best Nine
Pitcher—Shinji Imanaka, Dragons
Catcher—Atsuya Furuta, Swallows
First Base—Katsumi Hirosawa, Swallows
Second Base—Bobby Rose, BayStars
Third Base—Akira Eto, Carp
Shortstop—Takahiro Ikeyama, Swallows
Outfield—Tomonori Maeda, Carp
Outfield—Alonzo Powell, Dragons
Outfield—Tsuyoshi Shinjo, Tigers

Gold Glove Awards
Pitcher—Shinji Imanaka, Dragons;
 Masumi Kuwata, Giants
Catcher—Atsuya Furuta, Swallows
First Base—Norihiro Komada, Giants
Second Base—Yutaka Wada, Tigers
Third Base—Takuro Ishii, BayStars
Shortstop—Masahiro Kawai, Giants
Outfield—Tomonori Maeda, Carp
Outfield—Tsuyoshi Shinjo, Tigers
Outfield—Tetsuya Iida, Swallows

PACIFIC LEAGUE

Team	G	W	L	T	PCT	GB	BA	HR	ERA	E
Seibu Lions	130	74	53	3	.583	—	.260	114	2.96	50
Nippon Ham Fighters	130	71	52	7	.577	1.0	.259	106	3.37	55
Orix BlueWave	130	70	56	4	.556	3.5	.253	125	3.24	69
Kintetsu Buffaloes	130	66	59	5	.528	7.0	.258	145	3.62	90
Chiba Lotte Marines	130	51	77	2	.398	23.5	.251	95	4.08	73
Fukuoka Daiei Hawks	130	45	80	5	.360	28.0	.246	75	4.22	72

Qualifiers for Batting Championship

Player and Team	G	AB	R	H	2B	3B	HR	RBI	SB	AVG
Hatsuhiko Tsuji, Lions	110	429	68	137	26	5	3	31	14	**.319**
Hiroo Ishii, Buffaloes	130	475	74	**147**	26	5	22	80	0	.309
Hiromichi Ishige, Lions	122	434	64	133	26	2	15	53	12	.306
Kazunori Yamamoto, Hawks	117	369	49	111	12	3	12	40	8	.301
Mel Hall, Marines	129	480	71	142	29	1	30	92	21	.296
Koichiro Yoshinaga, Hawks	125	413	39	120	29	3	12	44	1	.291
Atsushi Kataoka, Fighters	124	425	55	122	29	2	8	39	4	.287
Tetsuro Hirose, Fighters	116	412	52	115	17	0	0	29	21	.279
Makoto Sasaki, Hawks	113	444	38	123	24	1	7	41	23	.277
Kazuhiko Ishimine, BlueWave	130	495	56	135	21	2	24	77	4	.273
Max Venable, Marines	103	372	30	101	15	2	7	54	3	.272
Rick Schu, Fighters	128	482	74	130	30	4	24	79	8	.2697
Kazuyuki Shirai, Fighters	130	**497**	67	134	20	2	7	54	27	.2696
Kazuhiro Kiyohara, Lions	128	448	66	120	15	1	25	75	3	.268
Junichi Fukura, BlueWave	130	453	63	121	16	1	2	30	20	.267
Daijiro Oishi, Buffaloes	127	470	69	121	10	2	10	49	**31**	.2574
Fujio Tamura, Fighters	129	401	37	103	14	1	5	40	6	.2568
Hirofumi Ogawa, BlueWave	125	414	36	106	18	2	8	36	8	.256
Yukio Tanaka, Fighters	128	474	63	120	**32**	1	12	63	5	.253
Ralph Bryant, Buffaloes	127	**497**	**83**	125	20	1	**42**	**107**	4	.252
Satoshi Takahashi, BlueWave	97	370	42	93	19	3	11	48	6	.2513
Takeshi Aiko, Marines	125	398	42	100	27	2	8	33	3	.2512
Kiyoshi Hatsushiba, Marines	115	407	46	102	25	2	12	43	0	.2506
Yasuo Fujii, BlueWave	129	463	62	116	23	1	28	86	2	.2505
Norifumi Nishimura, Marines	103	352	43	88	10	6	1	28	21	.250
Matt Winters, Fighters	130	460	78	114	14	0	35	87	5	.248
Koichi Hori, Marines	128	493	66	122	28	6	6	46	18	.2474
Koji Akiyama, Lions	127	470	67	116	23	4	30	72	9	.2468
Hiroshi Fujimoto, Hawks	129	456	44	109	16	3	13	53	1	.239
Chihiro Hamana, Hawks	125	364	38	83	8	9	3	30	8	.228
Tsutomu Ito, Lions	128	401	36	90	15	1	7	39	6	.224

Qualifiers for Earned Run Average Championship

Player and Team	G	IP	W-L-S	PCT	SO	BB	H	ERA
Kimiyasu Kudo, Lions	24	170	15-3-0	.833	130	65	129	**2.06**
Yukihiro Nishizaki, Fighters	23	175.2	11-9-1	.550	143	61	121	2.20
Koji Noda, BlueWave	26	225	**17-5-0**	.773	209	62	187	2.56
Yasukatsu Shirai, Fighters	27	152.1	10-3-0	.769	86	85	140	2.66
Shigetoshi Hasegawa, BlueWave	23	159.2	12-6-0	.667	86	48	146	2.71
Hideki Irabu, Marines	32	142.1	8-7-1	.533	160	58	125	3.10
Takehiro Ishii, Lions	26	191.2	12-10-0	.545	144	28	173	3.19
Katsuyoshi Murata, Hawks	25	196.1	10-12-0	.455	127	81	171	3.21
Kazuhiro Takeda, Fighters	27	170.1	10-8-0	.556	125	53	181	3.33
Nobuyuki Hoshino, BlueWave	25	185.1	10-12-0	.455	153	52	172	3.35
Satoru Komiyama, Marines	27	204.1	12-14-0	.462	160	71	193	3.44
Taigen Kaku, Lions	22	133.1	8-8-0	.500	88	26	121	3.51
Yoshinori Sato, BlueWave	21	142	9-8-0	.529	99	55	123	3.549
Yasumitsu Shibata, Fighters	25	131.2	7-11-0	.389	76	34	125	3.554
Hideo Nomo, Buffaloes	32	**243.1**	17-12-0	.586	**276**	**148**	**201**	3.70
Shintaro Yamasaki, Buffaloes	22	131.2	9-5-0	.643	55	49	140	3.76
Hisanobu Watanabe, Lions	26	160	9-14-0	.391	143	70	153	3.83
Yukinaga Maeda, Marines	27	171.1	9-12-0	.429	100	68	176	4.15
Kazumi Sonokawa, Marines	32	177.1	9-**15**-0	.375	149	69	169	4.16
Yutaka Ashikaga, Hawks	24	142.1	6-13-1	.316	65	57	152	4.24
Toyohiko Yoshida, Hawks	24	157.2	7-14-0	.333	103	60	149	4.62
Hiroshi Takamura, Buffaloes	23	132.1	5-11-0	.313	128	52	137	4.96
Kenichi Wakatabe, Hawks	23	131	5-10-0	.333	49	36	143	5.08

Games Leader—Kento Sugiyama, Lions—54
Saves Leader—Motoyuki Akahori, Buffaloes—26

Leaders and Award Winners

Home Runs
Ralph Bryant, Buffaloes—42
Matt Winters, Fighters—35
Koji Akiyama, Lions—30
Mel Hall, Marines—30
Yasuo Fujii, BlueWave—28

Runs Batted In
Ralph Bryant, Buffaloes—107
Mel Hall, Marines—92
Matt Winters, Fighters—87
Yasuo Fujii, BlueWave—86
Hiroo Ishii, Buffaloes—80

Wins
Koji Noda, BlueWave—17
Hideo Nomo, Buffaloes—17
Kimiyasu Kudo, Lions—15
Shigetoshi Hasegawa, BlueWave—12
Takehiro Ishii, Lions—12
Satoru Komiyama, Marines—12

Strikeouts
Hideo Nomo, Buffaloes—276
Koji Noda, BlueWave—209
Hideki Irabu, Marines—160
Satoru Komiyama, Marines—160
Nobuyuki Hoshino, BlueWave—153

Leaders and Award Winners

Most Valuable Player
Kimiyasu Kudo, Lions

Rookie of the Year
Kento Sugiyama, Lions

Best Nine
Pitcher—Kimiyasu Kudo, Lions
Catcher—Fujio Tamura, Fighters
First Base—Hiroo Ishii, Buffaloes
Second Base—Hatsuhiko Tsuji, Lions
Third Base—Hiromichi Ishige, Lions
Shortstop—Tetsuro Hirose, Fighters
Outfield—Koji Akiyama, Lions
Outfield—Makoto Sasaki, Hawks
Outfield—Yasuo Fujii, BlueWave
Designated Hitter—Ralph Bryant, Buffaloes

Gold Glove Awards
Pitcher—Koji Noda, BlueWave
Catcher—Fujio Tamura, Fighters
First Base—Kazuhiro Kiyohara, Lions
Second Base—Hatsuhiko Tsuji, Lions
Third Base—Hiromichi Ishige, Lions
Shortstop—Tetsuro Hirose, Fighters
Outfield—Koji Akiyama, Lions
Outfield—Makoto Sasaki, Hawks
Outfield—Ken Hirano, Lions

ALL-STAR GAMES

Managers—Katsuya Nomura (Central League)—Masahiko Mori (Pacific League)

Game	Date	Site	C.L. Pitcher	Score	P.L. Pitcher
1	7/20	Tokyo Dome	Katsuya Udo (L)	8-10	Koji Noda (W)

Home Runs—Hiromitsu Ochiai—2 (C), Katsumi Hirosawa (C), Kazunori Yamamoto (P), Makoto Sasaki (P), Kazuhiro Kiyohara (P)
MVP—Kazuhiro Kiyohara (P)

| 2 | 7/21 | Green | Hiroki Nomura (W) | 10-8 | Yasukatsu Shirai (L) |

Home Runs—Tom O'Malley (C), Ralph Bryant (P), Kazuhiro Kiyohara (P)
MVP—Tom O'Malley (C)

JAPAN SERIES

Teams and Managers—Central League's Yakult Swallows (Katsuya Nomura) 4—Pacific League's Seibu Lions (Masahiko Mori) 3

Game	Date	Site	Swallows Pitcher	Score	Lions Pitcher
1	10/23	Seibu	Daisuke Araki (W)	8-5	Kimiyasu Kudo (L)

Home Runs—Jack Howell (Swallows), Takahiro Ikeyama (Swallows), Tsutomu Ito (Lions), Koji Akiyama (Lions)

| 2 | 10/24 | Seibu | Tatsuji Nishimura (W) | 5-2 | Taigen Kaku (L) |

Home Runs—none

| 3 | 10/26 | Jingu | Akimitsu Ito (L) | 2-7 | Hisanobu Watanabe (W) |

Home Runs—Norio Tanabe (Lions), Koji Akiyama (Lions)

| 4 | 10/27 | Jingu | Kenjiro Kawasaki (W) | 1-0 | Takehiro Ishii (L) |

Home Runs—none

| 5 | 10/28 | Jingu | Kenji Miyamoto (L) | 2-7 | Yoshitaka Katori (W) |

Home Runs—Yukio Arai (Swallows), Kazuhiro Kiyohara (Lions), Ken Suzuki (Lions)

| 6 | 10/31 | Seibu | Tatsuji Nishimura (L) | 2-4 | Taigen Kaku (W) |

Home Runs—Koji Akiyama (Lions)

| 7 | 11/1 | Seibu | Kenjiro Kawasaki (W) | 4-2 | Hisanobu Watanabe (L) |

Home Runs—Katsumi Hirosawa (Swallows), Kazuhiro Kiyohara (Lions)

Awards
Most Valuable Player—Kenjiro Kawasaki, Swallows
Fighting Spirit—Kazuhiro Kiyohara, Lions
Outstanding Player—Tetsuya Iida (Swallows), Shingo Takatsu (Swallows), Tetsuya Shiozaki (Lions)

1994 SEASON

CENTRAL LEAGUE

Team	G	W	L	T	PCT	GB	BA	HR	ERA	E
Yomiuri Giants	130	70	60	0	.538	—	.2583	122	3.41	69
Chunichi Dragons	130	69	61	0	.531	1.0	.2581	108	3.45	69
Hiroshima Toyo Carp	130	66	64	0	.508	4.0	.276	126	4.18	55
Yakult Swallows	130	62	68	0	.477	8.0	.250	130	4.05	61
Hanshin Tigers	130	62	68	0	.477	8.0	.256	92	3.43	67
Yokohama BayStars	130	61	69	0	.469	9.0	.261	107	3.76	70

Qualifiers for Batting Championship

Player and Team	G	AB	R	H	2B	3B	HR	RBI	SB	AVG
Alonzo Powell, Dragons	110	423	61	137	23	0	20	76	3	**.324**
Tomonori Maeda, Carp	123	492	66	158	26	0	20	66	4	.3211
Akira Eto, Carp	105	390	83	125	21	0	28	81	7	.3205
Yutaka Wada, Tigers	130	519	76	165	13	3	2	43	8	.318
Glenn Braggs, BayStars	122	448	84	141	25	1	35	91	1	.315
Tom O'Malley, Tigers	124	430	61	135	18	2	15	74	2	.314
Yasuaki Taihoh, Dragons	130	477	83	148	24	2	**38**	**107**	1	.310
Kenjiro Nomura, Carp	130	**558**	77	**169**	20	4	10	61	**37**	.303
Masahiro Kawai, Giants	130	473	69	143	18	4	0	33	3	.302
Bobby Rose, BayStars	130	510	71	151	28	4	15	86	1	.296
Hideki Matsui, Giants	130	503	70	148	23	4	20	66	6	.294
Jerald Clark, Swallows	99	376	61	110	15	1	20	53	3	.293
Hitoshi Hatayama, BayStars	127	449	51	131	27	1	11	46	1	.292
Tetsuya Iida, Swallows	117	458	57	133	19	4	3	37	30	.290
Shuji Nishiyama, Carp	126	387	44	110	10	6	3	32	9	.2842
Norihiro Komada, BayStars	130	525	60	149	**33**	2	13	68	0	.2838
Toshikatsu Hikono, Dragons	118	363	41	103	17	3	6	49	1	.2837
Kozo Shoda, Carp	122	464	55	130	6	0	5	34	3	.2801
Hiromitsu Ochiai, Giants	129	447	53	125	19	0	15	68	0	.2796
Kazuyoshi Tatsunami, Dragons	129	489	**90**	134	27	1	10	53	12	.274
Katsumi Hirosawa, Swallows	130	501	63	136	27	3	26	73	6	.2714
Luis Medina, Carp	106	384	48	104	23	3	14	70	0	.2708

Player and Team	G	AB	R	H	2B	3B	HR	RBI	SB	AVG
Dan Gladden, Giants	98	374	46	100	19	0	15	37	2	.267
Takeshi Nakamura, Dragons	125	398	37	102	16	0	9	50	1	.256
Tsuyoshi Shinjo, Tigers	122	466	54	117	23	7	17	68	7	.2510
Jack Howell, Swallows	105	363	54	91	14	0	20	56	4	.25068
Henry Cotto, Giants	107	383	45	96	16	0	18	52	2	.25065
Teruyoshi Kuji, Tigers	130	439	40	110	14	1	0	14	2	.25056
Takuro Ishii, BayStars	130	451	68	113	21	2	3	40	10	.25055
Kazuhiko Ishimine, Tigers	130	467	39	115	17	1	17	77	1	.246
Motonobu Tanishige, BayStars	129	359	29	82	19	2	5	36	0	.228

Qualifiers for Earned Run Average Championship

Player and Team	G	IP	W-L-S	PCT	SO	BB	H	ERA
Genji Kaku, Dragons	21	139.1	8-7-2	.533	85	32	125	**2.45**
Masumi Kuwata, Giants	28	207.1	14-11-1	.560	**185**	51	175	2.52
Masaki Saito, Giants	30	206.1	14-8-0	.636	144	32	183	2.53
Hiromi Makihara, Giants	29	185	12-8-0	.600	153	49	169	2.82
Shinji Imanaka, Dragons	28	197	13-9-3	.591	156	42	166	2.88
Yoichi Okabayashi, Swallows	22	171.2	11-5-0	.688	95	31	161	2.99
Toshiro Yufune, Tigers	23	130	5-7-0	.417	109	65	114	3.05
Takashi Saito, BayStars	28	181	9-**12**-0	.429	169	69	175	3.13
Hideki Sato, Dragons	28	140.2	7-9-0	.438	104	75	127	3.14
Keiichi Yabu, Tigers	26	181.1	9-9-0	.500	110	42	174	3.18
Kazuharu Yamazaki, Tigers	24	135	7-6-1	.538	58	52	140	3.20
Shinji Sasaoka, Carp	41	130.2	7-9-6	.438	93	27	129	3.31
Katsuya Udo, BayStars	28	130	8-7-0	.533	57	40	150	3.39
Masahiro Yamamoto, Dragons	29	**214**	**19**-8-0	.704	148	46	**203**	3.49
Yoshihisa Kondo, Carp	40	137.1	11-6-0	.647	88	52	128	3.54
Makoto Kito, Carp	30	181.1	16-5-0	**.762**	149	56	178	3.97
Kazuhisa Kawaguchi, Carp	27	139.1	7-10-0	.412	96	**93**	142	4.72
Akimitsu Ito, Swallows	29	155.2	8-10-0	.444	73	70	176	4.86

Games Leader—Katsuyuki Furumizo, Tigers—61
Saves Leader—Shingo Takatsu (Swallows), Hiroshi Ishige (Giants)—19

Leaders and Award Winners

Home Runs
Yasuaki Taihoh, Dragons—38
Glenn Braggs, BayStars—35
Shinichi Eto, Carp—28
Katsumi Hirosawa, Swallows—26
Jerald Clark, Swallows—20
Jack Howell, Swallows—20
Tomonori Maeda, Carp—20
Hideki Matsui, Giants—20
Alonzo Powell, Dragons—20

Runs Batted In
Yasuaki Taihoh, Dragons—107
Glenn Braggs, BayStars—91
Bobby Rose, BayStars—86
Akira Eto, Carp—81
Kazuhiko Ishimine, Tigers—77

Wins
Masahiro Yamamoto, Dragons—19
Makoto Kito, Carp—16
Masumi Kuwata, Giants—14
Masaki Saito, Giants—14
Shinji Imanaka, Dragons—13

Strikeouts
Masumi Kuwata, Giants—185
Takashi Saito, BayStars—169
Shinji Imanaka, Dragons—156
Hiromi Makihara, Giants—153
Makoto Kito, Carp—149

Most Valuable Player
Masumi Kuwata, Giants

Sawamura Award
Masahiro Yamamoto, Dragons

Rookie of the Year
Keiichi Yabu, Tigers

Best Nine
Pitcher—Masahiro Yamamoto, Dragons
Catcher—Shuji Nishiyama, Carp
First Base—Yasuaki Taihoh, Dragons
Second Base—Yutaka Wada, Tigers
Third Base—Akira Eto, Carp
Shortstop—Masahiro Kawai, Giants
Outfield—Tomonori Maeda, Carp
Outfield—Alonzo Powell, Dragons
Outfield—Glenn Braggs, BayStars

Gold Glove Awards
Pitcher—Masumi Kuwata, Giants
Catcher—Shuji Nishiyama, Carp
First Base—Norihiro Komada, BayStars
Second Base—Yutaka Wada, Tigers
Third Base—Takuro Ishii, BayStars
Shortstop—Masahiro Kawai, Giants
Outfield—Tomonori Maeda, Carp
Outfield—Tetsuya Iida, Swallows
Outfield—Tsuyoshi Shinjo, Tigers

PACIFIC LEAGUE

Team	G	W	L	T	PCT	GB	BA	HR	ERA	E
Seibu Lions	130	76	52	2	.594	—	.279	122	3.81	59
Orix BlueWave	130	68	59	3	.5354	7.5	.285	92	3.93	69
Kintetsu Buffaloes	130	68	59	3	.5354	7.5	.274	169	4.24	85
Fukuoka Daiei Hawks	130	69	60	1	.5348	7.5	.275	132	4.10	84
Chiba Lotte Marines	130	55	73	2	.430	21.0	.261	104	4.50	83
Nippon Ham Fighters	130	46	79	5	.368	28.5	.252	101	4.62	56

Qualifiers for Batting Championship

Player and Team	G	AB	R	H	2B	3B	HR	RBI	SB	AVG
Ichiro Suzuki, BlueWave	130	**546**	111	**210**	41	5	13	54	29	**.385**
Kazunori Yamamoto, Hawks	115	420	64	133	21	2	11	62	3	.317
Hiroo Ishii, Buffaloes	130	487	88	154	31	2	33	**111**	1	.316

Player and Team	G	AB	R	H	2B	3B	HR	RBI	SB	AVG
Hiromi Matsunaga, Hawks	116	477	74	150	20	4	8	55	8	.314
Hirofumi Ogawa, BlueWave	126	459	48	139	17	5	4	53	2	.303
Junichi Fukura, BlueWave	114	386	49	116	23	1	3	50	4	.301
Kevin Reimer, Hawks	127	470	57	140	33	2	26	97	4	.298
Hatsuhiko Tsuji, Lions	105	412	63	121	21	1	4	45	9	.294
Ralph Bryant, Buffaloes	105	437	80	128	23	1	**35**	106	0	.293
Kiyoshi Hatsushiba, Marines	129	476	66	138	31	5	17	75	1	.290
Yukio Tanaka, Fighters	130	518	76	148	29	2	27	87	2	.286
Makoto Sasaki, Lions	126	527	92	150	23	1	20	84	37	.285
Koichiro Yoshinaga, Hawks	123	433	49	123	28	2	19	55	0	.284
Mitsuchika Hirai, Marines	113	388	52	109	26	6	5	28	0	.2809
Tetsuro Hirose, Fighters	124	467	52	131	12	3	2	29	20	.2805
Kazuhiro Kiyohara, Lions	129	455	78	127	29	0	26	93	5	.279
Mel Hall, Marines	119	459	69	127	29	1	22	80	13	.277
Hiromichi Ishige, Lions	111	380	60	101	13	2	11	46	8	.266
Takahisa Suzuki, Buffaloes	120	430	56	113	21	0	19	73	1	.2627
Brian Traxler, Hawks	129	499	46	131	21	2	15	62	0	.2625
Chihiro Hamana, Hawks	129	400	55	104	15	2	6	38	11	.260
Matt Winters, Fighters	130	466	68	121	23	2	22	81	0	.2596
Tsutomu Ito, Lions	113	338	44	86	12	3	8	53	17	.2544
Koji Akiyama, Hawks	129	473	93	120	26	5	24	73	26	.2536
Kazuyuki Shirai, Fighters	130	436	51	110	14	2	2	28	14	.252
Hensley Meulens, Marines	122	431	49	107	21	0	23	69	8	.248
Yasuo Fujii, BlueWave	117	355	52	87	17	3	13	46	2	.245
Rick Schu, Fighters	129	463	50	113	14	2	14	45	5	.244

Qualifiers for Earned Run Average Championship

Player and Team	G	IP	W-L-S	PCT	SO	BB	H	ERA
Hiroshi Shintani, Lions	41	130	10-8-9	.556	99	35	97	**2.91**
Hideki Irabu, Marines	27	**207.1**	**15**-10-0	.600	**239**	94	170	3.04
Shigetoshi Hasegawa, BlueWave	25	156.1	11-9-1	.550	86	46	169	3.11
Shintaro Yamasaki, Buffaloes	27	179.2	12-10-0	.545	85	65	182	3.41
Kimiyasu Kudo, Lions	24	130.2	11-7-0	.611	124	44	120	3.44
Yoshinori Sato, BlueWave	20	130.1	8-8-0	.500	93	42	126	3.52
Nobuyuki Hoshino, BlueWave	22	143.1	10-10-0	.500	119	49	143	3.58
Toyohiko Yoshida, Hawks	30	190.2	12-11-0	.522	129	82	197	3.78
Hirofumi Kono, Fighters	33	143	8-10-0	.444	94	66	148	3.84
Kenichi Wakatabe, Hawks	25	160.2	10-7-0	.588	97	38	173	4.03
Yukihiro Nishizaki, Fighters	25	181	8-**14**-0	.364	151	64	**202**	4.08
Koji Noda, BlueWave	27	193	12-11-0	.522	213	66	175	4.24
Kip Gross, Fighters	25	149	6-12-0	.333	62	56	169	4.29
Hisanobu Watanabe, Lions	25	146.1	9-8-0	.529	97	73	149	4.37
Taigen Kaku, Lions	27	130	13-5-0	**.722**	86	52	137	4.98

Games Leader—Tsuyoshi Shimoyanagi, Hawks—62
Saves Leader—Motoyuki Akahori, Buffaloes—24

Leaders and Award Winners

Home Runs
Ralph Bryant, Buffaloes—35
Hiroo Ishii, Buffaloes—33
Yukio Tanaka, Fighters—27
Kazuhiro Kiyohara, Lions—26
Kevin Reimer, Hawks—26

Runs Batted In
Hiroo Ishii, Buffaloes—111
Ralph Bryant, Buffaloes—106
Kevin Reimer, Hawks—97
Kazuhiro Kiyohara, Lions—93
Yukio Tanaka, Fighters—87

Wins
Hideki Irabu, Marines—15
Taigen Kaku, Lions—13
Koji Noda, BlueWave—12
Shintaro Yamasaki, Buffaloes—12
Toyohiko Yoshida, Hawks—12

Strikeouts
Hideki Irabu, Marines—239
Koji Noda, BlueWave—213
Yukihiro Nishizaki, Fighters—151
Hiroshi Takamura, Buffaloes—130
Toyohiko Yoshida, Hawks—129

Most Valuable Player
Ichiro Suzuki, BlueWave

Rookie of the Year
Hidekazu Watanabe, Hawks

Best Nine
Pitcher—Hideki Irabu, Marines
Catcher—Koichiro Yoshinaga, Hawks
First Base—Hiroo Ishii, Buffaloes
Second Base—Junichi Fukura, BlueWave
Third Base—Hiromi Matsunaga, Hawks
Shortstop—Tetsuro Hirose, Fighters
Outfield—Ichiro Suzuki, BlueWave
Outfield—Makoto Sasaki, Lions
Outfield—Kevin Reimer, Hawks
Designated Hitter—Ralph Bryant, Buffaloes

Gold Glove Awards
Pitcher—Kimiyasu Kudo, Lions
Catcher—Tsutomu Ito, Lions
First Base—Kazuhiro Kiyohara, Lions
Second Base—Hatsuhiko Tsuji, Lions
Third Base—Hiromi Matsunaga, Hawks
Shortstop—Tetsuro Hirose, Fighters
Outfield—Koji Akiyama, Hawks
Outfield—Makoto Sasaki, Lions
Outfield—Ichiro Suzuki, BlueWave

ALL-STAR GAMES

Managers—Katsuya Nomura (Central League)—Masahiko Mori (Pacific League)

Game	Date	Site	C.L. Pitcher	Score	P.L. Pitcher
1	7/19	Seibu	Masaki Saito (L)	1-8	Hideki Irabu (W)

Home Runs—Makoto Sasaki (P), Koji Akiyama (P), Hirofumi Ogawa (P)
MVP—Koji Akiyama (P)

Game	Date	Site	C.L. Pitcher	Score	P.L. Pitcher
2	10/23	Nagoya	Takashi Saito (W)	7-3	Yukihiro Nishizaki (L)

Home Runs—Toshikatsu Hikono (C)
MVP—Glenn Braggs (C)

JAPAN SERIES

Teams and Managers—Central League's Yomiuri Giants (Shigeo Nagashima) 4—Pacific League's Seibu Lions (Masahiko Mori) 2

Game	Date	Site	Giants Pitcher	Score	Lions Pitcher
1	10/22	Tokyo Dome	Masumi Kuwata (L)	0-11	Hisanobu Watanabe (W)

Home Runs—Kazuhiro Kiyohara (Lions), Norio Tanabe (Lions)

Game	Date	Site	Giants Pitcher	Score	Lions Pitcher
2	10/23	Tokyo Dome	Hiromi Makihara (W)	1-0	Kimiyasu Kudo (L)

Home Runs—none

3	10/25	Seibu	Hiroshi Ishige (W)	2-1 (10 innings)	Takehiro Ishii (L)

Home Runs—none

4	10/26	Seibu	Masao Kida (L)	5-6 (12 innings)	Takehiro Ishii (W)

Home Runs—Hideki Matsui (Giants), Hiromoto Okubo (Giants), Kazuhiro Kiyohara (Lions)

5	10/27	Seibu	Masumi Kuwata (W)	9-3	Kento Sugiyama (L)

Home Runs—Sadaaki Yoshimura (Giants), Koichi Ogata (Giants), Henry Cotto (Giants), Kazuhiro Kiyohara—2 (Lions)

6	10/29	Tokyo Dome	Hiromi Makihara (W)	3-1	Kimiyasu Kudo (L)

Home Runs—Henry Cotto (Giants)

Awards

Most Valuable Player—Hiromi Makihara, Giants
Fighting Spirit—Kazuhiro Kiyohara, Lions
Outstanding Player—Masumi Kuwata (Giants), Henry Cotto (Giants), Hatsuhiko Tsuji (Lions)

1995 SEASON

CENTRAL LEAGUE

Team	G	W	L	T	PCT	GB	BA	HR	ERA	E
Yakult Swallows	130	82	48	0	.631	—	.2606	147	3.60	69
Hiroshima Toyo Carp	131	74	56	1	.569	8.0	.263	166	3.57	60
Yomiuri Giants	131	72	58	1	.554	10.0	.252	139	3.40	64
Yokohama BayStars	130	66	64	0	.508	16.0	.2609	114	4.37	64
Chunichi Dragons	130	50	80	0	.385	32.0	.251	136	4.75	72
Hanshin Tigers	130	46	84	0	.354	36.0	.244	88	3.83	86

Qualifiers for Batting Championship

Player and Team	G	AB	R	H	2B	3B	HR	RBI	SB	AVG
Alonzo Powell, Dragons	101	389	63	138	24	4	19	69	1	**.355**
Bobby Rose, BayStars	130	492	76	155	**32**	4	22	97	3	.315
Kenjiro Nomura, Carp	131	**550**	**109**	**173**	29	5	32	75	30	.3145
Hiromitsu Ochiai, Giants	117	399	64	124	15	1	17	65	1	.311
Toshio Haru, BayStars	100	378	59	117	14	2	5	29	9	.310
Takuro Ishii, BayStars	124	444	69	137	22	2	2	41	23	.309
Tom O'Malley, Swallows	125	421	83	127	20	0	31	87	6	.302
Kazuyoshi Tatsunami, Dragons	126	489	72	147	25	1	11	53	10	.301
Koichi Sekikawa, Tigers	124	417	62	123	17	5	2	30	12	.295
Atsuya Furuta, Swallows	130	487	88	143	18	1	21	76	6	.294
Norihiro Komada, BayStars	130	499	45	144	29	4	6	66	0	.289
Akira Eto, Carp	127	462	92	132	30	1	**39**	**106**	14	.286

Player and Team	G	AB	R	H	2B	3B	HR	RBI	SB	AVG
Hideki Matsui, Giants	131	501	76	142	31	1	22	80	9	.283
Katsuyuki Dobashi, Swallows	129	459	66	129	**32**	1	9	54	7	.281
Scott Coolbaugh, Tigers	127	468	56	130	25	1	22	77	1	.278
Shane Mack, Giants	120	477	79	131	18	0	20	52	12	.275
Kozo Shoda, Carp	124	449	62	123	17	2	3	38	7	.2739
Tomoaki Kanemoto, Carp	104	369	72	101	15	1	24	67	14	.2737
Glenn Braggs, BayStars	110	407	75	111	23	0	24	72	4	.273
Shigeki Oto, Carp	118	404	49	108	15	2	9	49	4	.2673
Yutaka Wada, Tigers	130	509	49	136	22	4	1	35	4	.2671
Teruyoshi Kuji, Tigers	123	334	32	89	9	5	1	24	3	.266
Takahiro Ikeyama, Swallows	130	456	64	120	24	2	19	70	8	.263
Masahiro Kawai, Giants	108	371	51	97	13	0	2	19	3	.261
Glenn Davis, Tigers	120	453	47	116	25	1	23	77	1	.256
Tetsuya Iida, Swallows	130	522	78	132	19	**7**	7	31	35	.253
Hensley Meulens, Swallows	130	438	74	107	16	0	29	80	6	.24429
Yasuaki Taihoh, Dragons	106	389	49	95	14	1	24	65	1	.24421
Katsumi Hirosawa, Giants	131	446	55	107	18	3	20	72	6	.240
Tatsuya Shindo, BayStars	126	368	47	80	10	4	11	31	5	.217

Stolen Base Leader—Koichi Ogata, Carp—47

Qualifiers for Earned Run Average Championship

Player and Team	G	IP	W-L-S	PCT	SO	BB	H	ERA
Terry Bross, Swallows	32	162.1	14-5-0	.737	139	57	114	**2.33**
Masaki Saito, Giants	28	**213**	**18**-10-0	.643	**187**	50	166	2.70
Robinson Checo, Carp	28	193.2	15-8-0	.652	166	**98**	143	2.74
Kazuhisa Ishii, Swallows	26	153	13-4-1	**.765**	159	77	112	2.76
Hiromi Makihara, Giants	26	190.2	11-8-0	.579	145	44	167	2.88
Keiichi Yabu, Tigers	27	196	7-**13**-0	.350	118	50	**185**	2.98
Yasuyuki Yamauchi, Carp	34	163.1	14-10-0	.583	123	67	145	3.03
Tetsuro Kawajiri, Tigers	29	148	8-11-0	.421	105	36	130	3.10
Masato Yoshii, Swallows	25	147.1	10-7-0	.588	91	39	127	3.12
Shinji Imanaka, Dragons	25	189	12-9-0	.571	150	45	178	3.29
Futoshi Yamabe, Swallows	31	160	16-7-0	.696	144	89	121	3.83
Makoto Kito, Carp	27	169.2	10-9-1	.526	133	47	156	3.87
Daisuke Miura, BayStars	25	147.2	8-8-0	.500	107	52	131	3.90
Takashi Saito, BayStars	26	162	8-9-0	.471	132	45	166	3.94
Toshiro Yufune, Tigers	33	172.2	5-**13**-1	.278	157	74	175	3.96
Yoshiya Takeuchi, Tigers	39	130	10-9-1	.526	96	46	136	4.02

Games Leader—Koki Morita, BayStars—57
Saves Leader—Kazuhiro Sasaki, BayStars—32

Leaders and Award Winners

Home Runs
Akira Eto, Carp—39
Kenjiro Nomura, Carp—32
Tom O'Malley, Swallows—31
Hensley Meulens, Swallows—29
Glenn Braggs, BayStars—24
Tomoaki Kanemoto, Carp—24
Yasuaki Taihoh, Dragons—24

Runs Batted In
Akira Eto, Carp—106
Bobby Rose, BayStars—97
Tom O'Malley, Swallows—87
Hideki Matsui, Giants—80
Hensley Meulens, Swallows—80

Wins
Masaki Saito, Giants—18
Futoshi Yamabe, Swallows—16
Robinson Checo, Carp—15
Terry Bross, Swallows—14
Yasuyuki Yamauchi, Carp—14

Strikeouts
Masaki Saito, Giants—187
Robinson Checo, Carp—166
Kazuhisa Ishii, Swallows—159
Toshiro Yufune, Tigers—157
Shinji Imanaka, Dragons—150

Most Valuable Player
Tom O'Malley, Swallows

Sawamura Award
Masaki Saito, Giants

Rookie of the Year
Yasuyuki Yamauchi, Carp

Best Nine
Pitcher—Masaki Saito, Giants
Catcher—Atsuya Furuta, Swallows
First Base—Tom O'Malley, Swallows
Second Base—Bobby Rose, BayStars
Third Base—Akira Eto, Carp
Shortstop—Kenjiro Nomura, Carp
Outfield—Alonzo Powell, Dragons
Outfield—Hideki Matsui, Giants
Outfield—Tomoaki Kanemoto, Carp

Gold Glove Awards
Pitcher—Masaki Saito, Giants
Catcher—Atsuya Furuta, Swallows
First Base—Norihiro Komada, BayStars
Second Base—Kazuyoshi Tatsunami, Dragons
Third Base—Takuro Ishii, BayStars
Shortstop—Kenjiro Nomura, Carp
Outfield—Tetsuya Iida, Swallows
Outfield—Koichi Ogata, Carp
Outfield—Shigeki Oto, Carp

PACIFIC LEAGUE

Team	G	W	L	T	PCT	GB	BA	HR	ERA	E
Orix BlueWave	130	82	47	1	.636	—	.2593	115	2.88	83
Chiba Lotte Marines	130	69	58	3	.543	12.0	.254	88	3.27	69
Seibu Lions	130	67	57	6	.540	12.5	.246	117	2.98	61
Nippon Ham Fighters	130	59	68	3	.465	22.0	.237	105	3.56	69
Fukuoka Daiei Hawks	130	54	72	4	.429	26.5	.2586	94	4.16	68
Kintetsu Buffaloes	130	49	78	3	.386	32.0	.234	105	3.97	74

Qualifiers for Batting Championship

Player and Team	G	AB	R	H	2B	3B	HR	RBI	SB	AVG
Ichiro Suzuki, BlueWave	130	524	104	179	23	4	25	80	49	.342
Koichi Hori, Marines	121	457	71	141	18	4	11	67	16	.309
Julio Franco, Marines	127	474	60	145	25	3	10	58	11	.306

Player and Team	G	AB	R	H	2B	3B	HR	RBI	SB	AVG
Kiyoshi Hatsushiba, Marines	123	458	60	138	27	5	25	**80**	1	.301
Yukio Tanaka, Fighters	130	488	76	142	28	1	25	**80**	1	.291
Kenji Morozumi, Marines	97	362	44	105	9	3	1	20	24	.290
Darrin Jackson, Lions	128	506	66	146	28	3	20	68	9	.289
Hiroki Kokubo, Hawks	130	465	72	133	20	**9**	**28**	76	14	.286
Chihiro Hamana, Hawks	110	366	47	101	13	1	1	28	18	.276
Hirofumi Ogawa, BlueWave	120	379	44	103	20	3	6	38	0	.272
Makoto Sasaki, Lions	130	**535**	63	145	27	2	17	55	18	.271
Eiji Mizuguchi, Buffaloes	107	365	31	98	5	1	2	26	6	.268
Tetsuro Hirose, Fighters	113	442	50	118	11	1	2	35	4	.2669
Koji Akiyama, Hawks	122	476	61	127	25	1	21	66	13	.2668
Hiroshi Fujimoto, Hawks	119	383	36	101	17	1	11	58	0	.264
Toshifumi Baba, BlueWave	115	344	25	90	14	3	1	33	4	.262
Mitsuchika Hirai, Marines	127	416	45	108	17	4	4	49	6	.260
Takahisa Suzuki, Buffaloes	123	423	35	107	12	0	16	50	1	.253
Ken Suzuki, Lions	124	416	39	105	10	0	12	42	0	.252
Rob Ducey, Fighters	117	425	61	106	19	4	25	61	7	.249
So Taguchi, BlueWave	130	495	76	122	24	2	9	61	14	.2464
Tsutomu Ito, Lions	125	386	40	95	21	0	6	43	9	.2461
Lee Stevens, Buffaloes	129	476	54	117	**29**	1	23	70	0	.24579
Hiroshi Watanabe, Fighters	116	407	37	100	12	2	3	45	14	.2457
Kazuhiro Kiyohara, Lions	118	404	63	99	13	3	25	64	2	.245
Troy Neel, BlueWave	122	418	55	102	20	1	27	70	1	.244
Yasuo Fujii, BlueWave	116	334	50	79	14	1	14	49	0	.237
Tatsuya Ide, Fighters	129	421	45	96	14	2	9	46	12	.2280
Norihiro Nakamura, Buffaloes	129	470	62	107	19	1	20	64	0	.2276
Atsushi Kataoka, Fighters	106	357	40	80	12	2	6	39	1	.224

Qualifiers for Earned Run Average Championship

Player and Team	G	IP	W-L-S	PCT	SO	BB	H	ERA
Hideki Irabu, Marines	28	203	11-11-0	.500	**239**	72	156	**2.53**
Taigen Kaku, Lions	22	163	8-6-0	.571	115	34	131	2.54
Satoru Komiyama, Marines	25	187	11-4-0	.733	169	53	150	2.60
Eric Hillman, Marines	28	197.1	12-9-0	.571	121	49	186	2.87
Shigetoshi Hasegawa, BlueWave	24	171	12-7-0	.632	91	51	167	2.89
Hiroshi Shintani, Lions	28	169	11-11-1	.500	115	44	129	2.93
Kip Gross, Fighters	31	**231**	**16-13-0**	.552	114	59	**219**	3.04
Tsutomu Iwamoto, Fighters	29	132	5-7-0	.417	113	46	106	3.07
Koji Noda, BlueWave	26	184.1	10-7-0	.588	208	69	145	3.08
Nobuyuki Hoshino, BlueWave	24	156.2	11-8-0	.579	112	51	133	3.39

Player and Team	G	IP	W-L-S	PCT	SO	BB	H	ERA
Hideo Koike, Buffaloes	22	130	4-8-0	.333	99	51	126	3.53
Yukihiro Nishizaki, Fighters	27	177	7-8-0	.467	146	**102**	140	3.61
Kimiyasu Kudo, Hawks	22	163	12-5-0	.706	138	48	137	3.64
Shintaro Yamasaki, Buffaloes	27	183.2	10-12-0	.455	120	76	186	3.77
Toyohiko Yoshida, Hawks	26	160.1	8-8-0	.500	99	73	155	4.15
Fumihiro Kono, Fighters	27	140.2	6-8-0	.429	95	64	129	4.73

Games Leader—Takehiro Hashimoto, Lions—58
Winning Percentage Leader—Masafumi Hirai, BlueWave—.750
Saves Leader—Masafumi Hirai, BlueWave—27

Leaders and Award Winners

Home Runs
Hiroki Kokubo, Hawks—28
Troy Neel, BlueWave—27
Rob Ducey, Fighters—25
Kiyoshi Hatsushiba, Marines—25
Kazuhiro Kiyohara, Lions—25
Ichiro Suzuki, BlueWave—25
Yukio Tanaka, Fighters—25

Runs Batted In
Kiyoshi Hatsushiba, Marines—80
Ichiro Suzuki, BlueWave—80
Yukio Tanaka, Fighters—80
Hiroki Kokubo, Hawks—76
Troy Neel, BlueWave—70
Lee Stevens, Buffaloes—70

Wins
Kip Gross, Fighters—16
Masafumi Hirai, BlueWave—15
Shigetoshi Hasegawa, BlueWave—12
Eric Hillman, Marines—12
Kimiyasu Kudo, Hawks—12

Strikeouts
Hideki Irabu, Marines—239
Koji Noda, BlueWave—208
Satoru Komiyama, Marines—169
Yukihiro Nishizaki, Fighters—146
Kimiyasu Kudo, Hawks—138

Most Valuable Player
Ichiro Suzuki, BlueWave

Rookie of the Year
Masafumi Hirai, BlueWave

Best Nine
Pitcher—Hideki Irabu, Marines
Catcher—Satoshi Nakajima, BlueWave
First Base—Julio Franco, Marines
Second Base—Hiroki Kokubo, Hawks
Third Base—Kiyoshi Hatsushiba, Marines
Shortstop—Yukio Tanaka, Fighters
Outfield—Ichiro Suzuki, BlueWave
Outfield—Darrin Jackson, Lions
Outfield—Makoto Sasaki, Lions
Designated Hitter—Troy Neel, BlueWave

Gold Glove Awards
Pitcher—Kimiyasu Kudo, Hawks
Catcher—Tsutomu Ito, Lions
First Base—Julio Franco, Marines
Second Base—Hiroki Kokubo, Hawks
Third Base—Toshifumi Baba, BlueWave
Shortstop—Yukio Tanaka, Fighters
Outfield—Ichiro Suzuki, BlueWave
Outfield—Koji Akiyama, Hawks
Outfield—So Taguchi, BlueWave

ALL-STAR GAMES

Managers—Shigeo Nagashima (Central League)—Osamu Higashio (Pacific League)

Game	Date	Site	C.L. Pitcher	Score	P.L. Pitcher
1	7/25	Yokohama	—	4-4	—

Home Runs—Hiromitsu Ochiai (C)
MVP—Hiromitsu Ochiai (C)

Game	Date	Site	C.L. Pitcher	Score	P.L. Pitcher
2	7/26	Hiroshima	Yasuyuki Yamauchi (W)	7-6	Hideki Irabu (L)

Home Runs—Tomoaki Kanemoto (C), Kazuhiro Kiyohara (P), Hiroki Kokubo (P)
MVP—Hideki Matsui (C)

JAPAN SERIES

Teams and Managers—Central League's Yakult Swallows (Katsuya Nomura) 4—Pacific League's Orix BlueWave (Akira Ogi) 1

Game	Date	Site	Swallows Pitcher	Score	BlueWave Pitcher
1	10/21	Green	Terry Bross (W)	5-2	Yoshinori Sato (L)

Home Runs—Yuji Ono (Swallows)

Game	Date	Site	Swallows Pitcher	Score	BlueWave Pitcher
2	10/22	Green	Futoshi Yamabe (W)	3-2	Masafumi Hirai (L)

Home Runs—Doug Jennings (BlueWave), Tom O'Malley (Swallows)

Game	Date	Site	Swallows Pitcher	Score	BlueWave Pitcher
3	10/24	Jingu	Shingo Takatsu (W)	7-4	Masafumi Hirai (L)

Home Runs—Hensley Meulens (Swallows), Takahiro Ikeyama (Swallows)

Game	Date	Site	Swallows Pitcher	Score	BlueWave Pitcher
4	10/25	Jingu	Akimitsu Ito (L)	1-2	Hiroshi Kobayashi (W)

Home Runs—Hirofumi Ogawa (BlueWave), Doug Jennings (BlueWave)

Game	Date	Site	Swallows Pitcher	Score	BlueWave Pitcher
5	10/26	Jingu	Terry Bross (W)	3-1	Koichi Takahashi (L)

Home Runs—Ichiro Suzuki (BlueWave), Tom O'Malley (Swallows)

Awards

Most Valuable Player—Tom O'Malley, Swallows
Fighting Spirit—Hiroshi Kobayashi, BlueWave
Outstanding Player—Terry Bross (Swallows), Takehiro Ikeyama (Swallows), Shingo Takatsu (Swallows)

1996 SEASON

CENTRAL LEAGUE

Team	G	W	L	T	PCT	GB	BA	HR	ERA	E
Yomiuri Giants	130	77	53	0	.592	—	.253	147	3.47	72
Chunichi Dragons	130	72	58	0	.554	5.0	.278	179	4.01	100
Hiroshima Toyo Carp	130	71	59	0	.546	6.0	.281	162	4.08	89
Yakult Swallows	130	61	69	0	.469	16.0	.264	103	4.00	79
Yokohama BayStars	130	55	75	0	.423	22.0	.270	85	4.67	76
Hanshin Tigers	130	54	76	0	.415	23.0	.245	89	4.12	77

Qualifiers for Batting Championship

Player and Team	G	AB	R	H	2B	3B	HR	RBI	SB	AVG
Alonzo Powell, Dragons	130	518	63	**176**	**42**	2	14	67	1	**.340**
Hatsuhiko Tsuji, Swallows	103	400	59	133	9	2	2	41	9	.333
Kazuyoshi Tatsunami, Dragons	130	511	91	165	39	2	10	62	2	.323
Takeshi Yamasaki, Dragons	127	453	83	146	20	0	**39**	107	1	.322
Tom O'Malley, Swallows	127	461	56	145	23	0	18	97	3	.315
Akira Eto, Carp	106	388	93	122	19	1	32	79	8	.3144
Hideki Matsui, Giants	130	487	**97**	153	34	1	38	99	7	.3141
Shuji Nishiyama, Carp	124	411	45	129	18	2	3	41	4	.3138
Tomonori Maeda, Carp	105	396	54	124	20	2	19	65	0	.313
Luis Lopez, Carp	130	503	66	157	29	1	25	**109**	2	.312
Atsunori Inaba, Swallows	125	436	63	135	26	3	11	53	9	.310
Bobby Rose, BayStars	126	483	62	147	21	**6**	16	86	1	.304
Darnell Coles, Dragons	130	513	77	155	15	1	29	79	0	.302
Hiromitsu Ochiai, Giants	106	376	60	113	18	0	21	86	3	.301
Tomoaki Kanemoto, Carp	126	423	84	127	18	2	27	72	18	.3002
Motonobu Tanishige, BayStars	127	380	36	114	25	3	8	54	2	.300
Norihiro Komada, BayStars	130	485	57	145	22	1	10	63	1	.2989
Takanori Suzuki, BayStars	111	355	66	106	15	0	13	62	6	.2985
Yutaka Wada, Tigers	130	**520**	66	155	22	3	5	44	2	.298
Yasuaki Taihoh, Dragons	129	462	69	136	19	1	38	89	3	.294
Shane Mack, Giants	127	484	71	142	28	0	22	75	12	.293
Kenjiro Nomura, Carp	124	514	77	150	30	3	12	68	8	.292
Tetsuya Iida, Swallows	105	424	62	123	19	3	6	37	13	.290
Takahiro Saeki, BayStars	114	390	49	113	23	5	6	59	3	.2897
Takuro Ishii, BayStars	129	496	94	140	19	3	1	29	45	.282
Glenn Braggs, BayStars	100	356	55	100	20	1	13	56	6	.281
Koichi Ogata, Carp	129	516	95	144	25	**6**	23	71	**50**	.279
Katsuyuki Dobashi, Swallows	109	370	47	103	18	3	6	35	7	.2783
Teruyoshi Kuji, Tigers	130	504	56	140	13	2	0	16	14	.2777
Takeshi Nakamura, Dragons	115	376	45	102	11	1	12	37	2	.271
Toshihisa Nishi, Giants	114	403	70	109	15	2	7	24	17	.270
Shinjiro Hiyama, Tigers	130	464	65	122	23	0	22	73	5	.263
Atsuya Furuta, Swallows	119	437	57	112	24	2	11	72	5	.256
Katsuhiro Hiratsuka, Tigers	105	370	44	94	18	1	11	47	1	.254
Hensley Meulens, Swallows	128	439	47	108	14	3	25	67	1	.246
Tsuyoshi Shinjo, Tigers	113	408	55	97	16	4	19	66	2	.238
Kozo Shoda, Carp	124	480	50	113	13	0	2	35	4	.235
Masahiro Kawai, Giants	126	440	50	102	14	0	2	22	5	.232

Qualifiers for Earned Run Average Championship

Player and Team	G	IP	W-L-S	PCT	SO	BB	H	ERA
Masaki Saito, Giants	25	187	**16**-4-0	**.800**	158	44	172	**2.36**
Balvino Galvez, Giants	28	**203.2**	**16**-6-0	.727	112	59	186	3.05

Player and Team	G	IP	W-L-S	PCT	SO	BB	H	ERA
Masato Yoshii, Swallows	25	180.1	10-7-0	.588	145	47	177	3.24
Tetsuro Kawajiri, Tigers	37	157.1	13-9-1	.591	127	41	159	3.26
Takashi Saito, BayStars	28	196.2	10-10-0	.500	**206**	63	157	3.29
Shinji Imanaka, Dragons	25	179.2	14-8-0	.636	153	57	175	3.31
Ken Yamasaki, Carp	28	133.1	9-6-0	.600	68	19	134	3.38
Kazuya Tabata, Swallows	33	177	12-12-1	.500	109	60	154	3.51
Terry Bross, Swallows	23	137	7-12-0	.368	97	43	115	3.61
Masahiro Yamamoto, Dragons	26	154.2	7-9-1	.438	119	38	159	3.67
Shinichi Kato, Carp	25	152.1	9-7-0	.563	55	35	159	3.78
Keiichi Yabu, Tigers	30	195.1	11-**14**-0	.440	145	51	**204**	4.01
Hiroki Nomura, BayStars	25	146.1	10-8-0	.556	85	36	172	4.12
Makoto Kito, Carp	26	164.1	12-7-0	.632	114	56	176	4.27
Toshiro Yufune, Tigers	29	132	5-**14**-2	.263	98	47	165	4.84
Daisuke Miura, BayStars	34	131.1	5-10-0	.333	101	55	151	4.93

Games Leader—Minoru Kasai, Tigers—63
Walks Leader—Iori Sekiguchi, BayStars—68
Saves Leader—Kazuhiro Sasaki, BayStars—25

Leaders and Award Winners

Home Runs
Takeshi Yamazaki, Dragons—39
Hideki Matsui, Giants—38
Yasuaki Taihoh, Dragons—38
Akira Eto, Carp—32
Darnell Coles, Dragons—29

Runs Batted In
Luis Lopez, Carp—109
Takeshi Yamazaki, Dragons—107
Hideki Matsui, Giants—99
Tom O'Malley, Swallows—97
Yasuaki Taihoh, Dragons—89

Wins
Balvino Galvez, Giants—16
Masaki Saito, Giants—16
Shinji Imanaka, Dragons—14
Tetsuro Kawajiri, Tigers—13
Makoto Kito, Carp—12
Kazuya Tabata, Swallows—12

Strikeouts
Takashi Saito, BayStars—206
Masaki Saito, Giants—158
Shinji Imanaka, Dragons—153
Keiichi Yabu, Tigers—145
Masato Yoshii, Swallows—145

Most Valuable Player
Hideki Matsui, Giants

Sawamura Award
Masaki Saito, Giants

Rookie of the Year
Toshihisa Nishi, Giants

Best Nine
Pitcher—Masaki Saito, Giants
Catcher—Shuji Nishiyama, Carp
First Base—Luis Lopez, Carp
Second Base—Kazuyoshi Tatsunami, Dragons
Third Base—Akira Eto, Carp
Shortstop—Kenjiro Nomura, Carp
Outfield—Hideki Matsui, Giants
Outfield—Takeshi Yamazaki, Dragons
Outfield—Alonzo Powell, Dragons

Gold Glove Awards
Pitcher—Masaki Saito, Giants
Catcher—Shuji Nishiyama, Carp
First Base—Norihiro Komada, BayStars
Second Base—Kazuyoshi Tatsunami, Dragons
Third Base—Akira Eto, Carp
Shortstop—Masahiro Kawai, Giants
Outfield—Koichi Ogata, Carp
Outfield—Tetsuya Iida, Swallows
Outfield—Tsuyoshi Shinjo, Tigers

PACIFIC LEAGUE

Team	G	W	L	T	PCT	GB	BA	HR	ERA	E
Orix BlueWave	130	74	50	6	.597	—	.271	124	3.55	73
Nippon Ham Fighters	130	68	58	4	.540	7.0	.249	130	3.49	61
Seibu Lions	130	62	64	4	.492	13.0	.258	141	3.58	67
Kintetsu Buffaloes	130	62	67	1	.481	14.5	.255	146	4.01	65
Chiba Lotte Marines	130	60	67	3	.472	15.5	.252	85	3.68	96
Fukuoka Daiei Hawks	130	54	74	2	.422	22.0	.263	97	4.04	62

Qualifiers for Batting Championship

Player and Team	G	AB	R	H	2B	3B	HR	RBI	SB	AVG
Ichiro Suzuki, BlueWave	130	542	104	193	24	4	16	84	35	.356
Atsushi Kataoka, Fighters	115	416	60	131	20	3	15	51	3	.315
Koichi Hori, Marines	122	465	70	145	28	3	16	68	8	.312
Ken Suzuki, Lions	109	354	47	107	17	1	21	60	1	.302
Koji Akiyama, Hawks	121	466	53	140	27	0	9	66	13	.300
Koichiro Yoshinaga, Hawks	124	390	59	115	21	2	20	72	1	.295
Tuffy Rhodes, Buffaloes	130	501	80	147	29	1	27	97	11	.2934
Arihito Muramatsu, Hawks	108	406	56	119	14	9	0	38	58	.2931
Kazuo Matsui, Lions	130	473	51	134	22	5	1	29	50	.283
Eiji Mizuguchi, Buffaloes	121	442	53	124	18	2	8	28	5	.281
So Taguchi, BlueWave	128	509	74	142	24	1	7	44	10	.279
Yukio Tanaka, Fighters	130	513	73	142	29	3	22	82	3	.277
Troy Neel, BlueWave	124	430	77	118	24	0	32	111	1	.274
Norihiro Nakamura, Buffaloes	110	411	60	112	15	1	26	67	4	.273
Takahisa Suzuki, Buffaloes	122	426	45	114	21	1	9	50	3	.268
Darrin Jackson, Lions	126	489	42	130	21	3	19	64	10	.266
Kiyoshi Hatsushiba, Marines	123	469	52	124	23	5	17	61	2	.2643
Tokitaka Minamibuchi, Marines	128	439	41	116	22	1	5	38	7	.2642
Makoto Kaneko, Fighters	117	395	50	103	14	2	4	33	15	.261
Kazuhiro Kiyohara, Lions	130	487	67	125	30	0	31	84	0	.257
Tetsuro Hirose, Fighters	119	390	40	100	21	3	3	34	8	.256
Koichi Oshima, BlueWave	125	397	62	101	11	3	4	37	8	.2544
Tatsuya Ide, Fighters	122	414	44	105	13	5	7	38	11	.25362
Chihiro Hamana, Hawks	130	485	65	123	16	8	3	47	33	.2536
Tetsuya Kakiuchi, Lions	121	387	57	98	19	3	28	57	16	.2532
Bernardo Brito, Fighters	126	470	61	119	17	0	29	83	1	.2531
Mitsuchika Hirai, Marines	122	357	38	89	16	2	5	33	4	.249
Hiroki Kokubo, Hawks	126	478	73	118	26	3	24	82	7	.247
Rob Ducey, Fighters	120	427	68	105	17	5	26	59	3	.246
Makoto Sasaki, Lions	105	374	33	91	11	0	9	40	7	.243

Qualifiers for Earned Run Average Championship

Player and Team	G	IP	W-L-S	PCT	SO	BB	H	ERA
Hideki Irabu, Marines	23	157.1	12-6-0	.667	167	59	108	2.402
Eric Hillman, Marines	29	213.1	14-9-0	.609	119	46	179	2.404

Player and Team	G	IP	W-L-S	PCT	SO	BB	H	ERA
Hidekazu Watanabe, Hawks	21	145	9-5-0	.643	99	36	141	2.54
Yukihiro Nishizaki, Fighters	26	181.2	14-7-0	.667	139	**89**	152	2.87
Nobuyuki Hoshino, BlueWave	22	144.2	13-5-0	**.722**	85	38	137	3.05
Koji Noda, BlueWave	27	180.1	8-7-0	.533	144	70	170	3.14
Fumiya Nishiguchi, Lions	31	210.1	16-10-1	.615	173	74	172	3.17
Masaru Imazeki, Fighters	24	159.1	11-9-0	.550	122	49	123	3.22
Hiroki Sakai, Buffaloes	26	183	8-**15**-0	.348	149	84	151	3.30
Hiroshi Shintani, Lions	30	145	11-5-2	.688	121	56	144	3.41
Shintaro Yoshitake, Hawks	35	141.1	4-13-1	.235	83	48	136	3.44
Kimiyasu Kudo, Hawks	29	202.2	8-**15**-0	.348	**178**	70	**207**	3.51
Tomohiro Kuroki, Marines	28	135.2	8-7-0	.533	90	57	119	3.58
Kip Gross, Fighters	28	193.2	**17**-9-0	.654	79	53	201	3.62
Hiroshi Shibakusa, Fighters	26	130	7-9-0	.438	67	49	134	3.81
Kazuhiro Takeda, Hawks	26	171	15-8-0	.652	114	56	167	3.84
Tsutomu Iwamoto, Fighters	27	176	10-9-0	.526	144	51	160	3.99
Luis Aquino, Buffaloes	25	156	11-9-0	.550	58	55	158	4.04
Shintaro Yamasaki, Buffaloes	25	167	8-13-0	.381	107	73	159	4.15
Satoru Komiyama, Marines	25	154.2	8-13-0	.381	90	39	192	4.54

Games Leader—Shigeki Sano, Buffaloes—57
Saves Leader—Toshihide Narimoto, Marines—23

Leaders and Award Winners

Home Runs
Troy Neel, BlueWave—32
Kazuhiro Kiyohara, Lions—31
Bernardo Brito, Fighters—29
Tetsuya Kakiuchi, Lions—28
Tuffy Rhodes, Buffaloes—27

Runs Batted In
Troy Neel, BlueWave—111
Tuffy Rhodes, Buffaloes—97
Ichiro Suzuki, BlueWave—84
Kazuhiro Kiyohara, Lions—84
Bernardo Brito, Fighters—83

Wins
Kip Gross, Fighters—17
Fumiya Nishiguchi, Lions—16
Kazuhiro Takeda, Hawks—15
Eric Hillman, Marines—14
Yukihiro Nishizaki, Fighters—14

Strikeouts
Kimiyasu Kudo, Hawks—178
Fumiya Nishiguchi, Lions—173
Hideki Irabu, Marines—167
Hiroki Sakai, Buffaloes—149
Tsutomu Iwamoto, Fighters—144
Koji Noda, BlueWave—144

Most Valuable Player
Ichiro Suzuki, BlueWave

Rookie of the Year
Makoto Kaneko, Fighters

Best Nine
Pitcher—Eric Hillman, Marines
Catcher—Koichiro Yoshinaga, Hawks
First Base—Atsushi Kataoka, Fighters
Second Base—Koichi Oshima, BlueWave
Third Base—Norihiro Nakamura, Buffaloes
Shortstop—Yukio Tanaka, Fighters
Outfield—Ichiro Suzuki, BlueWave
Outfield—Akihito Muramatsu, Hawks

Best Nine
Outfield—So Taguchi, BlueWave
Designated Hitter—Troy Neel, BlueWave

Gold Glove Awards
Pitcher—Yukihiro Nishizaki, Fighters
Catcher—Makoto Takada, BlueWave

First Base—Atsushi Kataoka, Fighters
Second Base—Koichi Oshima, BlueWave
Third Base—Toshifumi Baba, BlueWave
Shortstop—Yukio Tanaka, Fighters
Outfield—Ichiro Suzuki, BlueWave
Outfield—So Taguchi, Blue Wave
Outfield—Koji Akiyama, Hawks

ALL-STAR GAMES

Managers—Katsuya Nomura (Central League)—Akira Ogi (Pacific League)

Game	Date	Site	C.L. Pitcher	Score	P.L. Pitcher
1	7/20	Fukuoka Dome	Keiichi Yabu (L)	4-7	Kip Gross (W)

Home Runs—Ichiro Suzuki (P), Bernardo Brito (P), Kazunori Yamamoto (P)
MVP—Kazunori Yamamoto (P)

2	7/21	Tokyo Dome	Balvino Galvez (L)	3-7	Takeshi Shimazaki (W)

Home Runs—none
MVP—Kazuhiro Kiyohara (P)

3	7/23	Toyama	Takashi Saito (W)	4-2	Masaru Imazeki (L)

Home Runs—Tomoaki Kanemoto (C)
MVP—Tomoaki Kanemoto (C)

JAPAN SERIES

Teams and Managers—Pacific League's Orix BlueWave (Akira Ogi) 4—Central League's Yomiuri Giants (Shigeo Nagashima) 1

Game	Date	Site	BlueWave Pitcher	Score	Giants Pitcher
1	10/19	Tokyo Dome	Taira Suzuki (W)	4-3	Hirofumi Kono (L)

Home Runs—Takeshi Ohmori (Giants), Ichiro Suzuki (BlueWave)

2	10/20	Tokyo Dome	Willie Fraser (W)	2-0	Hiromi Makihara (L)

Home Runs—none

3	10/22	Green	Koji Noda (W)	5-2	Balvino Galvez (L)

Home Runs—Shane Mack (Giants), Toshihisa Nishi (Giants)

4	10/23	Green	Jiro Toyoda (L)	1-5	Masao Kida (W)

Home Runs—Takeshi Ohmori (Giants)

5	10/24	Green	Atsunori Ito (W)	5-2	Masaki Saito (L)

Home Runs—Toshihisa Nishi (Giants)

Awards
Most Valuable Player—Troy Neel, BlueWave
Fighting Spirit—Takeshi Ohmori, Giants
Outstanding Player—Koichi Oshima (BlueWave), Taira Suzuki (BlueWave), Ichiro Suzuki (BlueWave)

1997 SEASON

CENTRAL LEAGUE

Team	G	W	L	T	PCT	GB	BA	HR	ERA	E
Yakult Swallows	137	83	52	2	.615	—	.276	138	3.26	76
Yokohama BayStars	135	72	63	0	.533	11.0	.273	105	3.703	78
Hiroshima Toyo Carp	135	66	69	0	.489	17.0	.259	164	4.44	94
Yomiuri Giants	135	63	72	0	.467	20.0	.251	150	3.69	74
Hanshin Tigers	136	62	73	1	.459	21.0	.244	103	3.698	88
Chunichi Dragons	136	59	76	1	.437	24.0	.243	115	4.33	69

Qualifiers for Batting Championship

Player and Team	G	AB	R	H	2B	3B	HR	RBI	SB	AVG
Takanori Suzuki, BayStars	125	478	76	160	30	4	21	83	11	**.335**
Bobby Rose, BayStars	130	463	70	152	30	7	18	99	3	.328
Atsuya Furuta, Swallows	137	509	74	164	32	2	9	86	9	.322
Luis Lopez, Carp	134	532	80	**170**	**37**	0	30	**112**	0	.320
Takuro Ishii, BayStars	132	521	95	166	23	1	10	44	23	.319
Leo Gomez, Dragons	135	483	84	152	23	1	31	81	2	.315
Norihiro Komada, BayStars	135	507	57	156	31	2	12	86	2	.308
Tetsuya Iida, Swallows	108	421	62	129	15	7	3	37	26	.306
Takayuki Shimizu, Giants	118	381	50	116	12	3	12	36	7	.3044
Tomonori Maeda, Carp	100	382	55	116	23	1	15	68	1	.3036
Tomoaki Kanemoto, Carp	133	465	77	140	17	2	33	82	13	.301
Yutaka Wada, Tigers	96	390	51	117	17	5	2	26	2	.300
Hideki Matsui, Giants	135	484	93	144	18	0	37	103	9	.298
Toshio Haru, BayStars	127	502	89	148	22	3	8	41	16	.295
Katsuhiro Hiratsuka, Tigers	135	484	51	142	22	0	17	68	0	.293
Dwayne Hosey, Swallows	137	498	101	144	32	3	**38**	100	20	.289
Masahiro Kawai, Giants	124	416	68	120	21	2	6	25	2	.288
Shinya Miyamoto, Swallows	115	387	44	109	15	3	1	33	16	.282
Katsumi Hirosawa, Giants	126	428	56	120	13	1	22	67	2	.2803
Kenjiro Nomura, Carp	131	**540**	81	151	25	0	13	52	26	.2796
Takahiro Ikeyama, Swallows	124	439	65	121	26	3	18	79	11	.276
Koichi Ogata, Carp	135	528	**103**	143	26	5	17	57	**49**	.271
Kazuyoshi Tatsunami, Dragons	133	495	77	133	24	3	14	55	8	.26868
Daisuke Masuda, Dragons	117	402	54	108	15	**8**	2	24	11	.26865
Atsunori Inaba, Swallows	130	439	71	117	24	4	21	65	9	.267
Teruyoshi Kuji, Tigers	126	393	55	101	11	2	3	20	8	.2569
Takeshi Yamasaki, Dragons	130	421	45	108	19	2	19	54	0	.2565
Akira Eto, Carp	110	393	78	99	12	3	28	76	3	.252
Kazuhiro Kiyohara, Giants	130	462	65	115	24	0	32	95	0	.249

Player and Team	G	AB	R	H	2B	3B	HR	RBI	SB	AVG
Toshihisa Nishi, Giants	119	414	52	100	19	0	10	39	10	.242
Tatsuya Shindo, BayStars	117	352	37	83	19	1	10	43	9	.236
Tsuyoshi Shinjo, Tigers	136	482	62	112	17	3	20	68	8	.2323
Motonobu Tanishige, BayStars	128	397	42	92	19	2	13	46	2	.2317
Shinjiro Hiyama, Tigers	136	466	68	106	13	5	23	82	2	.227

Qualifiers for Earned Run Average Championship

Player and Team	G	IP	W-L-S	PCT	SO	BB	H	ERA
Yutaka Ono, Carp	23	135.2	9-6-0	.600	80	47	121	**2.85**
Masahiro Yamamoto, Dragons	29	**206.2**	**18**-7-1	.720	**159**	57	**174**	2.92
Kazuya Tabata, Swallows	26	170.1	15-5-0	.750	83	43	160	2.96
Masato Yoshii, Swallows	28	174.1	13-6-0	.684	104	48	149	2.99
Yoshiya Takeuchi, Tigers	38	140.1	8-6-0	.571	75	60	126	3.01
Balvino Galvez, Giants	27	192.2	12-12-0	.500	118	48	165	3.316
Takeo Kawamura, BayStars	26	151.2	10-7-0	.588	147	49	113	3.323
Daisuke Miura, BayStars	26	142.1	10-3-0	**.769**	129	51	113	3.35
Hiromi Makihara, Giants	25	150.2	12-9-0	.571	115	36	140	3.46
Toshiro Yufune, Tigers	27	136.2	10-6-0	.625	76	53	152	3.56
Keiichi Yabu, Tigers	29	183	10-12-0	.455	111	62	172	3.59
Toshikazu Sawazaki, Carp	38	156.1	12-8-0	.600	106	47	162	3.74
Masumi Kuwata, Giants	26	141	10-7-0	.588	104	37	127	3.77
Hiroki Nomura, BayStars	25	143.1	10-8-0	.556	94	43	153	3.89
Hiroki Kuroda, Carp	23	135	6-9-0	.400	64	63	147	4.40
Ken Kadokura, Dragons	34	160	10-12-0	.455	143	**96**	173	4.73
Yasuyuki Yamauchi, Carp	28	152	7-11-0	.389	120	47	172	5.21

Games Leader—Ryuichi Kawahara, BayStars—66
Losses Leader—Tetsuro Kawajiri, Tigers—14
Saves Leader—Kazuhiro Sasaki (BayStars), Sun Dong Yol (Dragons)—38

Leaders and Award Winners

Home Runs
Dwayne Hosey, Swallows—38
Hideki Matsui, Giants—37
Tomoaki Kanemoto, Carp—33
Kazuhiro Kiyohara, Giants—32
Leo Gomez, Dragons—31

Runs Batted In
Luis Lopez, Carp—112
Hideki Matsui, Giants—103
Dwayne Hosey, Swallows—100
Bobby Rose, BayStars—99
Kazuhiro Kiyohara, Giants—95

Wins
Masahiro Yamamoto, Dragons—18
Kazuya Tabata, Swallows—15
Masato Yoshii, Swallows—13
Balvino Galvez, Giants—12
Hiromi Makihara, Giants—12
Toshikazu Sawazaki, Carp—12

Strikeouts
Masahiro Yamamoto, Dragons—159
Takeo Kawamura, BayStars—147
Ken Kadokura, Dragons—143
Daisuke Miura, BayStars—129

Leaders and Award Winners

Strikeouts
Kazuhisa Ishii, Swallows—120
Yasuyuki Yamauchi, Carp—120

Most Valuable Player
Atsuya Furuta, Swallows

Rookie of the Year
Toshikazu Sawazaki, Carp

Best Nine
Pitcher—Masahiro Yamamoto, Dragons
Catcher—Atsuya Furuta, Swallows
First Base—Luis Lopez, Carp
Second Base—Bobby Rose, BayStars
Third Base—Leo Gomez, Dragons
Shortstop—Takuro Ishii, BayStars
Outfield—Hideki Matsui, Giants
Outfield—Takanori Suzuki, BayStars
Outfield—Dwayne Hosey, Swallows

Gold Glove Awards
Pitcher—Masumi Kuwata, Giants
Catcher—Atsuya Furuta, Swallows
First Base—Norihiro Komada, BayStars
Second Base—Kazuyoshi Tatsunami, Dragons
Third Base—Tatsuya Shindo, BayStars
Shortstop—Shinya Miyamoto, Swallows
Outfield—Tetsuya Iida, Swallows
Outfield—Koichi Ogata, Carp
Outfield—Tsuyoshi Shinjo, Tigers

PACIFIC LEAGUE

Team	G	W	L	T	PCT	GB	BA	HR	ERA	E
Seibu Lions	135	76	56	3	.576	—	.281	110	3.63	76
Orix BlueWave	135	71	61	3	.538	5.0	.263	111	3.61	87
Kintetsu Buffaloes	135	68	63	4	.519	7.5	.274	112	3.79	85
Fukuoka Daiei Hawks	135	63	71	1	.470	14.0	.265	128	4.18	63
Nippon Ham Fighters	135	63	71	1	.470	14.0	.264	132	4.26	66
Chiba Lotte Marines	135	57	76	2	.429	19.5	.249	75	3.84	84

Qualifiers for Batting Championship

Player and Team	G	AB	R	H	2B	3B	HR	RBI	SB	AVG
Ichiro Suzuki, BlueWave	135	536	94	185	31	4	17	91	39	.345
Phil Clark, Buffaloes	135	526	61	174	27	0	23	93	1	.331
Ken Suzuki, Lions	133	471	72	147	34	3	19	94	2	.312
Kazuo Matsui, Lions	135	576	91	178	23	13	7	63	62	.309
Kenji Jojima, Hawks	120	432	49	133	24	2	15	68	6	.308
Tuffy Rhodes, Buffaloes	135	511	88	157	37	0	22	102	22	.307
Domingo Martinez, Lions	130	488	63	149	24	1	31	108	3	.305
Makoto Sasaki, Lions	121	450	56	137	26	1	13	57	5	.304
Chris Donnels, BlueWave	112	384	55	116	25	1	17	67	0	.3020
Hiroki Kokubo, Hawks	135	527	88	159	37	3	36	114	4	.3017
Koichiro Yoshinaga, Hawks	132	443	57	133	21	0	29	73	0	.3002
Yoshinori Ueda, Fighters	130	360	41	108	23	0	6	39	7	.3000
Taisei Takagi, Lions	130	474	75	140	27	4	7	64	24	.295
So Taguchi, BlueWave	135	572	92	168	32	4	10	56	7	.294
Noriyoshi Omichi, Hawks	130	441	55	129	17	2	6	46	1	.293
Atsushi Kataoka, Fighters	135	514	67	147	28	2	17	67	3	.286
Tatsuya Ide, Fighters	135	521	75	148	27	5	8	45	27	.2840
Eiji Mizuguchi, Buffaloes	120	388	54	110	16	2	7	50	10	.2835
Takashi Muto, Buffaloes	119	390	55	110	13	7	0	29	26	.282
Tsutomu Ito, Lions	129	436	50	122	19	1	13	56	5	.280

Part One : 1997 Season

Player and Team	G	AB	R	H	2B	3B	HR	RBI	SB	AVG
Mark Carreon, Marines	129	481	51	134	19	1	14	77	11	.279
Susumu Otomo, Lions	128	460	71	128	21	7	5	45	31	.278
Makoto Kaneko, Fighters	134	513	80	142	18	2	12	53	13	.2768
Jerry Brooks, Fighters	134	488	61	135	27	2	16	63	3	.2766
Nigel Wilson, Fighters	134	478	67	131	24	0	**37**	94	1	.274
Koichi Hori, Marines	131	522	53	142	18	2	9	47	15	.272
Troy Neel, BlueWave	131	472	59	125	14	0	25	98	1	.265
Hiromitsu Ochiai, Fighters	113	397	35	104	14	0	3	43	3	.262
Takahisa Suzuki, Buffaloes	125	436	45	114	18	3	10	53	9	.2614
Makoto Kosaka, Marines	135	499	66	130	14	7	1	30	56	.2605
Yukio Tanaka, Fighters	133	539	72	137	29	3	19	63	1	.254
Jason Thompson, Marines	127	438	42	108	23	2	14	62	2	.247
Koji Akiyama, Hawks	97	371	46	91	20	2	12	52	11	.245
Arihito Muramatsu, Hawks	131	477	59	115	15	4	0	29	42	.241
Chihiro Hamana, Hawks	116	370	45	89	12	1	5	31	18	.2405
Norihiro Nakamura, Buffaloes	128	455	54	109	22	3	19	68	3	.240
Koichi Oshima, BlueWave	127	372	50	89	23	2	1	27	2	.239

Qualifiers for Earned Run Average Championship

Player and Team	G	IP	W-L-S	PCT	SO	BB	H	ERA
Satoru Komiyama, Marines	27	187.2	11-9-0	.550	130	30	186	**2.49**
Akira Okamoto, Buffaloes	30	146.2	10-6-0	.625	84	50	138	2.82
Tetsuya Shiozaki, Lions	27	174	12-7-0	.632	108	49	157	2.90
Kiyoshi Toyoda, Lions	23	150.2	10-6-0	.625	86	54	128	2.93
Hideo Koike, Buffaloes	27	182.2	**15**-6-0	.714	136	**96**	137	2.96
Tomohiro Kuroki, Marines	32	**240.2**	12-**15**-0	.444	179	86	206	2.99
Fumiya Nishiguchi, Lions	32	207.2	**15**-5-1	**.750**	192	68	187	3.12
Nobuyuki Hoshino, BlueWave	29	202.2	14-10-0	.583	121	54	194	3.24
Koji Noda, BlueWave	24	150.1	7-5-0	.583	99	63	143	3.29
Kimiyasu Kudo, Hawks	27	161.1	11-6-0	.647	146	48	153	3.35
Takahide Ito, BlueWave	26	135.1	10-7-0	.588	105	51	132	3.46
Tsuyoshi Shimoyanagi, Fighters	65	147	9-4-0	.692	136	62	140	3.49
Kip Gross, Fighters	33	233.1	13-11-0	.542	98	69	**235**	3.63
Kazuhiro Takeda, Hawks	26	163.2	4-9-0	.308	102	39	177	3.85
Yasuhiko Yabuta, Marines	25	146.1	5-9-0	.357	74	48	144	3.94
Hiroshi Takamura, Buffaloes	23	145.2	8-9-0	.471	95	61	171	4.76

Games Leader—Yoshitaka Mizuo (BlueWave), Takehiro Hashimoto (Lions)—68
Saves Leader—Yasuyuki Kawamoto, Marines—25

Leaders and Award Winners

Home Runs
Nigel Wilson, Fighters—37
Hiroki Kokubo, Hawks—36
Domingo Martinez, Lions—31
Koichiro Yoshinaga, Hawks—29
Troy Neel, BlueWave—25

Runs Batted In
Hiroki Kokubo, Hawks—114
Domingo Martinez, Lions—108
Tuffy Rhodes, Buffaloes—102
Troy Neel, BlueWave—98
Ken Suzuki, Lions—94
Nigel Wilson, Fighters—94

Wins
Hideo Koike, Buffaloes—15
Fumiya Nishiguchi, Lions—15
Nobuyuki Hoshino, BlueWave—14
Kip Gross, Fighters—13
Tomohiro Kuroki, Marines—12
Tetsuya Shiozaki, Lions—12

Strikeouts
Fumiya Nishiguchi, Lions—192
Tomohiro Kuroki, Marines—179
Kimiyasu Kudo, Hawks—146
Hideo Koike, Buffaloes—136
Tsuyoshi Shimoyanagi, Fighters—136

Most Valuable Player
Fumiya Nishiguchi, Lions

Sawamura Award
Fumiya Nishiguchi, Lions

Rookie of the Year
Makoto Kosaka, Marines

Best Nine
Pitcher—Fumiya Nishiguchi, Lions
Catcher—Tsutomu Ito, Lions
First Base—Phil Clark, Buffaloes
Second Base—Hiroki Kokubo, Hawks
Third Base—Ken Suzuki, Lions
Shortstop—Kazuo Matsui, Lions
Outfield—Ichiro Suzuki, BlueWave
Outfield—Tuffy Rhodes, Buffaloes
Outfield—Makoto Sasaki, Lions
Designated Hitter—Domingo Martinez, Lions

Gold Glove Awards
Pitcher—Fumiya Nishiguchi, Lions
Catcher—Tsutomu Ito, Lions
First Base—Taisei Takagi, Lions
Second Base—Koichi Oshima, BlueWave
Third Base—Atsushi Kataoka, Fighters
Shortstop—Kazuo Matsui, Lions
Outfield—Ichiro Suzuki, BlueWave
Outfield—So Taguchi, BlueWave
Outfield—Tatsuya Ide, Fighters

ALL-STAR GAMES

Managers—Shigeo Nagashima (Central League)—Akira Ogi (Pacific League)

Game	Date	Site	C.L. Pitcher	Score	P.L. Pitcher
1	7/23	Osaka	Keiichi Yabu (L)	0-5	Satoru Komiyama (W)

Home Runs—none
MVP—Kazuo Matsui (P)

Game	Date	Site	C.L. Pitcher	Score	P.L. Pitcher
2	7/24	Jingu	Masahiro Yamamoto (W)	6-3	Fumiya Nishiguchi (L)

Home Runs—Kazuhiro Kiyohara—2 (C), Hideki Matsui (C)
MVP—Kazuhiro Kiyohara (P)

JAPAN SERIES

Teams and Managers—Central League's Yakult Swallows (Katsuya Nomura) 4—Pacific League's Seibu Lions (Osamu Higashio) 1

Game	Date	Site	Swallows Pitcher	Score	Lions Pitcher
1	10/18	Seibu	Kazuhisa Ishii (W)	1-0	Fumiya Nishiguchi (L)

Home Runs—Jim Tatum (Swallows)

2	10/19	Seibu	Futoshi Yamabe (L)	5-6 (10 innings)	Shinji Mori (W)

Home Runs—Yusuke Kawada (Lions)

3	10/21	Jingu	Shingo Takatsu (W)	5-3	Hisanobu Watanabe (L)

Home Runs—Atsuya Furuta (Swallows)

4	10/22	Jingu	Kenjiro Kawasaki (W)	7-1	Hiroshi Shintani (L)

Home Runs—Shinichi Sato (Swallows)

5	10/23	Jingu	Kazuhisa Ishii (W)	3-0	Fumiya Nishiguchi (L)

Home Runs—none

Awards

Most Valuable Player—Atsuya Furuta, Swallows

Fighting Spirit—Kazuo Matsui, Lions

Outstanding Player—Atsunori Inaba (Swallows), Kazuhisa Ishii (Swallows), Takehiro Ikeyama (Swallows)

PART TWO
All-Time Records

CAREER RECORDS

Batting Records

GAMES

Player	Years	Total
Katsuya Nomura	1954–80	3017
Sadaharu Oh	1959–80	2831
Isao Harimoto	1959–81	2752
Sachio Kinugasa	1965–87	2677
Yasunori Oshima	1971–94	2638
Hiromitsu Kadota	1970–92	2571
Masahiro Doi	1962–81	2449
Yutaka Fukumoto	1969–88	2401
Koji Yamamoto	1969–86	2284
Morimichi Takagi	1960–80	2282
Hiroyuki Yamazaki	1965–84	2251
Katsuo Osugi	1965–83	2235
Kazuhiro Yamauchi	1952–70	2235
Kihachi Enomoto	1955–72	2222
Isao Shibata	1962–81	2208
Yoshinori Hirose	1956–77	2190
Makoto Matsubara	1962–81	2190
Shigeo Nagashima	1958–74	2186
Hiromitsu Ochiai	1979–	2177
Tatsuhiko Kimata	1964–82	2142

AT BATS

Player	Years	Total
Katsuya Nomura	1954–80	10,472
Isao Harimoto	1959–81	9666
Sachio Kinugasa	1965–87	9404
Sadaharu Oh	1959–80	9250
Hiromitsu Kadota	1970–92	8868
Yutaka Fukumoto	1969–88	8745
Masahiro Doi	1962–81	8694
Yutaka Takagi	1960–80	8367
Yasunori Oshima	1971–94	8105
Shigeo Nagashima	1958–74	8094
Koji Yamamoto	1969–86	8052
Hiroyuki Yamazaki	1965–84	7845
Kihachi Enomoto	1955–72	7763
Katsuo Osugi	1965–83	7763
Kazuhiro Yamauchi	1952–70	7702
Yoshinori Hirose	1956–77	7637
Makoto Matsubara	1962–81	7579
Isao Shibata	1962–81	7570
Tetsuharu Kawakami	1938–58	7500
Hiromitsu Ochiai	1979–	7465

RUNS SCORED

Player	Years	Total
Sadaharu Oh	1959–80	1967
Yutaka Fukumoto	1969–88	1656
Isao Harimoto	1959–81	1523
Katsuya Nomura	1954–80	1509
Sachio Kinugasa	1965–87	1372
Koji Yamamoto	1969–86	1365
Hiromitsu Ochiai	1979–	1324
Hiromitsu Kadota	1970–92	1319
Shigeo Nagashima	1958–74	1270
Isao Shibata	1962–81	1223
Kazuhiro Yamauchi	1952–70	1218
Yoshinori Hirose	1956–77	1205
Michiyo Arito	1969–86	1171
Kihachi Enomoto	1955–72	1169
Morimichi Takagi	1960–80	1120
Daijiro Oishi	1981–97	1116
Masahiro Doi	1962–81	1105
Hiroyuki Yamazaki	1965–84	1099
Katsuo Osugi	1965–83	1080
Hiromi Matsunaga	1981–97	1059

HITS

Player	Years	Total
Isao Harimoto	1959–81	3085
Katsuya Nomura	1954–80	2901
Sadaharu Oh	1959–80	2786
Hiromitsu Kadota	1970–92	2566
Yutaka Fukumoto	1969–88	2543
Sachio Kinugasa	1965–87	2543
Shigeo Nagashima	1958–74	2471
Masahiro Doi	1962–81	2452
Tetsuharu Kawakami	1938–58	2351
Koji Yamamoto	1969–86	2339
Hiromitsu Ochiai	1979–	2333
Kihachi Enomoto	1955–72	2314
Morimichi Takagi	1960–80	2274
Kazuhiro Yamauchi	1952–70	2271
Katsuo Osugi	1965–83	2228
Yasunori Oshima	1971–94	2204
Tsutomu Wakamatsu	1971–89	2173

Player	Years	Total
Yoshinori Hirose	1956–77	2157
Makoto Matsubara	1962–81	2095
Hiroyuki Yamazaki	1965–84	2081
Taira Fujita	1966–84	2064
Kenichi Yazawa	1970–86	2062
Michiyo Arito	1969–86	2057
Shinichi Eto	1959–76	2057
Hideji Kato	1969–87	2055
Hiromasa Arai	1975–92	2038
Isao Shibata	1962–81	2018
Tokuji Iida	1947–63	1978
Shoichi Busujima	1954–71	1977
Akitoshi Kodama	1954–69	1963

DOUBLES

Player	Years	Total
Yutaka Fukumoto	1969–88	449
Kazuhiro Yamauchi	1952–70	448
Sadaharu Oh	1959–80	422
Isao Harimoto	1959–81	420
Shigeo Nagashima	1958–74	418
Kihachi Enomoto	1955–72	409
Tetsuharu Kawakami	1938–58	408
Makoto Matsubara	1962–81	405
Katsuya Nomura	1954–80	397
Yoshinori Hirose	1956–77	394
Hiromitsu Kadota	1970–92	383
Sachio Kinugasa	1965–87	373
Koji Yamamoto	1969–86	372
Hiroyuki Yamazaki	1965–84	371
Hideji Kato	1969–87	367
Hiromitsu Ochiai	1979–	365
Akitoshi Kodama	1954–69	358
Taira Fujita	1966–84	355
Tsutomu Wakamatsu	1971–89	355
Kenichi Yazawa	1970–86	348

TRIPLES

Player	Years	Total
Yutaka Fukumoto	1969–88	115
Shoichi Busujima	1954–71	106
Masaichi Kaneda	1942–57	103
Tetsuharu Kawakami	1938–58	99
Yoshinori Hirose	1956–77	88
Shosei Go	1937–57	81
Toshio Naka	1955–72	81
Shigeo Nagashima	1958–74	74
Isao Harimoto	1959–81	72
Yoshio Yoshida	1953–69	70

Player	Years	Total
Tokuji Iida	1947–63	67
Kazuo Kageyama	1959–80	66
Hiroshi Oshita	1946–59	66
Hiromasa Arai	1975–92	65
Fumio Fujimura	1936–58	63
Daijiro Oishi	1981–97	63
Makoto Kozuru	1942–58	62
Isao Shibata	1962–81	62
Kozo Kawai	1948–59	58
Katsumi Shiraishi	1936–56	58
Michinori Tsubouchi	1936–51	58

HOME RUNS

Player	Years	Total
Sadaharu Oh	1959–80	868
Katsuya Nomura	1954–80	657
Hiromitsu Kadota	1970–92	567
Koji Yamamoto	1969–86	536
Hiromitsu Ochiai	1979–	508
Isao Harimoto	1959–81	504
Sachio Kinugasa	1965–87	504
Katsuo Osugi	1965–83	486
Koichi Tabuchi	1969–84	474
Masahiro Doi	1962–81	465
Shigeo Nagashima	1958–74	444
Kazuhiro Yamauchi	1952–70	396
Koji Akiyama	1981–	394
Tatsunori Hara	1981–95	382
Yasunori Oshima	1971–94	382
Shinichi Eto	1959–76	367
Kazuhiro Kiyohara	1986–	361
Masayuki Kakefu	1974–88	349
Michiyo Arito	1969–86	348
Hideji Kato	1969–87	347
Tokuji Nagaike	1966–79	338
Masaru Uno	1977–94	338
Makoto Matsubara	1962–81	331
Akinobu Mayumi	1973–95	292
Tatsuhiko Kimata	1964–82	285
LeRon Lee	1977–87	283
Tomio Tashiro	1976–91	278
Greg "Boomer" Wells	1983–92	277
Katsumi Hirosawa	1985–	274
Kenichi Yazawa	1970–86	273

RUNS BATTED IN

Player	Years	Total
Sadaharu Oh	1959–80	2170
Katsuya Nomura	1954–80	1988

Hiromitsu Kadota	1970–92	1678	Kaname Yashiki	1978–95	327
Isao Harimoto	1959–81	1676	Yutaka Takagi	1981–94	321
Hiromitsu Ochiai	1979–	1546	Isao Harimoto	1959–81	319
Shigeo Nagashima	1958–74	1522			
Katsuo Osugi	1965–83	1507			
Koji Yamamoto	1969–86	1475			

BATTING AVERAGE
(minimum 4000 at bats)

			Player	Years	Total
Sachio Kinugasa	1965–87	1448	LeRon Lee	1977–87	.320
Masahiro Doi	1962–81	1400	Tsutomu Wakamatsu	1971–89	.31918
Tetsuharu Kawakami	1938–58	1319	Isao Harimoto	1959–81	.31915
Kazuhiro Yamauchi	1952–70	1286	Greg "Boomer" Wells	1983–92	.317
Hideji Kato	1969–87	1268	Tetsuharu Kawakami	1938–58	.3134
Yasunori Oshima	1971–94	1234	Hiromitsu Ochiai	1979–	.3125
Shinichi Eto	1959–76	1189	Wally Yonamine	1951–62	.311
Makoto Matsubara	1962–81	1180	Leon Lee	1978–87	.308
Koichi Tabuchi	1969–84	1135	Futoshi Nakanishi	1952–69	.307
Fumio Fujimura	1936–58	1126	Shigeo Nagashima	1958–74	.305
Koji Akiyama	1981–	1115	Toshio Shinozuka	1977–94	.304
Tatsunori Hara	1981–95	1093	Hiroshi Oshita	1946–59	.303
Noboru Aota	1942–59	1034	Kenichi Yazawa	1970–86	.302
Michiyo Arito	1969–86	1061	Sadaharu Oh	1959–80	.301
Masayuki Kakefu	1974–88	1019	Fumio Fujimura	1936–58	.300
Kazuhiro Kiyohara	1986–	1010	Kihachi Enomoto	1955–72	.298
Hiroyuki Yamazaki	1965–84	985	Hideji Kato	1969–87	.29722
Kihachi Enomoto	1955–72	979	Kenjiro Tamiya	1949–63	.2968
Tokuji Iida	1947–63	969	Yutaka Takagi	1981–94	.2967
Tokuji Nagaike	1966–79	969	Yutaka Wada	1985–	.29488
Kenichi Yazawa	1970–86	969	Kazuhiro Yamauchi	1952–70	.29485
Michio Nishizawa	1937–58	940	Hiromi Matsunaga	1981–97	.2933
			Kenjiro Nomura	1989–	.2930

STOLEN BASES

Player	Years	Total			
			Masayuki Kakefu	1974–88	.292
Yutaka Fukumoto	1969–88	1065	Norihiro Komada	1983–	.2912
Yoshinori Hirose	1956–77	596	Yutaka Fukumoto	1969–88	.2907
Isao Shibata	1962–81	579	Hiromasa Arai	1975–92	.2906
Chusuke Kizuka	1948–59	479	Koji Yamamoto	1969–86	.2904
Yoshihiko Takahashi	1976–92	477	Kiyoshi Nakahata	1977–89	.2902
Jiro Kanayama	1943–57	456	Hiromitsu Kadota	1970–92	.2893
Daijiro Oishi	1981–97	415			
Tokuji Iida	1947–63	390			

BASES ON BALLS

			Player	Years	Total
Shosei Go	1937–57	381	Sadaharu Oh	1959–80	2390
Seizo Furukawa	1941–59	370	Hiromitsu Ochiai	1979–	1449
Morimichi Takagi	1960–80	369	Isao Harimoto	1959–81	1274
Norifumi Nishimura	1982–97	363	Hiromitsu Kadota	1970–92	1273
Makoto Shimada	1977–91	352	Katsuya Nomura	1954–80	1252
Yoshio Yoshida	1953–69	350	Yutaka Fukumoto	1969–88	1234
Toshio Naka	1955–72	347	Koji Yamamoto	1969–86	1168
Michinori Tsubouchi	1936–51	344	Kihachi Enomoto	1955–72	1062
Tadashi Matsumoto	1977–87	342			

Player	Years	Total
Kazuhiro Yamauchi	1952–70	1061
Kazuhiro Kiyohara	1986–	988
Masahiro Doi	1962–81	972
Shigeo Nagashima	1958–74	969
Yasunori Oshima	1971–94	964
Katsumi Shiraishi	1936–56	936
Yasumitsu Toyoda	1953–69	934
Sachio Kinugasa	1965–87	931
Shigeru Chiba	1938–56	913
Isao Shibata	1962–81	906
Hiromi Matsunaga	1981–97	886
Hiroyuki Yamazaki	1965–84	842

STRIKEOUTS

Player	Years	Total
Sachio Kinugasa	1965–87	1587
Hiromitsu Kadota	1970–92	1520
Katsuya Nomura	1954–80	1478
Yasunori Oshima	1971–94	1462
Koji Akiyama	1981–	1402
Katsumi Hirosawa	1985–97	1339
Sadaharu Oh	1959–80	1319
Masaru Uno	1977–94	1306
Hiroyuki Yamazaki	1965–84	1267
Kazuhiro Kiyohara	1986–	1241
Takahiro Ikeyama	1984–	1222
Michiyo Arito	1969–86	1204
Ralph Bryant	1988–95	1186
Hiromichi Ishige	1981–96	1127
Koji Yamamoto	1969–86	1123
Katsuo Osugi	1965–83	1116
Hiromitsu Ochiai	1979–	1113
Isao Shibata	1962–81	1087
Tomio Tashiro	1976–91	1081
Hideji Kato	1969–87	1067

SLUGGING PERCENTAGE
(minimum 4000 at bats)

Player	Years	Total
Sadaharu Oh	1959–80	.634
Hiromitsu Ochiai	1979–	.570
Greg "Boomer" Wells	1983–92	.555
Futoshi Nakanishi	1952–69	.553
LeRon Lee	1977–87	.5419
Koji Yamamoto	1969–86	.5416
Shigeo Nagashima	1958–74	.540
Koichi Tabuchi	1969–84	.535
Isao Harimoto	1959–81	.5339
Tokuji Nagaike	1966–79	.5338
Masayuki Kakefu	1974–88	.531
Leon Lee	1978–87	.530
Kazuhiro Kiyohara	1986–	.5287
Hiromitsu Kadota	1970–92	.5286
Tatsunori Hara	1981–95	.523
Kazuhiro Yamauchi	1952–70	.521
Katsuo Osugi	1965–83	.519
Koji Akiyama	1981–	.516
Hideji Kato	1969–87	.512
Katsuya Nomura	1954–80	.508

Pitching Records

GAMES

Player	Years	Total
Tetsuya Yoneda	1956–77	949
Masaichi Kaneda	1950–69	944
Takao Kajimoto	1954–73	867
Masaaki Koyama	1953–73	856
Yutaka Enatsu	1967–84	829
Mutsuo Minagawa	1954–71	759
Kazuhisa Inao	1956–69	756
Yoshitaka Katori	1979–	755
Masatoshi Gondo	1953–73	719
Shigeo Ishii	1958–79	705
Keishi Suzuki	1966–85	703
Kazuyuki Yamamoto	1972–88	700
Osamu Higashio	1969–88	697
Yutaka Ono	1977–	694
Mitsuhiro Adachi	1959–79	676
Shoichi Ono	1956–70	671
Koichiro Sasaki	1962–81	667
Takehiko Bessho	1942–60	662
Hiromu Matsuoka	1968–85	660
Sohachi Aniya	1964–81	655

INNINGS PITCHED

Player	Years	Total
Masaichi Kaneda	1950–69	5526.2
Tetsuya Yoneda	1956–77	5130
Masaaki Koyama	1953–73	4899
Keishi Suzuki	1966–85	4600.1
Takehiko Bessho	1942–60	4350.2
Takao Kajimoto	1954–73	4208
Victor Starffin	1936–55	4175.1
Osamu Higashio	1969–88	4086

Player	Years	Total
Hisashi Yamada	1969–88	3865
Kazuhisa Inao	1956–69	3599
Tadashi Wakabayashi	1936–53	3557.1
Jiro Noguchi	1939–52	3447.1
Ryohei Hasegawa	1950–63	3376.1
Masaji Hiramatsu	1967–84	3360.2
Choji Murata	1968–90	3331.1
Hiromu Matsuoka	1968–85	3240
Yutaka Enatsu	1967–84	3196
Shigeo Ishii	1958–79	3168
Mutsuo Minagawa	1954–71	3158
Manabu Kitabeppu	1976–94	3113

COMPLETE GAMES

Player	Years	Total
Masaichi Kaneda	1950–69	365
Victor Starffin	1936–55	350
Keishi Suzuki	1966–85	340
Takehiko Bessho	1942–60	335
Masaaki Koyama	1953–73	290
Hisashi Yamada	1969–88	283
Tadashi Wakabayashi	1936–53	263
Tetsuya Yoneda	1956–77	262
Jiro Noguchi	1939–52	259
Osamu Higashio	1969–88	247
Hideo Fujimoto	1942–55	227
Ryohei Hasegawa	1950–63	213
Juzo Sanada	1943–55	211
Takao Kajimoto	1954–73	202
Minoru Murayama	1959–72	192
Choji Murata	1968–90	184
Hiroshi Nakao	1939–57	184
Kazuhisa Inao	1956–69	179
Tsuneo Horiuchi	1966–83	178
Tokuji Kawasaki	1940–57	172

SHUTOUTS

Player	Years	Total
Victor Starffin	1936–55	83
Masaichi Kaneda	1950–69	82
Masaaki Koyama	1953–73	74
Takehiko Bessho	1942–60	72
Keishi Suzuki	1966–85	71
Jiro Noguchi	1939–52	65
Tetsuya Yoneda	1956–77	64
Hideo Fujimoto	1942–55	63
Tadashi Wakabayashi	1936–55	57
Minoru Murayama	1959–72	55
Tokuji Kawasaki	1940–57	49
Yutaka Enatsu	1967–84	45
Hiroshi Nakao	1939–57	45
Kazuhisa Inao	1956–69	43
Takao Kajimoto	1954–73	43
Masaki Saito	1984–	39
Juzo Sanada	1943–55	39
Ryohei Hasegawa	1950–63	38
Tsuneo Horiuchi	1966–83	37
Mutsuo Minagawa	1954–71	37

WINS

Player	Years	Total
Masaichi Kaneda	1950–69	400
Tetsuya Yoneda	1956–77	350
Masaaki Koyama	1953–73	320
Keishi Suzuki	1966–85	317
Takehiko Bessho	1942–60	310
Victor Starffin	1936–55	303
Hisashi Yamada	1969–88	284
Kazuhisa Inao	1956–69	276
Takao Kajimoto	1954–73	254
Osamu Higashio	1969–88	251
Jiro Noguchi	1936–53	237
Tadashi Wakabayashi	1939–52	237
Minoru Murayama	1959–72	222
Mutsuo Minagawa	1954–71	221
Choji Murata	1968–90	215
Shigeru Sugishita	1949–61	215
Manabu Kitabeppu	1976–94	213
Hiroshi Nakao	1939–57	209
Yutaka Enatsu	1967–84	206
Tsuneo Horiuchi	1966–83	203
Masaji Hiramatsu	1967–84	201
Hideo Fujimoto	1942–55	200
Ryohei Hasegawa	1950–63	197
Noboru Akiyama	1956–67	193
Hiromu Matsuoka	1968–85	191
Shigeo Ishii	1958–79	189
Tokuji Kawasaki	1940–57	188
Mitsuhiro Adachi	1959–79	187
Tadashi Sugiura	1958–70	187
Shoichi Ono	1956–70	184

LOSSES

Player	Years	Total
Masaichi Kaneda	1950–69	298
Tetsuya Yoneda	1956–77	285

Player	Years	Total
Takao Kajimoto	1954–73	255
Osamu Higashio	1969–88	247
Keishi Suzuki	1966–85	238
Masaaki Koyama	1953–73	232
Ryohei Hasegawa	1950–63	208
Masaji Hiramatsu	1967–84	196
Hiromu Matsuoka	1968–85	190
Katsuji Sakai	1959–76	186
Shigeo Ishii	1958–79	185
Takehiko Bessho	1942–60	178
Choji Murata	1968–90	177
Victor Starffin	1936–55	176
Noboru Akiyama	1956–67	171
Hisashi Yamada	1969–88	166
Yutaka Enatsu	1967–84	158
Naoki Takahashi	1969–86	158
Tokuji Kawasaki	1940–57	156
Shoichi Ono	1956–70	155
Yutaka Enatsu	1967–84	210
Kazuhiro Sasaki	1990–	203
Yutaka Ono	1977–	192
Kazuyuki Yamamoto	1972–88	190
Motoyuki Akahori	1989–	188
Akio Saito	1977–93	188
Kazuhiko Ushijima	1980–93	154
Genji Kaku	1981–96	141
Mitsuo Sumi	1978–92	128
Takamasa Suzuki	1973–89	121
Kiyooki Nakanishi	1984–96	119
Shingo Takatsu	1991–	119
Tsunemi Tsuda	1982–91	115
Yuji Inoue	1981–	114
Shigekazu Mori	1979–88	114
Motoyasu Kaneshiro	1972–85	112
Yasuyuki Kawamoto	1992–	110
Shinji Sasaoka	1990–	108
Hiroshi Ishige	1991–	104

SAVES
(compiled since 1974)

Player	Years	Total
Yutaka Enatsu	1967–84	193
Kazuhiro Sasaki	1990–	165
Motoyuki Akahori	1989–	139
Yutaka Ono	1977–	138
Akio Saito	1977–93	133
Yoshitaka Katori	1979–	131
Kazuyuki Yamamoto	1972–88	130
Kazuhiko Ushijima	1980–93	126
Genji Kaku	1981–96	116
Mitsuo Sumi	1978–92	99
Takamasa Suzuki	1973–89	96
Shingo Takatsu	1991–	95
Motoyasu Kaneshiro	1972–85	92
Tsunemi Tsuda	1982–91	90
Yasuyuki Kawamoto	1992–	84
Shinji Sasaoka	1990–	84
Shigekazu Mori	1979–88	82
Hiroshi Ishige	1991–	80
Akihito Kaneishi	1982–	78
Yuji Inoue	1981–	77

SAVE POINTS
(Central League totals compiled since 1976, Pacific League since 1977)

Player	Years	Total
Yoshitaka Katori	1979–	216

WINNING PERCENTAGE
(minimum 2000 innings pitched)

Player	Years	Total
Hideo Fujimoto	1942–55	.697
Kazuhisa Inao	1956–69	.668
Masaki Saito	1984–	.656
Kimiyasu Kudo	1982–	.649
Tadashi Sugiura	1958–70	.638
Shigeru Sugishita	1949–61	.636
Takehiko Bessho	1942–60	.635
Victor Starffin	1936–55	.633
Hisashi Yamada	1969–88	.631
Jiro Noguchi	1939–52	.630
Tadashi Wakabayashi	1936–53	.62204
Hiroshi Nakao	1939–57	.62202
Atsushi Aramaki	1950–62	.618
Mutsuo Minagawa	1954–71	.614
Manabu Kitabeppu	1976–94	.60169
Minoru Murayama	1959–72	.60162
Yutaka Ono	1977–	.597
Shigeru Kobayashi	1973–83	.594
Tsuneo Horiuchi	1966–83	.5935
Shozo Watanabe	1953–65	.583
Takao Fujimura	1940–57	.5818
Juzo Sanada	1943–55	.5816
Masaaki Koyama	1953–73	.580
Nobuyuki Hoshino	1969–82	.579
Fumio Narita	1965–82	.576

Player	Years	Total
Masaichi Kaneda	1950–69	.573
Keishi Suzuki	1966–85	.571
Yutaka Enatsu	1967–84	.566
Takashi Nishimoto	1976–93	.563
Kiyohiro Miura	1957–75	.5593

STRIKEOUTS

Player	Years	Total
Masaichi Kaneda	1950–69	4490
Tetsuya Yoneda	1956–77	3388
Masaaki Koyama	1953–73	3159
Keishi Suzuki	1966–85	3061
Yutaka Enatsu	1967–84	2987
Takao Kajimoto	1954–73	2945
Kazuhisa Inao	1956–69	2574
Choji Murata	1968–90	2363
Minoru Murayama	1959–72	2271
Shoichi Ono	1956–70	2244
Kazuhisa Kawaguchi	1981–	2083
Hisashi Yamada	1969–88	2058
Masaji Hiramatsu	1967–84	2045
Hiromu Matsuoka	1968–85	2008
Kazumi Takahashi	1965–83	1997
Victor Starffin	1936–55	1960
Hiromi Makihara	1983–	1958
Masatoshi Gondo	1953–73	1943
Takehiko Bessho	1942–60	1934
Noboru Akiyama	1956–67	1896
Tsuneo Horiuchi	1966–83	1865
Shigeru Sugishita	1949–61	1761
Manabu Kitabeppu	1976–94	1757
Tadashi Sugiura	1958–70	1756
Kimiyasu Kudo	1982–	1755
Yoshinori Sato	1977–	1749
Nobuyuki Hoshino	1985–	1731
Yutaka Ono	1977–	1709
Hisao Niura	1971–92	1706
Osamu Higashio	1969–88	1684

BASES ON BALLS

Player	Years	Total
Masaichi Kaneda	1950–69	1808
Tetsuya Yoneda	1956–77	1480
Hiroshi Nakao	1939–57	1436
Takao Kajimoto	1954–73	1244
Victor Starffin	1936–55	1221
Takehiko Bessho	1942–60	1206
Hiromu Matsuoka	1968–85	1163
Choji Murata	1968–90	1144
Keishi Suzuki	1966–85	1126
Shoichi Ono	1956–70	1116
Kozo Naito	1936–51	1108
Osamu Higashio	1969–88	1102
Tsuneo Horiuchi	1966–83	1095
Yoshinori Sato	1977–	1054
Ryohei Hasegawa	1950–63	1026
Masatoshi Gondo	1953–73	1019
Kazuhisa Kawaguchi	1981–	1012
Kazumi Takahashi	1965–83	1007
Tadashi Wakabayashi	1936–53	998
Masaji Hiramatsu	1967–84	990

HITS ALLOWED

Player	Years	Total
Tetsuya Yoneda	1956–77	4561
Masaichi Kaneda	1950–69	4120
Osamu Higashio	1969–88	4095
Masaaki Koyama	1953–73	4068
Keishi Suzuki	1966–85	4029
Takao Kajimoto	1954–73	3879
Takehiko Bessho	1942–60	3629
Hisashi Yamada	1969–88	3459
Manabu Kitabeppu	1976–94	3255
Victor Starffin	1936–55	3230
Shigeo Ishii	1958–79	3081
Masaji Hiramatsu	1967–84	3037
Choji Murata	1968–90	3019
Ryohei Hasegawa	1950–63	2977
Tadashi Wakabayashi	1936–53	2971
Hiromu Matsuoka	1968–85	2939
Kazuhisa Inao	1956–69	2840
Mitsuhiro Adachi	1959–79	2838
Tsuneo Horiuchi	1966–83	2725
Takashi Nishimoto	1976–93	2724

EARNED RUN AVERAGE
(minimum 2000 innings pitched)

Player	Years	Total
Hideo Fujimoto	1942–55	1.90
Jiro Noguchi	1939–52	1.96
Kazuhisa Inao	1956–69	1.98
Tadashi Wakabayashi	1936–53	1.99
Victor Starffin	1936–55	2.088
Minoru Murayama	1959–72	2.092
Takehiko Bessho	1942–60	2.18
Atsushi Aramaki	1950–62	2.23

Shigeru Sugishita	1949–61	2.232	Takao Fujimura	1940–57	2.652
Masaichi Kaneda	1950–69	2.34	Masaki Saito	1984–	2.656
Tadashi Sugiura	1958–70	2.39	Masayuki Dobashi	1956–67	2.659
Mutsuo Minagawa	1954–71	2.42	Tomoo Wako	1956–76	2.71
Shozo Watanabe	1953–65	2.44	Masatoshi Gondo	1953–73	2.775
Masaaki Koyama	1953–73	2.45	Yoshio Tenpo	1942–57	2.784
Hiroshi Nakao	1939–57	2.48	Shoichi Ono	1956–70	2.80
Yutaka Enatsu	1967–84	2.49	Yasuo Yonekawa	1949–59	2.81
Tokuji Kawasaki	1940–57	2.53	Juzo Sanada	1943–55	2.83
Noboru Akiyama	1956–67	2.60	Yoshiro Sotokoba	1965–79	2.88
Ryohei Hasegawa	1950–63	2.646	Yutaka Ono	1977–	2.90

SINGLE-SEASON RECORDS

Batting Records

GAMES

Player and Team	Year	Total
Tokuji Iida, Hawks	1956	154
Shinya Sasaki, Unions	1956	154
Kohei Sugiyama, Hawks	1956	154
Akinobu Kono, Lions	1956	153
Chico Barbon, Braves	1956	152
Kihachi Enomoto, Orions	1956	152
Masatoshi Matsuoka, Flyers	1956	152
Akitoshi Kodama, Pearls	1956	151
Masahiro Doi, Buffaloes	1963	150
Isao Harimoto, Flyers	1963	150
Masuho Maeda, Orions	1964	150
Katsuya Nomura, Hawks	1963	150
Kenichiro Okamoto, Braves	1956	150
Seiji Sekiguchi, Lions	1956	150

AT BATS

Player and Team	Year	Total
Yoshinori Hirose, Hawks	1963	626
Shinya Sasaki, Unions	1956	622
Shoichi Busujima, Flyers	1964	598
Michinori Tsubouchi, Dragons	1949	597
Jiro Kanayama, Robins	1950	594
Chico Barbon, Braves	1956	590
Chico Barbon, Braves	1955	583
Takeshi Miyazaki, Whales	1950	580
Tokuji Iida, Hawks	1956	579
Kiyoshi Osawa, Whales	1950	578
Yoji Tamazukuri, Lions	1964	578

RUNS SCORED

Player and Team	Year	Total
Makoto Kozuru, Robins	1950	143
Fumio Fujimura, Tigers	1950	130
Kaoru Betto, Tigers	1949	129
Shigeru Chiba, Giants	1949	121
Yoshiyuki Iwamoto, Robins	1950	121
Hiromitsu Ochiai, Orions	1985	118
Fumio Fujimura, Tigers	1949	116
Sadaharu Oh, Giants	1977	114
Koji Yamamoto, Carp	1978	114
Yutaka Fukumoto, Braves	1980	112
Makoto Kozuru, Stars	1949	112
Sadaharu Oh, Giants	1969	112

HITS

Player and Team	Year	Total
Ichiro Suzuki, BlueWave	1994	210
Ichiro Suzuki, BlueWave	1996	193
Fumio Fujimura, Tigers	1950	191
Kiyoshi Osawa, Whales	1950	189
Fumio Fujimura, Tigers	1949	187
Yoshinori Hirose, Hawks	1963	187
Noboru Aota, Giants	1950	185
Jiro Kanayama, Robins	1950	185
Ichiro Suzuki, BlueWave	1997	185
Hiromasa Arai, Buffaloes	1987	184
Kaoru Betto, Tigers	1949	184
Larry Raines, Braves	1954	184
Makoto Kozuru, Robins	1950	183
Isao Harimoto, Giants	1976	182
Makoto Kozuru, Stars	1949	181

Player and Team	Year	Total
Kihachi Enomoto, Orions	1961	180
Tetsuharu Kawakami, Giants	1949	180
Shinya Sasaki, Unions	1956	180
Ichiro Suzuki, BlueWave	1995	179
Kazuo Matsui, Lions	1997	178

DOUBLES

Player and Team	Year	Total
Kazuhiro Yamauchi, Orions	1956	47
Makoto Matsubara, Whales	1978	45
Kiyoshi Osawa, Whales	1950	45
Akitoshi Kodama, Buffalo	1961	42
Alonzo Powell, Dragons	1996	42
Fumio Fujimura, Tigers	1950	41
Ichiro Suzuki, Blue Wave	1994	41
Kazuo Kasahara, Hawks	1948	40
Wally Yonamine, Giants	1954	40
Kazuyoshi Tatsunami, Dragons	1996	39

TRIPLES

Player and Team	Year	Total
Masayasu Kaneda, Tigers	1951	18
Larry Raines, Braves	1953	16
Kazuo Kageyama, Hawks	1950	15
Seiichi Suzuki, Senators	1946	14
Chico Barbon, Braves	1955	13
Shoichi Busujima, Flyers	1957	13
Fumio Fujimura, Tigers	1948	13
Jun Hakoda, Swallows	1956	13
Kazuo Kageyama, Hawks	1951	13
Masayasu Kaneda, Hanshin	1946	13
Kazuo Kito, Lion	1940	13
Kazuo Matsui, Lions	1997	13
Seiji Sekiguchi, Lions	1956	13
Satoru Yoshioka, Lions	1976	13

HOME RUNS

Player and Team	Year	Total
Sadaharu Oh, Giants	1964	55
Randy Bass, Tigers	1985	54
Katsuya Nomura, Hawks	1963	52
Hiromitsu Ochiai, Orions	1985	52
Makoto Kozuru, Robins	1950	51
Sadaharu Oh, Giants	1973	51
Hiromitsu Ochiai, Orions	1986	50
Sadaharu Oh, Giants	1977	50
Ralph Bryant, Buffaloes	1989	49
Sadaharu Oh, Giants	1968	49
Sadaharu Oh, Giants	1974	49
Sadaharu Oh, Giants	1976	49
Masayuki Kakefu, Tigers	1979	48
Chuck Manuel, Buffaloes	1980	48
Sadaharu Oh, Giants	1966	48
Sadaharu Oh, Giants	1972	48
Randy Bass, Tigers	1986	47
Sadaharu Oh, Giants	1967	47
Sadaharu Oh, Giants	1970	47
Fumio Fujimura, Tigers	1949	46
Michio Nishizawa, Dragons	1950	46

RUNS BATTED IN

Player and Team	Year	Total
Makoto Kozuru, Robins	1950	161
Fumio Fujimura, Tigers	1950	146
Hiromitsu Ochiai, Orions	1985	146
Fumio Fujimura, Tigers	1949	142
Michio Nishizawa, Dragons	1950	135
Katsuya Nomura, Hawks	1963	135
Noboru Aota, Giants	1950	134
Randy Bass, Tigers	1985	134
Greg "Boomer" Wells, Braves	1984	130
Tetsuharu Kawakami, Giants	1949	129
Chuck Manuel, Buffaloes	1980	129
Katsuo Osugi, Flyers	1970	129
Yoshiyuki Iwamoto, Robins	1950	127
Kaoru Betto, Tigers	1949	126
Hiromitsu Kadota, Hawks	1988	125
Shigeo Nagashima, Giants	1968	125
Sadaharu Oh, Giants	1977	124
Greg "Boomer" Wells, Braves	1989	124
Sadaharu Oh, Giants	1976	123
Isamu Fujii, Whales	1950	122
Greg "Boomer" Wells, Braves	1985	122

STOLEN BASES

Player and Team	Year	Total
Yutaka Fukumoto, Braves	1972	106
Yutaka Fukumoto, Braves	1973	95
Yutaka Fukumoto, Braves	1974	94
Akiteru Kono, Braves	1956	85
Chusuke Kizuka, Hawks	1950	78
Tadashi Matsumoto, Giants	1983	76

Player and Team	Year	Total
Yutaka Fukumoto, Braves	1970	75
Jiro Kanayama, Robins	1950	74
Yoshihiko Takahashi, Carp	1985	73
Yoshinori Hirose, Hawks	1964	72

BATTING AVERAGE
(must have qualified for yearly batting championship)

Player and Team	Year	Total
Randy Bass, Tigers	1986	.389
Ichiro Suzuki, BlueWave	1994	.385
Isao Harimoto, Flyers	1970	.3834
Hiroshi Oshita, Flyers	1951	.3831
Warren Cromartie, Giants	1989	.378
Tetsuharu Kawakami, Giants	1951	.377
Susumu Nakane, Nagoya	1936 (fall)	.376
Jack Bloomfield, Buffaloes	1962	.374
Kenichi Yazawa, Dragons	1980	.3694
Toshiaki Okamura, Kinki Nippon	1944	.3692
Hiromitsu Ochiai, Orions	1985	.367
Yoshinori Hirose, Hawks	1964	.3662
Hiromasa Arai, Buffaloes	1987	.3658
Hideji Kato, Braves	1979	.364
Warren Cromartie, Giants	1986	.363
Fumio Fujimura, Tigers	1950	.362
Haruyasu Nakajima, Kyojin	1938 (fall)	.36129
Makoto Kozuru, Stars	1949	.36127
Wally Yonamine, Giants	1954	.3605
Hiromitsu Ochiai, Orions	1986	.360

BASES ON BALLS

Player and Team	Year	Total
Sadaharu Oh, Giants	1974	158
Sadaharu Oh, Giants	1966	142
Sadaharu Oh, Giants	1965	138
Sadaharu Oh, Giants	1967	130
Sadaharu Oh, Giants	1977	126
Sadaharu Oh, Giants	1976	125
Sadaharu Oh, Giants	1973	124
Sadaharu Oh, Giants	1963	123
Sadaharu Oh, Giants	1975	123
Sadaharu Oh, Giants	1968	121
Sadaharu Oh, Giants	1971	121

STRIKEOUTS

Player and Team	Year	Total
Ralph Bryant, Buffaloes	1993	204
Ralph Bryant, Buffaloes	1990	198
Ralph Bryant, Buffaloes	1989	187
Ralph Bryant, Buffaloes	1992	176
Orestes Destrade, Lions	1990	165
Bobby Mitchell, Fighters	1977	158
Ralph Bryant, Buffaloes	1994	153
Kazuhiro Kiyohara, Giants	1997	152
Shinjiro Hiyama, Tigers	1997	150
Takahiro Ikeyama, Swallows	1992	148

SLUGGING PERCENTAGE
(must have qualified for yearly batting championship)

Player and Team	Year	Total
Randy Bass, Tigers	1986	.777
Hiromitsu Ochiai, Orions	1985	.763
Sadaharu Oh, Giants	1974	.761
Sadaharu Oh, Giants	1973	.755
Hiromitsu Ochiai, Orions	1986	.746
Makoto Kozuru, Robins	1950	.729
Sadaharu Oh, Giants	1976	.725
Sadaharu Oh, Giants	1967	.723
Sadaharu Oh, Giants	1968	.722
Sadaharu Oh, Giants	1964	.720

Pitching Records

GAMES

Player and Team	Year	Total
Kazuhisa Inao, Lions	1961	78
Osamu Fukuma, Tigers	1984	77
Kazuhisa Inao, Lions	1959	75
Kazuhisa Inao, Lions	1963	74
Yukio Shimabara, Lions	1956	74
Yutaka Ikeuchi, Tigers	1982	73
Koichiro Sasaki, Buffaloes	1964	73
Hiroki Watanabe, Carp	1976	73
Noboru Akiyama, Whales	1962	72
Kazuhisa Inao, Lions	1958	72

Part Two : Single-Season Records 323

INNINGS PITCHED

Player and Team	Year	Total
Yasuo Hayashi, Asahi	1942	541.1
Jiro Noguchi, Taiyo	1942	527.1
Juzo Sanada, Pacific	1946	464.2
Jiro Noguchi, Senators	1939	459
Hiroshi Suda (a.k.a. Victor Starffin), Kyojin	1939	458.1
Tadashi Kameda, Kurowashi	1940	456.2
Akira Bessho, Hawks	1947	448.1
Giichiro Shiraki, Senators	1946	440
Shigezo Ishihara, Yamato	1942	439.1
Giichiro Shiraki, Flyers	1947	439

COMPLETE GAMES

Player and Team	Year	Total
Akira Bessho, Hawks	1947	47
Yasuo Hayashi, Asahi	1942	44
Giichiro Shiraki, Flyers	1947	44
Tadashi Kameda, Kurowashi	1940	43
Juzo Sanada, Pacific	1946	43
Giichiro Shiraki, Senators	1946	43
Juzo Sanada, Robins	1947	42
Jiro Noguchi, Taiyo	1942	41
Hiroshi Suda (a.k.a., Victor Starffin), Kyojin	1940	41
Hideo Fujimoto, Kyojin	1943	39
Tadashi Wakabayashi, Hanshin	1943	39

SHUTOUTS

Player and Team	Year	Total
Hideo Fujimoto, Kyojin	1943	19
Jiro Noguchi, Taiyo	1942	19
Victor Starffin, Kyojin	1940	16
Masaaki Koyama, Tigers	1962	13
Hiroshi Gondo, Dragons	1961	12
Yasuo Hayashi, Asahi	1942	12
Yasuo Hayashi, Asahi	1943	12
Tokuji Kawasaki, Giants	1948	12
Masaichi Kaneda, Swallows	1958	11
Kotaro Mori, Hankyu	1941	11
Minoru Murayama, Tigers	1965	11
Tetsuya Yoneda, Braves	1958	11

WINS

Player and Name	Year	Total
Kazuhisa Inao, Lions	1961	42
Victor Starffin, Kyojin	1939	42
Jiro Noguchi, Taiyo	1942	40
Shigeo Sanada, Robins	1950	39
Hiroshi Suda (a.k.a. Victor Starffin), Kyojin	1940	38
Tadashi Sugiura, Hawks	1959	38
Hiroshi Gondo, Dragons	1961	35
Kazuhisa Inao, Lions	1957	35
Hideo Fujimoto, Kyojin	1943	34
Takehiko Bessho, Giants	1952	33
Kazuhisa Inao, Lions	1958	33
Jiro Noguchi, Senators	1939	33
Jiro Noguchi, Tsubasa	1940	33
Shoichi Ono, Orions	1960	33
Yasuo Hayashi, Asahi	1942	32
Shigeru Sugishita, Dragons	1952	32
Shigeru Sugishita, Dragons	1954	32
Masaichi Kaneda, Swallows	1958	31
Mutsuo Minagawa, Hawks	1968	31
Tadashi Sugiura, Hawks	1960	31
Akira Bessho, Hawks	1947	30
Masayuki Dobashi, Flyers	1961	30
Hiroshi Gondo, Dragons	1962	30
Ryohei Hasegawa, Carp	1955	30
Kazuhisa Inao, Lions	1959	30
Masaichi Kaneda, Swallows	1963	30
Masaaki Koyama, Orions	1964	30
Kotaro Mori, Hankyu	1941	30
Takumi Otomo, Giants	1955	30
Giichiro Shiraki, Senators	1946	30

LOSSES

Player and Team	Year	Total
Masayoshi Nakayama, Kinko	1940	29
Isamu Fukushi, Asahi	1941	28
Noboru Akiyama, Whales	1957	27
Ryohei Hasegawa, Carp	1950	27
Tadashi Kameda, Eagles	1939	27
Yoshio Kikuya, Lion	1940	27
Tsuneo Kobayashi, Robins	1952	27
Junichi Mochizuki, Eagles	1939	27
Yoshiaki Inoue, Swallows	1953	26
Shigezo Ishihara, Yamato	1942	26
Juzo Sanada, Pacific	1946	26

WINNING PERCENTAGE LEADERS
(must have qualified for yearly earned run average championship)

Player and Team	Year	Total
Masaru Kageura, Tigers	1936 (fall)	1.000
Shigekuni Mashiba, Fighters	1981	1.000
Takao Misonoo, Tigers	1937 (fall)	1.000
Takao Misonoo, Tigers	1938 (spring)	.909
Victor Starffin, Kyojin	1938 (fall)	.905
Tadashi Sugiura, Hawks	1959	.905
Tsuneo Horiuchi, Giants	1966	.889
Kiyoshi Matsuda, Giants	1951	.885
Nobuo Nakatani, Hawks	1951	.875
Soroku Yagisawa, Orions	1973	.875
Noriaki Okabe, Fighters	1981	.867
Eiji Sawamura, Kyojin	1936 (fall)	.867
Yoshiaki Ishimoto, Buffaloes	1985	.864
Fumio Fujimura, Tigers	1936 (fall)	.857
Tsuneo Horiuchi, Giants	1967	.857
Takao Misonoo, Tigers	1936 (fall)	.857
Eiji Sawamura, Kyojin	1937 (spring)	.857
Tatsumi Yamanaka, Dragons	1965	.857
Kazuhisa Inao, Lions	1957	.854
Taisei Nakamura, Hawks	1955	.852

SAVES
(compiled since 1974)

Player and Team	Year	Total
Kazuhiro Sasaki, BayStars	1997	38
Sun Dong Yol, Dragons	1997	38
Genji Kaku, Dragons	1988	37
Yutaka Enatsu, Fighters	1983	34
Shigekazu Mori, Lions	1983	34
Yoshiaki Ishimoto, Buffaloes	1986	32
Kazuhiro Sasaki, BayStars	1995	32
Tsuyoshi Yoda, Dragons	1990	31
Hiroshi Ishige, Giants	1993	30
Akio Saito, Whales	1982	30
Yutaka Enatsu, Fighters	1982	29
Kazuhiko Ushijima, Dragons	1984	29
Shingo Takatsu, Swallows	1995	28
Tsunemi Tsuda, Carp	1989	28
Masafumi Hirai, BlueWave	1995	27
Motoyuki Akahori, Buffaloes	1993	26
Genji Kaku, Dragons	1987	26
Yutaka Ono, Carp	1991	26
Yutaka Ono, Carp	1992	26
Takamasa Suzuki, Dragons	1976	26
Kazuyuki Yamamoto, Tigers	1982	26

SAVES PLUS RELIEF WINS
(minimum 35 yearly saves plus games won as relief pitcher—Central League totals compiled since 1976; Pacific League since 1977)

Player and Team	Year	Total
Genji Kaku, Dragons	1988	44
Musafumi Hirai, BlueWave	1995	42
Kazuhiro Sasaki, BayStars	1997	41
Yoshiaki Ishimoto, Buffaloes	1986	40
Tsunemi Tsuda, Carp	1989	40
Kazuyuki Yamamoto, Tigers	1982	40
Shigekazu Mori, Lions	1983	39
Kazuhiro Sasaki, BayStars	1995	39
Sun Dong Yol, Dragons	1997	39
Yutaka Enatsu, Fighters	1982	37

EARNED RUN AVERAGE
(must have qualified for yearly earned run average championship)

Player and Team	Year	Total
Hideo Fujimoto, Kyojin	1943	0.73
Masaru Kageura, Tigers	1936 (fall)	0.79
Eiji Sawamura, Kyojin	1937 (spring)	0.81
Jiro Noguchi, Taiyo	1941	0.88
Yasuo Hayashi, Asahi	1943	0.887
Kotaro Mori, Hankyu	1941	0.889
Jiro Noguchi, Tsubasa	1940	0.930
Masaru Kageura, Tigers	1937 (spring)	0.931
Hiroshi Suda (a.k.a. Victor Starffin), Kyojin	1940	0.97
Minoru Murayama, Tigers	1970	0.980

Player and Team	Year	Total
Yukio Muramatsu, Nagoya	1941	0.981
Yasuo Hayashi, Asahi	1942	1.01
Victor Starffin, Kyojin	1938 (fall)	1.045
Eiji Sawamura, Kyojin	1936 (fall)	1.050
Tadashi Wakabayashi, Hanshin	1943	1.0600
Kazuhisa Inao, Lions	1956	1.0608
Tadashi Wakabayashi, Tigers	1939	1.09
Hiroshi Suda (a.k.a. Victor Starffin), Kyojin	1942	1.11
Kyojin Takeo Kanda, Nankai	1942	1.14
Shinichi Ishimaru	1942	1.15

STRIKEOUTS

Player and Team	Year	Total
Yutaka Enatsu, Tigers	1968	401
Kazuhisa Inao, Lions	1961	353
Masaichi Kaneda, Swallows	1955	350
Yutaka Enatsu, Tigers	1970	340
Tadashi Sugiura, Hawks	1959	336
Kazuhisa Inao, Lions	1958	334
Takao Kajimoto, Braves	1956	327
Kazuhisa Inao, Lions	1959	321
Tadashi Sugiura, Hawks	1960	317
Masaichi Kaneda, Swallows	1956	316
Masaichi Kaneda, Swallows	1959	313
Noboru Akiyama, Whales	1957	312
Masaichi Kaneda, Swallows	1958	311
Hiroshi Gondo, Dragons	1961	310
Masaichi Kaneda, Swallows	1957	306
Keishi Suzuki, Buffaloes	1968	305
Kazunori Nishimura, Tigers	1955	302
Takao Kajimoto, Braves	1957	301
Masayuki Dobashi, Flyers	1961	298
Tadashi Kameda, Kurowashi	1940	297

BASES ON BALLS

Player and Team	Year	Total
Tadashi Kameda, Eagles	1939	280
Tadashi Kameda, Kurowashi	1940	273
Isamu Fukushi, Asahi	1941	234
Hideo Shimizu, Nankai	1940	217
Tadayoshi Nakayama, Kinko	1940	216
Teruzo Nakao, Kyojin	1940	212
Yoshio Kikuya, Lion	1939	209
Juzo Sanada, Pacific	1946	205
Fumio Maruyama, Great Ring	1946	202
Masaichi Kaneda, Swallows	1952	197

HITS ALLOWED

Player and Team	Year	Total
Juzo Sanada, Pacific	1946	422
Giichiro Shiraki, Senators	1946	414
Kozo Naito, Gold Star	1946	380
Akira Bessho, Hawks	1947	376
Hiroyoshi Takano, Whales	1950	367
Jiro Noguchi, Senators	1939	364
Giichiro Shiraki, Flyers	1947	364
Kazuhisa Inao, Lions	1963	358
Victor Starffin, Stars	1949	357
Yasuo Hayashi, Asahi	1942	351

MISCELLANEOUS RECORDS

Managerial Records

Japan Series Championships
Tetsuharu Kawakami—11

League Championships
Tetsuharu Kawakami, Kazuto Tsuruoka (a.k.a. Yamamoto)—11

Wins
Kazuto Tsuruoka (a.k.a. Yamamoto)—1733

Single Game Bests

BATTING RECORDS

Runs
Shigeru Chiba, Giants (10/16/48), Hiromutsu Tsukamoto, Flyers (11/19/49)—6

Hits
Hiroshi Oshita, Flyers (11/19/49)—7

Doubles
Isamu Fujii, Whales (8/5/51), Masato Monzen, Tigers (6/13/37), Mitsuo Motoi, Whales (5/9/79), Hisashi Ono, Hawks (7/5/92), Ichiro Suzuki, BlueWave (9/11/94), Hideaki Takazawa, Orions (5/30/84), Susumu Watanabe, Swallows (9/24/81)—4

Triples
Fumihito Horio, Hankyu (11/14/36), Kazuo Kageyama, Hawks (9/28/51), Kozo Kawai, Braves (11/1/48), Tetsuharu Kawakami, Giants (6/21/39), Satoru Yoshioka, Lions (6/20/76)—3

Home Runs
Yoshiyuki Iwamoto, Robins (8/1/51), Sadaharu Oh, Giants (5/3/64), Tony Solaita, Fighters, (4/20/80), Nigel Wilson, Fighters (6/21/97)—4

Runs Batted In
Shigeya Iijima, Stars (10/5/51)—11

Stolen Bases
Kozo Shoda, Carp (10/15/89), Zenpei Yamazaki, Dragons (6/3/52)—6

Bases on Balls
Hiromitsu Ochiai, Dragons (10/13/91)—6

Strikeouts
Takeshi Aiko, Marines (7/11/92), Rob Ducey, Fighters (5/26/96), Rich Gale, Tigers (4/18/86), Makoto Kaneko, Fighters (6/14/97), Tony Solaita, Fighters (7/4/80), Yasuaki Taihoh, Dragons (6/3/97), Yasushi Tsuruta, Dragons (9/7/93), Yoshiharu Wakana, Tigers (5/29/79)—5

PITCHING RECORDS

Strikeouts
Koji Noda, BlueWave (4/21/95)—19

Bases on Balls
Hideo Nomo, Buffaloes (7/1/94)—16

Runs
Makizo Ito, Flyers (5/31/50)—18

Hits
Juzo Sanada, Pacific (7/21/46)—22

Streaks

Consecutive Games Played
Sachio Kinugasa, Carp—2215 (10/19/70–10/22/87)

BATTING STREAKS

Consecutive Hits
R.J. Reynolds, Whales—11 (8/1/91–8/4/91)

Consecutive Games with Hits
Yoshihiko Takahashi, Carp—33 (6/6/79–7/31/79)

Consecutive Games with Home Runs
Randy Bass, Tigers (6/18/86–6/26/86, Sadaharu Oh, Giants (9/11/72–9/20/72)—7

PITCHING STREAKS

Consecutive Wins
Kazuhisa Inao, Lions (7/18/57–10/1/57)—20

Consecutive Losses
Masatoshi Gondo, Whales (7/9/55–6/2/57)—28

Consecutive Strikeouts
Masayuki Dobashi, Flyers (5/31/58), Takao Kajimoto, Braves (7/23/57)—9

Additional Records

Most Seasons Played
Katsuya Nomura—26 (1954, 1956–1980)

Most Career Grand Slams
Sadaharu Oh—15

Most Grand Slams (Season)
Michio Nishizawa, Dragons (1950)—5

Most Grand Slams (Game)
Shigeya Iijima, Stars (10/5/51)—2

TRIPLE CROWN WINNERS

Player and Team	Year	AVG	HR	RBI
Haruyasu Nakajima, Giants	1938 (fall)	.361	10	38
Katsuya Nomura, Hawks	1965	.320	42	110
Sadaharu Oh, Giants	1973	.355	51	114
Sadaharu Oh, Giants	1974	.332	49	107
Hiromitsu Ochiai, Orions	1982	.325	32	99
Greg "Boomer" Wells, Braves	1984	.355	37	130
Randy Bass, Tigers	1985	.350	54	134
Hiromitsu Ochiai, Orions	1985	.367	52	146
Randy Bass, Tigers	1986	.389	47	109
Hiromitsu Ochiai, Orions	1986	.360	50	116

APPENDIX A: NO-HIT, NO-RUN GAMES

ONE LEAGUE

Player and Team	Date	Opponent	Score
Eiji Sawamura, Kyojin	9/25/36	Tigers	1-0
Eiji Sawamura, Kyojin	5/1/37	Tigers	4-0
Victor Starffin, Kyojin	7/3/37	Eagles	4-0
Mitsuhiko Ishida, Hankyu	7/16/37	Senators	6-0
Hiroshi Nakao, Kyojin	11/3/39	Senators	1-0
Tadashi Kameda, Eagles	3/18/40	Lion	5-0
Katsusaburo Asano, Hankyu	4/14/40	Hanshin	9-0
Eiji Sawamura, Kyojin	7/6/40	Nagoya	4-0
Satoru Miwa, Tigers	8/3/40	Kyojin	1-0
Mitsuhiko Ishida, Hankyu	8/22/40	Lion	9-0
Tadashi Kameda, Kurowashi	4/14/41	Hanshin	1-0
Hiroshi Nakao, Kyojin	7/16/41	Nagoya	3-0
Hirotaru Mori, Hankyu	10/27/41	Nagoya	2-0
Michio Nishizawa, Nagoya	7/18/42	Hankyu	2-0
Yoshio Tenpo, Hankyu	5/2/43	Nankai	3-0
Hideo Fujimoto, Kyojin	5/22/43	Nagoya	3-0
Akira Bessho, Nankai	5/26/43	Daiwa	2-0
Shinichi Ishimaru, Nagoya	10/12/43	Daiwa	5-0
Shosei Go, Hanshin	6/16/46	Senators	11-0
Tadayoshi Kajioka, Tigers	8/24/48	Hawks	3-0
Shigeo Sanada, Robins	9/6/48	Tigers	3-0 (G #2)

CENTRAL LEAGUE

Player and Team	Date	Opponent	Score
*Hideo Fujimoto, Giants	6/28/50	Pirates	4-0
Masaichi Kaneda, Swallows	9/5/51	Tigers	1-0
Shigeo Sanada, Tigers	5/7/52	Carp	12-0
Takumi Otomo, Giants	7/26/52	Robins	17-0
Shigeru Sugishita, Dragons	5/10/55	Swallows	1-0
Teruo Owaki, Swallows	5/3/56	Dragons	5-0 (G #2)
*Toshitomo Miyaji, Swallows	9/19/56	Carp	6-0 (G #2)

Player and Team	Date	Opponent	Score
*Masaichi Kaneda, Swallows	8/21/57	Dragons	1-0 (G #2)
Hiroomi Oyane, Dragons	10/12/57	Tigers	3-0
*Gentaro Shimada, Whales	8/11/60	Tigers	1-0 (G #1)
*Yoshimi Moritaki, Swallows	6/20/61	Dragons	1-0
Yoshiro Nakayama, Dragons	8/18/64	Giants	3-0
Gene Bacque, Tigers	6/28/65	Giants	7-0
Yoshiro Sotokoba, Carp	10/2/65	Tigers	2-0
*Yoshiro Sasaki, Whales	5/1/66	Carp	1-0 (G #2)
Tsuneo Horiuchi, Giants	10/10/67	Carp	11-0 (G #1)
Kunio Jonouchi, Giants	5/16/68	Whales	16-0
*Yoshiro Sotokoba, Carp	9/14/68	Whales	2-0
Hidetake Watanabe, Giants	5/18/70	Carp	2-0
Hiroshi Kito, Whales	6/9/70	Atoms	1-0
Kazuhiro Fujimoto, Carp	8/19/71	Dragons	6-0 (G #2)
Yoshiro Sotokoba, Carp	4/29/72	Giants	3-0
Yutaka Enatsu, Tigers	8/30/73	Dragons	1-0
Hajime Kato, Giants	4/18/76	Carp	5-0
Shinichi Kondo, Dragons	8/9/87	Giants	6-0
Toshiro Yufune, Tigers	6/14/92	Carp	6-0
*Hiromi Makihara, Giants	5/18/94	Carp	6-0
Terry Bross, Swallows	9/9/95	Giants	4-0
Shigeki Noguchi, Dragons	8/11/96	Giants	5-0
Kazuhisa Ishii, Swallows	9/2/97	BayStars	3-0

PACIFIC LEAGUE

Player and Team	Date	Opponent	Score
Giichi Hayashi, Stars	4/27/52	Braves	2-0 (G#1)
Noboru Yamashita, Pearls	8/7/54	Unions	4-0
Mamoru Otsu, Lions	6/4/55	Pearls	8-0
*Fumio Takechi, Pearls	6/19/55	Stars	1-0 (G#2)
*Sadaaki Nishimura, Lions	7/19/58	Flyers	1-0
Yoshio Inoue, Lions	5/16/64	Braves	2-0
*Tsutomu Tanaka, Lions	5/12/66	Hawks	2-0
Toshihiko Sei, Lions	6/12/66	Buffaloes	8-0 (G #2)
Tadao Wakao, Lions	9/17/67	Braves	4-0 (G #2)
Keishi Suzuki, Buffaloes	8/8/68	Flyers	4-0
Fumio Narita, Orions	8/16/69	Braves	1-0 (G #2)
*Koichiro Sasaki, Buffaloes	10/6/70	Hawks	3-0
*Yoshimasa Takahashi, Flyers	8/21/71	Lions	4-0
Keishi Suzuki, Buffaloes	9/9/71	Lions	4-0
Naoki Takahashi, Home Flyers	6/16/73	Buffaloes	1-0 (G #2)
*Soroku Yagisawa, Orions	10/10/73	Lions	1-0 (G #1)
Toshio Kanabe, Buffaloes	4/20/75	Hawks	1-0 (G #2)
Yoshinori Toda, Braves	5/11/76	Hawks	1-0
*Yutaro Imai, Braves	8/31/78	Orions	5-0
Taigen Kaku, Lions	6/4/85	Fighters	7-0
Yukio Tanaka, Fighters	6/9/85	Buffaloes	12-0

Player and Team	Date	Team	Score
Yasumitsu Shibata, Fighters	4/25/90	Buffaloes	3-0
Yukihiro Nishizaki, Fighters	7/5/95	Lions	1-0
Yoshinori Sato, BlueWave	8/26/95	Buffaloes	7-0
Hisanobu Watanabe, Lions	6/11/96	BlueWave	9-0

Indicates perfect game

APPENDIX B: MEMBERS OF THE JAPANESE BASEBALL HALL OF FAME

Name	Year Elected	Electing Body
Isoo Abe	1959	SC
Takeo Akuta	1988	SC
Shunichi Amachi	1970	SW
Teiyu Amano	1973	SC
Yokio Aoi	1959	SC
Atsushi Aramaki	1985	SW
Yoriyasu Arima	1969	SC
Takehiko Bessho	1979	SW
Kaoru Betto	1988	SW
Shigeru Chiba	1980	SW
Kanoe Chuma	1970	SC
Masao Date	1989	SC
Sadayoshi Fujimoto	1974	SW
Fumio Fujimura	1974	SW
Motoshi Fujita	1996	SW
Nobuo Fujita	1987	SC
Shosei Go	1995	SC
Shinji Hamazaki	1978	SW
Isao Harimoto	1990	SW
Shin Hashido	1959	SC
Ryozo Hiranuma	1979	SC
Hiroshi Hiraoka	1959	SC
Tatsuro Hirooka	1992	SW
Tomoo Hirooka	1994	SC
Kenzo Hirose	1973	SC
Makoto Hosaka	1996	SC
Tadao Ichioka	1962	SC
Shinjiro Iguchi	1998	SC
Tokuji Iida	1981	SW
Tsuneo Ikeda	1989	SC
Yutaka Ikeda	1962	SW
Kazuhisa Inao	1993	SW
Nobori Inoue	1965	SC
Tokichiro Ishii	1995	SW
Shuichi Ishimoto	1972	SW
Yasuhiro Itami	1978	SC
Yoshiyuki Iwamoto	1981	SW
Masaru Kageura	1965	SC
Masaichi Kaneda	1988	SW
Hisanori Karita	1969	SW
Tetsuharu Kawakami	1965	SW
Sachio Kinugasa	1996	SW
Shinji Kirihara	1984	SC
Ichizo Kobayashi	1968	SC
Shinzo Koizumi	1976	SC
Tokuro Konishi	1971	SC
Atsushi Kono	1960	SC
Hisashi Koshimoto	1967	SC
Makoto Kozuru	1980	SW
Jiro Kuji	1959	SC
Naotaka Makino	1996	SC
Shigeru Makino	1991	SW
Kenjiro Matsuki	1978	SW
Masao Matsutaka	1986	SC
Osamu Mihara	1983	SW
Kiyoshi Miyahara	1964	SC
Daisuke Miyake	1969	SC
Saburo Miyatake	1965	SC
Shigeru Mizuhara	1977	SW
Rihachi Mizuno	1971	SC
Shigeo Mori	1977	SC
Jiro Morioka	1969	SC
Tsunetaro Moriyama	1966	SC
Minoru Murakami	1995	SC
Minoru Murayama	1993	SW
Shigeo Nagashima	1988	SW

333

Name	Year Elected	Electing Body
Masaichi Nagata	1988	SC
Hideo Nakagami	1976	SW
Miyoshi Nakagawa	1986	SC
Haruyasu Nakajima	1963	SW
Takeji Nakano	1972	SC
Hiroshi Nakao	1998	SC
Yoshio Nakazawa	1991	SC
Matsutaro Naoki	1970	SC
Nobuaki Nidegawa	1970	SW
Yukio Nishimoto	1988	SW
Yukio Nishimura	1977	SC
Michio Nishizawa	1977	SW
Seizo Noda	1974	SC
Jiro Noguchi	1989	SW
Katsuya Nomura	1989	SW
Shotaro Ogawa	1981	SC
Sadaharu Oh	1994	SW
Genzaburo Okada	1978	SC
Michimaro Ono	1959	SC
Kiyoshi Oshikawa	1959	SC
Hiroshi Oshita	1980	SW
Katsuo Osugi	1997	SW
Shigeru Ota	1972	SC
Isamu Saeki	1990	SC
Tatsuo Saeki	1981	SC
Yaichiro Sakurai	1960	SC
Juzo Sanada	1990	SW
Eiji Sawamura	1959	SC
Hidenosuke Shima	1989	SW
Zensuke Shimada	1969	SC
Kichiro Shimaoka	1991	SW
Katsumi Shiraishi	1985	SW
Matsutaro Shoriki	1959	SC
Victor Starffin (a.k.a. Hiroshi Suda)	1960	SW
Shigeru Sugishita	1985	SW
Tadashi Sugiura	1995	SW
Ryuji Suzuki	1982	SC
Sotaro Suzuki	1968	SC
Takeo Tabe	1969	SC
Komajiro Tamura	1970	SC
Munehide Tanabe	1968	SC
Katsuo Tanaka	1985	SC
Goro Taniguchi	1979	SC
Chujun Tobita	1960	SC
Mojuro Tonooka	1982	SC
Michinori Tsubouchi	1992	SW
Kazuto Tsuruoka (a.k.a. Yamamoto)	1965	SW
Osamu Tsutsui	1991	SW
Yushi Uchimura	1983	SC
Kozo Utsumi	1973	SC
Tadashi Wakabayashi	1964	SW
Eiichiro Yamamoto	1997	SC
Ikushi Yamanouchi	1985	SC
Minoru Yamashita	1987	SC
Saburo Yokozawa	1988	SC
Wally Yonamine	1994	SW
Masao Yoshida	1992	SC
Yoshio Yoshida	1992	SW
Masaki Yoshihara	1978	SC

SC = Selection of Special Committee appointed by the Baseball Hall of Fame and Museum

SW = Selection of sportswriters appointed by the Baseball Hall of Fame and Museum

APPENDIX C: TOURS OF JAPAN BY PROFESSIONAL TEAMS

Team	Year	Won	Lost	Tied
Reach All-Americans	1908	17	0	0
New York Giants and Chicago White Sox	1913	1	0	0
Herb Hunter All-Americans	1920	20	0	0
Herb Hunter All-Americans	1922	15	1	0
Philadelphia Royal Giants	1927	23	0	1
Major League All-Stars	1931	17	0	0
Philadelphia Royal Giants	1932	23	1	0
Major League All-Stars	1934	18	0	0
San Francisco Seals	1949	7	0	0
Major League All-Stars	1951	13	1	2
Eddie Lopat All-Stars	1953	11	1	0
New York Giants	1953	12	1	1
New York Yankees	1955	15	0	1
Brooklyn Dodgers	1956	14	4	1
St. Louis Cardinals	1958	14	2	0
San Francisco Giants	1960	11	4	1
Detroit Tigers	1962	12	4	2
Mexico Tigers	1966	0	13	0
Los Angeles Dodgers	1966	9	8	1
St. Louis Cardinals	1968	13	5	0
San Francisco Giants	1970	3	6	0
Baltimore Orioles	1971	12	2	4
New York Mets	1974	9	7	2
Cincinnati Reds	1978	14	2	1
Major League All-Stars*	1979	1	1	0
Kansas City Royals	1981	9	7	1
Baltimore Orioles	1984	8	5	1
Major League All-Stars	1986	6	1	0
Major League All-Stars	1988	3	2	2
Major League All-Stars	1990	3	4	1
Korean All-Stars	1991	2	4	0
Major League All-Stars	1992	6	1	1

Team	Year	Won	Lost	Tied
Los Angeles Dodgers	1993	0	2	0
Korean All-Stars	1995	2	2	2
Major League All-Stars	1996	4	2	2

*The National League All-Stars beat the American League All-Stars 4-2-1 in seven additional games.

BIBLIOGRAPHY

Baseball Hall of Fame and Museum visitors' pamphlet. Rev. ed. Tokyo: Baseball Hall of Fame and Museum, 1998.

Baseball Magazine Sha., comp. *Nihon pro yakyu kiroku daizenshu: 1 rigu jidai (1936–1949)* {*The Baseball Encyclopedia: Japan Pro Baseball Record Book: One League (1936–1949)*}. Tokyo: Baseball Magazine Sha., 1985.

Baseball Magazine Sha., comp. *Nihon pro yakyu kiroku nenkan (Baseball Record Book)*, 1982–1998 eds. Tokyo: Baseball Magazine Sha., 1982–1998.

Baseball Magazine Sha., comp. *Nihon pro yakyu 60 nenshi (Japan Pro Baseball: 60 Years)*. Tokyo: Baseball Magazine Sha., 1994.

Central League, Pacific League of Professional Baseball Clubs, and Office of the Commissioner of Japanese Professional Baseball, eds. *Teihon pro yakyu 40 nen (40-Year Compilation of Pro Baseball History)*. Tokyo: Hochi Shimbun, 1976.

Demura, Yoshikazu. *Eigo de kiitemiruka besuboru (Let's Listen to Baseball in English)*. Tokyo: Gogaku Shunjusha, 1992.

Graczyk, Wayne. *Japan Pro Baseball Fan Handbook & Media Guide*, 1997 and 1998 eds. Tokyo: Whitman's Corporation, 1997, 1998.

Ishii, Tsuneo, et al. *Pro yakyu jiten (Pro Baseball Data Book)*. Tokyo: Sanseido, 1986.

The Japan Times. Japan Series articles, 1950–1997. Tokyo: *The Japan Times*, 1950–1997.

Kodansha's Furigana Japanese-English Dictionary: The Essential Dictionary for All Students of Japanese. Tokyo; New York: Kodansha International, 1995.

Koine, Yoshio, ed. *Kenkyusha's New English-Japanese Dictionary*. 5th ed. Tokyo: Kenkyusha, 1980.

Masuda, Koh, ed. *Kenkyusha's New Japanese-English Dictionary*. 4th ed. Tokyo: Kenkyusha, 1974.

Morioka, Hiroshi, et al. *Pro yakyu jinmei jiten (Biographical Dictionary of Japan Professional Baseball Players)*. Tokyo: Nichigai Associates, 1997.

The New Nelson: Japanese-English Character Dictionary Based on the Classical Edition by Andrew N. Nelson. Rutland, VT: Tuttle, 1997.

Nihon Yakyu Kiko (Office of the Commissioner of Japanese Professional Baseball). *Koshiki Proguramu (1997 Nippon Series Program)*. Tokyo: Baseball Magazine Sha., 1997.

Nihon Yakyu Kiko (Office of the Commissioner of Japanese Baseball). *Pro Yakyu Koshiki Kiroku Shu* (*Official Baseball Guide*), 1962–1998 eds. Tokyo: Kyodo Tsushin, 1962–1998.

Nihon Yakyu Kiko BIS Data Honbu (Office of the Commissioner of Japanese Professional Baseball—BIS Data Headquarters). *Nihon yakyu kiroku daihyakka* (*The Official Baseball Encyclopedia '98*). Tokyo: The Professional Baseball Organization of Japan, 1998.

Nippon Professional Baseball Stats (Internet site—www.inter.co.jp/Baseball/). Tokyo: The Professional Baseball Organization of Japan Baseball Information System Administrative Office, 1998.

Nippon Shirizu 40 nen (*The Japan Series: 40 Years*). Tokyo: Nihon Sportsu Shuppan Sha, 1989.

Numazawa, Koichiro. *Gekitono Nippon Shirizu 30 nenshi* (*The Japan Series: A 30-Year History*). Tokyo: Kobunsha Co., Ltd., 1979.

Numazawa, Koichiro. *Ohru Sutar Gemu: eikono nihon pro yakyu* (*The All-Star Game: Glorious Japanese Baseball*). Tokyo: Kobunsha Co., Ltd., 1979.

Ogawa, Masaru. *Pro yakyu suketto sangokushi* (*Glorious Days of Foreign Pro Baseball Players: Part of the Team*). Tokyo: Mainichi Shimbun, 1994.

Ohru Sutar Gemu hanano 100 nin (*The All-Star Game: 100 Flourishing Stars*). Tokyo: Nihon Sportsu Shppan Sha, 1990.

Pearce, Ralph, and Jeff Alcorn. *Foreign Players in Japan: 1936–1949*. Rev ed. San Jose, CA: Ralph Pearce and Jeff Alcorn, 1994.

Pro yakyu ohru sutar proguramu henshu jimukyoku (Japan Pro Baseball All-Star Program Compilation Office). *1998 All-Star Game Program*. Tokyo: Nihon Yakyu Kiko (Office of the Commissioner of Japanese Professional Baseball), 1998.

Society of Writers, Editors, and Translators—Tokyo Japan. *Japan Style Sheet*. Berkeley, CA: Stone Bridge Press, 1998.

Swan, Jennifer, ed. *Sports Style Guide & Reference Manual*. Chicago: Triumph Books, 1996.

Usami, Tetsuya. *Pro yakyu kiroku taikan* (*Big Pro Baseball Record Book*). Tokyo: Kodansha, 1993.

Vance, Timothy J. *Kodansha's Romanized Japanese-English Dictionary*. Tokyo; New York: Kodansha International, 1993.

Whiting, Robert. *You Gotta Have Wa*. New York: Vintage Books, 1989.

INDEX

Abe, Hachiro 56, 57, 62, 63, 83
Abe, Isoo 333
Abe, Kazuharu 121, 125
Abe, Narihiro 82, 188
Abe, Yoshio 164
Adachi, Mitsuhiro 125, 130, 135, 136, 140, 141, 146, 151, 159, 160, 161, 164, 165, 166, 176, 177, 183, 184, 189, 190, 191, 196, 197, 203, 316, 317, 319
Agcaoili, Francis 129, 131
Aida, Teruo 158, 186, 192
Aihara, Teruo 13, 17
Aiko, Takeshi 258, 264, 265, 270, 274, 280, 285, 326
Akahori, Motoyuki 280, 286, 291, 318, 324
Akimoto, Yusaku 86, 87, 91, 92, 96, 97, 100, 101, 104, 105, 107, 108, 109, 113, 114, 118, 121
Akiyama, Koji 243, 244, 248, 249, 250, 253, 254, 255, 256, 258, 260, 261, 264, 265, 281, 282, 285, 286, 287, 291, 292, 296, 297, 301, 303, 307, 314, 315, 316
Akiyama, Noboru 123, 133, 317, 318, 319, 320, 322, 323, 325
Akuta, Takeo 333
Allen, Rod 276, 277
Alou, Matty 182
Altman, George 144, 145, 149, 150, 154, 155, 158, 160, 163, 165, 169
Amachi, Shunichi 63, 79, 333
Amano, Teiyu 333
Anabuki, Yoshio 93, 97, 101, 106, 112, 136
Anan, Junro 123, 250, 255
Anderson, Scott 273, 278
Ando, Junzo 102, 110
Ando, Motohiro 115, 117
Ando, Motoo 127, 151, 153
Andrews, Mike 182
Aniya, Sohachi 128, 131, 133, 138, 143, 146, 148, 153, 162, 168, 180, 316
Aoi, Kaname 270
Aoi, Yokio 333
Aoki, Kozo 22
Aoki, Minoru 217
Aono, Shuzo 115, 119, 124, 134
Aota, Noboru 3, 36, 38, 41, 44, 45, 46, 48, 50, 52, 54, 55, 58, 60,
63, 65, 66, 70, 75, 76, 80, 86, 87, 90, 92, 315, 320, 321
Aquino, Luis 302
Arai, Hiromasa 188, 195, 206, 208, 219, 225, 227, 231, 237, 248, 249, 253, 255, 258, 264, 266, 270, 276, 314, 315, 320, 322
Arai, Tatsuo 81
Arai, Yukio 251, 252, 267, 283, 287
Arakawa, Hirohisa 83
Arakawa, Hiroshi 77
Arakawa, Shoji 44, 50, 53, 55, 59, 65
Arakawa, Soichi 88
Araki, Daisuke 246, 252, 282, 287
Aramaki, Atsushi 56, 57, 62, 73, 78, 79, 83, 88, 89, 97, 98, 318, 319, 333
Arima, Yoriyasu 333
Arita, Shuzo 184, 209
Arito, Michiyo 149, 150, 154, 155, 159, 160, 164, 165, 169, 171, 176, 177, 178, 182, 183, 184, 188, 189, 190, 194, 196, 201, 207, 209, 213, 215, 220, 221, 222, 225, 232, 237, 314, 315, 316
Arnold, Chris 201, 207, 215
Asahara, Naoto 10, 13, 17, 35, 67, 72, 78
Asahi 31, 33, 36, 38
Asai, Shigeji 132
Asano, Katsusaburo 29, 329
Asano, Keishi 138, 147, 157, 162, 167, 173, 197
Asaoka, Saburo 11, 15, 18, 20, 21, 23, 25, 29, 32, 34
Ashikaga, Yutaka 286
Atoms 146
Awaguchi, Kenji 191, 229
Awano, Hideyuki 254, 255, 259, 260, 264, 265, 266, 270, 271

Baba, Toshifumi 296, 297, 303
Bacque, Gene 123, 124, 126, 127, 128, 133, 136, 138, 143, 330
Baltimore Orioles 335
Bando, Eiji 109, 123, 128, 133
Bando, Satomi 140, 145, 176
Barbon, Chico 82, 88, 93, 97, 98, 102, 106, 130, 320, 321
Barfield, Jesse 283
Bass, Randy 229, 230, 234, 240, 241, 242, 245, 247, 251, 252, 255, 321, 322, 327
Bathe, Bill 275
Baumer, Jim 119, 121, 125, 130, 134, 135, 140
Bernazard, Tony 258, 264, 265
Bessho, Akira 37, 38, 42, 43, 45, 47, 48, 51, 54, 59, 60, 63, 65, 66, 68, 69, 70, 74, 76, 81, 82, 85, 86, 87, 89, 90, 91, 323, 325, 329
Bessho, Takehiko 316, 317, 318, 319, 323, 333
Betto, Kaoru 48, 49, 51, 55, 57, 58, 61, 62, 63, 67, 68, 73, 320, 321, 333
Bizen, Yoshio 91, 92, 100
Blasingame, Don 139, 141, 144, 145, 149
Bloomfield, Jack 114, 116, 119, 121, 124
Boles, Carl 134, 135, 139, 141, 149, 154
Boyer, Clete 168, 173, 174, 179
Bradley, Phil 272
Braggs, Glenn 288, 290, 292, 294, 295, 299
Breeden, Hal 186, 187, 192, 193
Brewer, Tony 248, 253, 254, 255, 264, 270
Briggs, Dan 229
Brito, Bernardo 301, 302, 303
Brittian, John 66, 72
Brooklyn Dodgers 335
Brooks, Jerry 307
Bross, Terry 294, 295, 298, 300, 330
Brouhard, Mark 246
Brown, Marty 278, 283, 284
Bryant, Ralph 260, 264, 265, 266, 270, 271, 280, 281, 285, 286, 287, 291, 292, 316, 321, 322
Buford, Don 170, 175, 177, 178, 182, 189
Burnside, Pete 127, 128
Busujima, Shoichi 82, 88, 92, 94, 97, 98, 106, 110, 115, 116, 124, 130, 131, 134, 136, 139, 144, 314, 320, 321

Cage, Wayne 220, 221, 226, 227
Carreon, Mark 307

Index

Checo, Robinson 294, 295
Chiba, Shigeru 19, 22, 24, 28, 31, 33, 41, 43, 45, 46, 48, 49, 51, 52, 55, 60, 63, 64, 66, 69, 71, 74, 75, 316, 320, 326, 333
Chiba Lotte Marines 279, 285, 290, 295, 301, 306
Chicago White Sox 335
Chihara, Masao 59
Chihara, Yozaburo 142
Choshi, Toshio 256, 262
Christian, Bob 159
Chubu Nippon 40
Chubu Nippon Dragons 43, 46, 49, 52
Chuma, Kanoe 333
Chunichi Dragons 69, 75, 79, 80, 85, 90, 95, 99, 103, 108, 112, 117, 122, 127, 132, 137, 142, 146, 151, 156, 161, 166, 172, 178, 179, 185, 191, 197, 203, 210, 216, 223, 228, 229, 234, 240, 245, 251, 256, 261, 266, 272, 277, 283, 288, 293, 298, 304
Cincinnati Reds 335
Clark, Jerald 288, 290
Clark, Phil 306, 308
Coles, Darnell 299, 300
Coolbaugh, Scott 294
Cotto, Henry 289, 293
Cromartie, Warren 235, 236, 240, 241, 244, 245, 247, 251, 252, 253, 261, 263, 266, 267, 322
Crown Lighter Lions 193, 194, 200
Cruz, Hector 234
Cruz, Tommy 213, 219, 226, 228, 231, 237, 238, 239, 242

Dai Tokyo 9, 10, 12
Daiei Stars 49, 55, 61, 66, 69, 77, 82, 87
Daiei Unions 92
Daigo, Takeo 130, 135, 149, 154, 159
Daimai Orions 97, 101, 105, 107, 110, 114, 119
Daimon, Kazuhiko 262, 273
Daiwa 33, 36
Date, Masao 333
Davis, Dick 242, 244, 247, 249, 255
Davis, Glenn 294
Davis, Willie 200
Destrade, Orestes 270, 271, 275, 276, 277, 280, 281, 282, 322
Detroit Tigers 335
Diaz, Mike 264, 265, 270
Dobashi, Katsuyuki 294, 299
Dobashi, Masayuki 97, 98, 102, 106, 107, 110, 111, 115, 116, 117, 120, 121, 125, 320, 323, 325, 327
Doi, Kenji 222
Doi, Kiyoshi 95, 105
Doi, Masahiro 115, 119, 124, 126, 130, 134, 139, 140, 141, 144, 145, 149, 150, 159, 160, 164, 169, 171, 175, 177, 182, 184, 188, 189, 194, 195, 200, 202, 207, 213, 313, 314, 315, 316, 320
Doi, Shozo 133, 137, 142, 143, 147, 148, 152, 157, 162, 172, 179, 198, 199
Doigaki, Takeshi 41, 43, 44, 45, 46, 48, 49, 51, 55, 57, 61, 63, 67, 68, 72, 77
Donnels, Chris 306
Donoue, Terashi 192, 199, 211
Doyle, Jeff 237, 243
Ducey, Rob 296, 297, 301, 326
Dupree, Mike 211

Eagles 12, 15, 19, 21, 24
Easler, Mike 258
Ebara, Yoshimi 56, 93
Eda, Koichi 51, 54, 57, 60, 65, 81
Eda, Takashi 42, 45
Eddie Lopat All-Stars 335
Egawa, Suguru 204, 211, 212, 217, 218, 222, 224, 228, 230, 233, 234, 235, 236, 239, 241, 246, 247, 252, 255
Eguchi, Yukio 13, 16, 19
Ejiri, Akira 142, 147, 152, 153, 156, 162, 167, 168, 173, 179
Emoto, Takenori 164, 170, 171, 172, 176, 183, 186, 187, 190, 192, 198, 205, 211
Enatsu, Yutaka 4, 138, 141, 143, 147, 148, 150, 152, 153, 155, 157, 158, 160, 162, 163, 166, 167, 168, 173, 174, 184, 189, 190, 195, 205, 209, 211, 215, 216, 221, 227, 232, 316, 317, 318, 319, 320, 324, 325, 330
Endo, Chujiro 10, 11,12, 15, 22, 23
Endo, Kazuhiko 205, 218, 224, 230, 231, 236, 241, 242, 246, 247, 252
Enomoto, Kihachi 82, 84, 88, 89, 93, 97, 98, 101, 102, 105, 106, 107, 110, 111, 114, 116, 119, 121, 124, 126, 130, 134, 135, 136, 139, 144, 145, 149, 313, 314, 315, 320, 321
Enomoto, Naoki 167
Esaki, Teruo 106
Eto, Akira 283, 284, 288, 290, 293, 295, 299, 300, 304
Eto, Shinichi 99, 100, 104, 108, 109, 112, 114, 116, 117, 118, 122, 124, 127, 129, 131, 132, 133, 134, 137, 138, 142, 143, 145, 147, 148, 150, 156, 158, 167, 173, 290, 314, 315
Eto, Tadashi 56, 62, 63, 69
Ewing, Sam 207

Fielder, Cecil 261, 263
Foxx, Jimmie 3
Franco, Julio 295, 297

Fraser, Willie 303
Fujii, Eiji 113, 117, 119, 121, 122, 127, 128, 132, 137, 142, 147, 196
Fujii, Hideo 64, 69, 71
Fujii, Hiromu 91, 92, 95, 96, 100, 108, 109, 113, 114, 117, 118, 123, 137
Fujii, Isamu 10, 13, 16, 18, 41, 44, 47, 52, 54, 59, 75, 87, 321, 326
Fujii, Michio 56, 61, 67, 72, 77, 82, 88
Fujii, Yasuo 264, 265, 266, 270, 275, 285, 286, 287, 291, 296
Fujimoto, Hideo 37, 38, 39, 40, 42, 43, 45, 50, 51, 53, 54, 60, 63, 65, 69, 70, 74, 317, 318, 319, 323, 324, 329
Fujimoto, Hiroshi 280, 285, 296
Fujimoto, Katsumi 95, 99, 100, 101, 104, 105, 108, 109, 113, 116, 117
Fujimoto, Kazuhiro 157, 158, 330
Fujimoto, Sadayoshi 12, 21, 24, 27, 31, 33, 116, 121, 126, 131, 333
Fujimoto, Shuji 238, 244, 248, 254, 259
Fujimura, Fumio 3, 11, 12, 13, 14, 16, 19, 22, 23, 38, 40, 41, 43, 44, 45, 46, 48, 49, 51, 52, 54, 55, 58, 60, 64, 66, 69, 71, 75, 76, 79, 80, 81, 314, 315, 320, 321, 322, 324, 333
Fujimura, Takao 32, 51, 59, 65, 66, 70, 71, 318, 320
Fujinami, Mitsuo 14, 17
Fujinami, Yukio 174
Fujino, Fumisaburo 15, 17
Fujio, Shigeru 85, 87, 92, 95, 96, 99, 101
Fujisawa, Kenji 196
Fujisawa, Kimiya 204, 205
Fujita, Hiromasa 239, 248
Fujita, Manabu 189, 190, 195, 196, 201, 202, 220
Fujita, Motoshi 91, 92, 94, 96, 98, 99, 100, 101, 103, 112, 113, 121, 123, 222, 228, 234, 266, 271, 276, 333
Fujita, Nobuo 333
Fujita, Soichi 52
Fujita, Taira 137, 139, 142, 147, 148, 151, 153, 157, 158, 162, 167, 168, 173, 174, 179, 181, 184, 185, 192, 198, 216, 218, 223, 314
Fujito, Itsuro 29
Fujiwara, Makoto 165
Fujiwara, Mitsuru 170, 182, 188, 190, 194, 201, 202, 207, 213, 219, 221, 222, 226
Fujiwara, Tetsunosuke 36, 39, 41, 50
Fukami, Yasuhiro 55, 57, 67, 68, 72, 73, 85
Fukazawa, Yoshio 227, 232, 238, 249

Index

Fukiishi, Tokuichi 215, 216, 220
Fukuda, Yuichi 53, 59
Fukuhara, Mineo 239
Fukuma, Osamu 230, 236, 245, 322
Fukumoto, Yutaka 4, 154, 159, 164, 165, 169, 171, 172, 175, 177, 178, 182, 183, 184, 185, 188, 190, 191, 194, 196, 197, 200, 202, 203, 207, 208, 209, 213, 215, 220, 221, 225, 227, 228, 232, 233, 237, 240, 242, 248, 313, 314, 315, 320, 321, 322
Fukuoka Daiei Hawks 263, 269, 274, 279, 285, 290, 295, 301, 306
Fukura, Junichi 248, 253, 258, 260, 264, 274, 280, 285, 291, 292
Fukushi, Akio 205, 209
Fukushi, Hiroaki 211, 216, 218
Fukushi, Isamu 26, 30, 32, 33, 323, 325
Fukushima, Hisaaki 198
Fukutomi, Kunio 142, 147, 152, 157, 169, 176
Fukuzawa, Yoshio 238
Funada, Kazuhide 135, 136, 144, 146, 149, 150, 173, 185, 203, 204
Furukawa, Masao 15, 20
Furukawa, Seizo 34, 35, 36, 38, 41, 43, 44, 45, 47, 49, 55, 61, 67, 72, 78, 88, 315
Furumizo, Katsuyuki 259, 289
Furusawa, Kenji 157, 168, 174, 180, 186, 192, 199
Furuta, Atsuya 268, 272, 274, 276, 277, 279, 282, 283, 284, 293, 295, 299, 304, 306, 309
Furuya, Hideo 206, 220, 225, 227, 228, 231, 233, 237, 242, 244, 248, 249, 253
Furuya, Kuranosuke 10, 11, 12, 13, 14, 15, 17, 20, 23, 25, 26, 29
Furuya, Norio 54, 60
Fushimi, Goro 26, 73
Futamura, Tadami 233, 237

Gale, Rich 241, 242, 245, 246, 326
Galvez, Balvino 299, 300, 303, 305
Gardner, Art 217
Garrett, Adrian 192, 193, 198, 199, 202, 204
Garrett, Wayne 204
Gehrig, Lou 3
Gehringer, Charlie 3
Gibson, Bob 257
Gladden, Dan 289
Go, Ha 12, 28, 31, 33
Go, Shosei 36, 38, 39, 41, 42, 44, 46, 55, 314, 315, 329, 333
Goda, Eizo 136, 140
Goi, Kozo 57, 68, 72
Gold Star 40
Gomez, Leo 304, 305, 306
Gomi, Yoshio 20, 22, 26, 28
Gondo, Hiroshi 109, 113, 114, 116, 118, 323, 325
Gondo, Masatoshi 4, 70, 71, 76, 81, 91, 92, 107, 113, 133, 138, 316, 319, 320, 327
Goto, Kazuaki 167
Goto, Tadashi 10
Goto, Tsuguo 47, 49, 52, 58, 64
Gross, Kip 291, 296, 297, 302, 303, 307, 308
Gullickson, Bill 257, 258

Hada, Koichi 176, 182, 194, 195, 201, 207, 213, 215, 226, 227, 232, 237, 243
Hadley, Kent 115, 119, 120, 125, 126, 127, 130, 131, 134, 136, 139
Haga, Naokazu 10, 14, 17, 26, 28, 32, 34, 37
Hagihara, Hiroshi 50, 53
Hakamada, Hidetoshi 237, 243
Hakoda, Hiroshi 75, 76
Hakoda, Jun 86, 91, 95, 100, 104, 321
Haku, Jinten 139, 149, 154, 159, 163, 176, 182, 183, 188, 194, 206, 209
Hall, Mel 285, 286, 291
Hamada, Yoshio 55, 61, 67, 72, 77, 83, 88
Hamana, Chihiro 285, 291, 296, 301, 307
Hamazaki, Shinji 333
Hankyu 9. 12, 15, 19, 21, 24, 27, 30, 33, 36, 38, 40
Hankyu Braves 43, 46, 49, 55, 61, 66, 69, 77, 82, 87, 92, 97, 101, 105, 110, 114, 119, 124, 129, 134, 139, 141, 142, 146, 148, 153, 158, 161, 163, 166, 169, 171, 175, 181, 184, 187, 188, 193, 194, 196, 197, 200, 203, 206, 212, 219, 225, 231, 237, 239, 242, 247, 253, 258
Hansen, Bob 194
Hanshin 27, 30, 33, 35, 38
Hanshin Tigers 108, 112, 116, 117, 122, 126, 127, 132, 137, 142, 146, 151, 156, 161, 166, 172, 179, 185, 191, 197, 203, 210, 216, 223, 229, 234, 240, 245, 251, 256, 261, 266, 272, 277, 283, 288, 293, 298, 304
Hanta, Carlton 101, 106, 107
Hanzawa, Shiro 123
Hara, Katsuhiko 83
Hara, Tatsunori 4, 217, 218, 222, 223, 224, 229, 230, 231, 234, 235, 240, 241, 246, 247, 251, 252, 253, 255, 256, 257, 258, 262, 266, 267, 268, 272, 273, 274, 278, 279, 314, 315, 316
Harada, Kiyoshi 61, 72

Harada, Koichi 78
Harada, Tokumitsu 46, 49, 52, 58, 64, 70, 76, 80
Harada, Tokuzo 86
Haraigawa, Masatoshi 102
Harimoto, Isao 101, 102, 105, 106, 107, 110, 111, 114, 116, 117, 119, 120, 121, 124, 126, 129, 131, 134, 135, 136, 139, 140, 141, 144, 145, 148, 150, 153, 155, 159, 160, 163, 165, 169, 171, 175, 177, 178, 182, 185, 187, 191, 193, 197, 198, 215, 314, 315, 316, 320, 322, 333
Harris, Bucky see McGalliard, Harris
Harris, Vic 220
Haru, Toshio 293, 304
Hasegawa, Kazuo 182
Hasegawa, Ryohei 54, 60, 65, 66, 70, 71, 76, 79, 81, 82, 86, 87, 91, 92, 104, 317, 318, 319, 320, 323
Hasegawa, Shigekazu 29
Hasegawa, Shigeo 97, 98
Hasegawa, Shigetoshi 275, 276, 280, 286, 291, 296, 297
Hasegawa, Zenzo 37, 41, 44, 50, 56
Hashido, Shin 333
Hashigami, Hideki 282
Hashimoto, Stanley 97, 98, 101
Hashimoto, Takehiro 297, 307
Hata, Shinji 272, 282
Hata, Takayuki 106, 107, 111
Hatafuku, Toshihide 13, 15, 18, 33, 35, 37
Hatayama, Hitoshi 238, 283, 288
Hatsuoka, Eiji 64
Hatsushiba, Kiyoshi 270, 280, 285, 291, 296, 297, 301
Hatta, Tadashi 101, 115, 130, 135
Hattori, Takeo 62, 63, 67, 68, 69
Hattori, Tsuguhiro 32, 33, 42, 45, 47, 51, 54, 59
Hayakawa, Heiichi 37
Hayashi, Giichi 56, 57, 62, 63, 67, 73, 74, 78, 83, 330
Hayashi, Kiyokazu 10
Hayashi, Naoaki 54, 59
Hayashi, Toshihiko 130, 132
Hayashi, Yasuo 4, 34, 35, 37, 38, 323, 324, 325
Herb Hunter All-Americans 335
Hibino, Takeshi 25, 31, 50, 52, 61, 79, 80
Higasa, Kazuo 53, 63
Higashida, Masayoshi 154, 159, 164, 170
Higashidani, Natsuki 61
Higashio, Osamu 155, 159, 164, 165, 170, 171, 183, 189, 190, 195, 201, 202, 208, 214, 220, 226, 227, 228, 232, 233, 234, 238, 239, 243, 244, 245, 249, 254, 255, 298, 309, 316, 317, 318, 319
Higuchi, Seizo 119, 139

Hikichi, Nobuyuki 65, 70, 75, 81, 86, 91, 95
Hikono, Toshikatsu 256, 258, 261, 262, 263, 266, 267, 268, 288, 292
Hillman, Eric 296, 297, 301, 302
Hilton, Dave 198, 199, 203, 204
Himeno, Koji 57, 62, 67, 68, 73
Himoto, Akiyoshi 86, 87, 91
Hirai, Isaburo 25
Hirai, Masaaki 46, 50, 52, 59, 60, 64, 66
Hirai, Masafumi 297, 298, 324
Hirai, Mitsuchika 274, 276, 291, 296, 301
Hirai, Saburo 69, 71, 74, 80
Hiramasu, Toshio 10
Hiramatsu, Masaji 147, 152, 153, 157, 158, 160, 162, 168, 174, 180, 186, 187, 192, 199, 204, 205, 211, 215, 224, 230, 317, 318, 319
Hirano, Ken 223, 225, 230, 235, 240, 242, 246, 247, 258, 260, 264, 265, 270, 271, 274, 276, 280, 281, 287
Hirano, Kenji 65
Hirano, Mitsuyasu 194, 201, 207, 208, 209, 213, 215, 216, 220, 226, 231, 237
Hirano, Tokumatsu 50
Hiranuma, Ryozo 333
Hiraoka, Hiroshi 333
Hiraoka, Ichiro 138, 143
Hirata, Kaoru 222
Hirata, Katsuo 235, 236, 241, 242, 246, 247, 251, 253
Hiratsuka, Katsuhiro 299, 304
Hirayama, Fibber 81, 86, 91, 95, 108
Hirayama, Kikuji 24, 29, 31, 44, 45, 46, 50, 53
Hirono, Isao 138, 149
Hirooka, Tatsuro 75, 76, 80, 86, 90, 92, 95, 98, 99, 100, 109, 122, 203, 209, 227, 228, 233, 234, 239, 245, 333
Hirooka, Tomoo 333
Hirosawa, Katsumi 246, 251, 256, 257, 258, 262, 267, 268, 272, 273, 274, 276, 278, 282, 283, 284, 287, 288, 290, 294, 304, 314, 316
Hirose, Kenzo 333
Hirose, Masahiko 118
Hirose, Osamu 178
Hirose, Shuichi 34
Hirose, Tetsuro 285, 287, 291, 292, 296, 301
Hirose, Yoshinori 97, 101, 106, 110, 111, 112, 113, 115, 119, 121, 124, 126, 129, 131, 136, 144, 149, 150, 154, 159, 164, 165, 171, 202, 313, 314, 315, 320, 322
Hiroshima, Mamoru 104
Hiroshima Carp 52, 58, 64, 69, 75, 80, 85, 90, 95, 99, 103, 108, 112, 117, 122, 127, 132, 137
Hiroshima Toyo Carp 142, 146, 151, 156, 161, 166, 172, 179, 185, 191, 197, 203, 209, 215, 216, 223, 229, 234, 239, 240, 245, 250, 251, 256, 261, 266, 272, 276, 277, 283, 288, 293, 298, 304
Hirota, Jun 5, 70, 71, 75, 76, 82
Hirota, Shuzo 11, 34
Hirota, Sumio 169, 171, 175, 177, 178, 182, 183, 188, 190, 194, 196, 201, 207, 213, 220, 226, 235
Hitokoto, Taju 41, 44
Hitomi, Takeo 106
Hiyama, Shinjiro 299, 305, 322
Hoffman, Guy 270
Honda, Itsuro 70, 75, 80, 91, 95, 100
Hondo, Yasuji 17, 25, 28, 39, 40, 41, 43, 44, 47, 55, 57, 62
Hondo, Yasuya 67, 72
Honma, Masaru 104
Hopkins, Gail 179, 180, 185, 194
Hori, Koichi 274, 280, 285, 295, 301, 307
Horigome, Motoaki 129, 131, 135, 136
Horii, Kazuo 36, 39, 41, 43, 44, 46, 50, 55, 61, 62, 66, 68, 71, 73, 74, 77, 83, 84
Horimoto, Ritsuo 104, 105, 112
Horio, Fumihito 11, 16, 19, 22, 25, 27, 28, 326
Horiuchi, Sho 86, 91, 96, 98, 99
Horiuchi, Tsuneo 133, 134, 136, 138, 141, 143, 146, 147, 148, 151, 152, 153, 156, 157, 158, 161, 162, 163, 166, 168, 172, 173, 174, 180, 181, 186, 187, 192, 193, 197, 198, 199, 317, 318, 319, 324, 330
Horner, Bob 252
Hosaka, Makoto 333
Hosey, Dwayne 304, 305, 306
Hoshiba, Kazuo 54
Hoshida, Jiro 48
Hoshino, Nobuyuki 249, 254, 259, 260, 264, 265, 270, 275, 276, 280, 281, 286, 291, 296, 302, 307, 308, 318, 319
Hoshino, Senichi 147, 153, 168, 173, 174, 178, 180, 186, 192, 193, 205, 209, 217, 261, 266
Hostetler, Dave 248, 254
Howell, Jack 277, 279, 282, 283, 284, 287, 289, 290
Hozan, Shoji 56, 61, 67
Hudler, Rex 283

Ichieda, Shuhei 132, 134, 138, 142, 147, 152
Ichii, Shinpei 59
Ichioka, Tadao 333
Ide, Tatsuya 296, 301, 306, 308
Iemura, Sotaro 11, 14, 17
Igaue, Ryohei 11, 13, 17, 19, 22, 23, 25, 28, 50, 56
Iguchi, Shinjiro 333
Ihara, Shinichiro 180, 198, 203, 218
Iida, Tetsuya 267, 274, 278, 279, 282, 284, 288, 290, 294, 295, 299, 300, 304, 306
Iida, Tokuji 44, 46, 48, 49, 55, 57, 61, 62, 63, 66, 68, 69, 72, 73, 74, 77, 82, 84, 85, 88, 90, 99, 104, 108, 314, 315, 320, 333
Iida, Yukio 154
Iijima, Shigeya 41, 43, 44, 49, 55, 57, 61, 62, 63, 66, 68, 77, 326, 327
Iio, Tameo 102, 113, 119
Iishi, Reiji 156
Iizuka, Yoshihiro 196
Ikebe, Iwao 139, 144, 149, 154, 159, 164, 165, 179, 187
Ikeda, Chikafusa 236, 241, 257, 245
Ikeda, Hidetoshi 113, 118, 119, 123, 128, 129, 133, 134
Ikeda, Tsuneo 333
Ikeda, Yoshihiro 162, 166, 167, 173
Ikeda, Yutaka 333
Ikeda, Zenzo 45, 48, 51
Ikegaya, Kojiro 180, 184, 186, 187, 193, 199, 205, 209, 211, 216, 218
Ikenaga, Masaaki 130, 131, 135, 136, 140, 144, 145, 149, 150
Ikeuchi, Yutaka 198, 205, 211, 322
Ikeyama, Takahiro 251, 256, 257, 258, 260, 262, 263, 267, 268, 272, 273, 278, 279, 282, 283, 284, 287, 294, 298, 304, 309, 316, 322
Ikezawa, Yoshiyuki 121
Imai, Yutaro 201, 202, 203, 208, 220, 221, 232, 233, 238, 239, 243, 249, 330
Imakurusu, Isao 67
Imakurusu, Sunao 56, 61, 67
Imanaka, Shinji 268, 273, 284, 289, 290, 294, 295, 300
Imanishi, Rentaro 42, 45, 48, 51, 54
Imaoka, Kenjiro 22
Imazeki, Masaru 302, 303
Imazu, Mitsuo 142
Imoto, Takashi 189, 195, 201, 207, 208, 209, 210, 214, 215, 216, 226, 230
Ina, Tsutomu 100
Inaba, Atsunori 299, 304, 309
Inaba, Misuo 162, 163, 168, 180, 195, 196, 201, 208, 209, 220
Inagawa, Makoto 113, 118, 119, 121, 123, 124, 128, 133
Inao, Kazuhisa 4, 88, 89, 90, 93, 94, 97, 98, 99, 102, 106, 107, 110, 111, 115, 116, 120, 121, 122, 130, 135, 144, 316, 317, 318, 319, 322, 323, 324, 325, 327, 333

Inoko, Toshio 34, 37
Inomata, Takashi 268, 273, 284
Inoue, Hiroaki 173, 179, 181, 192, 204, 222
Inoue, Noboru 75, 80, 82, 85, 87, 91, 92, 95, 96, 100, 104, 105, 108, 115, 333
Inoue, Yoshiaki 71, 323
Inoue, Yoshio 121, 125, 130, 330
Inoue, Yuji 232, 265, 270, 318
Irabu, Hideki 3, 286, 291, 292, 296, 297, 298, 301, 302
Iritani, Kisanori 74
Ise, Takao 164
Isegawa, Masumi 32, 42, 44, 50, 55, 67, 72
Iseka, Masumi 184
Ishida, Masaaki 81
Ishida, Masayoshi 16, 19, 25, 28
Ishida, Mitsuhiko 11, 12, 15, 17, 20, 23, 29, 35, 37, 42, 329
Ishige, Hiromichi 219, 221, 226, 227, 231, 233, 237, 239, 243, 244, 245, 248, 249, 250, 253, 255, 256, 259, 260, 261, 264, 270, 275, 276, 279, 281, 282, 285, 287, 291, 316
Ishige, Hiroshi 284, 289, 293, 318, 324
Ishiguro, Kazuhiro 125
Ishihara, Shigezo 11, 33, 35, 323
Ishihara, Teruo 88, 93, 97
Ishii, Akira 124, 126, 130, 135, 151
Ishii, Hiroo 280, 281, 282, 285, 286, 287, 290, 292
Ishii, Kazuhisa 282, 294, 295, 306, 309, 330
Ishii, Shigeo 120, 125, 126, 130, 131, 135, 140, 145, 146, 149, 154, 170, 176, 189, 316, 317, 318, 319
Ishii, Takehiro 270, 277, 280, 281, 282, 286, 287, 293
Ishii, Takuro 283, 284, 289, 290, 293, 295, 299, 304, 306
Ishii, Tokichiro 333
Ishii, Yutaka 32
Ishikawa, Katsuhiko 70, 76, 79, 81
Ishikawa, Masaru 238
Ishikawa, Midori 104, 123, 127, 133
Ishikawa, Yoshiteru 91
Ishikawa, Yozo 120, 125
Ishimaru, Shinichi 31, 35, 37, 38, 325, 329
Ishimaru, Tokichi 13, 17, 34, 37
Ishimine, Kazuhiko 248, 249, 253, 254, 255, 258, 264, 270, 271, 274, 276, 280, 285, 289, 290
Ishimoto, Shuichi 15, 19, 333
Ishimoto, Yoshiaki 243, 244, 249, 250, 254, 324
Ishioka, Kozo 143, 148, 152, 157
Ishito, Shiroku 128, 133, 138, 143, 148
Ishiwata, Shigeru 182, 188, 194, 196, 201, 207, 208, 213

Isoda, Kenichi 59
Itami, Yasuhiro 333
Ito, Akimitsu 252, 257, 278, 282, 284, 287, 289, 298
Ito, Atsunori 275, 281, 282, 303
Ito, Fumitaka 246
Ito, Hiromitsu 217, 224, 236
Ito, Hisatoshi 147, 153, 157
Ito, Isamu 147, 162, 167
Ito, Jinkichi 26, 31
Ito, Jiro 14, 15, 18, 20, 23
Ito, Kenichi 39
Ito, Kentaro 11, 13, 16, 18, 19, 21, 23, 34, 35, 38
Ito, Koshiro 121, 130, 139, 144
Ito, Makizo 4, 326
Ito, Shiro 88, 89
Ito, Shoshichi 61, 67
Ito, Takahide 307
Ito, Tatsuhiko 122, 142
Ito, Tomohito 284
Ito, Tsutomu 237, 243, 244, 248, 249, 254, 255, 259, 260, 264, 270, 271, 275, 276, 280, 281, 285, 287, 291, 292, 296, 297, 306, 308
Ito, Yoshiaki 104, 109, 112, 118, 119, 121, 123, 126
Iwade, Kiyoshi 28
Iwagaki, Jiro 28
Iwai, Takayuki 237
Iwamoto, Akira 35, 37, 38, 42, 53, 59, 64, 90
Iwamoto, Takashi 74, 80, 86, 91, 100
Iwamoto, Tsutomu 296, 302
Iwamoto, Yoshiyuki 31, 33, 35, 52, 54, 55, 58, 60, 64, 66, 70, 320, 321, 326, 333
Iwaoka, Yasuhiro 86
Iwashita, Koichi 115, 117, 120, 124
Iwashita, Morimichi 99
Iwata, Tsuguo 11, 14
Izutsu, Kenichi 42, 45, 48

Jackson, Darrin 296, 297, 301
Jackson, Lou 133, 137, 138, 142
James, Skip 210
Jennings, Doug 298
Jestadt, Garry 182, 186
Johnson, Dave 186, 187
Jojima, Kenji 306
Jones, Clarence 154, 155, 159, 160, 164, 165, 170, 171, 176, 177, 182, 183, 189
Jonouchi, Kunio 113, 114, 118, 123, 128, 129, 133, 134, 136, 137, 138, 141, 143, 146, 330

Kadokura, Ken 305
Kadooka, Nobuyuki 113, 138
Kadota, Hiromitsu 159, 160, 163, 169, 171, 172, 175, 177, 182, 183, 188, 189, 190, 194, 195, 196, 201, 213, 214, 215, 219, 221, 231, 233, 237, 238, 239, 243, 248, 253, 254, 258, 260, 264, 265, 270, 275, 276, 313, 314, 315, 316, 321
Kagawa, Nobuyuki 233
Kageura, Masaru 10, 11, 12, 14, 15, 16, 18, 19, 21, 25, 27, 38, 324, 333
Kageyama, Kazuo 55, 61, 63, 67, 68, 72, 77, 314, 321, 326
Kai, Tomoharu 66
Kaino, Daichi 22
Kajima, Kenichi 192, 196, 205, 211, 212, 218, 230, 231, 236, 241
Kajimoto, Takao 78, 79, 84, 88, 89, 93, 94, 97, 102, 106, 107, 110, 111, 115, 125, 130, 131, 135, 140, 141, 145, 146, 149, 150, 151, 159, 209, 316, 317, 318, 319, 325, 327
Kajioka, Tadayoshi 45, 47, 48, 51, 54, 60, 65, 66, 70, 329
Kakefu, Masayuki 185, 187, 191, 193, 197, 199, 202, 203, 205, 215, 216, 218, 222, 223, 224, 225, 228, 229, 230, 231, 235, 236, 240, 241, 242, 245, 251, 314, 315, 316, 321
Kakehata, Mitsunori 241, 246, 257, 262, 278
Kakimoto, Minoru 108, 113, 118, 119, 123, 128, 143
Kakiuchi, Tetsuya 301, 302
Kaku, Genji 224, 228, 230, 231, 235, 236, 241, 242, 246, 247, 252, 257, 258, 261, 273, 289, 318, 324
Kaku, Taigen 250, 254, 255, 259, 260, 261, 264, 271, 275, 276, 277, 280, 281, 282, 286, 287, 291, 292, 296, 330
Kamata, Minoru 104, 108, 113, 139, 144
Kameda, Tadashi 20, 21, 23, 24, 27, 29, 30, 323, 325, 329
Kameyama, Tsutomu 278, 279
Kamikawa, Seiji 228, 230, 235, 241, 245
Kanabe, Toshio 330
Kanamori, Eiji 242, 248
Kanayama, Jiro 39, 40, 44, 47, 52, 59, 65, 70, 76, 81, 86, 315, 320, 322
Kanazawa, Tsugio 230, 236, 249
Kanbe, Toshio 154, 159, 164, 176, 177, 183, 184, 189
Kanda, Takeo 32, 33, 34, 35, 325
Kaneda, Masaichi 3, 59, 65, 66, 70, 71, 76, 79, 81, 82, 86, 87, 91, 92, 94, 96, 100, 101, 104, 105, 107, 109, 111, 113, 114, 118, 119, 123, 124, 126, 128, 131, 132, 136, 138, 141, 143, 146, 177, 178, 184, 196, 314, 316, 317, 319, 320, 323, 325, 329, 330, 333
Kaneda, Masayasu 40, 43, 45, 46, 49, 53, 58, 60, 64, 69, 71, 75, 80, 321

Kaneda, Tomehiro 150, 154, 155, 159, 160, 164, 165, 170, 176, 177, 178, 183, 196
Kaneishi, Akihito 246, 247, 250, 277, 280, 281, 318
Kaneko, Hiroshi 20, 23, 24, 37
Kaneko, Makoto 301, 302, 307, 326
Kanemitsu, Akio 39, 40
Kanemitsu, Hidenori 107, 108
Kanemoto, Tomoaki 294, 295, 298, 299, 303, 304, 305
Kanemura, Yoshiaki 248, 254, 270, 274
Kaneshiro, Motoyasu 167, 174, 195, 208, 227, 318
Kansas City Royals 335
Karasaki Crowns 6
Karita, Hisanori 10, 13, 17, 19, 21, 22, 25, 28, 30, 32, 333
Kasahara, Kazuo 46, 48, 50, 55, 77, 321
Kasai, Minoru 300
Kasama, Yuji 229
Kasamatsu, Minoru 14, 18, 32, 35, 37, 38, 40, 60
Kashiwabara, Junichi 188, 194, 200, 202, 207, 208, 209, 213, 214, 219, 221, 222, 226, 227, 228, 232, 233, 237
Katahira, Shinsaku 206, 213, 226, 228, 232
Kataoka, Atsushi 280, 285, 296, 301, 302, 303, 306, 308
Kataoka, Terushichi 56, 62
Katayama, Eiji 11, 37
Katayama, Hiroshi 51, 54, 65
Kato, Akio 97
Kato, Hajime 165, 170, 176, 177, 183, 186, 187, 190, 198, 205, 217, 218, 234, 235, 246, 247, 255, 330
Kato, Haruo 56
Kato, Hideji 158, 160, 164, 166, 169, 171, 175, 177, 182, 183, 184, 188, 189, 190, 194, 196, 197, 201, 202, 206, 208, 213, 214, 219, 226, 227, 237, 243, 314, 315, 316, 322
Kato, Hirokazu 210, 241
Kato, Hiroto 262, 273
Kato, Kazuaki 88
Kato, Masakazu 56
Kato, Shinichi 243, 259, 265, 300
Kato, Shoji 25, 27, 37, 38, 39, 41, 49, 56
Kato, Tetsuro 266
Kato, Toshio 194, 196, 201, 207, 213
Katori, Yoshitaka 252, 270, 282, 287, 316, 318
Katsuragi, Takao 88, 89, 93, 97, 98, 101, 102, 105, 110, 111, 114, 120, 122, 127, 132, 137, 142
Kawabata, Hiroshi 39
Kawabata, Jun 241, 242, 252
Kawada, Yusuke 309
Kawaguchi, Kazuhisa 230, 231, 239, 241, 246, 247, 252, 257, 258, 262, 263, 268, 273, 277, 278, 279, 284, 289, 319
Kawahara, Akira 150, 155, 160, 165, 176
Kawahara, Ryuichi 305
Kawahara, Shoji 232, 233
Kawai, Kozo 50, 55, 61, 72, 77, 79, 83, 314, 326
Kawai, Masahiro 263, 267, 268, 271, 272, 274, 283, 284, 288, 290, 294, 299, 300, 304
Kawajiri, Tetsuro 294, 300, 305
Kawakami, Tetsuharu 3, 20, 21, 23, 24, 27, 30, 31, 33, 43, 45, 46, 48, 49, 51, 52, 58, 60, 63, 64, 66, 69, 71, 74, 75, 76, 80, 81, 82, 85, 87, 90, 92, 94, 95, 96, 99, 112, 116, 121, 126, 131, 136, 141, 145, 146, 150, 151, 155, 156, 160, 161, 165, 166, 172, 178, 313, 314, 315, 321, 322, 326, 333
Kawamata, Yonetoshi 240, 246, 251, 261
Kawamoto, Yasuyuki 307, 318
Kawamura, Akira 32, 35
Kawamura, Hisafumi 78, 79, 83, 84, 93, 94, 97
Kawamura, Kenichiro 184, 203
Kawamura, Takeo 305
Kawamura, Tatsuhiko 133
Kawamura, Tokuhisa 11
Kawamura, Yasuhiko 109, 118, 119, 123, 143
Kawanishi, Toshio 41, 44, 46, 53, 59
Kawasaki, Kenjiro 268, 271, 273, 284, 287, 288, 309
Kawasaki, Tokuji 33, 35, 45, 47, 48, 51, 56, 62, 67, 68, 73, 74, 79, 83, 89, 317, 318, 320, 323
Kawauchi, Yasuo 157
Kayano, Shuzo 47
Kazumi, Takahashi 222
Keough, Marty 144
Keough, Matt 252, 257, 262, 263
Kida, Isamu 213, 214, 215, 221, 222, 226, 227, 228, 238, 246
Kida, Masao 267, 268, 284, 293, 303
Kido, Katsuhiko 242, 257
Kido, Norifumi 102, 110, 122, 124, 130
Kido, Yoshinori 91, 94
Kihara, Yoshitaka 130, 183
Kikukawa, Shojiro 164, 170
Kikuya, Yoshio 14, 17, 18, 20, 21, 23, 24, 26, 27, 30, 323, 325
Kimata, Takeo 11
Kimata, Tatsuhiko 128, 133, 142, 147, 148, 151, 153, 156, 158, 162, 173, 179, 185, 191, 193, 198, 204, 205, 210, 313, 314

Kimura, Kohei 34, 36
Kimura, Shinichi 32
Kimura, Tamotsu 93, 94
Kimura, Tsutomu 31, 50, 52, 65, 77, 83, 88
Kinki Great Ring 40
Kinki Nippon 38
Kinoshita, Hiroki 15, 18
Kinoshita, Isamu 29, 48, 57
Kinoshita, Masafumi 26, 32, 34, 35
Kinoshita, Tomio 216
Kinsei Stars 43, 46
Kintetsu Buffaloes 101, 105, 110, 114, 119, 124, 129, 134, 139, 142, 148, 153, 158, 163, 169, 175, 181, 184, 187, 188, 193, 194, 200, 206, 209, 212, 215, 216, 219, 225, 231, 237, 242, 247, 253, 258, 263, 266, 269, 274, 279, 285, 290, 295, 301, 306
Kintetsu Pearls 55, 61, 66, 69, 77, 82, 87, 92, 97
Kinugasa, Sachio 4, 142, 147, 152, 156, 158, 161, 163, 167, 173, 174, 179, 184, 185, 192, 198, 204, 210, 211, 212, 216, 217, 218, 223, 224, 229, 234, 236, 239, 240, 246, 247, 251, 255, 313, 314, 315, 316, 326, 333
Kirihara, Shinji 333
Kirkland, Willie 142, 143, 147, 148, 152
Kishikawa, Katsuya 264, 270
Kitabeppu, Manabu 193, 199, 205, 209, 211, 217, 218, 224, 230, 235, 239, 241, 246, 247, 250, 252, 257, 273, 277, 278, 279, 317, 318, 319
Kitagawa, Koichi 139
Kitagawa, Yoshio 100, 103, 109
Kitahira, Shinsaku 233
Kitai, Masao 11, 12
Kitamura, Dick 78
Kitamura, Terufumi 225, 230, 231
Kitaru, Masaaki 140, 149, 154, 155, 156, 159, 160, 170, 176, 177, 178, 183
Kitaura, Mitsuo 10, 13, 19
Kito, Hiroshi 152, 157, 330
Kito, Kazuo 13, 16, 22, 24, 27, 30, 31, 56, 321
Kito, Makoto 262, 289, 290, 294, 300
Kito, Seiichi 66, 77
Kiyohara, Hatsuo 44, 47, 50, 53
Kiyohara, Kazuhiro 248, 249, 250, 253, 254, 255, 258, 260, 261, 264, 265, 270, 271, 274, 276, 280, 281, 282, 285, 287, 288, 291, 292, 293, 296, 297, 298, 301, 302, 303, 304, 305, 308, 314, 315, 316, 322

Index

Kizuka, Chusuke 3, 47, 48, 49, 51, 55, 57, 61, 63, 67, 68, 72, 73, 74, 77, 83, 84, 85, 88, 93, 315, 321
Koba, Takeshi 100, 104, 108, 113, 117, 119, 121, 123, 128, 133, 136, 137, 142, 184, 190, 209, 215, 222, 239, 244
Kobayakawa, Takehiko 235, 236, 250, 251, 252, 255, 256, 261, 267
Kobayashi, Akiyoshi 36, 58, 65, 70, 75, 81
Kobayashi, Goro 22, 25
Kobayashi, Hiroshi 298
Kobayashi, Ichizo 333
Kobayashi, Seiji 228, 235, 239
Kobayashi, Shigeru 173, 186, 187, 190, 191, 192, 193, 197, 199, 204, 205, 211, 212, 215, 217, 218, 224, 230, 318
Kobayashi, Shigeta 14, 16, 19, 21, 22, 25, 28, 30
Kobayashi, Shinya 220, 239
Kobayashi, Toshizo 13, 16
Kobayashi, Tsuneo 60, 65, 66, 86, 323
Kobuchi, Taisuke 122, 128
Kochi, Takuji 55, 61, 67, 77
Koda, Isao 266, 267
Kodama, Akitoshi 77, 82, 88, 89, 92, 93, 97, 98, 101, 105, 106, 107, 110, 114, 116, 119, 121, 124, 126, 129, 131, 135, 314, 320, 321
Kodama, Toshikazu 64, 69, 75, 79, 80, 82, 85, 87, 91, 95
Kodama, Yasushi 100, 101
Kodama, Yoshiro 166
Koga, Masaaki 189
Kogure, Rikizo 41
Koike, Hideo 297, 307, 308
Koike, Kenji 115, 120, 121, 125, 126, 127, 130, 131, 135, 136, 140, 144, 146
Koizumi, Shinzo 333
Kojima, Katsuji 65
Kojima, Shigeo 13, 17
Kojima, Toshio 10, 12, 16
Kokubo, Hiroki 296, 297, 298, 301, 306, 308
Kokutetsu Swallows 52, 58, 64, 69, 75, 80, 85, 90, 95, 99, 103, 108, 112, 117, 122
Komada, Keiji 60
Komada, Norihiro 256, 261, 263, 266, 267, 268, 272, 274, 277, 279, 282, 283, 284, 288, 290, 293, 295, 300, 304, 306, 315
Komae, Hirofumi 44
Komatsu, Tatsuo 217, 218, 228, 230, 231, 235, 236, 241, 242, 244, 246, 252, 255, 257, 282
Komatsubara, Hiroki 37, 44, 53, 80
Komiyama, Satoru 270, 275, 276, 281, 286, 296, 297, 302, 307, 308

Komori, Kosei 78, 83, 88
Kondo, Akihito 104, 107, 108, 113, 127, 131, 132, 137, 142, 147, 152, 157
Kondo, Hisashi 11, 14, 15, 18, 20, 23, 30
Kondo, Kazuhiko 95, 99, 104, 105, 108, 109, 112, 114, 117, 119, 121, 122, 124, 127, 129, 131, 132, 137, 139, 142, 147
Kondo, Sadao 39, 42, 43, 48, 51, 228, 233
Kondo, Shinichi 330
Kondo, Yoshihisa 284, 289
Konishi, Tokuro 57, 333
Kono, Akinobu 77, 83, 88, 93, 320
Kono, Akiteru 82, 88, 93, 101, 108, 109, 113, 117, 125, 130, 321
Kono, Atsushi 333
Kono, Fumihiro 297
Kono, Hirofumi 243, 244, 254, 259, 291, 303
Kono, Kazumasa 173, 174, 192, 193, 197, 198, 204, 217, 222, 223, 234
Kono, Takayuki 201, 206, 213, 220, 226, 232, 237, 248, 259
Korean All-Stars 335, 336
Kosaka, Makoto 307, 308
Kosaka, Saburo 39
Kosaka, Yoshitaka 95, 108, 113, 114
Koshimoto, Hisashi 333
Kotani, Tadakatsu 153, 157
Koyama, Masaaki 86, 87, 91, 92, 96, 98, 100, 101, 104, 105, 109, 113, 114, 117, 118, 121, 125, 126, 130, 131, 135, 136, 140, 149, 154, 156, 159, 160, 165, 316, 317, 318, 319, 320, 323
Koyama, Masao 244
Kozuru, Makoto 4, 34, 36, 38, 41, 43, 44, 46, 48, 49, 51, 52, 54, 55, 59, 60, 64, 70, 71, 75, 80, 81, 86, 91, 314, 320, 321, 322, 333
Krsnich, Mike 122, 123, 134
Kubo, Masahiro 115, 116, 120, 121, 125, 130
Kubo, Yasuo 214, 221, 227, 232, 268
Kubodera, Yuji 213, 226, 232
Kubota, Osamu 110, 111, 115
Kudo, Kazuhiko 217, 224, 230
Kudo, Kimiyasu 227, 243, 244, 248, 249, 250, 254, 255, 256, 259, 261, 275, 276, 277, 280, 286, 287, 291, 292, 293, 297, 302, 307, 308, 318, 319
Kudo, Mikio 222, 226, 227, 228
Kuji, Jiro 333
Kuji, Teruyoshi 278, 279, 283, 289, 294, 299, 304
Kuki, Motoyasu 129
Kumagami, Takehiko 41
Kumano, Terumitsu 242, 244
Kumochi, Akito 214

Kunieda, Toshimichi 47, 53, 58, 64, 70
Kunihisa, Shoichi 25, 28, 31, 34
Kunimatsu, Akira 104, 109, 113, 118, 128, 132, 141
Kunisada, Yasuhiro 134, 136, 139, 144, 145, 149, 157, 158, 161
Kuramoto, Shingo 10, 14, 22
Kurata, Makoto 156, 167, 172
Kurihashi, Shigeru 201, 207, 208, 209, 213, 215, 216, 225, 227, 231, 237, 243, 248
Kuriki, Takayuki 56, 61, 72, 78, 83
Kuriyama, Hideki 262, 263
Kuroda, Hiroki 305
Kuroda, Kengo 11, 13, 16, 20, 21, 23, 25, 28, 31, 34, 35
Kuroda, Masahiro 228
Kuroda, Tsutomu 93, 115
Kuroe, Yokinobu 136, 137, 142, 143, 147, 151, 152, 156, 161, 162, 166
Kuroki, Tomohiro 302, 307, 308
Kuroo, Shigeaki 42, 45, 48, 51, 56, 73
Kurosawa, Toshio 10, 12, 16, 37, 38, 40, 41
Kurowashi 27, 31
Kusaka, Takashi 72, 77, 82
Kuwata, Masumi 4, 252, 253, 255, 257, 258, 262, 263, 266, 267, 268, 271, 273, 274, 278, 279, 282, 284, 289, 290, 292, 293, 305, 306
Kuwata, Takeshi 99, 100, 101, 104, 105, 108, 109, 113, 114, 118, 122, 123, 128, 129, 133, 137
Kyuei Flyers 46

Ladra, Jack 97, 125
Laga, Mike 275, 276
Lancellotti, Rick 251, 252
Law, Vance 267, 268
Lee, Leon 196, 200, 206, 208, 213, 214, 215, 219, 222, 226, 229, 230, 235, 240, 241, 245, 247, 251, 315, 316
Lee, LeRon 194, 195, 196, 200, 202, 206, 208, 209, 213, 215, 219, 231, 237, 238, 239, 242, 244, 247, 253, 314, 315, 316
Lefebvre, Jim 170, 171
Lesley, Brad (Animal) 250
Lewis, Charlie 77, 78, 79, 83, 84
Lion 15, 19, 21, 24, 27
Logan, Johnny 127
Lolich, Ron 177, 182
Loman, Doug 246
Lopez, Art 144, 145, 149, 150, 154, 159, 162
Lopez, Luis 299, 300, 304, 305, 306
Los Angeles Dodgers 3, 335, 336
Lotte Orions 148, 153, 156, 158, 163, 169, 175, 178, 181, 187,

Index

188, 193, 194, 196, 200, 206, 212, 215, 219, 224, 225, 231, 237, 242, 247, 253, 258, 263, 269, 274
Lum, Mike 223
Lyttle, Jim 191, 198, 199, 204, 205, 210, 211, 212, 215, 216, 218, 222, 223

Macha, Ken 223, 228, 229, 235, 236, 240
Machida, Yukihiko 75, 76, 80, 81, 82, 91, 92, 95, 104, 108
Mack, Shane 294, 299, 303
Madlock, Bill 259
Maeda, Kiyoshi 11, 13
Maeda, Masuho 100, 112, 114, 125, 126, 130, 135, 139, 178, 320
Maeda, Sadayuki 32
Maeda, Satoji 32
Maeda, Tomonori 272, 274, 277, 279, 283, 284, 288, 290, 299, 304
Maeda, Yukinaga 270, 275, 276, 281, 282, 286
Maekawa, Hachiro 10, 11, 15, 16, 20, 23
Maekawa, Tadao 83, 88
Mainichi Orions 55, 57, 61, 66, 69, 77, 82, 87, 92
Major League All-Stars 335, 336
Maki, Katsuhiko 130
Makihara, Hiromi 230, 231, 236, 247, 252, 255, 256, 257, 258, 262, 263, 271, 273, 276, 278, 279, 284, 289, 290, 293, 294, 303, 305, 319, 330
Makino, Naotaka 333
Makino, Noboru 93, 94, 125
Makino, Shigeru 65, 70, 91, 333
Makishi, Yasunaga 266
Maloof, Jack 207
Manuel, Chuck 181, 191, 193, 198, 199, 203, 206, 208, 209, 213, 214, 215, 216, 321
Marcano, Bobby 182, 183, 184, 188, 189, 190, 191, 194, 196, 200, 202, 203, 206, 208, 209, 213, 220, 226, 229, 235
Marshall, Jim 118, 121, 122, 123, 126, 128, 129
Martin, Gene 173, 174, 178, 179, 185, 187, 192, 198, 204, 205
Martinez, Domingo 306, 308
Maruo, Chitoji 18
Maruyama, Fumio 37, 42, 43, 45, 325
Maruyama, Kanji 113, 118, 133, 142
Masano, Iwao 23, 26, 27, 29
Mashiba, Shigekuni 201, 214, 215, 220, 221, 222, 238, 324
Mashiba, Tomihiro 180
Masu, Kaichi 10, 13, 16, 19, 21, 25, 28, 32
Masuda, Akio 136, 145, 149

Masuda, Daisuke 304
Masuda, Taku 56, 61, 67
Matsubara, Akio 170, 172, 176, 183, 198, 199, 202
Matsubara, Makoto 132, 137, 142, 147, 148, 151, 153, 157, 162, 167, 168, 173, 174, 179, 180, 184, 185, 192, 193, 197, 204, 222, 313, 314, 315, 321
Matsuda, Kiyoshi 59, 60, 63, 324
Matsui, Hideki 4, 288, 290, 293, 294, 295, 298, 299, 300, 304, 305, 306, 308
Matsui, Jun 72, 73, 74, 77
Matsui, Kazuo 301, 306, 308, 309, 321
Matsukawa, Hiroji 39
Matsuki, Kenjiro 10, 12, 15, 16, 18, 19, 21, 23, 24, 28, 333
Matsumoto, Kazuo 47, 48, 53
Matsumoto, Misao 14
Matsumoto, Mitsuhiko 18
Matsumoto, Tadashi 218, 223, 225, 229, 231, 235, 240, 246, 315, 321
Matsumoto, Yukitsura 162, 167, 173, 174, 178, 180, 186, 187, 199, 214
Matsunaga, Hiromi 226, 232, 237, 239, 242, 244, 248, 253, 258, 260, 264, 265, 270, 271, 274, 276, 279, 291, 292, 313, 315, 316
Matsunuma, Hirohisa 207, 208, 214, 226, 227, 232, 233, 234, 238, 243, 244, 245, 250, 255, 261, 265
Matsunuma, Masayuki 214, 220, 226, 227, 232, 233, 234, 238, 239
Matsuo, Kozo 18, 20, 21, 23, 24, 26, 29, 42
Matsuoka, Hiromu 148, 153, 157, 158, 160, 162, 163, 167, 168, 173, 174, 178, 180, 186, 187, 192, 193, 199, 203, 205, 211, 217, 218, 224, 230, 233, 316, 317, 318, 319
Matsuoka, Kosuke 137
Matsuoka, Masatoshi 88, 320
Matsutaka, Masao 333
Matsuura, Hiroaki 259, 260, 270
Matsuura, Kazuyoshi 11
Matsuyama, Noboru 76
May, Carlos 200, 206, 213
Mayumi, Akinobu 201, 202, 204, 210, 211, 217, 223, 229, 231, 235, 240, 241, 242, 245, 251, 256, 314
McGalliard, Harris (a.k.a. Bucky Harris) 10, 16, 18, 19, 21, 23
McManus, Jim 113
Medina, Luis 288
Metoki, Haruo 65, 70, 76
Meulens, Hensley 291, 294, 295, 298, 299
Mexico Tigers 335
Meyer, Joey 267
Mickens, Glenn 102, 106, 107, 115

Mihara, Osamu 13, 22, 49, 79, 84, 89, 94, 98, 103, 107, 111, 333
Mihira, Haruki 106
Mikami, Yoshio 10
Millan, Felix 198, 203, 205
Miller, John 152, 153, 157, 158, 162, 163
Mimura, Isao 44, 49, 53, 59, 65
Mimura, Toshiyuki 152, 155, 157, 161, 163, 167, 179, 181, 186, 187, 204, 209, 210
Minagawa, Mutsuo 93, 97, 98, 112, 115, 116, 125, 127, 130, 135, 136, 140, 144, 145, 149, 155, 160, 316, 317, 318, 320, 323
Minagawa, Sadayuki 25, 29, 32, 47, 50, 56, 61
Minagawa, Yasuo 159, 160
Minamibuchi, Tokitaka 301
Minamimura, Fukashi 58, 63, 64, 66, 70, 71, 74, 75
Minoda, Koji 200, 202, 207, 208, 213, 215, 220, 221, 226, 227, 231, 233, 237, 238, 239, 243, 244, 254
Minohara, Hiroshi 74, 83, 88
Misawa, Jun 167, 174, 180, 186, 198, 205, 211, 217, 224
Misonoo, Takao 11, 12, 14, 17, 20, 21, 23, 24, 26, 30, 35, 42, 45, 324
Mitchell, Bobby 189, 194, 195, 201, 202, 207, 322
Mitomi, Tsuneo 59
Mitsui, Masaharu 177, 196
Mitsuyama, Hidekazu 266
Miura, Daisuke 294, 300, 305
Miura, Kiyohiro 115, 120, 130, 131, 135, 150, 154, 160, 164, 319
Miura, Masayoshi 88, 89, 93
Miura, Toshikazu 14, 17, 20, 23, 26, 29
Miwa, Hachiro 29, 37, 38
Miwa, Satoru 154, 329
Miyaguchi, Yoshikichi 23, 27
Miyahara, Kiyoshi 333
Miyaji, Yoshitomo 86, 329
Miyake, Daisuke 333
Miyake, Hideji 81, 86, 90, 95, 96, 99, 104, 108, 109, 113
Miyake, Nobukazu 92
Miyake, Takuzo 61, 67, 68, 72, 73, 78
Miyako, Yujiro 218, 224, 228, 236
Miyamoto, Andy 86, 87, 90, 92, 94, 98, 112
Miyamoto, Kazutomo 266, 268, 271, 273, 278
Miyamoto, Kenji 230, 267, 287
Miyamoto, Shinya 304, 306
Miyamoto, Shiro 238
Miyamoto, Yukinobu 151, 155, 184
Miyata, Masanori 121
Miyata, Yukinori 128, 129, 131, 132
Miyatake, Saburo 17, 23, 333

Index

Miyazaki, Jiro 42, 53, 59, 65
Miyazaki, Kaname 55, 62
Miyazaki, Shoji 140
Miyazaki, Takeshi 28, 32, 47, 50, 53, 59, 64, 70, 76, 320
Miyazato, Futoshi 272
Mizuguchi, Eiji 296, 301, 306
Mizuhara, Nobuyasu 84, 89, 94, 98, 103
Mizuhara, Shigeru 10, 13, 16, 18, 20, 23, 25, 28, 30, 31, 35, 63, 68, 74, 79, 107, 116, 121, 333
Mizukami, Shizuya 77, 83
Mizukami, Yoshio 213, 215, 220, 222, 226, 231, 243, 253, 255
Mizuno, Katsuhito 255
Mizuno, Rihachi 333
Mizunuma, Shiro 198, 209
Mizuo, Yoshitaka 307
Mizutani, Hiroaki 211
Mizutani, Hisanobu 128, 133, 138, 157, 162, 168
Mizutani, Jitsuo 156, 158, 185, 191, 197, 204, 209, 210, 216, 218, 223, 231, 233
Mizutani, Norihiro 177, 183, 184, 201, 208, 214, 215, 220, 221, 222, 226, 227, 232, 249
Mizutani, Norikazu 10, 13, 16, 20, 22, 25
Mizutani, Shintaro 217, 223, 229, 235, 241
Mizutani, Takashi 145, 150, 151, 170, 171, 176, 177
Mochizuki, Junichi 27, 323
Monzen, Masato 13, 15, 25, 36, 39, 53, 59, 65, 70, 75, 81, 326
Mori, Hirotaru 329
Mori, Kotaro 29, 30, 32, 33, 35, 323, 324
Mori, Kunigoro 31
Mori, Masahiko 109, 113, 114, 118, 119, 122, 124, 127, 129, 132, 133, 134, 139, 141, 142, 143, 146, 166, 172, 250, 255, 260, 261, 266, 271, 276, 282, 287, 292
Mori, Shigekazu 208, 214, 220, 221, 232, 233, 234, 318, 324
Mori, Shigeo 333
Mori, Shinji 309
Mori, Toru 95, 96, 99, 100, 101, 104, 105, 108, 113, 114, 118
Moriguchi, Jiro 22
Moriguchi, Masumitsu 201, 207, 214
Morii, Shigeru 11. 12, 15, 17, 20, 40, 42
Morimoto, Kiyoshi 139, 141, 144, 149, 154, 159, 175, 184, 189, 191
Morinaga, Katsuji 95, 100, 108, 109, 112, 114
Morinaka, Chikara 112, 120, 121, 125, 138, 143, 148
Morinaka, Michiharu 164
Morioka, Jiro 333

Morishita, Masao 69, 77, 79, 83, 88, 89, 93
Morishita, Nobuyasu 106, 107, 110, 111, 132
Morishita, Shigeyoshi 41, 44, 45, 47, 55, 57, 62, 67, 72
Morishita, Yasunobu 127
Morita, Koichi 274
Morita, Koki 278, 279, 294
Morita, Minoru 31
Morita, Sadao 31, 34
Moritaki, Yoshimi 111, 123, 330
Moriya, Ryohei 52, 64
Moriyama, Ryoji 259, 260, 261
Moriyama, Tsunetaro 333
Moriyasu, Toshiaki 135, 136, 140, 145, 146, 150
Moroki, Motohiro 93, 105, 110, 115, 120
Morozumi, Kenji 296
Motohara, Masaharu 275
Motoi, Mitsuo 144, 149, 154, 159, 164, 165, 169, 176, 182, 194, 204, 210, 212, 223, 326
Motonishi, Atsuhiro 265, 275
Motoyashiki, Kingo 97, 102, 106, 123
Mukasa, Shigeo 22
Murakami, Kazuharu 32, 63
Murakami, Kimiyasu 177
Murakami, Masanori 3, 144, 154, 159, 165, 195, 201
Murakami, Minoru 333
Murakami, Takayuki 243, 248, 255, 266, 280
Murakami, Yukihiro 201, 202
Muramatsu, Akihito 302, 301, 307
Muramatsu, Yukio 29, 32, 325
Murase, Ichizo 20, 22, 25, 29
Murata, Choji 4, 150, 159, 170, 171, 176, 177, 178, 182, 183, 184, 189, 190, 195, 196, 201, 202, 207, 208, 214, 220, 221, 222, 243, 244, 249, 254, 259, 264, 266, 317, 318, 319
Murata, Genichi 96, 100, 104, 107, 109, 113, 118, 133, 138
Murata, Katsuyoshi 265, 270, 275, 276, 280, 286
Murata, Shinichi 268, 271
Murata, Tatsumi 207, 214, 215, 216, 220, 227, 243, 244, 249
Murayama, Minoru 123, 124, 126, 127, 128, 129, 131, 133, 134, 138, 143, 147, 148, 150, 152, 153, 317, 318, 319, 323, 324, 333
Muroi, Yutaka 22
Murowaki, Masanobu 29, 32
Muto, Takashi 306

Nagabuchi, Yozo 148, 150, 154, 159, 164
Nagai, Tamotsu 195, 208, 214, 221, 234, 238, 245
Nagaike, Tokuji 139, 141, 144, 145, 146, 149, 150, 151, 154, 155, 158, 160, 161, 164, 165, 166, 169, 171, 175, 177, 182, 183, 184, 314, 315, 316
Nagamochi, Eikichi 42, 44, 47, 50, 53, 59, 64
Nagamoto, Hiroaki 226, 227, 232
Nagao, Yasunori 192
Nagasaki, Keiichi 179, 192, 198, 204
Nagasaki, Keiji 223, 224, 229, 245
Nagasawa, Fujio 13, 17, 20
Nagasawa, Shoji 67
Nagashima, Kiyoyuki 229, 231, 236, 239, 240, 246, 247, 250, 251, 253, 257
Nagashima, Shigeo 3, 95, 96, 98, 99, 100, 101, 103, 105, 107, 108, 109, 112, 114, 118, 119, 121, 122, 123, 124, 127, 129, 131, 132, 133, 134, 136, 137, 139, 141, 142, 143, 146, 147, 148, 151, 152, 153, 156, 158, 160, 161, 162, 163, 166, 167, 168, 173, 174, 178, 190, 196, 197, 202, 292, 298, 303, 308, 313, 314, 315, 316, 321, 333
Nagata, Masaichi 334
Nagatomi, Hiroshi 247, 250, 262, 263, 266, 268, 278
Nagatoshi, Yukichi 52, 61
Nagayasu, Masayuki 130
Nagoya 9, 12, 15, 19, 21, 24, 27, 30, 33, 35
Nagoya Dragons 58, 64
Nagoya Kinko 10, 12, 15, 19, 21, 24, 27
Naito, Hirofumi 86, 91
Naito, Kozo 10, 11, 12, 30, 37, 39, 40, 42, 43, 45, 51, 54, 319, 325
Naito, Naoyuki 262, 263, 268
Naka, Mitsuo 122
Naka, Toshio 86, 103, 104, 105, 108, 113, 118, 127, 129, 132, 134, 137, 139, 147, 152, 153, 314, 315
Nakada, Koji 246, 252, 257, 268, 278, 279
Nakada, Michinobu 25
Nakada, Takeo 14, 17
Nakada, Yoshihiro 241, 245
Nakagami, Hideo 334
Nakagawa, Miyoshi 16, 17, 18, 19, 22, 23, 24, 28, 30, 31, 334
Nakagawa, Takashi 83
Nakagomi, Shin 278, 284
Nakahara, Hiroshi 51, 56, 63, 69, 74
Nakahata, Kiyoshi 210, 216, 222, 223, 225, 229, 231, 234, 235, 236, 239, 240, 242, 246, 247, 251, 253, 255, 256, 258, 266, 315
Nakajima, Haruyasu 10, 12, 15, 16, 18, 19, 21, 23, 24, 27, 28, 30, 31, 33, 35, 36, 38, 322, 327, 334
Nakajima, Hiroyuki 136
Nakajima, Mamoru 91

Nakajima, Satoshi 265, 275, 276, 280, 297
Nakajima, Takashi 28, 31
Nakajima, Terushi 280
Nakamoto, Masao 40
Nakamoto, Shigeki 257
Nakamura, Katsuhiro 179, 186, 192
Nakamura, Kinji 21, 25
Nakamura, Masami 39, 40
Nakamura, Minoru 109, 112, 113, 128, 129, 132, 133
Nakamura, Norihiro 296, 301, 302, 307
Nakamura, Saburo 14, 15, 26, 28
Nakamura, Sakae 37, 53, 59, 70
Nakamura, Shinichi 11, 13, 16, 18, 31, 34, 36
Nakamura, Taisei 74, 83, 84, 85, 324
Nakamura, Takeshi 262, 283, 289, 299
Nakamura, Tamio 13, 16, 36
Nakamura, Teruo 11
Nakane, Susumu 322
Nakane, Yuki 10, 12, 19, 22
Nakanishi, Futoshi 4, 67, 68, 71, 73, 77, 78, 79, 82, 84, 87, 89, 90, 92, 93, 94, 97, 98, 99, 111, 121, 126, 315, 316
Nakanishi, Katsumi 106, 107
Nakanishi, Kiyooki 241, 246, 262, 318
Nakano, Masao 22, 34, 37
Nakano, Takao 16, 20, 89
Nakano, Takeji 334
Nakao, Hiroshi 47, 48, 51, 54, 63, 70, 85, 317, 318, 319, 320, 329, 334
Nakao, Takayoshi 223, 224, 225, 228, 263, 266
Nakao, Teruzo 26, 29, 30, 32, 33, 35, 42, 45, 325
Nakata, Yoshihiro 97, 101, 102, 110, 111, 120, 125
Nakatani, Junji 36, 44, 47, 49, 55, 57, 61, 63, 67, 77, 84
Nakatani, Nobuo 45, 47, 51, 57, 62, 63, 69, 74, 324
Nakatani, Yasuo 72
Nakatsuka, Masayuki 147, 152, 155, 157, 162, 173, 179, 192, 198, 204
Nakayama, Hiroaki 252, 257, 260, 268, 273
Nakayama, Koichi 176, 183, 189
Nakayama, Masayoshi 15, 18, 20, 21, 23, 24, 26, 27, 30, 323
Nakayama, Tadayoshi 325
Nakayama, Takeshi 10
Nakayama, Toshitake 86, 87, 89, 91, 92, 96, 100
Nakayama, Yoshiro 330
Nakazawa, Shinji 184, 185, 190, 202, 203, 225, 227

Nakazawa, Yoshio 334
Namiki, Teruo 104, 105, 108, 112, 114, 118, 123
Nankai 21, 24, 27, 30, 33, 36
Nankai Hawks 3, 43, 46, 49, 55, 61, 63, 66, 68, 69, 74, 77, 82, 84, 87, 92, 97, 101, 103, 105, 110, 112, 114, 119, 124, 126, 129, 131, 134, 136, 139, 142, 148, 153, 158, 163, 169, 171, 172, 175, 181, 187, 188, 193, 194, 200, 206, 212, 219, 225, 231, 237, 242, 247, 253, 258
Naoki, Matsutaro 334
Nara, Tomoo 13
Narimoto, Toshihide 302
Narita, Fumio 135, 136, 140, 141, 145, 149, 150, 154, 155, 156, 160, 165, 170, 171, 176, 178, 183, 189, 222, 318, 330
Narushige, Haruo 178
Nashida, Masataka 208, 209, 213, 215, 220, 221, 233, 243
Neel, Troy 296, 297, 301, 302, 303, 307, 308
New York Giants 335
New York Mets 335
New York Yankees 335
Newberry, Jimmy 67, 68
Nidegawa, Nobuaki 334
Niimi, Satoshi 170, 171, 176, 177, 178, 183
Niitome, Kuniyoshi 55
Niiyama, Akitada 127
Nimura, Toru 251
Nippon Ham Fighters 175, 181, 187, 188, 193, 194, 200, 206, 212, 219, 221, 222, 225, 229, 231, 237, 242, 247, 253, 258, 263, 269, 274, 279, 285, 290, 295, 301, 306
Nishi, Toshihisa 299, 300, 303, 305
Nishi Nippon Pirates 52
Nishibata, Toshiro 22, 26
Nishida, Takayuki 140
Nishie, Ichiro 53, 82
Nishiguchi, Fumiya 302, 307, 308, 309
Nishii, Tetsuo 162, 173, 180, 203
Nishikawa, Yoshiaki 249, 259
Nishimoto, Takashi 204, 205, 211, 212, 217, 218, 222, 224, 225, 230, 231, 234, 235, 236, 239, 241, 242, 252, 255, 262, 263, 266, 268, 319
Nishimoto, Yukio 107, 141, 145, 146, 150, 151, 155, 161, 165, 166, 171, 172, 184, 209, 215, 222, 334
Nishimura, Kazunori 81, 82, 84, 325
Nishimura, Masao 10, 12, 17, 19, 25
Nishimura, Norifumi 237, 242, 244, 248, 253, 259, 264, 270, 271, 274, 285, 315

Nishimura, Sadaaki 73, 78, 83, 84, 88, 89, 90, 330
Nishimura, Tatsuji 268, 273, 278, 279, 284, 287
Nishimura, Yukio 14, 17, 18, 20, 21, 23, 24, 26, 334
Nishina, Tokinari 207, 214, 215, 221, 222, 227, 232, 238, 243, 249
Nishioka, Sanshiro 149, 155, 159, 164, 170, 171, 172
Nishioka, Yoshihiro 228, 245, 249
Nishita, Bill 97
Nishitetsu 36
Nishitetsu Clippers 55
Nishitetsu Lions 61, 66, 69, 77, 79, 82, 87, 89, 92, 94, 97, 98, 101, 105, 110, 114, 119, 121, 124, 129, 134, 139, 142, 148, 153, 158, 163
Nishiyama, Shuji 288, 290, 299, 300
Nishizaki, Yukihiro 254, 259, 260, 264, 265, 270, 271, 281, 286, 291, 292, 297, 302, 303, 331
Nishizawa, Michio 20, 23, 29, 32, 35, 44, 47, 48, 49, 51, 52, 54, 55, 59, 63, 64, 66, 69, 71, 75, 76, 79, 80, 84, 95, 315, 321, 327, 329, 334
Nittaku Home Flyers 169
Niura, Hisao 186, 187, 192, 197, 198, 199, 204, 205, 209, 252, 257, 260, 262, 268, 319
Noda, Koji 257, 273, 286, 287, 291, 292, 296, 297, 302, 303, 307, 326
Noda, Seizo 334
Nogami, Kiyomitsu 17
Noguchi, Akira 11, 12, 13, 14, 15, 17, 18, 34, 35, 36, 38, 39, 41, 44, 50, 53, 59, 60, 63, 64, 66
Noguchi, Jiro 25, 26, 27, 28, 29, 30, 32, 33, 34, 35, 37, 38, 41, 42, 45, 48, 50, 56, 317, 318, 319, 323, 324, 325, 334
Noguchi, Masaaki 37, 39, 40, 51, 56, 62, 67, 68
Noguchi, Noboru 32, 34
Noguchi, Shigeki 330
Nomo, Hideo 3, 4, 270, 275, 276, 280, 281, 286, 326
Nomoto, Kiichiro 54
Nomura, Hiroki 268, 273, 284, 287, 300, 305
Nomura, Katsuya 4, 89, 92, 93, 94, 97, 98, 101, 102, 103, 105, 106, 107, 110, 111, 112, 114, 116, 119, 120, 121, 125, 126, 129, 131, 132, 134, 135, 136, 139, 140, 141, 144, 145, 146, 149, 154, 155, 159, 160, 164, 165, 169, 171, 172, 178, 182, 183, 188, 190, 195, 196, 282, 287, 292, 298, 303, 309, 313, 314, 315, 316, 320, 321, 327, 334
Nomura, Kenjiro 267, 272, 274,

277, 278, 283, 288, 293, 295, 299, 300, 304, 315
Nomura, Minoru 13, 22, 58, 165, 170, 176, 183, 189, 195, 198, 199, 202, 211, 230
Nomura, Takayoshi 25
Nomura, Takeshi 56, 57, 62, 67, 68, 78
Nonin, Wataru 11, 13, 28, 30, 31, 34, 36, 156, 160
Nozaki, Hirokazu 42, 48, 54
Nyman, Chris 237, 238, 243

Oba, Susumu 133, 134, 136
Obana, Takao 205, 211, 224, 230, 235, 241, 244, 246, 252, 257, 262
Obata, Masaharu 85
Ochiai, Hiromitsu 4, 219, 221, 222, 225, 227, 231, 233, 237, 238, 239, 242, 244, 247, 249, 250, 251, 256, 257, 258, 261, 263, 267, 268, 271, 272, 273, 274, 278, 283, 287, 288, 293, 298, 299, 307, 313, 314, 315, 316, 320, 321, 322, 326, 327
Oda, Yoshihito 182, 188
Odagiri, Shigezo 53
Odano, Kashiwa 20, 72, 78
Ogata, Koichi 267, 278, 283, 294, 295, 299, 300, 304, 306
Ogata, Toshiaki 54, 62
Ogawa, Hirofumi 270, 274, 276, 285, 291, 292, 296, 298
Ogawa, Hiroshi 248, 259, 260
Ogawa, Kentaro 128, 133, 134, 138, 139, 141, 143, 147, 148
Ogawa, Shotaro 334
Ogawa, Toru 154, 158, 164, 169, 175, 182, 207, 209, 213, 215, 216, 220
Ogawa, Toshiyasu 10, 12
Ogawa, Yoshiharu 56, 78
Ogi, Akira 83, 106, 107, 110, 266, 271, 298, 303, 308
Ogiwara, Takashi 60
Oglivie, Ben 253, 258
Oh, Sadaharu 3, 104, 105, 108, 112, 113, 114, 116, 117, 118, 119, 121, 122, 123, 124, 127, 129, 131, 132, 133, 134, 136, 137, 138, 139, 141, 142, 143, 146, 147, 148, 150, 151, 153, 155, 156, 158, 161, 163, 166, 168, 172, 173, 174, 179, 180, 181, 185, 187, 190, 191, 193, 196, 197, 198, 199, 204, 205, 209, 211, 212, 215, 239, 255, 260, 313, 314, 315, 316, 320, 321, 322, 326, 327, 334
Ohara, Toshio 22
Ohashi, Yutaka 164, 165, 171, 177, 183, 184, 185, 190, 196, 202
Ohmori, Takeshi 303
Oikawa, Nobuji 128
Oishi, Daijiro 226, 227, 232, 233, 237, 238, 239, 248, 250, 253,
255, 259, 264, 266, 270, 271, 275, 280, 282, 285, 313, 314, 315
Oishi, Kiyoshi 104, 105, 109, 113, 114, 116, 118, 123, 146
Oishi, Masaaki 83
Oishi, Masahiko 81, 86, 91, 96
Oishi, Yataro 138, 152, 157, 162
Okabayashi, Yoichi 278, 279, 282, 289
Okabe, Noriaki 220, 324
Okada, Akinobu 210, 212, 215, 217, 223, 240, 241, 242, 246, 251, 256, 260, 262, 267, 272
Okada, Fukuyoshi 28
Okada, Genzaburo 334
Okada, Koji 171
Okada, Mitsuo 149
Okada, Muneyoshi 11, 14, 16, 20
Okaji, Kazuhiko 222
Okajima, Hiroji 91, 95, 100, 115, 120
Okami, Taketoshi 73, 74
Okamoto, Akira 307
Okamoto, Isami 66, 68, 71, 73, 77, 83, 84, 85, 88, 93, 94, 97, 98, 101, 102, 103
Okamoto, Kenichiro 83, 88, 89, 93, 94, 320
Okamoto, Toru 273, 278
Okamoto, Toshiyuki 26
Okamura, Koji 120, 125, 141, 144, 149, 150, 159
Okamura, Takanori 245
Okamura, Toshiaki 25, 28, 31, 34, 36, 38, 322
Okano, Hachiro 22
Okazaki, Kaoru 262, 266, 267, 268, 271, 272, 278
Okitsu, Tatsuo 104, 105, 113, 117, 118, 122, 127
Okiyama, Terutoshi 86, 95
Okubo, Hiromoto 293
Okue, Hideyuki 186, 208, 214
Okuma, Tadayoshi 144, 149, 159, 166, 176, 182, 184, 188, 190, 194, 196, 197
Omada, Kano 13, 15, 17, 19, 21, 24, 27
O'Malley, Tom 272, 273, 277, 279, 283, 284, 287, 288, 293, 295, 298, 299, 300
Omichi, Noriyoshi 306
Omiya, Tatsuo 220, 226, 227, 232
Ono, Hisashi 257, 261, 267, 274, 326
Ono, Kazuyoshi 249, 254, 255, 259, 264, 265, 266, 275
Ono, Kazuyuki 245, 250, 254, 257, 258, 261
Ono, Masaru 224
Ono, Michimaro 334
Ono, Shoichi 93, 94, 98, 102, 106, 107, 111, 115, 120, 121, 125, 128, 143, 147, 153, 316, 317, 318, 319, 320, 323
Ono, Yuji 298
Ono, Yutaka 205, 218, 235, 239, 241, 250, 252, 257, 258, 262, 273, 278, 305, 316, 318, 319, 320, 324
Ontiveros, Steve 220, 225, 227, 228, 231, 233, 237, 238, 242, 245
Onuki, Ken 11, 14
Ooka, Torao 50, 51, 52, 54
Oribe, Yoshizo 26, 29, 32
Orix BlueWave 274, 279, 285, 290, 295, 298, 301, 303, 306
Orix Braves 263, 269
Ortenzio, Frank 207
Osada, Yukio 127
Osaka Tigers 9, 12, 15, 19, 21, 24, 40, 43, 46, 49, 52, 58, 64, 69, 75, 80, 85, 90, 95, 99, 103
Osaki, Mitsuo 86, 87, 91, 92
Osanai, Takashi 246, 277
Osawa, Keiji 221, 222, 227, 228
Osawa, Kiyoshi 13, 16, 20, 21, 23, 24, 28, 31, 44, 46, 50, 52, 320, 321
Osawa, Nobuo 58, 64, 70, 75
Oshikawa, Kiyoshi 334
Oshima, Koichi 301, 302, 303, 307, 308
Oshima, Nobuo 53, 55, 57, 58, 59, 65, 79
Oshima, Yasunori 162, 178, 191, 198, 204, 205, 216, 218, 223, 228, 229, 230, 235, 259, 264, 270, 275, 313, 314, 315, 316
Oshita, Hiroshi 41, 43, 45, 46, 48, 49, 51, 55, 57, 61, 62, 63, 66, 68, 72, 73, 77, 78, 79, 80, 82, 92, 94, 314, 315, 322, 326, 334
Oshita, Tsuyoshi 139, 141, 144, 149, 154, 159, 164, 165, 170, 176, 179, 181
Osugi, Katsuo 139, 140, 141, 144, 145, 149, 150, 154, 155, 155, 158, 160, 164, 165, 166, 170, 171, 176, 177, 179, 185, 187, 191, 193, 197, 203, 204, 210, 211, 216, 313, 314, 315, 316, 321, 334
Osugi, Mitsuo 177
Ota, Kenichi 13, 17, 25
Ota, Koji 166, 170, 171, 176, 178, 183, 184, 189, 195, 207
Ota, Masao 93
Ota, Shigeru 334
Ota, Takuji 188, 189, 190, 221, 228, 231, 234, 245, 250
Otagaki, Yoshio 65, 71, 81, 86
Oto, Shigeki 294, 295
Otomo, Kazuaki 11, 14, 15, 17, 20, 23, 42, 44
Otomo, Susumu 307
Otomo, Takumi 3, 59, 65, 69, 70, 71, 74, 76, 81, 82, 84, 85, 89, 90, 94, 98, 99, 323, 329
Otsu, Atsushi 86, 90, 100

Index

Otsu, Mamoru 67, 68, 78, 79, 84, 97, 102, 330
Otsuka Athletics 6
Ouchi, Minoru 275
Owada, Akira 95, 99, 100, 101, 104, 105, 107, 117, 122, 132
Owada, Akiyoshi 128
Owaki, Teruo 65, 329
Oya, Akihiko 157, 162, 163, 173, 179, 181, 186, 187, 198, 199, 203, 210, 212
Oyane, Hiroomi 86, 96, 104, 330
Ozaki, Yukio 115, 116, 125, 126, 130, 131, 135

Pacific 40
Paciorek, Jim 256, 258, 261, 267, 268, 272, 277, 279
Palys, Stan 124, 131, 134, 135
Parker, Wes 175, 177
Parrish, Larry 262, 263, 267, 268
Perlozzo, Sam 210
Peterson, Buddy 115, 116, 120
Philadelphia Royal Giants 335
Pinckard, Bill 89
Pointer, Aaron 154
Ponce, Carlos 245, 247, 251, 252, 253, 256, 257, 258, 262, 263, 268
Powell, Alonzo 283, 284, 288, 290, 293, 295, 299, 300, 321
Putnam, Pat 248, 254

Raines, Larry 72, 77, 78, 79, 320, 321
Rajsich, Gary 246, 247, 256
Ray, Johnny 272
Reach All-Americans 335
Recca, Sal 78
Reimer, Kevin 291, 292
Reinbach, Mike 185, 191, 198, 204, 205
Repoz, Roger 173, 179, 186, 187, 192
Reynolds, R.J. 272, 274, 278, 326
Rhodes, Tuffy 301, 302, 306, 308
Rivera, Achirano 25, 27
Rivera, Bombo 243
Rivera, German 264, 266
Roberts, Dave 137, 138, 142, 143, 147, 148, 152, 157, 158, 162
Roig, Tony 120, 129, 134, 136, 139, 140, 144
Rose, Bobby 283, 284, 288, 290, 293, 295, 299, 304, 305, 306
Rowdon, Wade 261, 263
Ruth, Babe 3
Ryal, Mark 272, 273
Ryu, Kenichi 118, 128, 133, 134
Ryu, Sesho 30

Sadaoka, Chiaki 213, 226, 232
Sadaoka, Shoji 211, 217, 222, 224
Saeki, Isamu 334
Saeki, Kazushi 162, 167, 168, 180, 184, 186, 195, 201, 202, 207

Saeki, Takahiro 299
Saeki, Tatsuo 334
Saga, Kenshiro 125, 126, 135
St. Louis Cardinals 335
Saionji, Akio 101, 106, 110, 111, 115, 117, 119, 130, 134
Saito, Akio 192, 193, 198, 199, 205, 211, 212, 218, 222, 224, 230, 246, 268, 318, 324
Saito, Hiroshi 55, 61, 66, 72
Saito, Masaki 241, 242, 262, 263, 266, 267, 268, 271, 273, 278, 279, 284, 289, 290, 292, 294, 295, 299, 300, 303, 317, 318, 320
Saito, Takashi 284, 289, 290, 292, 294, 300, 303
Sakai, Hiroki 302
Sakai, Katsuji 120, 121, 125, 126, 130, 135, 140, 145, 157, 162, 163, 166, 168, 180, 318
Sakai, Mitsujiro 270, 275
Sakai, Toyoshi 39, 53
Sakai, Tsutomu 264, 265, 280
Sakakibara, Yoshiyuki 198
Sakamaki, Akira 238
Sakamoto, Bunjiro 61, 67, 72, 77, 82, 88, 93
Sakamoto, Shigeru 34, 36, 61
Sakamoto, Toshizo 140, 141, 144, 145, 149, 150, 151, 154, 155, 159, 160, 164, 165, 166, 170, 175, 182
Sakata, Kiyoharu 38, 53
Sakazaki, Kazuhiko 99, 101, 103, 112
Sakazawa, Masao 36, 39, 42, 44, 50, 56, 62
Sakota, Shichiro 130
Sakurai, Shichinosuke 11, 15, 18, 20
Sakurai, Teruhide 159, 164, 169, 171, 176, 177, 182, 188
Sakurai, Yaichiro 334
San Francisco Giants 3, 335
San Francisco Seals 335
Sanada, Juzo 37, 38, 42, 43, 45, 317, 318, 320, 323, 325, 326, 334
Sanada, Shigeo 47, 48, 51, 54, 55, 57, 58, 65, 323, 329
Sangyo 38
Sankei Atoms 132, 137, 142
Sankei Swallows 127
Sano, Noriyoshi 204, 210, 217, 223, 229, 235, 240
Sano, Shigeki 302
Sano, Yoshiyuki 149, 164, 171
Sasaki, Kazuhiro 273, 294, 300, 305, 318, 324
Sasaki, Kichiro 133
Sasaki, Koichiro 125, 130, 135, 140, 145, 149, 154, 159, 164, 207, 316, 322, 330
Sasaki, Kyosuke 182, 183, 188, 200, 202, 206, 213
Sasaki, Makoto 253, 259, 264, 270, 274, 276, 279, 281, 282, 285, 287, 291, 292, 296, 297, 301, 306, 308

Sasaki, Osamu 249, 275
Sasaki, Shigenori 86, 91
Sasaki, Shinya 87, 89, 93, 320, 321
Sasaki, Tsunesuke 20, 22, 25, 29
Sasaki, Yoshiro 330
Sasaoka, Shinji 267, 268, 273, 274, 276, 277, 278, 279, 284, 289, 318
Satake, Kazuo 44, 58, 64, 70, 81
Sato, Heishichi 57, 62
Sato, Hideaki 266
Sato, Hideki 289
Sato, Kenichi 248, 270
Sato, Masao 218
Sato, Michio 154, 155, 164, 170, 171, 172, 176, 183, 189, 195
Sato, Motohiko 140, 145, 156
Sato, Seiichi 254, 259, 266
Sato, Shinichi 309
Sato, Susumu 123, 128, 133, 138
Sato, Takao [played 1952–61] 64, 66, 70, 71, 81, 90, 92, 95, 104, 107, 109
Sato, Takeo [played 1937–42] 13, 26, 29, 32, 35
Sato, Yoshinori 196, 201, 208, 214, 238, 239, 243, 244, 248, 249, 254, 259, 260, 265, 286, 291, 298, 319, 331
Sawafuji, Mitsuro 57, 62, 68, 73
Sawamura, Eiji 3, 6, 11, 12, 14, 15, 17, 18, 32, 324, 325, 329, 334
Sawazaki, Toshikazu 305, 306
Scheinblum, Richie 179, 184, 185
Schu, Rick 285, 291
Scott, John 204, 205, 210, 212
Sei, Kiyoshi 13, 15, 17, 20, 22, 26
Sei, Toshihiko 145, 149, 150, 154, 159, 160, 164, 165, 170, 330
Seibu Lions 206, 212, 219, 225, 227, 228, 231, 234, 237, 242, 245, 247, 250, 253, 255, 258, 261, 263, 269, 271, 274, 276, 279, 282, 285, 290, 292, 295, 301, 306, 309
Seike, Chutaro 29, 32
Seike, Masakazu 255
Sekiguchi, Iori 300
Sekiguchi, Seiji 53, 61, 62, 67, 68, 72, 73, 77, 78, 79, 82, 88, 89, 90, 92, 94, 97, 98, 102, 320, 321
Sekikawa, Koichi 293
Sekimoto, Shitoshi 157, 158, 161, 168, 173
Sekine, Hirofumi 236, 241
Sekine, Junzo 57, 62, 63, 68, 73, 78, 84, 92, 101, 106, 110, 114, 119
Senators 40
Senda, Keisuke 178
Sendo, Mikio 169, 176, 182
Sheets, Larry 277, 279
Shibaike, Hiroaki 184
Shibakusa, Hiroshi 302

Shibata, Eiji 62, 73, 78, 84
Shibata, Isao 4, 118, 121, 123, 131, 133, 136, 137, 139, 141, 142, 146, 147, 156, 158, 161, 163, 167, 168, 173, 174, 179, 185, 187, 190, 191, 192, 193, 197, 198, 204, 313, 314, 315, 316
Shibata, Yasumitsu 243, 244, 248, 249, 265, 270, 275, 280, 286, 331
Shibutani, Seiji 118, 119, 123, 128, 129, 133
Shibuya, Yukiharu 152, 157, 167, 178
Shigematsu, Michio 11, 14, 18, 23, 26, 37, 45
Shigematsu, Shozo 122, 124, 126, 152, 157
Shigeri, Sakae 18, 26
Shima, Hidenosuke 10, 14, 16, 334
Shimabara, Teruo 72
Shimabara, Yukio 88, 89, 90, 94, 98, 102, 322
Shimada, Gentaro 104, 105, 107, 109, 143, 146, 330
Shimada, Koji 115
Shimada, Makoto 207, 213, 219, 221, 226, 227, 231, 233, 237, 239, 243, 244, 248, 253, 255, 315
Shimada, Munehiko 245
Shimada, Tsuneyuki 83
Shimada, Yuzo 67, 72, 78, 83
Shimada, Zensuke 334
Shimamoto, Kazuo 65
Shimano, Ikuo 149, 170, 171, 175, 177, 183
Shimaoka, Kichiro 334
Shimatani, Kinji 147, 152, 157, 162, 167, 168, 178, 179, 181, 185, 194, 195, 196, 197, 200, 202, 203, 206, 208, 213, 220
Shimazaki, Takeshi 303
Shimizu, Hideo 28, 29, 30, 39, 40, 45, 48, 325
Shimizu, Takayuki 304
Shimizu, Yoshiyuki 267, 272
Shimoyanagi, Tsuyoshi 291, 307, 308
Shimoyashiro, Kunio 36, 38, 47
Shindo, Tatsuya 283, 294, 305, 306
Shinjo, Tsuyoshi 283, 284, 289, 290, 299, 300, 305, 306
Shinozuka, Toshio 216, 218, 222, 223, 224, 225, 229, 234, 236, 240, 246, 247, 251, 253, 255, 256, 262, 271, 315
Shintani, Hiroshi 291, 296, 302, 309
Shintomi, Usaburo 31
Shiobara, Akira 112
Shiozaki, Tetsuya 271, 275, 282, 288, 307, 308
Shirai, Kazuyuki 248, 253, 255, 264, 274, 280, 285, 291

Shirai, Yasukatsu 286, 287
Shiraishi, Katsumi 52, 55, 58, 65, 70, 75, 314, 316, 334
Shiraishi, Shizuo 148, 152, 158, 195, 197, 203, 209
Shiraishi, Toshio 10, 13, 16, 19, 22, 25, 28, 31, 33, 34, 36, 38, 41, 50
Shiraki, Giichiro 42, 43, 45, 51, 56, 323, 325
Shiraki, Kazuji 13, 16, 20, 22
Shirasaka, Choei 53, 59, 64, 70, 76, 81, 91
Shirley, Bart 162, 163
Shite, Kiyohiko 13
Shochiku Robins 52, 57, 58, 64
Shoda, Kozo 251, 253, 256, 258, 260, 261, 263, 267, 268, 272, 274, 277, 283, 288, 294, 299, 326
Shoji, Tomohisa 220, 222, 237
Shoriki, Matsutaro 334
Sipin, John 162, 163, 167, 168, 173, 179, 180, 185, 191, 198, 204
Smith, Willie 164, 171
Soh, Katsuo 243, 248, 249, 254, 259, 260, 265
Solaita, Tony 213, 214, 219, 221, 222, 226, 227, 228, 232, 233, 326
Solomko, Mike 105, 107, 108, 109, 113
Sonokawa, Kazumi 254, 259, 265, 275, 281, 286
Soratani, Yasushi 91
Sorrell, Bill 164
Sotokoba, Yoshiro 143, 145, 147, 148, 152, 158, 162, 163, 167, 173, 174, 178, 180, 181, 185, 186, 320, 330
Spencer, Daryl 124, 126, 129, 131, 134, 135, 139, 140, 141, 146
Stanka, Joe 106, 111, 112, 115, 125, 126, 127, 130, 132, 133
Stanton, Leroy 204
Starffin, Victor (a.k.a. Hiroshi Suda) 5, 14, 15, 17, 18, 20, 21, 23, 24, 26, 27, 29, 30, 32, 34, 35, 47, 48, 51, 57, 73, 84, 316, 317, 318, 319, 323, 324, 325, 329, 334
Stevens, Lee 296, 297
Stuart, Dick 137, 138
Suda, Hiroshi *see* Starffin, Victor
Sudo, Yutaka 93
Suetsugu, Tamio 152, 161, 162, 166, 167, 172, 173, 174
Sugawara, Katsuya 138, 161, 166
Sugawara, Michihiro 67, 72, 78, 83
Sugawara, Norimoto 115
Sugimoto, Kimitaka 123
Sugimoto, Masaru 76, 81
Sugimoto, Tadashi 220, 226, 228, 232, 246, 247, 252, 255, 261
Sugishita, Shigeru 3, 54, 59, 60, 63, 65, 66, 70, 71, 74, 76, 79, 80,

81, 82, 86, 96, 317, 318, 319, 320, 323, 329, 334
Sugita, Hisao 208
Sugitaya, Mamoru 13, 16, 18, 19, 22, 26
Sugiura, Kiyoshi 44, 45, 47, 50, 52, 59, 65, 66, 70
Sugiura, Ryutaro 60, 65
Sugiura, Tadashi 4, 97, 98, 102, 103, 106, 107, 110, 111, 120, 125, 126, 131, 132, 317, 318, 319, 320, 323, 324, 325, 334
Sugiura, Toru 198, 204, 210, 212, 217, 223, 229, 235, 240, 241, 242, 251, 256, 282
Sugiyama, Kento 286, 287, 293
Sugiyama, Kohei 72, 83, 84, 87, 89, 97, 98, 101, 102, 110, 112, 115, 320
Sugiyama, Satoshi 3, 50, 51, 53, 58, 60, 64, 66, 70, 71, 75, 76, 81, 86, 91, 103
Sugiyama, Tomotaka 193, 201, 208
Sumi, Fujio 203, 217, 223, 235, 241, 267, 274
Sumi, Mitsuo 199, 211, 218, 222, 233, 318
Sumitomo, Taira 166, 170, 171
Sun Dong Yol 305, 324
Susumago, Den 13
Suzuki, Hideo 22, 37, 38
Suzuki, Ichiro 4, 290, 292, 295, 297, 298, 301, 302, 303, 306, 308, 320, 321, 322, 326
Suzuki, Keiichiro 67, 72
Suzuki, Keishi 135, 136, 140, 144, 145, 146, 149, 150, 154, 155, 159, 160, 164, 165, 170, 171, 172, 176, 177, 182, 183, 184, 189, 190, 195, 201, 202, 208, 209, 214, 215, 216, 226, 232, 233, 238, 316, 317, 318, 319, 325, 330
Suzuki, Ken 282, 287, 296, 301, 306, 308
Suzuki, Kiyotake 133, 141, 147
Suzuki, Ryuji 334
Suzuki, Seiichi 41, 44, 321
Suzuki, Sotaro 334
Suzuki, Taira 303
Suzuki, Takahisa 253, 259, 264, 266, 270, 271, 274, 291, 296, 301, 307
Suzuki, Takamasa 178, 180, 184, 186, 192, 193, 224, 228, 230, 236, 241, 246, 252, 318, 324
Suzuki, Takanori 299, 304, 306
Suzuki, Takashi [played 1958–64] 96, 100, 109, 113, 118, 123
Suzuki, Takeshi [played 1953–60] 72, 77, 88, 108
Suzuki, Tsuruo 15, 17, 20
Suzuki, Yasujiro 192, 199, 203, 205, 211, 217, 238, 239
Suzuki, Yasutomo 246
Suzuki, Yoshihiro 280
Suzuki, Yoshitaro 23

Tabata, Kazuya 300, 305
Tabe, Takeo 334
Tabe, Teruo 53, 67
Tabuchi, Koichi 147, 148, 150, 155, 162, 163, 165, 167, 168, 173, 174, 179, 180, 181, 185, 187, 198, 199, 207, 213, 214, 227, 234, 314, 315, 316
Tachibana, Kenji 214, 220
Tachibana, Yoshiie 201, 207, 213, 220, 234
Tada, Fukuzo 36, 41, 45, 51, 54
Tadokoro, Zenjiro 91
Tagawa, Yutaka 41, 44, 47, 49, 55, 61, 67, 72
Taguchi, So 296, 297, 301, 303, 306, 308
Tahara, Mototoshi 54, 60
Taiheiyo Club Lions 169, 175, 181, 187, 188
Taihoh, Yasuaki 272, 273, 283, 288, 290, 294, 295, 299, 300, 326
Taiyo 30, 33
Taiyo Robins 43, 46, 49
Taiyo Shochiku Robins 69
Taiyo Whales 52, 58, 64, 80, 85, 90, 95, 99, 103, 107, 108, 112, 117, 122, 127, 132, 137, 142, 146, 151, 156, 161, 166, 172, 179, 185, 191
Takabayashi, Tsuneo 118, 128
Takada, Makoto 303
Takada, Shigeru 142, 143, 146, 147, 148, 151, 152, 153, 156, 157, 158, 162, 163, 167, 168, 172, 174, 181, 185, 187, 191, 192, 193, 198
Takagi, Morimichi 118, 119, 122, 124, 127, 129, 132, 134, 137, 139, 147, 152, 157, 162, 167, 173, 174, 178, 179, 186, 192, 193, 204, 205, 313, 315
Takagi, Shigeru 17
Takagi, Taisei 306, 308
Takagi, Takashi 129, 131, 134, 139
Takagi, Yoshikazu 191, 197, 210, 217
Takagi, Yutaka 229, 231, 235, 240, 242, 244, 245, 250, 251, 256, 262, 267, 268, 272, 274, 277, 283, 313, 315
Takahashi, Akira 54, 60, 118, 121, 122, 123, 143, 151, 159
Takahashi, Hiroshi 159, 182
Takahashi, Kazumi 4, 147, 148, 151, 152, 153, 155, 156, 157, 158, 161, 162, 163, 166, 167, 168, 172, 189, 190, 195, 214, 220, 221, 228, 319
Takahashi, Koichi 298
Takahashi, Masahiro 251, 256, 267
Takahashi, Naoki 149, 155, 160, 170, 176, 177, 183, 189, 195, 201, 202, 207, 208, 214, 215, 232, 234, 245, 318, 330
Takahashi, Satoshi 26, 192, 193, 199, 222, 226, 275, 279, 281, 285

Takahashi, Shigeyuki 123, 124, 126, 128, 129, 138, 143, 167, 180, 186, 192, 198
Takahashi, Teruhiko 10
Takahashi, Yoshihiko 198, 199, 204, 205, 209, 210, 212, 217, 223, 229, 231, 235, 239, 240, 241, 246, 247, 251, 257, 262, 315, 322, 326
Takahashi, Yoshimasa 140, 141, 145, 159, 164, 330
Takahashi, Yoshio 10, 13, 16, 18
Takahashi Unions 77, 87
Takai, Yasuhiro 178, 194, 196, 200, 203, 206, 209
Takakura, Teruyuki 83, 84, 88, 93, 101, 102, 110, 115, 120, 121, 124, 126, 131, 134, 136, 141
Takamatsu, Toshio 62
Takamura, Hiroshi 280, 281, 286, 292, 307
Takano, Hikaru 236, 241, 246, 247, 252
Takano, Hiroyoshi 54, 60, 65, 71, 325
Takano, Momosuke 22
Takashiro, Nobuhiro 207, 208, 213, 215, 222, 226, 232
Takashiro, Shinya 243, 248
Takatani, Shoji 11
Takatsu, Shingo 288, 289, 298, 309, 318, 324
Takayanagi, Izumi 275, 281
Takazawa, Hideaki 237, 239, 243, 248, 253, 255, 258, 260, 264, 326
Takechi, Fumio 84, 89, 330
Takechi, Osamu 39, 47, 58, 65, 72, 78, 82
Takeda, Kazuhiro 265, 275, 286, 302, 307
Takegami, Shiro 137, 139, 142, 147, 152, 157, 173
Takemura, Kazuyoshi 176, 183
Takenouchi, Masashi 154, 170, 176, 182, 194, 195, 201, 204
Takeshita, Mitsuo 106
Takesue, Shissho 51, 56, 62
Takeuchi, Hiroaki 168
Takeuchi, Kazuo 78
Takeuchi, Yoshiya 294, 305
Taki, Yoshihiro 78, 93
Takita, Masaharu 56, 72, 77, 83
Takuwa, Motoji 78, 79, 83, 84, 85
Tamai, Nobuhiro 189
Tamaki, Tamaichi 36, 44, 46
Tamakoshi, Tadayoshi 31, 46, 49
Tamakoshi, Toshio 25, 29
Tamazukuri, Yoji 106, 110, 115, 120, 124, 130, 320
Tamiya, Kenjiro 75, 80, 85, 87, 90, 92, 94, 95, 96, 101, 105, 107, 110, 111, 115, 315
Tamura, Fujio 248, 253, 259, 264, 266, 280, 285, 287

Tamura, Komajiro 334
Tanabe, Manabu 278
Tanabe, Munehide 334
Tanabe, Norio 264, 265, 275, 279, 281, 282, 287, 292
Tanabe, Osamu 130, 152
Tanaka, Akira 164, 170, 172, 176, 177
Tanaka, Fumio 62, 63, 68, 78, 79
Tanaka, Katsuo 334
Tanaka, Kusuo 110, 121, 124
Tanaka, Mamoru 106
Tanaka, Minoru 15, 18, 23
Tanaka, Mitsugu 130, 131, 135, 140, 145, 149
Tanaka, Tomio 238, 244
Tanaka, Toshiaki 44
Tanaka, Toyokazu 39
Tanaka, Tsutomu 120, 121, 125, 130, 131, 135, 136, 140, 143, 330
Tanaka, Yoshio 205
Tanaka, Yoshio (Kaiser) 16, 28, 30, 31, 34
Tanaka, Yukio 44, 50, 243, 259, 260, 264, 270, 271, 275, 276, 285, 291, 292, 296, 297, 301, 302, 303, 307, 330
Taneda, Hiroshi 88, 283
Tanemo, Masayuki 117, 134, 164, 165
Tani, Hiroaki 226, 227, 238
Taniguchi, Goro 334
Tanimura, Tomohiro 162, 165, 167, 174, 180, 186, 193, 214
Tanishige, Motonobu 289, 299, 305
Tao, Yasushi 187, 204, 210, 216, 218, 223, 224, 229, 231, 235, 243, 267
Tarui, Seiichi 62, 68
Tashiro, Tomio 191, 193, 198, 199, 210, 211, 217, 218, 223, 224, 230, 235, 241, 314, 316
Tatsukawa, Mitsuo 236, 239, 246, 247, 250, 251, 256, 258, 272
Tatsumi, Hajimu 104, 107, 128, 138
Tatsunami, Kazuyoshi 257, 258, 267, 272, 277, 283, 288, 293, 295, 299, 300, 304, 306, 321
Tatum, Jim 309
Taylor, Bobby 173, 179
Tenpo, Yoshio 35, 37, 40, 42, 45, 47, 48, 51, 56, 57, 62, 320, 329
Terada, Yosuke 93, 101, 103, 106, 112
Terakawa, Shoji 62, 68
Terauchi, Kazutaka 14, 16, 20, 23, 25, 32
Tezuka, Meiji 53, 81
Thomas, Lee 149
Thomasson, Gary 217
Thompson, Jason 307
Tobita, Chujun 334
Toda, Yoshinori 166, 170, 184, 189, 211, 330

Index

Toei Flyers 77, 82, 87, 92, 97, 101, 105, 110, 114, 116, 119, 124, 129, 134, 139, 142, 148, 153, 158, 163
Togawa, Ichiro 85
Togawa, Nobuo 28, 31
Togin, Hidetaka 171
Toguchi, Takatsugu 83, 88
Toi, Goro 132, 136, 137, 142, 151, 155
Tojo, Fumihiro 152, 157, 167
Tokuami, Shigeru 53, 65, 69
Tokuhisa, Toshiaki 111, 120, 125, 130
Tokunaga, Kikuo 70
Tokura, Katsuki 56, 57, 62, 66, 72, 77, 82, 84, 87, 89
Tokutake, Sadayuki 108, 109, 113, 117, 122, 127, 133
Tokutsu, Takahiro 177, 182, 201
Tokyo Kyojin 9. 12, 15, 19, 21, 24, 27, 30, 33, 36, 38, 40
Tokyo Orions 124, 129, 134, 139, 142
Tokyo Senators 9, 10, 12, 15, 19, 21, 24
Tokyu Flyers 43, 49, 55, 61, 66, 69
Tomashino, Kenji 262, 263
Tombo Unions 82
Tomimatsu, Nobuhiko 26, 31, 34, 37
Tomita, Masaru 154, 159, 188, 194, 200, 207
Tonooka, Mojuro 334
Torve, Kelvin 279
Totoki, Keishi 94
Toyama, Yoshiaki 152
Toyoda, Jiro 303
Toyoda, Kiyoshi 307
Toyoda, Yasumitsu 72, 73, 78, 83, 84, 87, 89, 90, 92, 93, 94, 97, 98, 99, 101, 102, 106, 107, 110, 111, 115, 116, 117, 122, 316
Traber, Jim 270, 274, 276
Tracy, Jim 229
Traxler, Brian 291
Tsubasa 27
Tsubouchi, Michinori 10, 13, 16, 19, 22, 25, 28, 31, 34, 36, 38, 41, 44, 45, 46, 48, 49, 52, 59, 314, 315, 320, 334
Tsuchiya, Goro 52, 65
Tsuchiya, Masataka 91, 100, 101, 103, 104, 108, 109, 113, 118
Tsuchiya, Toru 59
Tsuda, Tsunemi 224, 230, 250, 262, 263, 318, 324
Tsuji, Hatsuhiko 248, 249, 259, 260, 261, 264, 265, 270, 271, 274, 276, 280, 281, 285, 287, 291, 292, 293, 299
Tsuji, Isao 42, 44
Tsuji, Yasuhiko 157
Tsuji, Yoshinori 127
Tsujii, Hiroshi 44, 46, 52, 59, 70
Tsukamoto, Etsuro 72

Tsukamoto, Hiromutsu 34, 37, 39, 43, 47, 50, 53, 326
Tsukuda, Akitada 89
Tsumashima, Yoshiro 125, 130
Tsunajima, Shinpachi 65
Tsunekawa, Sukesaburo 23
Tsunemi, Noboru 50, 56, 61, 67, 72
Tsunemi, Yasuo 78
Tsuno, Hiroshi 243, 244, 249, 254, 259, 260, 265
Tsuruoka, Kazuto (a.k.a. Yamamoto) 5, 24, 27, 40, 41, 43, 44, 45, 46, 48, 49, 63, 68, 74, 79, 84, 89, 103, 107, 111, 112, 126, 131, 136, 141, 326, 334
Tsuruta, Yasushi 326
Tsusue, Hideaki 248
Tsuta, Yukio 106
Tsutsui, Keizo 41, 47, 50
Tsutsui, Osamu 10, 14, 16, 334
Tsutsui, Takao 14
Tsutsui, Yoshitake 11
Tyrone, Jim 213, 219, 226

Uchibori, Tamotsu 14, 16
Uchimura, Yushi 334
Uchiyama, Kiyoshi 54, 60
Uda, Toshoku 207
Udaka Red Sox 6
Udo, Katsuya 287, 289
Ueda, Fujio 13, 20, 22, 25, 28, 30, 31, 34, 36, 39, 40, 41, 44
Ueda, Jiro 152, 167, 168, 172, 174, 180, 186, 193, 221
Ueda, Takehiko 67
Ueda, Takeshi 172
Ueda, Toshiharo 177, 184, 190, 196, 197, 203, 239, 244
Ueda, Yoshinori 306
Uemura, Yoshinobu 78, 83, 88
Ugai, Katsumi 86, 87, 95
Ugari, Michio 100, 123, 128
Umeda, Kunizo 170
Umezawa, Yoshikatsu 220
Uno, Kinji 10, 12, 13, 20, 22
Uno, Masaru 211, 217, 223, 224, 229, 235, 236, 241, 251, 253, 256, 261, 266, 267, 272, 273, 314, 316
Uno, Mitsuo 58, 63, 64, 75, 76, 80
Upshaw, Willie 264
Urushibara, Susumu 11, 17, 19, 22, 26
Usami, Kazuo 58
Ushijima, Kazuhiko 228, 236, 254, 259, 260, 265, 318, 324
Utsumi, Kozo 334

Valentine, Fred 152
Van Burkleo, Tyler 259, 260
Venable, Max 280, 285
Vukovich, George 248, 255

Wada, Hiromi 94, 114, 121, 130
Wada, Isao 83

Wada, Yutaka 256, 262, 267, 272, 278, 279, 283, 284, 288, 290, 294, 299, 304, 315
Wakabayashi, Tadashi 11, 14, 17, 26, 27, 29, 32, 33, 35, 37, 38, 39, 40, 43, 45, 47, 51, 57, 58, 317, 318, 319, 323, 325, 334
Wakamatsu, Tsutomu 161, 163, 167, 168, 172, 173, 174, 179, 185, 187, 191, 193, 196, 197, 199, 203, 204, 205, 210, 212, 223, 229, 234, 236, 240, 246, 313, 314, 315
Wakana, Yoshiharu 196, 204, 205, 211, 217, 241, 244, 246, 326
Wakao, Tadao 330
Wakatabe, Kenichi 281, 286, 291
Wakebe, Yoshio 123
Wako, Tadao 115, 116
Wako, Tomoo 106, 115, 116, 133, 138, 147, 152, 157, 320
Watanabe, Hidekazu 292, 302
Watanabe, Hidetake 133, 138, 148, 152, 153, 155, 157, 162, 170, 176, 330
Watanabe, Hiroki 187, 322
Watanabe, Hiroshi 296
Watanabe, Hiroyuki 59, 64, 75, 76, 80, 82, 86
Watanabe, Hisanobu 243, 244, 248, 249, 250, 259, 260, 261, 264, 265, 270, 271, 275, 277, 281, 282, 286, 287, 291, 292, 309, 331
Watanabe, Kiyoshi 82, 88, 93
Watanabe, Nobuyoshi 65
Watanabe, Seitaro 42
Watanabe, Shozo 70, 81, 86, 87, 91, 96, 318, 320
Watanabe, Susumu 217, 229, 235, 326
Watanabe, Taisuke 135, 136, 137, 140, 141, 150
Watanabe, Takahiro 180
Watanabe, Tomio 264, 270, 271, 275, 277
Watanuki, Soji 14, 20
Wells, Greg (Boomer) 237, 238, 239, 242, 244, 247, 249, 253, 254, 255, 263, 265, 266, 274, 280, 281, 314, 315, 316, 321, 327
White, Jerry 237
White, Roy 210, 211, 217, 222
Whitfield, Terry 219, 221, 226, 227, 228, 232, 233, 234
Williams, Bernie 182, 188, 190, 191, 194, 200, 202, 203
Williams, Jimmy 167
Williams, Walt 188, 194
Wills, Bump 232
Wilson, George 121
Wilson, Nigel 307, 308, 326
Windhorn, Gordie 130, 134, 139, 151
Winters, Matt 270, 275, 276, 280, 281, 285, 286, 291

Woods, Ron 179, 181
Wright, Clyde 186, 190, 191, 192
Wynne, Marvell 272

Yabu, Keiichi 289, 290, 294, 300, 303, 305, 308
Yabuta, Yasuhiko 307
Yaegashi, Yukio 235, 240, 242, 251
Yagi, Hiroshi 267, 268, 272, 278
Yagi, Susumu 39
Yagisawa, Soroku 170, 189, 195, 324, 330
Yakota, Masashi 249
Yakult Atoms 151, 156, 161, 166
Yakult Swallows 172, 179, 185, 191, 197, 203, 210, 216, 223, 229, 234, 240, 245, 251, 256, 261, 266, 272, 277, 283, 288, 293, 298, 304, 309
Yamabe, Futoshi 294, 295, 298, 309
Yamada, Den 22, 25, 28, 30, 31, 34, 36, 38, 41
Yamada, Hisashi 154, 155, 159, 160, 161, 164, 165, 166, 170, 171, 176, 178, 183, 184, 185, 189, 190, 191, 195, 196, 197, 201, 202, 203, 207, 208, 209, 213, 220, 221, 226, 227, 232, 238, 239, 243, 244, 249, 255, 317, 318, 319
Yamada, Kiyoshi 20, 22, 26, 29, 31, 34, 56, 62, 72
Yamada, Toshiaki 77, 82
Yamaguchi, Fujio 135, 139, 146, 149
Yamaguchi, Masanobu 10, 13, 15, 19, 22
Yamaguchi, Takashi 183, 184, 185, 189, 190, 195, 197, 201
Yamaguchi, Tetsuji 207, 209
Yamakawa, Kisaku 41, 44, 46, 53
Yamakawa, Takenori 59, 65
Yamakura, Kazuhiro 211, 217, 218, 222, 223, 230, 231, 234, 241, 251, 252, 253
Yamamori, Masfumi 249
Yamamoto, Eiichiro 334
Yamamoto, Hachiro 106, 110, 119, 121, 125, 130
Yamamoto, Hideo 32
Yamamoto, Hisatoshi 26
Yamamoto, Kazunori 243, 248, 249, 250, 253, 264, 266, 280, 285, 287, 290, 303
Yamamoto, Kazuto *see* Tsuruoka, Kazuto
Yamamoto, Kazuyoshi 122, 128, 132, 133, 137, 142, 147, 152, 162, 184
Yamamoto, Kazuyuki 190, 192, 199, 202, 211, 212, 215, 217, 218, 224, 250, 316, 318, 324
Yamamoto, Koji 134, 135, 147, 148, 152, 153, 157, 162, 163, 167, 168, 173, 174, 180, 181, 184, 185, 187, 190, 191, 193, 197, 199, 202, 204, 205, 209, 210, 211, 212, 216, 218, 222, 223, 224, 228, 229, 230, 231, 233, 235, 236, 239, 240, 246, 247, 250, 276, 282, 313, 314, 315, 316, 320
Yamamoto, Koji 237, 242, 244
Yamamoto, Masahiro 261, 262, 268, 273, 278, 282, 284, 289, 290, 300, 305, 306, 308
Yamamoto, Shigemasa 120, 125, 135
Yamamoto, Shizuo 47, 50, 56, 62, 72, 78
Yamamura, Yoshinori 207
Yamanaka, Tatsumi 118, 128, 133, 136, 143, 324
Yamane, Kazuo 204, 209, 210, 211, 216, 217, 218, 224, 230, 235, 236, 239
Yamane, Toshihide 67
Yamanouchi, Ikushi 334
Yamaoki, Yukihiko 226, 232, 233, 238, 239, 240, 243, 254, 259, 270, 275
Yamasaki, Ken 300
Yamasaki, Ryuzo 229, 235, 236, 240, 242, 246, 251, 253, 257, 258, 262, 267, 272, 274
Yamasaki, Shintaro 259, 260, 265, 270, 286, 291, 292, 297, 302
Yamasaki, Takeshi 299, 300, 304
Yamashita, Daisuke 186, 187, 192, 193, 198, 199, 204, 205, 211, 212, 217, 218, 223, 225, 229, 231, 235
Yamashita, Kazuhiko 265
Yamashita, Keitoku 167, 173
Yamashita, Koichi 10, 12, 15, 16, 22, 24, 28, 34, 35
Yamashita, Minoru 10, 12, 16, 18, 334
Yamashita, Noboru 78, 84, 330
Yamashita, Ritsuo 147, 148, 152, 168, 174, 180, 195, 201
Yamashita, Takeshi 56, 62
Yamauchi, Kazuhiro 4, 77, 78, 79, 82, 84, 87, 89, 92, 93, 94, 101, 102, 103, 105, 106, 107, 110, 111, 114, 116, 119, 120, 121, 122, 123, 126, 127, 128, 129, 132, 137, 142, 143, 215, 221, 226, 232, 233, 238, 243, 249, 254, 259, 265, 313, 314, 315, 316, 321
Yamauchi, Shinichi 156, 170, 171, 172, 176, 183, 189, 195, 201, 207, 209, 214, 215, 221, 227
Yamauchi, Takanori 220, 226, 227, 232, 238, 243, 249, 254, 259, 294, 295, 298, 305, 306
Yamazaki, Hiroyuki 144, 149, 150, 154, 155, 159, 160, 164, 170, 172, 175, 177, 178, 182, 188, 194, 196, 201, 213, 215, 220, 221, 226, 232, 234, 313, 314, 315, 316
Yamazaki, Kazuharu 289
Yamazaki, Kenichi 261, 263, 267, 268
Yamazaki, Masayuki 121
Yamazaki, Shintaro 266
Yamazaki, Takeshi 300
Yamazaki, Zenpei 326
Yanada, Koichi 267, 268
Yanagi, Tsuruji 25, 28, 34
Yanagida, Masahiro 191
Yanagida, Toshio 106, 107, 121, 136, 144, 161
Yanagida, Yutaka 176, 183, 189, 195, 201, 207, 209, 214, 221, 222, 232, 238
Yanagisawa, Toichi 14, 17
Yano, Kiyoshi 145, 146, 150
Yano, Makio 17
Yano, Minoru 259
Yanoura, Kunimitsu 106, 110, 115, 119, 124, 133, 138
Yashiki, Kaname 229, 235, 236, 240, 242, 246, 247, 251, 253, 257, 258, 278, 315
Yasuda, Takeshi 162, 163, 167, 172, 173, 180, 184, 186, 192, 193, 199, 203
Yasuhara, Tatsuyoshi 81, 86, 100
Yasui, Kamekazu 41, 44, 47, 50, 53
Yasui, Kentaro 31
Yasui, Tamaichi 50, 52, 58, 64, 70, 75, 88
Yasui, Toshinori 139, 144, 149, 154
Yasunaga, Seishiro 11, 14, 17, 26, 29
Yato, Takao 93, 97, 102, 106, 120
Yazawa, Kenichi 152, 153, 157, 161, 167, 173, 178, 179, 185, 187, 191, 210, 212, 216, 218, 223, 224, 228, 229, 231, 234, 236, 239, 240, 314, 315, 322
Yoda, Tsuyoshi 268, 324
Yoda, Yoshinobu 125, 140, 145, 150
Yogi, Larry 69, 71, 75
Yokohama BayStars 283, 288, 293, 298, 304
Yokohama Taiyo Whales 197, 203, 210, 216, 223, 229, 234, 240, 245, 251, 256, 261, 266, 272, 277
Yokota, Masashi 242, 244, 248, 253, 259, 264
Yokoyama, Koji 100
Yokoyama, Tadao 180
Yokozawa, Saburo 334
Yomiuri Giants 3, 43, 46, 49, 52, 58, 63, 64, 68, 69, 74, 75, 80, 84, 85, 89, 90, 94, 95, 98, 99, 103, 108, 112, 117, 121, 122, 127, 131, 132, 136, 137, 141, 142, 146, 151, 156, 161, 166, 172, 179, 185, 191, 197, 203, 216, 222, 223, 229, 234, 240, 245, 251, 255, 256, 261, 266, 271, 272, 277, 283, 288, 292, 293, 298, 303, 304

Yonamine, Wally 5, 63, 64, 66, 69, 71, 74, 75, 76, 80, 81, 82, 85, 87, 90, 92, 94, 95, 96, 99, 104, 178, 184, 315, 321, 322, 334
Yoneda, Tetsuya 4, 93, 94, 97, 98, 102, 106, 107, 111, 115, 116, 120, 121, 125, 126, 130, 131, 135, 136, 140, 141, 145, 146, 149, 150, 155, 159, 160, 161, 164, 170, 171, 176, 177, 316, 317, 319, 323
Yonekawa, Yasuo 56, 57, 62, 63, 73, 78, 79, 83, 84, 89, 320
Yoshida, Hiroyuki 259
Yoshida, Isaki 28, 30, 32, 33, 34, 36, 38
Yoshida, Katsutoyo 106, 110, 111, 115, 116, 117, 120, 124, 128
Yoshida, Kazuo 59
Yoshida, Masao 334
Yoshida, Takashi 186, 190
Yoshida, Toyohiko 265, 280, 286, 291, 292, 297
Yoshida, Yoshio 70, 75, 80, 82, 85, 87, 89, 90, 95, 96, 101, 104, 105, 108, 113, 114, 117, 118, 122, 124, 128, 129, 245, 250, 314, 315, 334
Yoshie, Eishiro 48, 51
Yoshihara, Masaki 19, 21, 22, 25, 28, 31, 33, 334
Yoshii, Masato 294, 300, 305
Yoshikawa, Yoshitsugu 25, 28, 39
Yoshimura, Sadaaki 240, 245, 247, 250, 251, 252, 253, 293
Yoshinaga, Koichiro 280, 285, 291, 292, 301, 302, 306, 308
Yoshioka, Satoru 188, 190, 195, 321, 326
Yoshitake, Shintaro 302
Yoshiwara, Taketoshi 90, 94, 103
Yosho Robins 75
Yuasa, Yoshiaki 42
Yuasa, Yoshio 57, 63
Yufune, Toshiro 278, 284, 289, 294, 295, 300, 305, 330
Yugamidani, Hiroshi 258, 270, 275, 280
Yuki, Susumu 47, 51, 56, 57, 62, 63, 67, 68, 69, 73, 74
Yuki Braves 6
Yumioka, Keijiro 220, 232, 237, 239, 242, 248, 254, 255
Yutaka, Sadaharu 209

Zenimura, Harvey 75, 81

www.ingramcontent.com/pod-product-compliance
Lightning Source LLC
Chambersburg PA
CBHW081536300426
44116CB00015B/2652